Beck-Rechtsberater im dtv

Beck'sches Rechtslexikon

dtv

Beck-Rechtsberater im dtv

Beck'sches Rechtslexikon

Rund 1.800 Rechtsbegriffe für Beruf und Alltag

Von Harald Geiger, Präsident des Verwaltungsgerichts,
Manfred Mürbe, Vorsitzender Richter am Landgericht,
Sieglinde Linderer, Rechtsanwältin, Fachanwältin für
Steuerrecht und Familienrecht, und
Dr. Walter Obenaus, Richter am Arbeitsgericht

3., neu bearbeitete Auflage

Deutscher Taschenbuch Verlag

Im Internet:
dtv.de
beck.de

Originalausgabe
Deutscher Taschenbuch Verlag GmbH & Co. KG,
Friedrichstraße 1a, 80801 München

Druck und Bindung: Druckerei C. H. Beck, Nördlingen
(Adresse der Druckerei: Wilhelmstraße 9, 80801 München)
Satz: Fotosatz Otto Gutfreund GmbH, Darmstadt
Umschlaggestaltung: Agentur 42 (Fuhr & Partner), Mainz,
unter Verwendung eines Fotos von Dirk Löffelbein, Mainz
ISBN 3 423 05601 0 (dtv)
ISBN 3 406 49598 2 (C. H. Beck)

Vorwort zur 3. Auflage

Die Rechtsordnung der Bundesrepublik Deutschland ist schwierig und komplex. Immer mehr Lebensbereiche werden gesetzlich reglementiert; neue, oft sehr kompliziert formulierte Vorschriften sind zu beachten. Selbst Juristen, noch viel mehr aber den juristisch nicht Vorgebildeten fällt es schwer, diese zu verstehen.

Dieses Rechtslexikon wendet sich in erster Linie an den interessierten Laien. Es soll einen Beitrag dazu leisten, das Verständis für juristische Fragen zu fördern. Es erläutert eine Auswahl der wichtigsten Begriffe aus den Bereichen Zivilrecht, Strafrecht, Arbeitsrecht, Verwaltungs- und Verfassungsrecht sowie Steuerrecht samt dem zugehörigen Prozessrecht.

Die Darstellung ist allgemein verständlich. Auf Einzelheiten, die den Blick auf das Wesentliche verhindern, wurde verzichtet. Rechtliche Zusammenhänge sind durch Querverweise aufgezeigt. Das Lexikon richtet sich aber auch an Juristen in Ausbildung, die sich einen schnellen Überblick verschaffen wollen oder nach einer knappen, griffigen Definition eines speziellen Rechtsbegriffs suchen. Ebenso ist es für den Rechtskunde-Unterricht an Schulen, in der Ausbildung und im Beruf geeignet.

Auf einige geplante Rechtsänderungen ist an der jeweiligen Stelle hingewiesen. Alle bis zum 1. März 2003 im Gesetzgebungsverfahren befindlichen Entwürfe wurden berücksichtigt. Vor allem im Steuer- und im Sozialrecht (Kranken-, Renten- und Arbeitslosenversicherung sowie Sozialhilfe) könnten sich in dieser Legislaturperiode weitere Änderungen ergeben.

Die Autoren sind erfahrene Juristen aus Anwaltschaft und Rechtsprechung. Mehrere von ihnen sind seit langem – neben ihrer richterlichen Tätigkeit in verschiedenen Gerichtszweigen – mit der Ausbildung junger Juristen befasst. Die Neuauflage wurde mit zwei neuen Autoren komplett überarbeitet und auf den neuesten

Stand von Gesetzgebung und Rechtsprechung gebracht. Aktuelle Tendenzen im Arbeits- und Steuerrecht sind berücksichtigt.

München/Memmingen/Burghausen,
im März 2003 Die Autoren

Stichwortübersicht

A

Abänderungsklage

Als Abänderungsklage bezeichnet man diejenige prozessuale → *Gestaltungsklage,* durch die eine erneute Entscheidung über künftig fällig werdende wiederkehrende Leistungen (wie etwa Unterhalt) erreicht werden soll, weil sich die zugrundeliegenden Verhältnisse (zum Beispiel die Lebenshaltungskosten) wesentlich geändert haben (§ 323 ZPO). Es wird hier ausnahmsweise die Rechtskraft eines früheren Urteils für die Zeit nach Klageerhebung beseitigt. Die Abänderungsklage kann sowohl vom Gläubiger (Erhöhung der Leistungspflicht) als auch vom → *Schuldner* (Herabsetzung der Leistung) erhoben werden. Sonderregelungen bestehen für die Abänderung von Unterhaltstiteln nichtehelicher oder ehelicher minderjähriger Kinder (→ *Unterhaltsprozess*).

Abbiegen

Die Änderung der Fahrtrichtung wird im Straßenverkehr als Abbiegen bezeichnet. Es ist rechtzeitig (andere Verkehrsteilnehmer müssen sich darauf einstellen können) und deutlich anzukündigen. Soweit Fahrzeuge Blinker besitzen, sind diese zur Ankündigung zu benutzen.

Wer nach rechts abbiegen will, muss sein Fahrzeug möglichst weit rechts, wer nach links abbiegen will, muss sein Fahrzeug bis zur Fahrbahnmitte (bei mehreren Fahrspuren möglichst weit links) einordnen. Auf Schienen darf sich zum Abbiegen nur stellen, wer jede Behinderung nachfolgender Schienenfahrzeuge ausschließen kann. Nach links abbiegende Radfahrer müssen sich nicht einordnen, sondern können die Kreuzung überqueren und danach quer zur ursprünglichen Fahrtrichtung weiterfahren. Dies empfiehlt sich besonders bei dichtem Stadtverkehr.

Abbieger müssen stets den Gegenverkehr durchfahren lassen und auf Fußgänger besondere Rücksicht nehmen. Schienenfahrzeuge, Fahrräder, Mofas und Fahrzeuge auf Sonderspuren (etwa Linienbusse) müssen beim Rechtsabbiegen auch dann durchgelassen werden, wenn sie in dieselbe Richtung fahren.

Trotz einer Rotlicht anzeigenden Verkehrsampel darf ausnahmsweise dann nach rechts abgebogen werden, wenn dies der → *Grünpfeil* erlaubt.

Abblenden → *Beleuchtung*

Aberkennung von Rechten

Die in § 45 StGB geregelte Aberkennung von Rechten bedeutet den zeitlich begrenzten Verlust der Fähigkeit, öffentliche Ämter auszuüben oder für sie wählbar zu sein. In besonderen Fällen kann auch das Stimmrecht aberkannt werden.

Abfälle

A. sind nach der Definition des Gesetzes zur Vermeidung, Verwertung und Beseitigung von Abfällen – Kreislaufwirtschafts- und Abfallgesetz – alle beweglichen Sachen, die zu einer Gruppe von Stoffen gehören, die in einem Anhang zu dem Gesetz genannt sind und deren sich der Besitzer entledigen will oder entledigen muss. Dabei unterscheidet das Gesetz folgendermaßen: Abfälle zur Verwertung sind solche, die verwertet werden; Abfälle, die nicht verwertet werden, sind Abfälle zur Beseitigung. Abfälle sind in erster Linie zu vermeiden. In zweiter Linie sind sie stofflich oder zur Gewinnung von Energie thermisch zu verwerten. Abfälle zur Beseitigung sind in besonderen dafür zugelassenen Anlagen zu beseitigen. Die Errichtung, der Betrieb und die wesentliche Änderung einer ortsfesten Abfallbeseitigungsanlage bedarf einer immissionsschutzrechtlichen Genehmigung; Deponien bedürfen grundsätzlich der → *Planfeststellung;* bei unbedeutenden Anlagen genügt ein vereinfachtes Genehmigungsverfahren. Für Anlagen, in denen regelmäßig besonders überwachungsbedürftige Abfälle anfallen sowie für ortsfeste Sortier-, Verwertungs- oder Abfallbeseitigungsanlagen ist vom Betreiber mindestens ein Betriebsbeauftragter für Abfall zu bestellen, dem umfangreiche Kontrollbefugnisse vergleichbar denen eines →*Immissionsschutzbeauftragten* eingeräumt sind.

Abfälle aus privaten Haushaltungen sind dem Entsorgungspflichtigen zu überlassen, der sie nach den Grundsätzen einer gemeinwohlverträglichen Abfallbeseitigung zu behandeln hat. Nicht mehr verwertbare Abfälle sind von der Kreislaufwirtschaft auszuschließen und zur Wahrung des Wohls der Allgemeinheit zu beseitigen. Auf der Grundlage des Kreislaufwirtschafts- und Abfallgesetzes, das seinerseits auf einer Umsetzung einer europarechtlichen Richtline beruht, sind zahlreiche Durchführungsverordnungen erlassen worden z. B. für Verpackungen, Altautos und Batterien bzw. Akkumulatoren. Für einige Sonderbereiche, etwa die →*Tierkörperbeseitigung,* die →*Fleischhygiene,* das →*Tierseuchenrecht,* den →*Pflanzenschutz,* das →*Abwasser* und den →*Strahlenschutz* gelten eigene gesetzliche Bestimmungen.

Der unsachgemäße Umgang mit gefährlichem Abfall kann als Umweltdelikt (→*Umweltkriminalität*) strafbar sein. Sonstige Verstöße im Umgang mit Abfall werden in der Regel als →*Ordnungswidrigkeit* verfolgt.

▶ Abfindung

A. ist eine einmalige Gegenleistung für die Aufgabe eines Rechts, die in der Regel in Geld geleistet wird.

Zum Teil sind Voraussetzungen und Inhalt eines Abfindungsanspruchs gesetzlich geregelt; ansonsten können Abfindungen frei vereinbart werden.

Im Arbeitsrecht sind Abfindungen **Entschädigungen für den Verlust des Arbeitsplatzes**. Sie werden entweder im Rahmen eines →*Aufhebungsvertrags* oder eines →*Prozessvergleichs* zwischen Arbeitgeber und Arbeitnehmer vereinbart oder in einem →*Sozialplan* vorgesehen. Unter sehr engen Voraussetzungen kann gemäß den §§ 9 und 10 Kündigungsschutzgesetz auch ein **gesetzlicher** Anspruch auf Zahlung einer Abfindung in Betracht kommen.

▶ Abgaben, öffentliche

A. ist der Sammelbegriff für alle Geldleistungen, die Bürger kraft öffentlichen Rechts an den Staat oder an sonstige Körperschaften des öffentlichen Rechts zu bezahlen haben. Sie werden unterteilt in Steuern und Zölle, Beiträge, Gebühren und Sonderabgaben.

(1) Steuern und Zölle sind Geldleistungen, die nicht mit einer Gegenleistung verbunden sind und von einem öffentlich-rechtlichen Gemeinwesen zur Erzielung von Einnahmen allen Bürgern auferlegt werden, bei denen die im Gesetz einzeln definierten tatbestandlichen Voraussetzungen zutreffen (z. B. Einkommen-, Erbschaft-, Umsatzsteuer, Einfuhrzölle).

(2) Gebühren sind Entgelte für die Inanspruchnahme öffentlicher Leistungen (z. B. Kanal-, Wasser-, Müllabfuhrgebühren).

(3) Beiträge sind Abgaben, die für die Erstellung bestimmter öffentlicher Einrichtungen zu entrichten sind (z. B. Straßenerschließungs-, Kanalherstellungsbeiträge).

(4) Sonderabgaben sollen als wirtschaftspolitische Steuerungsinstrumente den Ausgleich von Vor- und Nachteilen zwischen den Bürgern bewirken und dienen der staatlichen Einnahmenerzielung (z. B. Schwerbehindertenabgabe, Abgabe für den Lastenausgleich).

Abgabenordnung (AO)

A. ist das Verfahrensgesetz, das für alle Steuern die grundlegenden Bestimmungen der Besteuerung enthält. Die Abgabenordnung ist in neun Teile gegliedert, beinhaltet einleitende Bestimmungen, Vorschriften zum Steuerschuldrecht, allgemeine Verfahrensvorschriften, Vorschriften über die Durchführung der Besteuerung, Vorschriften über die Erhebung von Steuern, Vollstreckungsbestimmungen, Vorschriften zum außergerichtlichen Rechtsbehelfsverfahren, Regelungen zum Straf- und Bußgeldverfahren sowie Schlussbestimmungen.

Abgassonderuntersuchung

Die kurz als „ASU“ bezeichnete Abgassonderuntersuchung ist – von unerheblichen Ausnahmen abgesehen – für alle PKW und LKW mit Benzin- oder Dieselmotor vorgeschrieben. Sie findet in Abständen von 3, 2 oder 1 Jahr statt und soll erreichen, dass die vom Betrieb des Motors ausgehenden Schadstoffe auf ein Minimum begrenzt werden. Ihre Durchführung wird durch eine auf dem vorderen Kennzeichen angebrachte Prüfplakette bestätigt.

Wird die ASU unterlassen oder verspätet vorgenommen, begeht der Fahrzeughalter eine → *Ordnungswidrigkeit.*

Abgeordnete

A. sind die Mitglieder des → *Bundestags* und der Länderparlamente.

Sie werden in unmittelbarer, allgemeiner, freier, gleicher und geheimer Wahl gewählt. Nach dem Grundsatz der repräsentativen Demokratie sind sie Vertreter des ganzen Volks. Bei Ausübung ihres Mandats sind sie nur ihrem Gewissen unterworfen und an Aufträge und Weisungen nicht gebunden. Sie genießen → *Immunität* (Verbot einer Strafverfolgung ohne Zustimmung des Parlaments) und → *Indemnität* (strafrechtliche Verantwortungsfreiheit wegen des Verhaltens bei Abstimmungen und Äußerungen im Parlament oder seinen Ausschüssen). Die Rechtsstellung der Abgeordneten ist im Abgeordnetengesetz des Bundes bzw. den entsprechenden landesrechtlichen Bestimmungen geregelt. Zur Abgeltung ihres Aufwandes erhalten Abgeordnete eine Entschädigung (Diäten).

Während der Dauer seines Mandats kann ein Abgeordneter nicht gleichzeitig Beamter oder Richter sein (→ *Inkompatibilität*); die Rechte und Pflichten aus einem derartigen Amt ruhen. Nach Mandatsbeendigung besteht ein Anspruch auf gleichwertige Wiederverwendung.

Mitglieder eines Gemeinderats (→ *Gemeinde*) oder eines Kreistags (→ *Kreis*) werden zwar auch gewählt, sind aber dennoch keine Abgeordneten; diese Gremien sind Verwaltungsorgane und keine Parlamente im staatsrechtlichen Sinn.

Abhilfe

Wenn die Entscheidung eines Gerichts durch → *Beschwerde* oder → *Erinnerung* angefochten wird, kann das untere Gericht die eigene Entscheidung auf den Rechtsbehelf hin abändern, wenn es ihn als begründet ansieht. Einer Entscheidung des übergeordneten

Gerichts bedarf es dann nicht mehr. So kann etwa ein → *Ermittlungsrichter* einen von ihm erlassenen → *Haftbefehl* selbst wieder aufheben. Bei → *sofortigen* Beschwerden ist außerhalb des Zivilverfahrens das Abhilferecht ausgeschlossen.

Nach der Verwaltungsgerichtsordnung muss im Rahmen des → *Widerspruchsverfahrens* die Behörde, die den angefochtenen → *Verwaltungsakt* erlassen hat, nach Eingang des Widerspruchs prüfen, ob sie ihm abhilft; andernfalls legt sie das Rechtsmittel der Widerspruchsbehörde vor.

▶ Abhören

Unter Abhören versteht man, dass sich jemand durch Einsatz technischer Hilfsmittel („Wanzen“, Richtmikrofone oder Aufzeichnung von Telekommunikationsvorgängen) Kenntnis von Gesprächen verschafft. Sowohl das Abhören als auch der Gebrauch entsprechender Aufzeichnungen sind grundsätzlich strafbar. Beim begründeten Verdacht schwerwiegender Straftaten gestattet die → *Strafprozessordnung* jedoch sowohl das Abhören der Telekommunikation als auch von Gesprächen – teilweise sogar in Wohnungen – und die Verwertung der so gewonnenen Erkenntnisse als → *Beweis.*

▶ Abkömmlinge

A. sind alle direkten Nachkommen eines Menschen, z. B. ehelich und außerehelich geborene Kinder, sowie Adoptivkinder, Enkel, Urenkel usw. Der Begriff Abkömmling hat besondere Bedeutung im Familienrecht (→ *Abstammung,* → *Eheschließung,* → *Unterhaltspflicht* gegenüber Verwandten) im Erbrecht (→ *Erbfolge,* Auslegung von → *Verfügungen* von Todes wegen, → *Pflichtteilsanspruch)* und im Steuerrecht (Freibeträge und Steuersätze bei → *Erbschaft-* und Schenkungsteuer).

▶ Abkürzung der Sperrfrist

Wird in einem Strafverfahren die → *Fahrerlaubnis* entzogen, so setzt das Gericht gleichzeitig eine → *Sperrfrist* fest, innerhalb derer eine neue Fahrerlaubnis nicht erteilt werden darf. Diese Frist kann nachträglich abgekürzt werden. Dies setzt aber voraus, dass der Täter nicht mehr als ungeeignet zum Führen von Kraftfahrzeugen anzusehen ist. Hierfür reicht Zeitablauf allein nicht aus. Vielmehr bedarf es wichtiger, neuer Umstände, die vor allem in der Teilnahme an einer Nachschulung liegen können.

▶ Ablehnung von Amts-/Gerichtspersonen

Der Begriff der Ablehnung bedeutet, dass der Antragsteller die weitere Mitwirkung des Abgelehnten – was vor allem → *Richter* oder → *Sachverständige* betreffen wird – am Verfahren verhindern möchte. Die Zurückweisung (Ablehnung) eines Richters setzt ein zulässiges Ablehnungsgesuch voraus, das ein besonderes Verfahren in Gang setzt. In diesem wird geprüft, ob ein Ablehnungsgrund vorliegt. Das ist zu bejahen, wenn der Richter kraft Gesetzes ausgeschlossen (→ *Ausschließung von Gerichtspersonen*) ist oder wenn die Besorgnis der Befangenheit besteht, also ernsthafte Zweifel an seiner Unvoreingenommenheit gegeben sind. Letzteres heißt, dass ein vernünftiger Beobachter begründete Zweifel an einer sachlichen Entscheidung durch den Abgelehnten haben wird. Der abgelehnte Richter darf an der Entscheidung über das Gesuch nicht mitwirken (Ausnahme: Verwerfung der Ablehnung des Richters als unzulässig im Strafprozess gem. § 26 a StPO). Im Verwaltungsprozess gelten die Regelungen der ZPO (§§ 44 bis 46) mit gewissen Abweichungen entsprechend.

Ebenso wie Richter können auch andere Personen abgelehnt werden, wie z. B. → *Schöffen,* → Urkundsbeamte, Sachverständige, Dolmetscher (§ 191 Gerichtsverfassungsgesetz), Schiedsrichter (→ *Schiedsgericht)* und → *Rechtspfleger.* Im Strafprozess gibt die → *Strafprozessordnung* kein Recht, Angehörige der → *Staatsanwaltschaft* abzulehnen. Im Verwaltungsverfahren entscheidet der Behördenleiter, ob eine abgelehnte Amtsperson von der Mitwirkung am weiteren Verfahren ausgeschlossen wird (§ 21 → *Verwaltungsverfahrensgesetz).*

Ablösungsrecht

Betreibt ein Gläubiger die → *Zwangsvollstreckung* in einen dem Schuldner gehörenden Gegenstand und läuft ein Dritter dadurch Gefahr, ein Recht an dem Gegenstand zu verlieren, hat der Dritte das Recht, den Gläubiger zu befriedigen (§ 268 BGB). In diesem Fall erlischt die Forderung des Gläubigers nicht, sondern geht auf den Dritten über.

Abmahnung

ist eine an den Arbeitnehmer gerichtete Erklärung des Arbeitgebers, mit der dieser ein bestimmtes Verhalten des Arbeitnehmers **als vertragswidrig rügt** und in der er den Arbeitnehmer darauf hinweis (ihn **warnt**), dass im **Wiederholungsfall** der Inhalt oder der Bestand des Arbeitsverhältnisses gefährdet ist. Schriftform ist nicht erforderlich, aber zum Zweck der Dokumentation nützlich.

Eine verhaltensbedingte ordentliche oder außerordentliche Kündigung des Arbeitgebers (→ *Kündigungsschutz)* wird von der Rechtsprechung in der Regel nur dann als wirksam angesehen, wenn der Arbeitnehmer im zeitlichen Vorfeld der Kündigung bereits einmal abgemahnt worden ist. In Ausnahmefällen kann eine Abmahnung allerdings entbehrlich sein.

Abmeldung von Kraftfahrzeugen

Kraftfahrzeuge können bei der Zulassungsstelle endgültig oder vorübergehend abgemeldet werden. Damit entfällt die Verpflichtung, Kraftfahrzeugsteuer und Haftpflichtversicherung zu bezahlen. Andererseits darf das Kraftfahrzeug dann auf öffentlichen Straßen nicht mehr benutzt werden. Bei einer länger dauernden Abmeldung können die Bedingungen der Kraftfahrzeugversicherung einen allmählichen Verlust des → *Schadensfreiheitsrabatts* vorsehen.

Eine vorübergehende Abmeldung darf einen Zeitraum von 18 Monaten keinesfalls überschreiten. Andernfalls gilt das Fahrzeug als endgültig stillgelegt; eine erneute Zulassung ist dann nur mit großem Aufwand möglich.

Abordnung eines Beamten

ist die zeitlich begrenzte Übertragung einer seinem bisherigen Amt entsprechenden Tätigkeit bei einer anderen Dienststelle. Die dienstrechtliche Zuordnung zu der bisherigen Dienststelle bleibt dabei grundsätzlich erhalten. Die Abordnug zu einem anderen Dienstherrn bedarf, wenn bestimmte zeitliche Grenzen überschritten sind, der Zustimmung des Beamten. Voraussetzung für die Abordnung ist ein entsprechendes dienstliches Bedürfnis. Soll die Tätigkeit bei einer Stelle außerhalb des Geltungsbereichs der Beamtengesetze ausgeübt werden, spricht man von einer Zuweisung. Von der Abordnung ist die → *Versetzung* zu unterscheiden.

Abrechnung im Arbeitsrecht

Damit der Arbeitnehmer den – häufig komplizierten – Weg der Berechnung von Brutto- und Nettovergütung durch den Arbeitgeber nachvollziehen kann, räumt ihm das Gesetz einen **Abrechnungsanspruch** ein (§§ 6 Abs. 2; 108 Gewerbeordnung – GewO –). Die Abrechnung muss mindestens Angaben über Abrechnungszeitraum und Zusammensetzung des Arbeitsentgelts enthalten. Hinsichtlich der Zusammensetzung sind insbesondere Angaben über Art und Höhe der Zuschläge, Zulagen, sonstige Vergütungen, Art und Höhe der Abzüge, Abschlagszahlungen sowie Vorschüsse erforderlich (§§ 6 Abs. 2; 108, Abs. 1 Satz 2 GewO). Die Verpflichtung zur Abrechnung entfällt, wenn sich die Angaben gegenüber der letzten ordnungsgemäßen Abrechnung nicht geändert haben (§§ 6 Abs. 2; 108, Abs. 2 GewO).

Abschiebung von Ausländern

Kommt ein Ausländer einer vollziehbaren Ausreiseverpflichtung, insbesondere einer → *Ausweisung* nicht freiwillig nach, kann er nach schriftlicher Androhung abgeschoben werden, d. h. es kann mit Mitteln des Verwaltungszwangs die Ausreise durchgesetzt werden. Ein Ausländer kann auf richterliche Anordnung in Abschiebehaft genommen werden, wenn über seine Ausweisung nicht sofort entschieden werden kann und eine Abschiebung ohne die

Inhaftnahme wesentlich erschwert wird. Ein Abschiebungsverbot bestehen für politisch Verfolgte, also für anerkannte Asylbewerber und anerkannte Flüchtlinge. Die Entscheidung hierüber trifft nicht die Ausländerbehörde, sondern das Bundesamt für Migration und Flüchtlinge. Ein Abschiebungshindernis besteht, wenn dem Betroffenen im Heimatland die Folter oder die Todesstrafe droht.

Die → *Strafprozessordnung* erlaubt es, auf die Durchführung eines Strafverfahrens gegen Ausländer zu verzichten oder die Strafvollstreckung gegen sie vorzeitig zu unterbrechen, wenn ein Ausländer stattdessen aus der Bundesrepublik ausgewiesen wird.

Abschleppen von Fahrzeugen

Ein betriebsunfähiges Kraftfahrzeug (Ausnahme: Krafträder) darf durch ein anderes Fahrzeug zur nächsten geeigneten Werkstatt oder zum nächsten Schrottplatz abgeschleppt werden. Dabei darf eine Autobahn nicht benutzt werden. Tritt die Panne auf der Autobahn auf, so ist diese an der nächsten Ausfahrt zu verlassen.

Während des Abschleppens muss bei beiden Fahrzeugen die Warnblinkanlage betätigt werden. Die Fahrer beider Fahrzeuge müssen sich untereinander verständigen. Sinnvoll ist hierfür die vorherige Vereinbarung bestimmter Zeichen.

Kraftfahrzeuge, die verbotswidrig geparkt sind und von denen dadurch erhebliche Beeinträchtigungen für den übrigen Verkehr ausgehen, dürfen von der → *Polizei* oder in ihrem Auftrag abgeschleppt werden. Die dadurch entstehenden Kosten trägt der → *Störer.*

Abschlussprüfung

A. ist eine besondere Prüfung, die für den → *Jahresabschluss* und den Lagebericht von Unternehmen bestimmter Rechtsformen und Größenordnung (mittelgroße und große Kapitalgesellschaften, §§ 267 HGB, 316 ff. HGB) zu erfolgen hat. Die Abschlussprüfung umfasst auch die Buchführung. Sie hat sich insbesondere darauf zu erstrecken, ob die gesezlichen Bestimmungen für die Erstellung des Jahresabschlusses und die sie ergänzenden Bestimmungen des Gesellschaftsvertrages oder der Satzung des jeweiligen Unternehmens beachtet sind, ferner ob der Lagebericht mit dem Jahresabschluss sowie mit den anlässlich der Prüfung gewonnenen Erkenntnissen übereinstimmt. Über das Ergebnis der Prüfung ist ein Prüfungsbericht vorzulegen. Die Durchführung der Abschlussprüfung ist → *Wirtschaftsprüfern* oder Wirtschaftsprüfungsgesellschaften vorbehalten, mittelgroße GmbHs können auch durch vereidigte Buchprüfer geprüft werden. Ein Unternehmen kann eine Abschlussprüfung ebenso freiwillig durchführen.

Abschreibung

A. umfasst die Wertminderung von → *Wirtschaftsgütern* des → *Anlagevermögens* und des → *Umlaufvermögens.*

(1) In der **Handelsbilanz** (→ *Bilanz)* ist Abschreibung die planmäßige Verteilung der Anschaffungs- oder Herstellungskosten von abnutzbaren Vermögensgegenständen des Anlagevermögens auf die Geschäftsjahre der voraussichtlichen Nutzung (§ 253 Abs. 2 HGB). Außerplanmäßige Abschreibungen können bei voraussichtlich dauernder Wertminderung vorgenommen werden, um die Vermögensgegenstände des Anlage- und Umlaufvermögens mit dem niedrigeren Wert anzusetzen, der diesen zum Bilanzstichtag beizulegen ist (§ 253 Abs. 3 HGB). Beim Anlagevermögen gilt das gemilderte Niederstwertprinzip, d. h. bei voraussichtlich nur vorübergehender Wertminderung kann der bisherige Wert beibehalten werden. Beim Umlaufvermögen gilt das strenge Niederstwertprinzip, d. h. der niedrigere Wert muß angesetzt werden.

(2) In der **Steuerbilanz** (→ *Bilanz)* entspricht die → *AfA* der planmäßigen Abschreibung und die AfaA der außerplanmäßigen Abschreibung. Im Gegensatz zur Handelsbilanz kann in der Steuerbilanz nur bei andauernder Wertminderung der niedrigere Wert in Ansatz gebracht werden.

Absehen von Strafe

Ein Absehen von Strafe ist insbesondere dann zulässig, wenn bei Fällen geringerer Schuld den Täter selbst so schwere Folgen getroffen haben, dass er dadurch schon „genug bestraft" ist (§ 60 StGB). Das ist etwa der Fall, wenn ein Autofahrer durch eine leichte Unaufmerksamkeit (z. B. Übersehen einer schwer erkennbaren Stelle mit Straßenglätte) einen Unfall verschuldet, bei dem ein → *Angehöriger* getötet wird.

Absetzung für Abnutzung (AfA)

und gegebenenfalls Absetzung für außergewöhnliche Abnutzung (AfaA) ist steuerlich die Verteilung der Anschaffungs- und Herstellungskosten eines abnutzbaren → *Wirtschaftsgutes* auf die betriebsgewöhnliche Nutzungsdauer. Diese wird für zahlreiche Wirtschaftsgüter durch AfA-Tabellen festgelegt.

(1) Für **bewegliche Wirtschaftsgüter** erfolgt die AfA zeitanteilig. Aus Vereinfachungsgründen gilt bei Anschaffung im ersten Halbjahr die Ganzjahres-AfA und bei Anschaffung im zweiten Halbjahr die Halbjahres-AfA. Der Steuerpflichtige kann die AfA entweder **linear**, d.h. in gleichen Jahresbeträgen (§ 7 Abs. 1 EStG) oder **degressiv**, d.h. in fallenden Jahresbeträgen (§ 7 Abs. 2 EStG) bemessen. Ein Wechsel von der degressiven zur linearen AfA ist zulässig, umgekehrt ist ein Wechsel unzulässig (§ 7 Abs. 3 EStG). Weitere Absetzungen sind nach Maßgabe der Leistung (§ 7 Abs. 1 Satz 5 EStG) oder für außergewöhnliche technische oder wirtschaftliche Abnutzungen (§ 7 Abs. 1 Satz 6 EStG) möglich.

(2) Für **Gebäude** ist die AfA abweichend in § 7 Abs. 4 bis 5 a EStG geregelt. Zu differenzieren ist danach, ob ein Gebäude zum → *Betriebsvermögen* gehört oder Wohnzwecken dient sowie nach dem Beginn der Herstellung mit Bauantragstellung oder nach dem Zeitpunkt der Anschaffung. Die wichtigsten AfA-Sätze betragen:

- 3 v.H. für Gebäude des Betriebsvermögens mit Bauantragstellung nach 31. 3. 1985 und Beginn der Herstellung oder Kauf nach dem 1. 1. 2001;
- 4 v.H. für Gebäude des Betriebsvermögens mit Bauantragstellung nach 31. 3. 1985 und Beginn der Herstellung oder Kauf vor dem 1. 1. 2001;
- 2 v.H. bei Wohngebäuden, die nach dem 31. 12. 1924 fertig gestellt worden sind;
- 2,5 v.H. bei Wohngebäuden, die vor dem 31. 12. 1925 fertig gestellt worden sind;

- 5 v.H. im Jahr der Fertigstellung und in den folgenden 7 Jahren, 2,5 v.H. in den darauf folgenden 6 Jahren und 1,25 v.H. in den darauf folgenden 36 Jahren bei Wohngebäuden im Falle der Herstellung aufgrund eines nach dem 31. 12. 1985 gestellten Bauantrages oder eines danach abgeschlossenen Kaufvertrages;
- 7 v.H. im Jahr der Fertigstellung und in den folgenden 3 Jahren, 5 v.H. in den darauf folgenden 6 Jahren, 2 v.H. in den darauf folgenden 6 Jahren und 1,25 v.H. in den darauf folgenden 24 Jahren bei Wohngebäuden im Falle der Herstellung aufgrund eines nach dem 28. 2. 1989 und vor dem 1. 1. 1996 gestellten Bauantrges oder eines danach abgeschlossenen Kaufvertrages;
- nach abweichender anderer Staffelung, abhängig im Falle der Herstellung von der Bauantragstellung bzw. vom Zeitpunkt des Kaufs (§ 7 Abs. 5 Nr. 1 und 2 EStG).

(3) Die AfA ist bei der Erzielung von → *Gewinn-* und → *Überschusseinkünften* zu beachten. → *Sonderabschreibungen*

Absonderung

Im → *Insolvenzverfahren* haben die Inhaber von → *Grundpfandrechten* die Möglichkeit, aus belasteten Grundstücken des Insolvenzschuldners außerhalb des Insolvenzverfahrens abgesonderte (= bevorzugte) Befriedigung zu erlangen. Außer ihnen kann aber auch der → *Insolvenzverwalter* deren Verwertung betreiben, woraus dem genannten Personenkreis aber keine Nachteile entstehen (§§ 49, 165 InsO). Weiterhin können auch Personen, die an beweglichen Gegenständen des Insolvenzschuldners → *Pfandrechte* besitzen, abgesonderte Befriedigung verlangen (§ 50 InsO).

Abstammung von Kindern → *Kinder im Zivilrecht*

Abstand

Unter Abstand versteht man die Entfernung zum vorausfahrenden Fahrzeug. Er muss im Normalfall so groß sein, dass hinter diesem Fahrzeug auch dann gehalten werden kann, wenn dies plötzlich gebremst wird (Sicherheitsabstand). Als Faustregel gilt: Es genügt, den halben Tacho-Abstand (Hälfte der gefahrenen Geschwindigkeit in Metern) zu halten. Ein verkürzter Abstand ist in dichtem Verkehr (z. B. Anfahren an Ampeln) zulässig; außerdem dann, wenn auch die Strecke vor dem Vorausfahrenden gut übersehen werden kann.

Für bestimmte Kraftfahrzeuge gibt es noch weiter gehende Bestimmungen über den Abstand: Busse und LKW (über 3,5 t Gesamtgewicht) müssen auf Autobahnen bei Geschwindigkeiten von mehr als 50 km/h mindestens 50 Meter Abstand (= Entfernung zwischen zwei Leitpfosten) einhalten. Kraftfahrzeuge, für die besondere Geschwindigkeitsbegrenzungen gelten, und Züge, die länger als 7 Meter sind, müssen außerhalb geschlossener Ortschaften ständig einen so großen Abstand zum Vorausfahrenden haben, dass ein Überholer einscheren kann. Vor Bahnübergängen müssen Züge und LKW (über 7,5 t Gesamtgewicht) bereits unmittelbar nach der einstreifigen Bake warten, wenn sie von anderen Fahrzeugen überholt werden dürfen.

Zu dichtes Auffahren ist eine → *Ordnungswidrigkeit.* Beim Hinzutreten weiterer Umstände, insbesondere bei dichtem Auffahren über eine größere Strecke und dem Gebrauch von Hupe und/ oder Lichthupe, kann sogar Strafbarkeit wegen → *Nötigung* gegeben sein.

▸ Abstimmung → *Beratung*

▸ Abstimmung im Parlament

Das parlamentarische Abstimmungsverfahren ist in den Grundzügen in den jeweiligen Geschäftsordnungen geregelt. Nach der Geschäftsordnung des Deutschen Bundestags erfolgt eine Abstimmung grundsätzlich durch Handzeichen oder durch Aufstehen oder Sitzenbleiben; bei der Schlussabstimmung über Gesetzesentwürfe erfolgt die Abstimmung immer durch Aufstehen oder Sitzenbleiben. Eine Sonderform der Abstimmung ist der Hammelsprung; besteht bei einer herkömmlichen Abstimmung Unklarheit über das Ergebnis, verlassen alle → *Abgeordnete* den Sitzungssaal und betreten ihn wieder durch verschiedene Türen (Nein/Ja/Enthaltung). Namentliche Abstimmung durch Verwendung entsprechend gekennzeichneter Stimmkarten findet statt, wenn eine Fraktion oder 5 v. H. der im Bundestag anwesenden Mitglieder dies beantragt. Grundsätzlich entscheidet die einfache relative Mehrheit, also mehr als die Hälfte der anwesenden Abgeordneten. In einigen Fällen, etwa bei einer Grundgesetzänderung, bedarf es qualifizierter Mehrheiten. Voraussetzung für jede Abstimmung ist Beschlussfähigkeit; es muss mehr als die Hälfte der Mitglieder des Bundestags im Sitzungssaal anwesend sein.

Abtreibung → *Schwangerschaftsabbruch*

Abtretung

Die Übertragung einer → *Forderung* vom bisherigen Gläubiger (Zedent) auf einen neuen Gläubiger (Zessionar) durch einen → *Vertrag* (§§ 398 ff. BGB) ohne Mitwirkung des Schuldners wird als Abtretung (Zession) bezeichnet. Die Einhaltung einer bestimmten Form ist normalerweise nicht vorgeschrieben. Durch die Abtretung tritt der neue Gläubiger an die Stelle des bisherigen Gläubigers und übernimmt dessen Rechte und Pflichten. Der → *Schuldner* darf dem neuen Gläubiger aber alle Rechte entgegensetzen, die ihm gegenüber dem alten Gläubiger zustanden. Zum Beispiel darf er gegenüber dem neuen Gläubiger aufrechnen (→ *Aufrechnung*), falls er vor der Abtretung eine Forderung gegen den früheren Gläubiger hatte. Der Schuldner muss nur dann an den neuen Gläubiger leisten, wenn ihm dieser eine Abtretungsurkunde vorlegt oder wenn die Abtretung dem Schuldner vom bisherigen Gläubiger schriftlich angezeigt wird. → *Lohnabtretung* → *Sicherungsabtretung*.

Abwägungsgebot

A. umschreibt die Verpflichtung, bei einer zu treffenden (Verwaltungs-) Entscheidung alle berührten öffentlichen und privaten Belange zu ermitteln, zu bewerten und zu einem gerechten Ausgleich zu bringen. Das Abwägungsgebot ist im Recht der → *Bauleitplanung* gesetzlich normiert (§ 1 Abs. 6 Baugesetzbuch), gilt aber als Ausprägung des → *Rechtsstaatsprinzips* in allen Bereichen des öffentlichen Planungsrechts, insbesondere bei → *Planfeststellungen.* Die verwaltungsgerichtliche Kontrolle über die Einhaltung des Abwägungsgebots ist grundsätzlich beschränkt; es wird nur geprüft, ob eine Abwägung überhaupt stattgefunden hat (Abwägungsausfall), ob an Belangen eingestellt wurde, was nach Lage der Dinge zu berücksichtigen war (Abwägungsdefizit) oder ob die Bedeutung einzelner Belange verkannt worden ist (Abwägungsfehleinschätzung).

Diese von der Rechtsprechung entwickelten Grundsätze haben – neben der Bauleitplanung – insbesondere im → *Straßen- und Wegerecht,* im → *Wasserrecht* und im Luftverkehrsrecht Bedeutung erlangt.

Abwasser

A. ist verunreinigtes oder sonst in seinen Eigenschaften negativ verändertes Wasser; unter diesen Begriff fallen insbesondere Gemische von Wasser mit anderen Stoffen ohne Rücksicht auf die Ursache, das Ausmaß und die Schädlichkeit der Veränderungen oder Beimischungen. Die wichtigsten Regelungen über das Einleiten von Abwasser sind im Wasserhaushaltsgesetz (→ *Wasserhaushalt,* Wasserrecht) enthalten. Durch sie sollen insbesondere Verunreinigungen des Grundwassers u. a. durch die Festsetzung stoffbezogener Emissionsgrenzwerte (→ *Emissionen)* verhindert werden. Die → *Bauordnungen* der Länder enthalten Bestimmungen über die Beseitung von Abwasser, das mit baulichen Anlagen in Zusammenhang steht. Die Einleitung von Abwasser in eine kommunale Kanalisation stellt einen Gebührentatbestand (→ *Gemeindeabgaben)* dar, die Einleitung in ein Gewässer ist nach dem Abwasserabgabegesetz (→ *Abwasserabgabe)* gebührenpflichtig und bedarf einer wasserrechtlichen Gestattung.

Abwasserabgabe

A. ist auf der Grundlage des Abwasserabgabegesetzes für das Einleiten von → *Abwasser* in ein Gewässer zu entrichten. Erfasst wird das von bebauten oder befestigten Flächen abfließende und gesammelte Niederschlagswasser sowie das aus Anlagen zum Behandeln, Lagern oder Ablagern von → *Abfällen* austretende Sickerwasser. Abgabepflichtig ist der Einleiter. Als Bewertungsgrundlage fungiert die Schädlichkeit des Abwassers, die nach bestimmten Kriterien wie Menge, Gehalt an organischen Halogenverbindungen und Schwermetallen ermittelt wird. Die Ermittlung der Schädlichkeit und die Höhe der Abgabe wird durch Bescheid festgesetzt. Bei Kleineinleitern wird die Abgabeschuld pauschaliert.

Das Gesetz wird als Ausprägung des umweltschutzrechtlichen Verursacherprinzips angesehen.

▸ Abwesenheit des Angeklagten

Eine → *Hauptverhandlung* erfordert nach der → *Strafprozessordnung* grundsätzlich die ununterbrochene Anwesenheit des → *Angeklagten.* Gegen einen abwesenden Angeklagten darf also nicht verhandelt werden. Deshalb kann die Anwesenheit des Angeklagten im Prozess zwangsweise durch einen → *Vorführungsbefehl* oder den Erlass eines → *Haftbefehls* durchgesetzt werden (§ 230 StPO).

Von diesen Grundsätzen gibt es aber in zwei Richtungen Ausnahmen: Gegen einen nicht erschienenen Angeklagten kann in geeigneten Fällen (etwa bei einem auch noch mit Geldstrafe ausreichend zu ahndendem Betrug) der Erlass eines → *Strafbefehls* beantragt werden. Dagegen muss der Angeklagte dann Einspruch einlegen, der verworfen wird, wenn er zur nächsten Verhandlung wiederum nicht erscheint und auch nicht durch einen → *Verteidiger* vertreten wird.

Zum anderen kann auf die Anwesenheit des Angeklagten verzichtet werden. Dies sind einmal Fälle minderer Bedeutung (z. B. bei einem Verfahren wegen eines Ladendiebstahls). Weiterhin betrifft dies Fehlverhalten des Angeklagten, das sich in einem eigenmächtigen Entfernen aus der Verhandlung, in einer gezielten Herbeiführung von Verhandlungsunfähigkeit – etwa durch einen Hungerstreik vor der Verhandlung – oder durch eine Provokation des Ausschlusses aus dem Verfahren – z. B. durch Beleidigung der Richter – äußern kann.

Abwesenheit des Beschuldigten

Ist der → *Beschuldigte* zur Durchführung eines Strafverfahrens nicht greifbar, so kann dieses Verfahren vorläufig eingestellt werden. Soweit möglich und nötig, werden aber Beweismittel gesichert – etwa Zeugen vernommen – und sonstige Maßnahmen getroffen, um das Verfahren noch zu einem späteren Zeitpunkt durchführen zu können.

Abwesenheitspflegschaft

Bedürfen vermögensrechtliche Angelegenheiten eines abwesenden Volljährigen der Fürsorge, so ist ein Abwesenheitspfleger zu bestellen (§ 1911 BGB). Dies ist der Fall, wenn der Aufenthalt des Volljährigen unbekannt ist oder er an Rückkehr und Besorgung seiner Angelegenheiten verhindert ist. Zuständig ist das → *Vormundschaftsgericht*. Die Abwesenheitspflegschaft ist auch dann wirksam, wenn der Abwesende bereits verstorben war. Der Abwesenheitspfleger hat dann die Stellung des → *Nachlasspflegers*. Die Abwesenheitspflegschaft endet kraft Gesetzes mit der Todeserklärung des Abwesenden.

Abzeichen

Unter Abzeichen versteht man Zeichen, die den Träger als Inhaber eines bestimmten öffentlichen Amtes kenntlich machen. Das können etwa die Rangabzeichen eines Polizeibeamten oder Offiziers an seiner Uniform sein. Derartige Abzeichen sind – neben bestimmten Berufsbezeichnungen und Berufskleidung – strafrechtlich (§ 132 a StGB) dagegen geschützt, von nicht dazu berechtigten Personen getragen zu werden.

Adhäsionsverfahren

Die Strafprozessordnung sieht zwar grundsätzlich die Möglichkeit vor, im Strafverfahren gegen den → *Beschuldigten* gleichzeitig die Entschädigung des Verletzten zu regeln. In der Praxis wird hiervon aber kaum Gebrauch gemacht.

Adoption

A. ist die Annahme eines → *Kindes.* Die Adoption wird nur auf Antrag des Annehmenden, der notariell beurkundungsbedürftig ist, durch Beschluss des → *Vormundschaftsgerichts* ausgesprochen. An die Adoption Minderjähriger oder Volljähriger knüpft das Gesetz unterschiedliche Voraussetzungen und Rechtsfolgen.

(1) Für die Adoption Minderjähriger ist erforderlich, dass diese dem Wohl des Kindes dient und zu erwarten ist, dass zwischen dem Annehmenden und dem Kind ein echtes Eltern-Kind-Verhältnis entsteht (§ 1741 BGB). Der Angenommene wird voll in die Adoptivfamilie eingegliedert, die bisherigen Verwandtschaftsverhältnisse erlöschen (sog. Voll-Adoption).

(2) Ein Volljähriger kann als Kind angenommen werden, wenn die Annahme sittlich gerechtfertigt ist, insbesondere anzunehmen ist, dass zwischen dem Annehmenden und dem Anzunehmenden bereits ein Eltern-Kind-Verhältnis entstanden ist (§ 1767 BGB). Mit der Annahme erwirbt der Volljährige die Stellung eines Kindes des Annehmenden. Die bisherigen Verwandtschaftsverhältnisse des Angenommenen zu seinen leiblichen Eltern bleiben bestehen, jedoch ist der Annehmende dem Angenommenen und dessen Abkömmlingen vor den leiblichen Verwandten zur Gewährung des Unterhalts verpflichtet.

(3) Wer nicht verheiratet ist, kann ein Kind nur allein annehmen. Ein Ehepaar kann ein Kind nur gemeinschaftlich annehmen. Ein → *Ehegatte* kann auch ein Kind des anderen Ehegatten allein annehmen, nicht aber sein eigenes Kind. Der Annehmende muss unbeschränkt geschäftsfähig und mindestens 25 Jahre alt sein. Bei einem annehmenden Ehepaar genügt es, wenn ein Ehegatte mindestens 25 Jahre alt ist und der andere Ehegatte mindestens 21 Jahre als ist (§ 1743 BGB).

(4) Die Annahme bedarf der → *Einwilligung* des Kindes. Diese hat sein gesetzlicher Vertreter zu erteilen. Ist das Kind 14 Jahre alt, kann es die Einwilligung nur selbst erteilen und bedarf hierzu der Zustimmung des gesetzlichen Vertreters (§ 1746 Abs. 1 BGB). Bei unterschiedlicher Staatsangehörigkeit des Annehmenden und des

Kindes ist zusätzlich die gerichtliche Genehmigung des Vormundschaftsgerichts erforderlich.

(5) Zur Adoption ist ferner die Einwilligung der Eltern des Kindes erforderlich (§ 1747 BGB), es sei denn, diese wären dauerhaft wegen Geschäftsunfähigkeit oder unbekannten Aufenthaltes zur Abgabe der Erklärung außerstande. Die Einwilligung kann frühestens erteilt werden, wenn das Kind acht Wochen alt ist. Die Einwilligung der Kindeseltern ist nur wirksam, wenn die Annehmenden bereits feststehen. Eine allgemeine Einwilligung zur „Blanko-Adoption" ist unzulässig.

(6) Wird die Einwilligung der Eltern verweigert, kann sie bei Vorliegen triftiger Gründe (z. B. gröbliche Pflichtverletzung der Eltern gegenüber dem Kind) durch das Vormundschaftsgericht ersetzt werden. Mit der Einwilligung zur Adoption, die der notariellen Beurkundung bedarf und weder bedingt noch befristet ausgesprochen werden kann, ruht die elterliche Sorge und die bestehende Unterhaltspflicht. Wird die Adoption durch das Vormundschaftsgericht ausgesprochen, verändern sich die verwandtschaftlichen Beziehungen.

▸ Änderungskündigung

Mit der Änderungskündigung wird die inhaltliche Umgestaltung eines Dauerschuldverhältnisses (z. B. → *Arbeitsvertrag,* Mietvertrag) bezweckt. Die Änderungskündigung beinhaltet eine Kündigung, d.h. eine Erklärung des Arbeitgebers bzw. Vermieters, mit der dieser das Arbeits-/Mietverhältnis **einseitig** beendet. Mit der Änderungskündigung wird jedoch zugleich ein neuer Vertrag mit anderem Inhalt angeboten. Im Arbeitsrecht unterliegt sie dem → *Kündigungsschutz* für Arbeitnehmer (§§ 2, 8 Kündigungsschutzgesetz).

▸ Affektzustand

Ein Affektzustand ist ein Zustand hochgradiger Erregung, der je nach seinem Ausmaß bis zur → *Schuldunfähigkeit* führen kann. Zu seiner Beurteilung wird die Einschaltung eines medizinischen → *Sachverständigen* notwendig sein.

Agententätigkeit

A. ist eine geheimdienstliche Tätigkeit für eine fremde Macht und gegen die Interessen der Bundesrepublik Deutschland. Neben dem Ausspähen von Staatsgeheimnissen wird auch die Beschaffung sonstiger Tatsachen, Gegenstände oder Erkenntnisse unter Strafe gestellt. So kann Agententätigkeit insbesondere auch dann vorliegen, wenn einer fremden Macht Geheimnisse aus dem wirtschaftlichen Bereich verschafft werden.

AIDS

Dies ist die geläufige, auf der englischen Sprache beruhende Abkürzung für die Krankheit „Erworbenes Immunschwäche-Syndrom". In strafrechtlicher Hinsicht begeht ein Infizierter, der in Kenntnis seiner Erkrankung ungeschützten Sexualverkehr mit einem nicht informierten Partner begeht, vollendete (wenn es zur Ansteckung kommt), andernfalls versuchte gefährliche → *Körperverletzung.*

Akademische Grade

A. sind öffentliche Würden, die natürlichen Personen für besondere wissenschaftliche Qualifikationen von staatlichen Hochschulen auf der Grundlage von Prüfungs- oder Promotionsordnungen verliehen werden. Die wichtigsten Grade sind Diplom (z. B. Diplom-Ingenieur), Magister, Doktor und in bestimmten Fällen Professor. Diplome, die an Fachhochschulen erworben werden, sind mit dem Zusatz FH zu führen. Für besondere Verdienste können akademische Grade auch ehrenhalber (z. B. Dr. h. c.) verliehen werden.

Akkordarbeit

A. bedeutet, dass die → *Arbeitsvergütung* sich nach dem erzielten Arbeitsergebnis richtet (z. B. nach der Anzahl der gefertigten Stücke, sog. Stücklohn, oder nach der Zeit, die für die Bearbeitung eines Stückes benötigt wird, sog. Zeitakkord). Es gibt Einzel- und Gruppenakkord. Jugendliche dürfen grundsätzlich nicht mit Akkordarbeit beschäftigt werden (§23 Jugendarbeitsschutzgesetz); eine ähnliche Regelung gilt für werdende Mütter (§4 Abs. 3 Ziffer 1 MutterschutzG). Normalerweise wird neben dem Akkordlohn ein bestimmter, zeitbezogener Mindestlohn vereinbart.

Der Akkordlohn ist eine bestimmte Form der **Leistungsvergütung**. Der Gegensatz hierzu steht die im Arbeitsleben häufiger verwendete **Zeitvergütung** (Zeitlohn), die dadurch gekennzeichnet ist, dass die Vergütung nach der Zeit bemessen wird, während derer der Arbeitnehmer seine Arbeitskraft zur Dienstleistung zur Verfügung stellt.

▶ Akteneinsicht

Im Verwaltungsverfahren wird Akteneinsicht nach Maßgabe des §29 → *Verwaltungsverfahrensgesetz* gewährt. Den an einem laufenden Verwaltungsverfahren Beteiligten ist Einsicht in die Verwaltungsvorgänge zu gewähren, soweit deren Kenntnis zur Geltendmachung oder Verteidigung rechtlicher Interessen notwendig ist. Akteneinsicht kann verweigert werden, wenn dadurch die ordnungsgemäße Erfüllung der Aufgaben der Behörde beeinträchtigt, geheimhaltungsbedürftige Vorgänge betroffen sind oder das Wohl des Bundes oder eines Landes bei einem Bekanntwerden des Akteninhalts Schaden nehmen würde. Die Einsicht in Akten, die ein abgeschlossenes Verfahren betreffen, kann die Behörde nach ihrem → *Ermessen* gestatten.

Im Verwaltungsprozess können die Prozessbeteiligten die Gerichtsakten und die dem Gericht vorgelegten Akten einsehen. Verwaltungsbehörden sind grundsätzlich zur Aktenvorlage verpflichtet, außer wenn besonders wichtige Gründe, insbesondere Geheimhaltungsgründe entgegenstehen.

Das Recht auf Einsicht in die Akten eines Strafverfahrens steht Gerichten, Staatsanwaltschaften, sonstigen Justizbehörden sowie beim Vorliegen bestimmter Voraussetzungen auch anderen Behörden uneingeschränkt zu. So kann ein Gericht die Akten eines früheren Verfahrens heranziehen, um etwa Vergleiche über die Art der Tatausführung treffen zu können. Die Beschäftigungsbehörde eines → *Beamten,* der im Verdacht der Bestechlichkeit steht, kann die Akten des Ermittlungsverfahrens einsehen, um über eine vorläufige Beurlaubung dieses Beamten von seinen Dienstgeschäften entscheiden zu können. Aber auch dem → *Verteidiger* eines Beschuldigten steht – grundsätzlich schon im Ermittlungsverfahren, auf jeden Fall aber nach dem Abschluss der Ermittlungen – das Recht auf uneingeschränkte Einsicht zu. Der Beschuldigte selbst hat dagegen kein Einsichtsrecht, weil bei ihm zu befürchten wäre, dass er Bestandteile der Akten oder andere Unterlagen vernichtet. Von Seiten des → *Verletzten* ist ein Akteneinsichtsrecht über einen Rechtsanwalt bei Vorliegen eines berechtigten Interesses ebenfalls gegeben. Das ist etwa der Fall, wenn Schadensersatzansprüche wegen eines Verkehrsunfalls geltend gemacht werden sollen. Unter denselben Voraussetzungen erhält der Verletzte als Privatperson solche Auskünfte aus den Akten, die rasch erteilt werden können. Dieselben Rechte haben Privatpersonen auch ohne Verletzter zu sein, wenn sie ein sonstiges berechtigtes Interesse an einer Akteneinsicht oder Auskunft geltend machen können und keine schutzwürdigen Belange Betroffener entgegenstehen. Im → *Zivilprozess* steht das Akteneinsichtsrecht den Parteien kraft Gesetzes unmittelbar zu. Dritte können nur mit Einwilligung der Parteien oder, wenn sie ein rechtliches Interesse glaubhaft machen, mit Gestattung des Vorstands des Gerichts Einsicht in die Akten nehmen.

▶ Aktie

Bei → *Aktiengesellschaften* wird das → *Grundkapital* in verschiedene Anteile aufgeteilt, und die Anteile werden in Urkunden verbrieft. Diese Anteile heißen Aktien und stellen → *Wertpapiere* dar, durch deren Erwerb der Aktionär einen entsprechenden Anteil am Gesellschaftsvermögen erhält. Aktien müssen über einen Nennbetrag, der mindestens 1 EUR betragen muss, lauten. Sie können auf einen bestimmten Namen (Namensaktien) oder auf den jeweiligen Inhaber (Inhaberaktien) ausgestellt sein. Bei den im Umlauf befindlichen Aktien handelt es sich heute ganz überwiegend um Inhaberaktien. Wenn den Aktionären gewisse Sonderrechte eingeräumt sind (etwa erhöhte → *Dividende),* handelt es sich um Vorzugsaktien; ohne solche Vorrechte spricht man von Stammaktien.

Aktiengesellschaft

Eine Aktiengesellschaft (AG) ist eine Gesellschaft mit eigener Rechtspersönlichkeit (→ *Juristische* Person). Den Gläubigern der Gesellschaft haftet nur das Gesellschaftsvermögen, nicht jedoch die Aktionäre persönlich. Die AG ist eine → *Kapitalgesellschaft,* die von ihrem Mitgliederbestand unabhängig ist. So ist die AG eine geeignete Organisationsform, wenn zum einen große Kapitalmengen für ein Unternehmen aufgebracht werden müssen, andererseits aber der Betrag (siehe dazu auch → *Aktie)* einer einzelnen Beteiligung und das Risiko dabei begrenzt werden soll. Die AG ist stets eine Handelsgesellschaft und damit → *Kaufmann* (§ 3 Aktiengesetz (AktG), § 6 HGB). Die maßgeblichen Vorschriften über die AG sind im AktG enthalten. Zur Gründung einer AG ist erforderlich, dass eine Satzung (Gesellschaftsvertrag) aufgestellt wird, das → *Grundkapital* mindestens 50 000 EUR beträgt und die Gesellschaft in das → *Handelsregister* eingetragen wird. Die Organe der AG sind die → *Hauptversammlung,* der → *Aufsichtsrat* und der → *Vorstand.* Die bedeutsamsten Auflösungsgründe einer AG sind entsprechende Hauptversammlungsbeschlüsse, Fusionen (Verschmelzung mit anderen Gesellschaften) oder → *Insolvenz.* Als „kleine Aktiengesellschaft" wird ein Unternehmen bezeichnet, welches die in § 267 HGB genannten Kriterien (z. B. Umsatz bis zu 6,875 Mio EUR) nicht überschreitet. Kleine Kapitalgesellschaften genießen seit 1994 Erleichterungen bei Aufstellung von Bilanz bzw. Gewinn- und Verlustrechnung.

Aktienstimmrecht

Die Aktionäre einer Aktiengesellschaft treffen ihre Entscheidungen durch Beschlüsse in der → *Hauptversammlung.* Bei diesen Abstimmungen steht dabei grundsätzlich jedem Aktionär ein Stimmrecht entsprechend seinem gehaltenen Aktiennennbetrag (→ *Aktie)* zu. Die Ausübung dieses Stimmrechts kann auf Bevollmächtigte übertragen werden. In der Praxis treten häufig Banken, in deren → *Depot* sich die Aktie befindet, als Bevollmächtigte in den Hauptversammlungen auf.

Akzessorietät

Im Strafrecht versteht man unter dem Begriff der Akzessorietät, dass bei → *Anstiftung* und → *Beihilfe* eine Bestrafung des Anstifters und Gehilfen eine vorsätzlich und rechtswidrig – nicht aber notwendig schuldhaft – begangene Haupttat voraussetzt. Wer also für einen Einbrecher Aufpasserdienste leistet, wird nur bestraft, wenn der Einbruch wenigstens versucht wird, nicht aber, wenn der Einbrecher am Tatort gar nicht erst erscheint.

Daneben kommt bei einer fehlschlagenden Anstiftung zu einem → *Verbrechen* nur noch eine Bestrafung wegen dieses „Versuchs" in Betracht.

Alibi

Ein Alibi ist der Nachweis eines Beschuldigten, dass er sich zur Tatzeit nicht am Tatort aufgehalten hat. Ein fehlendes Alibi allein ist aber noch kein Nachweis der Täterschaft.

Alimentationsprinzip

A. ist ein hergebrachter Grundsatz des Berufsbeamtentums. Es enthält die Verpflichtung des → *Dienstherrn* eines Beamten, ihm und seiner Familie einen angemessenen Lebensunterhalt zu gewährleisten. Je nach dem Status seines Dienstverhältnisses erhält der Beamte entweder Besoldung oder Ruhegehaltsbezüge (Pension); daneben werden Krankheitskosten (Beihilfe) und Dienstreisekosten erstattet und im Falle einer → *Versetzung* vorübergehend Trennungsgeld bezahlt oder Umzugskosten erstattet. Aus dem Alimentationsprinzip folgt, dass die beamtenrechtlichen Bezüge keine Gegenleistung für geleistete Dienste darstellen, sondern eine Art Unterhaltsrente.

Alkoholdelikte

Der Genuss von Alkohol als solcher ist im deutschen Strafrecht auch dann, wenn er zum → *Vollrausch* führt, nicht strafbar.

Begeht aber jemand, wenn er sich bewusst oder unbewusst in einen Vollrausch versetzt hat und deswegen seine → *Schuldun-*

fähigkeit gegeben oder mindestens nicht auszuschließen ist, eine Straftat (er schlägt etwa eine Schaufensterscheibe ein), so wird er wegen des Vollrauschs (nicht aber wegen der Sachbeschädigung) bestraft.

Dienst- oder arbeitsrechtliche Bestimmungen können den Alkoholgenuss während der Dienstzeiten und für einen angemessenen Zeitraum zuvor dagegen untersagen. Verstöße gegen derartige Regelungen haben aber keine strafrechtlichen Folgen.

Dagegen wird die Teilnahme alkoholisierter Fahrzeugführer im Straßen-, Schienen-, Luft- und Schiffsverkehr weitgehend verfolgt: Wer wegen Trunkenheit fahruntüchtig ist und dadurch andere Personen oder fremdes Eigentum von bedeutendem Wert (die Grenze liegt bei etwa 800 EUR) gefährdet, wird strafrechtlich wegen Gefährdung des Bahn-, Schiffs- oder Luftverkehrs (§ 315 a StGB) oder wegen → *Straßenverkehrsgefährdung* (§ 315 c StGB) belangt. Aber auch eine folgenlose Trunkenheitsfahrt führt bei → *Fahruntüchtigkeit* zur Strafbarkeit wegen → *Trunkenheit* im Verkehr (§ 316 StGB). Im Übrigen ist das Führen eines Kraftfahrzeugs in der Bundesrepublik ab einem Blutalkoholwert (→ *Alkoholgenuss* im Verkehr) von 0,5 ‰ oder einer entsprechenden Atemalkoholkonzentration (→ *Atemalkoholuntersuchung*) in jedem Fall eine → *Ordnungswidrigkeit.*

Alkoholgenuss im Verkehr

Die → *Fahruntüchtigkeit* (→ *Alkoholdelikte)* wird als absolut bezeichnet, wenn im Straßenverkehr von den Fahrzeugführern gewisse Grenzwerte erreicht werden. Von diesen Grenzen ab liegt in jedem Fall Strafbarkeit vor. Sie betragen: 1,1 ‰ für Kraftfahrzeugführer und 1,6 ‰ für Radfahrer. Unterhalb dieser Grenzen spricht man von relativer Fahruntüchtigkeit. Das bedeutet, dass zur Alkoholisierung noch weitere Beweisanzeichen für eine Fahruntüchtigkeit hinzutreten müssen. Dies sind alkoholtypische Ausfallerscheinungen wie das Fahren in Schlangenlinien, die Geradeausfahrt in Kurven und Ähnliches.

Bei der Feststellung dieser Grenzen ist dem → *Blutalkohol* (also dem Anteil des Alkohols im Blut) der Körperalkohol (also die kurz nach Trinkende erst vom Körper aufgenommene Alkoholmenge) gleichgestellt, weil beide dieselben Ausfallerscheinungen verursachen. Die Höhe des Alkoholgehalts wird durch eine Blutprobe festgestellt. Daneben können zur Feststellung des Alkoholisierungsgrades auch →*Atemalkoholuntersuchungen* durchgeführt werden. Mit ihrer Hilfe ist bislang aber nur der Nachweis entsprechender →*Ordnungswidrigkeiten* (→*Alkoholdelikte*) möglich, nicht aber derjenige strafbaren Verhaltens.

Bei einem Unfall hat die Alkoholisierung des Verursachers für den Unfallgegner nicht zur Folge, dass dessen Haftpflichtversicherung nicht bezahlt. Die Haftpflichtversicherung kann jedoch beim eigenen Versicherten – also dem Unfallverursacher – in einer Höhe bis zu 5 000 EUR Rückgriff für ihre Aufwendungen nehmen und ihre Einstandspflicht auf die gesetzlich vorgesehenen Mindestsummen beschränken.

Eine etwa bestehende Vollkaskoversicherung kann bei Schäden, die auf alkoholbedingte Fahruntüchtigkeit des Versicherten zurückzuführen sind, ihre Leistung verweigern.

▶ Alkoholverbot

A. für Jugendliche bestimmt sich im Wesentlichen nach den Vorschriften des Jugendschutzgesetzes. In Gaststätten, Verkaufsstellen und sonst in der Öffentlichkeit darf Branntwein an Kinder (bis 14 Jahre) oder Jugendliche (14 bis 18 Jahre) nicht verkauft oder dessen Verzehr nicht gestattet werden. Sonstige alkoholische Getränke dürfen an Kinder oder Jugendliche unter 16 Jahren nur bei Anwesenheit eines Sorgeberechtigen abgegeben werden. Automaten, die alkoholische Getränke enthalten, müssen so aufgestellt werden, dass sie von Kindern und Jugendlichen unter 16 Jahren nicht benutzt werden können.

▶ Allgemeine Geschäftsbedingungen

Als „Allgemeine Geschäftsbedingungen" (das →*Kleingedruckte*) bezeichnet man diejenigen Bedingungen eines Vertrages, die die eine Seite (der Verwender) für eine Vielzahl von Anwendungsfällen vorformuliert hat und deren Hinnahme er von der anderen

Seite verlangt. Das ist etwa der Fall, wenn ein Gebrauchtwagenhändler bei einem Autokauf immer denselben Vordruck über die Verkaufsbedingungen verwendet. Die Regelungen über Allgemeine Geschäftsbedingungen sind seit der Reform des BGB jetzt überwiegend dort aufgenommen worden (§§ 305 ff. BGB). Allgemeine Geschäftsbedingungen müssen mit Ausnahme besonderer Fälle (etwa Verkehrs- oder Telekommunikationstarife) bei Abschluss des Vertrages der anderen Seite entweder vorgelegen haben oder von ihr nach entsprechendem Hinweis ohne Schwierigkeiten einsehbar gewesen sein. So genügt es etwa, wenn an der Annahme einer Reinigung auf die Geltung der Allgemeinen Geschäftsbedingungen hingewiesen wird und diese im Geschäftslokal an gut sichtbarer Stelle aushängen. Bei erkennbaren körperlichen Behinderungen eines Vertragspartners (etwa Blindheit) müssen für diesen angemessene Hilfen zur Kenntnisnahme erfolgen. Allgemeine Geschäftsbedingungen dürfen keine überraschenden Regelungen enthalten, etwa beim Kauf einer Kaffeemaschine die Pflicht, wöchentlich auch ein Pfund Kaffee zu kaufen; Abreden, die im Einzelfall getroffen worden sind, gehen vor. Unwirksam sind neben bestimmten, im Gesetz über die Allgemeinen Geschäftsbedingungen ausdrücklich genannten Klauseln alle Regelungen, die die andere Seite unangemessen benachteiligen. Das ist regelmäßig gegeben, wenn Allgemeine Geschäftsbedingungen mit wesentlichen Grundgedanken der gesetzlichen Regelung, von der sie abweichen, nicht mehr vereinbar sind oder wenn die Erreichung des Vertragszwecks durch sie gefährdet wird. Entfällt eine Klausel wegen ihrer Unwirksamkeit, so gilt an ihrer Stelle die gesetzliche Regelung. Würde eine Reinigung also jede Haftung (dies ist unzulässig) für Schäden an den Kleidern des Kunden ausschließen, so würde sie als Folge nach den Regeln des BGB für jedes, also auch leichtes, Fehlverhalten haften. Die Bestimmungen des Gesetzes über Allgemeine Geschäftsbedingungen gelten auf verschiedenen Rechtsgebieten (Erb-, Familien- und Gesellschaftsrecht), bei behördlicher Überwachung bestimmter Vertragswerke wie etwa der Personenbeförderung und zum Teil bei der Beteiligung eines → *Unternehmers* nicht. Dagegen ist das Gesetz jetzt auf Individualarbeitsverträge (→ *Arbeitsvertrag*) anwendbar, wenn die Besonderheiten des Arbeitsrechts angemessen berücksichtigt werden und für die zu entscheidende Frage keine arbeitsrechtlich höherrangigen Regelungen wie etwa → *Tarifverträge* Bestimmungen enthalten.

Allgemeine Versorgungsbedingungen

A. legen den Inhalt der Verträge über die Versorgung mit Elektrizität, Fernwärme, Wasser und Gas für Abnehmer und Lieferant verbindlich fest. Abweichende Vereinbarungen sind unzulässig.

Allgemeinverbindlichkeit

A. bedeutet Verbindlichkeit einer Bestimmung (eines Gesetzes) für jedermann. Im Arbeitsrecht können auf Antrag einer Tarifvertragspartei (→ *Tarifvertrag)* nach dem Tarifvertragsgesetz der Bundesminister für Arbeit und Sozialordnung bzw. die entsprechenden obersten Landesbehörden einen Tarifvertrag im Einvernehmen mit einem von den Tarifvertragsparteien paritätisch besetzten Ausschuss für allgemeinverbindlich erklären. Die Erklärung bewirkt, dass der normative Teil des Tarifvertrages, also die Bestimmungen des Tarifvertrags, die die Rechtsbeziehungen zwischen Arbeitgeber und Arbeitnehmer regeln, dann auch die nicht tarifgebundenen → *Arbeitgeber* und → *Arbeitnehmer* erfasst (§ 5 Absatz 4 TVG). Daneben soll nach dem von der Bundesregierung nach der Koalitionsvereinbarung vom 14. 10. 2002 geplanten → *Tariftreuegesetz* die Bindungswirkung nicht für allgemeinverbindlich erklärter Tarifverträge dadurch ausgedehnt werden, dass öffentliche Auftraggeber verpflichtet werden, Bauaufträge und Aufträge zur Personenbeförderung im öffentlichen Nahverkehr nur an solche Unternehmen zu vergeben, die sich ihrerseits verpflichten, das in Tarifverträgen vereinbarte Arbeitsentgelt am Ort der Leistungserbringung zu zahlen. Dies würde dann zu einer indirekten Tarifbindung in den genannten Bereichen führen.

Ein Verzeichnis der jeweils für allgemeinverbindlich erklärten Tarifverträge kann im Internet unter www.bma.bund.de abgerufen werden.

Allgemeinverfügung → *Verwaltungsakt*

Altenheim → *Heimgesetz,* → *Heimvertrag*

Altenhilfe

A. ist eine der Leistungen nach dem Bundessozialhilfegesetz (→ *Sozialhilfe);* sie ist eine der Hilfen in besonderen Lebenslagen.

Die Altenhilfe soll die altersbedingten Schwierigkeiten körperlicher, geistiger oder seelischer Art verhüten, unterbinden oder mildern. Auf diese Weise soll älteren Menschen die Möglichkeit zur Teilnahme am Leben in der Gemeinschaft erleichtert werden. Persönliche Hilfe, etwa bei der Beschaffung oder Erhaltung einer angemessenen Wohnung, soll ohne Rücksicht auf vorhandenes Einkommen oder Vermögen gewährt werden; bei Geld- oder Sachleistungen gelten dagegen die allgemeinen Einkommensgrenzen. Die Einzelheiten sind in § 75 BSHG geregelt.

Altersentlastungsbetrag

A. ist ein steuerlicher Freibetrag in Höhe von maximal 1908 EUR oder 40 v. H. des Arbeitslohns und der positiven Summe der Einkünfte, die nicht solche aus nichtselbständiger Arbeit sind (§ 24 a EStG). Der Freibetrag wird dem Steuerpflichtigen gewährt, wenn er in dem Kalenderjahr, das dem Veranlagungszeitraum vorangegangen ist, das 64. Lebensjahr vollendet hat. Für Ehegatten, die zusammenveranlagt werden, ist der Altersentlastungsbetrag jeweils gesondert zu ermitteln. Für Versorgungsbezüge (z. B. Pensionen von Beamten) gelten Sonderregelungen nach § 19 Abs. 2 EStG (→ *Versorgungsfreibetrag).*

Altersgrenzen

A. sind in der gesetzlichen → *Rentenversicherung* als Voraussetzung für den Bezug von → *Altersrente* vorgesehen. Die Einzelheiten sind im Sechsten Buch des → *Sozialgesetzbuchs* (SGB VI) geregelt. Es ist zu unterscheiden zwischen der Regelaltersrente, der Altersrente für langjährig Versicherte und für schwerbehinderte

Menschen sowie der Altersrente für Frauen. Besondere Formen der Altersrente mit entsprechenden Altersgrenzen gibt es für unter Tage beschäftigte Bergleute. Die normale Altergrenze ist im Regelfall die Vollendung des 65. Lebensjahrs; die allgemeine → *Wartezeit* beträgt 5 Jahre (§ 35 SGB VI). Ein Hinzuverdienst ist zulässig. Für die Altersrente für langjährig Versicherte ist die Vollendung des 62. (§ 36 SGB VI) bzw. des 63. Lebensjahrs (§ 37 SGB VI) für Schwerbehinderte Voraussetzung. Die Wartezeit beträgt jeweils 35 Versicherungsjahre. Für einige Versichertengruppen muss das 60. Lebensjahr vollendet sein. So können Schwerbehinderte nach diesem Zeitpunkt eine vorzeitige Altersrente in Anspruch nehmen. Versicherte, die vor dem 1. 1. 1952 geboren sind und für einen bestimmten Zeitraum arbeitslos waren und bestimmte Versicherungszeiten erfüllen, nach Vollendung des 60. Lebensjahrs Altersrente beziehen (§ 237 SGB VI). Sie gilt für Frauen, die vor dem 1. 1. 1952 geboren sind und nach Vollendung des 40. Lebensjahrs mehr als 10 Jahre pflichtversichert tätig waren (§ 237a SBG VI). Die Wartezeit beträgt jeweils 15 Jahre. Auf die Wartezeiten werden Beitragszeiten und → *Ersatzzeiten* angerechnet. Die Möglichkeit des Hinzuverdienstes ist bei Inanspruchnahme einer Altersrente vor Vollendung des 65. Lebensjahrs nur sehr eingeschränkt gegeben. Nach Vollendung des 65. Lebensjahres ist auch in diesen Fällen ein Hinzuverdienst grundsätzlich zulässig.

Die Altersgrenze für einen → *Beamten* ist grundsätzlich die Vollendung des 65. Lebensjahrs; damit tritt der Beamte automatisch in den Ruhestand. Bei dringendem dienstlichen Bedürfnis kann der Eintritt des Ruhestandes mit Zustimmung des Bundes- oder → *Landespersonalausschusses* bis auf das 70. Lebensjahr hinausgeschoben werden. Ab Vollendung des 63. Lebensjahrs kann ein Beamter auf Antrag in den vorzeitigen Ruhestand gehen. Im Rahmen der Einsparungen im öffentlichen Dienst wird diese Grenze teilweise auf 64 Jahre angehoben. Für schwerbehinderte Beamte gilt eine Altersgrenze von 60 Jahren. Für Justizvollzugsbeamte, Polizeivollzugsbeamte, Berufssoldaten → (*Soldatenrecht*) und Hochschullehrer gelten besondere Altersgrenzen.

Altershilfe für Landwirte

A. ist ein Zweig der gesetzlichen → *Rentenversicherung.* Sie ist im Gesetz über die Altershilfe für Landwirte geregelt. Träger sind die landwirtschaftlichen Alterskassen. Da mit dem Gesetz neben der sozialen Absicherung auch agrarpolitische Ziele verfolgt werden, unterscheiden sich die Leistungen teilweise von denen der allgemeinen Rentenversicherung. Neben Renten (Altersgeld) kann stationäre Heilbehandlung und während ihrer Dauer sowie nach dem Tod eines Ehegatten Betriebs- und Haushaltshilfe oder entsprechende Kostenerstattung für deren Selbstbeschaffung gewährt werden. Die Finanzierung erfolgt durch Beiträge, die für alle Beitragspflichtigen gleich sind, sowie einen Zuschuss des Bundes.

Altersrente

A. ist die Hauptleistung der gesetzlichen → *Rentenversicherung.* Die Einzelheiten sind im Sechsten Buch des → *Sozialgesetzbuchs* (SGB VI) geregelt.

Voraussetzung für die Gewährung von Altersrente ist die Erreichung bestimmter → *Altersgrenzen* und die Erfüllung der damit korrespondierenden → *Wartezeiten.* Die Höhe der Altersrente wird nach der Rentenformel errechnet. Dieser enthält folgende Faktoren: Entgeltpunkte x Zugangsfaktor x aktueller Rentenwert x Rentenartfaktor; das Ergebnis ist die Bruttomonatsrente (vgl. § 64 SGB VI). Die Entgeltpunkte spiegeln das individuelle Erwerbsleben des Versicherten wider. Die persönlichen Entgeltpunkte ergeben sich im Wesentlichen aus der Summe aller Entgeltpunkte für Beitragszeiten, für beitragsfreie Zeiten, für Zuschläge für beitragsgeminderte Zeiten und für Zu- oder Abschläge aus einem Versorgungsausgleich oder einem Rentensplitting unter Ehegatten; als Beitragszeiten gelten in bestimmtem Umfang auch Kindererziehungszeiten. Durch den Zugangsfaktor wird die unterschiedliche Dauer eines Rentenbezugs durch einen versicherungsmathematischen Faktor ausgeglichen; wird eine Rente vor oder nach dem im Einzelfall maßgeblichen Zeitpunkt beansprucht, verringert oder erhöht sich der Faktor. Der aktuelle Rentenwert ist der Betrag, der einer monatlichen Rente wegen Alters der Rentenversicherung der

Arbeiter und der Angestellten entspricht, wenn für ein Kalenderjahr Beiträge aufgrund des Durchschnittsentgelts gezahlt worden sind; der jeweils aktuelle Faktor wird zum 1. Juli eines jeden Jahres ermittelt. Die unterschiedliche Höhe einer Rentenart wird durch den entsprechenden Rentenartfaktor berücksichtigt. Er beträgt für die Altersrente 1,0. Im Rahmen der geplanten Neuordnung des Sozialversicherungsrechts sind Änderungen bei der Altersrente zu erwarten.

Altersruhegeld

A. nannte man früher die Altersrente oder Betriebsrente.
→ *Altersversorgung,* betriebliche

Altersversorgung, betriebliche

A. sind alle Leistungen der Altersversorgung, der Hinterbliebenenversorgung und der Invaliditätsversorgung, die ein Arbeitgeber seinem Arbeitnehmer aus Anlass des Arbeitsverhältnisses zusagt. Einzelheiten sind im Betriebsrentengesetz (Gesetz zur Verbesserung der betrieblichen Altersversorgung) geregelt.

Dieses Gesetz selbst begründet keine Betriebsrentenansprüche (= Ruhegeldansprüche), sondern sichert eine einmal erfolgte Betriebsrentenzusage (= Ruhegeldzusage) in verschiedener Weise ab. Betriebliche Rentenansprüche können sich also nur aus → *Tarifvertrag,* → *Betriebsvereinbarung,* → *Arbeitsvertrag,* einer an alle Arbeitnehmer gerichteten Zusage oder aus dem → *Gleichbehandlungsgrundsatz* ergeben. Betriebsrenten können in verschiedenen Formen gewährt werden:

(a) Der Arbeitgeber kann die Verpflichtung selbst übernehmen und dadurch selbst zum Träger der Versorgung werden. Man nennt diese Form der betrieblichen Altersversorgung „Direktzusage".

(b) Der Arbeitgeber kann eine Lebensversicherung zugunsten des Arbeitnehmers oder seiner Hinterbliebenen abschließen. Hier spricht man von einer „Direktversicherung".

(c) Die zugesagte betriebliche Altersversorgung kann auch über eine so genannte Pensionskasse abgewickelt werden. Hierbei handelt es sich um eine rechtlich selbständige Versorgungsreinrichtung, die dem Arbeitnehmer oder seinen Hinterbliebenen einen Rechtsanspruch auf die zugesagten Versorgungsleistungen gewährt.

(d) Weiterhin kann der Arbeitgeber die zugesagte betriebliche Altersversorgung über eine Unterstützungskasse durchführen. Unterstützungskassen unterscheiden sich von den Pensionskassen dadurch, dass auf ihre Leistungen kein Rechtsanspruch gewährt wird. Allerdings ist eine Kürzung oder Einstellung der Leistungen nur zulässig, wenn sachliche Gründe dies rechtfertigen. Scheidet der Arbeitgeber aus dem Kreis der Unternehmen, die die Unterstützungskasse tragen, aus, so hat er die Betriebsrentenzusage selbst zu erfüllen.

Nach dem Gesetz zur Verbesserung der betrieblichen Altersversorgung sind erworbene Anwartschaften unter bestimmten Voraussetzungen **unverfallbar**, d.h. der Arbeitgeber muss sie auch dann aufrechterhalten, wenn der Arbeitnehmer vor Eintritt des Versorgungsfalles aus dem Arbeitsverhältnis ausscheidet.

▸ Altlasten

A. bezeichnet man allgemein die Folgen unzureichend durchgeführter Abfallablagerungen oder von Industrieproduktionen, die zu Umweltschädigungen in Form von Bodenverunreinigungen geführt haben. Oftmals waren die Verhaltensweisen, die zu den Altlasten geführt haben, nach der damaligen Rechtslage nicht illegal. Das Bundesbodenschutzgesetz, nach dem sich Maßnahmen in Zusammenhang mit Altlasten regeln, definiert Altlasten als stillgelegte Abfallbeseitungsanlagen sowie sonstige Grundstücke, auf denen Abfälle behandelt, gelagert oder abgelagert wurden (Altablagerungen) und andere Grundstücke, auf denen mit umweltgefährdenden Stoffen gearbeitet wurde (Altstandorte), wenn durch sie schädliche Bodenveränderungen hervorgerufen wurden. Als besonders problematisch stellt sich die Frage der sicherheitsrechtlichen Verantwortlichkeit dar, wenn der Verursacher nicht mehr ausfindig gemacht werden kann. In der Regel wird der jeweilige Eigentümer als Zustandsstörer zur Beseitigung herangezogen werden. In zivilrechtlicher Hinsicht stellt sich die Frage von

→ *Gewährleistungsrechten* beim Verkauf mit Altlasten behafteter Grundstücke. Gemeinden müssen mit Ansprüchen wegen Amtspflichtverletzung rechnen, wenn sie in sorgfaltswidriger Weise entsprechende Flächen im Weg der → *Bauleitplanung* einer Bebauung zuführen.

▶ Altöl

A. gilt nach den einschlägigen Bestimmungen des Abfallrechts stets als → *Abfall*. Altöl ist in Abfallentsorgungsanlagen oder besonderen nach dem Bundesimmissionsschutzgesetz genehmigungspflichtigen Anlagen zu beseitigen. Die Verkäufer von Motor- und Getriebeölen sind verpflichtet, Rückgabestellen einzurichten und Altöle kostenlos entgegenzunehmen. Die entsprechenden Bestimmungen gelten auch nach Inkrafttreten des Kreislaufwirtschafts- und Abfallgesetzes weiter, bis sie durch eine vergleichbare Regelung auf der Grundlage des neuen Rechts abgelöst werden.

▶ Amnestie → *Gnadenrecht*

▶ Amt

Als Amt bezeichnet man landläufig eine Behörde mit einem bestimmten Geschäftsbereich (z. B. Landratsamt). Öffentliches Amt ist die Gesamtheit der Aufgaben, die einem Träger öffentlicher Gewalt für einen bestimmten Bereich zugewiesen ist. Öffentliche Ämter werden z. B. bekleidet von einem Minister, einem → *Richter* und – teilweise – von einem → *Notar*. Nach Art. 33 Abs. 2 des GG haben alle Deutschen nach ihrer Eignung, Befähigung und fachlichen Leistung Zugang zu jedem öffentlichen Amt. Religiöse oder politische Anschauungen dürfen nicht zu Auswahlkriterien gemacht werden. Die spezifischen Zugangsvoraussetzungen sind für die einzelnen Ämter gesetzlich geregelt, etwa in den Beamten- oder Richtergesetzen.

▶ Amtsanmaßung

Unter diesem Begriff versteht man die Ausübung eines öffentlichen → *Amtes* durch eine Person, die es in Wirklichkeit nicht innehat. Dies ist zum Beispiel gegeben, wenn jemand als angeblicher Standesbeamter eine Eheschließung vornimmt. Neben der eben geschilderten Tatbegehung (jemand gibt sich als Amtsinhaber aus und nimmt eine Amtshandlung vor) genügt es auch, wenn jemand – ohne sich als Amtsinhaber auszugeben – ein Verhalten zeigt, das nur einem Amtsinhaber zusteht. Letzteres wäre etwa die Durchsuchung eines Passanten auf der Straße durch eine Privatperson.

Die wahrheitswidrig aufgestellte Angabe (ohne auch eine Amtshandlung vorzunehmen), ein öffentliches Amt oder sonstige, besonders geschützte Berufe oder Titel – z. B. den Doktorgrad – innezuhaben, ist dagegen keine Amtsanmaßung. Sie ist jedoch als Missbrauch einer → *Amtsbezeichnung* strafbar.

Amtsarzt

A. ist ein im öffentlichen Gesundheitswesen, insbesondere in einem staatlichen oder kommunalen Gesundheitsamt tätiger Mediziner (→ *Arzt*). Zu den Amtsärzten zählen auch die mit gutachterlichen Aufgaben betrauten Gerichtsärzte oder die für die → *Sozialversicherungsträger* tätigen Vertrauensärzte. Die Untersuchung durch Amtsärzte ist vielfach gesetzlich vorgeschrieben, etwa bei der Versetzung eines Beamten in den Ruhestand wegen Dienstunfähigkeit.

Amtsbezeichnung

Darunter versteht man den Titel, der einem Beamten nach Bundes- oder Landesrecht verliehen ist (z. B. Inspektor, Regierungsrat, Richter am Amtsgericht). Der Missbrauch von Amtsbezeichnungen, also die Verwendung solcher Titel durch Personen, die in Wirklichkeit kein entsprechendes → *Amt* ausüben, ist strafbar.

Amtsdelikte

Dies sind diejenigen Straftatbestände, die an eine bestimmte berufliche Stellung des Täters – meistens seine Beamteneigenschaft – anknüpfen. Man unterscheidet echte Amtsdelikte – die als Täter nur ein → *Amtsträger* verwirklichen kann – und unechte Amtsdelikte, bei denen die Amtsträgereigenschaft nur zu einer Strafverschärfung führt. Ersteres ist beispielsweise die → *Bestechlichkeit* eines Beamten, die in der Annahme von Schmiergeld liegen kann. Ein unechtes Amtsdelikt ist dagegen die → *Körperverletzung* im Amt – ein Polizeibeamter schlägt grundlos einen Festgenommenen – bei der die Beamteneigenschaft „nur" zur Anwendung eines erhöhten Strafrahmens führt.

Bei der Verurteilung wegen eines Amtsdelikts kann ein → *Beamter* leichter als bei der Begehung sonstiger Straftaten sein Amt verlieren.

Amtseid

A. ist das von einem Träger eines öffentlichen → *Amtes* bei Dienstantritt abzugebende feierliche Versprechen, seine Dienstpflichten gewissenhaft zu erfüllen. Er ist für den Bundespräsidenten, den Bundeskanzler und die Bundesminister im GG geregelt, für die sonstigen Amtsträger in den jeweiligen gesetzlichen Vorschriften. Weigert sich ein Beamter, den vorgeschriebenen Eid zu leisten, so ist er zu entlassen.

Der Eid kann mit oder ohne religiöse Beteuerungsformel („So wahr mir Gott helfe") geleistet werden. Sieht sich ein Amtsträger aus Gewissensgründen außerstande, einen Eid zu sprechen, kann er stattdessen ein besonderes Gelöbnis abgeben.

Amtsermittlungsgrundsatz → *Verfahrensgrundsätze*

Amtsgericht

Das Amtsgericht ist das unterste Gericht der ordentlichen → *Gerichtsbarkeit* (→ *ordentlicher Rechtsweg*). Die richterlichen Entscheidungen ergehen durch den → *Einzelrichter*, in → *Strafverfahren* auch durch → *Schöffengerichte*. Neben dem Richter entscheidet auch der → *Rechtspfleger* sowie in Einzelfällen der → *Urkundsbeamte* der Geschäftsstelle.

In Zivilsachen ist das Amtsgericht nach § 23 Nr. 1 und 2 a Gerichtsverfassungsgesetz insbesondere zuständig für Streitigkeiten über vermögensrechtliche Ansprüche bis 5000 EUR und streitwertunabhängig (→ *Streitwert)* für bestimmte Mietsachen (→ *Mietgericht).* Das Amtsgericht ist weiter zuständig als → *Familiengericht,* → *Grundbuchamt,* Insolvenzgericht (→ *Insolvenz),* → Nachlassgericht, Registergericht, Versteigerungsgericht (→ *Versteigerung),* → *Vollstreckungsgericht* und → *Vormundschaftsgericht.*

In vielen → *Strafverfahren* sowie in Bußgeldsachen wegen der Begehung einer → *Ordnungswidrigkeit* ist erste Instanz das Amtsgericht. In Strafsachen ist es für fast alle → *Vergehen* und für eine Reihe von → *Verbrechen* zuständig, wenn Geldstrafe oder höchstens eine Freiheitsstrafe von 4 Jahren in Betracht kommt. Für schwere Verbrechen wie etwa Mord ist dagegen das → *Landgericht;* für Staatsschutz- und Terrorismusdelikte das → *Oberlandesgericht* die erste Instanz.

Das Amtsgericht ist grundsätzlich sowohl bei Verfahren gegen Erwachsene als auch gegen Jugendliche (→ *Jugendstrafe)* mit einem Berufsrichter besetzt. Bei Verfahren von größerer Bedeutung tagt das Amtsgericht in der Hauptverhandlung als → *Schöffengericht.* Zu dem Berufsrichter kommen dann noch zwei Schöffen, die als gleichberechtigte Richter mitentscheiden (→ *Rechtszug).*

Amtshaftung → *Staatshaftung*

Amtshilfe

A. ist die ergänzende Hilfe, die eine Behörde einer anderen auf deren Ersuchen hin leistet. Die Verpflichtung zur Leistung von Amtshilfe ergibt sich aus Art. 35 des GG, die Voraussetzungen für die Amtshilfe im Verwaltungsverfahren ist im Einzelnen im → *Verwaltungsverfahrensgesetz* geregelt. Keine Amtshilfe liegt vor, wenn die → *Behörden* innerhalb eines bestehenden Weisungsverhältnisses Hilfe leisten oder die Hilfeleistungen in Handlungen bestehen, die der ersuchten Behörde als eigene Aufgabe obliegen. Voraussetzung für die Zulässigkeit eines Amtshilfeersuchens ist, dass die ersuchende Behörde die Handlung aus rechtlichen oder tatsächlichen Gründen nicht selbst vornehmen kann, wenn zur Vornahme der Handlung besondere Sachkunde oder die Kenntnis von Unterlagen erforderlich sind, die bei der ersuchenden Behörde nicht vorhanden sind oder wenn der Verwaltungsaufwand dadurch verringert werden kann. Leisten Gerichte einander Hilfe, spricht man meist von → *Rechtshilfe.*

▶ Amtspflichtverletzung → *Staatshaftung*

▶ Amtsträger

Nur Amtsträger und für den öffentlichen Dienst besonders verpflichtete Personen wie Schreibkräfte oder Reinigungspersonal in Behörden können → *Amtsdelikte* begehen. Amtsträger sind in erster Linie → *Beamte* und → *Richter,* daneben aber auch sonstige Personen wie Notare, die Aufgaben der öffentlichen Verwaltung wahrnehmen.

▶ Amtsverschwiegenheit

Jeder → *Beamte* muss über Angelegenheiten, die ihm dienstlich bekannt geworden sind, nach außen hin Stillschweigen bewahren. So darf etwa ein Briefträger nicht am Stammtisch erzählen, wer welche Briefe bekommt. Die Amtsverschwiegenheit hat auf manchen Gebieten eine besondere und weiter gehende Ausprägung erfahren, so etwa als → *Steuergeheimnis* im Bereich der Finanzverwaltung.

Verstöße gegen die Amtsverschwiegenheit können, von beamtenrechtlichen Folgen abgesehen, auch ein Strafverfahren nach sich ziehen, da verschiedene Strafbestimmungen deren Einhaltung sicherstellen sollen. Die Amtsverschwiegenheit hat weiter zur Folge, dass ein Beamter sowohl als → *Beschuldigter* als auch als → *Zeuge* nur aussagen darf, wenn ihm eine entsprechende Aussagegenehmigung erteilt worden ist.

▶ Amtsvormundschaft

Das Gesetz unterscheidet zwischen gesetzlicher und bestellter Amtsvormundschaft des Jugendamtes. Das → *Jugendamt* wird mit Geburt eines → *Kindes,* dessen Eltern nicht miteinander verheiratet sind, als Amtsvormund bestellt, solange ein Sorgerechtigter nicht vorhanden ist (z. B. wenn die nicht verheiratete Mutter minderjährig ist) oder ein anderer Vormund nicht bestellt ist. Im Übrigen kann eine Amtsvormundschaft des Jugendamtes bestellt werden, wenn eine als Einzelvormund geeignete Person nicht vorhanden ist (z. B. Eltern ist das Sorgerecht entzogen). Vorrang vor dem Jugenamt haben indes bei Geeignetheit auch Pflegeeltern. Ansonsten kommt bei minderjährigen Kindern nur noch (freiwillige) → *Beistandschaft* in Betracht.

Analogie

Der Begriff „Analogie“ bedeutet, dass ein vom Gesetz nicht erfasster Tatbestand genauso wie ein ähnlicher, im Gesetz geregelter behandelt wird. Im Bereich der Straftatbestände ist jede Analogie zu Lasten des → *Beschuldigten* verboten. Wer etwa durch ein gebrochenes Eheversprechen nur Vertrauen enttäuscht, nicht aber – wie ein Heiratsschwindler – auch einen materiellen Schaden anrichtet, kann nicht wegen → *Betrugs* bestraft werden. Andernfalls würde auch der strafrechtliche → *Bestimmtheitsgrundsatz* aufgehoben.

Anderkonto

Ein Anderkonto ist ein Konto, das der Kontoinhaber als Treuhänder für eine andere Person unterhält. Anderkonten kommen in der Praxis häufig vor bei → *Rechtsanwälten* (etwa bei der Vermögensverwaltung für einen Mandanten) oder → *Notaren* (zum Beispiel bei der Abwicklung der Kaufpreiszahlung bei einem Grundstücksgeschäft). Anderkonten von Rechtsanwälten und Notaren sind keine → *Verträge* zugunsten Dritter.

Aneignung

Dies ist der Erwerb des Eigentums an einer Sache, die niemand gehört. Für bewegliche Sachen ist sie in § 958 BGB geregelt; verlangt ist die Begründung von → *Eigenbesitz*. Anders als die → *Eigentumsaufgabe* ist sie kein Rechtsgeschäft; → *Geschäftsfähigkeit* ist somit nicht erforderlich. Das Recht, sich → *herrenlose Sachen* anzueignen, hat jedermann, soweit nicht ein gesetzliches Verbot entgegensteht (z. B. nach dem Bundesnaturschutzgesetz) oder Aneignungsrechte anderer verletzt werden (z. B. des Jagdberechtigten). Grundstücke kann sich gem § 928 BGB nur der Staat aneignen, und zwar durch Eintragung im Grundbuch.

Anerkenntnis

Ein Anerkenntnis ist im Zivilprozessrecht die Erklärung des Beklagten an das Gericht, dass der vom Kläger geltend gemachte prozessuale Anspruch besteht. Ein Anerkenntnis führt regelmäßig zu einem → *Anerkenntnisurteil.* Im materiellen Privatrecht → *Schuldanerkenntnis.* Nach einem **Unfall im Straßenverkehr** darf der vermeintliche Schädiger gemäß den Bedingungen seiner Haftpflichtversicherung niemals ein Anerkenntnis (Ich bin an diesem Unfall schuld und werde für alle Schäden aufkommen) abgeben. Denn daran wäre er gebunden, ohne dass eine spätere Aufklärung des Unfallgeschehens zu seinen Gunsten noch Beachtung finden könnte. Zulässig ist es hingegen, vor allem bei Unfällen mit geringeren Sachschäden, ein Protokoll mit einer Darstellung des Unfallverlaufs zu unterzeichnen.

Anerkenntnisurteil

Dies ist ein → *Urteil,* das gegen den Beklagten aufgrund seines prozessualen → *Anerkenntnisses* ergeht (§ 307 ZPO). Vor Erlass werden nur die → *Prozessvoraussetzungen,* nicht aber die → *Schlüssigkeit* und Begründetheit geprüft.

Anfechtungsklage

A. ist eine der typischen verwaltungsgerichtlichen Klagen. Sie richtet sich gegen einen belastenden → *Verwaltungsakt.* Vor der Erhebung der Anfechtungsklage ist grundsätzlich ein → *Vorverfahren* durchzuführen. Dieses wird durch die schriftliche Widerspruchseinlegung (→ *Widerspruchsverfahren*) eingeleitet. Bleibt dieser Rechtsbehelf erfolglos, kann Klage zum → *Verwaltungsge-*

richt eingereicht werden. Allgemeine Voraussetzung für die Anfechtungsklage ist die Klagebefugnis; der Kläger muss schlüssig darlegen können, durch den angefochtenen Verwaltungsakt in seinen Rechten verletzt zu sein. Das Verwaltungsgericht hebt den Verwaltungsakt auf, soweit dieser sich als rechtswidrig erweist und sich hieraus eine Rechtsverletzung für den Kläger ergibt. Das Gegenstück zur Anfechtungsklage ist die → *Verpflichtungsklage,* mit der der Erlass eines begünstigenden Verwaltungsakts erstritten werden kann.

Anfechtung von Entscheidungen

Gerichtliche Entscheidungen können durch Rechtsmittel (→ *Berufung,* → Revision, → *Beschwerde)* und sonstige Rechtsbehelfe (zum Beispiel → *Einspruch* gegen → *Strafbefehl* oder gegen → *Versäumnisurteil)* angegriffen werden. Dabei ist grundsätzlich der Rechtsbehelf zu bezeichnen; lediglich in → *Strafverfahren* kann zunächst neutral die „Anfechtung" erklärt und erst später die Wahl zwischen → *Berufung* und → *Revision* getroffen werden.

Anfechtung von Willenserklärungen

Wenn bei Abgabe einer → *Willenserklärung* bestimmte Mängel vorlagen, kann die Wirkung dieser Erklärung durch Anfechtung nachträglich wieder beseitigt werden. Als Anfechtungsgründe kommen → *Irrtum,* Falschübermittlung, arglistige Täuschung und Drohung in Betracht. So kann nach § 119 Abs. 1 BGB angefochten werden, wenn das Erklärte (der äußere Tatbestand der Willenserklärung) und das Gewollte (innerer Tatbestand) unbewusst auseinander fallen. Typisch hierfür ist etwa, wenn sich der Erklärende verspricht oder verschreibt (Erklärender will für 1000 EUR verkaufen, vergisst beim Schreiben aber eine Null und schreibt 100 EUR). Nach § 119 Abs. 2 BGB ist eine Anfechtung möglich, wenn ein Irrtum über verkehrswesentliche Eigenschaften einer Sache (das sind alle Faktoren, die Einfluss auf den Wert der Sache haben, wie etwa die Frage, ob eine Vase antik ist oder nicht) oder einer Person (etwa die Zuverlässigkeit bei Anstellung als Kassier) vorliegt. Bei einer irrtümlichen Falschübermittlung kann nach § 120

BGB die Erklärung angefochten werden (Beispiel: Die mit der Übermittlung beauftragte Hausangestellte bestellt beim Metzger eine Gans, weil sie vergessen hat, dass sie eine Ente bestellen sollte). Eine Anfechtung ist schließlich nach § 123 BGB möglich, wenn die Erklärung durch arglistige Täuschung (etwa Kauf eines Autos für 10 000 EUR, weil Verkäufer behauptet, das Auto sei erst 40 000 km statt der tatsächlich gefahrenen 140 000 km gelaufen) oder widerrechtliche Drohung (wenn etwa dem Verkäufer gesagt wird, er werde erschossen, wenn er den Vertrag nicht unterschreibe) bestimmt wurde. Die Anfechtung muss innerhalb einer bestimmten Frist (§§ 121, 124 BGB) dem Anfechtungsgegner gegenüber erklärt werden (§ 143 BGB). Nach § 142 BGB ist das Rechtsgeschäft nach wirksamer Anfechtung als von Anfang an nichtig anzusehen. Bei einer Anfechtung nach §§ 119 und 120 muss der Anfechtende dem Gegner den entstandenen Schaden ersetzen (§ 122 BGB). Sondervorschriften für die Anfechtung gibt es in den speziellen Rechtsgebieten (etwa Erb- oder Familienrecht).

▶ Angebot

Der Begriff „Angebot" wird zunächst als bedeutungsgleicher Ausdruck für → *Antrag* beim Zustandekommen eines → *Vertrages* verwandt. Daneben gebraucht das Gesetz in den §§ 293 ff. BGB beim → *Gläubigerverzug* das Wort Angebot als Ausdruck für den Beginn der tatsächlichen Leistungsbewirkung. Was genau bewirkt werden muss, hängt von der Art der Leistungspflicht ab. Ausnahmsweise kann auch ein bloß wörtliches Angebot genügen oder ein Angebot sogar überflüssig sein (§§ 295, 296 BGB).

▶ Angehörige

Dies sind vor allem Verwandte und Verschwägerte in gerader Linie (Kinder, Eltern, Schwiegerkinder, Schwiegereltern, Enkel, Großeltern), der Ehegatte, der Lebenspartner, der Verlobte und gegebenenfalls auch Personen in der Seitenlinie (z. B. Geschwister). Angehörigen steht nach den einzelnen Prozessordnungen regelmäßig ein – unterschiedlich ausgestaltetes – → *Zeugnisverweigerungsrecht* zu.

Im Strafrecht regelt § 11 des StGB, wer Angehöriger ist. Neben den Personen, die üblicherweise in diesen Kreis fallen, sind dies auch Lebenspartner, Verlobte sowie Pflegeeltern und Pflegekinder.

An die Eigenschaft als Angehöriger knüpft das Strafrecht zahlreiche Konsequenzen: Ist in einem Strafverfahren ein Angehöriger Zeuge, so hat er ein Zeugnisverweigerungsrecht und ein → *Auskunftsverweigerungsrecht.* Er muss also insgesamt oder aber zu verschiedenen Einzelpunkten keine Angaben machen. Sagt er dennoch aus, so muss er seine Aussage gegen seinen Willen nicht beeiden (→ *Eid).* Wird die Strafverfolgung oder die Strafvollstreckung gegen einen Angehörigen verhindert, so entfällt eine Strafbarkeit wegen → *Strafvereitelung.*

▸ Angeklagter

Als Angeklagten bezeichnet man derjenigen → *Beschuldigten,* gegen den das Gericht die Eröffnung des → *Hauptverfahrens* beschlossen hat.

▸ Angestellte

Angestellte sind → *Arbeitnehmer,* die überwiegend geistige Arbeit erbringen, im Gegensatz zur vorwiegend körperlichen Arbeitsleistung der → *Arbeiter.* Unterschieden werden kaufmännische Angestellte, technische Angestellte, Angestellte des → *öffentlichen Dienstes,* Schiffsangestellte (§§ 4, 5 Seemannsgesetz) sowie sonstige Angestellte.

Rentenversicherungsrechtlich ist für sie die Bundesversicherungsanstalt für Angestellte zuständig. Die Unterscheidung zwischen Angestellten und Arbeitern hat arbeitsrechtlich weitgehend an Bedeutung verloren.

▸ Angestelltenversicherung

In der gesetzlichen Rentenversicherung wird herkömmlicherweise zwischen → *Angestellten* und → *Arbeitern* unterschieden. Der Begriff des Angestellten ist gesetzlich nicht definiert. Nach der Rechtsprechung sind Angestellte Personen, deren Tätigkeit im Wesentlichen in nicht körperlicher, sondern geistiger Arbeit besteht.

Die Regelungen für Angestellte sind ebenso wie die für Arbeiter im Sechsten Buch des → *Sozialgesetzbuchs* (SGB VI) geregelt. Durch dieses Gesetz wurde die frühere Trennung der beiden Versicherungszweige (Angestelltenversicherungsgesetz bzw. Reichsversicherungsordnung) beseitigt. Inhaltlich bestehen immer noch einzelne Unterschiede. Das Gesetz nimmt bestimmte Angestellte von der Versicherungspflicht aus, etwa Beamte mit Versorgungsanwartschaft und Werksstudenten, anderen räumt es eine Befreiungsmöglichkeit ein, z. B. Angestellten, die aufgrund besonderer gesetzlicher Regelungen in einer berufständischen Versicherungs- oder Versorgungseinrichtung sind. In einigen Fällen ist eine freiwillige Versicherung möglich. Träger der Angestelltenversicherung ist die Bundesversicherungsanstalt für Angestellte. Die Beiträge werden grundsätzlich vom Arbeitgeber und von Arbeitnehmer je zur Hälfte getragen (→ *Arbeitgeberanteil*, Arbeitnehmeranteil). Die Leistungen der Angestelltenversicherung besteht im Wesentlichen aus Barleistungen, insbesondere → *Altersrente*, Rente wegen verminderter Erwerbsfähigkeit, Hinterbliebenenrente (→ *Hinterbliebener*) und Zuschüssen zu Beiträgen für die Kranken- (→ *Rentnerkrankenversicherung*) und → *Pflegeversicherung*.

▶ Anhänger

Kraftfahrzeuge dürfen – mit gewissen Ausnahmen, vor allem für langsamfahrende Fahrzeuge wie Traktoren – nur einen Anhänger mitführen. Die Haftpflichtversicherung muss sich auf den Anhänger erstrecken. Die Bestimmungen über die Beschaffenheit, insbesondere die zulässigen Maße von Anhängern sind in der Straßenverkehrs-Zulassungs-Verordnung enthalten.

▶ Anhalteweg → *Bremsen*

▶ Anhörung, gerichtliche

Aus Artikel 103 → *Grundgesetz* ergibt sich der Grundsatz, dass niemand durch gerichtliche Maßnahmen betroffen werden darf, ohne vorher Gelegenheit zur Äußerung gehabt zu haben (→ *rechtliches Gehör*). Der Anzuhörende muss dabei die Möglichkeit haben, zum Sachverhalt und zur rechtlichen Beurteilung Ausführungen zu machen.

Auch im Strafrecht gilt der Anspruch auf rechtliches Gehör. Im gerichtlichen Verfahren wird das Anhörungsrecht dadurch gewahrt, dass ein → *Angeklagter* sich jederzeit zur Sache äußern, → *Beweisanträge* stellen und auch Rechtsausführungen machen darf.

Lediglich bei Maßnahmen, die ihrer Art nach eine vorherige Anhörung eines → *Beschuldigten* verbieten (der Erlass eines → *Haftbefehls* oder die Anordnung einer Hausdurchsuchung), kann die Anhörung auch nachträglich erfolgen. Dies sieht beim Haftbefehl dann so aus, dass der Beschuldigte sich nach seiner Eröffnung durch den → *Ermittlungsrichter* zum Sachverhalt äußern kann.

Im Verwaltungsverfahren ist ein Beteiligter, gegen den ein belastender → *Verwaltungsakt* ergehen soll, grundsätzlich vorher anzuhören. Ausnahmen gelten, wenn die Sache besonders dringlich ist oder dem Betroffenen alle entscheidungserheblichen Tatsachen ohnehin bekannt sind. Fehler bei der Anhörung können grundsätzlich noch im → *Widerspruchsverfahren* geheilt werden.

▶ Ankaufsrecht

Ein Ankaufsrecht ist die Rechtsmacht, beim Eintritt bestimmter Voraussetzungen einen Kaufvertrag über einen Gegenstand zu erlangen (→ *Option)*. Dabei sind unterschiedliche rechtliche Ausgestaltungen möglich: als bindendes Angebot, das der Berechtigte innerhalb einer Frist annehmen kann; als Vorvertrag, der einen Anspruch auf Abschluss des Kaufvertrages gibt; als aufschiebend bedingter Kaufvertrag, wobei Bedingung eine entsprechende Erklärung des Berechtigten ist. Bei Grundstücken kann das Ankaufsrecht durch eine → *Vormerkung* gesichert werden.

▶ Anklage

Die Frage, ob die → *Staatsanwaltschaft* Anklage erhebt, zählt zu den zentralen Entscheidungen des Strafverfahrens. Hat die Staatsanwaltschaft ihre Ermittlungen abgeschlossen, so kann nur sie – nicht aber die Polizei oder das Gericht – entscheiden, ob sie das → *Ermittlungsverfahren* einstellt oder aber den → *Beschuldigten* zur Rechenschaft ziehen muss.

Kann dann die Verfolgung nicht nach Regelungen des → *Opportunitätsprinzips* eingestellt werden, muss die Staatsanwaltschaft nach dem → *Legalitätsprinzip* Anklage erheben oder – was dieselbe Wirkung hat – Antrag auf Erlass eines → *Strafbefehls* stellen.

Die dann zu erstellende → *Anklageschrift* muss den Beschuldigten und die ihm vorgeworfene Tat so genau wie möglich bezeichnen. Es darf also nicht vorgeworfen werden, dass Michael Maier einen Kasten Bier gestohlen habe, sondern Zeitpunkt und Ort dieser Tat müssen genau bezeichnet werden.

Die Anklage bestimmt das Tatgeschehen als geschichtlichen Vorgang, über den verhandelt werden darf. Ohne Anklage darf das Gericht den Angeklagten also nicht wegen sonstiger Taten verurteilen. Wer also wegen einer → *Körperverletzung* angeklagt ist, darf nicht auch wegen eines an einem ganz anderen Tag begangenen und bisher nicht angeklagten → *Diebstahls* verurteilt werden.

Durch die Trennung von Anklagebehörde (→ *Staatsanwaltschaft*) und urteilender Stelle (Gericht) soll die Unvoreingenommenheit des Urteilenden gesichert werden.

▶ Anklageerzwingung

Wer eine → *Anzeige* erstattet und selbst durch die betreffende Tat verletzt ist – der Bestohlene selbst will etwa den Dieb verfolgt wissen –, kann gegen eine Einstellung der Ermittlungen vorgehen. Nach einem Beschwerdeverfahren bei der Generalstaatsanwaltschaft – sie ist die vorgesetzte Behörde der Staatsanwaltschaft – kann er in einem Klageerzwingungsverfahren bei dem zuständigen → *Oberlandesgericht* erreichen, dass eine zu Unrecht ergangene Einstellung aufgehoben und der Beschuldigte angeklagt wird.

▶ Anklageschrift

Die Anklageschrift ist derjenige Schriftsatz der Staatsanwaltschaft, der die Anklage enthält.

Anlagevermögen

A. ist ein Teil des → *Betriebsvermögens.* Dazu gehören alle Vermögensgegenstände, die dazu bestimmt sind, dauernd dem Geschäftsbetrieb zu dienen (§ 247 Abs. 2 HGB). In der Handelsbilanz (→ *Bilanz)* wird das Anlagevermögen gegliedert in immaterielle Vermögensgegenstände (z. B. Konzessionen, Geschäfts- und Firmenwerte usw.). Sachanlagen (z. B. Grundstücke, technische Anlagen und Maschinen, Betriebs- und Geschäftsausstattung usw.). Finanzanlagen (z. B. Anteile an verbundenen Unternehmen, Beteiligungen, Wertpapiere usw.).

Anleihe

Eine Anleihe ist die Aufnahme eines längerfristigen → *Darlehens* gegen Ausgabe einer → *Inhaberschuldverschreibung* mit fester Verzinsung und bestimmter Stückelung. Anleihen werden durch den Staat (Bund und Länder), die Gemeinden, Gemeindeverbände, Realkreditinstitute (etwa Hypothekenbanken) und → *Kapitalgesellschaften* ausgegeben. Die Ausgabe von Anleihen bedarf einer staatlichen Genehmigung.

Anliegerverkehr

Unter Anliegerverkehr versteht man eine durch das Zusatzschild „Anlieger frei" gestattete Benutzung einer an sich für den Fahrzeugverkehr insgesamt oder für einzelne Fahrzeugarten gesperrten Straße. Neben den Anwohnern dürfen auch Besucher der entsprechenden Grundstücke diese Straße benützen.

Annahme

Die Annahme ist zunächst eine einseitige, in der Regel empfangsbedürfige → *Willenserklärung,* durch die ein → *Antrag* vorbehaltslos bejaht wird und die zum Zustandekommen eines → *Vertrages* führt. Die Annahme ist in §§ 146 ff. BGB geregelt. So kann, wenn keine Annahmefrist gesetzt wurde, der einem Anwesenden gegenüber gemachte Antrag nur sofort angenommen werden. Dagegen kann die Annahme bei einem Abwesenden so lange erfolgen, als der Antragende unter normalen Umständen mit einer Antwort rechnen konnte (Faustregel: angemessene Überlegungszeit und übliche Zeit für Transport des Angebots und der Annahme – etwa Brieflaufzeiten). Des Weiteren gibt es im Schuldrecht die Annahme der → *Leistung* (§§ 363, 364 BGB).

Annahme als Kind → *Adoption*

Annahme der Erbschaft

A. bewirkt, dass der Annehmende endgültig → *Erbe* wird und das Recht verliert, die → *Erbschaft* auszuschlagen. Die Annahme der Erbschaft kann ausdrücklich, auch formlos, erklärt werden oder stillschweigend erfolgen. Die Erbschaft gilt nach Ablauf der Ausschlagungsfrist (6-Wochen-Frist, § 1944 BGB) als angenommen.

Anonyme Anzeigen → *Strafanzeige*

Anrechnungszeiten

A. in der gesetzlichen → *Rentenversicherung* sind Zeiten, in denen der Versicherte ohne eigenes Verschulden an einer versicherungspflichtigen Beschäftigung verhindert war. Die Einzelheiten sind im Sechsten Buch des → *Sozialgesetzbuchs* (SGB VI) geregelt. Hierunter fallen beschäftigungslose Zeiten wegen Krankheit, Unfall, Schwangerschaft, Arbeitslosigkeit dann, wenn der Betreffende davor und danach in einem versicherungspflichtigen Beschäftigungsverhältnis stand, dieses also durch die Fehlzeit unterbrochen war. Anrechnungszeiten sind auch Zeiten einer Berufsausbildung nach Vollendung des 17. Lebensjahrs (vgl. § 58 SGB VI). Bei der Rentenberechnung (→ *Altersrente*) werden Anrechnungszeiten unter bestimmten Voraussetzungen als beitragsfreie Zeit berücksichtigt.

Ansammlung, unerlaubte → *Landfriedensbruch*

Anscheinsbeweis

Der auch als „prima-facie-Beweis“ bezeichnete Anscheinsbeweis ist nur möglich bei typischen Geschehensabläufen. Steht ein Sachverhalt fest, der nach der Lebenserfahrung auf einen bestimmten Geschehensablauf hinweist, kann dieser Ablauf als bewiesen angesehen werden. Es kann also von einer feststehenden Ursache auf einen bestimmten Erfolg oder auch von einem feststehenden Erfolg auf eine bestimmte Ursache geschlossen werden. Der Beweis des ersten Anscheins führt jedoch zu keiner Umkehr der → *Beweislast,* sondern stellt nur eine Beweiserleichterung dar. Der Gegner kann daher seinerseits konkrete Tatsachen vortragen und beweisen, aus denen sich die ernsthafte Möglichkeit eines anderen Geschehensablaufes ergibt. Ist der Anscheinsbeweis vom Gegner auf diese Weise erschüttert worden, muss nun die beweisbelastete Partei vollen Beweis erbringen.

Anschlusspflicht bei der Energieversorgung

Das Energiewirtschaftsgesetz verpflichtet Energieversorgungsunternehmen, die ein bestimmtes Gebiet z. B. mit Strom oder Gas versorgen, jedermann zu den allgemeinen Versorgungsbedingungen und Tarifpreisen an ihr Netz anzuschließen und mit Energie zu beliefern. Die Versorgungsbedingungen und die Tarife müssen öffentlich bekannt gemacht werden. Der Anschluss- und Versorgungspflicht des Unternehmens steht kein → *Anschluss- und Benutzungszwang,* wie er für bestimmte kommunale Einrichtung angeordnet werden kann, gegenüber. Die Verpflichtung des Unternehmens erstreckt sich nur auf die von ihm angebotenen Leistungen, etwa Strom mit einer bestimmten Spannung. Die Lieferung einer anderen Energieform kann nicht verlangt werden.

Anschluss- und Benutzungszwang

A. kann durch → *Satzung* für bestimmte kommunale öffentliche Einrichtungen in gesundheits-, hygiene- und umweltrelevanten Bereichen angeordnet werden. In Betracht kommen etwa Wasserversorgungs- und Abwasserentsorgungseinrichtungen, Straßenreinigungsanstalten, Müllabfuhr, Schlachthöfe und Heizkraftwerke. Der Anschlusszwang verpflichtet den Betroffenen, Vorkehrungen zu treffen oder Maßnahmen zu dulden, welche die Benutzung der Einrichtung ermöglichen. Benutzungszwang bedeutet, dass der Verpflichtete die angebotene Leistung tatsächlich abnehmen muss; als Gegenleistung sind regelmäßig Benutzungsgebühren zu entrichten. Verfassungsrechtliche Bedenken gegen die Einführung eines Anschluss- und Benutzungszwangs, dessen allgemeine Voraussetzung ein entsprechendes öffentliches Bedürfnis ist, bestehen nicht; im Einzelfall ist die Gemeinde aber verpflichtet, bei Vorliegen besonderer Umstände eine Befreiung vom Anschluss- und Benutzungszwang zu erteilen. So kann etwa eine Brauerei, deren Rezeptur auf ein bestimmtes aus eigenen Brunnen gefördertes Wasser ausgerichtet ist, nicht gezwungen werden, zum Brauen Wasser aus der öffentlichen Wasserversorgung zu verwenden.

▸ Ansichtssendung

Hat sich ein → *Verbraucher* eine Sache zur Ansicht zusenden lassen, so trifft ihn die Verpflichtung, die Sache ordnungsgemäß zu behandeln und zurückzusenden. Die Kostentragung für die Rücksendung kann im Gegensatz zu einem Kauf im Rahmen des → *Fernabsatzes* frei vereinbart werden. Werden einem Verbraucher hingegen Sachen geliefert, die er nicht bestellt hat, so entstehen für ihn keinerlei Pflichten (§ 241a des BGB). Eine Ausnahme, nämlich eine Pflicht zur Rücksendung auf Kosten des → *Unternehmers*, von diesem Grundsatz besteht nur dann, wenn gegenüber einem Verbraucher eine Bestellung – etwa, weil die Ware vergriffen ist – nicht mehr ausgeführt werden kann und der Unternehmer ihm unter dem Hinweis, dass er zur Annahme nicht verpflichtet ist und die Ware auf Kosten des Unternehmers zurücksenden kann, eine gleichwertige Ware übersandt hatte.

▸ Ansparabschreibung

Steuerpflichtige können für die künftige Anschaffung oder Herstellung eine den Gewinn mindernde Rücklage bis zu 154 000 EUR für die binnen 2 Jahre nach Rücklagenbildung anzuschaffenden → *Wirtschaftsgüter* bilden (§7 g Abs. 3 EStG). Diese darf 40 v.H. der Anschaffungs- und Herstellungskosten nicht überschreiten. Bilanzierende Unternehmen dürfen die Rücklage nur bilden, wenn sie bestimmte Größenmerkmale (Betriebsvermögen unter 204 517 EUR bzw. Einheitswert des Betriebes unter 122 710 EUR) nicht überschreiten, ferner die Bildung der Rücklage in der → *Buchführung* dargestellt ist und keine Rücklage nach dem Zonenrandförderungsgesetz ausgewiesen ist. Für Betriebe, die den Gewinn durch Überschussrechnung ermitteln, gelten die Größenmerkmale nicht.

Existenzgründer können Ansparabschreibungen bis zu 307 000 EUR bilden und die Wirtschaftsgüter bis Ende des fünften auf die Bildung der Rücklage folgenden Jahres anschaffen.

Die Rücklagen sind gewinnerhöhend aufzulösen, wenn Anschaffung der Wirtschafsgüter unterbleibt.

▸ Anspruch → *Gläubiger,* → *Rechtsanspruch*

▸ Anspruchskonkurrenz

Eine Anspruchskonkurrenz ist gegeben, wenn aufgrund desselben Sachverhaltes mehrere Ansprüche begründet werden. Diese Ansprüche stehen grundsätzlich selbständig nebeneinander. Eine Ausnahme besteht jedoch bei der → *Verjährung* dann, wenn eine Vorschrift, die eine kurze Verjährung vorschreibt, ihrem Schutzzweck nach auch den konkurrierenden Anspruch miterfassen will. Beschädigt etwa ein Mieter den Fußboden der Wohnung, stehen dem Vermieter Schadenersatzansprüche aus → *positiver Vertragsverletzung* und möglicherweise aus §823 BGB (Eigentumsverletzung) zu. Die sechsmonatige Verjährungsfrist des §548 BGB erfasst nun aber auch den Ersatzanspruch aus unerlaubter Handlung, obwohl dieser nach allgemeinem Verjährungsrecht an sich erst in 3 Jahren verjähren würde.

▸ Anstaltsunterbringung

Ein an geistigen oder körperlichen Mängeln Leidender kann, wenn er minderjährig ist, von seinen Eltern, als Volljähriger von seinem Betreuer in einer geeigneten Anstalt untergebracht werden. Wenn mit einer derartigen Unterbringung – wie in aller Regel – eine Freiheitsentziehung verbunden ist (z. B. bei Unterbringung in einem psyiatrischen Krankenhaus), ist eine vorherige Genehmigung des Vormundschaftsgerichts erforderlich (→ *Maßregeln der Besserung und Sicherung*).

Anstiftung

Eine Anstiftung ist das vorsätzliche Bestimmen eines anderen zu dessen vorsätzlich und rechtswidrig, nicht aber notwendig schuldhaft begangener Tat (→ *Akzessorietät*). Anstiftung setzt also voraus, dass bei einem anderen der Entschluss zu einer bestimmten Tat geweckt wird, die dann auch zur Ausführung gelangt. Anstiftung zur → *Sachbeschädigung* ist etwa gegeben, wenn ein Arbeitskollege einen anderen dazu bringt, die Reifen am Auto eines unbeliebten Vorgesetzten zu zerstechen.

Der Anstifter ist aber nur für das verantwortlich, was er als Haupttat gewollt hat, nicht auch für ein weiter gehendes Verhalten, zu dem sich der Angestiftete selbst entschließt. Wer also zu einem → *Diebstahl* anstiftet, bei dem der Täter sich seine Beute schließlich mit Gewalt nimmt und damit einen → *Raub* begeht, wird „nur" wegen Anstiftung zum Diebstahl, nicht aber wegen Anstiftung zum Raub bestraft.

Wird vergeblich zu einem → *Verbrechen* angestiftet, wird nach § 30 StGB ebenfalls – allerdings milder – bestraft.

Anteilscheine

Im engeren Sinn sind Anteilscheine → *Urkunden*, die Ansprüche von Einlegern einer Kapitalanlagengesellschaft verbriefen (so genannte Investmentzertifikate). Im weiteren Sinn versteht man darunter auch die → *Wertpapiere*, die Mitgliedschaftsrechte an Kapitalgesellschaften darstellen (etwa → *Aktie*).

Antrag

Der Antrag (→ *Angebot*) ist im → *Privatrecht* eine einseitige, empfangsbedürftige → *Willenserklärung*, durch die einem anderen der Abschluss eines → *Vertrages* angeboten wird. Der Antrag muss grundsätzlich so bestimmt sein, dass der Vertrag durch ein bloßes „Ja“ des Partners zustande kommen kann. Wenn für Außenstehende erkennbar ein Bindungswille des Erklärenden nicht gegeben ist, liegt eine bloße Aufforderung zur Abgabe eines Angebots vor (so genannte invitatio ad offerendum). Lediglich Aufforderungen sind daher das Ausstellen von Waren im Schaufenster oder das Zusenden von Katalogen oder Preislisten. Wenn jedoch ein Antrag bejaht wird, ist der Antragende an sein Angebot gebunden, wenn er nicht diese Bindung durch so genannte Freizeichnungsklauseln ausgeschlossen hat (etwa: ... mache ich Ihnen unverbindlich folgendes Angebot ...).

Im Strafrecht ist der Antrag kein spezieller Begriff. Er kann für die Stellung eines → *Strafantrags* gebraucht werden, sich aber auch auf eine → *Strafanzeige* beziehen.

▶ Antragsdelikte

Straftaten werden zwar grundsätzlich unabhängig vom Willen des → *Verletzten* verfolgt. Bei verschiedenen Delikten mit geringerem Unrechtsgehalt wie etwa dem → *Diebstahl* geringwertiger Sachen (bis etwa 30 EUR Wert), dem → *Hausfriedensbruch,* der fahrlässigen oder vorsätzlichen → *Körperverletzung* oder der → *Sachbeschädigung* bleibt es jedoch dem Verletzten überlassen, ob eine Strafverfolgung durchgeführt wird oder nicht. Möchte er dies, so muss er einen → *Strafantrag* stellen.

Einige der Strafantragsdelikte können aber von der → *Staatsanwaltschaft* auch bei fehlendem Strafantrag durch die Bejahung des so genannten „besonderen öffentlichen Interesses“ verfolgt werden. Antragsdelikte sind zwar oft, doch nicht notwendig → *Privatklagedelikte.*

▶ Anwachsung

Unter Anwachsung versteht man die Erhöhung von Anteilen, die anderen an einer Gesamtheit zustehen, bei Wegfall eines oder mehrerer Anteilsinhaber. So erhöht sich der Anteil eines von mehreren eingesetzten Erben, wenn einer der übrigen eingesetzten Erben wegfällt; dasselbe gilt bei einer Gesellschaft, wenn einer der Mitgesellschafter ausscheidet, die Gesellschaft aber fortbesteht.

Anwärterbezüge

A. erhalten → *Beamte* auf Widerruf im → *Vorbereitungsdienst,* z. B. Referendare (→ *Alimentationsprinzip).* Die Höhe der Anwärterbezüge ist im Bundesbesoldungsgesetz geregelt, sie setzen sich aus Grundbetrag und Verheiratetenzuschlag zusammen. Wird das Ausbildungsziel nicht erreicht, etwa eine Prüfung nicht bestanden, können die Bezüge bis zu einer Wiederholungsprüfung gekürzt werden. Soweit Anwärter eine Fachhochschulausbildung erhalten, kann die Auszahlung der Bezüge von Bedingungen, insbesondere einem Rückforderungsvorbehalt für den Fall des Ausscheidens nach Studienabschluss abhängig gemacht werden.

Anwaltsnotar

Ein Anwaltsnotar ist ein → *Rechtsanwalt,* der das Amt des → *Notars* im Nebenamt mit ausübt (§ 3 Abs. 2 Bundesnotarordnung). Anwaltsnotare gibt es in einem Teil der westlichen Bundesländer.

Anwaltsprozess

Ein Anwaltsprozess ist ein Prozess, in dem sich die → *Parteien* durch einen bei dem Prozessgericht zugelassenen Rechtsanwalt vertreten lassen müssen. Nur der bevollmächtigte Rechtsanwalt kann → *Prozesshandlungen* wirksam vornehmen; nehmen dagegen die → *Parteien* selbst eine Prozesshandlung vor, ist diese unwirksam.

Im Zivilprozess besteht Anwaltszwang bei Verfahren vor dem → *Landgericht* und allen Gerichten des höheren → *Rechtszuges* (§ 78 Abs. 1 ZPO). Vor den Amtsgerichten ist Anwaltszwang nur ausnahmsweise bei bestimmten Familiensachen (→ *Familiengericht)* gegeben (§ 78 Abs. 2 ZPO).

Im Verwaltungsprozess gibt es einen Anwaltszwang für das → *Bundesverwaltungsgericht* und die → *Oberverwaltungsgerich-*

te. Ein Anwaltszwang besteht im sozialgerichtlichen Verfahren nur für das → *Bundessozialgericht.* Den Gegensatz zum Anwaltsprozess stellt der → *Parteiprozess* dar. Für den Strafprozess vergleiche → *Verteidiger.*

Anwartschaft

Eine Anwartschaft ist im weitesten Sinne die Aussicht auf einen künftigen Rechtserwerb. Im Zivilrecht wird sie regelmäßig erst dann bedeutsam, wenn sie zum → *Anwartschaftsrecht* (= Anwartschaft im engeren Sinn) geworden ist. Im öffentlichen Recht gibt es Anwartschaften bei Versorgungsansprüchen von Beschäftigten im öffentlichen Dienst sowie in der Sozial- und Rentenversicherung. Eine Rolle spielen sie im Rahmen der → *Ehescheidung* beim Versorgungsausgleich.

Anwartschaftsrecht

Das Anwartschaftsrecht ist eine rechtlich gesicherte, durch den Verpflichteten nicht mehr einseitig zerstörbare Erwerbsaussicht. Als Vorstufe zum in Aussicht stehenden Vollrecht gibt es bereits ein Recht an dem Gegenstand (ein dem Vollrecht „wesensgleiches Minus"), ist also mehr, als ein nur schuldrechtlicher Anspruch auf einen Gegenstand. Wichtigstes Beispiel ist der → *Eigentumsvorbehalt:* wird die Kaufsache dem Käufer unter der aufschiebenden Bedingung der Kaufpreiszahlung übereignet, so hat der Käufer zunächst ein Anwartschaftsrecht an der Sache erlangt, das mit der Zahlung der letzten Kaufpreisrate zum Vollrecht, nämlich zum Eigentum erstarkt. Beim Grundstückskauf, wo wegen § 925 Abs. 2 BGB eine bedingte Übereignung nicht möglich ist, entsteht es mit → *Auflassung* und Antragstellung beim → *Grundbuchamt.* Im Erbrecht hat der → *Nacherbe* ein Anwartschaftsrecht. Wie das Vollrecht kann es übertragen, vererbt und mit einem → *Pfandrecht* belastet werden. Es gibt ein Recht zum Besitz der Sache, seine Verletzung kann über § 823 Abs. 1 BGB → *Schadensersatzansprüche* auslösen.

Anzeige → *Strafanzeige*

Anzeigepflicht im Gewerberecht

Die Gewerbeordnung begründet eine Anzeigepflicht für die Aufnahme eines stehenden → *Gewerbes* einschließlich der Eröffnung von → *Zweigniederlassungen* sowie die Änderung des Gegenstands des Gewerbes, der Betriebsverlegung und die Betriebsstilllegung. Der gewerbliche Aufsteller von Automaten muss die Anzeige bei allen Behörden erstatten, in deren Bereich er Automaten aufstellt. Der Anzeigepflicht unterliegen auch Personen, die bestimmte reisegewerbekartenfreie (→ *Reisegewerbe*) Tätigkeiten ausüben, etwa beim regelmäßigen Vertrieb von Lebensmitteln von einer nicht ortsfesten Verkaufsstelle aus oder beim Feilbieten von Druckwerken auf öffentlichen Straßen und Plätzen.

Anzeigepflicht im Steuerrecht

Zur Aufdeckung unbekannter steuerrelevanter Sachverhalte erwachsen dem Steuerpflichtigen sowie Gerichten, → *Behörden,* Banken, Versicherungsunternehmen Anzeigepflichten z. B.:

(1) Anzeigepflicht des Steuerpflichtigen gegenüber der → *Gemeinde* bei Aufnahme einer land- und forstwirtschaftlichen oder gewerblichen Erwerbstätigkeit oder Eröffnung einer Betriebsstätte (§ 138 Abs. 1 Satz 1 AO),

(2) Anzeigepflicht des Steuerpflichtigen gegenüber dem → *Finanzamt* bei Aufnahme einer freiberuflichen Tätigkeit (§ 138 Abs. 1 Satz 3 AO),

(3) Anzeigepflicht der Vermögensverwahrer und Vermögensverwalter, Versicherungsunternehmen, Gerichte, Behörden, Beamte und → *Notare* beim Todesfall (§§ 33, 34 ErbStG),

(4) Anzeigepflicht der Versicherungsunternehmen und Banken bei Verwendung von Lebensversicherungsansprüchen zur Tilgung oder Sicherung von Darlehen über 25 565 EUR (§ 29 Abs. 1 EStDV),

(5) Anzeigepflicht von Körperschaften, Vereinigungen, Vermögensmassen bei Änderung der Rechtsform, Verlegung der Geschäftsleitung, Auflösung (§ 137 AO).

Anzeigepflicht im Strafrecht

Bei der Frage, ob Straftaten angezeigt werden müssen, ist einmal zwischen bereits begangenen und zwischen geplanten oder jedenfalls noch nicht zu Ende geführten Straftaten zu unterschieden. Zum anderen muss darauf geachtet werden, wer zu einer Anzeige verpflichtet ist: Zur Anzeige bereits begangener Straftaten – jemand erfährt, dass sein Nachbar 5000 EUR gestohlen hat – ist grundsätzlich niemand verpflichtet. Eine Ausnahme besteht für Polizeibeamte und Staatsanwälte, teilweise aber auch für Vorgesetzte in Behörden: Sie müssen jede Straftat anzeigen, wenn sie dienstlich von ihr erfahren haben. Das kann etwa dadurch geschehen, dass ein Staatsanwalt, der an einer Hauptverhandlung teilnimmt, dort von einem solchen Diebstahl hört. Privat erlangtes Wissen verpflichtet die oben genannten Beamten dagegen nur dann zu einer Anzeige, wenn es sich um schwere Straftaten, also → *Verbrechen*, handelt.

Geplante oder jedenfalls noch nicht zu Ende geführte Straftaten muss dagegen unter bestimmten Voraussetzungen jedermann anzeigen; andernfalls macht er sich strafbar (§ 138 StGB). Voraussetzung ist, dass es sich um schwerwiegende Taten (hauptsächlich Tötungsdelikte, Geldfälschung, Raub, gemeingefährliche Taten wie Brandstiftung, Terrorismus- und Staatsschutzdelikte) handelt. Weiterhin muss die Kenntnis von der Tat auf glaubhaften Informationen beruhen; bloße Gerüchte genügen nicht. Schließlich muss durch die Anzeige die Tat oder ihr vollständiger Abschluss noch verhindert werden können.

Apothekenwesen

Den Apotheken obliegt nach dem Gesetz über das Apothekenwesen die im öffentlichen Interesse liegende Sicherstellung einer ausreichenden Arzneimittelversorgung für die Bevölkerung. Zum Betrieb einer Apotheke bedarf der Inhaber einer Erlaubnis der zuständigen Landesbehörde. Die Genehmigung gilt nur für den darin genannten → *Apotheker* und die darin bezeichneten Räume (personen- und objektbezogene Erlaubnis). Die früher im Gesetz vorgesehene → *Bedürfnisprüfung* wurde vom Bundesverfassungsgericht für nichtig erklärt. Der Apotheker ist grundsätzlich zur persönlichen Leitung der Apotheke verpflichtet. Besondere Regelungen gelten für Krankenhaus- und Bundeswehrapotheken.

▶ Apotheker

A. kann nach der Bundes-Apothekerordnung nur werden, wer die entsprechende behördliche Zulassung (Approbation) hat; Voraussetzung ist im Wesentlichen das Bestehen der pharmazeutischen Prüfung nach einem entsprechenden Hochschulstudium, Zuverlässigkeit sowie die körperliche und geistige Eignung. Ein Apotheker, der selbständig eine Apotheke führen will, bedarf dazu einer gesonderten Erlaubnis (→ *Apothekenwesen*).

▶ Arbeiter

Das sind die → *Arbeitnehmer*, die nicht den → *Angestellten* zuzuordnen sind. Abgrenzungsmerkmal ist die überwiegend durch körperlichen Einsatz zu erbringende Arbeitsleistung. Sie erhalten in der Regel einen Lohn, der nach Wochen oder Stunden bemessen ist.

Man unterscheidet gewerbliche Arbeiter (es gilt die Gewerbeordnung), Bergleute, Schiffsseeleute (es gilt das Seemannsgesetz), Arbeiter des öffentlichen Dienstes (für sie gelten überwiegend Manteltarifverträge), land- und forstwirtschaftliche Arbeiter, Hausgehilfen und sonstige Arbeiter (für sie gilt überwiegend das Bürgerliche Gesetzbuch). Rentenversicherungsrechtlich sind für sie die Landesversicherungsanstalten zuständig.

▶ Arbeiterrentenversicherung

A. ist ein Zweig der → *Sozialversicherung*. Die Rechtsgrundlagen für die Rentenvericherung der Arbeiter finden sich zusammen mit denen für Angestellte (→ *Angestelltenrentenversicherung)* im Sechsten Buch des → *Sozialgesetzbuchs* (SGB VI). Gleichwohl gibt es noch einzelne Unterschiede. Träger der Arbeiterrentenversicherung sind die Landesversicherungsanstalten. Versicherungspflicht besteht ohne Rücksicht auf die Höhe des Einkommens. In einigen Fällen, etwa bei → *Beamten* mit Anspruch auf Versorgungsbezüge, Werkstudenten und bei Personen, die als Entgelt lediglich freien Unterhalt bekommen, besteht Versicherungsfreiheit. Die Beiträge zur Arbeiterrentenversicherung werden grundsätzlich je zur Hälfte vom Arbeitgeber und vom Arbeitnehmer aufgebracht (→ *Arbeitgeberanteil*, → *Arbeitnehmeranteil*). Die Leistungen bestehen im Wesentlichen aus Barzahlungen, insbesondere → *Altersrente*, Rente wegen verminderter Erwerbsfähigkeit (→ *Berufsunfähigkeit*) sowie an → *Hinterbliebene*.

Arbeitgeber

Wer einen anderen als Arbeitnehmer in einem → *Arbeitsverhältnis* (Dienstverhältnis nach § 611 BGB) beschäftigt, ist Arbeitgeber. Ein Arbeitgeber kann sowohl eine natürliche Person als auch eine → *juristische Person* sein.

Arbeitgeberanteil

A. ist der Teil des Beitrags zu den einzelnen Zweigen der → *Sozialversicherung*, den der Arbeitgeber für einen versicherungspflichtigen Arbeitnehmer aufzubringen hat. Der Anteil beträgt in der → *Krankenversicherung*, der sozialen → *Pflegeversicherung* und in der → *Rentenversicherung* 50 v. H. des Beitrags; dieser wird nach einem bestimmten Vomhundertsatz von der Bemessungsgrundlage – im Regelfall das Arbeitsentgelt bis zu einer bestimmten durch Rechtsverordnung jährlich festgesetzten → *Beitragsbemessungsgrenze* – errechnet. In der → *Arbeitslosenversicherung* wird der Beitrag von Arbeitgebern und Arbeitnehmern in jeweils gleicher Höhe gezahlt; der jeweilige Satz, der sich an der Höhe des Arbeitsentgelts orientiert, wird gesetzlich festgelegt.

In einigen Fällen, etwa bei Ableistung eines freiwilligen sozialen Jahrs und bei Personen, die in Einrichtungen der Jugendhilfe oder für Behinderte auf eine Erwerbstätigkeit vorbereitet werden sollen, trägt der Arbeitgeber die Beiträge allein. Verantwortlich für die Abführung der Beiträge an den → *Sozialversicherungsträger* ist grundsätzlich der Arbeitgeber. Die Beiträge für die → *Unfallversicherung* hat der Arbeitgeber allein aufzubringen.

▶ Arbeitgeberverbände

Die Arbeitgeber haben sich i. d. R. nach speziellen Industriezweigen zu Arbeitgeberverbänden zusammengeschlossen; die Fachverbände sind regional gegliedert als Orts-, Bezirks-, Landes- und Bundesverbände. Spitzenorganisation ist die Bundesvereinigung der deutschen Arbeitgeberverbände. Die Arbeitgeberverbände sind tariffähig (§2 Abs. 1 Tarifvertragsgesetz) und in Arbeitsgerichtsprozessen parteifähig (§10 Arbeitsgerichtsgesetz – ArbGG –). Ihre Vertreter sind berechtigt, als Prozessbevollmächtigte ihrer Mitglieder vor den Arbeitsgerichten und Landesarbeitsgerichten aufzutreten (§11 Abs. 1 und 2 ArbGG).

▶ Arbeitnehmer

Arbeitnehmer ist, wer ein privatrechtliches Dienstverhältnis begründet hat und seine Arbeitsleistung in **persönlicher Abhängigkeit**, d.h. weisungsabhängig erbringen muss. Wirtschaftliche Abhängigkeit ist nicht erforderlich. Wer die Art und Weise, insbesondere auch Ort und Zeit der Erbringung der Dienstleistung selbst bestimmt (z.B. Rechtsanwalt, Architekt), ist kein Arbeitnehmer. Auf ein Arbeitsverhältnis ist das Arbeitsrecht mit seinen zahlreichen Schutzgesetzen (z.B. Kündigungsschutzgesetz, Entgeltfortzahlungsgesetz, Bundesurlaubsgesetz) anzuwenden. Die Arbeitnehmer sind entweder →*Angestellte,* →*Arbeiter* oder Auszubildende (vgl. §5 Arbeitsgerichtsgesetz). Keine Arbeitnehmer sind u.a. Richter, Beamte und Soldaten; sie stehen in einem öffentlich-rechtlichen Dienstverhältnis.

Von Arbeitnehmern zu unterscheiden sind die sog. **arbeitnehmerähnlichen Personen.** Diese Personen erbringen ihre Leistungen nicht in persönlicher, sondern lediglich wirtschaftlicher Abhängigkeit. Wegen ihrer einem Arbeitnehmer vergleichbaren sozialen Schutzbedürftigkeit, sind einzelne arbeitsrechtliche Schutzvorschriften auch auf diese anwendbar. So steht ihnen ein Anspruch auf bezahlten Erholungsurlaub zu (§2 Abs. 2 Bundesurlaubsgesetz) und unter gewissen zusätzlichen Voraussetzungen findet das Tarifvertragsgesetz auf sie Anwendung. Auch ist ihnen der Rechtsweg zu den Arbeitsgerichten eröffnet.

Im Sinne des Steuerrechts sind Arbeitnehmer Personen, die im öffentlichen oder privaten Dienst angestellt oder beschäftigt sind und aus einem Arbeitsverhältnis →*Arbeitslohn* beziehen. Sie erzielen →*Einkünfte* aus →*nichtselbständiger Arbeit*. Die →*Einkommensteuer* wird bei ihnen in der Form der →*Lohnsteuer* vom →*Arbeitgeber* erhoben. Sie sind Schuldner der Lohnsteuer.

▶ Arbeitnehmerähnliche Personen → *Arbeitnehmer*

▶ Arbeitnehmeranteil

A. ist der vom →*Arbeitnehmer* zu tragende Anteil der Sozialversicherungsbeiträge (→*Sonderausgaben*). In der →*Krankenversicherung*, der sozialen →*Pflegeversicherung* und der →*Rentenversicherung* beträgt der Anteil 50 v. H., die andere Hälfte trägt der Arbeitgeber (→*Arbeitgeberanteil*). Der Beitrag für die →*Arbeitslosenversicherung* ist für Arbeitnehmer und Arbeitgeber gleich hoch; der jeweilige Satz, der sich an der Höhe des Arbeitsentgelts orientiert, wird gesetzlich festgelegt. Den Arbeitnehmeranteil behält der Arbeitgeber vom Arbeitsentgelt ein und führt den Beitrag insgesamt an den jeweiligen →*Sozialversicherungsträger* ab. Für die →*Unfallversicherung* kommt der Arbeitgeber allein auf.

▶ Arbeitnehmererfindung

A. ist eine Erfindung, die ein Arbeitnehmer während des rechtlichen Bestands seines Arbeitsverhältnisses (auch während der Freizeit) gemacht hat. Die an einer solchen Erfindung bestehenden Rechte des Arbeitgebers einerseits und Vergütungsansprüche des Arbeitnehmers andererseits sind im Gesetz über Arbeitnehmererfindungen (ArbNErfG) geregelt. Das Gesetz begründet ein **umfassendes Aneignungs- und Verwertungsrecht des Arbeitgebers** an der Erfindung, während der Arbeitnehmer als Ausgleich für seine besondere technische Leistung und zugleich als Anreiz für künftige Kreativität zwingend einen **Anspruch auf angemessene Vergütung** erwirbt. Dieses Aneignungsrecht des Arbeitgebers ist gesetzlich auf sog. **Diensterfindungen** beschränkt. Diensterfindungen sind während der Dauer des Arbeitsverhältnisses fertiggestellte Erfindungen, die entweder aus der dem Arbeitnehmer im Betrieb obliegenden Tätigkeit entstanden sind (Auftrags- oder Aufgabenerfindung) oder die maßgeblich auf Erfahrungen oder Arbeiten des Betriebes beruhen (Erfahrungserfindungen). Alle übrigen während des Bestands des Arbeitsverhältnisses fertiggestellten Erfindungen werden im ArbNErfG als **freie Erfindungen** bezeichnet. Bezüglich dieser hat der Arbeitnehmer lediglich **Mitteilungspflichten**. Diese sollen dem Arbeitgeber im Zweifelsfall ermöglichen festzustellen, ob es sich nicht entgegen der Annahme des Arbeitnehmers um eine Diensterfindung handelt.

Arbeitnehmerhaftung

Der Begriff der A. bezeichnet die Haftungsfolgen von Pflichtverletzungen des Arbeitnehmers bei **betrieblicher Tätigkeit**. Zu den Pflichtverletzungen gehören sowohl die Schlechtarbeit (z. B. mangelnde Arbeitsqualität, Produktion von Ausschuss, Beschädigung von Maschinen oder Fahrzeugen), die Schädigung von Personen (z. B. Verletzung von Arbeitskollegen oder Kunden) als auch die Vernachlässigung sonstiger mit der Arbeitsleistung in Zusammenhang stehender Pflichten (z. B. Obhuts- oder Herausgabepflichten bezüglich Material, Werkzeug oder Geld).

Die A. umfasst begrifflich nicht die Haftung für vertragswidrige Nichtleistung von Arbeit. Letztere wird als → *Arbeitsvertragsbruch* bezeichnet.

Die A. weist gegenüber den allgemeinen Haftungsgrundsätzen des Bürgerlichen Gesetzbuchs vielfältige Besonderheiten auf, die durch die Rechtsprechung entwickelt wurden. Insbesondere werden dem Arbeitnehmer Haftungserleichterungen bzw. Haftungsmilderungen immer dann zugebilligt, wenn ein Schaden **bei Ausführung einer Arbeit** entstanden ist, die **durch den Betrieb des Arbeitgebers veranlasst** war und die **aufgrund eines Arbeitsverhältnisses geleistet** wurde. Die frühere – nunmehr überholte – Rechtsprechung verlangte darüber hinaus, dass der Schaden bei Ausübung einer → *gefahrgeneigten Arbeit* entstanden ist.

Die Haftungsmilderungen sehen so aus, dass der Arbeitnehmer bei leichter → *Fahrlässigkeit* **nicht** haftet. Verursacht er den Schaden vorsätzlich oder grob fahrlässig, so haftet er **regelmäßig voll**. Ist mittlere Fahrlässigkeit im Spiel, so wird der Schaden zwischen Arbeitgeber und Arbeitnehmer unter Berücksichtigung verschiedener Umstände (Dauer der Betriebszugehörigkeit, bisheriges arbeitsvertragliches Verhalten, Höhe der Arbeitsvergütung, gefahrenerhöhende Moment, Möglichkeit des Arbeitgebers, das Schadensrisiko durch Versicherung abzudecken) **aufgeteilt**.

Arbeitnehmer-Pauschbetrag

A. ist ein steuerlicher Freibetrag in Höhe von maximal 1044 EUR, der bei Einkünften aus nichtselbständiger Arbeit im Rahmen der Einkommensermittlung jedem → *Arbeitnehmer* gewährt wird, ohne dass etwaige → *Werbungskosten* konkret nachgewiesen werden müssen. Liegen die Einkünfte des Arbeitnehmers unter 1044 EUR, wird der Arbeitnehmer-Pauschbetrag nur bis zur Höhe der Einnahmen gewährt. Hat der Arbeitnehmer höhere Werbungskosten, sind diese abzugsfähig, wenn sie konkret nachgewiesen werden.

Arbeitnehmer-Sparzulage

Für die → *Vermögensbildung* nach dem 5. Vermögensbildungsgesetz wird dem → *Arbeitnehmer* eine Arbeitnehmersparzulage gewährt, wenn sein zu versteuerndes Einkommen 17 900 EUR oder bei zusammenveranlagten Ehegatten (→ *Veranlagungsarten)* 35 800 EUR nicht übersteigt. Die Arbeitnehmersparzulage beträgt je nach Anlageform 20 v. H. und höchstens 408 EUR bzw. 10 v. H. und höchstens 480 EUR. Der Zulagensatz von 20 v. H. liegt für Arbeitnehmer mit Hauptwohnsitz in den neuen Bundesländern bei 25 v. H. Die Arbeitnehmersparzulage ist weder → *Arbeitsentgelt* noch einkommenssteuerpflichtig. Sie wird auf Antrag des Arbeitnehmers durch das für ihn zuständige → *Finanzamt* festgesetzt. Der Antrag kann bis zum Ablauf des 2. Kalenderjahres nach dem Kalenderjahr gestellt werden, in dem vermögenswirksame Leistungen angelegt worden sind. Die Anlage vermögenswirksamer Leistungen ist durch Bescheinigung nachzuweisen.

Arbeitnehmerüberlassungsgesetz

Im Arbeitnehmerüberlassungsgesetz (AÜG) ist der Bereich der **gewerblichen Überlassung** (des Verleihs) **von Arbeitnehmern von einem Unternehmen an ein anderes** (entleihendes) **Unternehmen** geregelt. Das AÜG enthält Schutzvorschriften, die den Zweck haben, die Nachteile auszugleichen, die dadurch entstehen, dass der Arbeitnehmer in einen Betrieb eingegliedert ist, dessen Inhaber nicht zugleich sein Arbeitgeber ist. Die formale Arbeitgeberstellung (also Lohnzahlung, Arbeitsvertrag, Anmeldung bei der Sozialversicherung usw.) liegt beim verleihenden (= Arbeitnehmerüberlassungs-)Unternehmen. Der Arbeitsalltag findet im entleihenden Unternehmen statt, insbesondere erhält der Arbeitnehmer dort seine die Arbeitsleistung betreffenden Weisungen. Ein Leiharbeitsverhältnis im Sinn des AÜG liegt vor, wenn der Arbeitnehmer zum Zweck der Ausleihe eingestellt und gewerbsmäßig an Dritte überlassen wird. Für diese Form des Leiharbeitsvertrags wird auch der Begriff **Zeitarbeitsvertrag** verwendet.

Wer sich als Verleiher von Arbeitskräften gewerblich betätigen will, bedarf der Erlaubnis durch die Arbeitsverwaltung. Sie wird nur erteilt, wenn der Unternehmer zuverlässig ist und die Fähigkeit besitzt, die üblichen Arbeitgeberpflichten ordnungsgemäß zu erfüllen. Fehlt die behördliche Erlaubnis, ist der Arbeitsvertrag zwischen Leiharbeitnehmer und Verleiher ebenso unwirksam wie der Überlassungsvertrag zwischen Verleiher und Entleiher. Gemäß § 10 Abs. 1 AÜG hat das die einschneidende Folge, dass zwischen Entleiher und Leiharbeitnehmer ein Arbeitsvertrag zu den mit dem Verleiher vereinbarten Konditionen als zustande gekommen angesehen (fingiert) wird.

Arbeitsdirektor → *Mitbestimmung der Arbeitnehmer*

Arbeitseinkommen

Bei der Anwendung der Pfändungsschutzbestimmungen (§§ 850–850 k ZPO; → *Lohnpfändung)* gilt als Arbeitseinkommen jede Vergütung für geleistete oder zugesagte persönliche Arbeit oder Dienste. Gleichgültig ist, ob das Dienstverhältnis privat- oder öffentlich-rechtlicher Natur ist. Auch Ruhegehälter und Hinterbliebenenbezüge fallen darunter (§ 850 ZPO).

Arbeitsentgelt → *Arbeitsvergütung*

Arbeitsförderung

Rechtsgrundlage für Maßnahmen der Arbeitsförderung ist das Dritte Buch des → *Sozialgesetzbuchs* (SGB III); es regelt die Aufgaben der Bundesanstalt für Arbeit. Daneben gibt es eine Vielzahl von Verordnungen, in denen die näheren Einzelheiten über die Leistungsvoraussetzungen und den Leistungsumfang geregelt sind.

Ziel des Gesetzes ist es, einen hohen Beschäftigungsstand zu erreichen, die Beschäftigungsstruktur zu verbessern und damit das Wirtschaftswachstum zu fördern. Als die wichtigsten Leistungen sind zu nennen → *Arbeitsvermittlung*, → *Berufsberatung*, Förderung der beruflichen Bildung durch Umschulung und Weiterbildung (→ *Berufsförderung*) und Zuschüsse zur Schaffung und Erhaltung von Arbeitsplätzen. Hinzu kommen Geldleistungen wie → *Arbeitslosengeld*, → *Arbeitslosenhilfe*, → *Insolvenzgeld* und → *Wintergeld*. Zuständige Behörde ist das Arbeitsamt.

Arbeitsgericht

Das Arbeitsgericht ist das in erster Instanz zuständige Gericht der → *Arbeitsgerichtsbarkeit*. Zugewiesen sind den Gerichten für Arbeitssachen die in § 2 Abs. 1 bis 4, § 2a und 3 Arbeitsgerichtsgesetz aufgeführten rechtlichen Streitigkeiten. Dazu gehören insbesondere bürgerlich-rechtliche Streitigkeiten zwischen Arbeitnehmer und Arbeitgeber, aber auch Streitigkeiten zwischen Betriebsrat und Arbeitgeber (→ *Beschlussverfahren*).

Beim Arbeitsgericht werden Kammern errichtet, die mit einem Berufsrichter sowie zwei ehrenamtlichen Richtern, davon je einer aus den Kreisen der Arbeitnehmer und den Kreisen der Arbeitgeber, besetzt sind; die Laienrichter werden in der Regel von den jeweiligen Verbänden bzw. Gewerkschaften vorgeschlagen und von der zuständigen obersten Landesbehörde für die Dauer von fünf Jahren berufen.

Gegen Entscheidungen des Arbeitsgerichts ist → *Berufung* oder → *Beschwerde* zum Landesarbeitsgericht statthaft.

Arbeitsgerichtsbarkeit

Die Arbeitsgerichtsbarkeit ist eine der fünf in Deutschland vorgesehenen gleichrangigen Gerichtszweige (Abs. 96 GG, → *Gerichtsbarkeit)*. Sie wird ausgeübt durch die → *Arbeitsgerichte,* Landesarbeitsgerichte und das → *Bundesarbeitsgericht.* Der Arbeitsgerichtsbarkeit sind durch das Arbeitsgerichtsgesetz (ArbGG) Rechtsstreitigkeiten aus dem Arbeitsrecht zugewiesen. Das arbeitsgerichtliche Verfahren richtet sich im Wesentlichen nach den Regeln der Zivilprozessordnung, ist jedoch von einer Reihe von Spezialvorschriften des Arbeitsgerichtsgesetzes geprägt, die den Besonderheiten arbeitsrechtlicher Streitigkeiten Rechnung tragen.

Die Arbeitsgerichte entscheiden die Arbeitssachen entweder im → *Urteilsverfahren* oder im → *Beschlussverfahren.*

Arbeitsgerichtsverfahren

Das A. ist ein Gerichtsverfahren, das in seinem wesentlichen Ablauf dem Ablauf eines Verfahrens vor den Zivilgerichten (Amtsgericht, Landgericht) entspricht.

Das arbeitsgerichtliche Verfahren beginnt regelmäßig mit einer **Klageerhebung**. Das kann entweder die bei der Rechtsantragsstelle des Gerichts zu Protokoll gegebene Klage, ein Schreiben an das Gericht oder ein Klageschriftsatz eines Rechtsanwalts oder Verbandsvertreters (Gewerkschaftssekretärs) sein.

Das Gericht stellt diese Klage dem beklagten Arbeitgeber förmlich, d. h. mit einer Postzustellungsurkunde (Nachweis der Zustellung), zu und beraumt gleichzeitig einen Termin für die **Güteverhandlung** an. Bleibt die Güteverhandlung erfolglos, so erhalten die Parteien vom Gericht üblicherweise Hinweise, ob und worüber noch Erklärungen, Hinweise und Unterlagen nachzureichen sind. Je nach Geschäftsanfall bei den Arbeitsgerichten wird dann mehr oder weniger zeitnah ein so genannter Termin zur Streitverhandlung anberaumt, in dem es dann „zur Sache geht" und in dem dann unter Umständen auch bereits ein Urteil gesprochen werden kann.

Die Güteverhandlung ist die mündliche Verhandlung vor dem berufsmäßigen Richter, die den wesentlichen Zweck hat, eine **gütliche Einigung der Parteien herbeizuführen**. Sie muss – das ist gesetzlich so vorgeschrieben – zu Beginn jeder arbeitsrechtlichen (seit 1. 1. 2002 auch jeder zivilprozessualen) Streitigkeit durchgeführt werden. Im Gegensatz zu der späteren „Streitverhandlung" wird die Güteverhandlung vom berufsmäßigen Vorsitzenden der Kammer des Arbeitsgerichts allein geleitet. In der Streitverhandlung tritt das Gericht dagegen in voller Besetzung, d. h. mit dem Vorsitzenden sowie zwei ehrenamtlichen Richtern auf.

In der Güteverhandlung wird in allgemeiner Form über den Konflikt gesprochen, der der Klage zugrunde liegt. Der Vorsitzende versucht im Gespräch mit dem Arbeitnehmer und seinem Arbeitgeber einen Vergleich zu erarbeiten.

In der Güteverhandlung **werden keine Beweise erhoben** (= Zeugen einvernommen), es wird im Regelfall auch **kein Urteil verkündet**. Eine Ausnahme gilt dann, wenn eine Partei unentschuldigt nicht erscheint. In diesem Fall kann die erschienene Partei ein so genanntes → *Versäumnisurteil* beantragen.

▶ Arbeitskammern

A. sind in den Bundesländern Bremen und Saarland errichtete Körperschaften des öffentlichen Rechts, in denen die → *Arbeitnehmer* des jeweiligen Landes im Weg der Zwangsmitgliedschaft organisiert sind. Diese Regelung wurde vom → *Bundesverfassungsgericht* als mit der im GG garantierten → *Koalitionsfreiheit* vereinbar erklärt. Den Arbeitskammern obliegt es, die wirtschaftlichen, sozialen und kulturellen Interessen der Arbeitnehmer wahrzunehmen und zu fördern. Sie beraten ihre Mitglieder und werden gutachtlich für Behörden, Gerichte und den Landesgesetzgeber tätig.

▶ Arbeitskampf

Arbeitskampf bedeutet die Aufnahme kollektiver Maßnahmen von → *Arbeitgebern* (→ *Arbeitgeberverbänden)* oder → *Arbeitnehmern* (→ *Gewerkschaften)* zur Störung des Arbeitsfriedens. Kampfmittel sind → *Streik* und → *Aussperrung*.

Im Rahmen des Arbeitskampfes besteht kein Kündigungsschutz (§ 25 Kündigungsschutzgesetz), und es ruht der Anspruch auf → *Arbeitslosengeld* (§ 146 SGB III). Arbeitskampfmaßnahmen sind grundsätzlich rechtmäßig; rechtswidrig sind sie insbesondere dann, wenn dadurch gegen die → *Friedenspflicht* verstoßen wird, wenn sie gegen die Regelung eines Tarifvertrags verstoßen, wenn sie gegen strafrechtliche Vorschriften verstoßen, wenn sie nicht auf tariflich regelbare Ziele gerichtet sind, wenn die Kampfführung nicht fair ist oder wenn sie in einem unerträglichen Missverhältnis zu dem kampfweise erstrebten Zweck stehen.

▶ **Arbeitslohn** → *Arbeitsvergütung*

▶ **Arbeitslosengeld**

A. ist eine der auf der Grundlage des Dritten Buchs des → *Sozialgesetzbuchs* (→ *Arbeitsförderung)* gewährte Geldleistung. Die Einzelheiten sind in §§ 117 ff. SGB III geregelt. Voraussetzung hierfür ist das Bestehen eines Arbeitslosenversicherungsverhältnisses, in der Regel eine in der Vergangenheit ausgeübte versicherungspflichtige Tätigkeit, der Eintritt des Versicherungsfalls (Arbeitslosigkeit) und die Erfüllung einer Anwartschaft, d. h. der Versicherte muss innerhalb einer Rahmenfrist von 3 Jahren mindestens 12 Monate in einem versicherungspflichtigen Beschäftigungsverhältnis gestanden haben. Die Auszahlung setzt einen Antrag des Arbeitslosen beim Arbeitsamt voraus sowie seine Bereitschaft und Fähigkeit, eine Beschäftigung unter den üblichen Arbeitsmarktbedingungen auszuüben. Die Höhe des Arbeitslosengeldes ist von dem bisher bezogenen Nettoarbeitsentgelt abhängig (derzeit grundsätzlich 60 v. H., für Arbeitslose mit mindestens einem Kind 67 v. H.). Der Bezug ist zeitlich befristet, die Dauer richtet sich nach der Länge des Beschäftigungsverhältnisses. Hat der Arbeitnehmer die Arbeitslosigkeit zu vertreten, etwa durch eine Kündigung, dann wird eine Sperrfrist verhängt, in der kein Arbeitslosengeld bezahlt wird. Eine Minderung des Arbeitslosengeldes tritt ein, wenn der Versicherte sich verspätet arbeitslos gemeldet hat (§ 140 SGB III). Die Verpflichtung, sich arbeitslos zu melden, tritt ein, sobald der Betreffende Kenntnis vom Zeitpunkt der Beendigung des Arbeitsverhältnisses hat (§ 37b SGB III). Im Rahmen der geplanten Neuordnung des Rechts der Arbeitsförderung sind Änderungen vorgesehen, die auch den Bezug des Arbeitslosengelds betreffen.

▶ Arbeitslosenhilfe

A. ist eine Leistung nach dem Dritten Buch des → *Sozialgesetzbuchs* (SGB III), das die → *Arbeitsförderung* regelt. Die Einzelheiten sind in §§ 190 ff. SGB III enthalten. Arbeitslosenhilfe erhält, wer arbeitslos ist, dem Arbeitsmarkt zur Verfügung steht, die zur Gewährung von → *Arbeitslosengeld* erforderliche Anwartschaft nicht besitzt oder die Höchstdauer überschritten hat; im letzteren Fall spricht man von Anschlussarbeitslosenhilfe. Außerdem muss der Antragsteller bedürftig sein, d. h. er muss außerstande sein, ohne die Arbeitslosenhilfe sich und seine Familie angemessen zu unterhalten. Einkünfte anderer Art sind bei der Prüfung der Bedürftigkeit zu berücksichtigen. Schließlich ist Voraussetzung, dass der Betroffene innerhalb eines Jahres gerechnet ab dem Tag, an dem die allgemeinen Voraussetzungen erfüllt sind, Arbeitslosengeld bezogen haben. Die Höhe der Arbeitslosenhilfe ist abhängig von dem zuletzt bezogenen durchschnittlichen Nettorbeitsentgelt. Sie beträgt grundsätzlich derzeit 53 v. H., für Arbeitslose mit mindestens einem Kind 57 v. H. des Arbeitsentgelts. Im Rahmen der Neuordnung des Rechts der Arbeitsförderung sind erhebliche Änderungen bei der Arbeitslosenhilfe vorgesehen.

▶ Arbeitslosenversicherung

A. ist ein besonderer Zweig der → *Sozialversicherung*. Sie ist im Dritten Buch des → *Sozialgesetzbuchs* (SGB III) geregelt. Sie soll die materiellen Folgen einer Arbeitslosigkeit mildern. Versichert sind gleichermaßen → *Angestellte* und → *Arbeiter*. Die Beiträge sind für den Arbeitgeber und den Arbeitnehmer gleich hoch (→ *Arbeitgeberanteil*, → *Arbeitnehmeranteil*, → *Sonderausgaben*); er beträgt einen gesetzlich im Einzelnen festgelegten Prozentsatz des Entgelts. Der Berechnung wird das Arbeitsentgelt bis zu der in der Rentenversicherung gültigen → *Beitragsbemessungsgrenze* zugrunde gelegt. Die Beiträge hat der Arbeitgeber insgesamt abzuführen. Träger der Arbeitslosenversicherung ist die Bundesanstalt für Arbeit. Als wichtige Leistungen sind zu nennen → *Arbeitslosengeld,* → *Arbeitslosenhilfe,* → *Insolvenzgeld* und → *Wintergeld.*

Arbeitsmittel

A. sind alle Gegenstände und alle zum unmittelbaren Arbeitseinsatz bestimmten → *Wirtschaftsgüter,* die der Ausübung beruflicher Tätigkeit dienen (z.B. Aktentasche, Computer, Fachzeitschriften, Schreibtisch).

Für → *Arbeitnehmer* sind sie steuerlich als → *Werbungskosten* absetzbar, wenn sie nicht vom → *Arbeitgeber* gestellt oder deren Aufwendungen nicht durch den Arbeitgeber ersetzt werden. Aufwendungen für Arbeitsmittel sind absetzbar, wenn der Arbeitnehmer die Arbeitsmittel tatsächlich ausschließlich oder zumindest weitaus überwiegend beruflich nutzt. Eine private Mitbenutzung von ganz untergeordneter Bedeutung ist steuerlich unschädlich.

Übersteigen die Anschaffungs- oder Herstellungskosten von Arbeitsmitteln ohne Mehrwertsteuer den Wert → *geringwertiger Wirtschaftsgüter* (410 EUR), sind die Kosten auf die voraussichtliche Nutzungsdauer des Arbeitsmittels zu verteilen (→ *AfA).*

Vom Arbeitgeber angeschaffte Arbeitsmittel sind als → *Betriebsausgaben* im Rahmen der Gewinnermittlung abzugsfähig.

Arbeitsplatzschutz

Wird ein → *Arbeitnehmer,* Beamter oder Richter zum Grundwehrdienst oder zu einer Wehrübung einberufen, dann regelt das Gesetz über den Schutz des Arbeitsplatzes bei Einberufung zum Wehrdienst (Arbeitsplatzschutzgesetz) die Auswirkung auf das Arbeits- bzw. Dienstverhältnis. Dem Einberufenen soll kein beruflicher Nachteil entstehen, daher ruht das Beschäftigungsverhältnis, es besteht grundsätzlich ein Kündigungsverbot und es sind Wehrdienstzeiten später einzurechnen. Das Gesetz gilt für Zivildienstleistende (§ 78 Zivildienstgesetz; → *Zivildienst)* und gemäß § 59

Abs. 1 Bundesgrenzschutzgesetz für zum Bundesgrenzschutz Verpflichtete entsprechend.

Arbeitsplatzteilung

A. (sog. Jobsharing) bedeutet die Besetzung eines Arbeitsplatzes durch zwei oder mehr Arbeitnehmer im Rahmen von - rechtlich völlig selbständigen - Teilzeitarbeitsverhältnissen. Sie ist in § 13 des Gesetzes über Teilzeitarbeit und befristete Arbeitsverträge (Teilzeit- und Befristungsgesetz - TzBfG) geregelt. Das → *Direktionsrecht* des Arbeitgebers ist im Fall einer Arbeitsplatzteilung dahin gehend eingeschränkt, dass die Arbeitszeitverteilung untereinander Sache der Job-Sharer ist. Können sich diese nicht einigen, ist es dann allerdings wieder Sache des Arbeitgebers zu entscheiden. Bei Ausfall oder Ausscheiden eines Arbeitnehmers besteht grundsätzlich weder eine Vertretungspflicht des bzw. der anderen Arbeitnehmer noch ein hierauf gestütztes Kündigungsrecht des Arbeitgebers.

Arbeitsrecht

Zum Arbeitsrecht gehören alle rechtlichen Regeln, die sich auf die Beschäftigungsverhältnisse der im Arbeitsleben abhängig Tätigen (→ *Arbeitnehmer)* beziehen. Es ist also das Sonderrecht der abhängig Beschäftigten. Das Arbeitsrecht wird in verschiedene Teilbereiche aufgegliedert: Das **Individualarbeitsrecht** befasst sich mit den Normen (rechtlichen Regeln), die sich auf das Arbeitsverhältnis zwischen dem Arbeitgeber und dem einzelnen Arbeitnehmer beziehen, insbesondere bei Begründung, Ausgestaltung und Beendigung des Arbeitsverhältnisses. Dabei geht es hauptsächlich um die Einschränkung der Vertragsfreiheit beim Arbeitsverhältnis.

Daneben regelt das **kollektive Arbeitsrecht** die Rechtsbeziehungen zwischen den betrieblichen Schutzvertretungen der Arbeitnehmer (Betriebsräte, Arbeitnehmervertreter in Unternehmensorganen) sowie ihren überbetrieblichen Schutzkollektiven (Gewerkschaften) einerseits und den einzelnen Arbeitgebern bzw. den Zusammenschlüssen in Arbeitgeberverbänden andererseits. Insbesondere handelt es sich um Betriebsverfassungs-, Koalitions-, Tarif-, Schlichtungs- und Arbeitkampfrecht.

Soweit der Staat den gesetzlichen Schutz der Arbeitnehmer vor Gefahren am Arbeitsplatz durch Aufsicht und Zwang selbst sicherstellt, handelt es sich um → *Arbeitsschutzrecht* im engeren Sinn.

Ein besonderes **arbeitsgerichtliches Rechtsschutzverfahren** berücksichtigt die Schutzbedürftigkeit des Arbeitnehmers bei der Durchsetzung seiner Rechte.

Arbeitsschutzrecht

Da das gesamte Arbeitsrecht dem besonderen Schutz des sozial abhängigen Arbeitnehmers dient, kann es als Arbeitnehmerschutzrecht im weiteren Sinn bezeichnet werden. **Arbeitsschutzrecht im engeren Sinn** bezweckt den Schutz des Arbeitnehmers unabhängig von der Initiative des Arbeitnehmers (z. B. Klageerhebung). Die Einhaltung der Arbeitsschutzvorschriften unterliegt **wegen ihrer besonderen Bedeutung** behördlicher Kontrolle und wird durch Strafen oder → *Bußgeld* gesichert. Sie sind auch vertraglich i. d. R. nicht abdingbar. Zuständig für die Überwachung sind meist die Gewerbeaufsichtsämter (→ *Gewerbeaufsicht*). Arbeitsschutzrecht ist grundsätzlich → *öffentliches Recht*, dem aber auch privatrechtliche Bedeutung zukommt. Verletzt der Arbeitgeber schuldhaft eine Arbeitsschutznorm und erleidet der Arbeitnehmer dadurch einen Schaden, ist der Arbeitgeber zum Ersatz verpflichtet. Die Arbeitsschutzgesetze lassen sich vom Inhalt (Betriebs- und Gefahrschutz, Arbeitszeitschutz) und von der Zielgruppe her (Jugendarbeitsschutz, Heimarbeitsschutz, Frauenarbeitsschutz) unterteilen. Als **wichtige Arbeitsschutzgesetze** sind zu nennen das Arbeitsschutzgesetz, das Gesetz über Betriebsärzte, Sicherheitsingenieure und andere Fachkräfte für Arbeitssicherheit (→ *Arbeitssicherheit),* die Arbeitsstättenverordnung, das Gerätesicherheitsgesetz, die Verordnung über gefährliche Stoffe, das Arbeitszeitgesetz (→ *Arbeitszeit),* das Jugendarbeitsschutzgesetz (→ *Jugendarbeitsschutz),* das Mutterschutzgesetz (→ *Mutterschutz)* und das Sozialgesetzbuch IX (→ *Schwerbehinderte Menschen*).

Arbeitssicherheit

Der Arbeitssicherheit kommt wesentliche Bedeutung für das → *Arbeitsschutzrecht* zu. Die Arbeitsplätze müssen so gestaltet sein, dass der Arbeitnehmer gegen Gefahren für Leib und Leben weitestgehend geschützt ist. In Betrieben, in denen das wegen der Art odes des Umfangs der Produktion notwendig ist, hat der Unternehmer nach dem Gesetz über Betriebsärzte, Sicherheitsingenieure und andere Fachkräfte für Arbeitssicherheit (ASiG) Betriebsärzte und Fachkräfte für Arbeitssicherheit zu bestellen. Aufgabe der Betriebsärzte ist die Beratung des Arbeitgebers über Maßnahmen zur Unfallverhütung sowie die arbeitsmedizinische Untersuchung und Betreuung der Betriebsangehörigen. Die Sicherheitsingenieure haben den sicherheitstechnischen Arbeitsschutz zu gewährleisten. Die Betriebsärzte und Fachkräfte für Arbeitssicherheit haben bei der Erfüllung ihrer Aufgaben mit dem Betriebsrat zusammenzuarbeiten.

Kommt der Arbeitgeber seiner Pflicht zur Bestellung entsprechender Fachkräfte nicht nach, kann das von der zuständigen Behörde angeordnet werden. Alle Kräfte für die Arbeitssicherheit sind unabhängig und weisungsfrei, sie haben ein unmittelbares Vortragsrecht bei der Betriebsleitung.

▸ Arbeitsstättenverordnung

Die Arbeitsstättenverordnung (ArbStättVO) bestimmt bundeseinheitlich die Anforderungen an Arbeitsstätten. Sie bezweckt, im Interesse der →*Arbeitnehmer,* die Einhaltung des →*Arbeits- und Betriebsschutzes*. Geregelt sind z. B. die Belüftung, Beheizung und Beleuchtung von Arbeitsstätten (§§ 5–7) sowie die Anforderungen an Sanitärräume (§§ 34–37).

▸ Arbeitsunfähigkeit

Voraussetzung eines Entgeltfortzahlungsanspruchs eines erkrankten Arbeitnehmers gegen den Arbeitgeber ist gemäß § 3 des Entgeltfortzahlungsgesetzes (EFG) u. a., dass der Arbeitnehmer aufgrund seiner Erkrankung **arbeitsunfähig** ist. Krankheit allein löst also den Entgeltfortzahlungsanspruch nicht aus. Krankheitsbedingte Arbeitsunfähigkeit liegt nur dann vor, wenn der Arbeitnehmer objektiv außer Stande ist, die ihm nach dem Arbeitsvertrag obliegende Arbeit zu verrichten, oder wenn er die Arbeit nur unter der Gefahr aufnehmen oder fortsetzen könnte, dass sich sein Gesundheitszustand in absehbarer Zeit verschlimmert.

Kann ein → *Arbeitnehmer* wegen Erkrankung seine Arbeitspflicht nicht erfüllen, dann hat er die Arbeitsunfähigkeit (d.h. das Bestehen der Arbeitsunfähigkeit und die voraussichtliche Dauer derselben) dem Arbeitgeber unverzüglich, d.h. möglichst noch vor oder zum nächsten Arbeitsbeginn, **mitzuteilen** (vgl. § 5 EFG). Die wiederholte Verletzung der Benachrichtigungspflicht kann, nach Abmahnung durch den Arbeitgeber, eine → *Kündigung* rechtfertigen.

Dauert die Arbeitsunfähigkeit länger als 3 Kalendertage, muss vom Arbeitnehmer außerdem eine ärztliche Bescheinigung (→ *Arbeitsunfähigkeitsbescheinigung)* spätestens am vierten Tag der Arbeitsunfähigkeit **vorgelegt** werden.

Während einer krankheitsbedingten Arbeitsunfähigkeit hat der Arbeitnehmer gegenüber dem Arbeitgeber für die Dauer von sechs Wochen Anspruch auf → *Entgeltfortzahlung.*

In der Kranken- und Unfallversicherung ist die Arbeitsunfähigkeit Voraussetzung für den Anspruch auf → *Kranken-* bzw. Verletztengeld. Krankheit im sozialversicherungsrechtlichen Sinn ist jeder regelwidrige Körper- und Geisteszustand, der behandlungsbedürftig ist, auch eine Verletzung durch Unfall.

Über die Auswirkungen der krankheitsbedingten Arbeitsunfähigkeit auf den Anspruch des Arbeitnehmers auf Arbeitsvergütung siehe → *Entgeltfortzahlung.*

Arbeitsunfähigkeitsbescheinigung

A. ist die nach dem Entgeltfortzahlungsgesetz (EFG) zum Nachweis der → *Arbeitsunfähigkeit* vorgesehene **„ärztliche Bescheinigung über das Bestehen der Arbeitsunfähigkeit sowie deren voraussichtliche Dauer**“. Sie hat den Zweck, dem Arbeitgeber die Kontrolle zu ermöglichen, ob eine vom Arbeitnehmer behauptete Arbeitsunfähigkeit tatsächlich vorliegt und der Arbeitgeber nach dem Entgeltfortzahlungsgesetz zur Fortzahlung der Vergütung verpflichtet ist.

Dauert die Arbeitsunfähigkeit länger als drei Kalendertage, so hat der Arbeitnehmer spätestens am vierten Tag der Arbeitsunfähigkeit eine Arbeitsunfähigkeitsbescheinigung vorzulegen. Der Arbeitgeber hat allerdings das Recht, die Vorlage der ärztlichen Bescheinigung auch früher zu verlangen. Dauert die Arbeitsunfähigkeit länger als angegeben, muss eine neue ärztliche Bescheinigung vorgelegt werden. Solange die Bescheinigung nicht vorgelegt wird, darf der Arbeitgeber gemäß § 7 EFG die → *Entgeltfortzahlung* verweigern.

Mit der Vorlage einer ordnungsgemäß ausgestellten Arbeitsunfähigkeitsbescheinigung erbringt der Arbeitnehmer im Regelfall den Beweis der Arbeitsunfähigkeit infolge Krankheit. Allerdings kann der Arbeitgeber den Beweiswert dieser Bescheinigung erschüttern, wenn er Umstände vorträgt, die Anlass zu ernsthaften Zweifeln an der behaupteten Arbeitsunfähigkeit geben.

▸ Arbeitsunfall

A. ist eine der Voraussetzungen für die Gewährung von Leistungen der gesetzlichen → *Unfallversicherung*. Die Einzelheiten sind im Siebten Buch des → *Sozialgesetzbuchs* (SGB VII) geregelt. Ein Arbeitsunfall liegt vor, wenn eine versicherungspflichtige Tätigkeit ausgeübt wird, bei der ein Unfall, also ein plötzliches, nicht voraussehbares Ereignis mit der Folge eines Körperschadens eintritt (vgl. § 8 SGB VII). Dem Arbeitsunfall ist der Wegeunfall gleichgestellt; hierunter ist ein Unfall zu verstehen, der sich auf dem Weg zur oder von der Arbeit ereignet. Im versicherungsrechtlichen Sinne sind auch Unfälle von Kindern in Kindergärten, von Schülern in Schulen und von Studenten in Hochschulen als Arbeitsunfälle anzusehen.

▸ Arbeitsvergütung

Arbeitsvergütung ist die Vergütung, die der Arbeitgeber an den → *Arbeitnehmer* aufgrund der geleisteten → *nichtselbständigen* Arbeit zahlt. Die Arbeitsvergütung der → *Arbeiter* heißt **Lohn**, die der → *Angestellten* heißt **Gehalt**.

Anspruchsgrundlage ist in der Regel § 611 Abs. 1 BGB. Grundsätzlich wird die Arbeitsvergütung in Geld bezahlt, und zwar als

Monatsvergütung, Wochen-, Tages- oder Stundenlohn. Fällig wird die Arbeitsvergütung (zeitlich) **nach** der Arbeitsleistung oder nach Ablauf des vereinbarten Zeitabschnitts (z. B. Arbeitstag, Arbeitswoche, Monat). Die Höhe ist meist in → *Tarifverträgen* bestimmt. Soweit ein Tarifvertrag nicht anwendbar ist, ist die arbeitsvertragliche Vereinbarung maßgeblich. Soweit eine Vergütungs-Vereinbarung nicht geschlossen wurde, ist die übliche Vergütung zu Grunde zu legen (§ 612 Absatz 2 BGB). Die Arbeitsvergütung ist nur eingeschränkt pfändbar und kann auch nur in diesem Umfang abgetreten werden (§§ 850 ff. der Zivilprozessordnung; § 400 BGB; → *Lohnabtretung)*. Über die Berechnung der Arbeitsvergütung muss der Arbeitgeber bei Zahlung eine → *Abrechnung* erteilen.

▸ Arbeitsverhältnis

Als Arbeitsverhältnis wird das Rechtsverhältnis zwischen → *Arbeitgeber* und → *Arbeitnehmer* bezeichnet. Es wird durch den → *Arbeitsvertrag* begründet. Ein sog. faktisches Arbeitsverhältnis liegt dann vor, wenn der Arbeitnehmer ohne oder ohne wirksamen Arbeitsvertrag seine Arbeitsleistung erbringt. Für die Dauer des faktischen Arbeitsverhältnisses richten sich die Rechte und Pflichten nach den Regeln eines wirksamen Arbeitsvertrags.

Das Arbeitsverhältnis begründet zwischen den Parteien ein → *Dauerschuldverhältnis,* auf das in erster Linie die arbeitsrechtlichen Vorschriften und – für den Fall dass es solche nicht gibt – die Vorschriften über den Dienstvertrag gemäß den §§ 611 ff. BGB Anwendung finden.

Beendigungsgründe sind → *Kündigung,* → *Auflösungsvertrag,* Zeitablauf, Tod des Arbeitnehmers; ein → *Betriebsübergang* beendigt es nicht.

Die Kündigung kann als außerordentliche (fristlose) oder als ordentliche (→ *Kündigungsfristen)* erfolgen. Die fristlose Kündigung (§ 626 BGB) erfordert einen wichtigen Grund, und es muss dem Kündigenden unter Berücksichtigung aller Umstände des Einzelfalles, unter Abwägung der Interessen beider Vertragsteile, die Fortsetzung des Arbeitsverhältnisses bis zum Ablauf der ordentlichen Kündigungsfrist unzumutbar ist (z. B. bei strafbaren Handlungen).

Eine ordentliche Kündigung kann nach dem Kündigungsschutzgesetz (→ *Kündigungsschutz*) unwirksam sein.

Arbeitsvermittlung

A. ist eine der Leistungen der → *Arbeitsförderung*. Die Einzelheiten sind im Dritten Buch des → *Sozialgesetzbuchs* (SGB III) geregelt. Arbeitsvermittlung ist darauf gerichtet, Ausbildungssuchende mit Arbeitgebern zur Begründung von Ausbildungsverhältnissen und Arbeit Suchende und Arbeitgeber zur Begründung eines Beschäftigungsverhältnisses zusammenzuführen (§ 35 Abs. 1 SGB III). Die zuständige Behörde ist das Arbeitsamt. Die Landesarbeitsämter können auf Antrag Dritten die Genehmigung zur Durchführung der Arbeitsvermittlung erteilen (§§ 291 ff. SGB III). Eine solche ist zu erteilen, wenn der Antragsteller die erforderliche Eignung und Zuverlässigkeit besitzt, in geordneten Verhältnissen lebt und über angemessene Geschäftsräume verfügt. Die Erlaubnis ist auf drei Jahre befristet, kann jedoch auf Antrag unbefristet verlängert werden. Bei nachträglichem Wegfall der Genehmigungsvoraussetzungen ist sie zu entziehen. Eine Vergütung für die Vermittlung darf nur vom Arbeitgeber verlangt werden. Die Arbeitsvermittlung durch die Bundesanstalt für Arbeit ist kostenlos. Diese Leistung wird auch für Personen erbracht, die vorher nicht in einer versicherungspflichtigen Beschäftigung gestanden haben. Allgemein zulässig ist es, wenn Arbeitnehmer oder Arbeitgeber Stellenanzeigen in Zeitungen oder ähnlichen Druckwerken veröffentlichen.

Eine Sonderform der Arbeitsvermittlung stellen die → *Personal-service-Agenturen* dar. Diese vermitteln Arbeitslose wie Leiharbeitnehmer.

Arbeitsvertrag

A. ist eine Absprache zwischen Arbeitgeber und Arbeitnehmer mit dem Inhalt, dass ab einem bestimmten Zeitpunkt zwischen ihnen ein → *Arbeitsverhältnis* zu bestimmten Bedingungen bestehen soll. Schriftform ist nicht vorgeschrieben. Der Arbeitgeber ist jedoch verpflichtet, spätestens einen Monat nach dem vereinbarten Beginn des Arbeitsverhältnisses die wesentlichen Vertragsbedingungen schriftlich niederzulegen, die Niederschrift zu unterzeichnen und dem Arbeitnehmer auszuhändigen (§ 2 des Gesetzes über den Nachweis der für ein Arbeitsverhältnis geltenden wesentlichen Bedingungen – **Nachweisgesetz** –).

Der Arbeitsvertrag ist ein schuldrechtlicher, gegenseitiger Vertrag, der eine besondere Art des → *Dienstvertrags* darstellt. Er erzeugt ein → *Dauerschuldverhältnis* mit der Hauptpflicht für den → *Arbeitnehmer* zur persönlichen Arbeitsleistung (§§ 611, 613 BGB); der Arbeitgeber ist zur Zahlung der → *Arbeitsvergütung* verpflichtet. Daneben bestehen für beide Vertragsparteien weitere Pflichten, wie z. B. die → *Treuepflicht* des Arbeitnehmers sowie die Beschäftigungs- und Fürsorgepflicht des Arbeitgebers. Neben die arbeitsvertraglichen Rechte und Pflichten treten bei Tarifgebundenheit tarifvertragliche Rechte und Pflichten.

Ist das Arbeitsverhältnis begonnen worden, dann löst eine Anfechtung (→ *Anfechtung* von Willenserklärungen) es nur mit Wirkung für die Zukunft auf.

Die Beendigung erfolgt durch → *Kündigung,* Zeitablauf bei → *Befristung,* Aufhebungsvertrag (→ *Auflösungsvertrag)* oder Tod des Arbeitnehmers, nicht aber bei → *Betriebsübergang.*

▶ Arbeitsvertragsbruch

A. ist diejenige Pflichtverletzung eines Arbeitnehmers, die darin besteht, dass er die Arbeit bei Beginn des Arbeitsverhältnisses gar **nicht aufnimmt** oder dass er die Arbeit vor Ablauf der ordentlichen Kündigungsfrist oder der vereinbarten Vertragslaufzeit (bei befristetem Arbeitsvertrag) ohne wichtigen Grund **verlässt**. Im Zusammenhang mit diesem Begriff werden rechtliche Instrumente behandelt, die dem Arbeitgeber zur Verfügung stehen, um in einer solchen Situation seine Interessen zu wahren (z. B. Klage auf Antritt der Arbeit oder Weiterarbeit, Klage auf Unterlassung anderweitiger Arbeit, Einbehalt der vertraglichen Vergütung, Schadensersatz wegen Nichterfüllung, Abmahnung und Kündigung).

Arbeitszeit

Nach dem neuen Arbeitszeitgesetz vom 6. Juni 1994 ist Arbeitszeit die Zeit vom Beginn bis zum Ende der Arbeit ohne Ruhepausen.

Nach § 3 Arbeitszeitgesetz (ArbZG) darf die regelmäßige werktägliche Arbeitszeit 8 Stunden nicht überschreiten, es sei denn, die Arbeitszeitverlängerung auf 10 Stunden wird innerhalb von 6 Monaten so ausgeglichen, dass der Durchschnitt von 8 Std. wieder erreicht wird. Das neue Arbeitszeitrecht sieht allerdings im Interesse einer größtmöglichen Flexibilisierung verschiedener Ausnahmemöglichkeiten vor (§ 7 ArbZG), die in einem → *Tarifvertrag* oder einer → *Betriebsvereinbarung* geregelt werden können. Bei der Festsetzung der täglichen Arbeitszeit hat der → *Betriebsrat* ein Mitbestimmungsrecht (§ 87 Betriebsverfassungsgesetz). Für den → *Ladenschluss* gilt das Ladenschlussgesetz.

Sonderregelungen bestehen daneben u. a. für → *Bäckereien*, → *Kraftfahrer* und anderes Fahrpersonal, (→ *Sonntagsarbeit*) sowie für Jugendliche (→ *Jugendarbeitsschutz*).

Arbeitszimmer

Die Kosten für ein häusliches Arbeitszimmer können in eigener oder angemieteter Wohnung als → *Betriebsausgaben* oder → *Werbungskosten* abziehbar sein, wenn das Arbeitszimmer den Mittelpunkt der gesamten betrieblichen oder beruflichen Tätigkeit bildet.

Aufwendungen für ein häusliches Arbeitszimmer sind im Übrigen seit 1996 nur noch beschränkt in Höhe von 1250 EUR abziehbar, wenn die betriebliche oder berufliche Nutzung des Arbeitszimmers mehr als 50 v. H. der gesamten betrieblichen oder beruflichen Tätigkeit beträgt oder wenn für diese Tätigkeit kein anderer Arbeitsplatz zur Verfügung steht. Ansonsten sind Aufwendungen für Arbeitszimmer nicht mehr abzugsfähig.

Mit dem Höchstbetrag von 1250 EUR sind sowohl Raumkosten (Heizungs- und Reinigungskosten, anteilige AfA, Schuldzinsen) sowie Kosten der Ausstattung des häuslichen Arbeitszimmers abgegolten.

Arrest

Im → *Zivilprozess* wird mit dem Arrest ein summarisches Eilverfahren angeboten, das die spätere → *Zwangsvollstreckung* wegen einer Geldforderung oder eines Anspruchs, der in eine Geldforderung übergehen kann (Arrestanspruch), sichern soll (§ 916 Abs. 1 ZPO). Der in der Praxis am häufigsten vorkommende Fall ist der dingliche Arrest, der in das Vermögen des → *Schuldners* vollzogen wird (§§ 928 ff. ZPO). Der persönliche Arrest, bei dem in die persönliche Freiheit des Schuldners eingegriffen wird (§ 933 ZPO – zum Beispiel durch Haft oder Wegnahme von Ausweispapieren), ist nur als letzte Maßnahme zulässig, wenn andere Mittel zur Sicherung nicht ausreichen (§ 918 ZPO). Das Arrestverfahren gliedert sich in zwei Teile: Die Anordnung erfolgt in einem summarischen → *Erkenntnisverfahren,* bei dem die → *mündliche Verhandlung* freigestellt und der volle → *Beweis* durch → *Glaubhaftmachung* ersetzt ist. Dargelegt werden müssen der Arrestanspruch (siehe oben) und der Arrestgrund, der gegeben ist, wenn die Besorgnis besteht, dass die Vollstreckung des (Hauptsache-)Urteils vereitelt oder wesentlich erschwert würde (§§ 917, 918 ZPO). Die Vollziehung des Arrests darf nur so weit erfolgen, als dies zur Sicherung des Gläubigers notwendig ist; eine bewegliche Sache darf also zum Beispiel gepfändet (→ *Pfändung),* nicht aber verwertet werden (keine Befriedigung des Gläubigers).

Arrest im Strafrecht siehe → *Jugendarrest.*

Artenschutz

A. bezweckt den Schutz und die Pflege der wild wachsenden Pflanzen und der wild lebenden Tiere, ihrer Entwicklungsformen, Lebensstätten, Lebensräume und Lebensgemeinschaften als Teil des Naturhaushalts.

Die Rechtsgrundlagen hierfür sind sowohl im nationalen als auch im internationalen Recht zu finden. Die Naturschutzgesetze → *Naturschutz)* des Bundes und der Länder verbieten das grundlose Fangen, Verletzen, Töten und das mutwillige Beunruhigen wild lebender Tiere und das grundlose Entnehmen oder Nutzen von wild wachsenden Pflanzen. Für Arten, die wegen ihrer Seltenheit, wegen Bedrohung ihres Bestands, aus wissenschaftlichen oder landeskundlichen Gründen, wegen ihres Nutzens oder zur Erhaltung der Schönheit oder der Eigenart der Natur unter besonderen Schutz gestellt sind (die besonders geschützten, teilweise vom Aussterben bedrohten Arten sind in der Bundesartenschutzverordnung aufgelistet), besteht ein Verbot jeglicher Beeinträchtigung; bei Verstößen drohen Strafen oder → *Geldbußen.* Die Verordnung der → *Europäischen Gemeinschaften* betreffend das Washingtoner Artenschutzabkommen regelt den grenzüberschreitenden Verkehr mit geschützten Arten und Verkehrsverbote innerhalb der Gemeinschaft. Das deutsche Ausführungsgesetz sieht bei Verstößen Geldbußen in beträchtlicher Höhe vor.

▸ Arzneimittel

A. sind nach der Definition des Arzneimittelgesetzes Stoffe und Zubereitungen aus Stoffen, die dazu bestimmt sind, durch Anwendung an oder im menschlichen oder tierischen Körper Krankheiten, Leiden, Schäden oder krankhafte Beschwerden zu heilen, zu lindern oder zu verhüten. Arzneimittel sind auch Stoffe, die diagnostischen Zwecken dienen, als Ersatz körpereigener Wirkstoffe eingesetzt werden oder die den seelischen Zustand beeinflussen sollen. Keine Arzneimittel sind → *Lebensmittel* oder Kosmetika. Die Herstellung von Arzneimitteln ist grundsätzlich genehmigungspflichtig. Die Erlaubnis setzt entsprechende Sachkunde der mit der Produktion befassten Personen und geeignete Räume voraus. Eine Ausnahme gilt für → *Apotheken,* die Arzneimittel im kleineren Umfang herstellen dürfen, sowie für Krankenhäuser. Für Arzneimittel besteht eine nahezu vollständige Zulassungspflicht. Wichtigste Voraussetzung für eine Zulassung ist der Nachweis ihrer therapeutischen Wirksamkeit. Über die Zulassung entscheidet das Bundesgesundheitsamt. Arzneimittel dürfen grundsätzlich nur in Apotheken verkauft werden. Verschreibungspflichtige Arzneimittel dürfen nur gegen Vorlage eines entsprechenden ärztlichen Rezepts abgeben werden.

▸ Arzt

Die Grundsätze des Arztberufs sind im Wesentlichen in der Bundesärzteordnung und der Approbationsordnung für Ärzte enthalten. Arzt kann danach werden, wer nach einem Medizinstudium die ärztliche Prüfung bestanden hat, sich nicht als unwürdig oder unzuverlässig erwiesen hat und körperlich und geistig zur Ausübung des Berufs geeignet ist. Der Arztberuf ist kein → *Gewerbe,* sondern ein freier Beruf. In Krankenhäusern und ähnlichen Einrichtungen angestellte Ärzte sind meist Arbeitnehmer. Das Honorar der niedergelassenen Ärzte bestimmt sich nach der Gebührenordnung für Ärzte (GOÄ). Die dort genannten Gebühren sind Rahmengebühren, die konkrete Höhe ist durch Anwendung eines Steigerungssatzes nach den Besonderheiten des Einzelfalls zu ermitteln. Die Ärzte sind in Ärztekammern zusammengeschlossen. Ein Arzt, der Patienten behandeln will, die in der gesetzlichen → *Krankenversicherung* versichert sind, bedarf einer besonderen kassenärztlichen Zulassung. Fügt der Arzt einem Patienten unter Verletzung seiner Pflichten einen Gesundheitsschaden zu (Kunstfehler), dann tritt Schadensersatzpflicht wegen Verletzung des Arztvertrages (→ *Werkvertrag)* und wegen → *unerlaubter Handlung* ein.

▸ Asylrecht

Das in Art. 16a Abs. 1 des GG geregelte Asylrecht ist das einzige → *Grundrecht,* das ausschließlich Ausländern zusteht. Danach genießen politisch Verfolgte Asylrecht. Auf das Asylgrundrecht kann sich nicht berufen, wer aus einem Mitgliedsstaat der → *Europäischen Gemeinschaften* oder einem anderen sicheren Drittstaat einreist; welche Staaten hierzu gehören, ist gesetzlich festgelegt. Bei Ausländern, die aus einem sicheren Herkunftsland kommen, wird vermutet, dass sie nicht politisch verfolgt werden, solange sie nicht Tatsachen vortragen, die das Gegenteil beweisen. Die sicheren Herkunftsstaaten werden durch Gesetz bestimmt. Politische Verfolgung ist nach der Rechtsprechung des → *Bundesverfassungsgerichts* anzunehmen, wenn einer Person wegen ihrer Rasse, Religion, Nationalität, Zugehörigkeit zu einer bestimmten sozialen Gruppe oder wegen ihrer politischen Überzeugung Gefahr für Leib oder Leben droht. Die Feststellung, ob ein Antragsteller in seinem Heimatland tatsächlich politischer Verfolgung ausgesetzt ist, ist im Rahmen des Anerkennungsverfahrens zu treffen. Das Verfahren ist wegen der massenhaft gestellten Anträge in den letzten Jahren mehrfach gestrafft und vereinfacht worden, damit offensichtlich unbegründete Asylanträge binnen kurzer Zeit abschließend beschieden werden. Zuständig für die Entgegennahme und Entscheidung der Asylanträge ist das Bundesamt für die Anerkennung ausländischer Flüchtlinge; dieses soll in Bundesamt für Migration und Flüchtlinge umbenannt werden. Fällt diese positiv aus, wird dem Asylberechtigeten eine unbefristete →*Aufenthaltserlaubnis* erteilt. Rechtsmittel gegen die Ablehnung von Asylanträgen haben nur in Ausnahmefällen →*aufschiebende Wirkung*. Den Asylbewerbern ist während der Dauer des Verfahrens der Aufenthalt im Bundesgebiet gestattet. Die entsprechende Aufenthaltsgestattung wird regelmäßig auf den Bereich der Ausländerbehörde beschränkt, in dem die für die Aufnahme des Ausländers zuständige Aufnahmeeinrichtung liegt. Asylbewerber werden nach einem bestimmten Verteilerschlüssel auf die Bundesländer aufgeteilt. Die Asylbewerber sind zunächst verpflichtet, sich in besonderen Aufnahmeeinrichtungen aufzuhalten, anschließend werden sie in Gemeinschaftseinrichtungen untergebracht. Während der Dauer der Verpflichtung, sich in einer Aufnahmeeinrichtung aufzuhalten, ist eine Erwerbstätigkeit unzulässig. Sind sie bedürftig, werden ihnen Leistungen nach dem Asylbewerberleistungsgesetz gewährt. In Einzelfällen wird rechtskräftig abgelehnten Asylbewerbern aus humanitären Gründen ein Bleiberecht eingeräumt. Das Bundesverfassungsgericht hat das derzeit geltende Asylrecht im Wesentlichen als verfassungskonform bestätigt.

▶ Atemalkoholprobe

Nach derzeitiger Rechtslage kann allein durch den Nachweis eines bestimmten Atemalkoholgehalts der Nachweis einer strafrechtlich relevanten Alkoholisierung (→*Alkoholdelikte*) im Gegensatz zur Rechtslage in vielen anderen europäischen Ländern nicht geführt werden. Hingegen kann die Ordnungswidrigkeit, ein Kraftfahrzeug unter dem Einfluss einer bestimmten Alkoholmenge geführt zu haben (§ 24a des Straßenverkehrsgesetzes), allein mit Hilfe einer Atemalkoholprobe erbracht werden. Der maßgebliche Grenzwert liegt bei 0,25 mg/1 Alkohol in der Atemluft.

▸ Atemalkoholuntersuchung

Auch wenn die Atemalkoholuntersuchung im Bereich der → *Alkoholdelikte* nur für den Nachweis von Ordnungswidrigkeiten, nicht aber von Straftaten ausreichend ist (→ *Atemalkoholprobe*), sind derartige Untersuchungen praktisch von großer Bedeutung für die Ermittlungsarbeit der → *Polizei*. Denn während die früheren „Röhrchen" noch recht ungenaue Ergebnisse lieferten, zeigen die heute üblichen, modernen polizeilichen Testgeräte weitgehend genaue Ergebnisse an. Sie sind damit häufig entscheidend für die Frage, ob die Entnahme einer → *Blutprobe* angeordnet werden muss. Ein Fahrzeugführer ist zwar nicht verpflichtet, bei der Atemalkoholuntersuchung mitzuwirken. Doch empfiehlt sich dies, um eine Blutentnahme zu vermeiden, jedenfalls dann, wenn der Alkoholgenuss sich im zulässigen Rahmen bewegt hat.

▸ Atomgesetz

Das Atomgesetz bezweckt die Förderung der Erforschung, Entwicklung und Nutzung der Kernenergie zu friedlichen Zwecken, den Schutz von Leben, Gesundheit und Sachgütern vor den Gefahren der Kernenergie und der schädlichen Wirkung ionisierender Strahlen. Ein Kernpunkt des Gesetzes ist die Festlegung der Voraussetzungen, unter denen atomrechtliche Genehmigungen erteilt werden dürfen. Genehmigungspflichtig sind die Ein- und Ausfuhr, die Beförderung, Verwahrung, die Errichtung und der Betrieb von ortsfesten Anlagen zur Erzeugung oder Spaltung von Kernbrennstoffen (Reaktoren) oder zur Wiederaufarbeitung bestrahlter Kernbrennstoffe. Eine wichtige Genehmigungsvoraussetzung ist, dass das Vorhaben dem Stand von Wissenschaft und Technik im Hinblick auf die Schadensvorsorge entsprechen muss. Die Einzelheiten des Verfahrens sind in der Atomrechtlichen Verfahrensverordnung geregelt; es bestehen starke Ähnlichkeiten zur → *Planfeststellung.* Für Schäden an Leben, Gesundheit oder Eigentum, die auf einen Fehler oder ein Versagen von Schutzeinrichtungen zurückzuführen sind, haftet der Betreiber atomrechtlicher Anlagen im Rahmen bestimmter Höchstbeträge ohne Verschulden (→ *Gefährdungshaftung).* Für Schäden aufgrund anderer Ursachen wird nach allgemeinen Grundsätzen, also nur bei → *Verschulden* gehaftet, wobei der Sorgfaltsmaßstab sehr hoch angesetzt wird. Damit etwaige Ersatzansprüche auch realisiert werden können, setzt die Verwaltungsbehörde im Genehmigungsverfahren Art, Umfang und Höhe der vom Antragsteller zur Erfüllung der gesetzlichen Schadensersatzverpflichtung zu treffenden Vorsorge (Deckungsvorsorge) fest. Das Atomgesetz bedroht leichtere Verstöße gegen atomrechtlich geregelte Tatbestände als → *Ordnungswidrigkeiten* mit Geldbuße, schwerere sind im → *Strafgesetzbuch* als Verbrechen mit Strafe bedroht.

▶ Aufbewahrungspflichten

A. ergeben sich aus dem Handelsrecht (§§ 257 ff. HGB) und aus der Abgabenordnung (§§ 140 ff. AO). Für das Steuerrecht gelten derzeit folgende Fristen:

10 Jahre für Bücher, Aufzeichnungen, → *Inventare,* → *Jahresabschlüsse,* Lageberichte, Eröffnungsbilanzen, Buchungsbelege.

6 Jahre für Handels- und Geschäftsbriefe, sonstige für die Besteuerung bedeutsame Unterlagen.

▶ Aufenthalt

Der Ort des gewöhnlichen Aufenthalts kann neben dem Wohnsitz im Strafverfahren eine örtliche Zuständigkeit der Gerichte begründen.

▶ Aufenthaltsbefugnis → *Aufenthaltsgenehmigung*

▶ Aufenthaltsberechtigung → *Aufenthaltsgenehmigung*

Aufenthaltsbeschränkung

A. von Ausländern ist nach näherer Bestimmung des Ausländergesetzes möglich. Eine zeitliche oder räumliche Beschränkung des Aufenthalts kann schon im Rahmen der Erteilung einer →*Aufenthaltserlaubnis,* aber auch nachträglich verfügt werden. Bei Asylbewerbern (→*Asylrecht)* wird im Zusammenhang mit ihrer Zuteilung in ein bestimmtes Bundesland grundsätzlich eine Beschränkung auf den Bezirk der Ausländerbehörde ausgesprochen, in dem die für die Aufnahme des Ausländers zuständige Aufnahmeeinrichtung liegt. Weitgehende Freizügigkeit ist Ausländern aus den Staaten der →*Europäischen Gemeinschaften* eingeräumt.

Aufenthaltsbewilligung → *Aufenthaltsgenehmigung*

Aufenthaltserlaubnis → *Aufenthaltsgenehmigung*

Aufenthaltsgenehmigung

ist der Oberbegriff für alle Formen ausländerrechtlicher Gestattungen, die ein Aufenthaltsrecht im Bundesgebiet begründen. Die Aufenthaltserlaubnis ist die „Normalform" der Aufenthaltsgenehmigung. Sie wird zunächst befristet und nach fünf Jahren unbefristet erteilt. Bei langjährigem Aufenthalt wird eine zeitlich und räumlich unbeschränkte Aufenthaltsberechtigung erteilt (→*Aufenthaltsbeschränkung).* Eine Aufenthaltsbewilligung wird erteilt, wenn sich ein Ausländer nur zu einem bestimmten, seiner Natur nach vorübergehenden Zweck, etwa zum Studium im Bundesgebiet aufhält; die Bewilligung ist dem Aufenthaltszweck entsprechend befristet. Eine Aufenthaltsbefugnis wird erteilt, wenn ein Ausländer, dem kein →*Asylrecht* zusteht, aus völkerrechtlichen oder dringenden humanitären Gründen nicht in sein Heimatland abgeschoben werden kann. Sie ist grundsätzlich befristet. Während der Dauer eines Asylverfahrens erhalten Asylbewerber eine Aufenthaltsgestattung. Keine Aufenthaltsgenehmigung stellt die Duldung dar; diese ist rechtlich als vorübergehende Aussetzung der →*Abschiebung* anzusehen.

Im Rahmen der Neuordnung des Zuwanderungsrechts ist vorgesehen, die verschiedenen Formen von Aufenthaltstiteln zu beschränken, nämlich auf die grundsätzlich befristete Aufenthaltserlaubnis und die unbefristete Niederlassungserlaubnis.

▸ Aufenthaltsgesetz

Das Aufenthaltsgesetz als Teil der Neuordnung des Zuwanderungsrechts soll das frühere Ausländergesetz ablösen. Es soll den Aufenthalt, die Erwerbstätigkeit und die Integration von Ausländern im Bundesgebiet regeln. Es soll der Steuerung und Begrenzung des Zuzugs von Ausländern dienen. Außerdem soll es die humanitären Verpflichtungen der Bundesrepublik erfüllen. Es soll Vorschriften über die Einreise, den Aufenthalt (→ *Aufenthaltsbeschränkung*, → *Aufenthaltsgenehmigung*, → *Niederlassungserlaub-nis*), die Erwerbstätigkeit und die Förderung der Integration von Ausländern enthalten.

▸ Aufenthaltstitel

A. ist der Oberbegriff für die im Ausländergesetz geregelten Formen von Genehmigungen, die den Aufenthalt von Ausländern im Bundesgebiet ermöglichen (→ *Aufenthaltsgenehmigung*). Im Rahmen der Neuordnung des Zuwanderungsrechts soll die Zahl der Aufenthaltstitel beschränkt werden.

▸ Auffahren → *Abstand*

▸ Aufgebot

Ein Aufgebot ist eine öffentliche gerichtliche Aufforderung an unbekannte Verfahrensbeteiligte zur Anmeldung von Rechten zum Zwecke der Vermeidung von Rechtsnachteilen. Das früher übliche Aufgebot des Standesamtes vor der Eheschließung ist zwischenzeitlich abgeschafft.

▸ Aufhebungsvertrag, Arbeitsrecht → *Auflösungsvertrag, Arbeitsrecht*

Aufklärungsbeschluss

Mit diesem Begriff werden allgemein Entscheidungen des Richters bezeichnet, in denen er seiner → *Aufklärungspflicht* nachkommt. Solche Entscheidungen ergehen häufig gleichzeitig mit einem Beweisbeschluss (→ *Beweis*).

Aufklärungspflicht des Arztes

Ein Arzt braucht für jeden Heileingriff die Einwilligung seines Patienten. Diese ist nur wirksam erteilt, wenn der Arzt seinen Patienten zuvor über die wesentlichen Risiken des jeweiligen Eingriffs und dessen Folgen aufgeklärt hat; andernfalls haftet der Artzt gegebenenfalls auf Schadenersatz.

Aufklärungspflicht, gerichtliche

Sie soll im → *Zivilprozess* sicherstellen, dass der Richter im Rahmen seiner Prozessleitung unparteiisch ein faires Verfahren durchführen kann, das zu einem gerechten Ergebnis führt. So sieht § 139 ZPO vor, dass der Richter darauf hinweist, wenn Anträge nicht sachdienlich gestellt sind, Tatsachenvortrag unvollständig ist oder Bedenken bezüglich der → *Prozessvoraussetzungen* bestehen. Ferner müssen Überraschungsentscheidungen durch Hinweise auf rechtliche Gesichtspunkte, welche von den Parteien übersehen wurden, vermieden werden.

Im Verwaltungsprozess ist die Aufklärungspflicht stärker ausgestaltet. Das Gericht hat von Amts wegen den maßgeblichen Sachverhalt aufzuklären, und zwar auch dann, wenn die Beteiligten insofern keine oder keine detaillierten – schriftlichen oder mündlichen – Anregungen geben.

Im Strafverfahren führt der dort herrschende Untersuchungsgrundsatz zu einer umfassenden Aufklärungspflicht des Gerichts. Die Beweisaufnahme ist schon von Amts wegen – also auch ohne → *Beweisantrag* – auf alle Beweismittel zu erstrecken, die für die Entscheidung von Bedeutung sein können. Ergibt sich also aus dem Verlauf einer Verhandlung, dass eine bestimmte Person unter Umständen sachdienliche Angaben zum Geschehen machen kann, so muss das Gericht sie als Zeuge vernehmen, auch wenn dies keiner der Verfahrensbeteiligten beantragt.

Ihre Grenze findet die Aufklärungspflicht dort, wo es nur mehr um ganz entfernt mögliche Sachverhalte geht. Äußert sich etwa ein → *Beschuldigter* vor Gericht nicht und ergeben sich auch sonst keine entsprechenden Hinweise, so muss das Gericht nicht prüfen, ob der Beschuldigte womöglich zur Tatzeit eine weit vom Tatort lebende Tante besucht haben könnte.

Auflage im Erbrecht

Der → *Erblasser* kann durch → *Verfügung von Todes wegen* seine → *Erben* oder Vermächtnisnehmer zu einer Leistung verpflichten, ohne einem anderen ein Recht auf die Leistung zuzuwenden (z. B. Grabpflege, Versorgung von Tieren, Verteilung einer bestimmten Geldsumme an wohltätige Institutionen). Ein durch die Auflage Begünstiger hat keinen Anspruch auf → *Leistung* oder → *Schadenersatz* wegen Nichterfüllung. Gewisse Personen (→ *Erbe* oder Miterbe) oder Behörden können die Vollziehung der Auflage verlangen (§ 2194 BGB).

Auflage im Verwaltungsrecht

A. ist eine Nebenbestimmung zu einem → *Verwaltungsakt.* Sie enthält ein selbständiges Gebot oder Verbot, das zum Inhalt des Verwaltungsakts hinzutritt. Wird die Auflage nicht erfüllt, kann ihre Einhaltung selbständig durch → *Zwangsmittel* durchgesetzt werden.

Auflösungsvertrag, Arbeitsrecht

Ein Arbeitsverhältnis kann außer durch → *Kündigung,* also einseitige Beendigungserklärung, u.a. auch dadurch beendet werden, dass Arbeitnehmer und Arbeitgeber **einvernehmlich** die Beendigung des Arbeitsverhältnisses zu einem von ihnen bestimmten Zeitpunkt vereinbaren. Ein solcher Vertrag wird als Auflösungsvertrag oder auch Aufhebungsvertrag bezeichnet. Er ist nicht an die für eine Kündigung geltenden Beschränkungen gebunden, unterliegt jedoch gemäß § 623 BGB dem **Schriftformerfordernis**. Die Vereinbarung eines Aufhebungsvertrags kann sich nachteilig auf Ansprüche des Arbeitnehmers auf → *Arbeitslosengeld* auswirken.

Aufrechnung

Die Aufrechnung ist ein einseitiges → *Rechtsgeschäft,* bei dem zwei sich gegenüberstehende Forderungen wechselseitig getilgt werden. Nach § 389 BGB gelten bei einer wirksamen Aufrechnung die Forderungen in der Höhe, in der sie sich decken, rückwirkend als in dem Zeitpunkt erloschen, in dem sich die Forderungen erstmals aufrechenbar gegenüberstanden. Voraussetzung für eine Aufrechnung ist neben einer Aufrechnungserklärung, dass beide Parteien einander Leistungen schulden (Gegenseitigkeit), die ihrem Gegenstand nach gleichartig sind (Gleichartigkeit), dass die Forderung des Aufrechnenden wirksam und fällig und die Forderung des Gegners zumindest erfüllbar ist. Wenn daher der A, der dem B einen Kaufpreis in Höhe von 2000 EUR schuldet, mit seiner Darlehensforderung gegen den B über 1500 EUR die Aufrechnung erklärt, erlischt die Forderung des A vollständig, die des B bleibt dagegen in Höhe von 500 EUR bestehen. Teilweise ist die Aufrechnung durch das Gesetz ausgeschlossen worden (§§ 390 ff. BGB). Wird die Aufrechnung im Prozess erklärt, kann bezüglich der eingeklagten Forderung ein → *Vorbehaltsurteil* ergehen.

Aufschiebende Wirkung von Rechtsbehelfen

Eine Ausprägung des Rechtsstaatsprinzips (→ *Rechtsstaat)* ist es, dass Entscheidungen, die noch nicht in → *Rechtskraft* erwachsen sind, nicht ohne weiteres vollstreckt werden können. Das gilt in besonderem Maße für belastende Verwaltungsentscheidungen, deren Rechtmäßigkeit noch nicht von einem → *Verwaltungsgericht* überprüft wurden. Die → *Verwaltungsgerichtsordnung* sieht deshalb vor, dass Widerspruch (→ *Widerspruchsverfahren)* und → *Anfechtungsklage* grundsätzlich aufschiebende Wirkung haben (Suspensiveffekt). Das bedeutet, dass der → *Verwaltungsakt* erst nach Abschluss des gerichtlichen Verfahrens vollzogen werden kann. In einigen gesetzlich besonders geregelten Fällen und dann, wenn das die Behörde wegen eines dringenden öffentlichen Interesses anordnet, kann ein Verwaltungsakt sofort vollzogen werden (→ *Vollziehung,* sofortige). Doch auch hier kann die Rechtmäßigkeit eines solchen Vorgehens im Rahmen eines besonderen verwaltungsgerichtlichen Eilverfahrens überprüft werden, um die Schaffung vollendeter Tatsachen zu verhindern. Im Steuerrecht gibt es im → *Rechtsbehelfsverfahren* keinen Suspensiveffekt.

Ganz allgemein spricht man von aufschiebender Wirkung von Rechtsbehelfen auch in Zusammenhang mit der Einlegung von → *Berufung* und → *Revision.* Beide Rechtsmittel verhindern, dass das angefochtene Urteil rechtskräftig wird.

▸ Aufsichtspflicht

Dies ist die Verpflichtung einer Person, eine andere Person (häufigster Fall: die eigenen Kinder) im erforderlichen Umfang zu beaufsichtigen. Eine Verletzung dieser Pflicht kann schadenersatzpflichtig machen (vgl. z. B. § 832 BGB).

Eine Vernachlässigung der Aufsichtspflicht ist für sich gesehen nicht strafbar. Kommt es dadurch aber bei einer anderen Person zum Schadenseintritt, so ist derjenige, der seine Aufsichtspflicht nicht erfüllt hat, im Regelfall wegen des entsprechenden Fahrlässigkeitsdelikts zu bestrafen. Lassen es also Eltern zu, dass ihr kleines Kind einen bekannt bissigen Hund ausführt, den es nicht beherrscht, und beißt dieser Hund dann einen Passanten, so sind die Eltern wegen fahrlässiger → *Körperverletzung* strafbar.

▸ Aufsichtsrat

Der Aufsichtsrat ist ein Organ, das bei bestimmten Gesellschaften vorgesehen ist, um die Geschäftsführung zu überwachen. Bei der → *Aktiengesellschaft* gehört auch die Bestellung des → *Vorstandes* zu seinen Aufgaben. Er besteht aus mindestens 3 Mitgliedern. Teilweise sind Vertreter der Arbeitnehmer und der Aktionäre in den Aufsichtsrat der Aktiengesellschaft zu entsenden. Bei der → *Genossenschaft* ist ebenfalls ein Aufsichtsrat zwingend vorgeschrieben. Dagegen wird bei der → *Gesellschaft* mit beschränkter Haftung nur dann ein Aufsichtsrat gebildet, wenn dies im Gesellschaftsvertrag vorgesehen ist, oder wenn die Anzahl der Beschäftigten bestimmte Grenzen überschreitet.

Auftrag

Ein Auftrag ist ein Gefälligkeitsvertrag, durch den der Beauftragte verpflichtet wird, das ihm übertragene Geschäft für den Auftraggeber unentgeltlich zu besorgen (§ 662 BGB). Durch das Merkmal der Unentgeltlichkeit unterscheidet sich der Auftrag insbesondere vom Dienst- oder Werkvertrag. Da aber den Beauftragten eine einklagbare Rechtspflicht zur Besorgung trifft, liegt auch nicht nur eine Gefälligkeit des täglichen Lebens vor (bei der es keine einklagbare Hauptleistungspflicht gibt; vergleiche auch → *Gefälligkeitsfahrt)*. Den Auftraggeber treffen nur ausnahmsweise aus dem Vertrag Pflichten (etwa Aufwendungsersatz oder Vorschuss nach §§ 670, 669 BGB). Der Auftrag kann vom Auftraggeber jederzeit widerrufen, vom Beauftragten jederzeit gekündigt werden (§ 671 BGB). Der Auftrag ist streng von einer möglicherweise gleichzeitig erteilten → *Vollmacht* zu unterscheiden.

Augenschein

Unter einem Augenschein versteht man, dass eine sinnliche Wahrnehmung zum Gegenstand des → *Beweises* gemacht wird. Das können visuelle Wahrnehmungen sein wie etwa das Ansehen einer Örtlichkeit (z. B. einer → *Unfallstelle* im Straßenverkehr) oder einer Sache (z. B. eines Fotos vom Unfallort). Es kann sich aber auch um akustische Wahrnehmungen wie etwa eine Messung der Geräusche handeln, die von einem Betrieb ausgehen. Daneben sind aber im Rahmen des Augenscheins auch Erkenntnisse aus anderen Sinnen, wie z. B. Geruchswahrnehmungen denkbar.

Ausbildungsförderung

A. wird nach Maßgabe des Ausbildungsförderungsgesetzes gewährt, das als besonderer Teil des → *Sozialgesetzbuchs* gilt. Ein Anspruch auf individuelle Förderung besteht, wenn der Betreffende an einer Ausbildung teilnimmt, die seiner Neigung entspricht und soweit ihm die für seinen Lebensunterhalt und seine Ausbildung erforderlichen Mittel nicht zur Verfügung stehen. Gefördert wird u. a. der Besuch von Hochschulen, allgemein bildenden Schulen, Fachoberschulen, Berufsaufbauschulen und Abendschulen. Die Förderung erfolgt anhand gesetzlich festgelegter Sätze; eigenes Einkommen, Vermögen sowie solches von Ehegatten und Eltern wird in bestimmtem Umfang angerechnet. Die Förderung wird teilweise als Zuschuss, teilweise als zurückzuzahlendes Darlehen gewährt; die Darlehenssumme ist zu verzinsen. Die Förderungsdauer ist grundsätzlich höchstens auf die Ausbildungszeit befristet. Der Vollzug des Gesetzes obliegt den Ländern, die insoweit im Auftrag des Bundes handeln. Diese haben entsprechende Ausführungsgesetze erlassen, aufgrund derer teilweise zusätzliche Förderleistungen erbracht werden.

Ausbildungsfreibetrag

Durch das 2. Familienförderungsgesetz wurde der → *Kinderfreibetrag* mit Wirkung ab 1. 1. 2002 um eine Ausbildungs- und Erziehungskomponente erweitert.

Für volljährige Auszubildende, die auswärtig untergebracht sind, erhält der Steuerpflichtige einen Ausbildungsfreibetrag in Höhe von jährlich 924 EUR. Weitere Voraussetzung ist, dass für das in Ausbildung befindliche volljährige Kind ein kinderbedingter Freibetrag nach § 32 Abs. 6 EStG oder Kindergeld gewährt wird. Eigene anrechenbare → *Einkünfte* und Bezüge des Kindes, soweit diese 1848 EUR übersteigen sowie Zuschüsse, die das volljährige auszubildende Kind als Ausbildungshilfe aus öffentlichen Mitteln oder von öffentlich geförderten Fördereinrichtungen erhält, kürzen den Ausbildungsfreibetrag.

Ausbildungskosten

A. sind alle Aufwendungen, die dazu dienen, Kenntnisse und Fähigkeiten zu erwerben, die als Grundlage für einen zukünftigen → *Beruf* notwendig und zweckmäßig sind. Steuerlich sind diese Aufwendungen nicht abziehbare Kosten der allgemeinen Lebensführung. Ausnahmsweise lässt das Einkommensteuerrecht einen

Sonderausgabenabzug für die Fortbildung des Steuerpflichtigen in einem nicht ausgeübten Beruf oder die Fortbildung seines Ehegatten bis zu einem Höchstbetrag von jährlich 920 EUR zu oder den Sonderausgabenabzug von Ausbildungskosten eines volljährigen auswärtig untergebrachten Kindes bis zu jährlich 924 EUR (→ *Ausbildungsfreibetrag*). Fortbildungskosten im ausgeübten Beruf können als → *Betriebsausgaben* oder → *Werbungskosten* abziehbar sein.

▶ Ausbildungsordnungen

A. sind die Grundlage für eine geordnete und einheitliche Ausbildung in einem staatlich anerkannten Ausbildungsberuf. Die Ausbildungsordnungen sind in → *Rechtsverordnungen* enthalten und regeln die Ausbildungsdauer, das Ausbildungsberufsbild, einen Ausbildungsrahmenplan und die Prüfungsanforderungen. Als besondere Form der Berufsausbildung kann in den Ausbildungsordnungen eine Stufenausbildung zugelassen werden. Rechtsgrundlage der Verordnungen sind das Berufsbildungsgesetz und die Handwerksordnung.

▶ Ausbildungsstätte

Nach Art. 12 Abs. 1 GG haben alle Deutschen das → *Grundrecht,* Beruf, Arbeitsplatz und Ausbildungsstätte frei zu wählen. Danach besteht grundsätzlich die Möglichkeit, alle berufsvorbereitenden Bildungseinrichtungen wie Schulen und Hochschulen zu besuchen. Einschränkungen, die in der Person des Bewerbers liegen (persönliche Eigenschaften, Nachweis von Eignung, Fähigkeiten oder Kenntnisse durch Prüfungen u. Ä.), sind zulässig, soweit sie angemessen sind. Objektive Zulassungsschranken, auf die der Bewerber keinen Einfluss hat, etwa → *Bedürfnisprüfun-gen,* sind nur zum Schutz überragend wichtiger Gemeinschaftsgüter zulässig. Allgemeine Ausbildungsstätte ist auch der juristische Vorbereitungsdienst, da dessen Ableistung nicht nur Voraussetzung für staatliche Berufe (Beamter, Richter) ist, sondern auch für die Zulassung als → *Rechtsanwalt*). Auszubildende dürfen nur dann eingestellt werden, wenn die Ausbildungsstätte nach Art und Einrichtung für die Berufsausbildung geeignet ist.

Ausfahren aus einem Grundstück

Wer aus einem Grundstück ausfährt, hat sich so zu verhalten, dass andere Verkehrsteilnehmer nicht gefährdet werden können. Er hat insbesondere den Vorrang des fließenden Verkehrs zu beachten und muss beim Überqueren von Fuß- und Radwegen Fußgängern und Radfahrern den Vorrang lassen. Bei ungünstigen Sichtverhältnissen darf sich der Ausfahrende nur mit äußerster Vorsicht vorwärts tasten; notfalls muss er sich einweisen lassen.

Ausfertigung

Eine Ausfertigung einer Urkunde ist die amtlich erstellte Abschrift eines Schriftstücks, wobei diese Abschrift im Rechtsverkehr die Urschrift der Urkunde ersetzen soll (§§ 47 ff. Beurkundungsgesetz). Die Ausfertigung wird ausdrücklich als solche bezeichnet, es wird vermerkt, dass sie gleich der Urschrift lautet und sie wird mit Unterschrift des zuständigen Beamten und Dienstsiegel versehen. Keine Ausfertigungen stellen die beglaubigten Abschriften dar (→ *Beglaubigung*). Für die → *Zwangsvollstreckung* werden → *vollstreckbare Ausfertigungen* erteilt.

Ausgaben

A. sind Aufwendungen des Steuerpflichtigen, die entweder als → *Betriebsausgaben*, → *Werbungskosten*, → *Sonderausgaben*, → *außergewöhnliche Belastungen* steuerlich abzugsfähig sind. Dienen Ausgaben der privaten Lebensführung, sind diese steuerlich nicht abzugsfähig.

Ausgaben, abzugsfähige → *Betriebsausgaben*, → *Werbungskosten*

Ausgleichsabgabe → *Schwerbehinderte Menschen*

Ausgleichsanspruch

Ein → *Handelsvertreter* kann nach Beendigung seiner Tätigkeit für ein bestimmtes Unternehmen gegen dieses einen besonderen Ausgleichsanspruch haben; Einzelheiten sind im HGB geregelt.

Ausgleichsquittung

A. ist im Arbeitsrecht die Bezeichnung einer Quittung, in der bei Beendigung eines Arbeitsverhältnisses gleichzeitig der Erhalt des noch offenen Lohns sowie der Erhalt der Arbeitspapiere vom Arbeitnehmer quittiert werden. Auch wenn in einer derartigen Ausgleichsquittung angegeben wird, dass das Arbeitsverhältnis zu einem bestimmten Zeitpunkt endet, enthält sie grundsätzlich keinen Verzicht auf Kündigungsschutz.

Aushang → *Einbeziehung Allgemeiner Geschäftsbedingungen*

Auskunft, behördliche

Behörden sind den an einem Verwaltungsverfahren Beteiligten nach dem → *Verwaltungsverfahrensgesetz* zur Auskunft verpflichtet, sie haben diese insbesondere auf ihre Rechte und Pflichten aufmerksam zu machen. Eine Verletzung dieser Verpflichtung kann unter Umständen zum → *Schadensersatz* führen. Die Auskunft hat grundsätzlich keine unmittelbaren Rechtswirkungen, sie ist eine Wissenserklärung. Sie unterscheidet sich damit von der Zusicherung, durch die sich die Behörde schriftlich zum Erlass eines bestimmten → *Verwaltungsakts* verpflichtet.

Außerhalb eines konkreten Verwaltungsverfahrens besteht eine behördliche Auskunftspflicht grundsätzlich nicht; vielmehr steht es im → *Ermessen* der Behörde, ob sie die begehrten Auskünfte erteilt.

Auskunft aus dem Strafregister → *Strafregister*

Auskunft aus dem Verkehrszentralregister → *Verkehrszentralregister*

Auskunftspflicht im Steuerrecht

Der Steuerpflichtige bzw. sein gesetzlicher Vertreter oder andere Beteiligte sind den Finanzbehörden zur Auskunft verpflichtet. Andere Personen sind zur Auskunft angehalten, wenn die Sachverhaltsaufklärung durch die Beteiligten nicht zum Ziel führt oder keinen Erfolg verspricht. Die Finanzbehörde kann vom Steuerpflichtigen oder anderen am Verfahren Beteiligten die Abgabe der → *eidesstattlichen Versicherung* fordern. Bei sonstigen auskunftspflichtigen Personen ist nur die eidliche Vernehmung vor dem → *Finanzgericht* oder dem → *Amtsgericht* zulässig. Gegebenenfalls bestehen → *Auskunftsverweigerungsrechte.*

Auskunftspflicht im Strafrecht

Ein → *Beschuldigter* muss sich im Strafverfahren – mit Ausnahme der Angaben zu seiner Person – nicht äußern.

Ein → *Zeuge* muss dagegen vor der → *Staatsanwaltschaft* und vor Gericht aussagen, es sei denn, er würde dadurch sich oder Angehörige belasten (→ *Auskunftsverweigerungsrecht).* Vor der → *Polizei* besteht auch für den Zeugen keine Aussagepflicht.

Auskunftsverweigerungsrecht

Das Auskunftsverweigerungsrecht ist das Recht eines Zeugen, die Auskunft auf bestimmte Fragen (nicht, wie beim Zeugnisverweigerungsrecht, die Aussage insgesamt) zu verweigern; es ist in den einzelnen Verfahrensgesetzen unterschiedlich ausgestaltet.

Im Strafverfahren ist jeder Zeuge – ansonsten wird er wegen → *Falschaussage* belangt – zur wahrheitsgemäßen Aussage verpflichtet. Dadurch kann er leicht in den Konflikt geraten, entweder sich oder einen → *Angehörigen* durch eine wahrheitsgemäße Aussage zu belasten oder aber doch falsche Angaben zu machen.

Um ihm diesen Konflikt zu ersparen, enthält § 55 StPO für solche Fälle ein Auskunftsverweigerungsrecht: Der Zeuge kann die Antwort auf solche einzelnen Fragen – nicht aber die Aussage insgesamt – verweigern, bei denen wahrheitsgemäße Angaben ihn oder einen seiner Angehörigen der Gefahr einer Strafverfolgung oder einer Belangung wegen einer → *Ordnungswidrigkeit* aussetzen würden.

Steuerliche Auskünfte können verweigert werden: von bestimmten Berufsgruppen, wie Geistlichen, Verteidigern, Rechtsanwälten, Steuerberatern, Ärzten, Redakteuren und Journalisten hinsichtlich des redaktionellen Teiles einer Zeitschrift, aber nicht hinsichtlich des Anzeigenteiles (§ 102 Abgabenordnung (AO)); von Personen, die sich der Gefahr der Verfolgung einer Straftat oder einer Ordnungswidrigkeit aussetzen (§ 103 AO).

Ausländer im Strafrecht

Das deutsche Strafrecht findet für alle im Inland begangenen Straftaten Anwendung; die Nationalität des Täters ist ohne Bedeutung.

Werden Straftaten dagegen im Ausland begangen, so werden Ausländer dafür im Inland nur in eingeschränktem Umfang verfolgt. Die beiden wichtigsten Fallgruppen betreffen Straftaten, deren Opfer Deutsche sind, und die Verletzung bestimmter, international geschützter Rechtsgüter.

Ausländische Fahrerlaubnis

Eine im Ausland erworbene Fahrerlaubnis eines Ausländers oder eines Deutschen, die zum Zeitpunkt des Fahrerlaubniserwerbs dort ihren Wohnsitz oder regelmäßigen Aufenthalt hatten, wird im Inland anerkannt. Wenn die Fahrerlaubnis von einem Mitgliedsstaat der EU oder des Europäischen Wirtschaftsraums ausgestellt ist, gilt sie im Inland unbeschränkt weiter zum Führen der entsprechenden Kraftfahrzeuge. Meist muss dann aber eine Registrierung bei der zuständigen deutschen Behörde innerhalb eines halben Jahres erfolgen. Ist die Fahrerlaubnis in einem anderen Staat ausgestellt, so gilt sie, wenn ihr Inhaber einen Wohnsitz in der Bundesrepublik begründet hat, grundsätzlich nur noch 6 Monate ab diesem Zeitpunkt. Bei Fahrerlaubnissen der meisten sonstigen Staaten hat ihr Inhaber aber die Möglichkeit, eine deutsche Fahrerlaubnis unter jedenfalls erleichterten Voraussetzungen zu erhalten. Unberührt von diesen Regelungen bleibt, dass nach der

Verordnung über den internationalen Kraftfahrzeugverkehr der Inhaber einer ausländischen Fahrerlaubnis diese im Inland nutzen darf, solange er dort keinen Wohnsitz begründet. Dagegen kann ein Entzug der → *Fahrerlaubnis*, der eine im Inland lebende Person betrifft, nicht dadurch umgangen werden, dass diese Person legal eine ausländische Fahrerlaubnis erwirbt und mit dieser – obwohl sie ihren Wohnsitz im Inland nicht aufgegeben hat – nach Deutschland einreist. Es nützt also einem Deutschen oder Ausländer mit Wohnsitz etwa in Leipzig, dem die Fahrerlaubnis entzogen wurde, nichts, wenn er in den Ferien nach Ägypten reist und dort einen ägyptischen Führerschein erwirbt.

Ausländische Rechtsordnung

Vielfach versuchen unseriöse Anbieter, etwa Veranstalter von „Kaffeefahrten", die dabei überteuerte Waren absetzen, durch eine Verlegung des Vertragsschlusses in das Ausland und/oder die Einschaltung einer ausländischen Firma die Anwendung deutschen Rechts auszuschließen. Das sieht dann etwa so aus, dass eine Fahrt in die Schweiz durchgeführt wird und dort die Verkaufsveranstaltung stattfindet; gekauft wird bei einer Schweizer Firma. Die Regelungen des Internationalen Privatrechts schränken jedoch derartige Missbrauchsmöglichkeiten weitgehend ein.

Auslandsaufenthalt

Hält sich ein Deutscher vorübergehend im Ausland auf und wird dort hilfsbedürftig, so hat er dennoch Anspruch auf → *Sozialhilfe.* Deutschen mit gewöhnlichem Aufenthalt im Ausland soll Sozialhilfe nur in Form von Hilfe zum Lebensunterhalt, Krankenhilfe und Mutterschaftshilfe gewährt werden. Besitzt der Deutsche zugleich die → *Staatsangehörigkeit* des Aufenthaltslandes, so steht ihm Sozialhilfe nur zu, wenn das im Einzelfall der Billigkeit entspricht.

In der → *Sozialversicherung* ist eine Beschäftigung im Ausland grundsätzlich ohne Bedeutung, es sei denn, es handelt sich um eine unselbständige vorübergehende Entsendung eines im Inland Beschäftigten in das Ausland. Ausnahmen enthalten nicht nur das

Recht der Europäischen Gemeinschaft, sondern auch zahlreiche Sozialversicherungsabkommen. Seeleute auf unter deutscher Flagge fahrenden Schiffen unterliegen der deutschen Sozialversicherung auch dann, wenn das Schiff deutsche Hoheitsgewässer verlassen hat.

▸ Auslandsrenten

Die deutsche → *Sozialversicherung* beschränkt sich entsprechend dem Territorialprinzip auf das Gebiet der Bundesrepublik Deutschland. Für Rentenzahlungen in das Ausland gelten daher einige Besonderheiten. Renten aus der gesetzlichen → *Unfallversicherung* werden ohne weitere Einschränkungen auch an Berechtigte gezahlt, die sich regelmäßig außerhalb der Bundesrepublik aufhalten. In der → *Rentenversicherung* werden bei nur vorübergehendem Auslandsaufenthalt die Renten uneingeschränkt ausgezahlt. Bei gewöhnlichem Aufenthalt im Ausland bestehen einige Einschränkungen etwa bei der Berechnung der persönlichen Entgeltpunkte (→ *Altersruhegeld).* Eine Rente wegen verminderter Erwerbsfähigkeit (→ *Berufsunfähigkeit)* wird nur bezahlt, wenn der Anspruch unabhängig von der jeweiligen Arbeitsmarktlage besteht.

▸ Auslandsstrafen

Strafen ausländischer Gerichte werden, wenn sie Deutsche, in Deutschland lebende oder in Deutschland geborene Ausländer betreffen, grundsätzlich in das → *Zentralregister* eingetragen. Im Übrigen ist zu unterscheiden, ob sie einen Ausländer oder einen Deutschen betreffen, und ob die Strafe bereits vollstreckt ist oder nicht: Eine nicht vollstreckte Strafe gegen einen Ausländer – ein Österreicher ist etwa von einem Gericht in Wien rechtskräftig wegen Raubes zu einer mehrjährigen Freiheitsstrafe verurteilt worden –, insbesondere gegen einen Angehörigen des verurteilenden Staates, kann entweder nach Maßgabe eines Rechtshilfeabkommens oder auch ohne vertragliche Basis dazu führen, dass dieser Ausländer zur Strafvollstreckung ausgeliefert (→ *Auslieferung)* wird. Bereits vollstreckte Strafen gegen einen Ausländer bleiben strafrechtlich – mit Ausnahme des Zentralregistereintrags – dagegen ohne Folgen.

Ein Deutscher – der etwa in Frankreich wegen einer Trunkenheitsfahrt zu einer Geldstrafe verurteilt worden ist – darf dagegen zur Strafvollstreckung grundsätzlich nicht ausgeliefert werden. Die mittlerweile in Art. 16 Abs. 2 GG vorgesehene Ausnahme spielt im Bereich der Alltagskriminalität noch keine Rolle. Eine im Ausland ausgesprochene Verurteilung führt aber zu einer Strafvollstreckung in Deutschland, wenn dies zwischenstaatliche Vereinbarungen vorsehen. Die Strafvollstreckung folgt dann allerdings deutschen Grundsätzen.

Ist gegen einen Deutschen eine Strafe im Ausland bereits vollstreckt worden – im Beispiel also die Geldstrafe in Frankreich bezahlt worden – so hindert dies grundsätzlich eine erneute Strafverfolgung in Deutschland nicht. Doch wird die im Ausland verbüßte Strafe auf die in Deutschland zu erwartende oder ausgesprochene Strafe angerechnet, so dass meist schon – was die → *Strafprozessordnung* zulässt – von weiteren Ermittlungen abgesehen wird.

Auslegung

Unter Auslegung versteht man die Feststellung der Reichweite von Gesetzesvorschriften oder Erklärungen. Bei Gesetzestexten gibt es hierfür verschiedene Methoden wie etwa die Interpretation nach Wortlaut, nach Sinn und Zweck oder nach dem historischen Hintergrund (= Entstehungszusammenhang). Bei rechtsgeschäftlichen Erklärungen, wie zum Beispiel Vertragstexten, ist aus der Sicht des Erklärungsempfängers der wirkliche Wille des Erklärenden zu ermitteln.

Auslieferung

Eine Auslieferung ist die Überstellung eines Tatverdächtigen oder bereits Verurteilten (→ *Auslandsstrafen*) an einen anderen Staat. Sie kann, muss aber nicht durch zwischenstaatliche Verträge geregelt sein. Eine Auslieferung deutscher Staatsbürger an ausländische Staaten erfolgt grundsätzlich nicht.

Wer vermutlich auszuliefern sein wird, kann durch eine Entscheidung des zuständigen → *Oberlandesgerichts* in Auslieferungshaft genommen werden.

Aussageerpressung

Dieser Straftatbestand liegt vor, wenn ein Amtsträger in einem Strafverfahren, Bußgeldverfahren oder Disziplinarverfahren eine andere Person körperlich misshandelt, ihr Gewalt androht oder sie seelisch quält, um sie zu einer Aussage oder deren Unterlassen zu bewegen. Schlägt etwa ein Polizeibeamter einen Beschuldigten, um ihn zur Abgabe eines Geständnisses zu veranlassen, so erfüllt er diesen Tatbestand.

Ausschlagung der Erbschaft

A. bedeutet die Abgabe der Erklärung, nicht → *Erbe* sein zu wollen. Der vorläufige Erbe, der die → *Annahme* der → *Erbschaft* noch nicht erklärt hat, kann binnen einer Frist von 6 Wochen nach Kenntnis vom Anfall der Erbschaft ausschlagen. Hatte der → *Erblasser* seinen letzten Wohnsitz im Ausland oder hält sich der Erbe bei Beginn der Frist im Ausland auf, kann er die Erbschaft binnen 6 Monaten ausschlagen. Die Frist beginnt mit dem Zeitpunkt, in dem der Erbe vom Anfall der Erbschaft positive Kenntnis erlangt. Die Ausschlagung ist formbedürftig und muss zur Niederschrift des → *Nachlassgerichts* oder in öffentlich beglaubigter Form vor dem → *Notar* abgegeben werden.

Ausschließung von Gerichtspersonen

Dies ist die kraft Gesetzes eintretende Unfähigkeit einer Person, an einem bestimmten Rechtsstreit mitzuwirken. So ist zum Beispiel dem → *Richter* im → *Zivilprozess* durch § 41 ZPO die Befugnis entzogen, das Richteramt in einem einzelnen Verfahren auszuüben, wenn Interessen des Richters oder ihm nahe stehender Personen durch das Verfahren berührt werden. Ein Ausschluss des Richters ist in allen Verfahrensordnungen vorgesehen, wenn Umstände vorliegen, bei denen die Unparteilichkeit und Distanz des

Richters nicht mehr gewährleistet sind. Ausgeschlossen können auch der → *Rechtspfleger,* → *Urkundsbeamte* und → *Gerichtsvollzieher* sein. Bei → *Sachverständigen* und → *Dolmetschern* ist dagegen nur eine → *Ablehnung* möglich. Im Verwaltungsprozess gelten ähnliche Regelungen wie im Zivilprozess; ein zusätzlicher Ausschließungsgrund ist hier die vorherige Befassung mit der Sache bei einer Verwaltungsbehörde.

Im Strafverfahren sind Richter, → *Schöffen* und Urkundsbeamten der Geschäftsstelle kraft Gesetzes an der Mitwirkung in einem Strafverfahren gehindert, wenn typischerweise zu befürchten ist, dass sie keine sachliche Entscheidung mehr treffen werden, weil sie in den Fall persönlich zu sehr verstrickt sind. Dies ist vor allem gegeben, wenn sie selbst oder nahe Angehörige Opfer der jetzt verfolgten Straftat sind oder wenn sie an dem Verfahren bereits in anderer Funktion beteiligt waren. Letzteres wäre der Fall, wenn ein Staatsanwalt nach seinem Wechsel in die Richterlaufbahn über die Fälle entscheiden würde, die er selbst ermittelt und angeklagt hat.

Für den → *Staatsanwalt* enthält die → *Strafprozessordnung* zwar keine Ausschlussgründe, doch ist er bei den eben dargestellten Sachlagen dienstrechtlich gehalten, an dem Verfahren nicht mehr mitzuwirken.

Im Gegensatz zur → *Ablehnung* tritt eine Ausschließung von Gerichtspersonen automatisch ein, wenn ihre Voraussetzungen erfüllt sind.

▸ Ausschluss des Gegenbeweises

Im Zivilprozess kann nach § 445 Abs. 2 ZPO → *Gegenbeweis* nicht durch → *Parteivernehmung* geführt werden. Bei öffentlichen → *Urkunden* (→ *Urkundenbeweis)* kann Gegenbeweis durch Bundes- oder Landesgesetze ausgeschlossen oder beschränkt sein.

Die Strafprozessordnung verbietet es, einen Beweisantrag (den Gegenbeweis) deshalb abzulehnen, weil das Gericht aufgrund eines anderen Beweismittels schon von einer entsprechenden Tatsache überzeugt sei. Hat also der Zeuge A ausgesagt, den Angeklagten am Tatort gesehen zu haben, so kann der Beweisantrag des Angeklagten, zum Beweis seines anderweitigen Aufenthalts

(→ *Alibi)* den Zeugen B zu hören, nicht unter Hinweis auf die Aussage des A abgelehnt werden.

Ausschlussfrist im Arbeitsrecht

Unter einer A. versteht man diejenige Regelung in einem → *Tarifvertrag* oder in einem Einzelarbeitsvertrag, die vorsieht, dass Ansprüche aus dem → *Arbeitsverhältnis* erlöschen, wenn sie nicht innerhalb einer bestimmten Frist geltend gemacht worden sind. Ausschlussfristen sind häufig deutlich kürzer als die daneben ebenfalls geltenden allgemeinen → *Verjährungsfristen* des Zivilrechts.

Ausschluss vom Wahlrecht

Die Bundes- und Landeswahlgesetze enthalten Vorschriften über den Ausschluss vom Wahlrecht. Nicht wählen darf danach, wer infolge Richterspruchs das Wahlrecht nicht besitzt sowie derjenige, für den zur Besorgung aller seiner Angelegenheiten ein Betreuer nicht nur durch einstweilige Anordnung bestellt ist. Vom Wahlrecht ausgeschlossen ist weiterhin, wer wegen Unzurechnungsfähigkeit aufgrund strafrichterlicher Anordnung in ein psychiatrisches Krankenhaus eingewiesen wurde.

Ausschüsse

Ausschüsse des Parlaments sind dessen Unterorgane und haben im Wesentlichen die Aufgabe, die Verhandlungen und Entscheidungen vorzubereiten. Einige der Ausschüsse des → *Bundestags* sind im GG genannt, etwa die → *Untersuchungsausschüsse,* der Petitionsausschuss und die Ausschüsse für Auswärtige Angelegenheiten und für Verteidigung. Die übrigen Ausschüsse sind in der Geschäftsordnung geregelt. Die Vorsitzenden und die Mitglieder der Ausschüsse werden von den Fraktionen benannt, die Besetzung richtet sich nach deren Stärkeverhältnis. Wegen der besonderen Bedeutung der Ausschüsse für die parlamentarische Arbeit hat nach der Rechtsprechung des → *Bundesverfassungsgerichts* auch ein fraktionsloser → *Abgeordneter* das Recht, in einem Ausschuss mitwirken zu dürfen.

Ausschüsse des Gemeinderats (→ *Gemeinde)* werden gebildet, um dessen Arbeit vorzubereiten und ihn zu entlasten. Zu unterscheiden ist zwischen beschließenden Ausschüssen, die an Stelle des Gemeinderats abschließend entscheiden und vorberatenden Ausschüssen, die Entscheidungen lediglich vorbereiten. Die Kommunalgesetze sehen Einschränkungen vor im Hinblick auf die Aufgaben, die einem Ausschuss zur Erledigung übertragen werden dürfen; es handelt sich dabei um Angelegenheiten, die für die Gemeinde von besonderer Bedeutung sind. Einige Ausschüsse, wie etwa der Rechnungsprüfungsausschuss und der Hauptausschuss, sind in einigen Ländern Pflichtausschüsse, d. h. sie müssen gebildet werden, während die Einrichtung anderer freigestellt ist. Im Wesentlichen einheitlich geregelt ist die Zusammensetzung der Ausschüsse; diese müssen grundsätzlich ein verkleinertes Spiegelbild des Gemeinderats sein, die Fraktionen sind also entsprechend ihrem Stärkeverhältnis zu berücksichtigen.

Außenprüfung

A. ist eine Maßnahme des → *Finanzamtes,* um Gewinneinkünfte des Steuerpflichtigen aus → *Gewerbebetrieb,* → *Land- und Forstwirtschaft,* → *freiberuflicher Tätigkeit* anhand der Bücher und Aufzeichnungen des Steuerpflichtigen zu ermitteln oder zu überprüfen (§§ 193 ff. AO). Bei anderen Steuerpflichtigen ist eine Außenprüfung zulässig, soweit diese für Rechnung eines anderen Steuern zu entrichten oder Steuern einzubehalten oder abzuführen haben oder wenn die für die Besteuerung erheblichen Verhältnisse der Aufklärung bedürfen. Die Außenprüfung ist ein Teil des Besteuerungsverfahrens, kann verschiedene Steuerarten und Besteuerungszeiträume umfassen oder sich auf bestimmte Sachverhalte beschränken. Die Außenprüfung wird durch die Prüfungsanordnung, die dem Steuerpflichtigen hinsichtlich Art und Umfang sowie Beginn der Prüfung mitzuteilen ist, eingeleitet. Mit Erscheinen des Prüfers endet der Zeitpunkt der straflosen → *Selbstanzeige.* Der Steuerpflichtige ist über die Feststellungen der Außenprüfung zu unterrichten. In der Schlussbesprechung kann gegebenenfalls Einvernehmen über die Prüfungsfeststellungen erzielt werden. Die Prüfung endet mit einem Prüfungsbericht, der, soweit erforderlich, die Grundlage für eventuell zu ändernde → *Steuerbescheide* bildet. Die abgekürzte Außenprüfung beschränkt sich auf die wesentlichen Besteuerungsgrundlagen.

▸ Außensteuerrecht

A. umfasst die Gesamtheit aller Bestimmungen, die sich mit der Besteuerung von Sachverhalten auf internationaler Ebene befassen. Zur Wahrung der Gleichmäßigkeit der Besteuerung wurde das Außensteuergesetz (AStG) geschaffen. Es dient dem Zweck, die Steuervorteile einzuschränken, die sich aus den zwischenstaatlichen Regelungs- und Steuerbelastungsunterschieden ergeben (z.B. Korrektur der Steuerpflicht eines in ein Niedrigsteuerland verzogenen inländischen Steuerpflichtigen, Besteuerung des Wertzuwachses wesentlicher Beteiligungen an inländischer Kapitalgesellschaft im Falle der Auswanderung).

▸ Außergewöhnliche Belastungen

A. sind Aufwendungen, die weder als → *Betriebsausgaben* oder → *Werbungskosten* noch als → *Sonderausgaben* abzugsfähig sind. Es handelt sich um Kosten der Lebensführung, die wegen ihres besonderen außergewöhnlichen Charakters steuerlich berücksichtigt werden, weil individuelle Kriterien die steuerliche Leistungsfähigkeit über Gebühr beeinträchtigen. Außergewöhnliche Belastungen sind auf Antrag bei der Ermittlung des Einkommens vom → *Gesamtbetrag* der Einkünfte abzuziehen. In § 33 EStG wird die Abzugsfähigkeit allgemeiner außergewöhnlicher Belastungen behandelt, in den §§ 33 a bis 33 c EStG sind typisierte außergewöhnliche Belastungen geregelt.

(1) Allgemeine außergewöhnliche Belastungen nach § 33 EStG betreffen größere Aufwendungen, die einem Steuerpflichtigen mehr als der überwiegenden Mehrzahl der Steuerpflichtigen gleicher Einkommens- und Vermögensverhältnisse und gleichen Familienstands zwangsläufig erwachsen. Die Aufwendungen sind zwangsläufig, wenn der Steuerpflichtige sich ihnen aus rechtlichen, tatsächlichen oder sittlichen Gründen nicht entziehen kann und für ihn eine echte wirtschaftliche Belastung, die endgültig ist, entsteht. Die Aufwendungen müssen notwendig und angemessen sein und sind für ihre steuerliche Berücksichtigung um den Teil der **zumutbaren Eigenbelastung** zu kürzen. Diese beträgt 4 bis 7 v. H., wobei sowohl die Einkommensverhältnisse wie die persönlichen Verhältnisse des Steuerpflichtigen bei der Festsetzung des Vomhundertsatzes zu berücksichtigen sind (§ 33 Abs. 3 EStG). Beispiele sind: Aufwendungen für Krankenheitskosten, vom → *Nachlass* nicht gedeckte Beerdigungskosten, Kosten des → *Ehescheidungsverfahrens,* Kosten des Vaterschaftsfeststellungsverfahrens, Kosten für die Ersatzbeschaffung formaldehydverseuchter Möbel, Kosten für die Ersatzbeschaffung von → *Hausrat* nach Jahrhundertflut (→ *Flutopfer-Solidaritätsgesetz).*

(2) Zu den **typisierten außergewöhnlichen Belastungen** zählen Unterhaltsaufwendungen und bzw. oder Aufwendungen für eine etwaige Berufsausbildung für gesetzlich unterhaltsberechtigte Personen des Steuerpflichten oder seines Ehegatten sowie Personen, die gesetzlich unterhaltsberechtigten Personen gleichgestellt sind, wenn mit Rücksicht auf Unterhaltsleistungen des Steuerpflichtigen Zuwendungen aus öffentlichen Mitteln gekürzt werden (z. B. Unterhaltsaufwendung für die Mutter des außerehelich geborenen Kindes, → *Betreuungsunterhalt).* Zusätzlich darf weder der Steuerpflichtige noch eine andere Person Anspruch auf → *Kinderfreibetrag* bzw. Betreuungsfreibetrag oder Anspruch auf → *Kindergeld* haben. Die unterhaltene Person darf kein → *Vermögen* haben, das 15 500 EUR übersteigt. Eigene → *Einkünfte* und Bezüge der unterhaltenen Person über 624 EUR im Kalenderjahr mindern den Abzugsbetrag von 7188 EUR. Ausbildungsbeihilfen und Zuschüsse sind voll anzurechnen. Zur Abgeltung des Sonderbedarfs eines volljährigen, auswärtig untergebrachten Kindes besteht ein → *Ausbildungsfreibetrag* in Höhe von 924 EUR (§ 33 a Abs. 2 EStG). Aufwendungen für Haushaltshilfen sind bis zu 624 EUR abzugsfähig, wenn der Steuerpflichtige oder sein nicht dauernd getrenntlebender Ehegatte das 60. Lebensjahr vollendet hat, oder krank ist. Der Abzugsbetrag erhöht sich auf 924 EUR, wenn die entsprechenden Personen hilflos oder schwer behindert sind (§ 33 a Abs. 3 EStG).

(3) Behinderte Menschen, denen infolge ihrer Behinderung außergewöhnliche Belastungen erwachsen, können einen **Behinderten-Pauschbetrag** geltend machen. Dieser ist nach dem Grad der Behinderung gestaffelt und beträgt maximal 1420 EUR. **Hilflose und blinde Personen** erhalten einen **Pauschbetrag** in Höhe von 3700 EUR. Personen, denen laufende Hinterbliebenenzüge bewilligt worden sind, erhalten einen **Hinterbliebenen-Pauschbetrag** in Höhe von 370 EUR (§ 33 b Abs. 4 EStG), pflegende Personen einen **Pflege-Pauschbetrag** in Höhe von 924 EUR (§ 33 b Abs. 6 EStG). → *Kinderbetreuungskosten.*

▸ Aussetzung

Die Aussetzung (§ 221 StGB) ist ein Tatbestand, der Menschen dagegen schützen soll, in hilfloser Lage in die Gefahr des Todes oder schwerer Gesundheitsschäden zu geraten. Geschützt sind hilflose Menschen, wobei es unerheblich ist, ob diese Hilflosigkeit auf Krankheit, Trunkenheit, Alter oder anderen Ursachen beruht. Die Tathandlung besteht darin, einen Menschen entweder in eine solche hilflose Lage zu versetzen – etwa einen Volltrunkenen ins Freie zu bringen und ihn dort bei kalten Temperaturen seinem Schicksal zu überlassen – oder bei einer Einstandspflicht einem Hilflosen nicht beizustehen. Die letztgenannte Alternative kann vor allem Pflege- und Aufsichtspersonen, insbesondere auch Babysitter, betreffen.

▸ Aussetzung der Hauptverhandlung → *Hauptverhandlung*

▸ Aussetzung der Vollziehung → *Vollziehung, sofortige*

▸ Aussetzung von Tieren

Die Aussetzung eigener Haustiere – zum Beispiel das Zurücklassen eines Hundes auf einem Autobahnparkplatz anlässlich einer Ferienreise – ist eine nach dem → *Tierschutzgesetz* mit → *Bußgeld* geahndete → *Ordnungswidrigkeit.*

Aussiedler

A. sind nach der Definition des Bundesvertriebenengesetzes deutsche Staatsangehörige oder Volkszugehörige, die vor dem 8. 5. 1945 ihren Wohnsitz in den unter fremder Verwaltung stehenden deutschen Ostgebieten und einigen im Gesetz aufgezählten Ländern im wesentlichen Ost- und Südosteuropas hatten und diese Länder nach Abschluss der allgemeinen Vertreibungsmaßnahmen verlassen haben oder verlassen. Deutscher Volkszugehöriger ist, wer sich in seiner Heimat zum deutschen Volkstum bekannt hat, sofern dieses Bekenntnis durch bestimmte Merkmale, wie Abstammung, Sprache, Erziehung oder Kultur bestätigt wird. Die rechtliche Stellung der Aussiedler ist im Wesentlichen im Bundesvertriebenengesetz geregelt, die Anerkennung von im Heimatstaat zurückgelegten Versicherungszeiten erfolgt nach Maßgabe des Fremdrentengesetzes; finanzielle Entschädigungsleistungen werden auf der Grundlage des Lastenausgleichsgesetzes gewährt. Damit eine ordnungsgemäße Aufnahme der Ausiedler im Bundesgebiet ermöglicht wird, ist ein spezielles Verfahren durchzuführen (Aufnahmeverfahren); es ist vom Ausland aus durchzuführen.

Aussonderung

Gehört in der → *Insolvenz* ein Gegenstand, den der Insolvenzverwalter in Beschlag genommen hat, nicht zum Vermögen des Insolvenzschuldners, so kann der Berechtigte (z. B. der Eigentümer der Sache) die Aussonderung, also die Herausgabe aus der → *Insolvenzmasse* verlangen (§ 47 Insolvenzordnung (InsO)). Praktisch bedeutsam ist dieses Aussonderungsrecht vor allem beim → *Eigentumsvorbehalt*. Im Gegensatz zur früheren Rechtslage hat der → *Insolvenzverwalter* jetzt jedoch weitgehende Wahlrechte (§ 107 InsO).

Aussperrung

A. ist die von Arbeitgeberseite planmäßig vorgenommene Nichtzulassung einer größeren Zahl von Arbeitnehmern zur Arbeitsleistung. Ihre Folge ist in der Regel, dass die Rechte und

Pflichten aus den betroffenen Arbeitsverhältnissen ruhen; insbesondere besteht keine Pflicht zur Arbeitsleistung einerseits, Lohnzahlung andererseits. Eine Kündigung stellt die Aussperrung nicht dar. Als Mittel des → *Arbeitskampfes* ist sie grundsätzlich zulässig, muss jedoch **verhältnismäßig** sein. Nach der Rechtsprechung des Bundesarbeitsgerichts stellt die Aussperrung nach einem → *Streik* zu dessen Abwehr rechtmäßig die Waffengleichheit her. Infolgedessen ist sie nach dieser Rechtsprechung auch **nur insoweit zulässig**, als sie zur Herstellung der sog. Kampfparität **erforderlich** ist.

Ausstattung

A. ist alles, was einem → *Kind* mit Rücksicht auf seine Verheiratung oder auf die Erlangung einer selbständigen Lebensstellung von Eltern zugewendet wird (§ 1624 BGB), insbesondere Heiratsgut, Mittel zur Berufsausbildung oder Geschäftsgründung. Die Ausstattung ist → *Schenkung*, wenn sie das den Umständen entsprechende Maß, insbesondere die zu berücksichtigenden Vermögensverhältnisse des Vaters oder der Mutter, übersteigt. Ein Anspruch auf Ausstattung besteht nicht.

Ausweise

Unter Ausweisen versteht man → *Urkunden*, die in erster Linie zum Nachweis der Identität einer Person – wie etwa der → *Personalausweis* – ausgestellt werden.

Die Herstellung oder der Gebrauch falscher Ausweise – also solcher, die nicht von der Behörde stammen, die als Aussteller angegeben wird – ist als → *Urkundenfälschung* strafbar.

Der Gebrauch des für einen anderen ausgestellten – echten – Ausweises wird als Missbrauch von Ausweispapieren ebenso strafrechtlich verfolgt wie das Überlassen von Ausweispapieren an einen anderen zum missbräuchlichen Gebrauch.

Ausweisung

A. ist das Verbot, sich im Bundesgebiet aufzuhalten. Eine Ausweisung kann nur gegenüber Ausländern ausgesprochen werden;

eine Ausweisung Deutscher ist durch das GG ausgeschlossen. Die Voraussetzungen für eine Ausweisung sind im Einzelnen im Ausländergesetz geregelt. Ganz allgemein ist eine Ausweisung möglich, wenn der Aufenthalt des Ausländers die öffentliche Sicherheit und Ordnung oder sonstige erhebliche Belange der Bundesrepublik Deutschland beeinträchtigt. Bei der Entscheidung über die Ausweisung sind die Dauer des rechtmäßigen Aufenthalts und die persönlichen, wirtschaftlichen und sonstigen Belange des Ausländers und seiner Familie zu berücksichtigen. Die Ausweisung eines Ausländers, der im Besitz einer unbefristeten Aufenthaltserlaubnis (→ *Aufenthaltsgenehmigung*) ist und mit einem deutschen Familienangehörigen in häuslicher Gemeinschaft lebt oder im Bundesgebiet geboren ist und von Ausländern aus Mitgliedsstaaten der → *Europäischen Gemeinschaften* sowie von Asylberechtigten ist nur unter erschwerten Voraussetzungen zulässig. Zuständig für den Erlass einer Ausweisungsverfügung sind die Ausländerbehörden. Kommt der Ausländer der Ausweisung nicht nach, wird diese notfalls durch → *Abschiebung* vollzogen.

Autobahnen

A. sind kreuzungsfreie, in der Regel mindestens vierspurig ausgebaute und besonders gekennzeichnete Straßen (→ *Bundesfernstraßen*), die nur von Kraftfahrzeugen mit einer bauartbestimmten Höchstgeschwindigkeit von mehr als 60 km/h befahren werden dürfen. Das Ein- und Ausfahren ist nur an besonders gekennzeichneten Anschlussstellen gestattet.

Soweit nicht bauartbedingte Besonderheiten gelten, bestehen für Kraftfahrzeuge keine allgemeinen Geschwindigkeitsbegrenzungen. Es wird jedoch empfohlen, eine Geschwindigkeit von 130 km/h (Richtgeschwindigkeit) nicht zu überschreiten.

Grundsätzlich muss auch auf der Autobahn auf Sicht gefahren werden; beim Fahren mit Abblendlicht muss die Geschwindigkeit nicht dessen Reichweite angepasst werden, wenn die Schlussleuchten eines voranfahrenden Fahrzeugs klar erkennbar sind.

Busse und LKW über 2,8 t Gesamtgewicht müssen bei einer Fahrgeschwindigkeit von mehr als 50 km/h zum vorausfahrenden

Fahrzeug einen Mindestabstand (→ *Abstand)* von 50 Metern einhalten.

Halten, Wenden und Rückwärtsfahren sind auf Autobahnen streng verboten. Fußgänger dürfen Autobahnen nicht betreten.

Autostraßen

A. unterscheiden sich von → *Autobahnen* im Wesentlichen dadurch, dass sie nicht kreuzungsfrei ausgebaut sein müssen. Das Ein- und Ausfahren ist nur an Anschlussstellen oder Einmündungen gestattet.

Für Höchstgeschwindigkeit und Fahren mit Abblendlicht gelten die allgemeinen Regeln.

Autowaschanlagen

Die → *Allgemeinen Geschäftsbedingungen* für den Betrieb von Autowaschanlagen sehen oft einen vollständigen → *Haftungsausschluss* für bestimmte Schäden wie Lackkratzer, abgeknickte Scheibenwischer und Ähnliches vor. Derartige Klauseln sind aber unzulässig. Selbst ein Haftungsausschluss bei leichter Fahrlässigkeit wird von der Rechtsprechung überwiegend als unzulässig erachtet.

B

Bäckerei

Der Betrieb einer Bäckerei unterliegt als → *Handwerk* den Bestimmungen der Handwerksordnung. Der Beruf des Bäckers ist ein anerkannter Ausbildungsberuf (→ *Ausbildungsordnungen*). Besonderen Bestimmungen unterliegt die Arbeitszeit in Bäckereien. Nach dem entsprechenden Gesetz, das neben handwerklich betriebenen Bäckereien auch für industrielle Backbetriebe gilt, ist das Backen und Ausfahren von Backwaren zur Nachtzeit zwischen 0 und 4 Uhr grundsätzlich verboten (Nachtbackverbot). Bäckereien können bereits ab 5.30 Uhr öffnen; an Sonn- und Feiertagen ist Herstellung und Vertrieb von Backwaren für drei Stunden gestattet.

Bagatellstrafsachen

Unter diesem Begriff versteht man → *Vergehen,* deren Unrechtsgehalt verhältnismäßig niedrig ist. Zu ihrer pragmatischen Bewältigung sieht die → *Strafprozessordnung* verschiedene Wege vor: Bei Eigentums- und Vermögensdelikten wie → *Diebstahl* und → *Betrug* wird der Bagatellcharakter im Allgemeinen anerkannt, wenn ein zuvor nicht belangter Täter einen Schaden von bis zu 30 EUR verursacht hat und die Tat keine erschwerenden Umstände wie etwa das Aufbrechen von Sicherungen beinhaltet. Ein Bagatelldelikt ist es etwa, wenn in einem Selbstbedienungsladen Fotoartikel im Wert von 10 EUR durch Einstecken in die Tasche gestohlen werden. Ein derartiges Strafverfahren kann dann nach dem → *Opportunitätsprinzip* gegen Zahlung einer Geldauflage eingestellt werden.

Im Bereich derjenigen Delikte, die im Weg der → *Privatklage* verfolgt werden können – wie etwa Beleidigung –, verweist die → *Staatsanwaltschaft* vielfach Fälle mit geringerem Unrechtsgehalt auf den Privatklageweg. Dies hält erfahrungsgemäß viele Verletzte davon ab, die Sache weiterzuverfolgen. Im Übrigen kann auch das Gericht bei einer Privatklage bei geringem Unrechtsgehalt das Verfahren einstellen.

Schließlich bietet auch das →*Jugendgerichtsgesetz* bei Taten mit geringem Schuldgehalt – etwa einem erstmaligen Fahren ohne →*Fahrerlaubnis* auf einer nicht stark befahrenen Straße – die Möglichkeit, gegen Auflagen wie den Besuch von Verkehrsunterricht von einer →*Anklage* abzusehen.

Bahnpolizei

Die Bahnpolizei ist eine mit einer gewissen Selbständigkeit ausgestattete Abteilung des →*Bundesgrenzschutzes.* Bahnpolizeiliche Aufgabe ist die Aufrechterhaltung der öffentlichen Sicherheit und Ordnung auf dem Gebiet der Bundeseisenbahnen, die den Benutzern, den Anlagen oder dem Betrieb der Bahn drohen oder die von Bahnanlagen ausgehen.

Bahnübergang

Ein Bahnübergang ist die höhengleiche Kreuzung von Eisenbahnen mit Straßen, Wegen und Plätzen. Der Schienenverkehr hat Vorrang vor dem Straßenverkehr.

Bahnübergänge werden mit dem Andreaskreuz angezeigt und können zusätzlich durch Schranken oder Halbschranken, gelbe oder rote Lichtzeichen oder durch rotes Blinklicht gesichert werden. Im Einzelfall kann die Sicherung auch durch Bahnbedienstete erfolgen.

Im normalen Straßennetz werden Bahnübergänge durch drei Baken angezeigt, die im Regelfall in einer Entfernung von etwa 240, 160 und 80 Metern vor dem Bahnübergang stehen. LKW mit einem Gesamtgewicht über 7,5 t sowie Züge haben außerhalb geschlossener Ortschaften bei Wartepflicht vor einem Bahnübergang bereits an der 80 Meter entfernten Bake anzuhalten, wenn bei bestehender Überholmöglichkeit diese von anderen Fahrzeugen genutzt werden kann.

▶ Bande

Unter einer Bande versteht man den Zusammenschluss von mindestens drei Personen zur Begehung von im Einzelnen noch unbestimmten Straftaten wie etwa Diebstählen (→ *Bandendiebstahl*). Die Bande muss im Gegensatz zu einer kriminellen oder terroristischen Vereinigung keine festen Organisationsstrukturen aufweisen.

▶ Bandendiebstahl

Ein Bandendiebstahl liegt vor, wenn mindestens zwei Mitglieder einer → *Bande* zusammen einen Diebstahl begehen. Wegen der größeren Gefährlichkeit gegenüber Einzeltätern wird der Bandendiebstahl mit einer wesentlich höheren Strafe belegt. Verwirklichen die Mitglieder der Bande erschwerte Begehungsformen des → *Diebstahls* wie etwa das Einbrechen oder das Mitführen von Waffen, so wird ihre Tat dadurch zum Verbrechen und mit Freiheitsstrafe nicht unter einem Jahr bestraft.

▶ Bankeinlagen

Unter diesem Begriff versteht man die von einem Kreditinstitut als Darlehen oder in ähnlicher Weise angenommenen Gelder, wenn diese von einer Vielzahl von Geldgebern aufgrund typisierter Verträge entgegengenommen werden. Nach der Fälligkeit werden Sichteinlagen (über sie kann der Kunde jederzeit verfügen), Termineinlagen (Festgelder mit einer Laufzeit oder Kündigungsfrist von mindestens 30 Tagen) und Spareinlagen (gesetzliche Kündigungsfrist von 3 Monaten mit beschränkter Verfügungsmöglichkeit vor Ablauf dieser Frist, beziehungsweise vereinbarte längere Kündigungsfrist; Ausstellung eines → *Sparbuchs*) unterschieden.

▶ Bankgeheimnis

B. beinhaltet die Pflicht der Kreditinstitute, die Vermögensverhältnisse ihrer Kunden gegenüber Dritten geheim zu halten, ferner das Recht, entsprechende Auskünfte über ihre Kunden zu verweigern (§ 30 a AO). Im Steuerermittlungsverfahren hat das → *Finanzamt* das Bankgeheimnis zu respektieren. Im Rahmen der Steuerfahndung soll der Rückgriff auf Bankunterlagen des Steuerpflichtigen erst erfolgen, wenn Auskunftsersuchen an diesen nicht ziel- und erfolgversprechend sind.

Im Strafrecht spielt das Bankgeheimnis in zweierlei Hinsicht keine Rolle: Gegenüber Anfragen der → *Staatsanwaltschaft* in einem konkreten → *Ermittlungsverfahren* oder gegenüber einem Durchsuchungs- und Beschlagnahmebeschluss des zuständigen → *Ermittlungsrichters* besteht kein Bankgeheimnis.

▸ Bankrott → *Insolvenzstraftaten*

▸ Bargebot

Dies ist der bei der → *Zwangsversteigerung* von Grundstücken vom Ersteher in bar zu zahlender Betrag, dessen Umfang in § 49 Zwangsversteigerungsgesetz beschrieben ist. Es ist vom → *Zuschlag* an zu verzinsen.

▸ BAT

B. ist die gebräuchliche Abkürzung für Bundesangestelltentarifvertrag, der für die → *Angestellten* des öffentlichen Dienstes gilt.

▸ Bauabzugsteuer

Erbringt jemand im Inland eine Bauleistung an einen Unternehmer im Sinne des Umsatzsteuergesetzes oder an eine juristische Person des öffentlichen Rechts, ist der Leistungsempfänger verpflichtet, von der Gegenleistung einen Steuerabzug in Höhe von 15 v. H. für Rechnung des Leistenden vorzunehmen (§ 48 Abs. 1 EStG). Bauleistungen sind dabei alle Leistungen, die der Herstellung, Instandsetzung, Instandhaltung, Änderung oder Beseitigung von Bauwerken dienen. Die Regelung ist auf Leistungsempfänger nicht anzuwenden, wenn dieser nicht mehr als zwei Wohnungen vermietet. Der Leistungsempfänger hat den Steuerabzug bis zum 10. Tag nach Ablauf des Monats, in dem die Gegenleistung erbracht wird, beim → *Finanzamt* abzumelden und abzuführen, es sei denn, der Leistende hat eine Freistellungsbescheinigung vorgelegt. Die Abzugsteuer ist auf Lohnsteuer bzw. Einkommen- oder Körperschaftsteuer anzurechnen (§ 48 c EStG).

Bauartgenehmigung für Fahrzeugteile

Die für die Verkehrssicherheit wesentlichen Teile eines Fahrzeugs wie etwa die Scheinwerfer müssen in einer amtlich genehmigten Bauart ausgeführt sein. Das Anbringen nicht zugelassener Zubehörteile – dazu kann schon eine Auspuffblende zählen – führt zum Erlöschen der Betriebserlaubnis des betreffenden Fahrzeugs. Wird es dennoch im öffentlichen Straßenverkehr benutzt, so liegt eine → *Ordnungswidrigkeit* vor.

Bauaufsicht

B. ist Aufgabe der nach Maßgabe der → *Bauordnungen* der Länder bestimmten → *Baubehörden.* Ihnen obliegt die Einhaltung der öffentlich-rechtlichen Bauvorschriften bei der Errichtung, der Änderung, der Nutzungsänderung, dem Abbruch und der Beseitigung baulicher Anlagen. Sie sind insbesondere zuständig für die Erteilung von → *Baugenehmigungen,* für den Erlass von Beseitigungsanordnungen und Baueinstellungsverfügungen.

Baubehörden

B. werden durch die → *Bauordnungen* der Länder bestimmt. Ihre Aufgabe ist im Wesentlichen die → *Bauaufsicht.* Von diesen Behörden sind die staatlichen oder kommunalen Bauämter zu unterscheiden. Diesen obliegt die Planung und Ausführung öffentlicher Bauvorhaben.

Baubeschränkungen

Aus der verfassungsrechtlich gewährleisteten → *Eigentumsgarantie* folgt das grundsätzliche Recht, ein Grundstück zu bebauen (Baufreiheit). Dieses Recht ist aber im Rahmen der Sozialbindung des Eigentums teilweise erheblichen Beschränkungen unterworfen. Eine formelle Beschränkung besteht darin, dass der Bauwerber grundsätzlich vor der Errichtung, der Änderung, der Nutzungsänderung, dem Abbruch oder der Beseitigung baulicher Anlagen einer behördlichen Erlaubnis bedarf (→ *Bauaufsicht*, → *Baugenehmigung*). Inhaltlich ist die Baufreiheit dadurch eingeschränkt, dass das Vorhaben mit den Vorschriften des Bauordnungsrechts (→ *Bauordnungen)* und des Bauplanungsrechts (→ *Baugesetzbuch*) übereinstimmen muss. Besteht für das Gebiet, in dem das Vorhaben ausgeführt werden soll, ein Bebauungsplan (→ *Bauleitplanung*), dann ist es nur zulässig, wenn es den entsprechenden Festsetzungen nicht widerspricht. Befindet sich das Vorhaben in einem im Zusammenhang bebauten Ortsteil, ist es zulässig, wenn es sich in die in der Umgebung vorhandene Bebauung einfügt. Im Außenbereich, also außerhalb der zur Bebauung vorgesehenen Flächen, sind grundsätzlich nur privilegierte Vorhaben, insbesondere landwirtschaftliche Betriebe, ortsgebundene gewerbliche Betriebe und ähnliche Einrichtungen zulässig; sonstige Vorhaben dürfen nur zugelassen werden, wenn öffentliche Belange nicht beeinträchtigt sind. Wird ein genehmigungspflichtiges Vorhaben ohne Baugenehmigung errichtet, kann der Bau eingestellt werden, ist es nicht genehmigungsfähig, kann seine Beseitigung angeordnet werden.

Baugefährdung

Diesen Straftatbestand begeht, wer bei Planung, Leitung, Ausführung oder Abbruch eines Bauwerks gegen allgemein anerkannte Regeln der Technik verstößt und dadurch Leben oder körperliche Unversehrtheit eines Menschen gefährdet. Danach kann etwa ein Architekt, der bei der Planung statische Erfordernisse missachtet und dadurch den Einsturz eines Gebäudes verursacht, den Tatbestand der Baugefährdung verwirklichen. Dasselbe gilt für denjenigen, der in Ausübung seines Berufs oder Gewerbes technische Einrichtungen in ein Bauwerk einbaut oder diese ändert. So kann sich etwa ein Heizungsmonteur strafbar machen, der eine Heizungsanlage fehlerhaft an die Gasleitung anschließt.

Baugenehmigung

B. ist die → *Erlaubnis* der → *Baubehörde,* durch die die Errichtung, die Änderung, die Nutzungsänderung, der Abbruch oder die Beseitigung baulicher Anlagen gestattet wird. Der Genehmigungspflicht unterliegen grundsätzlich alle Bauvorhaben, genehmigungsfrei sind bestimmte im Gesetz genannte meist unbedeutendere Anlagen; für einige Bundesländer ist durch die jeweilige → *Bauordnung* eine Anzeigepflicht begründet worden. Eine Baugenehmigung wird nur auf → *Antrag* erteilt; dieser ist in den meisten Ländern – Ausnahmen machen die Stadtstaaten – zusammen mit den Bauplänen bei der jeweiligen Gemeinde einzureichen. Die Nachbarn (→ *Nachbarklage*) sind zu beteiligen; ihnen sind die Bauvorlagen zur Unterschrift vorzulegen. Ist die Gemeinde nicht selbst Baubehörde, reicht sie die Unterlagen zusammen mit ihrer Stellungnahme und der Erteilung bzw. der Verweigerung des gemeindlichen → *Einvernehmens* der Baubehörde weiter. Diese prüft die Übereinstimmung des Vorhabens mit den öffentlich-rechtlichen Vorschriften, insbesondere des Bauordnungs- und des Bauplanungsrechts; gegebenenfalls ist zu ermitteln, ob von Vorschriften, die dem Vorhaben eigentlich entgegenstehen, ein → *Dispens* erteilt werden kann. Entspricht das Vorhaben den baurechtlichen Bestimmungen, besteht ein → *Rechtsanspruch* auf die Baugenehmigung. Inhaltlich stellt die Baugenehmigung nicht nur die Übereinstimmung des Vorhabens mit den einschlägigen Vorschriften fest, sondern gibt dem Bauherrn auch die Befugnis, mit der Ausführung des Vorhabens zu beginnen. Die Baugenehmigung ist dem Bauherrn und dem Nachbarn, der die Bauvorlagen nicht unterschrieben hat, zuzustellen. Ist dieser damit nicht einverstanden, insbesondere weil er eine Verletzung nachbarschützender Vorschriften befürchtet, kann er dagegen Widerspruch (→ *Widerspruchsverfahren)* und → *Anfechtungsklage* erheben. Der Bauherr, dem eine Baugenehmigung verweigert wird, kann diese mit der → *Verpflichtungsklage* erstreiten.

▸ Baugesetzbuch

Das im ersten Kapitel des Baugesetzbuchs normierte Allgemeine Städtebaurecht enthält im Wesentlichen Vorschriften über die → *Bauleitplanung,* die Sicherung der Bauleitplanung durch → *Veränderungssperre* und gemeindliches → *Vorkaufsrecht.* Besonders wichtig sind die Bestimmungen über die Regelung der baulichen und sonstigen Nutzung; hier ist die Zulässigkeit von Vorhaben im Bereich eines Bebauungsplans, in den im Zusammenhang bebauten Ortsteilen sowie im Außenbereich geregelt. Im Abschnitt Bodenordnung finden sich Vorschriften über die → *Umlegung* von Grundstücken. Geregelt werden weiterhin die Voraussetzungen einer → *Enteignung* aus städtebaulichen Gründen und der Erhebung von Erschließungsbeiträgen (→ *Erschließung*). Das Besondere Städtebaurecht im zweiten Kapitel befasst sich im Wesentlichen mit städtebaulichen Entwicklungs- und Sanierungsmaßnahmen, mit den Voraussetzungen über den Erlass einer Erhaltungssatzung zur Erhaltung der städtebaulichen Eigenart eines Gebiets, der Zusammensetzung der Wohnbevölkerung oder bei städtebaulichen Umstrukturierungen. Das dritte Kapitel regelt im Wesentlichen die Wertermittlung von Grundstücken durch unabhängige Gutachterausschüsse und das Verfahren vor den Baulandgerichten. Neben dem Baugesetzbuch sind für die Bauleitplanung und die Zulassung von Einzelbauvorhaben die → *Baunutzungsverordnung* zu beachten.

▸ Baugewerbe

Unter Baugewerbe versteht man Betriebe, die nicht handwerklich (Bauhandwerk) Bauleistungen erbringen, sondern im industriellen Rahmen (Bauindustrie). Die Aufnahme eines Baugewerbebetriebs setzt keine besonderen Qualifikationen in persönlicher oder sachlicher Hinsicht voraus. Lediglich bei Unzuverlässigkeit (→ *Zuverlässigkeit*) des Gewerbetreibenden kann auf der Grundlage der Gewerbeordnung eine Untersagungsverfügung ergehen (→ *Gewerbeuntersagung*).

▶ Baugrenzen

B. sind Festlegungen in einem Bebauungsplan (→ *Bauleitplan)*, durch die die überbaubare Grundstücksfläche bestimmt wird. An sie muss grundsätzlich gebaut werden, ein Zurückweichen ist aber zulässig. Eine Baugrenze wird im Bebauungsplan durch einen blauen Strich dargestellt.

▶ Baukindergeld → *Eigenheimzulage*

▶ Baulandbereitstellung

B. ist eine Aufgabe von Bund, Ländern und Gemeinden im Rahmen der Förderung insbesondere des sozialen Wohnungsbaus nach näheren Bestimmungen des II. Wohnungsbaugesetzes. Geeignete Grundstücke, die im Eigentum der öffentlichen Hand stehen, sollen Bauwilligen zu angemessenen Preisen zu → *Eigentum* oder im → *Erbbaurecht* überlassen werden, in erster Linie um eine Bebauung mit Familienheimen zu ermöglichen.

▶ Bauleitplan

B. ist der gemeinsame Oberbegriff für den Flächennutzungsplan und den Bebauungsplan. Durch die Bauleitplanung werden die → *Gemeinden* in die Lage versetzt, die bauliche oder sonstige Nutzung der Grundstücke vorzubereiten und zu leiten. Dadurch soll eine geordnete städtebauliche Entwicklung und eine dem Wohl der Allgemeinheit entsprechende sozialgerechte Bodennutzung gewährleistet sowie dazu beigetragen werden, eine menschengerechte Umwelt zu sichern. Die Bauleitplanung ist im → *Baugesetzbuch* geregelt; sie ist Teil des im Kernbereich verfassungsrechtlich geschützten → *Selbstverwaltungsrechts.* Im Flächennutzungsplan, der grundsätzlich für das gesamte Gemeindegebiet gilt, ist die sich aus der beabsichtigten städtebaulichen Entwicklung ergebende Art der Bodennutzung nach den voraussichtlichen Bedürfnissen der Gemeinde in den Grundzügen darzustellen. Dargestellt werden können insbesondere die zur Bebauung vorgesehenen Flächen, Gemeinbedarfsflächen, Flächen für den überörtlichen Verkehr, Grünflächen und landwirtschaftliche Nutzflächen. Der Bebauungsplan, der grundsätzlich nur für einen Teil des Gemeindegebietes gilt, enthält die rechtsverbindlichen Festsetzungen für die städtebauliche Ordnung. Er ist aus dem Flächennutzungsplan zu entwickeln, muss also dessen mehr allgemeine Darstellungen konkretisieren. Er enthält im Regelfall die Art und das Maß der baulichen Nutzung, die Bauweise, die überbaubaren und die nicht überbaubaren Grundstücksflächen (→ *Baulinie*, → *Baugrenze*) sowie die Stellung der baulichen Anlagen; nähere Regelungen hierzu sind in der → *Baunutzungsverordnung* enthalten. Festgesetzt werden können auch Flächen für den Gemeinbedarf, Verkehrsflächen, öffentliche und private Grünflächen, Flächen für die Landwirtschaft sowie Flächen für Maßnahmen zum Schutz, zur Pflege und zur Entwicklung von Natur und Landschaft. Der Bebauungsplan wird als → *Satzung* erlassen; in bestimmten Fällen ist eine Genehmigung erforderlich, ansonsten genügt eine Anzeige bei der zuständigen Behörde. Die Bauleitpläne sind in einem besonderen formalisierten Verfahren aufzustellen. Dabei sind die Öffentlichkeit und die Träger öffentlicher Belange, d. h. Behörden und Einrichtungen, zu deren Aufgaben die Wahrung bestimmter öffentlicher Interessen gehört, zu beteiligen; auf die Planungen in Nachbargemeinden ist Rücksicht zu nehmen, Ziele der → *Raumordnung* und → *Landesplanung* sind zu beachten. Schließlich sind alle berührten öffentlichen und privaten Belange gegeneinander und untereinander gerecht abzuwägen (→ *Abwägungsgebot*). Eine Besonderheit sind vorhabenbezogene Bebauungspläne. Die Gemeinde kann mit Hilfe dieses Instrumentariums die Zulässigkeit von Vorhaben regeln, wenn ein – meist privater – Vorhabenträger auf der Grundlage eines mit ihr abgestimmten Vorhaben- und Erschließungsplans bereit und in der Lage ist, diese auf eigene Kosten und innerhalb bestimmter Fristen durchzuführen. Gegen eine Bebauungsplansatzung kann derjenige, der dadurch einen Nachteil erleidet, verwaltungsgerichtliche → *Normenkontrolle* erheben.

▶ Baulinie

B. ist eine Festlegung in einem Bebauungsplan (→ *Bauleitplan*), durch die die überbaubare Grundstücksfläche bestimmt wird. An die Baulinie muss gebaut werden, weder ein Vor- noch ein Zurücktreten ist zulässig. Im Bebauungsplan wird die Baulinie durch einen roten Strich dargestellt.

Baunutzungsverordnung

Das → *Baugesetzbuch* erhält die Ermächtigung für das Bundesbauministerium, mit Zustimmung des → *Bundesrats* durch Rechtsverordnung Bestimmungen über Darstellungen und Festsetzungen in → *Bauleitplänen* über die Art und das Maß der baulichen Nutzung, die Bauweise sowie die überbaubaren und die nicht überbaubaren Grundstücksflächen und die in den einzelnen Baugebieten zulässigen baulichen und sonstigen Anlagen zu erlassen. Als Baugebiete nennt die Baunutzungsverordnung das reine, das allgemeine und das besondere Wohngebiet, das Kleinsiedlungsgebiet, das Dorfgebiet, das Mischgebiet, das Kerngebiet, das Gewerbe- und das Industriegebiet; hinzu kommen noch Sondergebiete, etwa für Erholungszwecke oder für großflächige Einzelhandelsbetriebe. Die Verordnung legt im Einzelnen fest, welche Art von Vorhaben in dem jeweiligen Baugebiet allgemein oder ausnahmsweise zulässig ist. Als Maß der baulichen Nutzung werden verschiedene Größen angegeben (etwa Geschossflächenzahl, Grundflächenzahl, Baumassenzahl) und die entsprechende Berechnungsmethode. Als Bauweise sieht die Baunutzungsverordnung die offene und die geschlossene Bauweise vor. Die überbaubaren Grundstücksflächen werden mit Hilfe von → *Baulinien,* → *Baugrenzen* und → *Bebauungstiefen* festgelegt.

Bauordnungen

B. sind landesrechtliche Gesetze, die im Wesentlichen die sicherheitsrechtlichen Anforderungen an bauliche Anlagen regeln, etwa über die Abstandsflächen, die Standsicherheit, den Brandschutz sowie den Wärme-, Schall- und Erschütterungsschutz. Die Bauordnungen bestimmen Inhalt und Umfang der → *Bauaufsicht,* legen die Zuständigkeit der → *Baubehörden* fest und regeln im Einzelnen das Verfahren zur Erteilung einer → *Baugenehmigung.* Sie bestimmen auch, welche baulichen Anlagen genehmigungspflichtig, anzeigepflichtig oder genehmigungsfrei sind. Die bauplanungsrechtlichen Anforderungen an ein Bauvorhaben sind im → *Baugesetzbuch* und in der → *Baunutzungsverordnung* enthalten.

Bausparbeiträge

B. sind Beiträge an öffentliche oder private → *Bausparkassen* zur Erlangung von Bauspardarlehen. Bausparbeiträge zählen zu den prämienbegünstigten Aufwendungen nach dem Wohnungsbauprämiengesetz, wenn die geleisteten Beiträge im Sparjahr mindestens 50 EUR betragen (→ *Wohnungsbauprämie*).

Bausparkassen

B. sind Kreditinstitute, die Bauspargeschäfte durchführen, insbesondere Bauspareinlagen von Bausparern entgegennehmen und aus angesammelten Beiträgen der Bausparer Bauspardarlehen für wohnungswirtschaftliche Maßnahmen (z. B. Errichtung, Beschaffung, Erhaltung, Verbesserung von überwiegend zu Wohnzwecken bestimmten Gebäuden, Erwerb von Bauland, → *Erbbaurechten* und Ablöse von Verbindlichkeiten für Wohngebäude, Maßnahmen zur Erschließung und Förderung von Wohngebieten) gewähren. Im Übrigen dürfen sie nur bestimmte Darlehens- und Kreditgeschäfte nach § 4 Bausparkassengesetz betreiben. Sie unterliegen der Aufsicht der Bundesanstalt für Finanzdienstleistungsaufsicht.

Baustelle

An Baustellen haben Fahrzeugführer die besonderen Anordnungen – in der Regel Geschwindigkeitsbegrenzungen, Überholverbote, veränderte Fahrbahnführungen oder Umleitungen – zu beachten und besondere Vorsicht anzuwenden. Insbesondere muss während der Arbeitszeiten auf die Arbeiter Rücksicht genommen werden. Bei unklaren Verkehrslagen gilt der → *Vertrauensgrundsatz* nicht.

Beamte

Beamte im statusrechtlichen Sinne sind Angehörige des → *öffentlichen* Dienstes, die zu ihrem → *Dienstherrn* in einem besonderen öffentlich-rechtlichen Dienst- und Treueverhältnis stehen. Dieser wird begründet durch die → *Ernennung,* d. h. durch Aushändigung einer Urkunde, in der die Worte „unter Berufung in das Beamtenverhältnis" enthalten sein müssen. Bei → *Wahlbeamten* wird das Beamtenverhältnis durch Annahme der Wahl begründet. Es wird bei Beamten allgemein unterschieden zwischen Beamten auf Lebenszeit, die hauptberuflich auf die Dauer ihrer Dienstfähigkeit tätig sind, Beamten auf Probe, die zur späteren Verwendung als Lebenszeitbeamte eine Probezeit zurücklegen, Beamten auf Zeit, die nur für eine bestimmte Zeit in ein entsprechendes Amt berufen werden und Beamten auf Widerruf, die sich in einem öffentlich-rechtlichen Ausbildungsverhältnis befinden (→ *Referendare).*

Für die strafrechtlichen Bestimmungen stellen die Beamten die größte Gruppe innerhalb der → *Amtsträger* dar. Nur für diese kommt eine Verwirklichung der → *Amtsdelikte* wie etwa der Bestechlichkeit in Betracht. Aber auch außerhalb der Amtsdelikte kann die strafrechtliche Verurteilung eines Beamten zu einem Verlust seines Amtes führen; oberhalb bestimmter Grenzen schreiben dies die Beamtengesetze sogar zwingend vor.

Beamtenrecht

B. wird als die Gesamtheit der Rechtsnormen bezeichnet, die die Rechtsverhältnisse der → *Beamten* regeln. Das Beamtenrecht ist von den Vorschriften abzugrenzen, die für andere Bedienstete im → *öffentlichen* Dienst (→ *Arbeiter,* → *Angestellte*) gelten. Beamter in diesem Sinne ist, wer in einem öffentlich-rechtlichen Dienst- und Treueverhältnis steht, das durch Aushändigung einer Urkunde begründet wird, die die Worte „unter Berufung in das Beamtenverhältnis" enthalten muss. Eine der wichtigsten beamtenrechtlichen Vorschriften ist das Beamtenrechtsrahmengesetz, das Regelungen enthält, die für alle Beamte gelten, unabhängig davon, wer ihr → *Dienstherr* (Bund, Länder oder Gemeinden) ist. Daneben gibt es das Bundesbeamtengesetz und in den Bundesländern eigene Landesbeamtengesetze, jeweils mit einer Laufbahnverordnung; Sonderbestimmungen gelten für → *Wahlbeamte.* Die Besoldung der Beamten richtet sich nach dem Bundesbesoldungsgesetz (→ *Alimentation*), die Altersversorgung nach dem Beamtenversorgungsgesetz. Verordnungen regeln die Arbeitszeit, den Urlaub, die Zulässigkeit von Nebentätigkeiten sowie die Höhe von Reisekosten, Trennungsgeld und Umzugskosten. Für → *Richter* gelten eigene Bestimmungen; soweit diese nichts Abweichendes regeln, sind grundsätzlich die beamtenrechtlichen Vorschriften entsprechend anwendbar.

▸ Beamtenverhältnis

B. ist das öffentlich-rechtliche Dienst- und Treueverhältnis, das zwischen dem → *Dienstherrn* und dem → *Beamten* besteht und das, wie sich aus Art. 33 Abs. 4 GG ergibt, auf die Ausübung hoheitlicher Befugnisse ausgerichtet ist. Beamter kann nur werden, wer Deutscher ist, die für seine → *Laufbahn* erforderliche Aus- oder Vorbildung hat, nicht entmündigt ist oder die Fähigkeit, ein öffentliches → *Amt* zu bekleiden, verloren hat und die Gewähr dafür bietet, jederzeit für die freiheitlich-demokratische Grundordnung einzutreten. Das Beamtenverhältnis wird durch → *Ernennung* begründet und endet durch → *Entlassung.* Die sich aus dem Beamtenverhältnis ergebenden Rechte und Pflichten sind im Beamtenrechtsrahmengesetz, im Bundesbeamtengesetz und den jeweiligen Landesbeamtengesetzen geregelt (→ *Beamtenrecht).* Der Beamte ist zur unparteiischen und gerechten Amtsausübung verpflichtet und hat das Wohl der Allgemeinheit zu wahren; bei politischer Betätigung hat er Mäßigung zu üben. Der Treuepflicht des Beamten steht die Fürsorgepflicht des → *Dienstherrn* gegenüber; dieser hat für das Wohl des Beamten und seiner Familie zu sorgen (→ *Alimentation).*

▸ Beauftragter Richter

Ausnahmsweise können bei einem Kollegialgericht einzelne Maßnahmen einem Mitglied des erkennenden Kollegiums übertragen werden. Anders als der → *Einzelrichter* entscheidet der beauftragte Richter den Rechtsstreit nicht selbst. Ein häufiges Beispiel für die Tätigkeit eines beauftragten Richters ist die Vernehmung eines weit vom Gerichtsort entfernt lebenden Zeugen, dem eine Anreise nicht möglich ist.

▸ Bebauungsgenehmigung → *Vorbescheid*

▸ Bebauungsplan → *Bauleitplanung*

▸ Bebauungstiefe

B. ist eine Festlegung in einem Bebauungsplan (→ *Bauleitplanung),* durch die die überbaubare Grundstücksfläche bestimmt wird. Rechtlich stellt sie eine rückwärtige → *Baugrenze* dar.

▸ Bedarfsgegenstände

B. sind Gegenstände des täglichen Bedarfs, an die im Interesse des Gesundheitsschutzes strenge Anforderungen gestellt werden. Das Lebensmittel- und Gebrauchsgegenständegesetz enthält eine Auflistung der entsprechenden Gegenstände. Hierzu zählen beispielsweise Gegenstände, die beim Herstellen, Behandeln, Inverkehrbringen oder Verzehr von → *Lebensmitteln* verwendet werden, Packungen, Behältnisse und sonstige Umhüllungen für kosmetische Erzeugnisse und Tabakwaren, Gegenstände, die zur Körperpflege verwendet werden mit Ausnahme von → *Arzneimitteln,* Reinigungs-, Pflege- und Imprägniermitteln sowie Spielwaren und Scherzartikel. Bedarfsgegenstände müssen so hergestellt und behandelt werden, dass sie bei bestimmungsgemäßem Gebrauch die Gesundheit nicht schädigen können.

▸ Bedingung

Eine Bedingung ist eine durch die Parteien in das → *Rechtsgeschäft* aufgenommene Bestimmung, durch welche die Rechtswirkungen dieses Rechtsgeschäftes von einem zukünftigen, ungewissen Ereignis (Beispiel: „bei bestandener Prüfung“, „bei Erreichen eines bestimmten Mindestumsatzes“) abhängig gemacht werden. Ob die gewollten Rechtswirkungen des (gültigen) Rechtsgeschäftes tatsächlich eintreten, ist daher bis zum Eintritt oder Ausfall der Bedingung in der Schwebe. Das Gesetz unterscheidet zwischen aufschiebenden und auflösenden Bedingungen (§ 158 BGB). Bei einer aufschiebenden Bedingung soll die beabsichtigte Rechtswirkung erst mit dem Eintritt der Bedingung eintreten; bei einer auflösenden Bedingung soll sie mit deren Eintritt enden. Schenkt daher der Onkel seinem Neffen formgerecht eine goldene Uhr unter der aufschiebenden Bedingung, dass er selbst am Wochenende im Lotto gewinnt, erwirbt der Neffe den Übereignungsanspruch erst, wenn der Onkel später tatsächlich einen Gewinn macht; gewinnt der Onkel nicht, wird der Schenkungsvertrag endgültig unwirksam. Eine auflösende Bedingung wäre im vorigen Beispiel, wenn der Onkel dem Neffen die Uhr schenkt, das Eigentum aber wieder an den Onkel zurückfallen soll, wenn der Neffe am Samstag einen „Sechser“ im Lotto hat. Gewinnt hier der Neffe nicht, bleibt die Schenkung wirksam, gewinnt dagegen der Neffe, fällt die Schenkung am Samstag wieder weg.

▸ Bedingung im Verwaltungsrecht

Als Nebenbestimmung kann einem → *Verwaltungsakt* eine Bedingung beigefügt werden. Von ihrer Erfüllung hängt der Eintritt bzw. Fortbestand der von dem Verwaltungsakt bezweckten Wirkung ab. (→ *Auflage*, → *Befristung*).

▸ Bedrohung

Strafbar macht sich, wer einem anderen mit der Begehung eines → *Verbrechens* droht, das gegen diesen oder eine ihm nahe stehende Person gerichtet ist. So genügt etwa die im Streit gegenüber seinem Gegner geäußerte Ankündigung, diesen umbringen zu wollen.

Ebenso macht sich wegen Bedrohung strafbar, wer entgegen seiner sicheren Kenntnis ankündigt, dass irgendein Verbrechen begangen werde. Dies kann zum Beispiel die telefonische Ankündigung einer Bombenexplosion sein, wenn der Anrufer weiß, dass an dem fraglichen Ort gar keine Bombe versteckt ist.

Bedürfnisprüfung

Eine Bedürfnisprüfung macht die Zulassung zu einem → *Beruf* oder → *Gewerbe* von einem volkswirtschaftlichen oder sonstigen Bedarf abhängig. Sie stellt damit eine objektive, von der Person des Bewerbers unabhängige und von ihm nicht zu beeinflussende Schranke für die Berufs- oder Gewerbezulassung dar. Wegen der damit verbundenenen weit greifenden Beschränkung der Berufswahlfreiheit darf eine Bedürfnisprüfung nach der Rechtsprechung des → *Bundesverfassungsgerichts* gesetzlich nur vorgeschrieben werden, wenn sie zum Schutz eines überragend wichtigen Gemeinschaftsguts erforderlich ist; als unzulässig wurde eine Bedürfnisprüfung bei der Zulassung eines → *Apothekers* angesehen. Eine Bedürfnisprüfung findet im Bereich des → *Güterkraftverkehrs* und der → *Personenbeförderung* statt.

Beeidigung

Eine Beeidigung wird durch das Gericht angeordnet. Sie ist insbesondere bei der Vernehmung von Sachverständigen und Zeugen vorgesehen. Der → *Eid* dient der Wahrheitsfindung, da eidliche Falschaussagen strafrechtlich verfolgt werden (→ *Meineid).*

Befähigungsnachweis

Für die Zulassung zu zahlreichen Berufen hat der Bewerber den Nachweis zu erbringen, dass er die notwendige fachliche Vorbildung besitzt. Im Handwerksrecht (→ *Handwerk)* ist das Bestehen der *Meisterprüfung* Voraussetzung für die selbständige Führung eines Handwerksbetriebs und die Befugnis zur Ausbildung von Lehrlingen (Großer Befähigungsnachweis). Das → *Bundesverfassungsgericht* hat diesen Befähigungsnachweis im Interesse der Erhaltung und Förderung des Handwerkstandes als zulässig angesehen. Es gibt Überlegungen, durch entsprechende Gesetzesänderungen das Führen eines Handwerksbetriebs unter bestimmten Voraussetzungen auch einem Gesellen zu gestatten.

Befähigung zum Richteramt

Berufsrichter kann nur werden, wer die dafür nach dem Deutschen Richtergesetz aufgestellten Voraussetzungen erfüllt. Richter können nur Deutsche werden. Der Betreffende muss die Gewähr dafür bieten, dass er jederzeit für die freiheitliche demokratische Grundordnung eintritt und über die erforderliche soziale Kompetenz verfügt. Vorgeschrieben sind das Studium der Rechtswissenschaften, das Bestehen der nachfolgenden ersten Prüfung, ein Vorbereitungsdienst von zwei Jahren und das Bestehen einer sich daran anschließenden zweiten Prüfung. In der Praxis werden für die Aufnahme in den Richterdienst jedoch nicht nur das Bestehen der Prüfungen, sondern überdurchschnittliche Leistungen verlangt.

Befehl

B. ist eine verbindliche dienstliche Anordnung des Vorgesetzten eines → *Beamten* oder Soldaten (→ *Soldatenrecht*). Ist ein Befehl rechtswidrig und erkennt dies der Betroffene, so darf er ihn nicht ausführen. Wichtig ist dies vor allem, wenn Befehle – wie etwa der Schießbefehl an der Grenze der früheren DDR oder Anordnungen im Dritten Reich zur Liquidation von Juden – offensichtlich gegen Menschenrechte verstoßen. Hier wird der Ausführende nicht durch das Befehlsverhältnis entlastet. Seine Straflosigkeit kann höchstens daraus entstehen, dass er bei einer Verweigerung selbst größten Gefahren – wie einer standrechtlichen Erschießung – ausgesetzt gewesen wäre.

Beförderung gefährlicher Güter

Sie unterliegt für alle Verkehrsarten besonderen Bestimmungen. Wichtig ist vor allem, dass derartige Gefahrguttransporte deutlich gekennzeichnet sein müssen. Nur dadurch ist bei Unfällen gewährleistet, dass unverzüglich geeignete Abhilfemaßnahmen eingeleitet werden können.

Darüber hinaus müssen sich die Führer von Gefahrguttransporten im Straßenverkehr bei besonders schlechten Sicht- oder Straßenverhältnissen so verhalten, dass eine Gefährdung anderer ausgeschlossen ist. Dies bedeutet in derartigen Situationen praktisch eine Pflicht zum Anhalten bei der nächsten Parkmöglichkeit.

Beförderung im Beamtenrecht

Die Beförderung eines → *Beamten* ist eine → *Ernennung*, durch die dem Beamten ein neues Amt mit einem höheren Endgrundgehalt und im Regelfall auch mit einer anderen Amtsbezeichnung verliehen wird. Bei Beförderungen gilt das Leistungsprinzip, d. h. Beförderungen sind mittels einer Auslese nach Eignung, Befähigung und fachlicher Leistung vorzunehmen; hierbei sind die dienstlichen Beurteilungen der Beamten heranzuziehen. Geschlecht, Abstammung, religiöse oder politische Überzeugungen dürfen nicht den Ausschlag geben. Im Regelfall ist eine Beförderung erst nach Ablauf eines Jahres nach der letzten Beförderung zulässig; unzulässig ist eine Beförderung um mehr als eine Stufe (Verbot der Sprungbeförderung).

Auf eine Beförderung besteht grundsätzlich kein Rechtsanspruch. Hat sich im Einzelfall das dem → *Dienstherrn* zustehende → *Ermessen* aber auf null reduziert und unterbleibt eine Beförderung, kann der Beamte wegen einer Verletzung der Fürsorgepflicht Schadensersatz verlangen.

Befristung

Eine Befristung ist eine von den Parteien in ein → *Rechtsgeschäft* aufgenommene Bestimmung, mit der die Wirkungen des Rechtsgeschäfts von einem künftigen gewissen (= sicheren) Ereignis abhängig gemacht werden. Meistens besteht eine Befristung in der Vereinbarung eines Anfangs- oder Endtermins (zum Beispiel: „Der Mietvertrag läuft bis zum 31. 12. 2003"); aber auch der Tod eines Menschen kann eine Befristung sein („Der Mietvertrag endet mit dem Tode des Mieters").

Befristung im Arbeitsrecht

Das Arbeitsverhältnis ist ein sog. **Dauerschuldverhältnis**, weil es – anders als etwa ein Kaufvertrag – nicht auf den einmaligen Austausch einer Leistung gegen eine Gegenleistung gerichtet ist, sondern auf ständig wiederkehrende gegenseitige Leistungen. Dabei unterscheidet man zwischen solchen Dauerschuldverhältnissen, die auf **unbestimmte Zeit** eingegangen werden und solchen, die von vornherein **befristet** sind. Ein befristeter Arbeitsvertrag liegt vor, wenn die Laufzeit des Vertrags nach dem Willen der Parteien von vornherein, d.h. schon bei Abschluss des Arbeitsvertrags als begrenzt (= befristet) angesehen wird. Das Arbeitsverhältnis endet dann mit Ablauf der Befristung, ohne dass es einer → *Kündigung* bedarf.

Man unterscheidet zwischen **zeitbefristeten** und **zweckbefristeten** Arbeitsverhältnissen. Bei der Zeitbefristung wird das Arbeitsverhältnis für eine bestimmte Dauer oder zumindest einen kalendermäßig bestimmbaren Zeitraum geschlossen. Bei der Zweckbefristung ist die Dauer des Arbeitsverhältnisses nicht nach dem Kalender bestimmbar. Vielmehr wird das Ende des Arbeitsverhältnisses von vornherein von dem Eintritt eines künftigen Ereignisses abhängig gemacht (Beispiele: Vertretung eines erkrankten Arbeitnehmers oder die Beschäftigung eines Pflegers für einen Schwerkranken).

Die Befristung eines Arbeitsvertrags kann den Kündigungsschutz unterlaufen, denn: wo keine Kündigung, da auch kein Schutz durch Vorschriften, die ausdrücklich eine Kündigung voraussetzen. Im Hinblick auf diese Umgehungsproblematik sind befristete Arbeitsverhältnisse nur unter besonderen Voraussetzungen zulässig, die im **Gesetz über Teilzeitarbeit und befristete Arbeitsverträge (TzBfG)** näher geregelt sind. Nach diesem Gesetz ist die Befristung eines Arbeitsverhältnisses zulässig, wenn sie durch einen sachlichen Grund gerechtfertigt ist. Das Gesetz (§ 14 Abs. 1 TzBfG) nennt einige Beispielsfälle, u.a. den Fall, dass „der betriebliche Bedarf an der Arbeitsleistung nur vorübergehend besteht" oder dass „die Befristung zur Erprobung erfolgt".

Auch ohne Vorliegen eines sachlichen Grundes ist die Zeitbefristung eines Arbeitsvertrages bis zur Dauer von zwei Jahren zulässig (§ 14 Abs. 2 TzBfG). Bis zu einer Gesamtdauer von zwei Jahren ist auch die höchstens dreimalige Verlängerung eines zeitbefristeten Arbeitsvertrags zulässig. Allerdings darf vor Abschluss des (ersten) befristeten Arbeitsvertrages nicht bereits früher ein Arbeitsverhältnis mit demselben Arbeitgeber bestanden haben.

Auch bei Arbeitnehmern, die bei Beginn des befristeten Arbeitsverhältnisses das 58. Lebensjahr vollendet haben, ist der Abschluss eines befristeten Arbeitsvertrags nicht vom Vorliegen eines sachlichen Grunds abhängig. Allerdings darf ein solcher befristeter Arbeitsvertrag mit einem älteren Arbeitnehmer nicht in einem engen sachlichen Zusammenhang mit einem früheren Arbeitsverhältnis mit demselben Arbeitgeber stehen (§ 14 Abs. 3 TzBfG).

In jedem der genannten Fälle muss die Befristungsvereinbarung **schriftlich** erfolgen, sonst ist sie nicht wirksam (§ 14 Abs. 4 TzBfG).

▶ Befristung im Verwaltungsrecht

Als Nebenbestimmung kann einem → *Verwaltungsakt* eine Befristung beigefügt werden. Durch die Festsetzung eines bestimmten Zeitpunkts kann der Eintritt der Dauer oder die Beendigung der Rechtswirkungen des Verwaltungsakts geregelt werden (→ *Auflage*, → *Bedingung*).

▶ Beglaubigung

Eine Beglaubigung ist ein Zeugnis einer Urkundsperson darüber, dass die Unterschrift oder das Handzeichen auf einer schriftlichen Erklärung von dem Erklärenden stammt und zu dem angegebenen Zeitpunkt erfolgte. Die öffentliche Beglaubigung wird durch einen → *Notar* vorgenommen (→ *Urkunde*).

▶ Begnadigung → *Gnadenrecht*

▶ Begrenztes Realsplitting → *Realsplitting*

▶ Begründung von Entscheidungen

Dies ist die bei → *Urteilen* üblicherweise vorgesehene Darstellung der die Entscheidung tragenden tatsächlichen und rechtlichen Gründe. Mündliche Urteilsgründe sind jedoch noch nicht verbindlich, entscheidend ist vielmehr die schriftliche Begründung. Beschlüsse sind dann zu begründen, wenn dies im Einzelfall das Prinzip der Rechtsstaatlichkeit erfordert, also etwa wenn ein Antrag abgelehnt wird oder ein Rechtsmittel statthaft ist. Der Begründungszwang ist Folge des Anspruchs auf rechtliches Gehör und soll die Nachprüfbarkeit der Entscheidungen sicherstellen.

▸ Begünstigung

Unter Begünstigung versteht man eine gegenüber einem → *Täter* erbrachte Hilfeleistung mit dem Ziel, ihm die „Früchte" seiner Tat zu erhalten. Dies kann etwa das Verstecken einer Diebesbeute sein. Die Begünstigung ist von der → *Strafvereitelung* und der → *Beihilfe* abzugrenzen: Strafvereitelung läuft auf die Verhinderung der Bestrafung eines Täters hinaus; Beihilfe ist ein Verhalten dann, wenn dadurch erst der Taterfolg herbeigeführt werden soll. Die Begünstigung soll dagegen den bereits erlangten Tatvorteil sichern.

▸ Beherbergungsbetrieb

B. ist eine → *Gaststätte* im Sinne des Gaststättengesetzes, in der Gäste mit und ohne Verpflegung vorübergehend beherbergt werden. Zum Betrieb ist eine gaststättenrechtliche Erlaubnis erforderlich; eine Ausnahme besteht, wenn der Betrieb darauf ausgerichtet ist, nicht mehr als 8 Gäste gleichzeitig unterzubringen. In den landesrechtlichen Gaststättenverordnungen sind räumliche Mindestanforderungen an Beherbergungsbetriebe festgelegt.

Bauplanungsrechtlich sind Beherbergungsbetriebe nach den einschlägigen Bestimmungen der → *Baunutzungsverordnung* in fast allen Baugebieten generell oder jedenfalls im Weg der Ausnahme (→ *Dispens*) zulässig.

▸ Behinderte

Menschen sind behindert, wenn ihre körperliche Funktion, geistige Fähigkeit oder seelische Gesundheit mit hoher Wahrscheinlichkeit länger als sechs Monate von dem für das Lebensalter typischen Zustand abweichen und daher ihre Teilhabe am Leben in der Gesellschaft beeinträchtigt ist. Das Sozialrecht sieht eine Vielzahl von Leistungen für Behinderte vor. Grundsätzliche Regelungen über die Rehabilitation und Teilhabe behinderter Menschen enthält das Neunte Buch des →*Sozialgesetzbuchs* (SGB IX). Nach dem Bundessozialhilfegesetz haben Behinderte Anspruch auf Eingliederungshilfe (→*Sozialhilfe*). Maßnahmen der Eingliederungshilfe sind vor allem ambulante oder stationäre Behandlung, Hilfe zu einer angemessenen Schulbildung und einem angemessenen Beruf sowie zur Teilnahme an einem Leben in der Gemeinschaft. Nach dem Dritten Buch des Sozialgesetzbuchs (→*Arbeitsförderung)* besteht Anspruch auf berufsfördernde Maßnahmen zur Rehabilitation. Rehabilitionsleistungen gewähren auch die gesetzliche →*Unfallversicherung* sowie die →*Rentenversicherung* der Arbeiter und Angestellten. Besondere Regelungen gelten für →*Schwerbehinderte.*

▶ Behinderung

Im Straßenverkehr hat sich nach der Grundregel des § 1 Absatz 2 der Straßenverkehrsordnung jeder Teilnehmer so zu verhalten, dass andere nicht mehr als unvermeidlich behindert werden. Eine unvermeidliche Behinderung des nachfolgenden Verkehrs liegt etwa vor, wenn bei einem erlaubten →*Abbiegen* angehalten wird, um bevorrechtigte Verkehrsteilnehmer passieren zu lassen und die nachfolgenden Fahrzeuge ebenfalls nicht weiterfahren können. Eine vermeidbare Behinderung ist es dagegen, wenn aus einer Parklücke so knapp ausgefahren wird, dass der nachfolgende Verkehr abbremsen muss. Der Übergang von der Behinderung eines anderen Verkehrsteilnehmers zu seiner →*Gefährdung* ist fließend. Im vorangegangenen Beispiel wäre eine Gefährdung gegeben, wenn der nachfolgende Verkehr stark abbremsen müsste.

Zahlreiche Einzelbestimmungen – etwa über das Gebot zügigen Fahrens, das Halten und das →*Parken* – konkretisieren das allgemeine Behinderungsverbot.

Behörden

Der Begriff der Behörde wird in den einzelnen gesetzlichen Regelungen in einem unterschiedlichen Sinn gebraucht. Das → *Verwaltungsverfahrensgesetz* versteht unter einer Behörde jede Stelle, die Aufgaben öffentlicher Verwaltung wahrnimmt. Das → *Strafgesetzbuch* erweitert für seinen Geltungsbereich den Behördenbegriff insoweit, als auch Gerichte darunter fallen. Ganz allgemein können Behörden als in den Organismus des Staates oder anderer öffentlich-rechtlicher Körperschaften eingeordnete organisatorische Einheiten von Personen und sächlichen Mitteln bezeichnet werden, die – mit einer gewissen Selbständigkeit ausgestattet – die Aufgabe haben, für die Erreichung der Zwecke des Staates tätig zu sein. Im Verwaltungsprozess sind Behörden grundsätzlich nicht Partei; eine → *Anfechtungs-* oder → *Verpflichtungsklage* ist vielmehr gegen die Körperschaft zu richten, die den angefochtenen → *Verwaltungsakt* erlassen hat bzw. für den Erlass des beantragten Verwaltungsakts zuständig ist; das Landesrecht kann allerdings bestimmen, dass die Behörde selbst verklagt werden kann.

Beifahrer

Von den zahlreichen Bestimmungen für Beifahrer sind folgende Regelungen besonders wichtig: In Kraftfahrzeugen dürfen Kinder, die unter 12 Jahre alt und kleiner als 1,50 m sind, auf allen Sitzen nur dann befördert werden, wenn dort amtlich genehmigte und für das betreffende Kind geeignete Rückhaltevorrichtungen vorhanden sind. Verboten ist es damit vor allem auch, Kleinkinder auf dem Schoß des Beifahrers zu transportieren.

Beifahrer auf Krafträdern und einem → *Mofa* müssen ebenso wie der Fahrer einen Schutzhelm tragen.

Auf Fahrrädern dürfen Kinder unter 7 Jahren nur dann mitgenommen werden, wenn der Fahrzeugführer mindestens 16 Jahre alt ist. Außerdem müssen für die Kinder besondere Sitze vorhanden sein und es muss durch Radverkleidungen oder andere Vorrichtungen gesichert sein, dass die Füße der Kinder nicht in die Speichen geraten können.

Beigeladener → *Beiladung*

Beihilfe

Unter Beihilfe versteht man die einem → *Täter* bei einer Straftat durch Ratschlag oder Unterstützung vorsätzlich geleistete Hilfe. Sie kann bereits vor der Tatausführung erfolgen (z. B. durch einen Rat zur wirkungsvollsten Art der Tatausführung oder durch Verschaffen einer Tatwaffe), aber auch erst während der Tatbegehung bis zu deren Abschluss. Danach ist nur noch → *Begünstigung* möglich.

Die Abgrenzung der Beihilfe von der → *Mittäterschaft* ist oft schwierig. Mittäter ist vom Grundsatz her, wer die Tat als eigene will und ihre Ausführung beherrscht; Beihilfe leistet, wer nur die Tat eines anderen fördern will.

Die Strafe für die Beihilfe richtet sich nach der Strafdrohung für die Tat, die unterstützt wird. Endet die Ausführung der fremden Tat, bevor sich der Täter strafbar macht (ein schon vorbereiteter Einbruch wird etwa nicht ausgeführt), so bleibt eine schon erbrachte Beihilfe straflos.

Beihilfen für Beamte

Beamte unterliegen grundsätzlich nicht der Versicherungspflicht in der gesetzlichen → *Krankenversicherung.* Als Ausprägung der dem → *Dienstherrn* obliegenden Fürsorgepflicht (→ *Alimentation)* werden dem Beamten Zuschüsse zu den ihm entstehenden Krankheitskosten gewährt. Deren Höhe beträgt grundsätzlich 50 v. H. der Aufwendungen. Die Einzelheiten sind in den Beihilfevorschriften, die rechtlich als → *Verwaltungsvorschriften* anzusehen sind, geregelt; hieraus ergibt sich insbesondere, für welche Aufwendungen Ersatz geleistet wird. Dabei orientiert man sich meist an den Leistungen der gesetzlichen Krankenversicherung, in zahlreichen Fällen bleiben die Beihilfen aber dahinter zurück. Hinsichtlich des nicht durch Beihilfen abgedeckten Teils der Aufwendungen muss der Beamte selbst Vorsorge treffen, etwa durch Abschluss einer privaten Krankenversicherung. Außer bei Krankheiten werden Beihilfen auch in Geburts- und Todesfällen gewährt.

Beiladung

nennt man die Hinzuziehung eines Dritten zu einem gerichtlichen Verfahren. Bedeutung hat die Beiladung vor allem im Verwaltungsprozess. Hier unterscheidet man zwischen zwei Arten der Beiladung. Ist ein Dritter an dem den Gegenstand des gerichtlichen Verfahrens bildenden Rechtsverhältnis in einer Weise beteiligt, dass die Entscheidung auch ihm gegenüber nur einheitlich ergehen kann, handelt es sich um eine notwendige Beiladung, die grundsätzlich von Amts wegen erfolgt. Hat etwa ein Nachbar (→ *Nachbarklage)* eine dem Bauherrn erteilte → *Baugenehmigung* angefochten, so ist dieser notwendig beizuladen; wenn der Nachbar obsiegt, würde der Bauherr seine Genehmigung verlieren, die gerichtliche Entscheidung würde also auch ihm gegenüber wirken. Sind nur rechtliche Interessen eines Dritten durch den Rechtsstreit betroffen, spricht man von einfacher Beiladung; diese ist von Amts wegen oder auf Antrag eines Beteiligten auszusprechen. Der gerichtliche Beschluss, durch den eine Beiladung ausgesprochen wird, ist unanfechtbar. Der notwendig Beigeladene kann eigenständige Anträge stellen, der einfach Beigeladene nur in dem Rahmen, der durch die Anträge derjenigen Partei, auf deren Seite er steht, vorgegeben ist. Besonderheiten gelten für die Beiladung bei so genannten → *Massenverfahren.* In verwaltungsgerichtlichen Normenkontrollverfahren gibt es nur die einfache Beiladung.

Beistand

In Strafverfahren ist der Ehegatte oder gesetzliche Vertreter des → *Angeklagten* auf Antrag als Beistand zuzulassen. Er muss dann zur Sache gehört werden. Der → *Verletzte* kann sich bei seiner Vernehmung als Zeuge einer Person seines Vertrauens ebenfalls als Beistand bedienen.

Im → *Zivilprozess* ist er nach § 90 ZPO nur zugelassen, wenn kein → *Anwaltsprozess* vorliegt. Ungeeignete Beistände können vom Gericht zurückgewiesen werden.

Beistand des Jugendamtes

Zur Feststellung der → *Vaterschaft* oder Geltendmachung von Unterhaltsansprüchen kann auf Antrag eines Elternteils, auch bei gemeinsamer → *elterlicher Sorge* (→ *Sorgerechtserklärung)* das → *Jugendamt* als Beistand bestellt werden. Die werdende Mutter kann den Antrag bereits vor Geburt stellen. Die Beistandschaft tritt ein, sobald der Antrag dem Jugendamt zugeht. Sie endet, wenn der Antragsteller dies schriftlich verlangt. Die Beistandschaft schränkt die elterliche Sorge nicht ein. Der Beistand wird Beistand des Kindes, nicht des sorgeberechtigten Elternteils. Für den Beistand gelten die Regeln der → *Pflegschaft.*

Beiträge

B. sind öffentliche → *Abgaben,* die zur vollen oder teilweisen Deckung des Aufwands einer öffentlichen Einrichtung von denjenigen erhoben werden, denen die Herstellung oder der Bestand der Einrichtung besondere Vorteile bietet. Ausreichend ist es, dass der Pflichtige die Möglichkeit hat, den Vorteil zu nutzen; ob er es tatsächlich tut, ist unerheblich. Vom Beitrag ist die Steuer zu unterscheiden, die keine Gegenleistung der sie erhebenden Körperschaft voraussetzt. Von der Gebühr unterscheidet sich der Beitrag dadurch, dass diese die tatsächliche Inanspruchnahme der öffentlichen Einrichtung zur Voraussetzung hat. Der wichtigste Fall eines Beitrags ist der nach den näheren Bestimmungen des → *Baugesetzbuchs* bzw. an dessen Stelle getretener landesrechtlicher Regelungen zu erhebende Erschließungsbeitrag, durch den der gemeindliche Aufwand für die → *Erschließung* der Baugrundstücke gedeckt werden soll; die Umlegung erfolgt nach dem Umfang des durch die Erschließungsmaßnahmen entstehenden Vorteils, wobei der Maßstab durch gemeindliche → *Satzung* festgelegt wird.

Beiträge zur Sozialversicherung

Die einzelnen Zweige der → *Sozialversicherung* werden im Wesentlichen aus Beiträgen finanziert. Die Beiträge der gesetzlichen → *Krankenversicherung,* der sozialen → *Pflegeversicherung* und der gesetzlichen → *Rentenversicherung* werden grundsätzlich je zur Hälfte von den Arbeitgebern und den Arbeitnehmern aufgebracht (→ *Arbeitgeberanteil*, → *Arbeitnehmeranteil*). Die Beiträge zur gesetzlichen → *Unfallversicherung* tragen die Unternehmer allein. Die Beiträge in der → *Arbeitslosenversicherung* werden von Arbeitgebern und Arbeitnehmern gezahlt; der Beitragssatz ist für beide jeweils gleich hoch.

Beitragsbemessungsgrenze

Die Beitragsbemessungsgrenze ist in der → *Sozialversicherung* die Obergrenze, bis zu der Entgelte zur Errechnung der Beiträge berücksichtigt werden. Ist das Entgelt höher, bleibt der die Grenze übersteigende Teil beitragsfrei. Die Beitragsbemessungsgrenze orientiert sich an der Entwicklung der Bruttoarbeitsentgelte in der Bundesrepublik und ist daher dynamisiert. Die Beitragsbemessungsgrenze in der gesetzlichen → *Rentenversicherung* wird jährlich durch Verordnung der Bundesregierung festgelegt. Diese Bemessungsgrenze gilt auch für die → *Arbeitslosenversicherung*. Für die gesetzliche → *Krankenversicherung* beträgt die Beitragsbemessungsgrenze 75 v. H. der Bemessungsgrenze der Rentenversicherung (§ 6 Abs. Nr. 1 SGB V).

Beitragserstattung

In der gesetzlichen → *Rentenversicherung* werden einem Versicherten auf Antrag die von ihm einbezahlten Beiträge ausbezahlt, wenn ihre Versicherungspflicht in allen Zweigen der Rentenversicherung entfällt, ohne dass das Recht der freiwilligen Weiterversicherung besteht. Die Beitragserstattung dient der Rückabwicklung eines beendeten Versicherungsverhältnisses, das nicht fortgesetzt werden kann und daher auch nicht als Grundlage eines künftigen Rentenanspruchs in Betracht kommt. Wurde bereits eine Leistung gewährt, so kommen für eine Rückerstattung nur die danach gezahlten Beiträge in Betracht. Die Einzelheiten sind im Sechsten Buch des → *Sozialgesetzbuchs* (SGB VI) geregelt.

Beitragslose Zeiten

B. sind Zeiten, in denen keine Beiträge für die gesetzliche → *Rentenversicherung* geleistet wurden, die aber dennoch bei der Ermittlung der Versicherungsjahre für die Rentenberechnung berücksichtigt werden. Die Einzelheiten sind im Sechsten Buch des → *Sozialgesetzbuchs* (SGB VI) geregelt. Hierunter fallen → *Anrechnungszeiten* (§ 58 SGB VI), → *Zurechnungszeiten* (§ 59 SGB VI) und → *Ersatzzeiten* (§ 250 SGB VI).

Beitreibung

Eine Beitreibung ist die zwangsweise Beschaffung einer Geldzahlung. Sie erfolgt im Zivilverfahrensrecht durch Zwangsvollstreckung, im Verwaltungsverfahrensrecht durch Vollstreckungsanordnung der beitreibenden Behörde.

Bekanntgabe der Verurteilung

Ist eine → *Beleidigung* oder eine falsche → *Verdächtigung* öffentlich oder durch Verbreiten von Schriften begangen worden, so kann das Gericht auf Antrag des Verletzten die öffentliche Bekanntmachung der Verurteilung anordnen. Hätte etwa der verantwortliche Redakteur eine Person in seiner Zeitung bewusst zu Unrecht des Ankaufs von Diebesgut – also einer → *Hehlerei* – beschuldigt, so könnte seine Verurteilung im Strafverfahren auf entsprechenden Antrag in dieser Zeitung veröffentlicht werden.

Bekanntmachung von Entscheidungen

Die Bekanntmachung von Entscheidungen erfolgt regelmäßig durch Verkündung in der mündlichen Verhandlung oder in einem gesondertem Verkündungstermin. Nicht verkündete Entscheidungen werden zugestellt (→ *Zustellung).* → Beschlüsse und → *Verfügungen* können auch formlos mitgeteilt werden, wenn sie keine Terminbestimmungen enthalten und keine → *Fristen* in Lauf setzen. Bekanntmachungsadressaten sind regelmäßig alle → *Beteiligten.*

Bekenntnisfreiheit

Das Grundgesetz garantiert neben der Glaubens- und Gewissensfreiheit auch die Freiheit des religiösen und weltanschaulichen Bekenntnisses. Die Glaubens- und Gewissensfreiheit schützt die Bildung und Verwirklichung der inneren Überzeugung und der sittlichen Wertvorstellungen, die Bekenntnisfreiheit die Kundgabe der Glaubens- und Gewissensentscheidungen. Ausprägung der Bekenntnisfreiheit ist das Recht auf freie → *Religionsausübung.* Die Bekenntnisfreiheit gibt nicht nur das Recht auszusprechen, was man glaubt, sondern auch, dieses zu verschweigen (negative Bekenntnisfreiheit). Deshalb dürfen Angaben über die Religionszugehörigkeit nur verlangt werden, wenn das aus besonderen Gründen etwa zur Erstellung gesetzlich vorgeschriebener Statistiken oder aus steuerrechtlichen Gründen notwendig ist. Der Zugang zu einem öffentlichen → *Amt* darf nicht von einem bestimmten religiösen Bekenntnis abhängig gemacht werden.

Bekenntnisschulen

B. sind Schulen, in denen die Schüler nach den Grundsätzen eines bestimmten Bekenntnisses erzogen werden; sie werden auch als Konfessionsschulen bezeichnet. Die Voraussetzungen für ihre Zulassung sind landesrechtlich geregelt. Im öffentlichen Schulwesen sind Gemeinschaftsschulen die Regel.

Belästigung im Straßenverkehr

Im Straßenverkehr ist neben einer vermeidbaren → *Behinderung* auch jede vermeidbare Belästigung anderer zu unterlassen. Dies kann etwa im unnützen Hin- und Herfahren in Ortschaften, in lautem Schließen von Wagentüren oder in der unbegründeten Abgabe von Hupsignalen liegen. Die entsprechenden Verhaltensweisen stellen nach der Straßenverkehrsordnung → *Ordnungswidrigkeiten* dar.

Belehrung im Gerichtsverfahren

Dies ist ein Hinweis des Gerichts, der darauf abzielt, auf Unkenntnis beruhende Rechtsnachteile für Personen zu vermeiden. Das Gesetz sieht deshalb häufig eine entsprechende Verpflichtung des Gerichts vor, wie etwa die Rechtsmittelbelehrung im Straf- und im Verwaltungsprozess oder die Belehrung über ein → *Zeugnisverweigerungsrecht* (§ 52 Abs. 3 StPO, § 383 Abs. 2 ZPO).

Belehrung im Verbraucherschutz

Bei → *Fernabsatzverträgen*, → *Haustürgeschäften*, → *Verbraucherdarlehensverträgen*, Geschäften mit → *Finanzierungshilfen* (insbesondere → *Teilzahlungsgeschäfte* oder → *Ratenlieferungsverträge*) sowie bei einer Reihe weiterer Verträge sieht das Gesetz zu Gunsten der Verbraucher umfangreiche Informationspflichten sowie ein → *Widerrufsrecht* oder ein → *Rückgaberecht* vor (§§ 355, 356 BGB), über das der Verbraucher deutlich zu belehren ist. Diese Belehrung muss – angepasst an das verwendete Kommunikationsmittel – in Textform erfolgen und Namen und Anschrift desjenigen enthalten, dem gegenüber Widerruf oder Rückgabe zu erfolgen haben. Die Widerrufs- bzw. Rückgabefrist von zwei Wochen beginnt nicht vor der ordnungsgemäßen Erteilung dieser Belehrung; bei Warenlieferung in keinem Fall vor dem Empfang der Ware durch den Verbraucher. Fehlt es an einer ordnungsgemäßen Belehrung, so enden die Widerrufs- und Rückgabefristen erst 6 Monate nach Vertragsschluss bzw. nach Übergabe der Ware.

Beleidigung

Eine Beleidigung ist der Angriff auf die Ehre eines anderen durch eine vorsätzliche Bekundung seiner Missachtung oder Nichtachtung.

Bekundung bedeutet dabei, dass die Ehrverletzung gegenüber einer Person außerhalb des engsten sozialen Beziehungsfeldes geäußert werden muss: Sagt etwa ein Mann zu seiner Frau, sein Vorgesetzter sei ein „unfähiger Trottel“, so fehlt es an der Kundgabe und damit an der Beleidigung. Belegt hingegen ein Autofahrer einen anderen mit dem eben erwähnten Ausdruck, so ist das beleidigend.

Vorsatz bedeutet bei der Beleidigung nicht, dass eine Ehrverletzung angestrebt werden muss. Vielmehr reicht es aus, dass die entsprechende Äußerung bewusst gegenüber dem Dritten abgegeben wird. Eine zufällige, nicht gewollte Kenntnisnahme durch den Dritten reicht hingegen nicht aus. Belegt also ein Autofahrer im Fahrzeug gegenüber einem Familienangehörigen einen anderen mit Schimpfworten und kann dieser dies zufällig – etwa weil die Fenster geöffnet sind – verstehen, so ist dies keine Beleidigung.

Die Missachtung oder Nichtachtung kann durch Äußerungen (mündlich oder schriftlich), Gesten oder in tätlicher Weise durch einen körperlichen Angriff oder eine körperliche Berührung erfolgen. In Betracht kommen also vor allem Schimpfworte (wie „unfähiger Trottel"), Gesten mit eindeutigem Charakter (wie das Tippen mit dem Zeigefinger an die Schläfe als Symbol dafür, dass der andere einen „Vogel" habe und daher geistig „minderbemittelt" sei), körperliche Attacken wie Bespucken oder Bewerfen mit Eiern oder schließlich Berührungen gegen den Willen des Betroffenen vor allem in körperlichen Intimbereichen (etwa der Griff in den Ausschnitt des Kleides einer Frau). Erforderlich ist in jedem Fall, dass der Adressat diese Verhaltensweisen nach den üblichen sozialen Anschauungen seines Lebenskreises als Herabsetzung empfindet. So wird die Äußerung „Du bist ein Hund" in Norddeutschland sicher als Ehrverletzung verstanden, während sie im ländlichen südbayerischen Raum durchaus als Anerkennung für ein besonders geschicktes Verhalten verstanden werden wird.

Beleidigt werden kann einmal jede lebende, natürliche Person. Beleidigt werden können aber auch Behörden und Verwaltungskörperschaften, daneben aber auch sonstige Personenmehrheiten, soweit ihre Mitglieder bestimmbar sind und soweit eine gemeinsame Willensbildung möglich ist. So liegt etwa in der Bezeichnung eines Fußballvereines als „Banausenverein" eine Beleidigung dieses Vereins. Ähnlich wie die Beleidigung der Personenmehrheit ist auch die „Kollektivbeleidigung" beschaffen: Hier sind die betroffenen Personen zwar nicht ohne weiteres bestimmbar und zu einer gemeinsamen Willensbildung fähig, doch ist die Gruppe nach außen durch bestimmte Kennzeichen abgegrenzt. Dies ist etwa bei der Gruppe der „deutschen Juden" der Fall. Beleidigt ist dann jedes einzelne Mitglied dieses „Kollektivs". Auf diese Weise wird auch die „Auschwitz-Lüge" – das Ableugnen der Judenmorde während des 3. Reichs – als Beleidigung geahndet. Denn in der Ableugnung dieses Geschehens gegenüber dem betroffenen Personenkreis ist die Kundgabe mangelnder Achtung zu sehen.

Mittels der Kollektivbeleidigung wird indirekt auch die Familienehre geschützt. Zwar erkennt die Rechtspraxis die Familie nicht als beleidigungsfähige Personenmehrheit an, doch kann etwa eine Beschimpfung in Verbindung mit einem Familiennamen – die „doofen Schulzes" – jedes einzelne Mitglied dieser Familie beleidigen.

Während die Beleidigung nun den sozialen Achtungsanspruch schützt, sind die Tatbestände der üblen Nachrede und der → *Verleumdung* dazu da, die Verbreitung unrichtiger, das Ansehen schädigender Tatsachen über einen anderen zu verhindern. Tatsache ist im Gegensatz zum Achtungsanspruch jeder Vorgang, der in seinem Kern einem Nachweis zugänglich ist. So ist etwa der einem → *Beamten* gegenüber erhobene Vorwurf, dieser nehme Bestechungsgelder an, grundsätzlich aufklärbar.

Wichtig ist bei der üblen Nachrede, dass eine Verurteilung bereits dann erfolgt, wenn offen bleibt, ob die geäußerte Tatsache wahr ist oder nicht.

Die → *Rechtswidrigkeit* der Beleidigungsdelikte entfällt aber häufig dann, wenn es sich um Äußerungen aus dem wissenschaftlichen, künstlerischen oder gewerblichen Bereich oder um Äußerungen eines Vorgesetzten und um dienstliche Beurteilungen handelt. Hier darf lediglich die Form der Äußerung – dies führt zur so genannten Formalbeleidigung – nicht kränkend sein; dagegen sind die inhaltlichen Schranken bewusst weit gehalten.

Dasselbe gilt auch, wenn ein Äußernder zur Wahrnehmung berechtigter Interessen handelt. Berechtigte Interessen sind einmal eigene Belange, zum anderen aber auch alle Angelegenheiten von allgemein staatsbürgerlichem Interesse. Wichtig ist hier vor allem, dass jedermann ohne Angst vor Repressalien eine → *Strafanzeige* erstatten kann. Auch dann, wenn der mitgeteilte Sachverhalt nicht aufgeklärt werden kann, wird der Anzeigeerstatter nicht bestraft. Strafrechtliche Folgen hat vielmehr nur eine bewusst falsch erstattete Anzeige.

Die Beleidigungsdelikte werden fast ausschließlich (Ausnahme: Die „Auschwitz-Lüge") nur auf → *Strafantrag* des Beleidigten hin verfolgt. Vielfach verweist die → *Staatsanwaltschaft* derartige Verfahren auf den Weg der → *Privatklage.*

Beleuchtung

Die Straßenverkehrszulassungsverordnung schreibt detailliert vor, über welche Beleuchtungseinrichtungen Fahrzeuge verfügen müssen.

Die Beleuchtung eines Fahrzeugs ist grundsätzlich während der Dämmerung, der Dunkelheit sowie bei starkem Regen, Nebel oder Schneefall zu benützen. Motorräder müssen dagegen ständig Abblendlicht einschalten.

Muss Licht eingeschaltet werden, ist grundsätzlich mit Abblendlicht zu fahren. Besteht durch die Benutzung von Fernlicht die Gefahr, andere Verkehrsteilnehmer – etwa ein entgegenkommendes Fahrzeug – zu blenden, so ist abzublenden. Die Benutzung von Standlicht ist im fließenden Verkehr verboten (einzige Ausnahme: Standlicht darf zusammen mit Nebelscheinwerfern verwendet werden). Stehende Fahrzeuge sind außerhalb geschlossener Ortschaften stets selbst zu beleuchten; innerorts nur dann mit Stand- oder Parklicht , wenn die Fremdbeleuchtung sie nicht ausreichend erkennbar macht. Dies gilt jedoch nicht für Fahrzeuge mit einem zulässigen Gesamtgewicht von mehr als 3,5 Tonnen sowie für Anhänger, die stets zu beleuchten oder zumindest mit reflektierenden Warntafeln abzusichern sind.

Die Fahrgeschwindigkeit darf – mit Ausnahmen beim Verkehr auf einer → *Autobahn* – nur so hoch sein, dass innerhalb der Reichweite des Lichtes angehalten werden kann.

Belohnung

Für die Aufklärung schwerwiegender Straftaten können → *Staatsanwaltschaft* und → *Polizei* Belohnungen aussetzen. Sie dürfen aber – werden Hinweise gegeben, die zur Aufklärung der Straftat führen – nur an Privatpersonen und nicht auch an die beruflich mit der Sache befassten Beamten ausgezahlt werden.

Beratung

Die Entscheidungen eines Kollegialgerichts – also eines aus mehreren Richtern bestehenden Gerichts – ergehen nach geheimer Beratung (→ *Beratungsgeheimnis).* Das Ergebnis einer Beratung wird durch → *Abstimmung* festgestellt.

Grundsätzlich entscheidet ein Gericht mit der absoluten Mehrheit seiner Stimmen; bei einem Gericht mit 5 Mitgliedern kann dies etwa 3:2 sein. Bei Stimmengleichheit gibt die Stimme des Vorsitzenden den Ausschlag. Im → *Strafverfahren* ist jedoch zu beachten, dass jede für den → *Angeklagten* nachteilige Entscheidung zur Schuldfrage oder Strafhöhe einer Mehrheit von zwei Dritteln bedarf. Halten also bei einem mit 5 Mitgliedern besetzten Gericht – etwa einer Großen Strafkammer – nur 3 der 5 Richter den Angeklagten für schuldig, so ist er freizusprechen.

Beratungsgeheimnis

Alle – auch die ehrenamtlichen – Richter haben die Pflicht, über den Inhalt von Beratungen und Abstimmungen zu schweigen. Dadurch soll die richterliche Unabhängigkeit gestärkt werden.

Bereitschaftspolizei

B. ist ein kasernierter Polizeiverband, in dem in der Regel auszubildende Polizeibeamte Dienst tun. Neben der Ausbildung dient die Bereitschaftspolizei vor allem zur Unterstützung des polizeilichen Vollzugsdiensts bei Großeinsätzen, etwa bei Demonstrationen oder großen Sportveranstaltungen.

Bergbau

Der Begriff des Bergbaus umfasst das Aufsuchen, Gewinnen, und Aufbereiten von bergfreien und grundeigenen Bodenschätzen einschließlich der Wiedernutzbarmachung der Oberfläche während und nach Abschluss dieser Tätigkeiten. Grundeigene Bodenschätze stehen im Eigentum des Grundeigentümers; für die Gewinnung der im Bundesberggesetz im Einzelnen aufgelisteten bergfreien, d. h. dem Bergrecht unterfallenden, Bodenschätze ist das Eigentum am Grundstück nicht von Bedeutung. Für das Aufsuchen und die Gewinnung dieser Bodenschätze ist eine besondere bergrechtliche → *Erlaubnis* erforderlich, auf deren Erteilung grundsätzlich ein → *Rechtsanspruch* besteht. Diese gibt das Recht, sich die Bodenschätze anzueignen. Im Gesetz ist der Interessenausgleich zwischen dem Bergbauberechtigten und dem Grundstückeigentümer im Einzelnen geregelt. Die Aufsicht über den Bergbau, insbesondere die Einhaltung der bergrechtlichten Vorschriften, obliegt den → *Bergbehörden.*

▶ Bergbehörden

Die Einrichtung der Bergbehörden geschieht durch landesgesetzliche Regelung. Ihre wesentliche Aufgabe ist die Bergaufsicht, d. h. die Überwachung des Bergbaus im Hinblick auf Einhaltung der Vorschriften des Bundesberggesetzes einschließlich der darauf beruhenden Bergverordnungen sowie der bergrechtlichen Betriebspläne. Den Bergbehörden stehen umfassende Aufsichtsbefugnisse zu, denen Auskunfts- und Duldungspflichten der Bergbauberechtigten gegenüberstehen. Neben dieser Aufgabe sind den Bergbehörden durch den Landesgesetzgeber weitere Aufgaben übertragen worden.

▶ Bergmannsrente

B. ist eine Leistung der knappschaftlichen → *Rentenversicherung,* der keine Leistung der Rentenversicherung der Arbeiter und Angestellten gegenübersteht. Sie wird gewährt, wenn ein Bergmann vermindert bergmännisch berufsfähig ist und die erforderliche → *Wartezeit* erfüllt hat. Verminderte bergmännische Berufsfähigkeit liegt vor, wenn der Versicherte infolge Krankheit oder Behinderung weder die bisher ausgeübte bergmänische Tätigkeit noch eine im Wesentlichen wirtschaftlich gleichwertige Arbeit in einem knappschaftlich versicherten Betrieb wahrnehmen kann.

Erhält der Versicherte Erwerbs-, Berufsunfähigkeitsrente oder Altersruhegeld, fällt die Bergmannsrente weg.

Berichterstatter

Unter dem Berichterstatter versteht man in einem Kollegialgericht dasjenige – berufsmäßige – Mitglied, das den betreffenden Fall bearbeitet. Der Berichterstatter trägt in der Regel bei der Vorbereitung der Sitzung den Sachverhalt sowie einen Vorschlag zur Lösung vor. Nach der Beratung und Abstimmung hat er die schriftlichen Urteilsgründe zu entwerfen.

Im Verwaltungsprozess wird mit Eingang der Klage oder eines Rechtsmittels der Berichterstatter bestimmt, dem die Vorbereitung des Falles bis zur Entscheidung obliegt. Die Verwaltungsgerichtsordnung gibt dem Berichterstatter die Befugnis, schon vor Anberaumung einer mündlichen Verhandlung einzelne Beweise zu erheben, amtliche Auskünfte einzuholen und Akten zum Verfahren beizuziehen. Sind die Beteiligten damit einverstanden, kann der Berichterstatter als Einzelrichter in der Sache entscheiden. In einfacheren Fällen kann das Gericht den Rechtsstreit nach Anhörung der Beteiligten durch Beschluss auf den Einzelrichter übertragen. Endet der Rechtsstreit durch Rücknahme oder Hauptsacheerledigung (→ *Erledigung der Hauptsache*), dann entscheidet der Berichterstatter über die Kosten und den → *Streitwert*.

Berichtigung

Eine Berichtigung gerichtlicher Entscheidungen ist im → *Zivilprozess* möglich, wenn Schreibfehler, Rechenfehler oder ähnliche offenbare Unrichtigkeiten vorgekommen sind (§ 319 ZPO). Beim → *Tatbestand* können auch sonstige Unrichtigkeiten, wie etwa Auslassungen oder Widersprüche, berichtigt werden. § 164 ZPO erlaubt auch die Berichtigung eines Protokolls.

Berichtigung des Grundbuchs

Sie kann vorgenommen werden, wenn eine Eintragung mit der wahren Rechtslage nicht übereinstimmt. Keine Rolle spielt dabei, ob das → *Grundbuch* von Anfang an unrichtig war oder erst später, z. B. durch → *Erbfolge* unrichtig wurde. Unerheblich ist auch, ob eine fehlerhafte Sachbehandlung durch das → *Grundbuchamt* vorliegt. Die Berichtigung erfordert immer einen Berichtigungsantrag. Weitere Voraussetzung ist entweder eine Berichtigungsbewilligung des Scheinberechtigten, die über § 894 BGB durch Klage erzwungen werden kann, oder der Nachweis der Unrichtigkeit (§ 22 Grundbuchordnung; z. B. durch → *Erbschein).* Gefährlich ist die Unrichtigkeit des Grundbuchs dann, wenn → *gutgläubiger Erwerb* eintreten kann: vorläufigen Schutz gibt die Eintragung von Widersprüchen nach §§ 899 BGB, 53 GBO.

Berliner Testament

ist eine Sonderform des → *gemeinschaftlichen Testamentes*, in dem sich → *Ehegatten* gegenseitig zu Alleinerben einsetzen und gleichzeitig bestimmen, dass nach dem Tode des Längerlebenden der → *Nachlass* des Längerlebenden an einen Schlusserben (meist an die Kinder) fallen soll. Alternativ kann der überlebende Ehegatte als → *Vorerbe* und ein Dritter als → *Nacherbe* des Erstversterbenden bestimmt werden. Die Anordnung von Vor- und Nacherbschaft kann sich indes steuerlich nachteiliger auswirken als die Einsetzung des Ehegatten zum Alleinerben und des Dritten zum Schlusserben. Bei Auslegungsproblemen sieht § 2269 Abs. 1 BGB vor, dass im Zweifel der gesamte → *Nachlass* einheitlich auf den länger lebenden Ehegatten als Alleinerben und von diesem zusammen mit dessen → *Vermögen* auf den sog. Schlusserben übergeht.

Die Regelung gilt auch für Lebenspartner (→ *Lebenspartnerschaft*).

Berücksichtigungszeiten

B. sind in der gesetzlichen → *Rentenversicherung* bei einem Elternteil anerkannte Zeiten für die Erziehung eines Kindes bis zu dessen vollendetem 10. Lebensjahr, soweit die Voraussetzungen für die Anrechnung einer → *Kindererziehungszeit* auch in dieser Zeit vorliegen. Einzelheiten sind im Sechsten Buch des → *Sozialgesetzbuchs* (SGB VI) geregelt.

Beruf

Art. 12 Abs. 1 GG gibt allen Deutschen das Recht, Beruf, Arbeitsplatz und → *Ausbildungsstätte* frei zu wählen. Dieses Grundrecht gibt die Befugnis, jede Arbeit, die dem Einzelnen für ihn geeignet erscheint, als Beruf zu wählen, also zur Grundlage seiner Lebensführung zu machen. Geschützt sind alle Arten von Berufen, gesetzlich anerkannte oder „neue", selbständige und unselbständige, auch die des öffentlichen Dienstes; ausgenommen sind verbotene oder sozialschädliche Tätigkeiten.

Das Grundrecht gewährleistet aber nicht, dass der Betreffende in dem gewählten Beruf auch tatsächlich beschäftigt wird. Die Berufsausübung steht unter dem Vorbehalt des Gesetzes (→ *Gesetzesvorbehalt),* kann also durch Gesetz oder aufgrund Gesetzes geregelt werden. Diese Vorschrift ist nach der Rechtsprechung des → *Bundesverfassungsgerichts* dahingehend auszulegen, dass gesetzliche Regelungen, die die Ausübung eines Berufs unmittelbar betreffen, zulässig sind, soweit sie durch vernünftige Erwägungen des Gemeinwohls gerechtfertigt sind; unzulässig sind lediglich unverhältnismäßige Einschränkungen der Berufsausübung. In die Freiheit der Berufswahl darf dagegen nur eingegriffen werden, wenn das zum Schutz besonders wichtiger Gemeinschaftsgüter zwingend erforderlich sind. Subjektive Zulassungsschranken (Nachweis der Eignung durch einen → *Befähigungsnachweis* oder der Kenntnisse durch Prüfungen) sind dabei regelmäßig nicht zu beanstanden. Objektive Zulassungsbeschränkungen etwa in Form einer → *Bedürfnisprüfung* sind dagegen nur zum Schutz überragend wichtiger Gemeinschaftsgüter zulässig.

Berufsausbildungsverhältnis

Beim Berufsausbildungsverhältnis handelt es sich um ein spezielles Arbeitsverhältnis, das durch die Vorschriften des → *Berufsbildungsgesetzes* geregelt ist. Begründet wird das B. durch einen Berufsausbildungsvertrag. Es beginnt mit der Probezeit, die mindestens einen Monat und höchstens drei Monate betragen darf (§ 13 Berufsbildungsgesetz – BBiG –), und endet mit dem Ablauf der Ausbildungszeit (§ 14 Abs. 1 BBiG). Bei Nichtbestehen der Abschlussprüfung verlängert es sich auf Verlangen des Auszubildenden bis zur nächsten Wiederholungsprüfung, längstens um ein Jahr (§ 14 Abs. 3 BBiG). Nach Ablauf der Probezeit kann es vom Ausbildenden nur aus wichtigem Grund fristlos und vom Auszubildenden mit einer Frist von vier Wochen gekündigt werden (§ 15 Abs. 2 BBiG). Bei Beendigung ist ein Zeugnis auszustellen (§ 8 BBiG).

Berufsberatung

B. ist eine Leistung der → *Arbeitslosenversicherung.* Die Einzelheiten sind im Dritten Buch des → *Sozialgesetzbuchs* (SGB III) geregelt. Die Erteilung von Rat und Auskunft in Fragen der Berufswahl einschließlich des Berufswechsels ist grundsätzlich den Arbeitsämtern vorbehalten. Privaten Dritten, die Berufsberatung betreiben, kann diese Tätigkeit untersagt werden, wenn dies zum Schutz der Ratsuchenden erforderlich ist (§ 288a SGB III). Die Berufsberatung umfasst die Erteilung von Rat und Auskunft zur Berufswahl, zur beruflichen Entwicklung und zum Berufswechsel, zur Lage und Entwicklung des Arbeitsmarktes und der Berufe, zu den Möglichkeiten der beruflichen Bildung, zur Ausbildungs- und Arbeitsplatzsuche und zu Leistungen der Arbeitsförderung (§ 30 SGB III).

Berufsbezeichnung

Das Führen bestimmter Berufsbezeichnungen ist gesetzlich geschützt, wenn für die Berufsausübung besondere Fachkundenachweise erforderlich sind. Hierunter fallen z. B. die Berufsbezeichnungen → *Arzt,* Tierarzt, → *Apotheker,* → *Rechtsanwalt,* Steuerberater oder öffentlich bestellter Sachverständiger. Geschützt ist auch der Meistertitel sowie die Bezeichnung Architekt oder Ingenieur. Das unbefugte Führen von Berufsbezeichnungen ist mit Strafe oder Bußgeld bedroht.

Berufsbildung

Die Berufsbildung, d. h. die Bildung in einem Ausbildungsberuf erfolgt auf der Grundlage des Berufsbildungsgesetzes. Dessen

Vorschriften werden für die handwerkliche Berufsbildung durch die → *Handwerksordnung* modifiziert. Die Berufsbildung gliedert sich in die Berufsausbildung, die Berufsfortbildung und die berufliche Umschulung. Die Berufsausbildung (→ *Ausbildungsordnung,* → *Berufsausbildungsverhältnis*) soll dem Auszubildenden eine breit angelegte berufliche Grundbildung und die erforderlichen fachlichen Kenntnisse vermitteln. Durch Maßnahmen der beruflichen Fortbildung sollen die erworbenen Kenntnisse und Fähigkeiten erweitert und der technischen Entwicklung angepasst werden. Die berufliche Umschulung dient dem Erwerb von Kenntnissen und Fähigkeiten in einem anderen Beruf. Die Arbeitsämter beraten über die Möglichkeiten der Berufsbildung im Rahmen der → *Berufsberatung.*

▶ Berufsbildungsgesetz

Das B. (BBiG) regelt Fragen der **beruflichen Bildung**. Das Gesetz zählt zur Berufsbildung die Berufsausbildung, die berufliche Fortbildung und die berufliche Umschulung.

Zweck der **Berufsausbildung** (→ *Berufsausbildungsverhältnis)* ist es, eine breit angelegte berufliche Grundbildung und die für die Ausübung einer qualifizierten beruflichen Tätigkeit notwendigen fachlichen Fertigkeiten und Kenntnisse in einem geordneten Ausbildungsgang zu vermitteln. Sie soll ferner den Erwerb der erforderlichen Berufserfahrungen emöglichen (§ 1 Abs. 2 BBiG).

Die **berufliche Fortbildung** hat den Zweck zu ermöglichen, die beruflichen Kenntnisse und Fertigkeiten zu erhalten, zu erweitern, der technischen Entwicklung anzupassen oder beruflich aufzusteigen (§ 1 Abs. 3 BBiG).

Die **berufliche Umschulung** dient schließlich dazu, zu einer anderen beruflichen Tätigkeit zu befähigen (§ 1 Abs. 4 BBiG).

Durchgeführt wird die Berufsbildung in Betrieben der Wirtschaft, in vergleichbaren Einrichtungen außerhalb der Wirtschaft, der Angehörigen freier Berufe und in Haushalten (betriebliche Berufsbildung) sowie in berufsbildenden Schulen und sonstigen Berufsbildungseinrichtungen außerhalb der schulischen und betrieblichen Berufsbildung.

Berufsförderung

Berufsfördernde Maßnahmen werden auf der Grundlage des Dritten Buchs des → *Sozialgesetzbuchs* (SGB III) gewährt. Es ist zwischen Leistungen an Berufsförderungsträger und individuellen Leistungen an Versicherte zu unterscheiden. Die Träger der sozialen → *Unfallversicherung* und der → *Rentenversicherung* gewähren Berufsförderungsmaßnahmen an Versicherte, die infolge von Krankheit oder wegen eines → *Arbeitsunfalls* ihren bisherigen Beruf nicht mehr ausüben können, aber in der Lage sind, andere Tätigkeiten zu verrichten. Die Gewährung dieser Leistungen durch einen Rentenversicherungsträger setzt in der Regel die Erfüllung einer Wartezeit voraus.

Berufsgeheimnis

Unter Berufsgeheimnis versteht man eine berufliche Schweigepflicht in Bezug auf private Geheimnisse, also Tatsachen aus dem persönlichen Lebensbereich, die dem Verpflichteten anvertraut oder sonst bekannt geworden sind; zur Geheimniswahrung verpflichtet sind vor allem Ärzte, Apotheker, Rechtsanwälte und Steuerberater. Eine Verletzung des Berufsgeheimnisses ist strafbar (→ *Geheimnisverrat*).

Berufsgericht

Ein Berufsgericht ist ein Disziplinargericht eines Berufsstandes. Es soll vor allem Verstöße gegen die Verhaltensregeln dieses Berufes ahnden, soweit dadurch strafrechtliche Bestimmungen nicht berührt werden. So ist einem → *Rechtsanwalt* Werbung nur in allgemeiner, sachlicher und berufsbezogener Form erlaubt. Verletzt er diese Verpflichtung, so hat er sich entsprechend seinen berufsrechtlichen Regelungen zu verantworten. Berufsgerichte wenden in der Regel ein der → *Strafprozessordnung* angenähertes Verfahren an. An Sanktionen können sie Verweise, Geldbußen, aber auch den Ausschluss aus dem Berufsstand, der einem → *Berufsverbot* gleichkommt, verhängen. Berufsgerichte gibt es vor allem für Rechtsanwälte, Wirtschaftsprüfer, Steuerberater, Ärzte, Zahnärzte und Apotheker.

Berufsrichter

Als Berufsrichter bezeichnet man die in einem bundes- oder landesrechtlichen Richterverhältnis stehenden → *Richter.* Die Berufung in dieses → *Amt* setzt die Befähigung zum Richteramt voraus. Dieses wird durch ein Jurastudium und die Ablegung zweier Staatsexamina erworben. Das Gegenstück zum Berufsrichter sind die → *ehrenamtlichen Richter,* also die Schöffen im Strafprozess und die ehrenamtlichen Richter bei den Arbeits-, Verwaltungs- und Sozialgerichten.

Berufsunfähigkeit

B. nannte man früher die volle → *Erwerbsminderung* eines Rentenversicherten.

Berufsverbot

B. ist die zeitweilige oder dauernde Untersagung, einen bestimmten Beruf auszuüben. Ein Berufsverbot kann sich einmal als Folge berufsgerichtlicher Verfahren ergeben. Zum anderen ist es eine → *Maßregel* der Besserung und Sicherung: Sie setzt voraus, dass jemand eine → *Straftat* begangen und dabei in erheblicher Weise seine berufliche oder gewerbliche Stellung missbraucht hat. Außerdem muss die Gefahr bestehen, dass er bei weiterer Ausübung seines Berufs oder Gewerbes weitere, erhebliche Straftaten begehen wird. Als Beispiele können der Musiklehrer, der sich beim Unterricht an seinen Schülern vergreift, oder der Inhaber eines Reisebüros, der Vorauszahlungen seiner Kunden für sich verwendet, genannt werden.

Die Dauer des Berufsverbots liegt bei zeitlicher Bemessung zwischen 1 und 5 Jahren; es ist aber auch ein lebenslanges Berufsverbot zulässig. Das Berufsverbot beginnt, soweit der Täter eine Freiheitsstrafe verbüßen muss, erst nach seiner Haftentlassung.

Berufung

Die Berufung ist das Rechtsmittel, das grundsätzlich gegen → *Urteile* der ersten Instanz gegeben ist. Sie führt zu einer Überprüfung des Urteils in rechtlicher und (anders als die → *Revision)* auch in materieller Hinsicht. Die Berufung muss statthaft, form- und fristgerecht eingelegt und der Berufungsführer muss beschwert sein.

Im Zivilprozess muss die Berufung (anders als im Strafprozess) begründet werden und neues Vorbringen ist im Hinblick auf neue Tatsachen nur mit erheblichen Einschränkungen zulässig. Eine unbegründete Berufung wird zurückgewiesen. Dies ist jetzt teilweise sogar durch ein Beschlussverfahren ohne mündliche Verhandlung zulässig. Ist die Berufung begründet, wird das Urteil der ersten Instanz aufgehoben; entweder entscheidet das Berufungsgericht die Sache dann selbst oder es verweist an das Gericht der ersten Instanz zurück (→ *Zurückverweisung)*. Das Rechtsmittel gegen das Berufungsurteil ist die → *Revision.*

Im Verwaltungsprozess gelten andere Grundsätze als im Zivilprozess. Die Zulässigkeit der Berufung hängt davon ab, ob sie vom Verwaltungsgericht oder auf besonderen Antrag, der zu begründen ist, vom Oberverwaltungsgericht zugelassen wurde. Die Zulassung darf nur aus besonderen Gründen erfolgen, etwa wenn ernsthafte Zweifel an der Richtigkeit des Urteils bestehen oder der Sache grundsätzliche Bedeutung zukommt. Ist das Rechtsmittel zugelassen, bedarf es einer gesonderten Berufungsbegründung.

Die Berufung eröffnet im Strafverfahren eine neue Instanz, in der das erste Urteil in vollem Umfang sowohl in tatsächlicher als auch in rechtlicher Hinsicht überprüft werden kann. Sie ist – mit der nachstehend dargestellten Ausnahme – statthaft gegen alle Urteile des → *Amtsgerichts* und wird von den Strafkammern des → *Landgerichts* verhandelt. Bei geringfügigen Fällen (Verurteilung zu einer Geldstrafe bis zu 15 Tagessätzen oder Freispruch bei einem Strafantrag des Staatsanwalts bis zu 30 Tagessätzen) bedarf die Berufung der Annahme durch das Landgericht. Diese Annahme darf nur dann verweigert werden, wenn eine Berufung offensichtlich unbegründet ist.

Die Berufung muss innerhalb einer Woche nach Verkündung oder – falls der Angeklagte dabei abwesend war – nach Zustellung des Urteils eingelegt werden. Sie hemmt dann die Rechtskraft der ersten Entscheidung, die deshalb vorläufig auch nicht vollstreckt werden kann. Die Berufung muss beim Gericht der ersten Instanz – also beim Amtsgericht – schriftlich oder zu Protokoll der Geschäftsstelle eingelegt werden. Sie kann, muss aber nicht begründet werden. Legt nur der → *Angeklagte* Berufung ein, so darf das Urteil in der zweiten Instanz nicht zu seinen Ungunsten verändert werden. Gegen Urteile, die ein Landgericht in erster Instanz erlässt, gibt es dagegen keine Berufung, sondern nur Revision.

In der → *Arbeitsgerichtsbarkeit* ist die Berufung gegen Urteile der Arbeitsgerichte bei den Landesarbeitsgerichten einzulegen. In vermögensrechtlichen Streitigkeiten ist die Berufung nur dann zulässig, wenn sie das Arbeitsgericht zugelassen hat oder der → *Streitwert* 600 EUR übersteigt. In der → *Sozialgerichtsbarkeit* können gegen Entscheidungen der Sozialgerichte die Landessozialgerichte als Berufungsinstanz angerufen werden. Die → *Finanzgerichtsbarkeit* ist zweistufig aufgebaut, d. h. gegen Urteile der Finanzgerichte ist nur die Revision zum → *Bundesfinanzhof* zulässig (s. auch → *Rechtszug*).

▸ Beschäftigtenschutzgesetz

Das Beschäftigtenschutzgesetz verfolgt das Ziel, die **Würde von Frauen und Männern** durch den Schutz vor sexueller Belästigung am Arbeitsplatz **zu wahren**. Als sexuelle Belästigung am Arbeitsplatz wird dabei jedes vorsätzliche, sexuell bestimmte Verhalten angesehen, das die Würde von Beschäftigten am Arbeitsplatz verletzt. Dazu gehören gemäß § 2 Abs. 2 BeschäftigtenschutzG unter Strafe gestellte sexuelle Handlungen und Verhaltensweisen sowie sonstige sexuelle Handlungen und Aufforderungen zu diesen, sexuell bestimmte körperliche Berührungen, Bemerkungen sexuellen Inhalts sowie Zeigen und sichtbares Anbringen von pornographischen Darstellungen, die von den Betroffenen erkennbar abgelehnt werden.

Arbeitgeber und Dienstvorgesetzte haben die Beschäftigten vor sexueller Belästigung am Arbeitsplatz zu **schützen**. Dieser Schutz umfasst **auch vorbeugende Maßnahmen** (§ 2 Abs. 1 BeschäftigtenschutzG). Bei sexueller Belästigung im konkreten Fall hat der Arbeitgeber **die im Einzelfall angemessenen arbeitsrechtlichen Maß-**

nahmen wie Abmahnung, Umsetzung, Versetzung oder Kündigung zu ergreifen (§ 4 Abs. 1 Nr. 1 BeschäftigtenschutzG). Ergreift der Arbeitgeber keine oder offensichtlich ungeeignete Maßnahmen zur Unterbindung der sexuellen Belästigung, so hat der Beschäftigte ein **Zurückbehaltungsrecht** an seiner Arbeitsleistung, ohne dass er seinen Vergütungsanspruch verliert (§ 4 Abs. 2 BeschäftigtenschutzG).

Die Bundesregierung plant, darüber hinaus – so die Koalitionsvereinbarung vom 14. Okt. 2002 – den Schutz von Frauen vor Gewalt im Bereich des Arbeitsrechts zu verbessern.

Beschäftigungspflicht

B. bedeutet, dass der Arbeitgeber im Rahmen eines → *Arbeitsverhältnisses* nicht nur verpflichtet ist, seinem Arbeitnehmer → *Arbeitsvergütung* zu bezahlen, sondern auch, ihn **tatsächlich zu beschäftigen**. Der Beschäftigungsanspruch besteht grundsätzlich auch nach einer Kündigung vor Ablauf der Kündigungsfrist. Der (privatrechtliche) Beschäftigungsanspruch ist zu unterscheiden von dem in einigen Landesverfassungen enthaltenen Recht auf Arbeit.

Bescheid

B. wird meist umgangssprachlich eine behördliche Mitteilung bezeichnet. Ein Bescheid kann rechtlich als → *Verwaltungsakt*, aber auch als bloßer Hinweis oder als → *Auskunft* zu qualifizieren sein.

Beschlagnahme

Eine Beschlagnahme ist die zwangsweise Sicherstellung einer Sache durch hoheitliche Gewalt. Sie kann im → *Strafverfahren* zur Sicherung eines Beweismittels – etwa eines Kleidungsstücks, das auf Faserspuren, die vom Tatort stammen könnten, untersucht werden muss, zur Sicherstellung eines Führerscheins (falls ein vorläufiger Entzug der → *Fahrerlaubnis* in Betracht kommt) und zur Sicherstellung einer → *Einziehung* – etwa eines Einbruchswerkzeugs – erfolgen. Die Beschlagnahme ist grundsätzlich beim Beschuldigten und bei anderen Personen, die sich im Besitz entsprechender Gegenstände befinden, zulässig.

Eine Beschlagnahme muss grundsätzlich durch den zuständigen → *Ermittlungsrichter* angeordnet werden, doch darf sie bei Gefahr im Verzug auch durch die → *Staatsanwaltschaft* oder die meisten Polizeibeamten ausgesprochen werden. Gefahr im Verzug liegt vor, wenn bei einem Zuwarten auf die richterliche Entscheidung nach der allgemeinen Lebenserfahrung der zu beschlagnahmende Gegenstand weggebracht werden könnte. Das ist zum Beispiel der Fall, wenn bei einer Fahrzeugkontrolle ein Polizist im Kofferraum mutmaßlich gestohlene Gegenstände findet, da hier bis zur Entscheidung des Richters zahlreiche Möglichkeiten denkbar sind, diese Sachen „verschwinden" zu lassen.

Verschiedene Gegenstände unterliegen, weil sie entweder aus dem intimsten Lebensbereich oder aus Beziehungen, in denen ein besonderes Vertrauensverhältnis besteht, stammen, ganz oder teilweise nicht der Beschlagnahme. Hier sind besonders Tagebuchaufzeichnungen, schriftliche Mitteilungen zwischen einem Beschuldigten und seinen Angehörigen sowie Unterlagen von Ärzten, Rechtsanwälten und ähnlichen Berufen zu nennen. Diese Beschlagnahmefreiheit gilt allerdings dann nicht, wenn der genannte Personenkreis selbst einer Tatbeteiligung verdächtigt wird.

▶ Beschleunigtes Verfahren

Im Zivilprozess soll der Rechtsstreit nach Möglichkeit in einem Haupttermin erledigt werden. Diesen Termin soll der Richter durch einen frühen ersten Termin (§ 275 ZPO) oder ein schriftliches Vorverfahren (§ 276 ZPO) so genau vorbereiten (etwa Aufklärung der Parteien, Ladung der Zeugen), dass dies durchführbar ist. Allerdings geht diesem Termin seit der ZPO-Reform von 2002 in der Regel eine → *Güteverhandlung* (§ 278 ZPO) voraus, die dem Gedanken der Beschleunigung entgegen steht.

Bei einfachen Sachverhalten oder klarer Beweislage kann in → *Strafverfahren* vor dem → *Amtsgericht* ein so genanntes beschleunigtes Verfahren durchgeführt werden (§§ 417 ff. StPO).

Eine höhere Strafe als ein Jahr Freiheitsstrafe darf nicht verhängt werden. Es wird dann auf zahlreiche Förmlichkeiten verzichtet; insbesondere kann die Ladungsfrist auf 24 Stunden abgekürzt werden. Bei einer Straferwartung von mindestens 6 Monaten Freiheitsstrafe ist dem Beschuldigten jedoch ein Verteidiger zu bestellen.

In der Praxis spielt das beschleunigte Verfahren vor allem dann eine Rolle, wenn Ausschreitungen – etwa von „Fußballanhängern" – zu zahlreichen Festnahmen geführt haben oder wenn es sich um kleinere Delikte von Ausländern ohne inländischen Wohnsitz handelt.

Beschluss

Ein Beschluss ist eine gerichtliche Entscheidung, die weniger strengen Förmlichkeiten unterworfen ist als → *Urteile.* Beschlüsse können regelmäßig durch → *Beschwerde* angefochten werden. In → *Rechtskraft* erwachsen sie nur ausnahmsweise.

Im Strafverfahren schließt ein Beschluss – im Gegensatz zum Urteil – eine Instanz nicht ab. Vielmehr stellt er eine Zwischenentscheidung innerhalb der laufenden Instanz oder im → *Ermittlungsverfahren* dar, die gewissen Förmlichkeiten entspricht und – meist allerdings nur kurz – begründet wird. Beschlüsse ergehen etwa, wenn der → *Ermittlungsrichter* oder das erkennende Gericht die → *Fahrerlaubnis* entziehen, eine Durchsuchung anordnen oder einen → *Haftbefehl* erlassen. Das Rechtsmittel gegen einen Beschluss ist die → *Beschwerde.*

Beschlussverfahren

Darunter versteht man dasjenige gerichtliche Verfahren, in dem eine Entscheidung durch Beschluss erfolgt. Eine mündliche Verhandlung findet nur teilweise statt (s. auch → *schriftliches Verfahren*). Soweit die Entscheidung Überraschungscharakter haben muss – wie ein Haftbefehl oder ein Durchsuchungsbeschluss –, findet eine vorherige Anhörung des → *Beschuldigten* nicht statt.

Beschlussverfahren im Arbeitsrecht

Im arbeitsgerichtlichen Verfahren sind betriebsverfassungsrechtliche, mitbestimmungsrechtliche und besondere Tarifstreitigkeiten (aufgezählt in § 2a des Arbeitsgerichtsgesetz) einer besonderen Verfahrensart, dem Beschlussverfahren, zugewiesen. Diese Verfahrensart unterscheidet sich vom → *Urteilsverfahren* insbesondere dadurch, dass als → *Verfahrensgrundsatz* das **Amtsermittlungsprinzip** anstelle des **Verhandlungsgrundsatzes** Geltung hat und die **Dispositionsbefugnis** der Verfahrensbeteiligten (Verfügungsgrundsatz) eingeschränkt ist. Die Verfahrensbeteiligten des Beschlussverfahrens (es sind dies meistens: Betriebsrat und Arbeitgeber) werden vom Gesetz als „**Beteiligte**" (statt: „Parteien" bzw. „Kläger" und „Beklagter" im Urteilsverfahren) bezeichnet. Die das Verfahren beendende Entscheidung des Gerichts heißt „**Beschluss**" (statt: „Urteil"). Für die Durchführung eines Beschlussverfahrens werden den Beteiligten **keine gerichtlichen Kosten** auferlegt. Gegen einen Beschluss des Arbeitsgerichts ist als Rechtsmittel die → *Beschwerde* zum Landesarbeitsgericht gegeben. Gegen die Entscheidung des Landesarbeitsgericht kann der unterlegene Verfahrensbeteiligte → *Rechtsbeschwerde* zum Bundesarbeitsgericht einlegen.

Beschränkung der Erbenhaftung

Der Erbe haftet grundsätzlich mit dem gesamten ererbten und dem eigenen → *Vermögen* für alle → *Nachlassverbindlichkeiten.* Er kann jedoch seine Haftung für Nachlassverbindlichkeiten auf den → *Nachlass* beschränken, wenn → *Nachlassverwaltung* (§ 1981 BGB) angeordnet wird oder das → *Nachlassinsolvenzverfahren* (§§ 315–331 Insolvenzordnung) eröffnet ist.

Beschuldigter

Ein Beschuldigter ist diejenige Person, gegen die ein → *Strafverfahren* (von der Einleitung der Ermittlungen bis zu seinem Abschluss durch → *Urteil* oder Einstellung der Ermittlungen) anhängig ist. Im Bußgeldverfahren wird der Beschuldigte als → *Betroffener* bezeichnet.

Die Erhebung der → *Anklage* macht den Beschuldigten zum Angeschuldigten; die Eröffnung des Hauptverfahrens zum → *Angeklagten.* Die Rechtsstellung des Beschuldigten wird durch die → *Strafprozessordnung* geregelt.

Beschwer

Das Vorliegen einer Beschwer ist im Verfahrensrecht eine Voraussetzung zur Anrufung einer höheren Instanz. Sie liegt vor, wenn die angefochtene Entscheidung den Rechtsmittelkläger sachlich benachteiligt. Man unterscheidet formelle und materielle Beschwer. Formelle Beschwer liegt vor, wenn der Urteilstenor (→ *Urteil)* der ersten Instanz hinter dem → *Antrag* des Rechtsmittelführers zurückbleibt. Von materieller Beschwer spricht man, wenn die angegriffene Entscheidung irgendeinen nachteiligen Inhalt für den Rechtsmittelführer hat. So liegt Beschwer vor, wenn jemand wegen → *Diebstahls* zu einer → *Geldstrafe* verurteilt worden ist. Dagegen fehlt die Beschwer, wenn er von diesem Vorwurf freigesprochen wurde, aber in der Begründung des Urteils zu lesen ist, dass gegen ihn weiterhin ein erheblicher Verdacht bestehe.

Beschwerde

Die Beschwerde ist einmal ein formloser Rechtsbehelf, mit dem Vorgesetzte oder übergeordnete Behörden auch im Strafverfahren aufgefordert werden können, ein bestimmtes Verhalten zu überprüfen. Wird dabei einem Beamten oder Richter ein unrichtiges Vorgehen vorgeworfen, so spricht man von einer → *Dienstaufsichtsbeschwerde.* Diese Art der Beschwerde ist an keine bestimmten Formvorschriften oder Fristen gebunden. Sie kann von jedermann, also auch von nicht selbst Betroffenen, erhoben werden.

Im engeren Sinn ist die Beschwerde dagegen ein Rechtsmittel. Sie richtet sich in erster Linie gegen Beschlüsse und ist teilweise als einfache, teilweise auch als sofortige Beschwerde ausgeformt. Die Zivilprozessordnung sieht jetzt nur noch die sofortige Beschwerde vor.

Während die einfache Beschwerde von keiner Frist abhängig ist, ist die sofortige Beschwerde befristet. Eine Beschwerde kann nur von dem Betroffenen eingelegt werden und setzt → *Beschwer* voraus. Bei einer einfachen Beschwerde und im Zivilprozess kann auch das ursprünglich entscheidende Gericht → *Abhilfe* schaffen, also seine Entscheidung abändern.

Im Verwaltungsprozess gibt es die Unterscheidung zwischen einfacher und sofortiger Beschwerde nicht. Hier sind alle Beschwerden fristgebunden. Die Beschwerdefrist beträgt grundsätzlich zwei Wochen. In Verfahren zur Gewährung einstweiligen Rechtsschutzes bedarf es einer besonderen Beschwerdebegründung.

Besitz

Unter Besitz versteht man die tatsächliche Herrschaft einer Person über eine → *Sache,* § 854 BGB. Er ist zu unterscheiden vom → *Eigentum,* das die rechtliche Zuordnung einer Sache zu einer Person ausdrückt. Beispiel: Trägt A seine Uhr am Handgelenk, ist er Eigentümer und Besitzer; wird sie ihm von D gestohlen, bleibt A zwar Eigentümer, die tatsächliche Sachgewalt und damit Besitz hat jetzt aber D.

Obwohl der Besitz kein Recht, sondern tatsächliches Gewaltverhältnis ist, wird er von der Rechtsordnung anerkannt (er ist z. B. vererblich, § 857 BGB) und geschützt (→ *Besitzschutz).* Der Wechsel im Besitz ist manchmal Voraussetzung der Eigentumsübertragung (→ *Übergabe).* Besitzarten: Überlässt A seine tatsächliche Sachgewalt durch Leihe, Miete usw (Besitzkonstitut, § 868 BGB) an B, so bleibt A mittelbarer Besitzer, B wird unmittelbarer Besitzer. Nach der Willensrichtung unterscheidet sich der Fremdbesitzer vom → *Eigenbesitzer,* nach der Zahl der Besitzer der Alleinbesitz vom Mitbesitz. Keinen Besitz hat der → *Besitzdiener.*

Besitzdiener

Wer die tatsächliche Herrschaft über eine Sache für einen anderen in dessen Haushalt, Erwerbsgeschäft oder in einem ähnlichen Verhältnis ausübt und in Bezug auf die Sache weisungsgebunden ist, wird als Besitzdiener bezeichnet. Nach § 855 BGB hat nur der Geschäftsherr → *Besitz* an der Sache.

▸ Besitzschutz

Der Schutz des Besitzers einer → *Sache* gegen Beeinträchtigungen seines → *Besitzes* durch Entzug oder sonstige Störung ist umfassend geregelt. Handelt der Störer widerrechtlich (verbotene Eigenmacht, § 858 BGB), kann sich der Besitzer nach § 859 BGB durch Selbsthilfe wehren (Besitzwehr und Besitzkehr). Er kann auch im Klagewege gegen den Störer vorgehen: Herausgabeansprüche geben die §§ 861, 1007 BGB, die Beseitigung und Unterlassung sonstiger Störungen kann über § 862 BGB verlangt werden. Darüber hinaus kann die Verletzung des Besitzes auch → *Schadensersatz* zur Folge haben (§ 823 Abs. 1 BGB: „sonstiges Recht").

▸ Besitzstand im Verwaltungsrecht

Mit diesem Begriff werden meist durch behördliche Erlaubnisse oder Genehmigungen begründete Vertrauenstatbestände bezeichnet, die einen mehr oder weniger starken Schutz gegen einer Entziehung der einmal gewährten Rechtsposition bewirken. Eine Ausprägung dieses Grundsatzes findet sich in der Regelung der §§ 48 und 49 des → *Verwaltungsverfahrensgesetzes,* die die Rücknahme oder den Widerruf eines begünstigenden → *Verwaltungsakts* nur unter eingeschränkten Voraussetzungen, teilweise nur gegen Zahlung einer Geldentschädigung zulassen. Im Beamtenrecht wird als Besitzstand die besoldungsrechtliche Position bezeichnet, die durch die Verleihung eines bestimmtes Amtes (→ *Beförderung)* erworben wird. Wird ein Beamter etwa wegen Auflösung seiner bisherigen Behörde in ein Amt mit geringerem Endgrundgehalt übernommen, so erhält er zur Besitzstandswahrung den Unterschiedsbetrag ausbezahlt.

▸ Bestätigungsschreiben, kaufmännisches

Unter Kaufleuten ist es üblich, dass mündlich geschlossene → *Verträge* schriftlich bestätigt werden, um den Inhalt des Vertrages beweisbar festzulegen. Wenn nun dieses Bestätigungsschreiben inhaltlich von der tatsächlich getroffenen Vereinbarung abweicht und der Partner hierauf nichts erwidert, hätte das Schreiben nach den allgemeinen Vorschriften des BGB keinerlei Wirkungen, da Schweigen grundsätzlich keine Willenserklärung darstellt und daher eine Vertragsänderung nicht zustande gekommen wäre. Es entspricht nun aber dem Handelsbrauch, dass bei Schweigen auf ein kaufmännisches Bestätigungsschreiben der Vertrag mit dem Inhalt wirksam wird, den das Bestätigungsschreiben hat. Diese einschneidende Konsequenz ist im Handelsverkehr hinnehmbar, gegenüber einem Nichtkaufmann gilt das aber nur ganz ausnahmsweise.

▸ Bestallung

B. ist eine andere Bezeichnung für Approbation, also die behördliche Zulassung etwa als → *Apotheker* oder → *Arzt.* Bestallung nennt man auch die einem → *Vormund* oder Pfleger (→ *Pflegschaft)* ausgehändigte Urkunde, durch die ihm sein Amt bestätigt wird.

▸ Bestandteil

Als Bestandteil bezeichnet man jeden Teil einer → *Sache,* der nach der Verkehrsanschauung nicht als rechtlich selbständig, sondern als zur Sache selbst gehörend einzuordnen ist. So sind z. B. die Einzelteile, aus denen ein Pkw zusammengesetzt ist, Bestandteile des Pkw als Gesamtsache. Können die einzelnen Teile voneinander nicht mehr getrennt werden, ohne dass einer zerstört oder in seinem Wesen verändert würde, spricht man von wesentlichen Bestandteilen; sie teilen gem § 93 BGB zwingend das rechtliche Schicksal der Gesamtsache: ist z. B. das Grundstück mit einer → *Hypothek* belastet, erfasst die Belastung automatisch auch das errichtete Bauwerk. Nicht dazu gehören aber Sachen, die nur vorübergehend oder in Ausübung eines Rechtes (→ *Dienstbarkeit,* → *Erbbaurecht)* fest mit dem Grundstück verbunden worden sind (Scheinbestandteile, § 95 BGB). Schwierigkeiten bereitet manchmal die Abgrenzung zum → *Zubehör.*

Bestechung

Bestechung und Bestechlichkeit sind die allgemein verwendeten Begriffe für die Käuflichkeit von → *Beamten*. Die Bestechungsdelikte gehören zu den → *Amtsdelikten*. Rechtlich untergliedern sie sich in Vorteilsannahme und Vorteilsgewährung sowie in Bestechlichkeit und Bestechung. Gemeinsames Merkmal aller Delikte ist, dass einem Amtsträger im Hinblick auf eine Diensthandlung Vorteile zukommen müssen. Unter einem Vorteil ist dabei jede Besserstellung des Amtsträgers in materieller oder immaterieller Weise zu verstehen. Vorteile sind also Geld- oder Sachgeschenke, aber auch „Leistungen" wie die Gewährung des Geschlechtsverkehrs. Lediglich sozial übliche, **geringwertige** Aufmerksamkeiten wie das Anbieten von Kaffee und Gebäck während einer Besprechung werden nicht als Vorteil angesehen. Der Vorteil muss Bezug zu einer Diensthandlung, nicht nur zum privaten Lebensbereich des Amtsträgers haben. Dieser Bezug besteht zum Beispiel, wenn einem Lehrer Geld für die bessere Benotung des Kindes angeboten wird; er fehlt, wenn ein Bediensteter einer Bauverwaltung **gegen Geld** Pläne für einen Architekten erstellt, mit deren Genehmigung er dienstlich nichts zu tun hat. Strafbar ist im Rahmen der Bestechungsdelikte jede Vereinbarung, mit der Vorteile angeboten, gefordert, angenommen oder gewährt werden. Vorteilsannahme und Vorteilsgewährung liegen vor, wenn der Amtsträger seine dienstlichen Pflichten trotz des ihm zukommenden Vorteils korrekt wahrnimmt. Das ist etwa der Fall, wenn ein Antrag vorzeitig bearbeitet wird, ohne dass anderen Antragstellern daraus ein Nachteil entsteht. Bestechlichkeit und Bestechung erfordern dagegen, dass Dienstpflichten **verletzt werden**. Das ist etwa gegeben, wenn eine an sich unzulässige Baugenehmigung im Hinblick auf eine Schmiergeldzahlung dennoch erteilt wird. Die Strafbarkeit auf der Seite des Amtsträgers ist in den Tatbeständen der Vorteilsannahme und Bestechlichkeit geregelt. Die Strafbarkeit der außenstehenden Personen wird in den Tatbeständen der Vorteilsgewährung und Bestechung festgelegt. Seit einigen Jahren sind über diese Tatbestände hinaus auch die Bestechung und Bestechlichkeit im geschäftlichen Verkehr unter Strafe gestellt (§ 299 StGB). Damit soll vor allem verhindert werden, dass in der Gesellschaft für Auftragsvergaben eine Mentalität der Käuflichkeit entsteht.

Bestimmtheitsgrundsatz

Der Bestimmtheitsgrundsatz zählt zu den Grundprinzipien des Strafrechts. Er besagt einmal, dass ein Straftatbestand das als strafbar angesehene Verhalten hinreichend genau umreißen muss. Daraus folgt auch das Verbot der → *Analogie* im Strafrecht. Zum anderen müssen Strafbarkeit und Strafrahmen für ein Verhalten festgestanden haben, ehe es verwirklicht wurde.

Hintergrund ist, dass nur so staatliche Willkür vermieden werden kann. Denn unter einen weit gefassten Tatbestand – etwa: „Wer staatsfeindliche Hetze gegen die DDR betreibt" – lässt sich jedes Verhalten ziehen, das staatlichen Stellen missfällt. Der einzelne Bürger kann aber nicht absehen, ob er nach einem solchen Tatbestand bestraft werden wird oder nicht. Erst nachträglich geschaffene Tatbestände oder auch Strafdrohungen würden ebenfalls zu völliger Unsicherheit über das, was erlaubt ist und über den „Preis" für das Unerlaubte führen.

Betäubungsmittel

Als Betäubungsmittel gelten alle in der Anlage zum Betäubungsmittelgesetz aufgeführten Stoffe und Zubereitungen. Es handelt sich hauptsächlich um Opiate und anderen Rauschgifte wie etwa Heroin, Kokain oder Haschisch. Der Umgang mit Betäubungsmitteln bedarf einer Erlaubnis des Bundesgesundheitsamtes, die aber nur an einen sehr kleinen Personenkreis – etwa Ärzte oder Apotheker – unter sehr strengen Auflagen erteilt wird.

Für alle anderen Personen stellt jeglicher Umgang mit Betäubungsmitteln eine Straftat dar, die zum Teil – etwa bei Einfuhr oder Handel – mit drastischen Strafen bedroht ist.

Beteiligter

Im Verfahrensrecht (gerichtliches Verfahren oder förmliches Verwaltungsverfahren) ist allgemein derjenige Beteiligter, der eine bestimmte Funktion ausüben darf oder muss. Es wird unterschieden zwischen formeller und materieller Beteiligung. Formell am Verfahren beteiligt ist derjenige, der tatsächlich am Verfahren teilnimmt oder zum Verfahren zugezogen wurde. Materiell beteiligt ist jeder, dessen Rechtsstellung durch das Verfahren unmittelbar beeinflusst werden könnte. Das sind insbesondere die Personen, gegen die das Verfahren gerichtet ist (zum Beispiel im → *Strafverfahren* der → *Beschuldigte* oder im Freiheitsentziehungsverfahren der Unterzubringende → *Unterbringungsbefehl).* Teilweise ist im Gesetz ausdrücklich geregelt, wer Beteiligter ist (z. B. § 43 Abs. IV Wohnungseigentumsgesetz). Im Verwaltungsprozess sind neben dem Kläger und dem Beklagten auch der Beigeladene (→ *Beiladung)* und der → *Vertreter* des öffentlichen Interesses Beteiligte. Siehe auch → *Verfahrensbeteiligter* und → *Betroffener.*

Betreutes Wohnen

Das so genannte „betreute Wohnen" liegt – im Gegensatz zu Verträgen, die dem Heimgesetz unterliegen – dann vor, wenn ein → *Mieter* von Wohnraum zwar auch noch allgemeine Betreuungsleistungen wie etwa einen Notrufdienst zu einem im Verhältnis zur Miete untergeordneten Entgelt abnehmen muss, er aber keine weiter gehenden Verpflichtungen – wie etwa die Abnahme vor allem von Verpflegungs- oder Pflegeleistungen – mehr hat. Allerdings darf der Vermieter das Angebot solcher Leistungen durchaus erbringen. Entscheidend ist, dass der Mieter durch die Anmietung des Wohnraums nicht auch zu deren Abnahme verpflichtet ist.

Betreuung

Die rechtliche Betreuung ist an die Stelle der früheren Entmündigung, Vormundschaft über Volljährige, Gebrechlichkeitspflegschaft getreten. Betreuung ist staatlicher Beistand in Bezug auf die Besorgung rechtlicher Angelegenheiten.

(1) Kann ein Volljähriger aufgrund einer psychischen Krankheit oder einer körperlichen, geistigen oder seelischen Behinderung seine Angelegenheiten ganz oder teilweise nicht besorgen, hat das → *Vormundschaftsgericht* auf seinen Antrag hin oder von Amts wegen einen Betreuer zu bestellen. Die Bestellung des Betreuers ist auf diejenigen Aufgabenkreise zu beschränken, in denen die Betreuung erforderlich ist.

(2) Eine Betreuung ist von Gesetzes wegen nicht erforderlich, wenn der Volljährige einen Bevollmächtigten zur Besorgung seiner Angelegenheiten bestimmt hat (z. B. durch → *Betreuungsverfügung,* → Vorsorgevollmacht). Der Betreuer hat zum Wohl des Betreuten zu handeln. Werden ihm Umstände bekannt, die eine Aufhebung der Betreuung ermöglichen oder eine Erweiterung der Betreuung erfordern, hat er diese dem Vormundschaftsgericht mitzuteilen.

(3) Soweit es zur Abwendung einer erheblichen Gefahr für die Person oder das → *Vermögen* des Betreuten erforderlich ist, ordnet das Vormundschaftsgericht an, dass der Betreute Rechtsgeschäfte, die den Aufgabenbereich des Betreuers betreffen, nur mit dessen → *Einwilligung* abgeben kann (Einwilligungsvorbehalt). Für besonders schwerwiegende Maßnahmen (z. B. gefährliche Untersuchung, Heilbehandlung, mit Freiheitsentzug verbundene Unterbringung) bedarf der Betreuer der Zustimmung des Vormundschaftsgerichts.

(4) Durch die Anordnung von Betreuung verliert der Betreute noch nicht die → *Geschäftsfähigkeit.* Diese beurteilt sich weiterhin nach allgemeinen Grundsätzen.

▶ Betreuungsfreibetrag → *Familienleistungsausgleich*

▶ Betreuungsunterhalt → *Unterhaltspflicht nicht miteinander verheirateter Eltern*

▶ Betreuungsverfügung

B. ist eine schriftliche Verfügung, mit der ein Volljähriger vorsorgende Anordnungen dazu trifft, wer im Falle einer rechtlich anzuordnenden → *Betreuung* als sein Betreuer bestellt werden soll.

▶ Betrieb

B. im steuerlichen Sinne umfasst das → *Unternehmen* der Steuerpflichtigen, die Einkünfte aus → *Land- und Forstwirtschaft,*

→ *Gewerbebetrieb* und → *selbständiger Arbeit* erzielen. Die zum Betrieb gehörenden Wirtschaftsgüter bilden das → *Betriebsvermögen.*

Betriebliche Übung

Unter einer betrieblichen Übung versteht man die **regelmäßige Wiederholung bestimmter Verhaltensweisen** des Arbeitgebers, aufgrund derer Arbeitnehmer unter Berücksichtigung aller Umstände **darauf vertrauen** können, ihnen solle eine Leistung oder Vergünstigung **auf Dauer eingeräumt werden**. Die betriebliche Übung führt zu einem Rechtsanspruch des oder der betroffenen Arbeitnehmer. Insbesondere im Bereich der → *Gratifikationen* beruhen Rechtsansprüche häufig auf betrieblicher Übung.

Aus den Umständen kann sich allerdings im Einzelfall ergeben, dass sich der Arbeitgeber nicht verpflichten will. Dies ist etwa bejaht worden bei Arbeitszeitregelungen, bei jährlichen Gehaltsanpassungen oder bei kleineren Aufmerksamkeiten aus Anlass des Weihnachtsfests. In diesen Fällen und wenn der Arbeitgeber einen ausdrücklichen **Vorbehalt der Freiwilligkeit** mit der Leistung verbindet, scheidet ein Anspruch aufgrund betrieblicher Übung aus, weil ein Vertrauenstatbestand nicht entstanden ist.

Betriebsaufspaltung

B. liegt vor, wenn ein bestehendes → *Unternehmen* in ein Besitz- und Betriebsunternehmen aufgespalten wird oder in solcher Weise verbundene Unternehmen neu gegründet werden. Beide Unternehmen können in jeder Rechtsform (Einzelunternehmen, → *Personen-* oder → *Kapitalgesellschaft)* betrieben werden.

(1) Das Besitzunternehmen stellt dem Betriebsunternehmen pachtweise Wirtschaftsgüter zur Verfügung, die zu dessen wesentlicher Betriebsgrundlage gehören. Das Betriebsunternehmen (in der Regel Kapitalgesellschaft) führt die Geschäfte.

(2) Die Betriebsaufspaltung erfordert eine sachliche und personelle Verflechtung der beiden Unternehmen. *Sachliche Verflechtung* bedeutet, dass mindestens eine wesentliche Betriebsgrundlage an das Betriebsunternehmen verpachtet ist. *Personelle Ver-*

flechtung erfordert, dass beide Unternehmen von derselben Person oder Gesellschaft beherrscht werden und ein einheitlicher geschäftlicher Betätigungswille vorliegt.

(3) Zweck der Betriebsaufspaltung ist, zivilrechtlich die Haftungsbeschränkung des Betriebsunternehmens herbeizuführen. Steuerrechtlich hat das Besitzunternehmen → *Einkünfte* aus Gewerbebetrieb, kann somit eine Verdoppelung des Freibetrages gemäß § 11 Abs. 1 Gewerbesteuergesetz erhalten. Verpachtete Wirtschaftsgüter bleiben Betriebsvermögen. Bei der Veräußerung von → *Umlaufvermögen* des Besitzunternehmens an das Betriebsunternehmen brauchen keine → *stillen Reserven* aufgedeckt werden.

▶ Betriebsausgaben

B. sind alle Aufwendungen, die durch den → *Betrieb* veranlasst sind. Sie können aus → *Einkünften* aus → *Land- und Forstwirtschaft*, → *Gewerbebetrieb* und → *selbständiger Arbeit* herrühren. Aufwendungen sind betrieblich veranlasst, wenn sie objektiv mit dem Betrieb zusammenhängen und subjektiv dem Betrieb zu dienen bestimmt sind.

▶ Betriebseinnahmen

B. sind alle → *Wirtschaftsgüter* in Form von Geld oder Geldeswert, die dem Steuerpflichtigen im Rahmen seines Betriebes aus → *Einkünften* aus → *Land- und Forstwirtschaft*, → *Gewerbebetrieb*, → selbständiger Arbeit zufließen. Auch Sachwerte können Betriebseinnahmen darstellen (z. B. Übertragung einer Eigentumswohnung zur Tilgung einer Architektenhonorarforderung).

▶ Betriebsgeheimnis → *Geschäftsgeheimnis*

▶ Betriebsinhaberwechsel → *Betriebsübergang*

▶ Betriebskrankenkasse

Träger der sozialen → *Krankenversicherung* sind die Allgemeinen Ortskrankenkassen (AOK), die Betriebs- und Innungskrankenkassen, die landwirtschaftlichen Krankenkassen sowie die Ersatzkassen. Die Betriebskrankenkassen werden – ähnlich wie die Innungskrankenkassen – auf Antrag durch die zuständige Aufsichtsbehörde für einen oder mehrere Betriebe eines Arbeitgebers zugelassen. Voraussetzung ist eine bestimmte Mindestzahl von versicherungspflichtigen Beschäftigten. Diese müssen der Bildung der Betriebskrankenkasse zustimmen. Voraussetzung für die Zulassung ist, dass der Bestand und die Leistungsfähigkeit der sonst zuständigen AOK nicht gefährdet wird.

Betriebsnachfolge

Eine Betriebsnachfolge ist der Übergang eines Betriebs im Wege einer Rechtsnachfolge (z. B. Erbfolge oder Betriebspacht)auf eine andere Person; diese tritt regelmäßig in die Rechte und Pflichten des bisherigen Betriebsinhabers (z. B. aus den bestehenden Arbeitsverhältnissen) ein.

Betriebsnachfolge im Arbeitsrecht → *Betriebsübergang*

Betriebsrat

Der Betriebsrat ist ein von den → *Arbeitnehmern* eines Betriebes gewähltes Mitbestimmungsorgan. Zur Wahrnehmung der ihm nach dem Betriebsverfassungsgesetz (BetrVG) zugewiesenen Überwachungs- und Gestaltungsaufgaben stehen ihm unterschiedliche Informations- und Beteiligungsrechte gegenüber dem Arbeitgeber zu.

Nach § 2 BetrVG sollen Arbeitgeber und Betriebsrat vertrauensvoll zum Wohl der Arbeitnehmer und des Betriebs zusammenarbeiten.

Betriebsratsfähig ist ein Betrieb mit in der Regel **mindestens fünf ständigen wahlberechtigten Arbeitnehmern**, von denen drei wählbar sind (§ 1 BetrVG). Als Arbeitnehmer gelten Arbeiter und Angestellte sowie die zur Berufsausbildung Beschäftigten (§ 5 Abs. 1 BetrVG). Die Zahl der Betriebsratsmitglieder richtet sich nach den wahlberechtigten Arbeitnehmern des Betriebs. Er besteht aus einer Person (Betriebsobmann), wenn in der Regel 5 bis 20 wahlberechtigte Arbeitnehmer beschäftigt sind, aus 3 Mitgliedern, wenn 21 bis

50 wahlberechtigte Arbeitnehmer in der Regel beschäftigt sind usw. (zur Staffelung vgl. § 9 BetrVG). Arbeiter und Angestellte müssen entsprechend ihrem zahlenmäßigen Verhältnis im Betriebsrat vertreten sein (§ 10 BetrVG). Die regelmäßige **Amtszeit** des Betriebsrats beträgt **vier Jahre** (§ 21 BetrVG). Der Betriebsrat wählt aus seiner Mitte einen Vorsitzenden und dessen Stellvertreter, die dann im Rahmen der Beschlüsse des Betriebsrats zur Vertretung befugt sind (§ 26 BetrVG). Die Betriebsratssitzungen finden in der Regel während der Arbeitszeit statt, sie sind **nicht öffentlich** (§ 30 BetrVG). Das Betriebsratsmitglied führt sein Amt als Ehrenamt unentgeltlich (§ 37 BetrVG). Bei größeren Betrieben sind jedoch Betriebsratsmitglieder gestaffelt nach der Zahl der beschäftigten Arbeitnehmer von ihrer beruflichen Tätigkeit freizustellen (§ 38 BetrVG).

Die → *Mitbestimmungs-* und Mitwirkungsrechte des Betriebsrats in sozialen, personellen und wirtschaftlichen Angelegenheiten sowie bei der Gestaltung des Arbeitsplatzes ergeben sich aus §§ 87 bis 113 BetrVG.

▶ Betriebsratsmitglieder

B. dürfen in der Ausübung ihrer Tätigkeit nicht gestört oder behindert werden. Außerdem dürfen sie wegen ihrer Tätigkeit nicht benachteiligt oder begünstigt werde; das gilt auch für ihre berufliche Entwicklung (§ 78 Betriebsverfassungsgesetz – BetrVG). Eine ordentliche → *Kündigung* eines Betriebsratsmitglieds ist – bis 1 Jahr nach Beendigung seiner Amtszeit – grundsätzlich unzulässig (§ 15 Kündigungsschutzgesetz). Eine außerordentliche Kündigung eines Betriebsratsmitglieds kann nur mit Zustimmung des Betriebsrats erfolgen (§ 103 BetrVG). Sofern dieser die Zustimmung verweigert, ersetzt das Arbeitsgericht auf Antrag des Arbeitgebers die Zustimmung des Betriebsrats, sofern die außerordentliche Kündigung unter Berücksichtigung aller Umstände gerechtfertigt ist (§ 103 Abs. 2 BetrVG).

▶ Betriebsratswahl

Der → *Betriebsrat* wird in geheimer und unmittelbarer Wahl nach den Grundsätzen der Verhältniswahl gewählt (§ 14 Betriebsverfassungsgesetz – BetrVG). Besteht der Betriebsrat aus mehr als einer Person, dann wählen Arbeiter und Angestellte grundsätzlich in getrennten Wahlgängen (sog. Gruppenwahl), sofern nicht die wahlberechtigten Angehörigen beider Gruppen vor der Wahl die gemeinsame Wahl beschließen (§ 14 Abs.2 BetrVG). Wahlberechtigt sind alle → *Arbeitnehmer*, die das 18. Lebensjahr vollendet haben (§ 7 BetrVG). Wählbar sind alle Wahlberechtigten, die sechs Monate dem Betrieb angehören (§ 8 BetrVG). Die Vorbereitung und Durchführung der Wahl obliegt dem Wahlvorstand (§§ 16 bis 18 BetrVG). Die regelmäßigen Betriebsratswahlen finden alle vier Jahre in der Zeit vom 1. März bis 31. Mai statt (§ 13 BetrVG). Einzelheiten der Wahldurchführung regelt die Wahlordnung zum BetrVG.

▶ Betriebsrente → *Altersversorgung, betriebliche*

▶ Betriebsrisiko

Der Begriff des B. bezeichnet die rechtliche Regel, dass der Arbeitgeber im Fall einer Betriebsstörung (z. B. Ausfall einer Maschine, Ausbleiben einer Lieferung) in der Regel die → *Arbeitsvergütung* weiterzahlen muss, obwohl der Arbeitnehmer nicht arbeitet.

▶ Betriebsstätte

B. ist jede feste Geschäftseinrichtung oder Anlage, die der Tätigkeit eines → *Unternehmens* dient (§ 12 Satz 1 AO). Als Betriebsstätten gelten insbesondere die Niederlassung, an der sich die Geschäftsleitung befindet, Zweigniederlassung, Fabrikationsstätten, Warenlager, Einkaufs- und Verkaufsstellen, Bergwerke und Steinbrüche. Der Begriff der Betriebsstätte hat Bedeutung für die Erhebung der → *Gewerbesteuer*.

▶ Betriebsübergang

Unter den Begriffen „Betriebsübergang“, „Betriebsinhaberwechsel“ und „Betriebsnachfolge“, die alle in etwa den gleichen Sinn haben, behandelt das Arbeitsrecht die rechtlichen Auswirkungen, die sich für die Partner eines Arbeitsverhältnisses ergeben, wenn der Arbeitgeber, also der Betriebsinhaber, seinen **Betrieb an einen neuen Betriebsinhaber veräußert**.

Geht ein Betrieb oder auch nur ein Betriebsteil aufgrund eines Rechtsgeschäfts von einem Betriebsinhaber auf einen neuen Betriebsinhaber über, so tritt dieser neue Betriebsinhaber gemäß § 613 a Abs. 1 BGB automatisch **in alle Rechte und Pflichten** der bestehenden Arbeitsverhältnisse ein. Weder der alte Arbeitgeber noch der neue Betriebsinhaber und nunmehriger Arbeitgeber müssen in irgendeiner Weise tätig werden, damit diese Rechtsfolge eintritt. Insbesondere müssen keine neuen Verträge formuliert, geschrieben und unterschrieben werden. Diese Regelung erhält die bestehenden Arbeitsverhältnisse und schützt den Besitzstand der Arbeitnehmer.

Eine Kündigung des Arbeitsverhältnisses durch den alten oder neuen Arbeitgeber **wegen** des Betriebsübergangs ist gemäß § 613 a Abs. 4 BGB unwirksam.

Der bisherige Arbeitgeber oder neue Inhaber hat die von einem Übergang betroffenen Arbeitnehmer vor dem Übergang in Textform zu **unterrichten** über (1) den Zeitpunkt oder den geplanten Zeitpunkt des Übergangs, (2) den Grund für den Übergang, (3) die rechtlichen, wirtschaftlichen und sozialen Folgen des Übergangs für die Arbeitnehmer und (4) die hinsichtlich der Arbeitnehmer in Aussicht genommenen Maßnahmen (§ 613 a Abs. 5 BGB).

Der Arbeitnehmer kann dem Übergang des Arbeitsverhältnisses innerhalb eines Monats nach Zugang der Unterrichtung **schriftlich widersprechen**. Der Widerspruch kann gegenüber dem bisherigen Arbeitgeber oder dem neuen Inhaber erklärt werden (§ 613 a Abs. 6 BGB).

▸ Betriebsvereinbarung

In Betrieben mit Betriebsrat können Arbeitgeber und Betriebsrat Verträge schließen über Fragen, die zum Aufgabenbereich des Betriebsrats gehören und die im Betriebsverfassungsgesetz (BetrVG) näher geregelt sind. Diese Verträge nennt man Betriebsvereinbarungen.

Die Betriebsvereinbarung bedarf der Schriftform (§ 77 Abs. 2 BetrVG). Wie der → *Tarifvertrag* hat die Betriebsvereinbarung einen schuldrechtlichen und einen normativen Teil. Im **normativen** Teil, der unmittelbar und zwingend die Einzelarbeitsverhältnisse erfasst (§ 77 Abs. 4 BetrVG), können z. B. Vereinbarungen über Abschluss, Inhalt und Beendigung des Arbeitsverhältnisses getroffen werden. Regelungen durch Betriebsvereinbarung werden allerdings vom Gesetz dann untersagt, wenn es um Arbeitsentgelte oder sonstige Arbeitsbedingungen geht, die durch Tarifvertrag geregelt sind oder üblicherweise geregelt werden (§ 77 Abs. 3 BetrVG), es sei denn, der Tarifvertrag lässt ergänzende Betriebsvereinbarungen zu. Sinn dieser Vorschrift: Den Gewerkschaften soll Vorrang vor den Betriebsräten eingeräumt werden. Das Recht der Gewerkschaften zum Abschluss von Tarifverträgen soll nicht ausgehöhlt werden. Der Tarifvertrag übt also eine „Sperrwirkung" aus.

Von den Regelungen in einer Betriebsvereinbarung darf im Einzelarbeitsvertrag nicht zu Ungunsten des Arbeitnehmers abgewichen werden (**Günstigkeitsprinzip**). Die Betriebsvereinbarung endet durch Kündigung, Zeitablauf oder Aufhebungsvertrag.

Betriebsverfassungsrecht

Das Betriebsverfassungsrecht betrifft **das Zusammenwirken des Arbeitgebers und der Arbeitnehmervertretung** (→ *Betriebsrat*, Personalrat) **im Betrieb**. Es ist enthalten in verschiedenen Gesetzen. Das ist für die private Wirtschaft das Betriebsverfassungsgesetz vom 15. 1. 1972, europarechtlich ergänzt durch das Gesetz über die Europäischen Betriebsräte vom 28. 10. 1996. Für den öffentlichen Dienst gelten das Bundespersonalverfassungsgesetz vom 15. 3. 1974 sowie die Personalvertretungsgesetze der Bundesländer. Das Gesetz über Sprecherausschüsse der leitenden Angestellten vom 20. 12. 1988 regelt die Bildung von → *Sprecherausschüssen* der leitenden Angestellten (→ *Mitbestimmung*).

Die **Mitbestimmung in der Unternehmensordnung** wird durch das Mitbestimmungsgesetz vom 4. 5. 1976, das Montan-Mitbestimmungsgesetz vom 21. 5. 1951 sowie das Mitbestimmungsergänzungsgesetz vom 7. 8. 1956 geregelt (→ *Mitbestimmung*).

Das Betriebsverfassungsrecht ist dem **kollektiven** → *Arbeitsrecht* zuzuordnen.

Betriebsvermögen

B. ist die Summe aller für betriebliche Zwecke eingesetzten und erworbenen → *Wirtschaftsgüter.*

(1) Einkommensteuerrechtlich unterscheidet man notwendiges, gewillkürtes und geduldetes Betriebsvermögen vom → *Privatvermögen.* Notwendiges Betriebsvermögen umfasst die Summe aller Wirtschaftsgüter, die dem → *Betrieb* unmittelbar dienen oder zu dienen bestimmt sind und eine besonders enge Beziehung zum Betrieb aufweisen. Gewillkürtes Betriebsvermögen liegt vor, wenn Wirtschaftsgüter objektiv bestimmt und geeignet sind, den Betrieb zu fördern und diese Wirtschaftsgüter in der → *Bilanz* ausgewiesen werden. Geduldetes Betriebsvermögen kann es beim land- und forstwirtschaftlichen Betrieb geben, wenn ein Wirtschaftsgut vormals notwendiges oder gewillkürtes Betriebsvermögen war, diesen Charakter verloren hat und noch nicht Privatvermögen geworden ist (z. B. ein bislang betrieblich genutztes, in der Gewinnermittlung erfasstes Grundstück wird fremdvermietet).

(2) Körperschaftsteuerrechtlich gibt es nur das Betriebsvermögen, da die Kapitalgesellschaft keine Privatsphäre hat.

(3) Bewertungsrechtlich umfasst das Betriebsvermögen alle Teile eines Gewerbebetriebes gemäß § 15 Abs. 1 und 2 EStG, die bei der steuerlichen Gewinnermittlung Betriebsvermögen sind.

Betriebsversammlung

An ihr nehmen alle Arbeitnehmer eines Betriebs sowie der Arbeitgeber teil; sie muss **mindestens alle 3 Monate** stattfinden und wird vom Betriebsratsvorsitzenden geleitet. Sie ist **nicht öffentlich**. Außer dem **Tätigkeitsbericht des Betriebsratsvorsitzenden** werden in ihr Angelegenheiten des Betriebs oder der dort tätigen Arbeitnehmer einschließlich solcher tarifpolitischer, sozialpolitischer und wirtschaftlicher Art sowie Fragen der Frauenförderung und der Vereinbarkeit von Familie und Beruf besprochen (§ 45 Betriebsverfassungsgesetz – BetrVG –). Die Betriebsversammlung kann dem Betriebsrat **Anträge** unterbreiten und zu seinen Beschlüssen Stellung nehmen. Die Betriebsversammlungen finden **grundsätzlich während der Arbeitszeit** statt (§ 44 BetrVG).

Betrug

Einen Betrug begeht, wer einen anderen täuscht, dadurch einen Irrtum des Getäuschten auslöst, diesen zu einer Vermögensverfügung veranlasst, und auf diese Weise einen Vermögensschaden herbeiführt. Dabei muss der Täter die Absicht haben, durch dieses Verhalten für sich oder einen Dritten einen rechtswidrigen Vermögensvorteil zu erlangen. Im Einzelnen ist auszuführen: Die Täuschung kann durch die ausdrückliche Angabe falscher Tatsachen begangen werden. Dies ist etwa der Fall, wenn der Verkäufer einer Kopie diese entgegen seinem Wissensstand als Original des betreffenden Bildes ausgibt. Aber auch ein Verhalten, das nach allgemeiner Auffassung einen bestimmten Erklärungswert hat, wird als entsprechende Erklärung gewertet. So bedeutet das Bestellen von Speisen oder Getränken in einer Wirtschaft, dass der Gast allein durch das Bestellen – also ohne ausdrückliche entsprechende Äußerung – erklärt, seine Zeche zahlen zu können. Wer also ohne Geld bestellt, täuscht über seine Zahlungsfähigkeit. Schließlich ist auch das Verschweigen solcher Tatsachen, über die der Vertragspartner ungefragt informiert werden muss, eine Täuschungshandlung. Zu denken ist etwa daran, dass der Verkäufer eines Autos von sich aus auf jeden – nicht völlig bedeutungslosen – Unfallschaden des Wagens hinweisen muss.

Der Irrtum der anderen Seite ist eine durch die Täuschung verursachte oder mitverursachte Fehlvorstellung. Es kommt dabei nicht darauf an, ob der andere angestrengt über die betreffende Frage nachdenkt oder sich einfach darauf verlässt, dass schon alles in Ordnung sein werde.

Der Getäuschte muss dann eine Vermögensverfügung vornehmen. Dies ist jedes Tun, Dulden oder Unterlassen, das unmittelbar zu einem Vermögensschaden führt. Dabei kann das Vermögen des Getäuschten, aber auch das Vermögen eines Dritten betroffen sein, wenn der Getäuschte darüber verfügen darf. Letzteres ist etwa bei einem Verkäufer der Fall, der Waren aus dem Bestand seines Geschäftsherrn weggeben darf.

Ein Vermögensschaden schließlich ist jede Minderung des Vermögens, die unmittelbar durch die Vermögensverfügung herbeigeführt worden ist. Zum Vermögen gehören alle geldwerten Positionen. Das sind einmal Eigentum und Besitz, aber auch Forderungen sowie sonstige Rechtspositionen einschließlich begründeter Erwerbsaussichten.

Die Minderung des Vermögens wird durch einen Vergleich der Vermögensmassen vor und nach der Vermögensverfügung festgestellt. Daraus ergibt sich, dass eine durch Täuschung veranlasste, lediglich unnötige Vermögensdisposition grundsätzlich nicht als Betrug erfasst werden kann. Wer also dem als entlassenem Häftling auftretenden Zeitschriftenwerber ein Abonnement abnimmt und eine Zeitschrift erhält, die er zwar nicht benötigt, die aber ihr Geld wert ist, wird demnach grundsätzlich nicht betrogen. Allerdings nimmt die Rechtsprechung bei unnötigen Vermögensdispositionen dann Betrug an, wenn die Leistung für den Getäuschten völlig unbrauchbar ist (etwa eine englischsprachige Computerfachzeitschrift für eine Raumpflegerin), er unnütz Kredit aufnehmen muss oder wenn er in seiner Lebensführung stark eingeschränkt wird (weil er hohe Verbindlichkeiten eingeht).

Der Täter eines Betrugs muss mit → *Vorsatz* handeln. Außerdem muss er sich oder einem Dritten durch den Betrug einen Vermögensvorteil verschaffen wollen, der ungerechtfertigt ist.

Im Umfeld des Betrugs sind zahlreiche Tatbestände angesiedelt. Zu nennen sind vor allem der → *Computerbetrug*, der → *Kreditbetrug*, der → *Subventionsbetrug* und der → *Versicherungsmissbrauch*.

▸ Beurteilung

B. ist die Einschätzung der Leistungen eines Beamten durch seinen Dienstvorgesetzten nach bestimmten Maßstäben. Beamten werden dabei in bestimmten Abständen beurteilt (periodische Beurteilung); daneben gibt es eine Beurteilung aus besonderem Anlass. Die Beurteilungen sind in der Regel für die Auswahl zwischen mehreren Beförderungsbewerbern von wesentlicher Bedeutung.

Bewährung → *Strafaussetzung zur Bewährung*

Bewährungshelfer

Ein Bewährungshelfer ist eine im gerichtlichen Auftrag tätige Person, die bei einer Strafaussetzung zur Bewährung auf die Lebensführung des Verurteilten einwirken soll. Der Bewährungshelfer, der haupt- oder ehrenamtlich tätig sein kann, soll einerseits dem Verurteilten helfen, zukünftig straffrei zu leben. Andererseits berichtet er regelmäßig dem Gericht über das Verhalten des Verurteilten, insbesondere über die Einhaltung von Bewährungsauflagen (→ *Strafaussetzung zur Bewährung*).

Beweis

Allgemein formuliert ist ein Beweis die Begründung für eine aufgestellte Behauptung. Im Verfahrensrecht wird Beweis geführt, um das → *Gericht* von der Wahrheit oder Unwahrheit eines behaupteten Sachverhalts zu überzeugen. Dabei kann die maßgebliche Tatsache unmittelbar bewiesen werden; möglich ist aber auch der mittelbare Beweis, bei dem eine bloße Hilfstatsache nachgewiesen wird (→ *Indizienbeweis)*. Beweise werden aufgrund eines → *Beweisantrags* erhoben, in Verfahren, in denen der Untersuchungsgrundsatz gilt, auch von Amts wegen. Der Strengbeweis erstrebt, die volle Überzeugung des Gerichts herbeizuführen. Bei ihm sind als Beweismittel nur zugelassen → *Augenschein*, → *Zeuge*, → *Sachverständiger*, → *Urkunde* (→ *Urkundenbeweis*), → *Parteivernehmung* (Ausnahme im → *Strafrecht;* dort formell kein Beweismittel) und amtliche Auskunft (→ *Auskunft, behördliche*). Den Gegensatz bildet der → *Freibeweis.* Siehe auch → *Gegenbeweis*, → *Ausschluss des Gegenbeweises*, → *Augenschein.*

In der Beweiswürdigung stellt das Gericht schließlich dar, welche Beweise zu seiner Überzeugung von einem Sachverhalt geführt haben. Dabei gilt der Grundsatz der freien Beweiswürdigung: Das Gericht kann aus den erhobenen Beweisen jeden Schluss ziehen, der ohne Willkür möglich ist. Es ist nicht notwendig, dass eine Schlussfolgerung zwingend ist, also jede andere Möglichkeit ausschließt. So ist etwa eine Überzeugung des Gerichts von einer Anwesenheit des Angeklagten am Tatort schon dann möglich, wenn ihn der eine Zeuge dort gesehen haben will, während ihm ein anderer Zeuge für die betreffende Zeit ein → *Alibi* gegeben hat. Denn bestimmte Umstände können für das Gericht die Aussage des einen Zeugen glaubwürdig und die des anderen Zeugen unglaubwürdig machen.

Beweisantrag

Ein Beweisantrag ist der Antrag, ein bestimmtes Beweismittel (→ *Beweis)* zum Nachweis einer bestimmten Tatsache zu verwenden. Dies liegt etwa vor, wenn zum Nachweis der Tatsache, dass der Angeklagte um 16.30 Uhr in Leipzig den Schnellzug nach Dresden bestiegen habe, beantragt wird, den Zugschaffner Müller als Zeugen zu vernehmen. Ein Beweisantrag ist von sonstigen Beweisanregungen zu unterscheiden, in denen auf die Feststellung bestimmter Tatsachen gedrängt wird, jedoch keine bestimmten Beweismittel benannt werden. In unserem Fall wäre eine Beweisanregung gegeben, wenn zum Nachweis der Zugbenutzung darum gebeten würde, Reisende festzustellen, die die Angaben des Angeklagten bestätigen könnten.

Ein Beweisantrag darf nur unter sehr engen Voraussetzungen abgelehnt werden. Insbesondere ist die so genannte antizipierte Beweiswürdigung untersagt, also die Ablehnung eines Beweisantrags mit der Begründung, das Gericht sei bereits vom Gegenteil überzeugt. Dies wäre bei obigem Beispiel gegeben, wenn die Vernehmung des Zugschaffners Müller mit der Begründung abgelehnt würde, das Gericht sei von der Anwesenheit des Angeklagten um 16.30 Uhr in Berlin bereits durch die Aussage des Polizeibeamten Krause überzeugt.

Beweislast

Unter Beweislast versteht man, dass bei Nichterweislichkeit einer Tatsache der Beweisbelastete die Nachteile dieser Ungewissheit zu tragen hat. Im → *Zivilprozess* muss → *Beweis* erhoben werden, wenn über eine entscheidungserhebliche Tatsache Streit besteht. Es gilt dann als Grundregel, dass jede Partei die Beweislast für die Voraussetzungen der von ihr in Anspruch genommenen günstigen Norm trägt. Dies bedeutet, dass der Kläger die anspruchsbegründenden, der Beklagte die rechtshindernden, rechtsvernichtenden und rechtshemmenden Tatsachen beweisen muss. Ist der Kläger beweisbelastet und tritt er den Beweis nicht an (eine echte Pflicht hierzu besteht nicht), oder gelingt der Beweis nicht, wird die → *Klage* als unbegründet abgewiesen; gelingt dem beweisbelasteten Beklagten der Beweis nicht, ergeht ein klagezusprechendes → *Urteil.*

Im Strafverfahren gilt wegen des Untersuchungsgrundsatzes keine formelle Beweislast. Der nicht geführte Nachweis bestimmter Tatsachen führt im Strafverfahren regelmäßig dazu, dass nach dem Grundsatz → *„in dubio pro reo"* (= Zweifelsgrundsatz) von dem Sachverhalt auszugehen ist, der für einen Beschuldigten am günstigsten ist.

Im Verwaltungsprozess gibt es keine formelle Beweislast; das Gericht muss vielmehr alle entscheidungserheblichen Umstände von Amts wegen ermitteln, und zwar ohne Rücksicht darauf, ob das eine Partei beantragt oder angeregt hat. Bleibt jedoch eine bestimmte Tatsache nach Ausschöpfung aller Erkenntnisquellen unaufklärlich, so geht das nach den Regelungen über die materielle Beweislast grundsätzlich zu Lasten desjenigen, für den diese Tatsache günstig ist.

Beweisverbot

Ein Beweisverbot kann in dem Verbot bestehen, einen bestimmten Beweis zu erheben oder einen bereits gewonnenen Beweis zu verwerten. So kann etwa ein Angehöriger wie der Ehepartner, der sich auf sein → *Zeugnisverweigerungsrecht* beruft, nicht als Zeuge vernommen werden (= Beweiserhebungsverbot). Werden dagegen bei der Beweiserhebung schwerwiegende Rechtsverstöße begangen – wird etwa ein Geständnis eines Beschuldigten durch die Täuschung über ein angebliches, aber tatsächlich nicht existierendes Geständnis eines Mitbeschuldigten erlangt – so ist vielfach die Folge eines derartigen Verstoßes ein Beweisverwertungsverbot. Das bedeutet, dass das entsprechende Beweismittel – hier also das Geständnis – nicht zur Verurteilung des Beschuldigten herangezogen werden darf.

Beweisverfahren, selbständiges

Das selbständige Beweisverfahren ersetzt das frühere Verfahren zur Beweissicherung. Es dient der vorsorglichen Beweiserhebung. Nach § 485 ZPO kann während oder außerhalb eines Prozesses die Einnahme eines → *Augenscheins,* die → *Vernehmung* von → *Zeugen* oder die Begutachtung (→ *Gutachten)* durch → *Sachverständige* angeordnet werden. Voraussetzung ist, dass entweder der Gegner zustimmt, oder die Gefahr besteht, dass das Beweismittel (→ *Beweis)* verloren geht oder seine Benutzung erschwert wird. Als neuer Grund wurde in das Gesetz aufgenommen, dass für ein Sachverständigengutachten auch ein rechtliches Interesse ausreicht; dieses liegt bereits vor, wenn die Feststellungen der Vermeidung eines Rechtsstreits dienen können. Auch wenn noch kein Prozess anhängig ist, kann daher jetzt nach § 492 Abs. 3 ZPO im Rahmen der Beweisaufnahme ein gerichtlicher → *Vergleich* protokolliert werden. Die zivilprozessualen Vorschriften gelten im Verwaltungsprozess entsprechend.

Bewertung

Ertragsteuerlich sind → *Wirtschaftsgüter,* die zum → *Betriebsvermögen* gehören, gemäß § 6 EStG zu bewerten. Dabei gilt der Grundsatz, dass Wirtschaftsgüter mit den Anschaffungs- und Herstellungskosten anzusetzen sind oder mit dem an deren Stelle tretenden Wert, vermindert um die → *AfA,* erhöhte Absetzungen, → *Sonderabschreibungen,* Abzüge nach § 6 b EStG oder ähnliche Abzüge. Ist dagegen der → *Teilwert* bei voraussichtlich dauernder Wertminderung niedriger, kann dieser angesetzt werden. → *Entnahmen* und → *Einlagen* sind mit dem Teilwert zu berücksichtigen. Die Wertermittlung von Einheitswerten (Grundbesitz, Betriebsvermögen) erfolgt nach dem Bewertungsgesetz.

Bewirtungkosten

B. sind Aufwendungen für Speisen, Getränke oder sonstige Genußmittel aus geschäftlichem Anlass, die nach der allgemeinen Verkehrsauffassung als angemessen anzusetzen sind und deren Höhe und betriebliche Veranlassung nachgewiesen sind. Zu unterscheiden ist die Bewirtung durch selbständig Tätige, Bewirtung durch → *Arbeitnehmer* und Bewirtung auf Geschäfts- und Dienstreisen.

(1) Für selbständig Tätige sind Bewirtungskosten zu 80 v. H. als → *Betriebsausgaben* abziehbar, wenn Ort, Tag, Teilnehmer und Anlass der Bewirtung und Höhe der Aufwendungen dargelegt sind und die Rechnung maschinell erstellt und registriert ist.

(2) Werden Arbeitnehmer außerhalb von Bewirtungen von Geschäftsfreunden und Dienstreisen bewirtet, sind die Aufwendungen für den → *Arbeitgeber* voll als → *Betriebsausgabe* abziehbar, für den Arbeitnehmer liegt in der Bewirtung ein steuerpflichtiger geldweiter Vorteil. Bewirtet der Arbeitnehmer Geschäftsfreunde seines Arbeitgebers, kann der Arbeitgeber diesem den Aufwand lohnsteuerfrei ersetzen und ist selbst auf den Betriebsausgabenabzug zu 80 v. H. begrenzt.

(3) Bewirtet der Arbeitnehmer auf Reisen Geschäftsfreunde seines Arbeitgebers, ist der Kostenersatz des Arbeitgebers an den Arbeitnehmer steuerfrei (§ 3 Nr. 50 EStG). Bewirtet der Arbeitnehmer die Geschäftsfreunde auf eigene Kosten, sind die Aufwendungen bei beruflichem Anlass zu 80 v. H. → *Werbungskosten.*

Bezirk

Als Bezirk werden in einigen Bundesländern kommunale → *Gebietskörperschaften* bezeichnet, die sich aus den Gebieten mehrerer → *Kreise* zusammensetzen. Oberstes Organ ist der Bezirkstag, dem der Bezirkstagspräsident vorsitzt; zur Vorberatung und zur Erledigung bestimmter Aufgaben ist der Bezirksausschuss zuständig. Dem Bezirk obliegen als eigene Angelegenheiten die – überörtlichen – Aufgaben, die über die Leistungsfähigkeit und Finanzkraft der Kreise hinausgehen, insbesondere auf dem Gebiet der Sozialhilfe, der Psychiatrie und der Kulturpflege. Ähnliche

Aufgaben wie die Bezirke haben die Landschaftsverbände in Nordrhein-Westfalen.

In Berlin und Hamburg bestehen Bezirke als unselbständige Verwaltungseinheiten, denen bestimmte – örtliche – Aufgaben zur selbständigen Erledigung obliegen.

▶ BGB

Dies ist die gebräuchliche Abkürzung für Bürgerliches Gesetzbuch.

▶ BGB-Gesellschaft → *Gesellschaft bürgerlichen Rechts*

▶ Bilanz

B. ist ein Bestandteil des → *Jahresabschlusses.* Die Bilanz gibt durch eine gegenüberstellende Darstellung eine Übersicht über das betrieblich gebundene Vermögen sowie über die Schulden des Betriebes. Auf der Aktivseite (linke Seite) der Bilanz sind die Vermögenswerte (Aktiva), auf der Passivseite (rechte Seite) der Bilanz sind die Schulden sowie sonstige Belastungen (Passiva) unter Gliederungsgesichtspunkten dargestellt. Die Differenz zwischen den Werten der Aktivseite und der Passivseite ist das → *Eigenkapital* (§ 247 Abs. 1 HGB). Man unterscheidet zwischen der Handelsbilanz und der Steuerbilanz.

(1) Die Handelsbilanz wird nach den Vorschriften des HGB erstellt und dient als Rechnungslegung für das → *Unternehmen,* die Gläubiger und die Öffentlichkeit.

(2) Die Steuerbilanz haben Land-, Forstwirte, selbständig Tätige nach § 4 Abs. 1 EStG oder Gewerbetreibende nach § 5 EStG zu erstellen. Sie dient der Ermittlung der Besteuerungsgrundlagen für die Einkommen-, Körperschaft- und Gewerbesteuer. Für Gewerbetreibende, die den Gewinn nach § 5 EStG ermitteln, muss die Steuerbilanz sowohl den handelsrechtlichen Grundsätzen ordnungsgemäßer Buchführung wie auch den steuerlichen Vorschriften der Bilanzierung entsprechen (Maßgeblichkeitsgrundsatz).

(3) Bilanzen können unterschiedlichen Zwecken dienen (Jahresabschluss-, Eröffnungs-, Schluss-, Zwischenbilanz). Die Bilanz und die – gesondert zu erstellende – Gewinn- und Verlustrechnung bilden den sog. Jahresabschluss.

▶ Billigkeitserlass

Nach § 227 AO können im Einzelfall Steuern und andere Ansprüche aus dem Steuerschuldverhältnis (öffentliche → *Abgaben*, → *steuerliche Nebenleistungen*) ganz oder zum Teil erlassen, erstattet oder angerechnet werden, wenn ihre Einziehung nach Lage des Falles unbillig wäre. Gleichermaßen können Steuern niedriger festgesetzt werden und einzelne Besteuerungsgrundlagen, die die Steuern erhöhen würden, bei der Festsetzung unberücksichtigt bleiben (§ 163 AO). Gegen die Versagung eines Billigkeitserlasses ist der → *Einspruch* gegeben.

▶ Bindungswirkung

Gerichtliche Entscheidungen binden häufig andere Gerichte oder Behörden. So ist etwa das Revisionsgericht an die tatsächlichen Feststellungen des Berufungsgerichts gebunden. Wenn zum Beispiel ein Gericht der ordentlichen → *Gerichtsbarkeit* den beschrittenen Rechtsweg für unzulässig erklärt und an ein → *Verwaltungsgericht* verweist, kann dieses nicht mehr an das Zivilgericht zurückverweisen, selbst wenn die Entscheidung des Zivilgerichts falsch war. Entscheidungen des → *Bundesverfassungsgerichts* haben nach § 31 Bundesverfassungsgerichtsgesetz Gesetzeskraft. An eigene Entscheidungen ist das erkennende Gericht nur ausnahmsweise im Rahmen des § 318 ZPO gebunden. Die Bindungswirkung eines Strafurteils ist insbesondere im Bereich einer Entziehung der → *Fahrerlaubnis* von Bedeutung: Sieht ein Strafurteil von einem Entzug ab, so kann die Verwaltungsbehörde wegen dieses Vorfalls nicht ihrerseits die Fahrerlaubnis entziehen. Andererseits darf die Verwaltung vor Ablauf einer gerichtlich festgesetzten Sperrfrist für die Wiedererteilung der Fahrerlaubnis nicht von sich aus den Führerschein wieder erteilen. Vergleiche auch noch → *Rechtskraft*.

Binnenschifffahrt

B. ist die Fahrt mit Schiffen auf Binnenwasserstraßen, insbesondere → *Bundeswasserstraßen*. Das Gesetz über die Aufgaben des Bundes auf dem Gebiet der Binnenschifffahrt enthält im Wesentlichen die Verpflichtung zur Förderung der Binnenflotte und des Binnenschifffahrtsverkehrs, der Einrichtung einer Schifffahrtspolizei und die Ausstellung von Bescheinigungen über Bau, Ausrüstung, Bemannung und Betrieb von Wasserfahrzeugen auf den Bundeswasserstraßen.

Blutalkohol

Die im Blut enthaltene Alkoholmenge wird als Blutalkohol bezeichnet und in Promille, also Tausendstel, angegeben. 1,0‰ ist also 1 g Alkohol in 1000 g Blut. Vom Blutalkohol zu unterscheiden ist der Körperalkohol. Dies ist die in den Körper aufgenommene, aber noch nicht in das Blut übergegangene Alkoholmenge. Da die Auswirkungen des Körperalkohols aber denen des Blutalkohols entsprechen, sind die rechtlichen Auswirkungen beider Werte dieselben. Neben der Bestimmung des Blutalkohols sind zwischenzeitlich auch bei der genauen Bestimmbarkeit des Atemalkohols – aus dem wiederum auf die Höhe der Blutalkoholkonzentration geschlossen werden kann – wesentliche Fortschritte erzielt worden, so dass zumindestens der Nachweis des ordnungswidrigen Führens eines Kraftfahrzeugs unter Alkoholeinfluss allein mit Hilfe der Atemalkoholkonzentration geführt werden kann (→ *Atemalkoholprobe*, → *Atemalkoholuntersuchung*). Straf-rechtlich ist die Alkoholisierung eines Beschuldigten einmal bei seiner Teilnahme am Verkehr (→ *Alkoholgenuss* im Verkehr) bedeutsam. Zum anderen ist sie für die → *Schuldunfähigkeit* eines Beschuldigten wichtig. Bei der Erreichung bestimmter Blutalkoholwerte ist stets zu prüfen, ob nur eingeschränkte Schuldfähigkeit – die zur Möglichkeit einer Strafmilderung führt – oder gar Schuldunfähigkeit, die nur noch eine Bestrafung wegen → *Vollrauschs* zulässt – vorliegen (→ *Alkoholdelikte*).

Blutprobe

Um den möglichen → *Blutalkohol* eines Beschuldigten oder eines Dritten feststellen zu können, erlaubt die → *Strafprozessordnung* auch gegen den Willen der Betroffenen die Entnahme von Blutproben. Diese werden nach mindestens zwei anerkannten, wissenschaftlichen Verfahren untersucht. Der dann festgestellte Mittelwert ist für das weitere Verfahren maßgeblich. Bei den derzeit angewendeten Werten für die → *Fahruntüchtigkeit* von Verkehrsteilnehmern sind Messungenauigkeiten bereits eingerechnet, so dass auch in Grenzbereichen keine Zu- oder Abschläge mehr erforderlich sind.

Zur Anordnung einer Blutprobe ist zwar grundsätzlich nur der Richter befugt. Bei Eilbedürftigkeit kann die Anordnung jedoch auch von einem Staatsanwalt oder von Polizeibeamten ausgesprochen werden.

Die Blutentnahme selbst darf nur von einem approbierten Arzt ausgeführt werden. Medizinische Hilfspersonen, etwa Krankenpflegepersonal, sind dazu nicht berechtigt.

Im Gegensatz zur Blutprobe muss eine Untersuchung des Atemalkohols nicht geduldet werden. Neben den bekannten „Röhrchen" werden Untersuchungen des Atemalkohols zunehmend auch mit modernen Geräten durchgeführt, die eine verhältnismäßig gute Messgenauigkeit erreichen. Gerade derjenige, der nichts oder nur wenig getrunken hat, ist also zur Vermeidung einer Blutprobe gut beraten, einer Atemalkoholuntersuchung zuzustimmen.

Blutschande

B. ist der Beischlaf zwischen Verwandten. Er ist bei Verwandten in gerader Linie, also etwa zwischen Eltern und Kindern, sowie unter Geschwistern unter Strafe gestellt. Dagegen wird der Beischlaf unter Verschwägerten nicht mehr bestraft.

Bote

Ein Bote ist eine Hilfsperson, die für einen anderen eine → *Willenserklärung* entgegennimmt (Empfangsbote) oder weiterleitet

(Erklärungsbote). Anders als der → *Vertreter* bringt der Bote keinen eigenen rechtlichen Willen mit ein; er ist lediglich „verlängerter Arm“ des Geschäftsherrn oder „Transportmittel bzw. Empfangsvorrichtung“ für eine Willenserklärung. Deshalb ist → *Geschäftsfähigkeit* beim Boten nicht erforderlich. Übermittelt der Bote irrtümlich falsch, kann → *Anfechtung* der Willenserklärung in Betracht kommen (§ 120 BGB).

Boykott

Unter Boykott versteht man die Ächtung eines anderen, um ihn – in aller Regel – zu einem bestimmten Verhalten zu zwingen. Seine Erscheinungsformen sind vielfältig (z. B. Lieferboykott, Wahlboykott etc.). Er kann unter Umständen rechtswidrig sein und Schadenersatzansprüche begründen.

Brandstiftung

Die „Inbrandsetzung“ bestimmter, im Gesetz näher aufgezählter Gegenstände wie etwa von Gebäuden, Wald oder von bestimmten Vorräten wird vom Gesetz als Brandstiftung gewertet. Eine „Inbrandsetzung“ liegt vor, wenn das vom Täter gelegte Feuer aus eigener Kraft weiterbrennen kann. Der Inbrandsetzung steht es gleich, wenn die geschützten Gegenstände als Folge der Brandlegung ganz oder teilweise – etwa durch Verrußen, Löschwasser oder auch eine Explosion ohne weitere Brandentwicklung – zerstört werden. Die Brandstiftung ist sowohl bei vorsätzlicher als auch bei fahrlässiger Begehung strafbar.

Zündet ein Täter Gegenstände an, die nicht in den Brandstiftungsdelikten genannt sind, so wird sein Verhalten unter dem Gesichtspunkt der → *Sachbeschädigung* geahndet.

Bremsen

Die Bremsen von Kraftfahrzeugen müssen nach den Bauartbestimmungen doppelt ausgelegt sein. Das bedeutet, dass Kraftfahrzeuge entweder über zwei voneinander unabhängige Bremssysteme verfügen müssen oder dass für eine Bremsanlage jedenfalls zwei Bedienungseinrichtungen – Fuß- und Handbremse – vorhanden sein müssen.

Für die Strecke, die ein Kraftfahrzeug bis zum Stillstand benötigt, ist nicht nur der reine Bremsweg, sondern der → *Anhalteweg* zu berücksichtigen. Bei ihm ist zum Bremsweg noch die Strecke hinzuzurechnen, die das Fahrzeug zwischen dem Erkennen der Gefahr und dem Ansprechen der Bremse innerhalb der so genannten Schrecksekunde zurücklegt.

▶ Briefgeheimnis

Das Briefgeheimnis im engeren Sinn schützt als so genanntes Post- und Fernmeldegeheimnis schriftliche Mitteilungen und den gesamten Fernmeldeverkehr, der der Post zur Übermittlung übergeben worden ist. Es verbietet jegliche Weitergabe des Inhalts sowie über die beteiligten Personen an Dritte. Ein Briefträger darf also weder Briefe öffnen und sie lesen noch an Dritte sonstige Informationen weitergeben. Die Verletzung des Briefgeheimnisses durch Postbedienstete ist ein Amtsdelikt, das mit erheblichen Strafen bedroht ist.

Im weiteren Sinn schützt das Briefgeheimnis verschlossene oder verschlossen aufbewahrte Briefe und sonstige Schriftstücke auch vor dem unbefugten Öffnen durch Privatpersonen. Dem Öffnen ist die sonstige Kenntniserlangung mit technischen Hilfsmitteln gleichgestellt. Strafbar macht sich danach etwa der findige Enkel, der das verschlossene Testament seiner Großmutter durchleuchtet und auf diese Weise liest.

Das Briefgeheimnis findet Einschränkungen einmal im Rahmen strafrechtlicher Ermittlungen. Darüber hinaus gestattet das so genannte Abhörgesetz zum Schutz der freiheitlich demokratischen Grundordnung Eingriffe in das Post- und Fernmeldegeheimnis.

▶ Briefwahl

Die Briefwahl ist neben der persönlichen Stimmabgabe bei fast allen Wahlen zugelassen. Briefwahl ist zulässig, wenn der Wahlberechtigte aus triftigen Gründen nicht das für ihn zuständige Wahllokal aufsuchen kann. Das ist insbesondere der Fall bei körperlichen Gebrechen und bei Abwesenheit am Wahltag. Bei der Briefwahl hat der Wahlberechtigte seinen Stimmzettel in einem verschlossenen Umschlag zusammen mit dem Wahlschein dem zuständigen Wahlorgan zuzuschicken; die Unterlagen müssen dort bis zum Ende der Abstimmungszeit eingegangen sein.

Bruchteilsgemeinschaft → *Gemeinschaft nach Bruchteilen*

Buchclub

Der Vertrieb von Büchern, CDs oder von anderen Artikeln der Unterhaltungsbranche wird häufig über so genannte Buchclubs vorgenommen. Hierbei muss der Kunde Mitglied werden und sich zur regelmäßigen Abnahme von Waren verpflichten. Die vertragliche Ausgestaltung erfolgt häufig nach Regeln des Gesellschaftsrechts oder des Vereinsrechts. Da jedoch der Kauf von Waren durch das „Mitglied" Hauptzweck dieser Geschäftsverbindung ist, gelten trotz dieser Ausgestaltung die Regelungen des Gesetzes über → *Allgemeine Geschäftsbedingungen.* So ist insbesondere eine über maximal zwei Jahre hinausgehende „Mitgliedschaft" ohne das Recht zum „Austritt", also zur Kündigung des Vertragsverhältnisses, unwirksam.

Buchführung

Jeder → *Kaufmann* ist verpflichtet, Bücher zu führen und in diesen seine Handelsgeschäfte und die Lage seines Vermögens darzustellen. Die Buchführung besteht darin, dass Handelsbücher geführt werden, → *Inventare* und → *Bilanzen* erstellt werden. Hierbei sind die Grundsätze ordnungsgemäßer Buchführung, die in §§ 238 ff. HGB verankert sind, einzuhalten. Zwingend ist, dass alle Geschäftsvorfälle und die mit ihnen verbundenen Mengen- und Wertbewegungen lückenlos erfasst und planmäßig geordnet werden. Die Unterlagen der Buchführung hat jeder Kaufmann aufzubewahren (§ 257 HGB, → *Aufbewahrungspflichten).*

Bei Verletzung der Buchführungspflichten können sich daraus steuerrechtlich nachteilige Folgen sowie bußgeldbewerte → *Ordnungswidrigkeiten* ergeben.

Buchwert

B. ist der Wert, mit dem ein Wirtschaftsgut bzw. eine Schuldposition in der → *Bilanz* ausgewiesen wird. Anschaffungs- oder Herstellungskosten bilden die Obergrenze. Soweit es sich um abnutzbares Wirtschaftsgut des Anlagevermögens handelt, sind die Anschaffungs- und Herstellungskosten um die → *AfA* zu vermindern. Werden Wirtschaftsgüter mit einem höheren → *Teilwert* als der Buchwert veräußert oder in sonstiger Weise entnommen, sind die aufgedeckten → *stillen Reserven* zu versteuern.

Bürgerbegehren

B. ist ein auf kommunaler Ebene eingeführtes Institut zur unmittelbaren Einflussnahme der Bürger auf Entscheidungen des jeweiligen Beschlussorgans, etwa des Gemeinderats. Die meisten Kommunalgesetze der Länder enthalten entsprechende Bestimmungen. Die Einzelheiten sind teilweise unterschiedlich geregelt; das gilt insbesondere für die Frage, wie viele Bürger sich an dem Begehren beteiligen müssen, damit es zulässig ist. Sind die Voraussetzungen erfüllt, muss sich das entsprechende kommunale Gremium mit der Angelegenheit befassen. Stimmt es dem Vorschlag des Bürgerbegehrens nicht zu, ist binnen bestimmter Frist ein Bürgerentscheid durchzuführen. Bei diesem haben die wahlberechtigten Bürger darüber abzustimmen, ob sie dem Vorschlag folgen. Ist das der Fall, darf innerhalb bestimmter Fristen kein entgegenstehender Beschluss etwa durch den Gemeinderat gefasst werden.

In Bayern sind die entsprechenden Regelungen in den Kommunalgesetzen im Rahmen der Volksgesetzgebung, also durch → *Volksbegehren* und Volksentscheid eingeführt worden.

Bürgerliches Recht

Das Bürgerliche Recht ist ein Teilbereich des → *Privatrechts.* Es ist das Recht, das für die Privatrechtsbeziehungen aller Bürger gilt. Geregelt ist das bürgerliche Recht in erster Linie im Bürgerlichen Gesetzbuch, das mit seinen 5 Büchern (Allgemeiner Teil, Schuldrecht, Sachenrecht, Familienrecht, Erbrecht) auch die wesentlichen Inhalte wieder gibt.

Bürgermeister

B. ist die Bezeichnung des leitenden Gemeindeorgans. Seine Stellung und seine Aufgaben sind in den Gemeindeordnungen der Länder geregelt. Der Bürgermeister vertritt die Gemeinde nach außen. Er führt den Vorsitz im Gemeinderat und den → *Ausschüssen;* Geschäfte der laufenden Verwaltung erledigt er in eigener Zuständigkeit. Er wird wie der Gemeinderat von den Gemeindebürgern gewählt. Dieses als Süddeutsche Ratsverfassung bekannte Modell wurde inzwischen – teilweise mit geringfügigen Abweichungen – in fast allen Bundesländern übernommen. In Hessen ist wie in allen sonstigen Bundesländern das Hauptorgan der Gemeinderat. Die Vertretung nach außen und die Erledigung laufendender Angelegenheiten obliegt dem aus Beigeordneten bestehenden Magistrat als Kollegialorgan und dem Bürgermeister; Letzterer wird vom Volk, die Beigeordneten werden vom Gemeinderat gewählt (unechte Magistratsverfassung). In kreisfreien Städten und einigen kreisangehörigen Gemeinden trägt er die Bezeichnung Oberbürgermeister. In den Stadtstaaten Berlin, Bremen und Hamburg ist der Bürgermeister zugleich Regierungschef.

Bürgschaft

Eine Bürgschaft ist ein einseitig verpflichtender → *Vertrag* zwischen dem Bürgen und dem Gläubiger, durch den sich der Bürge verpflichtet, für die Erfüllung der Verbindlichkeit des Hauptschuldners einzustehen (§ 765 BGB). Durch den Bürgschaftsvertrag wird jedoch eine eigene Leistungspflicht des Bürgen, nicht nur eine bloße Haftung für fremde Verbindlichkeiten begründet. Die Bürgschaftsschuld ist immer vom Bestehen und dem Umfang der Hauptschuld abhängig („akzessorisch"). Wegen der Gefährlichkeit der Bürgschaft bedarf die Bürgschaftserklärung der Schriftform (§ 766 BGB; Ausnahme bei Kaufleuten: § 350 HGB). Grundsätzlich steht dem Bürgen die Einrede der Vorausklage zu, das heißt, der Gläubiger müsste zunächst erfolglos die Zwangsvollstreckung gegen den Hauptschuldner versucht haben. In der Praxis (vor allem der Banken) sind heute jedoch die selbstschuldnerischen Bürgschaften üblich, bei denen der Bürge auf diese Einrede verzichtet hat. In diesen Fällen hat der Gläubiger die Wahl, ob er vom Hauptschuldner oder (gleich) vom Bürgen die Zahlung verlangt. Leistet der Bürge auf seine eigene Verbindlichkeit hin, geht die Hauptforderung des Gläubigers gegen den Schuldner auf den Bürgen über (§ 774 BGB).

Bundesanstalt

B. ist die Bezeichnung für mehrere → *Bundesoberbehörden*. Sie tragen jeweils einen auf ihr Aufgabengebiet hindeutenden Zusatz, etwa Bundesanstalt für Materialprüfung, Bundesanstalt für Straßenwesen und Bundesanstalt für den gewerblichen Güterfernverkehr. Sie sind Behörden der unmittelbaren Bundesverwaltung und als solche rechtlich nicht selbständig.

Bundesanstalt für Arbeit

B. ist Träger der gesetzlichen → *Arbeitslosenversicherung*. Sie ist eine Körperschaft des öffentlichen Rechts, die sich in die Hauptstelle, die Landesarbeitsämter und die Arbeitsämter gliedert. Organe sind die Verwaltungsausschüsse der Arbeitsämter und Landesarbeitsämter, sowie der Vorstand und der Verwaltungsrat der Bundesanstalt für Arbeit. Die Mitglieder der Organe werden aus den Reihen der Arbeitnehmer, der Arbeitgeber und der öffentlichen Körperschaften berufen. Im Rahmen der geplanten Neuordnung des Arbeitsmarktes sind Änderungen in der Organisationsstruktur der Arbeitsverwaltung vorgesehen.

Bundesarbeitsgericht

B. heißt das **oberste Gericht des Bundes im Bereiche der** → *Arbeitsgerichtsbarkeit;* es hat seinen Sitz in **Erfurt**. Spruchkörper sind Senate, die besetzt sind mit einem Vorsitzenden, 2 berufsrichterlichen Beisitzern sowie je 1 ehrenamtlichem Richter aus den Kreisen der Arbeitnehmer und Arbeitgeber. Das Bundesarbeitsgericht ist zuständig zur Entscheidung über die Revision gegen Urteile der Landesarbeitsgerichte (§ 72 Arbeitsgerichtsgesetz – ArbGG –) sowie über die → *Sprungrevision* gegen die Urteile der

→ *Arbeitsgerichte* (§ 76 ArbGG). Ferner entscheidet es über → *Rechtsbeschwerden* gegen Beschlüsse der Landesarbeitsgerichte (§ 92 ArbGG) und die Sprungrechtsbeschwerde gegen Beschlüsse der Arbeitsgerichte (§ 96a ArbGG).

Bundesbahn

Das Bundeseisenbahnvermögen wurde früher von der Deutschen Bundesbahn als nicht rechtsfähiges Sondervermögen verwaltet. Zum 1. 1. 1994 wurde eine grundsätzliche Neugliederung vorgenommen. Die Deutsche Bundesbahn wurde zusammen mit der Deutschen Reichsbahn in der früheren DDR in ein privatrechtlich organisiertes Unternehmen (Aktiengesellschaft) des Bundes umgestaltet. Es trägt die Bezeichnung Deutsche Bahn AG. Die Aktien stehen zunächst dem Bund zu. Das Unternehmen betreibt vier voneinander unabhängige Abteilungen, nämlich Personenverkehr, Güterverkehr, Traktion und Schienenwege. Die nichtbeamteten Bediensteten wurden unmittelbar von den Vorgängerorganisationen übernommen. Dienstherr der Beamten wurde das nicht rechtsfähige Sondervermögen „Bundeseisenbahnvermögen", das die Beamten an die Bahn AG gleichsam ausleiht.

Bundesbank

Die Rechtsverhältnisse der Deutschen Bundesbank sind im Bundesbankgesetz geregelt. Sie untersteht nicht den Weisungen der Bundesregierung. Die Bundesbank versorgt die Wirtschaft mit Krediten, sorgt für die bankmäßige Abwicklung des Zahlungsverkehrs im Inland und mit dem Ausland und dient den Banken als Refinanzierungsquelle durch Ausreichung von Diskont- und Lombardkrediten. Währungspolitische Aufgaben hat die Bundesbank seit Inkrafttreten der 3. Stufe der Europäischen Währungsunion nicht mehr. Hierfür ist nunmehr die → *Europäische Zentralbank* zuständig.

Bundesfernstraßen

B. sind nach der Definition im Bundesfernstraßengesetz Bundesautobahnen und Bundesstraßen. Die Bundesfernstraßen sind öffentliche Straßen, die durch → *Widmung* entstehen. Träger der → *Straßenbaulast* ist der Bund; er hat also die finanziellen Mittel für die Errichtung und die Unterhaltung der Bundesfernstraßen zu erbringen. Die Verwaltung der Bundesfernstraßen wurde den Ländern im Weg der Bundesauftragsverwaltung übertragen. Die Bundesfernstraßen einschließlich der Ortsdurchfahrten bilden ein zusammenhängendes Verkehrsnetz, das dem weiträumigen Verkehr dient. Die Errichtung von Bundesfernstraßen und ihre wesentliche Änderung bedarf der → *Planfeststellung.*

Bundesfinanzhof (BFH)

Der BFH ist der oberste Gerichtshof für die → *Finanzgerichtsbarkeit* mit Sitz in München. Beim Bundesfinanzhof werden Senate sowie ein Großer Senat gebildet. Die Senate entscheiden in der Besetzung mit fünf Berufsrichtern, außerhalb der → *mündlichen* Verhandlung mit drei Berufsrichtern. Der Große Senat ist zur Entscheidung über Rechtsfragen von grundsätzlicher Bedeutung oder zur Entscheidung bei beabsichtigter Abweichung in der Rechtsprechung der Senate berufen. Der BFH ist zuständig für → *Revisionen* gegen Urteile der Finanzgerichte, → *Beschwerden* gegen andere Entscheidungen der Finanzgerichte. Vertretungsbefugt sind → *Rechtsanwälte,* → *Steuerberater,* → *Wirtschaftsprüfer.*

Bundesgerichte

Die Gerichtsbarkeit ist grundsätzlich Sache der Bundesländer. Lediglich die obersten Gerichte der einzelnen Fachrichtungen sind Bundesgerichte, denen in erster Linie die Wahrung der Rechtseinheit obliegt.

Derzeit gibt es folgende Bundesgerichte: Für die „ordentliche Gerichtsbarkeit“ (also Zivil- und Strafrechtspflege) den → *Bundesgerichtshof,* für die Arbeitsgerichtsbarkeit das → *Bundesarbeitsgericht,* für die Sozialgerichtsbarkeit das → *Bundessozialgericht,* für die Verwaltungsgerichtsbarkeit das → *Bundesverwaltungsgericht,* und für die Finanzgerichtsbarkeit den → *Bundesfinanzhof.* Ferner gibt es für Patentrecht und gewerblichen Rechtsschutz noch das Bundespatentgericht.

▸ Bundesgerichtshof

In Zivilsachen ist der Bundesgerichtshof in Karlsruhe in erster Linie für → *Revisionen* gegen die Entscheidungen der Berufungsgerichte zuständig. Die Revision wird durch das Berufungsgericht zugelassen oder findet nach einer erfolgreichen Beschwerde gegen die Nichtzulassung statt.

In Strafsachen entscheidet der Bundesgerichtshof hauptsächlich über die Revisionen gegen Urteile, die in erster Instanz von Landgerichten oder Oberlandesgerichten gefällt worden sind. Darüber hinaus muss er im Rahmen des so genannten Vorlageverfahrens von einem Oberlandesgericht angerufen werden, wenn dies von der Rechtsprechung eines anderen Oberlandesgerichts oder des Bundesgerichtshofs abweichen will.

▸ Bundesgesetzblatt

B. ist das amtliche Veröffentlichungsorgan für die vom Bund erlassenen Rechtsvorschriften. Es ist in drei Teile untergliedert. Im ersten Teil werden die Gesetze und Verordnungen in zeitlicher Reihenfolge verkündet. Der zweite Teil dient im Wesentlichen der Bekanntmachung von Vorschriften, durch die Internationales, Europäisches und Völkerrecht in innerstaatliches Recht transformiert werden. Der dritte Teil dient als Fortführungsnachweis; hier wird zum Zweck der Rechtsbereinigung das als fortgeltend festgestellte Bundesrecht aufgeführt. Das Bundesgesetzblatt wird vom Bundesjustizministerium herausgegeben.

▸ Bundesgrenzschutz

Nach dem Gesetz über den Bundesgrenzschutz obliegt diesem der Schutz der Bundesrepublik Deutschland an den Grenzen, in Grenznähe, d. h. bis zu einer Tiefe von 30 km und auf hoher See, wenn diese Aufgaben nicht von den Grenzpolizeibehörden der Länder wahrgenommen werden. Erfasst werden vor allem die polizeiliche Überwachung der Grenzen, die Kontrolle des grenzüberschreitenden Verkehrs sowie die Beseitigung von Störungen der öffentlichen Sicherheit und Ordnung im Grenzbereich. Im Spannungs- und Verteidigungsfall sind dem Bundesgrenzschutz noch weitere Aufgaben zugewiesen. Auf Anforderung der jeweiligen Landesbehörden kann der Bundesgrenzschutz auch in Fällen von besonderer Bedeutung, etwa bei Naturkatastrophen und besonders schweren Unglücksfällen eingesetzt werden. In diesen Fällen richten sich die polizeilichen Befugnisse nicht nach dem Bundesgrenzschutzgesetz, sondern den landesrechtlichen Polizeigesetzen. Eine mit einer gewissen Selbständigkeit ausgestattete Abteilung des Bundesgrenzschutzes ist die → *Bahnpolizei.* Der Bundesgrenzschutz untersteht dem Bundesinnenministerium. Es bestehen Überlegungen, den Bundesgrenzschutz in Polizei des Bundes umzubenennen.

Bundeskanzler

Zusammen mit den → *Bundesministern* bildet der Bundeskanzler die → *Bundesregierung.* Der Bundeskanzler wird vom → *Bundestag* auf Vorschlag des → *Bundespräsidenten* gewählt. Im ersten Wahlgang ist gewählt, wer die Mehrheit der gesetzlichen Mitgliederzahl des Bundestags erhält. Gelingt das nicht, hat binnen 14 Tagen ein zweiter Wahlgang stattzufinden; das Vorschlagsrecht steht nunmehr dem Bundestag selbst zu. Erhält der Bewerber auch nunmehr nicht die nötige Stimmenzahl, hat unverzüglich ein neuer Wahlgang stattzufinden. Gewählt ist, wer die meisten Stimmen auf sich vereinigt. Eine Pflicht, den Gewählten zu ernennen, hat der Bundespräsident nur, wenn die Mehrheit zugleich mehr als die Hälfte der gesetzlichen Mitgliederzahl des Bundestags ist. Ansonsten steht die Ernennung eines so genannten Minderheitskanzlers im Ermessen des Bundespräsidenten; macht er hiervon keinen Gebrauch, wird der Bundestag aufgelöst. Der gewählte Bundeskanzler kann nur durch ein konstruktives → *Misstrauensvotum* abgelöst werden.

Der Bundeskanzler leitet die Bundesregierung. Er bestimmt die Richtlinien der Politik, d. h. er trifft die ziel- und rahmensteckenden Grundentscheidungen. Durch diese Richtlinien wird die Verantwortung der Bundesminister für ihren Geschäftsbereich eingeschränkt.

Bundeskriminalamt

Das Bundeskriminalamt verfolgt zwar als Bundesbehörde gewisse international organisierte Straftaten wie etwa Teile des Rauschgifthandels sowie Tötungsdelikte gegen Mitglieder von Verfassungsorganen. Darüber hinaus können ihm auch weitere Ermittlungen – zum Beispiel im Bereich des Terrorismus – übertragen werden.

In erster Linie organisiert es jedoch die Zusammenarbeit bei Straftaten, die über Ländergrenzen hinausgehen. Das Bundeskriminalamt sammelt dazu insbesondere Nachrichten und Unterlagen und wertet diese aus. So können etwa bestimmte Arbeitsweisen von Tätern rascher erkannt und zugeordnet werden.

Bundesminister

Die Bundesminister bilden zusammen mit dem → *Bundeskanzler* die → *Bundesregierung.* Sie werden auf Vorschlag des Bundeskanzlers vom → *Bundespräsidenten* ernannt und gegebenenfalls entlassen. Diesem steht dabei kein Ablehnungsrecht zu; er kann nur prüfen, ob die rechtlichen Grenzen eingehalten sind.

Im Rahmen der vom Bundeskanzler ausgegebenen Richtlinien leiten die Bundesminister ihr Ressort selbständig und eigenverantwortlich. Wie viele Geschäftsbereiche gebildet werden und damit auch wie viele Minister es gibt, ist gesetzlich nicht vorgeschrieben; insofern ist dem Bundeskanzler ein Ermessen eingeräumt. Die Bundesminister üben ein öffentliches → *Amt* aus, ohne Beamte zu sein.

Bundesnachrichtendienst

Der Bundesnachrichtendienst ist ein Geheimdienst, dem die Informationsbeschaffung aus dem und über das Ausland in politischer, wirtschaftlicher, technischer und militärischer Hinsicht obliegt. Er untersteht unmittelbar dem Bundeskanzler. Unter bestimmten Voraussetzungen darf der Bundesnachrichtendienst den Brief-, Post- und Fernmeldeverkehr überwachen.

▸ Bundesoberbehörden

B. sind Behörden der Bundesverwaltung, deren Zuständigkeitsbereich sich auf das ganze Bundesgebiet erstreckt und die auf oberster Stufe stehen, also den jeweiligen Bundesministerien unmittelbar nachgeordnet sind. Sie sind im Gegenstand zu den Anstalten und Körperschaften des öffentlichen Rechts nicht rechtlich selbständig, sondern Teil der unmittelbaren Staatsverwaltung. Bundesoberbehörden sind z. B. das Bundesamt für Verfassungsschutz, das Kraftfahrtbundesamt, die Bundesanstalt für den Güterfernverkehr, die Bundesanstalt für Straßenwesen und das Statistische Bundesamt.

▸ Bundespost

Die Deutsche Bundespost stellte früher ein Sondervermögen des Bundes dar. Durch das Postneuordnungsgesetz vom 14. 9. 1994 wurden als Rechtsnachfolger drei Aktiengesellschaften gegründet, nämlich die Deutsche Post AG, die Postbank AG und die Deutsche Telekom AG. Die Aktien sind börsennotiert. Die Arbeiter und Angestellten wurden unmittelbar von den Vorgängerorganisationen übernommen. Die Beamten erhielten unmittelbar den Status von Bundesbeamten; sie werden den Aktiengesellschaften zur Ausübung ihres Dienstes gleichsam ausgeliehen. Die Bundespost unterliegt der Aufsicht durch die Regulierungsbehörde für Telekommunikation und Post (→ *Post- und Fernmeldewesen*); diese ist Lizenz- und Überwachungsbehörde.

▸ Bundespräsident

Der Bundespräsident ist das Staatsoberhaupt der Bundesrepublik Deutschland. Er wird nicht durch das Volk, sondern die → *Bundesversammlung* auf die Dauer von fünf Jahren gewählt; eine einmalige Wiederwahl ist zulässig. Der Bundespräsident ist unabhängig und keiner Aufsicht unterworfen. Um seine Neutralität zu gewährleisten, darf er weder der → *Bundesregierung* angehören noch Mitglied des Bundestags oder eines Landtags sein. Dem Bundespräsidenten obliegt die Staatsrepräsentation, also dessen Vertretung nach außen; außenpolitische Entscheidungsbefugnisse stehen ihm aber nicht zu. Der Bundespräsident hat die vom → *Bundestag* beschlossenen Gesetze auszufertigen, wobei ihm das grundsätzliche Recht zugebilligt wird, diese auf ihre Verfassungsmäßigkeit hin zu überprüfen. Er hat das Recht, den → *Bundeskanzler* zur Wahl vorzuschlagen; er ernennt auf dessen Vorschlag die → *Bundesminister.* Seine Aufgabe ist weiterhin die Ernennung und Entlassung der Bundesbeamten und Bundesrichter, soweit diese nicht auf andere Behörden übertragen wurde. Der Stellvertreter des Bundespräsidenten ist der jeweilige Präsident des → *Bundesrats.*

▶ Bundesrat

Der Bundesrat ist das Organ, durch das die Länder an der Gesetzgebung und der Verwaltung des Bundes teilnehmen; er ist aber kein Länderorgan, sondern ein oberstes Verfassungsorgan des Bundes. Er besteht aus den Vertretern der Landesregierungen, die von diesen bestellt und abberufen werden; sie werden also nicht gewählt. Die Mitglieder des Bundesrats sind an Weisungen ihrer Landesregierung gebunden. Die Zahl der Stimmen, die nur einheitlich abgegeben werden können, hängt von der Größe des Bundeslandes ab; jedes Land hat wenigstens drei, maximal fünf Stimmen. Der Bundesrat kann Gesetzesvorschläge machen, sich zu Vorlagen anderer zur Gesetzesinitiative befugter Stellen äußern, bei nicht zustimmungsbedürftigen Gesetzen den Vermittlungsausschuss anrufen und bei zustimmungsbedürftigen Gesetzen seine Zustimmung verweigern.

▶ Bundesregierung

Die Bundesregierung besteht aus dem → *Bundeskanzler* und den → *Bundesministern.* Die Staatssekretäre sind nicht Mitglieder der Bundesregierung. Ihr obliegt die politische Leitung des Staates. Innerhalb der Bundesregierung bestimmt der Bundeskanzler die Richtlinien der Politik; hieran sind die Minister, die ansonsten ihren Geschäftsbereich selbständig verwalten, gebunden. Wie viele Mitglieder die Bundesregierung hat, ist gesetzlich nicht festgelegt;

es obliegt dem Bundeskanzler, die Zahl der Minister zu bestimmen. Der Bundesregierung steht das Gesetzinitiativrecht zu, d. h. sie kann Gesetzesentwürfe in das Gesetzgebungsverfahren → *Gesetzgebung)* einbringen. Soweit sie hierzu durch Bundesgesetz ermächtigt ist, kann die Bundesregierung → *Rechtsverordnungen* erlassen.

Bundesrepublik

Die Bundesrepublik Deutschland ist mit dem Inkrafttreten des → *Grundgesetzes* am 24. 5. 1949 entstanden. Sie umfasste damals die nach dem 2.Weltkrieg gebildete amerikanische, englische und französische Besatzungszone. Im Gebiet der sowjetischen Besatzungszone entstand die Deutsche Demokratische Republik. Mit dem Beitritt der – ehemaligen – DDR am 3. Oktober 1990 ist diese untergegangen(→ *Einigungsvertrag);* seitdem gilt das Grundgesetz als Verfassung in beiden Teilen Deutschlands. Durch den „Vertrag über die abschließende Regelung in Bezug auf Deutschland" (bekannt als Zwei-plus-Vier-Vertrag), der am 12. 9. 1990 in Moskau unterzeichnet wurde, erhielt die Bundesrepublik die volle Souveränität zurück, noch bestehende Rechte und Verantwortlichkeiten der Vier Mächte wurden aufgehoben. Streitig behandelt wird die Frage, ob die Bundesrepublik Rechtsnachfolgerin des Deutschen Reichs ist, oder ob dieses 1945 untergegangen ist; mehrheitlich wird die so genannte Fortbestandstheorie vertreten.

Die Bundesrepublik ist nach Art. 20 des Grundgesetzes ein demokratischer und sozialer → *Bundesstaat.* Die Bundesländer sind selbst Staaten mit eigenen Verfassungen, die den Prinzipien des republikanischen, demokratischen und sozialen Rechtsstaats entsprechen müssen. Länder, Kreise und Gemeinden müssen eine vom Volk in allgemeinen, freien, gleichen und geheimen Wahlen gewählte Vertretung haben. Entsprechend dem Grundsatz der repräsentativen Demokratie geht alle Gewalt vom Volk aus und wird von besonderen Organen der Gesetzgebung (Legislative), Verwaltung (Exekutive) und Rechtsprechung (Judikative) ausgeübt.

Bundessozialgericht

Das Bundessozialgericht mit Sitz in Kassel ist eines der fünf obersten Bundesgerichte. Es ist die letzte Instanz für sozialrechtliche Streitigkeiten. Es entscheidet im Wesentlichen über Revisionen gegen Urteile der Landessozialgerichte. In einigen wenigen Fällen, etwa bei Streitigkeiten zwischen Bund und Ländern oder zwischen zwei Ländern über sozialrechtliche Fragen, ist es zugleich erste und letzte Instanz. Die Spruchkörper beim Bundessozialgericht werden als → *Senate* bezeichnet; es werden für einzelne Arten von Streitigkeiten, etwa auf dem Gebiet des Sozialversicherungsrechts, des Arbeitslosenversicherungsrechts und des Kassenarztrechts, Fachsenate gebildet. Die Senate sind mit jeweils drei → *Berufsrichtern* und zwei ehrenamtlichen Richtern besetzt; diese wirken allerdings nur in der mündlichen Verhandlung mit, im schriftlichen Verfahren entscheiden allein die Berufsrichter. Für das Bundessozialgericht besteht Anwaltszwang; die Beteiligten können sich aber auch durch Vertreter der Arbeitnehmervereinigungen, insbesondere der → *Gewerkschaften*, und der → *Arbeitgeberverbände* oder sonstige berufständische Vereinigungen vertreten lassen.

Bundesstaat

Der Bundestaat ist zwischen dem Einheitsstaat und dem Staatenbund angesiedelt. Er entsteht durch den Zusammenschluss mehrerer Staaten, die dadurch aber nicht ihre Eigenstaatlichkeit verlieren. Die Beziehungen untereinander bestimmt nicht das Völkerrecht, sondern die Verfassung. Durch diese werden die Kompetenzen des Zentralstaats und der einzelnen Gliedstaaten geregelt und voneinander abgegrenzt. Aus der föderativen Gestaltung folgt eine Pflicht zum bundesfreundlichen Verhalten, d. h. Bund und Länder müssen so zusammenwirken, dass die jeweiligen Belange nicht beeinträchtigt werden. Als Beispiele für Bundesstaaten sind neben der → *Bundesrepublik* Deutschland Österreich, die Schweiz und die Vereinigten Staaten von Amerika zu nennen.

Bundesstraßen → *Bundesfernstraßen*

Bundestag

Der Deutsche Bundestag stellt die Repräsentation des Bundesvolks dar. Er setzt sich aus den → *Abgeordneten* zusammen, die in allgemeiner, freier, geheimer und gleicher Wahl gewählt werden. Seine wesentliche Aufgabe ist die der → *Gesetzgebung*, aber auch die, den → *Bundeskanzler* zu wählen. Der Bundestag ist ein oberstes Verfassungsorgan, das einige Unterorgane besitzt. Es handelt sich dabei um den Bundestagspräsidenten, seine Stellvertreter, die Schriftführer und den Ältestenrat. Einige → *Ausschüsse,* etwa der für Auswärtige Angelegenheiten und für Verteidigung, sind von der Verfassung vorgeschrieben, andere können im Rahmen der dem Bundestag zustehenden Geschäftsordnungsautonomie bei Bedarf eingerichtet werden. Auf Antrag eines Viertels der Mitglieder des Bundestags ist ein → *Untersuchungsausschuss* zu bilden. Die Ausschüsse werden grundsätzlich entsprechend dem Stärkeverhältnis der im Bundestag vertretenen Fraktionen besetzt. Wegen der besonderen politischen Bedeutung der parlamentarischen Ausschüsse, insbesondere bei der Vorbehandlung von Gesetzesentwürfen, hat das → *Bundesverfassungsgericht* auch einem fraktionslosen Abgeordneten ein Mitwirkungsrecht in einem Ausschuss zugesprochen.

Bundesverfassungsgericht

Das Bundesverfassungsgericht mit Sitz in Karlsruhe ist ein oberstes Verfassungsorgan, das gegenüber allen anderen Verfassungsorganen selbständig und von ihnen unabhängig ist. Seine Aufgabe ist im Wesentlichen die letztverbindliche Entscheidung umstrittener verfassungsrechtlicher Fragen; es ist also Hüter der Verfassung. Das Bundesverfassungsgericht besteht aus zwei Senaten mit jeweils acht Mitgliedern, den Bundesverfassungsrichtern. Sie dürfen weder dem → *Bundestag,* dem → *Bundesrat* noch der → *Bundesregierung* oder einem entsprechenden Organ eines Landes angehören. Die Mitglieder des Bundesverfassungsgerichts werden je zur Hälfte vom Bundestag und vom Bundesrat auf die Dauer von 12 Jahren gewählt; eine Wiederwahl ist ausgeschlossen.

Anstelle der Senate entscheiden in offensichtlich begründeten oder unbegründeten Fällen aus drei Verfassungsrichtern bestehende Kammern. Die Zuständigkeit des Bundesverfassungsgerichts ist im GG und den entsprechenden Vorschriften des Bundesverfassungsgerichtsgesetzes abschließend aufgezählt. Danach entscheidet es unter anderem über die Verwirkung von Grundrechten, über die Verfassungswidrigkeit von Parteien, über Organstreitigkeiten zwischen obersten Bundesorganen und zwischen Bundes- und Landesorganen, über die Vereinbarkeit von Gesetzen mit der Verfassung aufgrund von Richtervorlagen (→ *Normenkontrolle)* sowie über → *Verfassungsbeschwerden.*

Bundesversammlung

Die Bundesversammlung ist das Gremium, das den ausschließlichen Zweck hat, den → *Bundespräsidenten* zu wählen. Sie wird vom Präsidenten des Deutschen → *Bundestags* einberufen. Die Bundesversammlung besteht je zur Hälfte aus den Mitgliedern des Bundestags und Mitgliedern, die nach den Grundsätzen der Verhältniswahl von den Parlamenten der Bundesländer gewählt werden; letztere müssen den Landtagen nicht angehören. Die Wahl zum Bundespräsidenten setzt die Mehrheit der gesetzlichen Mitglieder der Bundesversammlung voraus. Die Einzelheiten sind im Gesetz über die Wahl des Bundespräsidenten durch die Bundesversammlung geregelt.

Bundesverwaltungsgericht

Das Bundesverwaltungsgericht mit Sitz in Leipzig ist eines der fünf obersten Bundesgerichte. Es entscheidet in letzter Instanz über verwaltungsrechtliche Streitigkeiten im Rahmen von Revisionen gegen Urteile der → *Oberverwaltungsgerichte* bzw. Verwaltungsgerichtshöfe der Länder. In einigen Fällen ist das Bundesverwaltungsgericht auch in erster und zugleich letzter Instanz zuständig, etwa bei Verbot eines über die Ländergrenzen hinweg organisierten → *Vereins.* Die Spruchkörper beim Bundesverwaltungsgericht werden → *Senate* genannt. Sie sind in Verfahren mit mündlicher Verhandlung mit fünf, ansonsten mit drei → *Berufsrichtern* besetzt; ehrenamtliche Richter wirken nicht mit. Vor dem Bundesverwaltungsgericht müssen sich grundsätzlich alle Beteiligungen durch einen → *Rechtsanwalt* vertreten lassen; eine Ausnahme gilt für juristische Personen des öffentlichen Rechts und → *Behörden*, soweit sie über einen Bediensteten verfügen, der die Befähigung zum Richteramt hat.

Bundeswasserstraßen

B. sind nach der Definition des Bundeswasserstraßengesetzes die Binnenwasserstraßen des Bundes, die dem allgemeinen Verkehr dienen (sie sind in der Anlage zu dem Gesetz aufgezählt), und die Seewasserstraßen. Das Gesetz regelt unter anderem das Recht, Wasserstraßen zu befahren, die Unterhaltungspflicht, die Befugnisse der Strompolizei und die Pflichten in Zusammenhang mit der Kreuzung von Bundeswasserstraßen mit anderen öffentlichen Verkehrswegen. Der Ausbau und der Neubau von Bundeswasserstraßen bedürfen der → *Planfeststellung*.

Bundeswehr

B. ist die Sammelbezeichnung für die aus den Streitkräften, der Bundeswehrverwaltung und den Truppendienstgerichten bestehenden Einrichtungen zur Verteidigung der Bundesrepublik Deutschland. Dem Bund steht hierfür die ausschließliche Gesetzgebungskompetenz zu.

Die Streitkräfte, das sind das Heer, die Marine und die Luftwaffe einschließlich des Sanitäts- und Gesundheitsdienstes, bestehen aus Berufssoldaten und Wehrpflichtigen (→ *Wehrdienst*). Sie unterstehen dem Bundesverteidigungsminister. Aus der umfangreichen Wehrgesetzgebung sind zu nennen das Wehrpflichtgesetz, das Soldatengesetz und das Soldatenversorgungsgesetz.

Bushaltestelle

An Haltestellen von Straßenbahnen, Omnibussen des Linienverkehrs und von Schulbussen ist beim Halt der entsprechenden Fahrzeuge generell ein vorsichtiges Verhalten geboten.

Soweit Linien- und Schulbusse bei der Annäherung an eine Haltestelle das Warnblinklicht einschalten, dürfen sie nicht mehr überholt werden. Nach dem Halten darf in diesem Fall an den Bussen nur noch in Schrittgeschwindigkeit vorbeigefahren werden; dies gilt auch für den Gegenverkehr auf derselben Fahrbahn.

Bußgeld

Das Bußgeld ist die für eine → *Ordnungswidrigkeit* verhängte Sanktion. Es beträgt, wenn das entsprechende Gesetz nicht besondere Regelungen vorsieht, für vorsätzliche Begehung zwischen 5 und 1000 EUR und für fahrlässige Begehung zwischen 5 und 500 EUR.

Die Regeln, nach denen ein Bußgeld durch einen so genannten Bußgeldbescheid festgesetzt wird, sind in dem Gesetz über Ordnungswidrigkeiten enthalten und folgen in ihrem Grundsatz der → *Strafprozessordnung*.

Eine vereinfachte Form der Ahndung geringfügiger Ordnungswidrigkeiten stellt schließlich die → *Verwarnung* dar, die ein förmliches Bußgeldverfahren entbehrlich macht.

Bußgeldkatalog

Grundsätzlich wird zwar die Höhe eines Bußgeldes innerhalb des zur Verfügung stehenden Rahmens nach Maßgabe der Umstände des Einzelfalls bemessen. Um jedoch bei massenhaft vorkommenden Verstößen wie etwa → *Ordnungswidrigkeiten* im Straßenverkehr eine Gleichbehandlung der Betroffenen zu erreichen, ist ein Bußgeldkatalog erstellt worden, der die Höhe der Geldbuße für die einzelnen Verstöße festlegt (abgedruckt etwa in Burmann/Gebhardt, Bußgeldkatalog von A–Z, dtv-Band 5681) und grundsätzlich verbindlich ist.

C

Chancengleichheit

C. ist ein aus dem Gleichheitssatz im Sinne von Art. 3 Abs. 1 des Grundgesetzes abgeleitetes Rechtsinstitut. Er bedeutet, dass für alle Bewerber für eine bestimmte Stelle, zu einer bestimmten Einrichtung oder für ein bestimmtes Amt grundsätzlich die gleichen Zulassungsvoraussetzungen gelten müssen. Besondere Bedeutung hat dieser Grundsatz etwa bei Prüfungen; ein Verstoß läge vor, wenn die Prüfungsbedingungen nicht für alle Kandidaten gleich sind.

Bedeutung hat er auch im Wahlrecht. Es ist unzulässig, wenn ein um Wiederwahl bemühter Kandidat staatliche Einrichtungen, etwa ein amtliches Publikationsorgan, oder öffentliche Gelder für seinen Wahlkampf einsetzt.

Computerbetrug

Da der → *Betrug* die Täuschung eines Menschen voraussetzt, konnten im Rahmen der voranschreitenden technischen Entwicklung durch diesen Tatbestand Verhaltensweisen, die auf der „Täuschung einer Maschine“ beruhten, nicht mehr erfasst werden. Deshalb hat der Gesetzgeber den Computerbetrug geschaffen. Danach wird derjenige wie ein Betrüger bestraft, der sich oder einem Dritten durch Manipulationen bei den Daten oder ihrer Verarbeitung einen rechtswidrigen Vermögensvorteil verschafft. Zu denken ist etwa an einen Programmierer, der in Wirklichkeit nicht angewiesene Zahlungen in den Computer eingibt und diese zum Beispiel auf ein ihm zugängliches Konto leitet.

Computersabotage

Die Computersabotage ist ein spezieller Tatbestand zur → *Sachbeschädigung,* die ebenso wie der Betrug die neue technische Entwicklung nicht mehr erfassen konnte. Die Computersabotage stellt die Beeinträchtigung fremder Daten, Datenträger oder Datenverarbeitungsanlagen unter Strafe. Hiervon wird etwa ein Programmierer erfasst, der aus Rache für seine Kündigung vorhandene Programme so verändert, dass sie unbrauchbar sind.

D

Darlehen

Das Darlehen ist das heute in der Praxis bedeutendste Kreditgeschäft. Ganz im Vordergrund steht das Gelddarlehen (§ 488 BGB). Dabei wird der Darlehensgeber verpflichtet, dem Darlehensnehmer den vereinbarten Geldbetrag zur Verfügung zu stellen. Der Darlehensnehmer ist verpflichtet, die vereinbarten Zinsen zu zahlen und bei Eintritt der Fälligkeit den Darlehensbetrag zurückzuzahlen. In Ermangelung einer anderen Vereinbarung sind Zinsen grundsätzlich nach Ablauf eines Jahres zu zahlen. Die Rückzahlung des Darlehensbetrages erfolgt am Ende der vereinbarten Laufzeit oder – wenn keine Laufzeit vereinbart war – nach einer Kündigung durch einen der Vertragspartner. Während die hierfür maßgebliche, grundlegende Kündigungsfrist von 3 Monaten für beide Seiten gilt, kann der Darlehensnehmer ein Darlehen auch während der vereinbarten Laufzeit aus verschiedenen Gründen wie etwa einer Zinsänderung oder jedenfalls nach 10 Jahren Laufzeit kündigen (§ 489 BGB). Für den → *Verbraucherdarlehensvertrag* gibt es weitere Besonderheiten. Neben dem Gelddarlehen gibt es auch noch das Sachdarlehen (§ 607 BGB), bei dem bestimmte andere vertretbare Sachen als Geld zu überlassen sind.

Datenschutz

D. hat nach den entsprechenden Bestimmungen des Bundesdatenschutzgesetzes das Ziel, der Beeinträchtigung datenschutzrelevanter Belange der von Maßnahmen der personenbezogenen Datenverarbeitung Betroffenen entgegenzuwirken. Der Einzelne soll somit vor den mit der Erfassung, Verarbeitung und Weitergabe personenbezogener Daten verbundenen Gefahren geschützt werden. Personenbezogene Daten sind Einzelangaben über persönliche oder sachliche Verhältnisse einer bestimmten oder bestimmbaren natürlichen Person. Allgemeine sachbezogene Daten unterfallen dagegen grundsätzlich nicht dem gesetzlichen Datenschutz. Dem Datenschutz dienen unter anderem der gesetzliche Datenauskunftsanspruch sowie die Kontrolle durch die unabhängigen Datenschutzbeauftragten. Außer in den bundes- und landesrechtlichen Datenschutzgesetzen finden sich weit gehende Schutzbestimmungen im → *Sozialgesetzbuch* (Schutz der Sozialdaten). Verfassungsrechtlich ist der Schutz des Einzelnen gegen unbegrenzte Erhebung, Speicherung, Verwendung und Weitergabe seiner persönlichen Daten durch das aus dem allgemeinen Persönlichkeitsrecht des Art. 2 Abs. 1 des Grundgesetzes abgeleitete Recht auf Informationelle Selbstbestimmung gewährleistet. Als unter datenschutzrechtlichen Aspekten unzulässig hat das → *Bundesverfassungsgericht* die Weitergabe der im Rahmen einer → *Volkszählung* gewonnenen Daten an die Meldebehörden angesehen.

▶ Dauerdelikt

Ein Dauerdelikt ist eine Straftat, bei der nicht nur die Schaffung des rechtswidrigen Zustands, sondern auch seine Aufrechterhaltung durch den Täter laufend neue Strafbarkeit begründet. Ein Dauerdelikt ist etwa die → *Freiheitsberaubung,* bei der sich ein Täter solange strafbar macht, bis er sein Opfer wieder freilässt.

▶ Dauerschuldverhältnis

Ein Dauerschuldverhältnis ist ein Schuldverhältnis, das nicht nur auf eine einmalige Leistung ausgerichtet ist, sondern bei dem über eine längere Zeit hinweg immer wiederkehrende Leistungen geschuldet werden, deren Gesamtumfang von der Dauer des Schuldverhältnisses abhängt. Dauerschuldverhältnisse sind beispielsweise die → *Miete,* das → *Darlehen,* der → *Dienstvertrag* oder der → *Sukzessivlieferungsvertrag.* Die Vorschriften des BGB gelten auch für diese Schuldverhältnisse. Eine Besonderheit liegt aber darin, dass hier → *Anfechtung* und → *Rücktritt* weitgehend durch die → *Kündigung* ersetzt werden.

Dauervertrag

Bei Verträgen, die Nichtkaufleute im Bereich des Dienst-, Kauf- oder Werkvertragsrechts abschließen, ist in den meisten Fällen eine in Allgemeinen Geschäftsbedingungen enthaltene Laufzeit von mehr als zwei Jahren unzulässig. Ebenso darf der Vertrag, wenn er nicht gekündigt wird, allenfalls um ein Jahr verlängert werden. Die Kündigungsfrist darf schließlich drei Monate nicht übersteigen. So darf etwa der Abonnent einer Zeitschrift höchstens für zwei Jahre zu deren Kauf verpflichtet werden.

Deklaratorische Wirkung

Unter „deklaratorischer Wirkung" versteht man, dass das Bestehen eines Rechts oder → *Rechtsverhältnisses* lediglich festgestellt, bezeugt oder klargestellt wird. Deklaratorische Urkunden sind für das Entstehen des Rechts nicht erforderlich, sondern werden meist nur zu Beweiszwecken errichtet. Eine deklaratorische Wirkung hat regelmäßig auch das → *kaufmännische Bestätigungsschreiben* (dort auch die Ausnahme, dass bei Schweigen auf abgeändertes Schreiben konstitutive – rechtsbegründende – Wirkungen eintreten). Im Prozessrecht haben Feststellungsurteile nur deklaratorische Wirkungen.

Deliktsfähigkeit

Dieser Begriff ist die Bezeichnung für die strafrechtliche Verantwortlichkeit einer Person. Sie setzt nach deutschem Recht voraus, dass der Täter bei Begehung seiner Tat mindestens 14 Jahre alt ist.

Personen zwischen 14 und 18 Jahren sind Jugendliche; solche zwischen 18 und 21 Jahren werden als Heranwachsende bezeichnet. Auf die erste Gruppe ist zwingend Jugendstrafrecht anzuwenden; bei der zweiten Gruppe ist dies dann der Fall, wenn der Täter von seiner Entwicklung her noch auf der Stufe eines Jugendlichen steht.

Zivilrechtlich sind Kinder bis zum vollendeten 7. Lebensjahr für einen durch eine → *unerlaubte Handlung* angerichteten Schaden nicht verantwortlich, ebenso wenig derjenige, der im Zustand der nicht selbstverschuldeten Bewusstlosigkeit oder aufgrund krankhafter Störung der Geistestätigkeit gehandelt hat.

Wer das 7., aber noch nicht das 18.Lebensjahr vollendet hat, haftet für den Schaden nur dann, wenn er die erforderliche Einsichtsfähigkeit in sein Tun hatte. Soweit von einem Aufsichtspflichtigen wegen Verletzung seiner → *Aufsichtspflicht* kein Schadensersatz erlangt werden kann, kann eine Haftung gleichwohl aus Billigkeitsgründen in Betracht kommen (sog. Billigkeitshaftung gem. § 829 BGB). Eine praktisch sehr wichtige Ausnahme von der Altersgrenze von 7 Jahren gilt aber bei Unfällen vor allem im Straßenverkehr (→ *Straßenverkehrshaftung*): Bei Unfällen mit Kraftfahrzeugen sind Kinder für fahrlässig herbeigeführte Schäden bis zu einer Altersgrenze von 10 Jahren nicht verantwortlich. Zusammen mit der Einschränkung der Haftungsfreiheit für den Kraftfahrer auf Fälle höherer Gewalt bedeutet das, dass Kinder bis zu 10 Jahren bei Unfällen mit Kraftfahrzeugen regelmäßig im Rahmen zumindest der Gefährdungshaftung entschädigt werden, während sie selbst für Schäden nicht einzustehen haben.

Demonstrationsdelikt

Dieser Begriff ist der untechnische Ausdruck für solche Straftaten, die meist im Zusammenhang mit Demonstrationen (= Versammlungen unter freiem Himmel) begangen werden. Zwar werden Demonstrationen grundsätzlich von der → *Versammlungsfreiheit* gedeckt, doch müssen sich ihre Teilnehmer friedlich verhalten.

Als Demonstrationsdelikte kommen vor allem → *Landfriedensbruch,* Verstöße gegen das Versammlungsgesetz und das → *Waffenrecht* sowie → *Widerstand* gegen die Staatsgewalt in Betracht.

Depot

Dies ist die Bezeichnung für die → *Verwahrung* bestimmter → *Effekten* insbesondere durch Banken. Auf dieses Bankgeschäft findet neben den Vorschriften über die Verwahrung das Depotgesetz Anwendung. Wichtigste Formen des Depotgeschäfts sind die Sonder- und die Sammelverwahrung. Bei der Sonderverwahrung (auch Streifbanddepot genannt) werden die einzelnen Wertpapiere gesondert vom sonstigen Wertpapierbestand der Bank aufbewahrt. Die Eigentumsverhältnisse an den verwahrten Papieren ändern sich daher nicht. Dagegen werden bei der Sammelverwahrung die Effekten zusammen mit eigenen Beständen der Bank und Beständen sonstiger Kunden ungetrennt verwahrt. Dabei entsteht Miteigentum nach Bruchteilen zwischen der Bank und den gesamten Hinterlegern im Verhältnis der jeweiligen Nennbeträge beziehungsweise Stückzahlen. Der jeweilige Hinterleger hat gegen die Bank nur einen Anspruch auf Herausgabe einer entsprechenden Anzahl von Wertpapieren der hinterlegten Art.

▸ Deutsche Bahn AG → *Bundesbahn*

▸ Devisenstrafrecht

Das Devisenstrafrecht enthält diejenigen Strafbestimmungen, die Verstöße gegen eine Devisenbewirtschaftung erfassen. Da diese jedoch im Hinblick auf die günstige Zahlungsbilanz der Bundesrepublik derzeit nicht vorgenommen wird, kommt den entsprechenden Bestimmungen keine praktische Bedeutung zu.

▸ Diäten

D. nennt man die Entschädigung der → *Abgeordneten* für den besonderen, mit ihrem Amt verbundenen Aufwand. Die nach dem Abgeordnetengesetz zu zahlende Entschädigung stellt in der Sache keine reine Aufwandsentschädigung dar, sondern ein auf dem → *Alimentationsprinzip* beruhendes Einkommen, ein Entgelt für die Inanspruchnahme des Abgeordneten für sein zur Hauptbeschäftigung gewordenes Mandat. Die Gewährung der Abgeordnetenentschädigung erfolgt nach Prinzipien, die dem Beamtenrecht entlehnt sind (→ *sonstige* Einkünfte).

▸ Diätverordnung

Die Diätverordnung enthält nähere Bestimmungen über diätetische Lebensmittel. Das sind Lebensmittel, die dazu bestimmt sind, einem besonderen Ernährungszweck dadurch zu dienen, dass sie die Zufuhr bestimmter Nährstoffe oder anderer ernährungsphysiologisch wirkender Stoffe steigern oder verringern oder die Zufuhr solcher Stoffe in einem bestimmten Mischungsverhältnis oder in bestimmter Beschaffenheit bewirken. Sie sollen also dazu beitragen, speziellen Ernährungserfordernissen bei Krankheiten, Mangelerscheinungen und Überempfindlichkeiten gegen bestimmte Stoffe zu entsprechen. Zu erwähnen sind diätetische Lebensmittel für Zuckerkranke und Übergewichtige. Diätetische Lebensmittel dürfen nur in Fertigpackungen auf den Markt gebracht werden, auf denen die besonderen ernährungsbezogenen Eigenschaften anzugeben sind. Zusatzstoffe dürfen nur beigefügt werden, wenn sie von der Verordnung ausdrücklich zugelassen sind.

Diebstahl

Ein Diebstahl ist die Wegnahme einer fremden, beweglichen Sache in der Absicht, sich selbst oder einem Dritten diese rechtswidrig zuzueignen.Das Objekt eines Diebstahls muss also eine Sache sein, die im Eigentum eines anderen steht. Damit kann insbesondere eine herrenlose Sache wie etwa frei lebendes Wild nicht Gegenstand eines Diebstahls sein (→ *Jagdwilderei*). Weiter ist eine Wegnahme nötig. Wegnahme ist der Bruch fremder und die Begründung neuer Sachherrschaft. Wann und wie diese Sachherrschaft besteht, bestimmt sich nach den allgemein geltenden, sozialen Anschauungen. Hat jemand etwa einen 100 EUR-Schein auf der Straße verloren, so fehlt die Sachherrschaft, weil ihm dieser Geldschein weder zugeordnet wird noch er ohne weiteres darauf zugreifen kann. Findet ein anderer dieses Geld und gibt es nicht ab, so macht er sich wegen → *Unterschlagung,* nicht aber wegen Diebstahls strafbar. Dagegen hat der Besitzer eines geparkten Autos Sachherrschaft, weil er weiß, wo der Wagen steht und er sich jederzeit dorthin begeben kann. Besonders wichtig ist in diesem Zusammenhang, dass Sachherrschaft an allen Gegenständen besteht, die jemand am Körper oder in Behältnissen trägt, die man wie eine Handtasche üblicherweise mitführt. Daher ist ein Diebstahl in einem Laden selbst dann vollendet, wenn der Dieb beim Einstecken seiner Beute in die Kleidung beobachtet wird.

Die Zueignungsabsicht bedeutet schließlich, dass der Täter den Willen haben muss, den wirtschaftlichen Wert der entwendeten Sache für sich oder einen Dritten zu nutzen. Daran fehlt es, wenn man sich eine Sache nur verschafft, um sie anschließend vernichten zu können wie etwa bei der Entwendung von belastendem Aktenmaterial, das der Täter verbrennen will.

Die Strafdrohung für den Diebstahl erhöht sich erheblich, wenn der Täter bestimmte Begehungsarten wie etwa Einbrechen, Einsteigen oder Aufbrechen von geschützten Räumen verwirklicht. Noch härter wird ein Diebstahl bestraft, wenn ein Wohnungseinbruch vorliegt, der Täter bewaffnet ist oder als Mitglied einer → *Bande* (→ *Bandendiebstahl)* gehandelt hat.

Übersteigt der Wert der Diebesbeute eine Grenze von etwa 30 EUR nicht, so muss die Staatsanwaltschaft diese Tat – wenn der Geschädigte keinen → *Strafantrag* stellt – nicht verfolgen. In der Praxis wird aber vor allem bei Ladendiebstählen regelmäßig Strafantrag gestellt. Allerdings kommt es bei nicht vorbelasteten Tätern in diesen Fällen dennoch nicht zwangsläufig zur → *Anklage,* da die Staatsanwaltschaft von einer Verfolgung gegen Auflagen, die häufig in der Zahlung einer Geldbuße bestehen, absehen kann.

Diebstahlssicherung

Fahrzeuge, die der Berechtigte verlässt, müssen gegen unbefugte Benutzung gesichert werden. Bei Kraftfahrzeugen muss dabei neben dem Abziehen des Zündschlüssels und dem Verschließen des Fahrzeugs – ausgenommen hiervon sind Krafträder und offene Fahrzeuge wie ein Cabrio, dessen Verdeck geöffnet ist – vor allem die Lenkradsperre (= Einrasten des Lenkradschlosses) betätigt werden. Unterbleibt dies, so kann vor allem die Leistung in einer für das Fahrzeug abgeschlossenen Voll- oder Teilkaskoversicherung verweigert werden.

Seit 1. 1. 1995 müssen Neufahrzeuge darüber hinaus mit einer elektronischen Wegfahrsperre ausgerüstet sein, die nach dem Abziehen des Zündschlüssels ein erneutes Starten des Fahrzeugs verhindert.

Dienstalter

Das Dienstalter eines →*Beamten* ist von Bedeutung für die Höhe seiner →*Dienstbezüge*. Die einzelnen Besoldungsgruppen enthalten Steigerungsbeträge bezogen auf das Grundgehalt, die jeweils mit Erreichen einer bestimmten Dienstaltersstufe meist im Zweijahresabstand fällig werden. Das Besoldungsdienstalter beginnt grundsätzlich mit Vollendung des 21. Lebensjahrs. Wird das Dienstverhältnis später begründet, wird der Beginn um die Hälfte der Zeit, die der Beamte älter ist, hinausgeschoben; allerdings werden Ausbildungszeiten, Praktikumszeiten und Militärdienstzeiten angerechnet.

Dienstaufsicht

D. ist vor allem das Weisungsrecht des Vorgesetzten gegenüber seinem Untergebenen. Neben der Regelungsbefugnis im Einzelfall umfasst die Dienstaufsicht auch das Recht, das Verhalten eines Untergebenen allgemein zu beobachten.

Dienstaufsichtsbeschwerde

D. ist ein formloser Rechtsbehelf, mit dem gegenüber einem Vorgesetzten entweder der sachliche Inhalt einer Entscheidung oder aber das persönliche Auftreten eines Beamten gerügt wird. Die Dienstaufsichtsbeschwerde ist weder an bestimmte Formen noch Fristen gebunden; der Beschwerdeführer muss auch nicht selbst von der beanstandeten Maßnahme betroffen sein. Ein Anspruch auf eine bestimmte Art der Verbescheidung besteht aber nicht.

Dienstbarkeit

Eine Dienstbarkeit ist ein Recht an einem Grundstück, das dem Berechtigten erlaubt, das Grundstück in einzelnen Beziehungen zu nutzen oder den Eigentümer in seinen Rechten einzuschränken (§§ 1018ff., 1090ff BGB). Bei der beschränkt persönlichen Dienstbarkeit ist Rechtsinhaber eine bestimmte natürliche oder →*juristi-*

sche Person (z. B.: Wohnrecht für A; Wasserleitungsrecht für die Stadt München); sie ist nicht übertragbar und nicht vererblich. In der Rechtspraxis hat sich besser die → *Grunddienstbarkeit* durchgesetzt.

Dienstbezüge

Die Dienstbezüge eines → *Beamten* setzen sich zusammen aus dem Grundgehalt, dem Ortszuschlag und im Einzelfall zu gewährenden Zulagen. Das Grundgehalt ist abhängig von der besoldungsmäßigen Einstufung des → *Amts,* das dem Beamten verliehen ist. Das Bundesbesoldungsgesetz und ergänzende Bestimmungen der entsprechenden Landesgesetze enthalten Aufstellungen über die Einstufung der einzelnen Ämter. Das Grundgehalt steigt mit zunehmendem Besoldungsdienstalter (→ *Dienstalter*) um bestimmte Beträge an. Der Ortszuschlag soll den angemessenen Unterhalt des Beamten und seiner Familie sichern. Er ist in vier Tarifklassen unterteilt, die bestimmten Besoldungsgruppen zugeordnet sind. Innerhalb der jeweiligen Tarifklasse gibt es unterschiedliche Stufen, abhängig vom Familienstand und der Zahl der Kinder, für die der Beamte kindergeldberechtigt ist. Zulagen werden für bestimmte, im Gesetz im Einzelnen aufgeführte Ämter gezahlt, etwa für bestimmte Ämter des Polizeivollzugsdienstes. Für Nebenämter, z. B. Lehrtätigkeit im Rahmen der Ausbildung von Anwärtern, werden zusätzliche Vergütungen nach festgelegten Sätzen bezahlt.

Diensteid

Beamte müssen unabhängig von ihrer Laufbahn oder ihrem Amt einen Diensteid schwören (→ *Amtseid).* Der Eid ist das feierliche Versprechen, die Dienstpflichten gewissenhaft erfüllen zu wollen. Der Eid kann mit und ohne religiöse Beteuerungsformel („so wahr mir Gott helfe“) gesprochen werden. Sieht sich der Beamte aus religösen Gründen nicht in der Lage zu schwören, so kann er stattdessen eine besondere Bekräftigung abgeben. Weigert sich ein Beamter, den Diensteid in der einen oder anderen Form zu leisten, so ist seine → *Ernennung* zu widerrufen.

Diensterfindung → *Arbeitnehmererfindung*

Dienstgerichte → *Disziplinargerichte*

Dienstherr

Das Beamtenverhältnis setzt voraus, dass zwischen dem → *Beamten* und seinem Dienstherrn ein öffentlich-rechtliches Dienst- und Treueverhältnis besteht. Dienstherreneigenschaft, also die Fähigkeit, Beamte haben zu dürfen, haben nur die in § 121 des Beamtenrechtsrahmengesetzes genannten Stellen. Das sind der Bund, die Länder, die Gemeinden und Gemeindeverbände sowie die Körperschaften und Anstalten des öffentlichen Rechts, die das Recht, Beamte ernennen zu können, bei Inkrafttreten dieses Gesetzes hatten oder denen es nachträglich verliehen wurde; Dienstherreneigenschaft haben danach z. B. die Landesversicherungsanstalten und die Landschaftsverbände.

Dienstpflichten

D. welche die durch Art. 12 des Grundgesetzes gewährleistete Berufsfreiheit (→ *Beruf)* einschränken können, ergeben sich aus dem im Rahmen der Notstandsgesetzgebung in das Grundgesetz eingefügten Art. 12a GG. Danach können Wehrpflichtige (→ *Wehrpflicht*), die nicht zum Wehrdienst, → *Zivildienst* oder zum → *Bundesgrenzschutz* herangezogen werden, im Verteidigungsfall zu zivilen Dienstleistungen einschließlich des Schutzes der Zivilbevölkerung im Rahmen eines Arbeitsverhältnisses oder eines öffentlich-rechtlichen Dienstverhältnisses verpflichtet werden. Frauen können zu Sanitäts- und Lazarettdiensten herangezogen werden. Außerdem besteht die Möglichkeit, ein Arbeitsplatzaufgabeverbot zu verfügen. Voraussetzung für diese Maßnahmen ist, dass der entsprechende Arbeitskräftebedarf nicht auf freiwilliger Basis gedeckt werden kann. Zur Ausführung des Art. 12a GG ist das Arbeitssicherstellungsgesetz erlassen worden.

Dienstvertrag

Ein Dienstvertrag ist ein gegenseitiger Vertrag, in dem sich der Dienstverpflichtete zur Leistung der versprochenen Dienste, der Dienstberechtigte (Dienstherr) zur Zahlung der vereinbarten Vergütung verpflichtet. Im Gegensatz zum → *Werkvertrag* wird kein bestimmter Arbeitserfolg geschuldet, sondern ein bloßes Tätigwerden des Dienstverpflichteten.

Hauptfall des Dienstvertrags ist der → *Arbeitsvertrag.*

Direktionsrecht

Der Begriff des Direktionsrechts beantwortet die Frage nach dem Umfang beziehungsweise nach den Grenzen, innerhalb derer ein Arbeitgeber seinem Arbeitnehmer **Weisungen** erteilen darf. Für den Begriff des Direktionsrechts wird häufig auch der Begriff des „Weisungsrechts" verwendet.

Die **möglichen Inhalte** einer Weisung sind so vielfältig wie das Arbeitsleben. So kann sich eine Weisung nicht nur unmittelbar auf die Durchführung der Arbeit beziehen, sondern z. B. auch auf das Tragen von Schutzkleidung, ein Rauchverbot, die Arbeitszeit, den Ort der Arbeit (Versetzung) oder ihren Umfang (Kurzarbeit, Überstunden) u.v.a.m. (§§ 6 Abs. 2; 106 Gewerbeordnung).

Ob eine Weisung im Einzelfall **rechtswirksam** ist, richtet sich in erster Linie nach den durch den Arbeitsvertrag gezogenen Grenzen, aber auch nach auf das konkrete Arbeitsverhältnis anwendbaren Gesetzen, Tarifverträgen oder Betriebsvereinbarungen. Auch innerhalb der hierdurch gezogenen Grenzen darf der Arbeitgeber von seinem Direktionsrecht nur **nach billigem Ermessen** Gebrauch machen (§ 315 BGB), d.h. er muss neben den betrieblichen Interessen in jedem Fall auch die Interessen des Arbeitnehmers in seine Überlegungen einbeziehen.

Direktversicherung

D. ist eine → *Lebensversicherung,* die vom → *Arbeitgeber* (Versicherungsnehmer) auf das Leben des → *Arbeitnehmers* (versicherte Person) abgeschlossen wird. Die Beiträge, die der Arbeitgeber entrichtet, sind für diesen Betriebsausgaben. Für den Arbeitnehmer sind die für ihn entrichteten Beiträge Arbeitslohn. Für diesen ist bis zu einem Jahresbetrag in Höhe von 1752 EUR nur eine pauschalierte Lohnsteuer in Höhe von 20 v. H. zu entrichten.

Im Versorgungsfall bezieht der Versicherte bzw. seine Hinterbliebenen eine Rente, die zu den → *sonstigen Einkünften* zählt (→ *Rentenbesteuerung).*

▶ Dispens

D. nennt man im Verwaltungsrecht ganz allgemein eine Befreiung von einem gesetzlichen Verbot, eine Ausnahmebewilligung. Im Bauplanungsrecht (→ *Baugesetzbuch*) wird mit Dispens die Erteilung einer Ausnahme oder einer Befreiung von einer Festsetzung eines Bebauungsplans (→ *Bauleitplan*) bezeichnet.

▶ Dispositionsmaxime → *Verfahrensgrundsätze*

▶ Disziplinargerichte

Als Disziplinargerichte werden besondere Spruchkörper der → *Verwaltungsgerichte* bezeichnet, die zur Ahndung von Verstößen der Beamten gegen ihre Dienstpflichten berufen sind; das früher für Disziplinarmaßnahmen gegen Bundesbeamte zuständige Bundesdisziplinargericht wurde aufgelöst. Die in dieser Hinsicht für → *Richter* bestehenden Berufsgerichte werden als → *Dienstgerichte* bezeichnet.

▶ Disziplinarmaßnahmen

D. sind diejenigen Sanktionen, die gegen einen Beamten wegen eines Verstoßes gegen seine Dienstpflichten – etwa bei Ausübung einer nicht genehmigten Nebentätigkeit – verhängt werden können. Sie reichen vom Verweis – dem förmlichen Tadel eines bestimmten Verhaltens – über Geldbußen bis zur Entfernung aus dem Dienst. Schwerwiegendere Disziplinarmaßnahmen können nur von den → *Disziplinargerichten* verhängt werden.

▶ Disziplinarrecht

Das Disziplinarrecht ist ein Teil des Beamtenrechts und umfasst die Gesamtheit derjenigen Rechtsvorschriften, die für die Ahndung dienstlicher Verfehlungen eines Beamten gelten. Erfüllt ein Disziplinarverstoß eines Beamten gleichzeitig den Tatbestand eines Strafgesetzes, so kommt der strafrechtlichen Ahndung eine weit gehende Vorrangstellung zu.

▶ Dividende

D. ist der auf die Aktionäre entfallende Anteil am Bilanzgewinn einer → *Aktiengesellschaft,* sofern er nicht nach Gesetz, Satzung oder Beschluss der Hauptversammlung von der Verteilung unter die Aktionäre ausgeschlossen ist, § 58 Abs. 4 Aktiengesetz (AktG). Die Dividende bemisst sich nach den Nennbeträgen der → *Aktien,* es sei denn, es ist durch Satzung eine andere Gewinnverteilung vorgesehen (§ 60 AktG). Durch Beschluss der → *Hauptversammlung* wird die Höhe und Auszahlung der Dividende festgelegt. Zur Geltendmachung des selbständig übertragbaren Anspruchs werden an die Aktionäre Gewinnanteilscheine ausgegeben. Dividenden werden als → *Kapitaleinkünfte* nach § 20 EStG besteuert.

▶ Doppelbesteuerungsabkommen

D. sind zweiseitige völkerrechtliche Verträge, durch die eine mehrfache Besteuerung desselben Steuergegenstandes durch zwei Staaten geregelt wird. Sie haben Vorrang vor nationalem Steuerrecht (§ 2 AO).

▶ Doppelte Haushaltsführung

D. liegt vor, wenn der Steuerpflichtige außerhalb des Ortes, in dem er seinen eigenen Hausstand unterhält, beschäftigt ist und auch am Beschäftigungsort wohnt. Die durch einen doppelten Haushalt notwendigen Mehraufwendungen sind als → *Betriebsausgaben* oder → *Werbungskosten* steuerlich abziehbar, sofern sie tatsächlich vom Steuerpflichtigen getragen werden. Auch Alleinstehende können einen doppelten Haushalt führen.

Zu den Aufwendungen für einen doppelten Haushalt gehören die Kosten der Zweitwohnung am Beschäftigungsort, Aufwendungen für wöchentliche Familienheimfahrten in Höhe der → *Entfernungspauschale* von 0,40 EUR für jeden vollen Kilometer der Entfernung zwischen dem Ort des eigenen Hausstandes und des Beschäftigungsortes, ferner Aufwendungen für wöchentliche Familien-Ferngespräche, Verpflegungsmehraufwendungen für die ersten drei Monate nach Begründung der doppelten Haushaltsführung (§ 9 Abs. 1 Nr. 5 EStG).

Der Abzug der Mehraufwendungen für die doppelte Haushaltsführung ist bei einer Beschäftigung am selben Ort auf insgesamt zwei Jahre begrenzt.

Dosenpfand

Die auf der Grundlage des Kreislaufwirtschaft- und Abfallgesetzes (→ *Abfälle*) erlassene Verpackungsverordnung sieht vor, dass für bestimmte Getränke in Einwegverpackungen ein Pfand erhoben wird, wenn über einen gewissen Zeitraum die in der Verordnung festgelegte Quote von Mehrwegverpackungen unterschritten wird.

Drittschuldner

Unter einem Drittschuldner versteht man den → *Schuldner* eines Schuldners, gegen den die → *Zwangsvollstreckung* betrieben wird. Wenn der Gläubiger eines Arbeitnehmers etwa dessen Arbeitslohn pfänden lässt, ist der Arbeitgeber Drittschuldner, den im Zwangsvollstreckungsverfahren beispielsweise eine Auskunftspflicht bezüglich der Lohnforderung trifft (§ 840 ZPO).

Drittwiderspruchsklage

Eine Drittwiderspruchsklage ist eine prozessuale → *Gestaltungsklage*, durch die erreicht werden soll, dass die → *Zwangsvollstreckung* in einen konkreten Gegenstand für unzulässig erklärt wird. Die → *Klage* wird erhoben von einem nicht am Vollstreckungsverfahren beteiligten Dritten, der sich gegen die

Zwangsvollstreckung in sein Vermögen wehren will. Der Kläger muss ein die Vollstreckung hinderndes Recht im Sinne des § 771 ZPO haben (zum Beispiel → *Eigentum*, Sicherungseigentum → *Sicherungsübereignung*, → *Nießbrauch*). Durch das Gestaltungsurteil wird jedoch eine bereits durchgeführte Vollstreckungsmaßnahme (zum Beispiel Pfändung einer Sache) nicht automatisch unwirksam; das Vollstreckungsorgan (im vorigen Beispiel der → *Gerichtsvollzieher)* muss vielmehr noch die Maßnahme aufheben (im Beispiel also das Pfandsiegel entfernen → *Pfändung)*.

Drittwirkung der Grundrechte

Die Grundrechte gelten grundsätzlich nur im Verhältnis zwischen Bürger und Staat. Eine unmittelbare Geltung eines Grundrechts außerhalb dieses Bereichs, nämlich dem der → *Koaltionsfreiheit* zwischen → *Arbeitnehmer* und → *Arbeitgeber*, ist in Art. 9 Abs. 3 des Grundgesetzes angeordnet. Wird ein Träger öffentlicher Gewalt bei Erfüllung seiner Aufgaben im privatrechtlichen Bereich tätig, ist er auch insoweit an die Grundrechte gebunden, er darf insbesondere bei gleichem Sachverhalt verschiedene Personen nicht ungleich behandeln. Ganz allgemein sind die Wertentscheidungen der Grundrechte im Privatrecht zu beachten, wo das Gesetz unbestimmte Rechtsbegriffe oder Generalklauseln (etwa „Treu und Glauben", „gute Sitten") verwendet.

Drogengenuss im Verkehr

Die rechtlichen Folgen einer Teilnahme am Straßenverkehr unter dem Einfluss unerlaubter → *Betäubungsmittel* sind zur Zeit noch teilweise ungeklärt: Zwar wird wegen → *Trunkenheit im Verkehr* oder → *Straßenverkehrsgefährdung* derjenige Fahrer belangt, bei dem sich konkrete Ausfallerscheinungen durch den Drogengenuss feststellen lassen. Im Gegensatz zum Alkohol gibt es aber noch keine von der Rechtsprechung entwickelten Grenzwerte, ab deren Überschreitung ein Fahrer automatisch als fahruntüchtig angesehen wird.

In jedem Fall ist das Führen eines Kraftfahrzeugs unter der Wirkung von Drogen jedoch eine Ordnungswidrigkeit. Neben deren

Ahndung muss ein Drogenkonsument, der so im Straßenverkehr auffällig geworden ist, jedoch regelmäßig auch mit dem Entzug seiner → *Fahrerlaubnis* durch die zuständige Verwaltungsbehörde rechnen.

Drohung

Der Begriff der Drohung ist in vielen Strafbestimmungen wie etwa der → *Erpressung* oder der → *Nötigung* enthalten. Er bedeutet, dass der Täter dem Opfer ein empfindliches Übel in Aussicht stellen muss und dass er den Willen haben muss, dass sein Opfer die Bedrohung ernst nimmt. Was das Opfer dann tatsächlich empfindet, ist unerheblich.

Die Inaussichtstellung eines empfindlichen Übels liegt dann vor, wenn die entsprechende Ankündigung geeignet ist, einen besonnenen Menschen zu der vom Täter beabsichtigten Reaktion zu veranlassen. So wird es heute wohl nicht mehr als Drohung anzusehen sein, wenn jemand seiner Nachbarin androht, sie zu verhexen. Dagegen ist die Ankündigung, jemanden im Weigerungsfall verprügeln zu lassen, durchaus eine Drohung.

Duales System

D. wird ein von der Verpackungsverordnung (→ *Abfälle*) zugelassenes Verfahren bezeichnet, das Hersteller, Vertreiber und Versandhändler von der ihnen obliegenden Verpflichtung befreit, Verkaufsverpackungen vom Endverbraucher zurückzunehmen. Die Befreiung tritt ein, sobald sich ein Vertreiber an dem System beteiligt, das eine flächendeckende Abholung der im Einzugsgebiet anfallenden Verpackungen beim Endverbraucher sicherstellt. Die Gesellschaft, die das entsprechende System unterhält, vergibt zur Kennzeichnung der Teilnahme eines Vertreibers ein auf der Verpackung anzubringendes Zeichen, das allgemein „Grüner Punkt" genannt wird. Dieses Abholsystem besteht neben dem Sammel- und Verwertungssystem, das die allgemeinen zur Abfallentsorgung zuständigen Körperschaften betreiben; es ist mit diesen abzustimmen (→ *Rücknahme von Verpackungen*).

▶ **Düsseldorfer Tabelle** → *Regelbetrag,* → *Unterhaltsrechtliche Leitlinien*

▶ **Durchsuchung**

Eine Durchsuchung ist die Nachschau nach einer Person oder nach einem Gegenstand, der als Beweismittel in Betracht kommt (→ *Beschlagnahme).* Sie kann sich auf den Körper einer Person – etwa bei der Suche nach Waffen, die eine Person am Körper oder in ihren Kleidern trägt – auf eine Wohnung – um dort eine Person oder Sache zu finden – oder auf sonstige Räumlichkeiten oder Gegenstände – hier ist insbesondere an die Durchsuchung von Kraftfahrzeugen zu denken – erstrecken.

Eine Durchsuchung ist beim Tatverdächtigen, mit gewissen Einschränkungen aber auch bei unbeteiligten Personen statthaft. Sie muss grundsätzlich vom Richter angeordnet werden, doch kann sie ebenso wie die → *Beschlagnahme* bei Gefahr im Verzug auch von der Staatsanwaltschaft und den meisten Polizeibeamten vorgenommen werden.

E

▸ Effekten

Als Effekten bezeichnet man bestimmte → *Wertpapiere,* die einen gleich lautenden Inhalt haben und durch andere Papiere der selben Art vertretbar sind. Es handelt sich hierbei insbesondere um → *Aktien,* → Inhaberschuldverschreibungen und Pfandbriefe. Keine Effekten (da nicht vertretbar) sind aber → *Schecks,* → *Wechsel* und → *Hypothekenbriefe.*

▸ EG-Kommission

E. heißt ein Hauptorgan der → *Europäischen Gemeinschaft.* Es besteht aus unabhängigen, von den Regierungen der Mitgliedstaaten einvernehmlich ernannten Mitgliedern; seine Aufgaben sind vor allem die Kontrolle der Einhaltung des Gemeinschaftsrecht durch die einzelnen Mitgliedstaaten und in bestimmtem Umfang auch der Erlass von Rechtsvorschriften; meist handelt es sich um abgeleitete Rechtssetzungsbefugnis, also solche, die ihr vom → *Rat* übertragen wurde. Die Kommission ist insbesondere durch ihr Vorschlagsrecht in das Rechtssetzungsverfahren durch den Rat maßgeblich beteiligt. Die innere Organisation der Kommission ist durch eine Geschäftsordnung geregelt.

▸ Ehe

E. ist die rechtlich anerkannte, vor dem Standesbeamten eingegangene und grundsätzlich auf Lebenszeit geschlossene Lebensgemeinschaft zwischen Mann und Frau (§ 1353 BGB). Sie ist durch Abs. 6 Abs. 1 GG besonders geschützt, begründet ein familienrechtliches Gemeinschaftsverhältnis mit wechselseitiger Fürsorgepflicht. Mit Beendigung der Ehe durch → *Eheaufhebung* oder → *Ehescheidung* erwachsen insbesondere familienrechtliche Ansprüche (Unterhaltsansprüche, güterrechtliche Ausgleichsansprüche, Versorgungsausgleichsansprüche, Ansprüche auf Hausratsauseinandersetzung, Ansprüche auf Regelung der elterlichen Sorge und des Umgangsrechtes). Ehegatten genießen in mehrerlei Hinsicht Privilegierungen, haben z. B. → *Zeugnisverweigerungsrechte* im Zivil-, Straf- und Ordnungswidrigkeitenrecht. In strafrechtlicher Hinsicht besteht für sie eine → *Garantenpflicht*.

Eheähnliche Gemeinschaft → *nichteheliche Lebensgemeinschaft*

Eheaufhebung

Eine Ehe kann auf Antrag durch gerichtliches Urteil in den abschließend im Gesetz genannten Fällen (z. B. bei → *Eheverbot*, Bewußtlosigkeit oder vorübergehender Störung der Geistestätigkeit bei Eheschließung, Unkenntnis der Eheschließung, arglistiger Täuschung) auf Antrag aufgehoben werden. Die Rechtsfolgen der Aufhebung einer Ehe bestimmen sich in den gesetzlich genannten Fällen (§ 1314 BGB) nach den Vorschriften über die Scheidung.

Ehefähigkeit

E. ist die Fähigkeit, wirksam eine → *Ehe* zu schließen. Ehefähig ist jeder unbeschränkt → *Geschäftsfähige*. Beschränkt Geschäftsfähige, die das 16. Lebensjahr vollendet haben, können die Ehe schließen, wenn das Familiengericht eine Befreiung erteilt hat. Dies gilt auch im Falle des Widerspruchs des sorgeberechtigten gesetzlichen Vertreters.

Ehegatte

E. ist die mit einer anderen Person in einer wirksamen → *Ehe* verbundene Person. Zwischen Ehegatten besteht keine Verwandtschaft. Gleichwohl tragen sie füreinander Verantwortung (→ *eheliche Lebensgemeinschaft*, → *Unterhaltspflicht*) und sind in ihrer Stellung teilweise privilegiert (→ *gesetzliche* Erbfolge, → *Pflichtteil*, → *Veranlagungsarten*, → *Zeugnisverweigerungsrecht*).

Eheliche Lebensgemeinschaft

→ *Ehegatten* sind einander zur ehelichen Lebensgemeinschaft verpflichtet. Diese umfaßt die gesamten persönlichen und vermögensrechtlichen Beziehungen der Ehegatten untereinander, insbesondere das Zusammenleben in häuslicher Gemeinschaft, die Pflicht zur Geschlechtsgemeinschaft, zur Beistandschaft in persönlichen Angelegenheiten des anderen Ehegatten, die Pflicht zur gegenseitigen Rücksichtnahme und das Unterlassen häuslicher Gewalt. Ehegatten können zwar auf Wiederherstellung der ehelichen Lebensgemeinschaft klagen, können ein zusprechendes Urteil aber nicht vollstrecken (§ 888 Abs. 2 ZPO).

Ehelichkeitsanfechtung

Die → *Vaterschaftsanfechtung* hat für alle ab 1.7.1998 geborene Kinder die frühere Ehelichkeitsanfechtung und die Anfechtung der Anerkennung einer nichtehelichen Vaterschaft ersetzt.

Ehenichtigkeit → *Eheaufhebung*

Ehesachen

E. sind neben den Verfahren auf → *Eheaufhebung*, Feststellung des Bestehens oder Nichtbestehens einer → *Ehe* und auf Herstellung der → *ehelichen Lebensgemeinschaft* insbesondere die Verfahren auf → *Ehescheidung* und die damit zusammenhängenden Scheidungsfolgesachen, u. a. Verfahren auf Regelung der → *elterlichen Sorge* über Kinder, Verfahren betreffend → *Unterhaltspflicht* der Ehegatten untereinander und gegenüber den Kindern, Verfahren über → *Zugewinnausgleich* und → *Versorgungsausgleich*, → *Verfahren* über die Regelung der Rechtsverhältnisse an Ehewohnung und → *Hausrat*. Für Ehesachen ist ausschließlich das Familiengericht zuständig.

Ehescheidung

Obwohl von Gesetzes wegen die → *Ehe* auf Lebenszeit geschlossen gilt, kann sie auf Antrag eines oder beider → *Ehegatten* durch gerichtliches Urteil des → *Familiengerichts* geschieden werden. Die Ehe gilt mit Rechtskraft des Urteils als aufgelöst. Eine Ehe kann geschieden werden, wenn sie gescheitert ist. Dies ist der Fall, wenn die → *eheliche Lebensgemeinschaft* der Ehegatten nicht mehr besteht und nicht erwartet werden kann, dass die Ehegatten die eheliche Lebensgemeinschaft wieder herstellen. Es wird unwiderlegbar vermutet, dass die Ehe gescheitert ist, wenn die Ehegatten seit drei Jahren getrennt leben, ferner wenn die Ehegatten seit einem Jahr getrennt leben und beide Ehegatten die Scheidung beantragen oder der Antragsgegner der Scheidung zustimmt.

Mit der Eheschließung hat das Familiengericht von Amts wegen den → *Versorgungsausgleich* zu regeln. Alle weiteren → *Scheidungsfolgesachen* werden im Ehescheidungsverfahren nur auf Antrag hin geklärt. Das Recht der → *elterlichen Sorge* bleibt grundsätzlich nach geschiedener Ehe als gemeinsames Sorgerecht fortbestehen, es sei denn, einer der Ehegatten fordert ganz oder in Teilbereichen die Aufhebung des gemeinsamen Sorgerechtes.

▶ Eheschließung

E. ist die Eingehung der → *Ehe,* wobei die → *Ehegatten* persönlich und bei gleichzeitiger Anwesenheit vor dem Standesbeamten erklären, die Ehe miteinander eingehen zu wollen.

▶ Eheverbote

E. hindern eine Eheschließung (z. B. Doppelehe, Verwandtschaft in gerader Linie, Adoption).

▶ Ehevertrag

E. ist der zwischen → *Ehegatten* geschlossene → *Vertrag,* mit dem diese u. a. eherechtliche Beziehungen untereinander regeln (z. B. güterrechtliche Beziehungen, Unterhaltspflichten, Versorgungsausgleich). Der Ehevertrag ist notariell beurkundungsbedürftig und kann nur bei gleichzeitiger Anwesenheit der Ehegatten vor einem → *Notar* geschlossen werden.

Ehrenamtliche Richter

Im → *Zivilprozess* werden ehrenamtliche Richter in den Kammern für Handelssachen tätig (§ 105 Gerichtsverfassungsgesetz). Diesen Kammern gehören neben einem Berufsrichter als Vorsitzenden zwei ehrenamtliche Richter an, die auf Vorschlag der Industrie- und Handelskammern ernannt wurden.

Im Bereich des Strafrechts werden die ehrenamtlichen Richter als → *Schöffen* bezeichnet. Sie wirken nur im Bereich der → *Hauptverhandlung* mit. Dort sind sie den → *Berufsrichtern* jedoch völlig gleichgestellt.

Im Verwaltungsprozess nehmen neben den drei Berufsrichtern an mündlichen Verhandlungen vor dem → *Verwaltungsgericht* auch zwei ehrenamtliche Richter teil. Sie werden von einem bei jedem Verwaltungsgericht gebildeten Wahlausschuss auf die Dauer von vier Jahren aufgrund von Vorschlagslisten gewählt, die von den → *Kreisen* und kreisfreien → *Städten* aufgestellt wurden. Ehrenamtlicher Richter kann nur werden, wer Deutscher ist. Nicht berufen werden können u. a. Mitglieder der gesetzgebenden Körperschaften des Bundes und der Länder oder der Bundes- oder Landesregierung, im öffentlichen Dienst beschäftigte Personen sowie Rechtsanwälte und Notare. Die ehrenamtlichen Richter haben gleiches Stimmrecht wie die Berufsrichter. Ob bei den → *Oberverwaltungsgerichten* ehrenamtliche Richter mitwirken, ist in den einzelnen Bundesländern unterschiedlich geregelt.

Bei den → *Arbeitsgerichten* besteht jede Kammer ebenfalls aus einem berufsmäßigen und zwei ehrenamtlichen Richtern, von letzteren je einer aus den Kreisen der Arbeitnehmer und den Kreisen der Arbeitgeber. Diese Laienrichter werden in der Regel von den jeweiligen Verbänden (Arbeitgeberverbände, Gewerkschaften) vorgeschlagen und von der zuständigen obersten Landesbehörde auf die Dauer von fünf Jahren berufen.

Ehrenbeamte

E. sind Personen, die neben ihrem bürgerlichen Beruf ein hoheitliches Amt ausüben. Die Berufung, die meist zeitlich befristet ist, erfolgt durch Aushändigung einer Urkunde, die die Worte „unter Berufung in das Beamtenverhältnis als Ehrenbeamter" enthält. Dadurch unterscheidet sich der Ehrenbeamte von sonst ehrenamtlich, etwa als Gemeinderatsmitglied, tätigen Bürgern. Ehrenbeamte sind z. B. Wahlkonsuln.

Eichwesen

Das Eichwesen ist im Gesetz über das Mess- und Eichwesen geregelt. Durch das amtliche Prüfen und Stempeln von Messmitteln werden in erster Linie Zwecke des → *Verbraucherschutzes,* der Lauterkeit des Wettbewerbs, aber auch der Sicherheit und Gesundheit der Bürger verfolgt. Nach dem Gesetz bedürfen alle Messgeräte für den geschäftlichen oder amtlichen Verkehr, das Verkehrswesen, die Heilkunde und die Herstellung von → *Arzneimitteln* einer amtlichen Zulassung. Eichfähig sind Messgeräte, wenn ihre Bauart zutreffende Messergebnisse und eine hinreichende Messbeständigkeit erwarten lassen. Die Eichung ist durch einen Stempel zu dokumentieren. Das Gesetz enthält ferner Regelungen über vorverpackte Verbrauchsgüter des täglichen Bedarfs. Die Fertigverpackungen müssen die Füllmenge nach Gewicht oder Volumen auf der Grundlage des Grundpreises für ein Kilogramm oder einen Liter des Erzeugnisses angeben. Schankgefäße müssen einen Füllstrich und die Bezeichnung des entsprechenden Volumens aufweisen.

Eid

Ein Eid ist die feierliche Bekräftigung, dass eine Aussage der Wahrheit entspricht. Die Verfahrensordnungen sehen häufig den Eid als Mittel der Wahrheitsfindung vor (zum Beispiel Zeugeneid, Sachverständigeneid, Parteieid), da falsche Aussagen unter Eid mit empfindlichen Strafen bedroht sind (→ *Meineid).* Gibt der zu Beeidigende an, aus Glaubens- oder Gewissensgründen keinen Eid leisten zu wollen, hat er seine Angaben durch eine (auch strafrechtlich gleichgestellte) eidesgleiche Bekräftigung zu bestärken. Siehe auch → *Eidesstattliche Versicherung.* In der gerichtlichen Praxis wird vielfach auf eine Eidesleistung verzichtet. Ein → *Angehöriger* kann die Eidesleistung ohne Angaben von Gründen verweigern.

Bei einer unrichtigen Aussage bewirkt die Beeidigung, dass der Betreffende anstatt wegen (uneidlicher) → *Falschaussage* wegen → *Meineids* mit einer wesentlich höheren Strafe belangt wird.

Eidesstattliche Versicherung

Eine eidesstattliche Versicherung ist eine gegenüber dem → *Eid* schwächere Form der Bekräftigung, dass eine Aussage der Wahrheit entspreche. Im → *bürgerlichen Recht* ist die eidesstattliche Versicherung zur Durchsetzung von Ansprüchen auf Auskunftserteilung oder Rechenschaftslegung vorgesehen (§§ 259 bis 261 BGB). In den Verfahrensordnungen ist die eidesstattliche Versicherung zwar nicht als Beweismittel (→ *Beweis)* zugelassen, wohl aber als Mittel der → *Glaubhaftmachung* (etwa zur Erwirkung einer → *einstweiligen Verfügung*). In der → *Zwangsvollstreckung* stellt sie (früher: Offenbarungseid) für den Gläubiger ein Hilfsmittel dar, nach bis dahin erfolglosen Vollstreckungsversuchen Auskunft über den Verbleib von Vermögensgegenständen des Schuldners zu erhalten. Falsche eidesstattliche Versicherungen sind strafbar.

Eigenbesitzer

Ein Eigenbesitzer ist, wer die tatsächliche Gewalt über eine → *Sache* mit dem Willen ausübt, sie als ihm gehörig in → *Besitz* zu haben, § 872 BGB. Die Begründung von Eigenbesitz ist eine Voraussetzung der → *Aneignung*.

Eigenbetrieb

Eigenbetriebe sind wirtschaftliche Unternehmen von Gemeinden ohne eigene Rechtspersönlichkeit. Die Rechtsgrundlagen finden sich in den jeweiligen Gemeindeordnungen und der Eigenbetriebsverordnung. Die Rechtsverhältnisse zu den Benutzern können privatrechtlich oder öffentlich-rechtlich geregelt sein. Wird ein gemeindliches wirtschaftliches Unternehmen in Form einer → *juristischen Person*, etwa einer Gesellschaft mit beschränkter Haftung (→ *GmbH*) oder einer → *Aktiengesellschaft* geführt, handelt es sich nicht um einen Eigenbetrieb.

Eigenhändiges Delikt

Als eigenhändige Delikte werden solche Straftatbestände bezeichnet, die nur durch die Person, die sie verwirklicht, erfüllt werden können. → *Mittäterschaft* und → *mittelbare Täterschaft* sind hier ausgeschlossen. Ein typisches eigenhändiges Delikt ist etwa der → *Meineid.* Denn nur derjenige, der selbst unter Eid falsch ausgesagt hat, kann hier Täter sein.

Eigenheimzulage

E. löst ab 1. 1. 1996 den Abzug von Aufwendungen für die zu eigenen Wohnzwecken genutzte Wohnung nach § 10e EStG (→ *Sonderausgaben)* ab. Bei Bauantrag oder Kauf einer eigengenutzten Immobilie nach dem 31. 12. 1995 erhält der Anspruchsberechtigte vom → *Finanzamt* einen Förderungsgrundbetrag von jährlich 5 v. H. der Bemessungsgrundlage (maximal 2556 Euro) für Neubauten und 2,5 v. H. der Bemessungsgrundlage (maximal 1278 Euro) für Altbauten. Für ein Niedrigenergiehaus wird jährlich eine weitere Zulage von 2 v. H . der Bemessungsgrundlage (maximal 256 Euro) und für den Einbau von Solar-Wärmepumpen oder Wärmerückgewinnungsanlagen eine „Öko-Zulage" von maximal 305 EUR gewährt.

Daneben erhält der Anspruchsberechtigte eine Kinderzulage, die für jedes zu berücksichtigende Kind 767 EUR beträgt. Voraussetzung ist, dass das Kind im Förderzeitraum zum inländischen Haushalt des Anspruchsberechtigten gehört oder gehört hat.

Für die Gewährung der Eigenheimzulage gelten Einkommensgrenzen. Der → *Gesamtbetrag* der Einkünfte darf im Vorjahr der Inanspruchnahme bei Alleinstehenden 81 807 EUR und bei zusammenveranlagten Ehegatten 163 614 EUR nicht übersteigen (→ *Veranlagungsarten).*

Die Eigenheimförderung ist für Alleinstehende auf ein Objekt, für zusammenveranlagte Ehegatten auf zwei Objekte begrenzt. Rechtsänderungen sind geplant.

Eigenkapital

Bei → *Aktiengesellschaften* bezeichnet man das → *Grundkapital* als Eigenkapital.

Eigentum

Unter Eigentum versteht man im Sachenrecht die umfassende Zuordnung einer → *Sache* zu einer Person. Der Eigentümer kann in bestimmten Grenzen mit der Sache nach Belieben verfahren und andere von jeder Einwirkung ausschließen (§ 903 BGB). Eigentum gibt also die grundsätzlich uneingeschränkte rechtliche Befugnis, die Sache zu nutzen oder durch Veräußerung usw. darüber zu verfügen. Dies gilt nicht, soweit das Gesetz (z. B. Vorschriften aus dem → *Baugesetzbuch)* oder Rechte Dritter (z. B. eine → *Dienstbarkeit,* die zum Befahren eines Grundstücks berechtigt) entgegenstehen. Bei Störungen ist der Eigentümer geschützt über § 1004 BGB (Anspruch auf Beseitigung und Unterlassung) sowie über §§ 985 ff. BGB (Herausgabe-, Nutzungsersatz- und Schadensersatzansprüche). An Eigentumsarten unterscheidet man Alleineigentum, Miteigentum und Gesamthandseigentum(→ *Gesamthandsgemeinschaft);* eine besondere Ausgestaltung ist das Sicherungseigentum (→ *Sicherungsübereignung).* Die verfassungsrechtliche → *Eigentumsgarantie* nach Art. 14 GG erfasst nicht nur Eigentum im sachenrechtlichen Sinn, sondern jede vermögenswerte Rechtsposition, also auch Forderungen und Rechte. Andererseits ist dort auch die Sozialpflichtigkeit des Eigentums niedergelegt.

In strafrechtlicher Hinsicht ist die Verletzung fremden Eigentums vielfach Voraussetzung einer Strafbarkeit: So macht sich, wer ein fremdes Buch in Zueignungsabsicht wegnimmt, wegen → *Diebstahls* strafbar. Wer dagegen einem Freund sein eigenes Buch, das er diesem geliehen hat und nach der dabei getroffenen Abrede noch länger überlassen müsste, wegnimmt, um es wieder für sich zu haben, macht sich nicht strafbar. Vgl. auch → *Eigentumsaufgabe,* → *Eigentumserwerb.*

Eigentümergrundschuld

Eine Eigentümergrundschuld ist eine → *Grundschuld,* deren Inhaber mit dem Eigentümer des belasteten Grundstücks identisch ist. Sie kann gem. § 1196 BGB durch entsprechende Erklärung des Grundstückseigentümers gegenüber dem → *Grundbuchamt* und Eintragung im → *Grundbuch* bestellt werden (= ursprüngliche Eigentümergrundschuld). Zweck ist regelmäßig ihre spätere Übertragung auf einen Dritten zur Absicherung eines → *Darlehens.* Sie kann auch abgeleitet aus einer → *Hypothek* entstehen, wenn das Darlehen nicht oder nicht mehr valutiert ist (§§ 1163, 1177 Abs. 1 BGB). Vgl. auch → *Eigentümerhypothek.*

Eigentümerhypothek

Eine Eigentümerhypothek ist eine → *Hypothek,* deren Inhaber mit dem Eigentümer des belasteten Grundstücks identisch ist. Da jede Hypothek in ihrem Bestand von der gesicherten Forderung abhängig ist (= akzessorisch), kann sie nur bestehen, wenn dem Grundstückseigentümer auch die gesicherte Forderung zusteht; ansonsten wandelt sie sich nach § 1177 Abs. 1 BGB in eine → *Eigentümergrundschuld.* Beispiel: E hat zur Absicherung eines → *Darlehens,* das sein Sohn S aufgenommen hat, an seinem Grundstück eine Hypothek für die Bank B bestellt. Zahlt er nun, weil die Zwangsversteigerung droht, anstelle des zahlungsunfähigen S das Darlehen zurück, gehen Darlehensforderung und Hypothek von der Bank B auf ihn über (§§ 1142, 1143 BGB); die Hypothek ist zur Eigentümerhypothek geworden.

Eigentumsaufgabe

E. ist der Verzicht auf das → *Eigentum* an einer → *Sache* durch → *Rechtsgeschäft* (Dereliktion). Bei beweglichen Sachen muss der Eigentümer gem. § 959 BGB den → *Besitz* an der Sache aufgeben mit dem rechtsgeschäftlichen Willen, auf das Eigentum zu verzichten („wegwerfen"); → *Geschäftsfähigkeit* ist erforderlich. Bei Grundstücken erfolgt die Aufgabe durch Verzichtserklärung gegenüber dem → *Grundbuchamt* und Eintragung ins → *Grundbuch.*

Eigentumserwerb

Das → *Eigentum* an einer → *Sache* kann durch → *Eigentumsübertragung,* also durch → *Rechtsgeschäft* abgeleitet von einem Voreigentümer erworben werden (→ *Eigentumsübertragung).* Daneben ist der Erwerb unmittelbar durch gesetzliche Vorschrift möglich (= ursprünglicher oder originärer Eigentumserwerb). Hierher gehören → *Aneignung,* → *Ersitzung,* → *Fund,* → Verbindung, → *Vermischung,* → *Verarbeitung* und der Erwerb von → *Früchten.* Eigentum kann auch erworben werden durch → *Zuschlag* in der Zwangsversteigerung und → *Enteignung.*

Eigentumsgarantie

Nach Art. 14 Abs. 1 des Grundgesetzes wird das Eigentum gewährleistet; Inhalt und Schranken werden durch die Gesetze bestimmt. Der verfassungsrechtliche Eigentumsbegriff umfasst in erster Linie das Eigentum, wie es das Bürgerliche Recht und die gesellschaftlichen Anschauungen geformt haben. Hierunter fallen nicht nur dingliche Rechte, sondern auch Forderungen und Anteils- oder Mitgliedschaftsrechte (z. B. Aktien und GmbH-Anteile). Geschützt sein können auch bestimmte subjektiv-öffentliche Rechte, und zwar dann, wenn der Betreffende eine Rechtsposition erlangt hat, die derjenigen des Eigentümers entspricht, insbesondere wenn sie durch eigene Leistungen des Inhabers erworben wurde. Träger des Eigentumsgrundrechts können nach der Rechtsprechung des → *Bundesverfassungsgerichts* nur natürliche und juristische Personen des Privatrechts, nicht aber juristische Personen des öffentlichen Rechts wie z. B. Gemeinden sein. Bei der Inhalts- und Schrankenbestimmung muss der Gesetzgeber den Wesensgehalt der Eigentumsgarantie beachten, die Substanz des Eigentums muss unberührt bleiben. Als zulässige, die Sozialpflichtigkeit des Eigentums konkretisierende Beschränkungen des Eigentums werden z. B. die Bestimmungen des Baurechts, die die Bebaubarkeit eines Grundstücks einschränken, die Verpflichtung, als Nachbar bestimmte Emissionen zu dulden und die Belastung des Eigentums mit Steuern angesehen, soweit diese nicht erdrosselnde Wirkung haben. Eine Entziehung des Eigentums oder eine Beschränkung in seinem Wesengehalt ist nur im Weg der → *Enteignung* aus Grunden des Wohls der Allgemeinheit gegen Entschädigung zulässig.

Eigentumsherausgabeanspruch

Der Eigentümer kann vom Besitzer die Herausgabe eine → *Sache* verlangen, wenn der Besitzer kein Recht zum Besitz hat (§§ 985, 986 BGB).

Eigentumsübertragung

Eine Eigentumsübertragung ist ein → *Rechtsgeschäft,* das den Übergang des Eigentums an einer → *Sache* vom Voreigentümer auf den Erwerber zur Folge hat. Für → *Grundstücke* ist sie geregelt in §§ 873, 925 BGB: erforderlich ist die → *Einigung* des Eigentümers mit dem Erwerber über den Eigentumsübergang und die → *Eintragung* des Erwerbers im → *Grundbuch.* Die Einigung wird als Auflassung bezeichnet, sie muss bei gleichzeitiger Anwesenheit vor einem → *Notar* erklärt werden; → *Bedingungen* und Befristungen sind unzulässig. Für bewegliche Sachen gelten die §§ 929 ff. BGB. Sie verlangen ebenfalls die Einigung und dazu die → *Übergabe* der Sache an den Erwerber; an die Stelle der Übergabe können Surrogate treten. Anders als bei Grundstücken ist die Einigung hier bedingungsfreundlich, eine Übertragung unter → *Eigentumsvorbehalt* ist deshalb möglich. Unter den Voraussetzungen des → *gutgläubigen Erwerbs* kann auch derjenige, der selbst nicht Eigentümer der Sache ist, einem Erwerber das Eigentum übertragen.

Eigentumsvorbehalt

E. liegt vor, wenn die → *Eigentumsübertragung* bei einer beweglichen → *Sache* unter der aufschiebenden → *Bedingung* vollständiger Kaufpreiszahlung erfolgt; schuldrechtliche Grundlage einer solchen Übereignung ist regelmäßig ein Eigentumsvorbehaltskauf nach § 449 BGB. Bis zum Eintritt der Bedingung bleibt das Eigentum beim Veräußerer, der Erwerber erlangt ein → *Anwart-*

schaftsrecht. Mit Zahlung der letzten Kaufpreisrate geht das Eigentum dann automatisch auf den Erwerber über. Im Wirtschaftsleben haben sich besondere Formen herausgebildet. So tritt beim erweiterten Eigentumsvorbehalt erst bei Zahlung aller offenen Forderungen der Eigentumserwerb ein; der verlängerte Eigentumsvorbehalt erlaubt dem Erwerber zwar die Veräußerung der Vorbehaltssache, die dafür erlangten Kaufpreisansprüche werden dafür an den Vorbehaltsveräußerer abgetreten. Bei → *Grundstücken* ist ein Eigentumsvorbehalt wegen der Unzulässigkeit bedingter Übereignungen (§ 925 Abs. 2 BGB) nicht möglich.

▶ Eigentumswohnung → *Wohnungseigentum*

▶ Einberufung Wehrpflichtiger

Nach § 21 des Wehrpflichtgesetzes werden Ungediente durch Einberufungsbescheid zum Grundwehrdienst einberufen. Die Zahl der einzuberufenden Männer wird in vierteljährigen Abständen festgelegt. Die Auswahl erfolgt nach Tauglichkeit, Vorbildung, Eignung und Verwendbarkeit. Zu den Einberufungsterminen (jeweils Anfang Januar, April, Juli und Oktober) werden die Einberufungsbescheide verschickt, einem etwaigen Widerspruch (→ *Widerspruchsverfahren)* kommt grundsätzlich keine → *aufschiebende* Wirkung zu. Die Einberufung ist zulässig, wenn der Wehrpflichtige verfügbar ist und der Musterungsbescheid (→ *Musterung*) vollziehbar ist.

▶ Einbeziehung Allgemeiner Geschäftsbedingungen

Allgemeine Geschäftsbedingungen werden gegenüber Verbrauchern nur dann Bestandteil, wenn der andere Teil den Verbraucher vor Abschluss des Vertrages deutlich darauf hinweist, dass er Allgemeine Geschäftsbedingungen verwendet und wenn der Verbraucher die Bedingungen zu diesem Zeitpunkt ausgehändigt erhält oder ohne weiteres von ihnen Kenntnis nehmen kann. So genügt es nicht, wenn einem Verbraucher auf der Quittung, die ihm in der Reinigung ausgehändigt wird, mitgeteilt wird, dass die Haftung etwa auf das 15-fache des Reinigungspreises beschränkt ist. Erforderlich wäre in einem solchen Fall vielmehr, dass etwa am Eingang der Reinigung oder über der Kasse ein deutlich lesbares Schild hängt, auf dem auf die → *Haftungsbeschränkung* hingewiesen wird. Weiter werden Allgemeine Geschäftsbedingungen selbst gegenüber einem Unternehmer nur dann Vertragsinhalt, wenn ihre Bedeutung für einen durchschnittlich gewandten Adressaten ohne weiteres erkennbar ist. Verwirrende oder widersprüchliche Klauseln gelten hingegen als nicht vereinbart. Steht etwa in den Allgemeinen Geschäftsbedingungen eines → *Mietvertrags* einerseits, dass Schönheitsreparaturen im Außenbereich der Vermieter zu tragen habe, und wird der Mieter aber gleichzeitig in einer anderen Klausel verpflichtet, Balkongeländer, Fensterläden und Türen auch von außen zu streichen, so ist dies widersprüchlich und damit unwirksam.

Einbürgerung

Ein Ausländer, also eine Person, die nicht deutscher Staatsangehöriger ist, kann unter bestimmten Voraussetzungen eingebürgert, ihm die deutsche → *Staatsangehörigkeit* verliehen werden. Die näheren Bestimmungen sind im Staatsangehörigkeitsgesetz enthalten. Eine Einbürgerung setzt dabei außer der obligatorischen Antragstellung im Wesentlichen voraus, dass der Bewerber uneingeschränkt geschäftsfähig ist, einen unbescholtenen Lebenswandel geführt hat, über eine eigene Wohnung verfügt und sich und seine Angehörigen zu ernähren imstande ist. Außerdem sind ausreichende Kenntnisse der deutschen Sprache notwendig. Grundsätzlich muss die bisherige Staatsangehörigkeit aufgegeben werden. Erleichterungen gelten für Ausländer, die mit einem deutschen Staatsangehörigen verheiratet sind. Die Einbürgerung von anerkannten Asylberechtigten und von Staatenlosen ist aufgrund völkerrechtlicher Bestimmungen bevorzugt vorzunehmen. Erleichterte Voraussetzungen gelten auch für Ausländer, die sich langjährig im Bundesgebiet aufhalten, insbesondere wenn sie ihren wesentlichen Teil ihrer Schulbildung hier erhalten haben. Ob die Einbürgerung vorgenommen wird, steht grundsätzlich im → *Ermessen* der Behörde, die dabei im Wesentlichen die Interessen des Aufnahmelandes zu würdigen haben; in einigen besonderen Fällen besteht ein Rechtsanpruch. Die Einbürgerung wird durch Aushändigung einer Einbürgerungsurkunde vollzogen.

Einfahren

Beim Einfahren auf die Straße aus einem Grundstück, einem Fußgängerbereich, einem verkehrsberuhigten Bereich, über einen abgesenkten Bordstein sowie von anderen Straßenteilen (etwa einem Parkplatz) und beim Anfahren vom Fahrbahnrand muss sich jeder Fahrzeugführer so verhalten, dass eine Gefährdung anderer Verkehrsteilnehmer ausgeschlossen ist. An unübersichtlichen Stellen muss er sich notfalls einweisen lassen.

Die Absicht, an- oder einzufahren, ist rechtzeitig unter Betätigung des Blinkers anzukündigen.

Einheitsbewertung

E. ist das im Bewertungsgesetz geregelte Verfahren zur Ermittlung von Einheitswerten. Einheitswerte werden für inländischen Grundbesitz, und zwar für Betriebe der Land- und Forstwirtschaft, für Grundstücke und für Betriebsgrundstücke festgestellt. Sie spielen, nachdem durch das → *Bundesverfassungsgericht* die Bewertung von Grundbesitz für Erbschaftsteuer- und Vermögensteuerzwecke auf der Basis der Einheitswerte vom 1.1.1994 für verfassungswidrig erklärt worden ist und die Gewerbekapitalsteuer aufgehoben worden ist, nur noch für die → *Grundsteuer* und für die → *Gewerbesteuer* eine Rolle.

Einheitsstrafe

Hat ein Erwachsener mehrere Straftaten begangen, die zusammen abgeurteilt werden, so wird gegen ihn wegen jeder Tat eine einzelne Strafe festgesetzt. Aus diesen Einzelstrafen wird dann eine → *Gesamtstrafe* gebildet.

Wird hingegen → *Jugendstrafe* verhängt, so wird auch bei der Aburteilung mehrerer Taten nur eine Strafe festgesetzt. Diese bezeichnet man als Einheitsstrafe.

Einigung

Im weitesten Sinne ist Einigung ein Vorgang, der zur Übereinstimmung in allen Punkten führt (vgl. § 154 BGB). Im → *Sachenrecht* ist sie ein → *Vertrag,* der auf den Erwerb des Eigentums oder eines dinglichen Rechtes (z. B. → *Hypothek)* gerichtet ist (§§ 873, 929 BGB). Nur im Falle der Auflassung eines Grundstücks ist sie formbedürftig (§ 925 Abs. 1 BGB), im Übrigen formfrei.

Einigungsstelle

Die E. ist ein Organ der Betriebsverfassung und hat die Funktion einer **innerbetrieblichen Schlichtungsstelle** zwischen Arbeitgeber und Betriebsrat (§ 76 Betriebsverfassungsgesetz – BetrVG –). Nach § 74 Abs. 1 Satz 2 BetrVG sollen Arbeitgeber und Betriebsrat über streitige Fragen zunächst verhandeln und sie möglichst auf diesem Wege einer Lösung zuführen. Scheitern derartige Verhandlungen, so kommt in bestimmten, im BetrVG im Einzelnen aufgeführten Fällen, die Einigungsstelle als Konfliktlösungsorgan zum Zuge. Häufig geht es um **Regelungsfragen**, wie z. B. der betrieblichen Arbeitszeit, betrieblicher Sozialeinrichtungen oder der Zulässigkeit und Ausgestaltung elektronischer Personaldatenverarbeitung durch den Arbeitgeber. Personell besteht die Einigungsstelle aus einem unparteiischen Vorsitzenden und je einer gleichen Zahl von Beisitzern, die vom Arbeitgeber und Betriebsrat zu stellen sind (§ 76 Abs. 2 BetrVG).

Einigungsvertrag

Durch den zwischen der → *Bundesrepublik* Deutschland und der früheren Deutschen Demokratischen Republik am 31. 8. 1990 geschlossenen Vertrag über die Herstellung der Einheit Deutschlands wurden die Länder Brandenburg, Mecklenburg-Vorpommern, Sachsen, Sachsen-Anhalt und Thüringen Länder der Bundesrepublik. Die Rechtsgrundlage des Beitritts bildete Art. 23 des Grundgesetzes, der nach der Herstellung der Einheit, weil gegenstandslos geworden, aufgehoben wurde. Der Einigungsvertrag mit seinen Anlagen regelt im einzelnen, welche gesetzlichen Bestimmungen des Bundesrechts – und gegebenenfalls mit welchen Modifikationen – im Beitrittsgebiet gelten. Inzwischen ist eine weit gehende Angleichung der Rechtsverhältnisse eingetreten.

▸ Einkommen

E. ist der Gesamtbetrag der → *Einkünfte* vermindert um → *Sonderausgaben* und → *außergewöhnliche Belastungen* (§ 2 Abs. 4 EStG).

▸ Einkommensteuergesetz (EStG)

EStG ist das Gesetz, nach dem die Einkommensteuer erhoben wird. Ihr Aufkommen steht aufgrund gemeinsamer Ertragshoheit Bund und Ländern zu (Abs. 106 GG). Die Einkommensteuer ist eine Personensteuer.

(1) Steuerpflichtig sind alle unbeschränkt und beschränkt steuerpflichtigen natürlichen Personen. **Unbeschränkt steuerpflichtig** sind natürliche Personen mit → *Wohnsitz* oder gewöhnlichem Aufenthalt im Inland. Sie unterliegen der Einkommensteuer mit ihren gesamten in- und ausländischen Einkünften (Welteinkünfteprinzip). Als unbeschränkt Steuerpflichtige gelten auch im Ausland Ansässige, öffentliche Bedienstete und Auslandsbewohner mit überwiegend inländischen Einkünften, inbesondere Grenzpendler (sog. **erweiterte unbeschränkte Steuerpflicht**). **Beschränkt steuerpflichtige** natürliche Personen, die im Inland weder Wohnsitz noch gewöhnlichen Aufenthalt haben, sind lediglich mit ihren inländischen Einkünften steuerpflichtig. Sonderfälle der erweiterten beschränkten Steuerpflicht sind nach dem → *Außensteuergesetz* geregelt.

(2) Der Einkommensteuer unterliegen die sieben in § 2 Abs. 1 EStG abschließend aufgezählten Einkunftsarten (→ *Einkünfte).*

(3) Bemessungsgrundlage für die Einkommensteuer ist das zu versteuernde Einkommen gemäß § 2 Abs. 5 EStG. Der Berechnungsweg des zu versteuernden Einkommens ist in § 2 Abs. 2 bis Abs. 4 EStG für unbeschränkt Steuerpflichtige und in § 50 EStG für beschränkt Steuerpflichtige festgelegt.

(4) Die Einkommensteuer wird nach Ablauf des Kalenderjahres

(Veranlagungszeitraum) aus dem zu versteuernden Einkommen ermittelt.

(5) Der **Einkommensteuertarif** ist ein komplizierter Formeltarif, der aus dem zu versteuernden Einkommen einen Grundfreibetrag (2002: 7235 EUR) freistellt und dann in drei Tarifstufen über den Eingangssteuersatz (2002: 23 v. H.), die Progressionszone und die Proportionalzone den Steuersatz bis zu einem Höchststeuersatz (2002: 48,5 v. H.). anhebt. Die → *Einkommensteuertabellen* sind seit 1. 1. 2001 nicht mehr Bestandteil des Einkommensteuergesetzes, sondern werden nur noch als Serviceleistung veröffentlicht.

(6) Steuerreformgesetze sehen eine weitere Absenkung der Steuersätze vor. Die Verwirklichung der Steuerreform ist durch das → *Flutopfer-Solidaritätsgesetz* teilweise hinausgeschoben.

(7) Besonderheiten gelten für die Veranlagung von Ehegatten (→ *Veranlagungsarten).*

▶ Einkünfte

E. unterliegen der Einkommensteuer, soweit sie in § 2 Abs. 1 EStG aufgeführt sind. Die Aufzählung ist abschließend und umfasst Einkünfte aus → *Land- und Forstwirtschaft,* → *Gewerbebetrieb,* → *selbständige Arbeit,* → *nichtselbständige Arbeit,* → *Kapitalvermögen,* → *Vermietung und Verpachtung,* → *sonstige Einkünfte.*

Bei den Einkünften aus Land- und Forstwirtschaft, Gewerbebetrieb und selbständiger Arbeit wird der *Gewinn* besteuert (→ *Gewinneinkünfte),* bei den anderen Einkunftsarten aus nichtselbständiger Arbeit, Kapitalvermögen, Vermietung und Verpachtung sowie den sonstigen Einkünften wird der → *Überschuss* besteuert (Überschusseinkünfte.)

▶ Einlagen

E. sind alle → *Wirtschaftsgüter* (Bareinzahlungen oder sonstige Wirtschaftsgüter), die der Steuerpflichtige im Lauf des Wirtschaftsjahres dem → *Betrieb* zugeführt hat (z. B. Überführung eines Grundstücks aus dem Privatvermögen ins Betriebsvermögen). Einlagen erhöhen den steuerlichen → *Gewinn* nicht. Der Gewinn ist um die Einlagen zu korrigieren. Maßstab für die Bewertung von Einlagen ist der → *Teilwert* des eingelegten Wirtschaftsgutes zum Zeitpunkt der Zuführung (§ 6 Abs. 1 Nr. 5 EStG).

Einlassungsfrist

Im → *Zivilprozess* ist die Einlassungsfrist derjenige Zeitraum, der zwischen der → *Zustellung* der → *Klageschrift* und dem Termin zur → *mündlichen Verhandlung* liegen muss. Die Einlassungsfrist soll dem Beklagten die Möglichkeit geben, sich auf das Verfahren vorzubereiten. Sie beträgt im Regelfall nach § 274 Abs. 3 ZPO mindestens zwei Wochen, kann jedoch im Einzelfall auch abgekürzt oder verlängert werden. Aus dem Zweck des Arrestverfahrens (→ *Arrest)* und der → *einstweiligen Verfügung* ergibt sich, dass Einlassungsfristen dort nicht gewährt werden müssen.

Im Strafverfahren hat das Gericht dem → *Beschuldigten,* dem es eine Anklageschrift zustellt, vor der Entscheidung über die Zulassung der Anklage (→ *Eröffnungsverfahren)* eine angemessene Frist – in der Regel mindestens eine Woche – zur Äußerung einzuräumen.

Einmanngesellschaft

Eine Einmanngesellschaft ist eine → *GmbH* mit nur einem Gesellschafter.

Einrede

Eine Einrede ist materiellrechtlich ein Gegenrecht, das die Durchsetzbarkeit des Rechts eines anderen hindert, das Recht selbst aber nicht beseitigt (wie dies bei der Einwendung der Fall ist). Dieses Leistungsverweigerungsrecht muss daher geltend gemacht werden. Der Anspruch des Gegners kann dann vorübergehend (so zum Beispiel bei der → *Stundung)* oder auf Dauer (etwa bei der → *Verjährung)* nicht mehr durchgesetzt werden. Im → *Zivilprozess* wird der Begriff der Einrede weiter gefasst. Er beinhaltet jedes Verteidigungsvorbringen, das über ein bloßes Leugnen der klägerischen Tatsachenbehauptungen hinausgeht. Einreden können hier daher prozessrechtlicher (zum Beispiel Berufung auf die Schiedsgerichtsklausel – → *Schiedsrichterliches Verfahren* –) oder materiellrechtlicher Art sein. Im letzteren Fall werden dabei sowohl rechtshemmende (materiellrechtlich: Einreden) als auch rechtshindernde und rechtsvernichtende Umstände (materiellrechtlich: Einwendungen) berücksichtigt. Einreden können ihrerseits wieder durch Gegeneinreden entkräftet werden.

▶ Einspruch

Im → *Zivilprozess* ist der Einspruch ein Rechtsbehelf eigener Art, der die Sache nicht an die höhere Instanz bringt. Er ist statthaft bei einem → *Versäumnisurteil* und beim → *Vollstreckungsbescheid.* Der Einspruch bewirkt, dass der Prozess in die Lage zurückversetzt wird, in dem er sich vor Eintritt der Säumnis befand, beziehungsweise bei rechtzeitigem Widerspruch gegen den Mahnbescheid (→ *Mahnverfahren)* befunden haben würde.

Im Strafverfahren ist der Einspruch der Rechtsbehelf gegen → *Strafbefehle;* im Ordnungswidrigkeitenverfahren gegen Bußgeldbescheide. Er ist innerhalb einer Frist von zwei Wochen nach Zustellung einzulegen, was bedeutet, dass er bis zum Ablauf dieser Frist bei der erlassenden Stelle eingegangen sein muss. Der Einspruch kann entweder schriftlich oder zur Niederschrift der erlassenden Stelle erfolgen. Er kann, muss aber nicht begründet werden. Ist der Einspruch ordnungsgemäß eingelegt worden, so wird der Strafbefehl bzw. Bußgeldbescheid nicht rechtskräftig.

Im Verwaltungsverfahrensrecht ist der Einspruch weitestgehend durch das → *Widerspruchsverfahren* ersetzt. Vgl. auch → *Rechtsbehelfsverfahren im Steuerrecht.*

▶ Einstellung → *Ermittlungsverfahren*

▶ Einstweilige Anordnung

Eine einstweilige Anordnung ist eine vorläufige Entscheidung des Gerichts. Durch eine vorübergehende Regelung soll vermieden werden, dass vor Rechtskraft einer Entscheidung ein möglicherweise rechtswidriger Zustand hergestellt wird, der nach Rechtskraft nicht mehr geändert werden kann. So ist im → *Zivilprozess* bei Einlegung von Rechtsbehelfen häufig vorgesehen, dass die Zwangsvollstreckung aus der an sich vorläufig vollstreckbaren Entscheidung einstweilen eingestellt wird (zum Beispiel §§ 707, 719 ZPO). Im Verwaltungsprozessrecht entspricht die einstweilige Anordnung einer → *einstweiligen Verfügung.*

▶ Einstweilige Unterbringung

Ein Beschuldigter kann bereits während des → *Ermittlungsverfahrens* einstweilig in einer Entziehungsanstalt oder in einem psychiatrischen Krankenhaus untergebracht werden, wenn folgende vier Voraussetzungen vorliegen: Er muss einer Straftat dringend verdächtig (→ *Haftbefehl)* sein.

Es muss weiter eine hohe Wahrscheinlichkeit bestehen, dass der Beschuldigte bei der Begehung seiner Tat im Zustand der → *Schuldunfähigkeit* oder mindestens der nur eingeschränkten Schuldfähigkeit gehandelt hat.

Es muss weiterhin sehr wahrscheinlich sein, dass das Gericht diesen Beschuldigten nach seiner Aburteilung in einer Entziehungsanstalt oder in einem psychiatrischen Krankenhaus unterbringen wird.

Schließlich muss die öffentliche Sicherheit eine solche einstweilige Unterbringung erfordern.

Damit ist es etwa zulässig, einen mutmaßlich geisteskranken Brandstifter in ein psychiatrisches Krankenhaus einzuweisen. Bei einem geisteskranken Ladendieb, der immer nur geringwertige Gegenstände entwendet, wird dagegen eine Unterbringung nicht nötig sein.

In ihrem Vollzug folgt die einstweilige Unterbringung weitgehend den Regelungen der → *Untersuchungshaft.*

▶ Einstweilige Verfügung

E. (§§ 935 ff. ZPO) ist eine gerichtliche Entscheidung (→ *Urteil* oder → *Beschluss),* die in einem summarischen (abgekürzten) Erkenntnisverfahren ergeht. Sie stellt einen Vollstreckungstitel dar, aus dem die → *Zwangsvollstreckung* grundsätzlich nur insoweit betrieben werden kann, als dies zur Sicherung (nicht Befriedigung) des Gläubigers notwendig ist (zum Beispiel Sicherstellung einer Sache, nicht aber deren Herausgabe an den Gläubiger). Erlassen werden darf sie nur, wenn ein Verfügungsanspruch besteht, wenn also dem Gläubiger ein nicht auf Geld (ansonsten → *Arrest)* gerichteter Individualanspruch zusteht (etwa Herausgabe einer Sache oder Abgabe einer Willenserklärung). Weiterhin ist ein Verfügungsgrund erforderlich. Dieser liegt vor, wenn zu besorgen ist, dass durch die Veränderung des bestehenden Zustandes die Verwirklichung des Individualanspruchs vereitelt oder wesentlich erschwert würde. Das Gericht entscheidet nach freiem Ermessen, welche Maßnahme im Einzelfall anzuordnen ist; eine Bindung an Parteianträge besteht nicht.

Eintragung in das Grundbuch

Rechtsänderungen an → *Grundstücken* werden regelmäßig erst mit der Eintragung im → *Grundbuch* wirksam. Die Voraussetzungen, unter denen eingetragen werden darf, sowie die Art und Weise der Eintragungen sind in der Grundbuchordnung (GBO) geregelt.

Eintrittsrecht im Verwaltungsrecht

Die verwaltungsrechtlichen Gesetze bestimmen grundsätzlich, welche Behörden für ihren Vollzug zuständig sind und welche (übergeordneten) Behörden Aufsichtsbefugnisse haben. Die Aufsichtsbefugnisse gelten nur im Innenverhältnis, die übergeordnete Behörde kann die ihr unterstellte in den ihr vom Gesetz im Einzelnen gesetzten Grenzen also nur anweisen, welche Entscheidung diese zu treffen hat. Dagegen ist es ihr in aller Regel nicht gestattet, selbst anstelle der unteren Behörde zu handeln. Ein solches Selbsteintrittsrecht gibt es etwa im Sicherheitsrecht, wo es im Interesse einer raschen Gefahrenbeseitigung nicht hingenommen werden kann, vor einem behördlichen Eingreifen zunächst Zuständigkeitsprobleme klären zu müssen. Ein Selbsteintrittsrecht ist auch im Bayerischen → *Verwaltungsverfahrensgesetz* geregelt; danach darf die nächsthöhere Behörde nach Weisung des zuständigen Ministers in Fällen von landesweiter Bedeutung anstelle der untätigen unteren Behörde handeln.

Einvernehmen

E. ist eine andere Bezeichnung für Zustimmung. Einvernehmensregelungen finden sich bei gestuften Verwaltungsverfahren, wo eine Behörde für ihre Entscheidung der vorherigen Billigung einer anderen bedarf. Wird dieses Einvernehmen nicht erteilt, ist die Behörde hieran gebunden. So darf die → *Baubehörde* eine beantragte → *Baugenehmigung* nicht erteilen, wenn die Gemeinde ihr Einvernehmen verweigert; unberührt hiervon bleiben die Ersetzung des Einvernehmens durch die Baubehörde oder kommunalaufsichtliche Maßnahmen. Die Einvernehmensverweigerung ist, da sie nur zwischen zwei Behörden ausgesprochen wird, mangels Außenwirkung kein → *Verwaltungsakt*. Der von der ablehnenden Entscheidung der Baubehörde betroffene Bürger muss im Rahmen einer → *Verpflichtungsklage* auf die Erteilung der Baugenehmigung klagen. Eine in diesem Verfahren ergehende positive Entscheidung des Verwaltungsgerichts bindet die notwendig beizuladende (→ *Beiladung*) Gemeinde.

Einwilligung

Die Einwilligung ist das Einverständnis des Verletzten mit der Beeinträchtigung seines Rechtsguts. Es gibt sie in der Form der ausdrücklichen und der mutmaßlichen Einwilligung. Ist eine Einwilligung wirksam erteilt, so ist die Beeinträchtigung des entsprechenden Rechtsguts trotz der Verwirklichung eines Straftatbestands nicht strafbar.

Eine ausdrückliche Einwilligung hat folgende Voraussetzungen: Sie muss vor der Verletzung des Rechtsguts erteilt worden sein.

Sie muss freiwillig abgegeben worden sein.

Das betroffene Rechtsgut muss „einwilligungsfähig“ sein. Dies sind einmal nur höchstpersönliche Rechtsgüter, nicht aber solche der Allgemeinheit. Deshalb kann zum Beispiel der Beifahrer im Auto eines Betrunkenen nicht wirksam in seine Gefährdung einwilligen. Denn der Tatbestand der → *Straßenverkehrsgefährdung* will in erster Linie die Allgemeinheit – nicht nur den Beifahrer – vor betrunkenen Fahrzeugführern schützen. Bei den höchstpersönlichen Rechtsgütern muss hinzukommen, dass der Inhaber darüber „verfügungsberechtigt" ist. Daran fehlt es beim Leben, so dass auch die → *Tötung* auf Verlangen strafbar ist. Dagegen sind etwa Eigentum oder körperliche Unversehrtheit Rechtsgüter, in deren Verletzung eingewilligt werden kann. So kann es der Eigentümer eines Baumes seinem Nachbarn erlauben, von diesem Baum störende Äste abzuschneiden, was an sich den Tatbestand der → *Sachbeschädigung* erfüllen würde.

Die Einwilligung darf weiterhin nicht sittenwidrig sein. Das ist der Fall, wenn mit der Verletzung des entsprechenden Rechtsguts unlautere Ziele verfolgt werden wie zum Beispiel mit einer Verstümmelung, die den Betroffenen vor der Erfüllung seiner Wehrpflicht bewahren soll.

Schließlich muss der Einwilligende einwilligungsfähig sein. Das ist er, sobald er die Bedeutung des betroffenen Rechtsguts erkennen kann. Die Einwilligungsfähigkeit hängt damit nicht vom Erreichen der vollen → *Geschäftsfähigkeit* ab. Vielmehr wird auch ein 17–jähriger etwa schon beurteilen können, ob er gewisse mit einem Sport verbundene Verletzungsrisiken hinnehmen will.

Besonders große praktische Bedeutung kommt der Einwilligung bei ärztlichen Heileingriffen zu. Denn nach der Rechtsprechung ist jeder ärztliche Eingriff – auch der kunstgerechte – Körperverletzung. Deren Rechtswidrigkeit kann nur durch die Einwilligung des Patienten beseitigt werden.

Die mutmaßliche Einwilligung ermöglicht Rechtsgutverletzungen auch in solchen Fällen, in denen sich der Betroffene zuvor nicht mehr äußern kann. Hierbei wird auf die Interessenlage eines vernünftigen Betroffenen abgestellt und eine Beeinträchtigung von Rechtsgütern zugelassen, wenn diese auch bei einer zuvor bestehenden Äußerungsmöglichkeit hingenommen worden wäre. Zu denken ist etwa daran, dass eine Haustür aufgebrochen wird, um die von einem eingeschalteten Kochherd ausgehende Brandgefahr beseitigen zu können.

Im Zivilrecht bedeutet Einwilligung die vorherige → *Zustimmung* zu einem → *Rechtsgeschäft* (§ 183 BGB).

Einzelrichter

Ein Einzelrichter ist ein → *Richter,* der den Rechtsstreit alleine entscheidet (anders: → *beauftragter Richter*). Im → *Zivilprozess* und im Verfahren der → *Freiwilligen Gerichtsbarkeit* ist er im ersten → *Rechtszug* beim → *Amtsgericht* stets und beim → *Landgericht* häufig zuständig.

Im Strafverfahren ist in der Hauptverhandlung ein Einzelrichter nur am Amtsgericht in Strafsachen geringerer Bedeutung tätig. Außerhalb der Hauptverhandlung entscheidet auch der Vorsitzende des → *Schöffengerichts* beim Amtsgericht – der gleichzeitig der dort tätige Berufsrichter ist – allein.

Im verwaltungsgerichtlichen Verfahren ist grundsätzlich die Kammer zuständig; diese kann den Rechtsstreit unter bestimmten Voraussetzungen auf den Einzelrichter übertragen. Bei den → *Oberverwaltungsgerichten* und dem → *Bundesverwaltungsgericht* gibt es diese Möglichkeit nicht.

Eisenbahn → *Bundesbahn*

Elterliche Sorge

E. bedeutet die Pflicht und das Recht der Eltern, für das minderjährige → *Kind* zu sorgen (§ 1626 BGB). Die elterliche Sorge umfasst die **Personensorge**, die **Vermögenssorge** und die **Vertretung** des Kindes auf diesen Gebieten. Zum Kindeswohl gehört ferner der **Umgang** des Kindes mit beiden Elternteilen und anderen Personen, zu denen Bindungen bestehen (→ *Umgangsrecht).* Bei der Pflege und Erziehung haben die Eltern die wachsenden Fähigkeiten und Bedürfnisse des Kindes zu selbständigem verantwortungsbewußten Handel zu berücksichtigen. Die → *Haftung* für Verbindlichkeiten, die Eltern im Rahmen ihrer gesetzlichen Vertretungsmacht für das Kind eingehen, oder die Haftung aufgrund eines während der Minderjährigkeit erfolgten Erwerbs von Todes wegen beschränkt sich auf den Bestand des bei Eintritt der Volljährigkeit vorhandenen Vermögens des Kindes (§ 1629 a BGB).

Wird das körperliche, seelische und geistige Wohl des Kindes oder sein Vermögen durch mißbräuchliche Ausübung der elterlichen Sorge gefährdet, hat das Familiengericht, wenn die Eltern nicht gewillt oder nicht in der Lage sind, die Gefahren abzuwenden, erforderliche Maßnahmen zu treffen (§ 1666 BGB, → *Vermögensverzeichnis)*. Das Familiengericht kann auch eine Wohnungswegweisung zum Schutze des Kindes anordnen, ferner Näherungsverbote aussprechen (§ 1666 a BGB, → *Gewaltschutz)*

Sind Eltern bei Geburt des Kindes nicht miteinander verheiratet, steht ihnen die elterliche Sorge nur dann gemeinsam zu, wenn sie eine **gemeinsame** → *Sorgerechtserklärung* (§ 1626 a BGB) abgegeben oder einander heiraten. Ansonsten hat die Kindesmutter die elterliche Sorge.

Leben Eltern, denen die elterliche Sorge gemeinsam zusteht, getrennt, kann ein Elternteil die Übertragung der elterlichen Sorge oder Teile des Sorgerechts beantragen. Dem Antrag ist nur stattzugeben, wenn der andere Elternteil zustimmt, es sei denn, das bereits 14-jährige Kind würde der Übertragung widersprechen oder wenn die Aufhebung der gemeinsamen Sorge zum Wohle des Kindes erforderlich ist (§ 1671 BGB).

Leben Eltern getrennt und hält sich das Kind mit Einwilligung des anderen Ehegatten oder aufgrund einer gerichtlichen Entscheidung bei einem Elternteil auf, hat dieser die Befugnis zur alleinigen Entscheidung in Angelegenheiten des täglichen Lebens sowie in Angelegenheiten der tatsächlichen Betreuung (**Alltagsalleinsorge**, § 1687 BGB). Das → *Familiengericht* kann auf Antrag die Befugnisse einschränken oder ausschließen, soweit dies für das Kindeswohl erforderlich ist. In Notfällen steht einem nicht sorgeberechtigten Elternteil, wenn sich das Kind berechtigterweise bei ihm aufhält, ebenfalls das Alleinentscheidungsrecht zu. Der Ehegatte eines alleinsorgeberechtigten Elternteils, der nicht Elternteil des Kindes ist, hat Mitentscheidungsbefugnis in Angelegenheiten des täglichen Lebens. Dies gilt auch für → *Lebenspartner*.

Lebt ein Kind für längere Zeit in Familienpflege, steht das Entscheidungsrecht in Angelegenheiten des täglichen Lebens der Pflegeperson zu (§ 1688 BGB).

Elternzeit

Arbeitnehmer, die ein Kind aufziehen, haben Anspruch auf **Elternzeit bis zum 3. Geburtstag** des von ihnen betreuten Kindes (§ 15 Abs. 1 des Gesetzes zum Erziehungsgeld und zur Elternzeit – Bundeserziehungsgeldgesetz – BErzGG). Ein Anteil von bis zu zwölf Monaten kann mit Zustimmung des Arbeitgebers auf die Zeit bis zur Vollendung des 8. Lebensjahres übertragen werden.

Die Elternzeit kann, auch anteilig, von jedem Elternteil **allein oder von beiden Elternteilen gemeinsam** genommen werden. Sie ist jedoch **auf drei Jahre für jedes Kind begrenzt** (§ 15 Abs. 3 BErzGG). Während der E. ist **Erwerbstätigkeit** zulässig, wenn die vereinbarte wöchentliche Arbeitszeit für jeden Elternteil, der eine E. nimmt, 30 Stunden nicht übersteigt. Teilzeitarbeit bei einem anderen Arbeitgeber oder als Selbständiger bedarf der Zustimmung des Arbeitgebers (§ 15 Abs. 4 BErzGG).

Die E. muss, wenn sie unmittelbar nach der Geburt des Kindes oder nach der Mutterschutzfrist beginnen soll, spätestens sechs Wochen, sonst spätestens acht Wochen vor Beginn **schriftlich vom Arbeitgeber verlangt** werden. Gleichzeitig muss erklärt werden, für welche Zeiten E. genommen werden soll (§ 16 BErzGG). Eine Fristversäumung kann unter bestimmten Voraussetzungen geheilt werden (§ 16 Abs. 1 und 2 BErzGG).

Während des Erziehungsurlaubs besteht → *Kündigungsschutz,* § 18 BErzGG. Der Elternzeitberechtigte kann das Arbeitsverhältnis unter Einhaltung einer Kündigungsfrist von drei Monaten zum Ende der E. kündigen (§ 19 BErzGG).

Emissionen

E. sind die von einem Vorhaben oder einem Grundstück ausgehenden Einwirkungen. Dagegen bezeichnet man die auf ein anderes Grundstück oder Personen treffenden Umwelteinwirkungen als → *Immissionen.* Die Umweltgesetze, etwa das Bundesimmissionsschutzgesetz und die hierzu ergangenen Rechtsvorschriften unterscheiden teilweise nach dem Einwirkungsort und setzen entweder Emissions- oder Immissionsgrenzwerte fest.

Endurteil

Ein Endurteil (§ 300 ZPO) ist ein → *Urteil,* das eine endgültige Entscheidung darstellt und die Instanz beendet. Werden nur einzelne → *Streitgegenstände* erledigt, liegt ein → *Teilurteil* vor; bei Erledigung aller Streitgegenstände spricht man von einem Vollend- oder Schlussurteil. Besonderheiten gelten beim → *Vorbehaltsurteil;* siehe auch → *Zwischenurteil.*

Energieversorgung

Energieversorgungsunternehmen, das sind solche, die andere mit Strom oder Gas beliefern, unterstehen nach näherer Bestimmung des Energiewirtschaftsgesetzes einer besonderen staatlichen Aufsicht. Diese Aufsicht erstreckt sich insbesondere auf die Anlagen, die der Erzeugung, Weiterleitung und Abgabe von Strom oder Gas dienen. Die Energieversorgungsunternehmen haben eine besondere → *Anschlusspflicht.* Diese ist deshalb gerechtfertigt, weil die Unternehmen in kartellrechtlich zulässiger Weise untereinander Verträge über die Versorgungsgebiete und mit Kommunen Konzessionsverträge über ein ausschließliches Leitungsverlegungsrecht abschließen dürfen, also in ihrem Bereich eine Monopolstellung haben. Sie müssen ihre Versorgungsbedingungen und Tarife öffentlich bekannt machen.

Enteignung

E. ist die zweckgerichtete, völlige oder teilweise Entziehung eines eigentumsfähigen Rechts → *Eigentumsgarantie)* zum Wohl der Allgemeinheit gegen Entschädigung. Die Enteignung kann nach Art. 14 Abs. 3 des Grundgesetzes durch Gesetz (Legislativenteignung) oder durch eine aufgrund eines Gesetzes für zulässig erklärte Behördenentscheidung (Exekutiventeignung) erfolgen; das Gesetz muss Art und Ausmaß der Entschädigung regeln (Junktimklausel). Zulässig ist die Enteignung z. B. nach den Bestimmungen des → *Baugesetzbuchs* aus städtebaulichen Gründen, insbesondere zur Verwirklichung von Festsetzungen eines Bebauungsplans. Erhebliche Abgrenzungsschwierigkeiten gibt es zwischen der (entschädigungspflichtigen) Enteignung und der (entschädigungsfreien) Inhaltsbestimmung, da beide sich als Beschränkung des Eigentums darstellen. Eine Enteignung ist – unabhängig von den strittigen Punkten im Einzelnen – jedenfalls dann anzunehmen, wenn der Wesensgehalt des Eigentums, sein Kernbereich, betroffen ist. Umstritten ist auch, ob bei einer – rechtswidrigen – Maßnahme, die sich wie eine Enteignung auswirkt, aber nicht als solche gewollt ist, ein Entschädigungsanspruch aus enteignungsgleichem Eingriff ergibt, oder ob der Betroffene nur die Rückgängigmachung verlangen kann.

▶ **Entfernen vom Unfallort** → *Unerlaubtes Entfernen vom Unfallort*

▶ **Entfernungspauschale**

Fahrten zwischen Wohnung und Arbeitsstätte des → *Arbeitnehmers,* können als → *Werbungskosten* bei der Ermittlung der Überschusseinkünfte in Abzug gebracht werden. Zur Abgeltung dieser Aufwendungen ist für jeden Arbeitstag, an dem der Arbeitnehmer die Arbeitsstätte aufsucht, eine Entfernungspauschale für jeden vollen Kilometer der Entfernung zwischen Wohnung und Arbeitsstätte von 0,36 EUR für die ersten zehn Kilometer und 0,40 EUR für jeden weiteren Kilometer der kürzesten Straßenverbindung zwischen Wohnung und Arbeitsstätte anzusetzen, höchstens jedoch 5112 EUR im Kalenderjahr. Übersteigen Aufwendungen für die Benutzung öffentlicher Verkehrsmittel die Entfernungspauschale, können die höheren Kosten angesetzt werden. Ein höherer Betrag als 5112 EUR ist auch dann anzusetzen, wenn der Arbeitnehmer einen eigenen oder ihm zur Benutzung überlassenen Pkw benutzt.

▶ **Entführung** → *Freiheitsberaubung,* → *Menschenraub*

▶ **Entgeltfortzahlung**

Im Falle der → *Arbeitsunfähigkeit* wegen Krankheit erhalten alle Arbeitnehmer ihr Arbeitsentgelt für die Dauer von maximal 6

Wochen weiterbezahlt (§ 3 Entgeltfortzahlungsgesetz vom 26. 5. 1994 – EFG –). Die Arbeitsunfähigkeit darf aber nicht vom Arbeitnehmer verschuldet sein, z. B. durch Ausübung gefährlicher Sportarten. Als nicht verschuldete Erkrankung gelten auch die Teilnahme an einer → *Kur* oder ein nicht rechtswidriger → *Schwangerschaftsabbruch.*

Der Anspruch auf Entgeltfortzahlung **beginnt nach vierwöchiger ununterbrochener Dauer** des Arbeitsverhältnisses. Nach Ablauf der vier Wochen hat der Arbeitnehmer Anspruch auf Entgeltfortzahlung für die restliche Dauer der Krankheit, längstens **für sechs Wochen**. Krankheitszeiten während der Wartezeit werden nicht eingerechnet, es entsteht aber auch kein rückwirkender Anspruch.

Für die Berechnung der Entgeltfortzahlung gilt das **Lohnausfallprinzip**, das heißt der Arbeitnehmer bekommt dieselbe Vergütung, die er ohne den Erkrankungsfall bekommen hätte. Überstunden und etwaige Zuschläge bleiben allerdings außer Betracht . Soweit eine dritte Person die Arbeitsunfähigkeit des Arbeitnehmers verschuldet (z. B. bei einem Verkehrsunfall), gehen Schadensersatzansprüche wegen Verdienstausfalls direkt auf den Arbeitgeber über (§ 6 EFG).

Entlassung eines Beamten

Die Entlassung bedeutet die Beendigung des Beamtenverhältnisses. Es ist zu unterscheiden zwischen verschiedenen Formen der Entlassung. Kraft Gesetzes tritt die Entlassung z. B. ein, wenn der Beamte seine deutsche Staatsangehörigkeit verliert, bei Verlegung seines Wohnsitzes in das Ausland ohne Zustimmung seines → *Dienstherrn* oder bei einer strafgerichtlichen Verurteilung zu einer Freiheitsstrafe von mindestens einem Jahr wegen einer vorsätzlich begangenen Tat. In bestimmten Fällen, etwa bei Verweigerung des → *Diensteids,* ist die Entlassung durch → *Verwaltungsakt* auszusprechen. Schließlich kann eine Entlassung erfolgen, wenn das der Beamte beantragt.

Entmündigung

E. war früher die Aberkennung der vollen Geschäftsfähigkeit eines Erwachsenen durch einen gerichtlichen Beschluss. An ihre Stelle ist die Anordnung einer → *Betreuung* getreten.

Entnahmen

E. sind alle → *Wirtschaftsgüter* (Barentnahmen, Waren, Erzeugnisse, Nutzungen und Leistungen), die der Steuerpflichtige seinem → *Betrieb* für sich, für seinen Haushalt oder für andere betriebsfremde Zwecke im Laufe eines Wirtschaftsjahres entnommen hat (§ 4 Abs. 1 Satz 2 EStG). Bei der Ermittlung des steuerlichen Gewinns sind die Entnahmen dem Gewinn hinzuzurechnen. Sie werden mit dem → *Teilwert* des Wirtschaftsgutes zum Zeitpunkt der Entnahme bewertet (§ 6 Abs. 1 Nr. 4 EStG). Ist der → *Buchwert* des Wirtschaftsgutes zum Zeitpunkt der Entnahme geringer als der Teilwert, werden → *stille Reserven* aufgedeckt.

Entschädigung für Opfer von Gewalttaten → *Gewalttaten, Opfer von*

Entschädigung für Strafverfolgungsmaßnahmen

Ist jemand zu Unrecht Strafverfolgungsmaßnahmen ausgesetzt gewesen, so wird ihm ein dadurch entstandener Vermögensschaden, der 25 EUR übersteigt, ersetzt. Im Fall einer gerichtlich angeordneten Freiheitsentziehung wird für jeden Tag eine Entschädigung von 11 EUR geleistet.

Als Strafverfolgungsmaßnahmen sind neben Verurteilungen, die nach einem → *Wiederaufnahmeverfahren* entfallen oder gemildert werden, vor allem → *einstweilige Unterbringung,* → *Untersuchungshaft,* vorläufige → *Festnahme,* → *Durchsuchung* und → *Beschlagnahme* sowie die vorläufige Entziehung der → *Fahrerlaubnis* zu nennen. Bei den vorläufigen Maßnahmen ist Voraussetzung für eine Entschädigung, dass der Beschuldigte freigesprochen oder das gegen ihn gerichtete Verfahren durch Gericht oder Staatsanwaltschaft eingestellt wird. Ein Anspruch auf Entschädigung ist jedoch ausgeschlossen, wenn der Beschuldigte die Strafverfolgungsmaßnahmen durch sein Verhalten vorsätzlich oder grob fahrlässig verursacht hat. Das ist vor allem der Fall, wenn ein Beschuldigter unrichtige Angaben, insbesondere ein unrichtiges Geständnis macht. Die Verweigerung einer Aussage stellt keinesfalls eine Verursachung für Strafverfolgungsmaßnahmen dar.

Ob ein Anspruch auf Entschädigung besteht, entscheidet das mit der Sache befasste Strafgericht, wenn es den Fall abschließt. Stellt bereits die → *Staatsanwaltschaft* das Verfahren ein, so entscheidet grundsätzlich das an ihrem Sitz bestehende Amtsgericht. Diese Entscheidung ist aber nur eine so genannte „Grundentscheidung“. Die einzelnen Positionen, für die Entschädigung verlangt wird, sind sodann innerhalb einer Frist von 6 Monaten nach Rechtskraft der gerichtlichen Entscheidung bei der Staatsanwaltschaft, die das Ermittlungsverfahren geführt hat, geltend zu machen. Über die Höhe der Entschädigung entscheidet dann die Landesjustizverwaltung; gegen ihre Entscheidung ist der ordentliche Rechtsweg zum → *Landgericht* eröffnet.

▸ Entschädigungsfonds

Wird durch ein Kraftfahrzeug ein Personen- oder Sachschaden verursacht, und kann das Fahrzeug entweder nicht ermittelt werden (das betrifft hauptsächlich Fälle von Unfallflucht) oder besteht die notwendige → *Haftpflichtversicherung* nicht, so kann der Geschädigte seine Ansprüche gegen den „Entschädigungsfonds für Schäden aus Kraftfahrzeugunfällen“ geltend machen. Dessen Aufgaben sind dem Verein „Verkehrsopferhilfe e. V., Glockengießerwall 1, 20095 Hamburg“ zugewiesen.

Im Einzelnen bestehen für das Verfahren eine Reihe von Besonderheiten und Anspruchsausschlüssen.

▸ Entziehung der Fahrerlaubnis → *Fahrerlaubnis*

▸ Erbausschlagung → *Ausschlagung der Erbschaft*

▸ Erbaussicht

E. begründet lediglich eine Aussicht auf ein künftiges Recht an einem → *Nachlass*. Sie räumt keinen Anspruch gegen den → *Erb-*

lasser ein und gewährt keine rechtlichen Befugnisse im Sinne einer Rechtsmacht. Sie begründet keine vermögensrechtlichen, übertragbaren oder vererblichen Rechtspositionen. Sie kann weder verpfändet noch gepfändet werden.

Erbbaurecht

Ein Erbbaurecht ist das veräußerliche und vererbliche Recht, auf oder unter der Oberfläche eines einem anderen gehörenden Grundstücks ein Bauwerk zu errichten; es ist speziell geregelt in der Verordnung über das Erbbaurecht (ErbbauVO). Es entsteht durch → *Einigung* und Eintragung im Grundbuch des belasteten Grundstücks, für das Erbbaurecht ist ein gesondertes Grundbuchblatt anzulegen. Als „grundstücksgleiches" Recht ist es wie ein Grundstück zu behandeln, also z. B. mit → *Grundschulden* belastbar. Als Gegenleistung für das Erbbaurecht wird regelmäßig ein Erbbauzins vereinbart.

In den neuen Bundesländern haben Grundstücksnutzer mit Gebäudeeigentum durch das Sachenrechtsbereinigungsgesetz vom 21. 9. 1994 ein Wahlrecht erhalten, entweder die Grundstücke, auf denen Baulichkeiten errichtet worden sind, anzukaufen oder die Bestellung eines Erbbaurechts zu verlangen. Die Dauer dieses Erbbaurechts beträgt – je nach Nutzungsart des Grundstücks – maximal 90 Jahre ab Vertragsschluss.

Erbe (auch Miterbe)

E. ist, wer beim Tode einer Person durch → *Verfügung von Todes wegen* oder von Gesetzes wegen das Vermögen des → *Erblassers* ganz oder teilweise erhält. Mehrere zum Erben berufene Personen sind Miterben. Erbe kann nur werden, wer zum Zeitpunkt des → *Erbfalls* lebt. Für die nicht geborene Person fingiert das Gesetz, dass diese als vor dem Erbfall geboren gilt (§ 1923 BGB). Für eine zur Zeit des Erbfalls bereits verstorbene Person treten entweder die durch Verfügung von Todes wegen berufenen → *Ersatzerben* ein oder es kommt von Gesetzes wegen zur Anwachsung der → *Erbschaft* (§ 2094 BGB) mit der Folge, dass der Erbteil den übrigen Erben nach dem Verhältnis ihrer Erbteile anwächst.

Erbengemeinschaft

Hinterlässt der → *Erblasser* mehrere Erben (Miterben), so wird der → *Nachlass* gemeinschaftliches Vermögen der Erben (§ 2032 BGB). Es entsteht eine → *Gesamthandsgemeinschaft*. Jeder Miterbe kann nur über seinen Anteil an der Gemeinschaft insgesamt verfügen (§ 2033 Abs. 1 BGB). Vekauft ein Miterbe seinen Anteil, haben die übrigen Miterben gemeinschaftlich ein Vorkaufsrecht (§ 2034 Abs. 1 BGB). Über einzelne Gegenstände des Nachlasses kann der Miterbe nicht verfügen. Jeder Miterbe kann jederzeit die Auseinandersetzung der Erbengemeinschaft verlangen (§ 2042 BGB).

Erbersatzanspruch

E. war der erbrechtliche Ausgleichsanspruch des nicht ehelich geborenen → *Kindes*. Er ist durch Erbrechtsgleichstellungsgesetz mit Wirkung ab 1. 4. 1998 entfallen. → *Kinder im Zivilrecht*.

Erbfall

E. ist der Tod des → *Erblassers*.

Erbfolge

E. ist → *Gesamtrechtsnachfolge*. Mit dem Tod des → *Erblassers* geht dessen → *Vermögen* als ganzes auf seine(n) Erben über. Wer → *Erbe* geworden ist, bestimmt sich nach der letztwilligen Verfügung des Erblassers oder, wenn eine solche nicht oder nur teilweise vorhanden ist, nach Gesetz.

Erblasser

E. ist die Person, deren → *Vermögen* nach dem Tod durch → *Erbfolge* auf den oder die → *Erben* übergeht. Erblasser kann nur die natürliche Person, nie eine juristische Person sein.

Erbschaft

E. ist das → *Vermögen* des → *Erblassers*, das mit dem → *Erbfall* als Ganzes, also mit allen Rechten und Pflichten, auf den oder die → *Erben* übergeht.

Erbschaftsbesitzer

E. ist, wer aufgrund eines ihm in Wirklichkeit nicht zustehenden Erbrechts etwas aus der → *Erbschaft* erlangt hat. Der wahre → *Erbe* kann vom Erbschaftsbesitzer die Herausgabe des Erlangten als Ganzes oder Wertersatz nach den Bestimmungen der → *ungerechtfertigten Bereicherung* verlangen.

Erbschaftskauf

E. ist ein → *Vertrag,* durch den der → *Erbe* die ihm angefallene Erbschaft verkauft (§ 2371 BGB). Er bedarf der notariellen Beurkundung. Es gelten neben den Sonderregelungen des Erbschaftskaufs die Bestimmungen des Kaufrechts. Durch den Erbschaftskauf wird der Käufer nicht zum Erben. Der Käufer haftet neben dem Verkäufer als Gesamtschuldner für → *Nachlassverbindlichkeiten* (§§ 2382, 2383 BGB).

Erbschaftsteuer/Schenkungsteuer

E. wird aufgrund des Erbschaftsteuergesetzes (ErbStG) erhoben.

(1) Der Erbschaftsteuer unterliegen der Erwerb von Todes wegen (§ 3 ErbStG), die Schenkung unter Lebenden (§ 7 ErbStG), die Zweckzuwendungen (§ 8 ErbStG), die Besteuerung von Familienstifungen und -vereinen.

(2) Die **Steuerpflicht** tritt für den gesamten Vermögensanfall ein, wenn der → *Erblasser* zur Zeit des Todes bzw. der Schenker zur Zeit der Ausführung der → *Schenkung* Inländer ist oder als solcher gilt (§ 2 ErbStG).

(3) Die **Wertermittlung** des übergehenden Vermögens erfolgt nach dem Bewertungsgesetz.

(4) Die Erbschaftsteuer wird nach drei Steuerklassen erhoben, wobei die Höhe der Steuer nach dem Wert des steuerpflichtigen Erwerbs gestaffelt ist (§ 19 ErbStG) . → *Ehegatten,* → *Kinder,* Stiefkinder, Enkel, bei Erwerb von Todes wegen auch Eltern, Großeltern bilden die **Steuerklasse I** und unterliegen einem Steuersatz von 7 v. H. bis 30 v. H.. Eltern, Großeltern (soweit nicht Steuerklasse I), Geschwister, Abkömmlinge des ersten Grades von Geschwistern, ge-

schiedene Ehegatten, Stiefeltern, Schwiegerkinder, Schwiegereltern bilden die **Steuerklasse II** und unterliegen einem Steuersatz von 12 v. H. bis 40 v. H.. Alle übrigen Erwerber sind **Steuerklasse III** und unterliegen einem Steuersatz von 17 v. H. bis 50 v. H.

(5) Freibeträge führen dazu, dass ein Erwerb für Ehegatten bis zu 307 000 EUR, für Kinder im Sinne der Steuerklasse I bis zu 205 000 EUR, für die übrigen Personen der Steuerklasse I bis zu 51 200 EUR, für die Personen der Steuerklassen II bis zu 10 300 EUR und für die Personen der Steuerklasse III bis zu 5200 EUR steuerfrei bleibt. Daneben erhält der überlebende Ehegatte einen besonderen Versorgungsfreibetrag in Höhe von 256 000 EUR und Kinder altersabhängig einen Freibetrag von 10 300 EUR bis zu 52 000 EUR (§ 17 Abs. 2 ErbStG). → *Betriebsvermögen* nach § 13 a ErbStG bleibt bis zu einem Wert von 256 000 EUR steuerfrei.

(6) Steuerbefreiungen gibt es für Personen der Steuerklasse I bezüglich Hausrat bis zu 41 000 EUR und für andere körperliche Gegenstände bis zu 10 300 Euro, für Personen der Steuerklasse II und III bezüglich Hausrat und andere körperliche Gegenstände bis zu 10 300 EUR.

(7) Wird der Güterstand der → *Zugewinngemeinschaft* durch Tod eines Ehegatten beendet, ist die fiktive Zugewinnausgleichsforderung, wie sie sich im Falle der → *Ehescheidung* errechnen würde, nicht der Erbschaftsteuer unterworfen (§ 5 ErbStG).

(8) Der → *Bundesfinanzhof* hat das Erbschaftsteuergesetz in 2002 wegen Verstoßes gegen den Gleichheitssatz dem → *Bundesverfassungsgericht* zur Überprüfung vorgelegt.

Erbschein

E. ist das vom → *Nachlassgericht* auf Antrag des oder der → *Erben* ausgestellte amtliche Zeugnis über die Erbenstellung. Der Erbschein dokumentiert, wer mit welcher Quote Erbe geworden ist, und ob der Erbe Verfügungsbeschränkungen unterliegt. Ein redlicher Dritter kann sich auf den Inhalt des Erbscheins, dessen Richtigkeit vermutet wird, berufen. Einen unrichtigen Erbschein hat das Nachlassgericht einzuziehen. Mit der Einziehung wird der Erbschein kraftlos (§ 1961 BGB).

Erbunwürdigkeit

E. führt in den in § 2339 BGB abschließend genannten Fällen dazu, dass der Erbunwürdige sein Erbrecht verliert (z. B. bei Tötung des Erblassers, Fälschung des Testamentes durch den Erbunwürdigen). Die Erbunwürdigkeit ist durch Anfechtungsklage festzustellen. Anfechtungsberechtigter ist derjenige, dem der Wegfall des Erbunwürdigen zustatten kommt. Der Erbunwürdige verliert mit Rechtskraft der Anfechtungsklage sein Erbrecht.

Erbvertrag

E. ist ein vom → *Erblasser* mit einem Dritten errichteter → *Vertrag,* der zugleich eine → *Verfügung von Todes wegen* enthält. Ein Erbvertrag kann nur von einem unbeschränkt geschäftsfähigen Erblasser und nur von diesem persönlich errichtet werden. Der Erbvertrag bedarf der notariellen Beurkundung.

(1) Einseitig bindend ist ein Erbvertrag, wenn nur der Erblasser Verfügungen von Todes wegen trifft und der Vertragspartner nur annimmt. Dieser kann sich gleichzeitig zu Leistungen und Lebenden verpflichten oder einseitige Verfügungen von Todes wegen treffen. **Zweiseitig** ist der Erbvertrag, wenn beide Vertragspartner als Erblasser hinsichtlich ihres jeweiligen Nachlasses vertragsmäßige Verfügungen (→ *Erbeneinsetzung,* → *Auflage,* → *Vermächtnis)* treffen. *Gegenseitig* ist ein Erbvertrag, wenn sich die Erblasser dabei wechselseitig bedenken.

(2) Der Erbvertrag entfaltet die stärkste Bindungswirkung. Der Erblasser wird mit Abschluss des Erbvertrages in seiner Testierfähigkeit beschränkt. Vertragsgemäße Verfügungen können nur durch die Parteien des Erbvertrages gemeinsam aufgehoben werden. Zu Lebzeiten ist der Erblasser in seinen Verfügungen indes nicht beschränkt. Nimmt der Erblasser jedoch rechtsgeschäftliche Verfügungen in der Absicht vor, den Vertragserben zu beeinträchtigen, können dem beeinträchtigten Vertragserben gegen einen Dritten Ansprüche auf Herausgabe nach den Bestimmungen der → *ungerechtfertigten Bereicherung* zustehen.

▸ Erbverzicht

Gesetzliche → *Erben* können durch → *Vertrag* mit dem Erblasser auf ihr Erbrecht verzichten. Der Verzichtende verliert mit dem Erbverzicht sein gesetzliches Erbrecht, ferner den → *Pflichtteilsanspruch.* Der Erbverzicht bedarf der notariellen Beurkundung.

▸ Erfüllung

Unter Erfüllung versteht man die Tilgung einer Verbindlichkeit durch Bewirken der geschuldeten Leistung an den Gläubiger, § 362 BGB (z. B. Zahlung des Kaufpreises für einen Pkw an den Verkäufer). Normalerweise muss der Schuldner seine Verbindlichkeit stets auf einmal tilgen; er ist zu Teilleistungen (Raten) nur berechtigt, wenn sein Gläubiger damit einverstanden ist, § 362 BGB. Anstelle des eigentlichen Schuldners kann normalerweise auch ein beliebiger Dritter dessen Verbindlichkeit erfüllen.

Erfüllung liegt nur dann vor, wenn der Leistungserfolg auch tatsächlich eingetreten ist. Leistungen an Dritte sind grundsätzlich keine Erfüllung. Die Banküberweisung ist jedoch Erfüllung, da die Bank nicht Dritter im Sinne des § 362 Abs. 2 BGB, sondern Zahlstelle des Gläubigers ist.

▸ Erfüllungsgehilfe

Ein Erfüllungsgehilfe ist eine Person, deren sich ein → *Schuldner* zur Erfüllung seiner Verpflichtung bedient, z. B. ein Angestellter; der Schuldner haftet für ein Verschulden seines Erfüllungsgehilfen gegenüber seinem → *Gläubiger* wie für eigenes Verschulden.

▸ Erinnerung

Eine Erinnerung ist ein Rechtsbehelf, der dazu führt, dass eine Entscheidung oder Maßnahme im selben Rechtszug durch dasselbe → *Gericht* überprüft wird (anders als bei der → *Beschwerde,* über die – jedenfalls bei Nichtabhilfe des Ausgangsgerichts – die höhere Instanz entscheidet). Häufig kann der Entscheidende selbst der Erinnerung abhelfen, sodass das Gericht gar nicht tätig werden muss. Ein Hauptanwendungsbereich für Erinnerungen findet sich im Recht der → *Zwangsvollstreckung*, wo vor allem auch Entscheidungen des → *Gerichtsvollziehers* auf diese Weise überprüft werden können.

Erkenntnisverfahren

Das Erkenntnisverfahren ist der Teil des gerichtlichen Verfahrens, in dem der Rechtsstreit in der Sache selbst entschieden wird. Dies geschieht regelmäßig durch → *Urteil*. Zu unterscheiden hiervon ist das Vollstreckungsverfahren (→ *Zwangsvollstreckung*).

Erlass

Ein Erlass stellt im → *Privatrecht* einen Erlöschensgrund für ein → *Schuldverhältnis* dar (§ 397 BGB). Der Erlass bedarf eines → *Erlassvertrages*. Die gleiche Wirkung wie ein Erlass hat ein negatives → *Schuldanerkenntnis*, also ein Anerkenntnis dahingehend, dass kein Schuldverhältnis bestehe.

Erlassvertrag

Ein Erlassvertrag ist ein formlos möglicher → *Vertrag*, der ein → *Schuldverhältnis* zum Erlöschen bringt (→ *Erlass*). Ein einseitiger Verzicht durch den Gläubiger ist im Schuldrecht nicht vorgesehen.

Erlaubnis

E. ist ein im Verwaltungsrecht gebräuchlicher Begriff, der oft gleichgesetzt wird mit Genehmigung, Gestattung oder Bewilligung. Von einer Erlaubnis im engeren Sinne spricht man meist dann, wenn das Gesetz ein bestimmtes Handeln zwar grundsätzlich verbietet, es aber bei Vorliegen bestimmter Voraussetzungen zulässt (Verbot mit Erlaubnisvorbehalt). Als Beispiel ist die → *Baugenehmigung* oder die gewerberechtliche Genehmigung zu nennen. Wird dagegen von einem grundsätzlichen gesetzlichen Verbot eine Ausnahme zugelassen, spricht man meist von einem → *Dispens*. Das Gesetz verwendet diese Begriffe aber nicht einheitlich. Eine

behördliche Erlaubnis ist regelmäßig als → *Verwal*
qualifizieren.

Erledigung der Hauptsache

Wird durch ein Ereignis nach Eintritt der → *Rechtshängigkeit* die Klage oder der Antrag gegenstandslos, (etwa weil der eingeklagte Betrag bezahlt oder die geforderte Sache vom Beklagten herausgegeben wurde), so spricht man von einer Erledigung der Hauptsache. Wenn der Kläger auf dieses Ereignis nicht reagiert und weiterhin den Klageantrag aufrecht erhält, wird die → *Klage* als unbegründet abgewiesen. Um dies zu vermeiden, kann der Kläger auch (einseitig) die Klage für erledigt erklären. In diesem Fall stellt das → *Gericht* durch → *Urteil* die Erledigung der Hauptsache fest. Erklären die → *Parteien* übereinstimmend die Hauptsache für erledigt, ist der Prozess in der Hauptsache beendet und das Gericht entscheidet nur noch über die Kosten (§ 91 a ZPO). Im Verwaltungsprozess gelten im Wesentlichen die gleichen Grundsätze – siehe auch → *Kostenentscheidung*.

Ermessen

Soweit einer Verwaltungsbehörde durch eine gesetzliche Vorschrift Ermessen eingeräumt ist, bedeutet das, dass der Behörde die Auswahl zwischen verschiedenen Handlungsvarianten offen steht. Sie kann also etwa die Erteilung einer Erlaubnis in rechtmäßiger Weise trotz Erfüllung der gesetzlichen Tatbestandsmerkmale aus Zweckmäßigkeitsgründen ablehnen. Dabei darf allerdings nicht willkürlich gehandelt werden; vielmehr ist das Ermessen pflichtgemäß auszuüben. Unzulässig wäre es, wenn die Behörde in einer Vielzahl von Fällen stets in der gleichen Weise entschieden hat und nunmehr ohne sachlichen Grund von ihrer bisherigen Praxis abweicht (Selbstbindung der Verwaltung). Ermessensvorschriften sind daran erkenntlich, dass die Behörde etwas machen „kann“ oder „darf“; eine gebundene Entscheidung liegt dagegen dann vor, wenn eine bestimmte Rechtsfolge einzutreten „hat“ oder eine bestimmte Handlung vorzunehmen „ist“. Im Verwaltungsprozess kann bei einer Ermessensentscheidung grundsätzlich nicht zu einer bestimmten Handlung verurteilt werden; die Behörde kann nur im Fall eines Ermessensfehlers verpflichtet werden, den Kläger unter Beachtung der Rechtsauffassung des Gerichts erneut zu verbescheiden. Das Gericht darf nicht seine Ermessenserwägungen anstelle derjenigen der Verwaltung setzen.

Ermittlungsrichter

Er ist derjenige Richter, der auf Antrag der → *Staatsanwaltschaft* – notfalls aber als „Notstaatsanwalt" auch selbst – richterliche Untersuchungshandlungen wie den Erlass eines → *Haftbefehls* oder die Anordnung einer → *Beschlagnahme* vornimmt. Er entscheidet durch → *Beschluss.* Einer vorherigen → *Anhörung* des Betroffenen bedarf es nicht, soweit die Maßnahme überraschend – wie etwa eine → *Durchsuchung* – erfolgen muss.

Ermittlungsverfahren

Staatsanwaltschaft und Polizei sowie innerhalb eines jeweils begrenzten Wirkungskreises einige andere Behörden wie die Steuerfahndungsstellen der Finanzämter müssen nach dem → *Legalitätsprinzip* ein Ermittlungsverfahren einleiten, sobald sie durch eine → *Strafanzeige* oder von Amts wegen Kenntnis von Tatsachen erhalten, aus denen sich der Verdacht einer Straftat ergibt. Das Ermittlungsverfahren hat die Aufgabe, den entsprechenden Sachverhalt aufzuklären und sowohl die belastenden als auch die entlastenden Umstände festzustellen.

„Herr" des Ermittlungsverfahrens ist immer die Staatsanwaltschaft. Sie lässt die einzelnen Ermittlungen jedoch meist durch die Polizei durchführen. Die Polizei ist zu selbständigen Ermittlungen befugt, muss jedoch nach den Vorschriften der → *Strafprozessordnung* alsbald die Staatsanwaltschaft einschalten. In der Praxis führt die Polizei Ermittlungen wegen kleinerer und mittlerer Delikte jedoch meist selbständig zu Ende und legt die Akten erst dann der Staatsanwaltschaft vor.

Nach dem Abschluss der Ermittlungen entscheidet die Staatsanwaltschaft über den weiteren Fortgang des Verfahrens: Hält sie einen „hinreichenden Tatverdacht“ für gegeben, so zwingt sie das → *Legalitätsprinzip* grundsätzlich zu einer Verfolgung: Sie muss dann → *Anklage* erheben oder – was einer Anklage gleichsteht – Antrag auf Erlass eines → *Strafbefehls* stellen. Hinreichender Tatverdacht ist gegeben, wenn die Staatsanwaltschaft bei Abschluss der Ermittlungen eine Verurteilung für wahrscheinlicher als einen Freispruch hält.

In vielen Fällen gestattet es aber das → *Opportunitätsprinzip* der Staatsanwaltschaft, trotz hinreichenden Tatverdachts von einer Verfolgung abzusehen. Dies sind vor allem Fälle der Kleinkriminalität wie leichtere Ladendiebstähle – bei denen häufig gegen Zahlung einer Geldbuße an die Staatskasse oder eine gemeinnützige Einrichtung von einer Anklage abgesehen wird – oder solche Ermittlungen, bei denen die Verfolgung kleinerer Delikte wegen eines anderweitigen, bedeutenderen Verfahrens unterbleibt. So wäre es unsinnig, einen Bankräuber (Mindeststrafe 3 Jahre) auch noch wegen eines Ladendiebstahls zu belangen.

Eine weitere Ausnahme vom Verfolgungszwang besteht schließlich noch für → *Privatklagedelikte.*

Hält die Staatsanwaltschaft dagegen die Tat für nicht nachweisbar oder stellt sich heraus, dass die Tat aus bestimmten Gründen – etwa weil → *Verjährung* eingetreten ist – nicht verfolgt werden kann, so wird das Ermittlungsverfahren eingestellt. Dies steht einer erneuten Aufnahme von Ermittlungen aufgrund weiterer Erkenntnisse aber nicht entgegen.

Ist ein Ermittlungsverfahren auf eine → *Strafanzeige* hin aufgenommen worden, so steht dem Anzeigeerstatter gegen eine Einstellung ein Recht zur → *Beschwerde* zu, das unter Umständen bis zu einer gerichtlichen Überprüfung (Klageerzwingungsverfahren) der staatsanwaltschaftlichen Entscheidung führen kann.

Ernennung von Beamten

Durch die Ernennung wird ein Beamtenverhältnis entweder begründet oder wesentlich verändert. Nach den Beamtengesetzen ist das Ernennungsverfahren streng formalisiert. Sie erfolgt durch Aushändigung einer Urkunde, die den Wortlaut „unter Berufung in das Beamtenverhältnis“ mit einem Zusatz, um welches Verhältnis es sich handelt (etwa auf Lebenszeit oder auf Widerruf), enthalten muss. Wird dem →*Beamten* ein neues →*Amt* verliehen (→*Beförderung),* muss die Urkunde auch das neue Amt benennen. Fehlt einer dieser Punkte, ist die Ernennung unwirksam.

Eröffnungsverfahren

Die Einreichung einer →*Anklage* durch die →*Staatsanwaltschaft* führt nicht automatisch zur Durchführung einer Hauptverhandlung. Vielmehr prüft das Gericht im so genannten Eröffnungsverfahren, ob es ebenfalls einen hinreichenden Tatverdacht bejaht. Nur wenn das der Fall ist, lässt es die Anklage zur Hauptverhandlung zu. Wichtig ist insbesondere, dass der →*Beschuldigte* in diesem Stadium des Verfahrens eine →*Einlassungsfrist* hat und dass weitere Beweiserhebungen vorgenommen werden können.

Erpressung

Eine Erpressung begeht, wer einen anderen rechtswidrig mit →*Gewalt* oder durch die →*Drohung* mit einem empfindlichen Übel zu einem Verhalten nötigt, das dessen Vermögen schädigt, wenn der Täter dadurch sich selbst oder einen Dritten bereichern will. So stellt es etwa Erpressung dar, wenn jemand von der Bundesbahn unter der Drohung, sonst ein Zugunglück herbeizuführen, die Zahlung einer Geldsumme fordert. Wird eine Erpressung begangen, indem ein Mensch entführt und für seine Freilassung Lösegeld verlangt wird, so ist der Tatbestand des erpresserischen →*Menschenraubs* erfüllt.

Besondere Probleme um die Strafbarkeit einer Erpressung entstehen dann, wenn jemand mit der Drohung, ein wahres Fehlverhalten ansonsten anzuzeigen, zur Leistung von Schadensersatz aufgefordert wird. Hier wird es dem Geschädigten selbst zugebilligt, seine wirklich bestehenden Forderungen auch auf diese Art einzutreiben. Dagegen macht sich strafbar, wer überhöhte Forderungen stellt oder sich als Dritter in derartige Angelegenheiten einmischt.

Ersatzerbe

E. ist ein → *Erbe,* den der → *Erblasser* für den Fall einsetzt, dass der von ihm berufene Erbe vor oder nach Eintritt des Erbfalls wegfällt (z. B. bei Vorversterben des Erben, → *Ausschlagung der Erbschaft, Erbverzicht*).

Ersatzfreiheitsstrafe → *Geldstrafe*

Ersatzmutter

E. soll die fehlende Gebärfähigkeit einer Frau dadurch ersetzen, dass eine andere Frau das Kind austrägt und es nach Geburt an die Wunscheltern zum Zwecke der Adoption herausgibt. Die Ersatzmutterschaft ist durch das Embryonenschutzgesetz verboten.

Ersatzvornahme → *Zwangsmittel*

Ersatzzeiten

In der gesetzlichen → *Rentenversicherung* sind Zeiten vor dem 1. 1. 1992 (dem Zeitpunkt des Inkrafttretens des Sechsten Buchs des → *Sozialgesetzbuchs*), in denen der Versicherte infolge bestimmter, von der Allgemeinheit zu verantwortender Umstände an einer versicherungspflichtigen Beschäftigung gehindert war. Hierunter fallen etwa Wehrdienst im Sinne des Bundesversorgungsgesetzes, Kriegsgefangenschaft und Verfolgung im Sinne des Bundesentschädigungsgesetzes und politische Haft im Sinne des Häftlingshilfegesetzes sowie anschließende Krankheit oder unverschuldete Arbeitslosigkeit. Die Ersatzzeiten werden bei der Rentenberechnung (→ *Altersrente*) berücksichtigt bei der Ermittlung der persönlichen Entgeltpunkte. Sie sind auch bei der Erfüllung der → *Wartezeiten* von Bedeutung.

Ersatzzustellung

Eine Ersatzzustellung liegt vor, wenn in den gesetzlich vorgesehenen Fällen eine → *Zustellung* anders als durch Übergabe an den

Zustellungsempfänger erfolgt. Dies ist nach §§ 178 bis 181 ZPO möglich durch Übergabe an bestimmte Personen (etwa Ehegatten, ständige Mitbewohner, Personen, die in der Familie oder in einem Geschäft beschäftigt sind), durch Zurücklassen bei einer Annahmeverweigerung, durch Einlegen des zuzustellenden Schriftstücks in den Briefkasten oder durch Niederlegung des Schriftstücks etwa bei der Post.

Erschleichen von Leistungen

Leistungen eines Automaten – etwa eines Wiegegeräts –, eines öffentlichen Zwecken dienenden Telekommunikationsnetzes, eines Verkehrsmittels wie der Straßenbahn oder den Zugang zu Veranstaltungen erschleicht sich, wer ohne eine Person zu täuschen (dies wäre → *Betrug)* eine solche entgeltliche Leistung in Anspruch nimmt, ohne sie zu bezahlen. Am häufigsten sind hier wohl die Fälle des „Schwarzfahrens" im öffentlichen Nahverkehr.

Erschließung

Eine gesicherte Erschließung ist Voraussetzung für die Zulässigkeit von Bauvorhaben im Bereich eines Bebauungsplans → *Bauleitplanung)* und innerhalb der im Zusammenhang bebauten Ortsteile; für Vorhaben im Außenbereich genügt eine ausreichende Erschließung. Erforderlich ist im Regelfall ein Anschluss an das öffentliche Straßennetz und die Energieversorgung, eine ordnungsgemäße Versorgung mit Wasser sowie eine geordnete Entsorgung. Die Herstellung dieser und weiter gehender Erschließungsanlagen ist nach dem → *Baugesetzbuch* Aufgabe der Gemeinden. Zur Finanzierung der mit der Errichtung der in § 127 des Baugesetzbuchs genannten Erschließungsanlagen verbundenen Kosten können die Gemeinden auf der Grundlage einer Erschließungsbeitragssatzung (→ *Beitrag)* von den Anliegern entsprechende Beiträge erheben; sie hat allerdings einen zehnprozentigen Eigenanteil zu übernehmen. Durch Landesgesetz sind abweichende Regelungen möglich. Beiträge für den Ausbau von Straßen sowie die Herstellung von Ver- und Entsorgungseinrichtungen werden auf landesrechtlicher Grundlage erhoben.

Ersitzung

Die Ersitzung ist ein Fall des ursprünglichen → *Eigentumserwerbs.* Wer eine bewegliche Sache zehn Jahre in → *Eigenbesitz* hatte, erwirbt das Eigentum, falls er in Bezug auf seine Rechtsinhaberschaft gutgläubig war (§ 937 BGB). Ein Grundstück muss der Ersitzer dreißig Jahre lang in Eigenbesitz gehabt haben, ebenso lange muss er (fehlerhaft) als Eigentümer im Grundbuch eingetragen sein; auf den guten Glauben dagegen kommt es hier nicht an (§ 900 BGB; sog. Buch- oder Tabularersitzung).

Erwerbsminderung

Sie ist Voraussetzung für eine entsprechende Rente aus der gesetzlichen Rentenversicherung. Das Sechste Buch des → *Sozialgesetzbuchs* (SGB VI) unterscheidet zwischen voller und teilweiser Erwerbsminderung. Voll erwerbsgemindert sind nach § 43 SGB VI Versicherte, die wegen Krankheit oder Behinderung auf nicht absehbare Zeit außerstande sind, unter den üblichen Bedingungen des allgemeinen Arbeitsmarktes mindestens drei Stunden erwerbstätig zu sein. Wer unter den gleichen Voraussetzungen nicht mindestens sechs Stunden arbeiten kann, ist teilweise erwerbsgemindert. Eine Rente wird jeweils dann gezahlt, wenn entsprechende Versicherungszeiten zurückgelegt wurden und die allgemeine Wartezeit erfüllt ist.

Erwerbsunfähigkeit

E. nannte man früher die teilweise → *Erwerbsminderung.*

Erziehungsbeistandschaft

Seit Inkrafttreten des Achten Buchs des → *Sozialgesetzbuchs* (SGB VIII) ist Erziehungsbeistandschaft eine der gesetzlich vorgesehenen Hilfestellungen. Es soll der Erziehungsbeistand das Kind oder den Jugendlichen bei der Bewältigung der Entwicklungsprobleme unterstützen und seine Verselbständigung fördern.

Außerdem gehört sie zu den → *Erziehungsmaßregeln* des Jugendstrafrechts.

▸ Erziehungsgeld

E. erhalten aller Personen, die ein Kind aufziehen sowie nicht oder nur weniger als 20 Stunden wöchentlich arbeiten. Einzelheiten sind im Bundeserziehungsgeldgesetz geregelt. Das Erziehungsgeld wird vom Tag der Geburt bis zur Vollendung des 24. Lebensmonats gewährt.

▸ Erziehungsmaßregeln

Die Erziehungsmaßregeln stellen eine im wesentlich erzieherische ausgelegte Rechtsfolge im Jugendstrafverfahren dar. Sie umfassen Weisungen für die Lebensführung, die sich insbesondere auf das Arbeitsverhältnis und das Freizeitverhalten beziehen können, die Anordnung von Erziehungsbeistandschaft sowie „Fürsorgeerziehung".

▸ Erziehungsregister

Das Erziehungsregister ist ein Teil des → *Zentralregisters.* In ihm werden alle Maßnahmen des Jugend- und Vormundschaftsgerichts gegen Jugendliche und Heranwachsende vermerkt, die keine Strafen sind. Darunter fallen also vor allem → *Erziehungsmaßregeln* und → *Zuchtmittel* sowie die außerhalb von Strafverfahren angeordnete → *Erziehungsbeistandschaft* und „Fürsorgeerziehung".

Auskunft aus dem Erziehungsregister erhalten im strafrechtlichen Bereich nur Strafgerichte, Staatsanwaltschaften und Gnadenbehörden, nicht aber die Polizei. Auch gegenüber einem Arbeitgeber besteht keine Offenbarungspflicht.

Eintragungen im Erziehungsregister werden spätestens mit der Vollendung des 24. Lebensjahres entfernt, es sei denn, im Zentralregister ist zwischenzeitlich eine → *Freiheitsstrafe* eingetragen.

▸ Erziehungsurlaub

Der früher im Bundeserziehungsgeldgesetz verwendete Begriff des Erziehungsurlaubs ist seit der Neubekanntmachung des Bundeserziehungsgeldgesetzes vom 1. 12. 2000 durch den Begriff der → *Elternzeit* ersetzt worden.

Erzwingungshaft

Die Erzwingungshaft ist als → *Ordnungsmittel* oder → *Zwangsmittel* in den verschiedenen Verfahrensordnungen vorgesehen. Sie kann etwa nach § 96 Ordnungswidrigkeitengesetz verhängt werden, wenn eine → *Geldbuße* nicht bezahlt wird. → *Zeugen* können damit zur Eidesleistung (→ *Eid)* gezwungen werden (zum Beispiel § 390 ZPO). Ein bedeutsamer Fall in der → *Zwangsvollstreckung* ist die Haft zur Erzwingung der → *eidesstattlichen Versicherung* (§ 901 ZPO).

EU-Kommission

E. wird die → *EG-Kommission* seit dem Maastricht-Vertrag auch genannt.

Euratom → *Europäische Gemeinschaft*

Europäische Gemeinschaft

Als Europäische Gemeinschaft (auch Europäische Gemeinschaften oder EG genannt) werden die Europäische Gemeinschaft für Kohle und Stahl (Montanunion), die → *Europäische Wirtschaftsgemeinschaft* (EWG) und die Europäische Atomgemeinschaft (Euratom) bezeichnet. Der Vertrag über die Montanunion ist im Jahr 2002 nach 50 Jahren außer Kraft getreten. Die entsprechenden Verträge regeln zum einen die Rechte und Pflichten zwischen den Mitgliedsstaaten untereinander, zum andern werden Organisationen geschaffen, die über eine eigene Rechtspersönlichkeit verfügen und nicht nur gegenüber den Mitgliedsstaaten, sondern unmittelbar gegenüber den Gemeinschaftsbürgern insbesondere durch Erlass von Rechtsvorschriften tätig werden können. Ziel der Gemeinschaften ist die Schaffung eines gemeinsamen Marktes. Es besteht für alle Gemeinschaftsbürger grundsätzlich

Niederlassungsfreiheit in allen Mitgliedsländern, Schutz der Unternehmen vor Diskriminierung und Freizügigkeit des Dienstleistungs- sowie des Kapital- und Zahlungsverkehrs. Seit der durch den Maastricht-Vertrag vereinbarten engen Zusammenarbeit insbesondere in Finanzfragen wird die Europäische Gemeinschaft auch Europäische Union genannt.

▶ Europäischer Gerichtshof

Der Europäische Gerichtshof (EuGH) mit Sitz in Luxemburg ist eines der Hauptorgane der → *Europäischen Gemeinschaften*. Er hat die Aufgabe, die einheitliche Anwendung, Auslegung und Fortbildung des Gemeinschaftsrechts sicherzustellen. Für die nationalen Gerichte, die über die Anwendung europäischen → *Gemeinschaftsrechts* zu entscheiden haben, besteht in bestimmten Fällen eine Pflicht, die Streitigkeit dem EuGH zur Entscheidung vorzulegen. Der EuGH entscheidet weiter über Streitigkeiten unter den Mitgliedsstaaten und gewährt Rechtsschutz für die Gemeinschaftsbürger gegen Akte der Gemeinschaftsorgane. Das Verfahren vor dem EuGH ist in einer besonderen Verfahrensordnung geregelt. Für einzelnen Streitigkeiten wurde ein Gericht erster Instanz (→ *Europäisches Gericht*) gebildet.

▶ Europäisches Gemeinschaftsrecht → *Gemeinschaftsrecht, europäisches*

▶ Europäisches Gericht

So wird ein für einzelne europarechtliche Streitigkeiten gebildetes Gericht bezeichnet (→ *Europäischer Gerichtshof*).

▶ Europäische Union

E. ist rechtlich die Funktionsbezeichnung für bestimmte institutionalisierte Formen der politischen Zusammenarbeit innerhalb der → *Europäischen Gemeinschaft* auf der Grundlage des Maastricht-Vertrags. Wegen dieser dort vereinbarten engen Kooperation hat es sich eingebürgert, die Europäische Gemeinschaft als Europäische Union zu bezeichnen. Durch den Maastricht-Vertrag und die in der Folgezeit beschlossenen Verträge (Vertrag von Amsterdam, Vertrag von Nizza) wurden die Gemeinschaftskompetenzen teilweise erheblich ausgeweitet, etwa im Bereich Erziehung, Aus- und Weiterbildung, Gesundheits-, Umwelt- und Verbraucherpolitik. Besondere Bedeutung hat die im Vertrag vorgesehene Wirtschafts- und Währungsunion. Geändert wurden u.a. die Stellung des Rechnungshofs und des →*Europäischen Gerichtshofs*. Die Kontrollbefugnisse des Eurpäischen Parlaments wurden erweitert, der →*Rat* kann künftig in einer größeren Zahl von Fällen mit Mehrheit entscheiden. Neu aufgenommen wurde das Subsidiaritätsprinzip, das im Wesentlichen besagt, dass Kompetenzen durch höhere Stelle erst dann wahrgenommen werden sollen, wenn sie nicht auf unterer Ebene zufrieden stellend ausgeführt werden können. Das →*Bundesverfassungsgericht* hat das Zustimmungsgesetz zum Maastricht-Vertrag als mit dem Grundgesetz vereinbar erklärt, aber zugleich Grenzen für die weitere Übertragung von Kompetenzen aufgezeigt.

Europäische Wirtschaftsgemeinschaft

Die Europäische Wirtschaftsgemeinschaft (EWG) ist die bedeutendste der drei →*Europäischen Gemeinschaften*. Sie wurde am 25.3.1957 zusammen mit der Europäischen Atomgemeinschaft (Euratom) in Rom gegründet (Römische Verträge). Nach der Präambel des EWG-Vertrags ist es Motiv für seinen Abschluss gewesen, die Grundlage für einen immer engeren Zusammenschluss der Europäischen Völker zu schaffen. Während die Montanunion und die Euratom nur bestimmte Sektoren der Wirtschaft erfassen, ist der Wirkungsbereich der EWG universell. Die EWG ist zwar mit einer eigenen Rechtspersönlichkeit ausgestattet, sie ist aber durch die gemeinsamen Hauptorgane mit den beiden anderen Gesellschaften unmittelbar verbunden. Die Organe sind der Rat, die Kommission (→*EG-Kommission*), die Versammlung (das Europäische Parlament) und der →*Europäische Gerichtshof*; beratende Funktion hat der Wirtschafts- und Sozialausschuss. Der Rat und die Kommission sind die nach außen handelnden Organe. Sie erlassen das →*Gemeinschaftsrecht* (Richtlinien und Verordnungen), treffen Entscheidungen und geben Empfehlungen ab. Ziel ist die Schaffung eines gemeinsamen Marktes.

Europäische Zentralbank

Der Europäischen Zentralbank mit Sitz in Frankfurt a. Main obliegt die Geldpolitik der Europäischen Währungsunion. Sie hat das alleinige Recht zur Ausgabe des Europäischen Gemeinschaftswährung (Euro). Ihre Aufgaben sind im Wesentlichen die Offenmarkt- und Kreditpolitik, die Mindestreservepolitik, Geschäfte mit öffentlichen Stellen und Verrechnungs- und Zahlungssysteme. Ziel ihrer Tätigkeit ist die Wahrung der Preisstabilität und die Unterstützung der allgemeinen Wirtschaftspolitik. Die Europäische Zentralbank hat umfassende Rechtspersönlichkeit in allen Mitgliedstaaten. Ihre wichtigsten Organe sind der EZB-Rat und das Direktorium. Diese besteht aus dem Präsidenten, dem Vizepräsidenten und vier weiteren Mitgliedern. Dem Rat gehören neben den Mitgliedern des Direktoriums die Präsidenten der nationalen Zentralbanken (→ *Bundesbank*) an. Geregelt sind die Rechtsverhältnisse der Europäischen Zentralbank im Protokoll über die Satzung des Europäischen Systems der Zentralbanken; dieses stellt eine Anlage zum Vertrag über die → *Europäische Union* dar.

EWG → *Europäische Wirtschaftsgemeinschaft*

F

Factoring

Das so genannte „Factoring" ist eine Vertragsgestaltung, bei der ein Unternehmer die Forderungen gegen seine Kunden an einen Factor (häufig eine Bank) überträgt (→ *Abtretung)* und dafür nach Abzug bestimmter Beträge den Gegenwert der Forderung sofort erhält. Das echte Factoring ist ein Forderungskauf, bei dem der Factor auch das Risiko der Nichtbeitreibbarkeit dieser Forderung trägt. Beim unechten Factoring verbleibt dagegen dieses Risiko beim Unternehmer, sodass dieser vom Factor wieder in Anspruch genommen wird, wenn der Schuldner die Forderung nicht begleicht. Das unechte Factoring ist daher ein Kreditgeschäft für die Bank.

Fälschung technischer Aufzeichnungen

Da technische Aufzeichnungen vielfach selbsttätig erstellt werden und damit keine menschliche Gedankenerklärung sind, würde bei ihrer Verfälschung der Tatbestand der → *Urkundenfälschung* nicht eingreifen. Um Lücken in der Strafbarkeit zu verhindern, hat der Gesetzgeber deshalb den Tatbestand der Fälschung technischer Aufzeichnungen geschaffen. Zu denken ist etwa an Manipulationen an einem → *Fahrtenschreiber,* durch die die aufgezeichneten Geschwindigkeiten geringer sind als die in Wirklichkeit gefahrenen.

Fahrerlaubnis

Wer auf öffentlichen Straßen ein Kraftfahrzeug führen will, bedarf dazu grundsätzlich einer Fahrerlaubnis. Die wichtigsten Ausnahmen hiervon bestehen für → *Mofas*, motorisierte Krankenfahrstühle sowie für motorisierte Arbeits- und Zugmaschinen mit einer Höchstgeschwindigkeit von nicht mehr als 6 km/h. Vor der Benutzung von Mofas und von Krankenfahrstühlen, deren Höchstgeschwindigkeit 10 km/h überschreitet – und höchstens 25 km/h betragen darf –, ist jedoch für Personen, die keine Fahrerlaubnis besitzen, eine theoretische Prüfung abzulegen. Diese Prüfbescheinigung (oder der Führerschein) sind mitzuführen.

Der Erwerb einer Fahrerlaubnis setzt für die meisten Klassen Kenntnisse über Erste Hilfe und einen erfolgreichen Sehtest voraus. In jedem Fall müssen die theoretische und die praktische Fahrprüfung erfolgreich abgelegt sein. Schließlich darf der Bewerber nicht aus sonstigen Gründen zum Führen von Kraftfahrzeugen ungeeignet sein. Das wäre etwa bei Trunksucht – hier besteht die Gefahr, dass dann auch in angetrunkenem Zustand gefahren wird – oder bei bestimmten Krankheiten sowie beim zumindest regelmäßigen Konsum illegaler → *Betäubungsmittel* der Fall. Über die erteilte Fahrerlaubnis wird ein → *Führerschein* ausgestellt, der stets mitzuführen ist.

Das Straßenverkehrsrecht teilt die Fahrerlaubnis in verschiedene Klassen auf, die jeweils zum Führen bestimmter Kraftfahrzeuge berechtigen. Unter Zurückstellung von Einzelheiten (Dazu dtv-Band 5666, Meine Führerscheinprüfung) sind die wichtigsten:

- **Klasse A**: Krafträder mit mehr als 50 cm^3 oder einer bauartbedingten Höchstgeschwindigkeit von mehr als 45 km/h (Mindestalter 18 Jahre; in den ersten beiden Jahren nach Erteilung berechtigt die Klasse A aber nur zum Führen von Krafträdern mit bis zu 25 kW Leistung und einem Leistungsgewicht von nicht mehr als 0,16 kW/kg. Ab Vollendung des 25. Lebensjahres kann die Fahrerlaubnis ohne diese Beschränkung erworben werden).
- **Klasse A 1**: Leichtkrafträder; dies sind Krafträder mit einem Hubraum von nicht mehr als 125 cm^3 und einer Nennleistung von nicht mehr als 11 kW (Mindestalter 16 Jahre; ab einer Höchstgeschwindigkeit von mehr als 80 km/h jedoch 18 Jahre).
- **Klasse B**: Kraftfahrzeuge (ausgenommen Krafträder) mit einer zulässigen Gesamtmasse von nicht mehr als 3500 kg und nicht mehr als 8 Sitzplätzen außer dem Fahrersitz. Für Anhänger sind zusätzliche Gewichtsgrenzen zu beachten (Mindestalter 18 Jahre).

- **Klasse C**: Kraftfahrzeuge (ausgenommen Krafträder) mit einer zulässigen Gesamtmasse von mehr als 3500 kg und nicht mehr als 8 Sitzplätzen außer dem Fahrersitz. Für Anhänger sind zusätzliche Gewichtsgrenzen zu beachten (Mindestalter 18 Jahre).
- **Klasse C 1**: Kraftfahrzeuge (ausgenommen Krafträder) mit einer zulässigen Gesamtmasse von mehr als 3500 bis zu 7500 kg und nicht mehr als 8 Sitzplätzen außer dem Fahrersitz. Für Anhänger sind zusätzliche Gewichtsgrenzen zu beachten (Mindestalter 18 Jahre).
- **Klasse D**: Kraftfahrzeuge (ausgenommen Krafträder) zur Personenbeförderung mit mehr als 8 Sitzplätzen außer dem Fahrersitz. Für Anhänger sind zusätzliche Gewichtsgrenzen zu beachten (Mindestalter 21 Jahre).
- **Klasse D 1**: Kraftfahrzeuge (ausgenommen Krafträder) zur Personenbeförderung mit mehr als 8 Sitzplätzen bis zu 16 Sitzplätzen außer dem Fahrersitz. Für Anhänger sind zusätzliche Gewichtsgrenzen zu beachten (Mindestalter 21 Jahre).
- **Klasse E** (in Verbindung mit den Klassen B, C, C 1, D oder D 1) erlaubt das Führen höherer Anhängerlasten als in den jeweils zu Grunde liegenden Klassen.
- **Klasse M**: Kleinkrafträder und Fahrräder mit Hilfsmotor (bauartbedingte Höchstgeschwindigkeit von nicht mehr als 45 km/h; Mindestalter 16 Jahre)
- **Klasse T**: Zug- und Arbeitsmaschinen mit bauartbedingten Höchstgeschwindigkeiten von nicht mehr als 60 bzw. 40 km/h (Mindestalter: 16 Jahre; bei Höchstgeschwindigkeit einer Zugmaschine von mehr als 40 km/h 18 Jahre).

Für ausgebildete Berufskraftfahrer liegen die oben genannten Altersgrenzen zum Teil niedriger.

Das Fehlen einer deutschen Fahrerlaubnis lässt sich für im Inland ansässige Personen nicht durch den Erwerb einer → *ausländischen Fahrerlaubnis* umgehen.

Eine **erstmalig erteilte Fahrerlaubnis** wird auf Probe erteilt; derzeit dauert die Probezeit 2 Jahre ab Erteilung der Fahrerlaubnis. Dieser Regelung liegt die Überlegung zu Grunde, dass Fahranfänger wesentlich stärker an Unfällen beteiligt sind als erfahrene Verkehrsteilnehmer. Über die auf Probe erteilten Fahrerlaubnisse führt das Kraftfahrtbundesamt in Flensburg eine gesonderte Liste. Durch die Meldung bestimmter Verstöße dorthin wird festgestellt, ob die Fahranfänger durch Fehlverhalten auffällig werden. Je nach dem Gewicht der Verstöße führen ein oder zwei Verstöße zu der Verpflichtung, an einer Nachschulung in Form eines Aufbauseminars teilzunehmen .Bei weiteren Verstößen wird dann die Teilnahme an einer verkehrspsychologischen Beratung angeraten oder die Fahrerlaubnis sogar wieder entzogen.

Bei Begehung bestimmter Straftaten, namentlich bei → *Straßenverkehrsgefährdung*, → *Trunkenheit im Verkehr* und → *unerlaubtem Entfernen vom Unfallort* (bei größeren Schäden) ist in einem Strafverfahren die Fahrerlaubnis regelmäßig zu entziehen und für ihre erneute Erteilung eine → *Sperrfrist* anzuordnen. Die Entscheidung des Gerichts hat für die Verwaltungsbehörde → *Bindungswirkung*. Das Gericht kann jedoch später eine → *Abkürzung der Sperrfrist* vornehmen.

Aber auch dann, wenn ein Verkehrsteilnehmer häufiger → *Ordnungswidrigkeiten* von erheblichem Gewicht begeht, ist ihm schließlich die Fahrerlaubnis - von der Verwaltungsbehörde - zu entziehen. Diese Entscheidung ergeht regelmäßig, wenn er im → *Verkehrszentralregister* innerhalb von zwei Jahren 18 Punkte erreicht. Die Punktzahl für die einzelnen Verstöße richtet sich nach deren Gefährlichkeit.

Keinen Entzug der Fahrerlaubnis stellt dagegen das → *Fahrverbot* dar. Hier behält der Betroffene seine Fahrerlaubnis und darf nach Ablauf der Sperrfrist wieder entsprechende Kraftfahrzeuge führen.

Ein vorläufiger Entzug der Fahrerlaubnis ist im Strafverfahren möglich, wenn damit zu rechnen ist, dass es im Urteil zu einer endgültigen Entziehung kommen wird. Die entsprechenden Fristen werden weitgehend auf die später verhängten Sperrfristen angerechnet. Um zu verhindern, dass ein → *Beschuldigter* trotzdem Kraftfahrzeuge führt, findet regelmäßig eine → *Beschlagnahme* seines Führerscheins statt.

Wer auf öffentlichen Straßen ein Kraftfahrzeug ohne die dazu notwendige Fahrerlaubnis führt, macht sich strafbar. Dasselbe gilt auch für Verstöße gegen ein Fahrverbot oder den vorläufigen Entzug der Fahrerlaubnis. Neben einer Geld- oder sogar Freiheitsstrafe ist auch eine → *Einziehung* des Fahrzeugs möglich.

Fahrgastbeförderung

Wer Taxis, Mietwagen, Krankenwagen oder Kraftfahrzeuge – im Regelfall werden dies Busse sein – im Linienverkehr oder gewerbsmäßigem Ausflugs- oder Ferienverkehr führen will, bedarf neben der für das Fahrzeug nötigen → *Fahrerlaubnis* noch zusätzlich einer Erlaubnis zur Fahrgastbeförderung. In der Regel sind ein Mindestalter von 21 Jahren, ein Besitz der Fahrerlaubnis seit mindestens 2 Jahren, persönliche Zuverlässigkeit und – vielfach – der Nachweis von Ortskenntnissen nötig. Die Erlaubnis wird jeweils auf höchstens fünf Jahre befristet; sie kann aber beim Fortbestehen der körperlichen und persönlichen Eignung ohne weiteres regelmäßig verlängert werden.

Fahrgeschwindigkeit

Grundregel für die Fahrgeschwindigkeit ist, dass jeder Fahrzeugführer nur so schnell fahren darf, dass er sein Fahrzeug ständig beherrscht. Neben dem Zustand des Fahrzeugs werden diese Werte im Wesentlichen von der Sichtweite, den Witterungsverhältnissen (Trockenheit, Nässe, Glätte oder Nebel), der jeweiligen Verkehrssituation (etwa Kinder am Straßenrand oder Nähe von Schulen und Kindergärten) und von der Verkehrsdichte abhängen.

Die zugelassenen Höchstgeschwindigkeiten darf ein Kraftfahrzeugführer unter keinen Umständen überschreiten. Aber auch unbegründetes Langsamfahren, das den Verkehrsfluss hindert, ist unzulässig. Zu beachten ist weiterhin, dass bei einer für eine ungefährliche Begegnung zu engen Fahrbahn nur auf halbe Sichtweite gefahren werden darf. Dies bedeutet, dass die gefahrene Geschwindigkeit ein Anhalten innerhalb dieser Strecke ermöglichen muss.

Fahrlässigkeit

Fahrlässig handelt der Täter, der einen Taterfolg zwar nicht möchte, ihn aber – bei Anwendung gehöriger Sorgfalt – vorhersehen und vermeiden konnte. Ein typischer Fall ist etwa die im Straßenverkehr begangene fahrlässige → *Körperverletzung,* die darauf beruht, dass ein Verkehrsteilnehmer aus Unachtsamkeit eine Verkehrsregelung missachtet und bei dem dadurch verursachten Unfall einen anderen verletzt hat.

Fahrlässiges Verhalten ist nur dann eine → *Straftat* oder → *Ordnungswidrigkeit,* wenn es im Gesetz ausdrücklich – wie etwa bei der fahrlässigen Körperverletzung – bestimmt wird. Da der Schuldvorwurf gegenüber einem von → *Vorsatz* getragenen Verhalten wesentlich geringer ist, sind auch die für Fahrlässigkeitsdelikte verhängten Strafen erheblich niedriger.

Fahrschul-AGB

Auch Fahrschulen verwenden in den Verträgen über ihren Unterricht häufig allgemeine Geschäftsbedingungen. Unzulässig sind insbesondere Klauseln, die vom Fahrschüler höhere Vorauszahlungen als die Grundgebühr fordern oder die sein Kündigungsrecht beschränken. Da Fahrschulunterricht zu den „Diensten höherer Art" gerechnet wird, ist nämlich ein jederzeitiges Kündigungsrecht des Schülers unabdingbar.

Schließlich sind Fahrschulen auch gehalten, für ihre Fahrzeuge Vollkaskoversicherungen abzuschließen, um den Fahrschülern unzumutbare Haftungsrisiken abzunehmen.

Fahrschulen

In Fahrschulen werden gewerblich Fahrschüler ausgebildet. Nach den Vorschriften des Gesetzes über das Fahrlehrerwesen bedarf ein Fahrlehrer einer besonderen Erlaubnis. Voraussetzungen sind vor allem ein Mindestalter von 22 Jahren, der endgültige Besitz einer gültigen Fahrerlaubnis der Klassen A, BE, CE und teilweise DE und eine in den letzten drei Jahren vor der Antragstellung absolvierte Ausbildung zum Fahrlehrer.

Wer selbständig eine Fahrschule betreiben will, muss sogar mindestens 25 Jahre alt sein, die Fahrlehrererlaubnis besitzen und über die entsprechenden Sachmittel verfügen.

Ein rechtskräftiger Entzug der → *Fahrerlaubnis* führt sowohl zum Verlust der Fahrlehrererlaubnis als auch der Berechtigung zum Betrieb einer Fahrschule.

Fahrtenbuch

Ein Fahrtenbuch dient dem Nachweis, wer ein Fahrzeug zu welchem Zeitpunkt auf welcher Strecke geführt hat. Die Führung eines Fahrtenbuches kann von der Verwaltungsbehörde unter Beachtung des Verhältnismäßigkeitsgrundsatzes einem Fahrzeughalter auferlegt werden, wenn sich nicht feststellen lässt, wer bei einem Verkehrsverstoß das Fahrzeug geführt hat (→ *Sachbezug*, → *privat genutztes Firmenfahrzeug*).

Fahrtenschreiber

Ein Fahrtenschreiber ist eine technische Einrichtung, die beim Betrieb eines Fahrzeugs gewisse Tatsachen, insbesondere die eingehaltene Geschwindigkeit, automatisch aufzeichnet. Insbesondere Kraftfahrzeuge mit einem zulässigen Gesamtgewicht von mindestens 7,5 t sowie Omnibusse mit mehr als 8 Fahrgastplätzen sind entweder damit oder mit einem Kontrollgerät nach EU-Vorschriften auszustatten. Die Schaublätter sind zuständigen Personen, insbesondere der Polizei, jederzeit vorzulegen.

Manipulationen am Fahrtenschreiber, die etwa das Aufzeichnen überhöhter Geschwindigkeiten verhindern, sind als → *Fälschung* technischer Aufzeichnungen strafbar.

Fahrten zwischen Wohnung und Arbeitsstätte → *Entfernungspauschale*

Fahruntüchtigkeit

Wer im Verkehr – gleichgültig, ob auf der Straße, der Schiene, dem Wasser oder in der Luft – ein Fahrzeug führt, obwohl er sich nicht in fahrtüchtigem Zustand befindet, macht sich bereits allein deswegen strafbar. Der Hauptfall ist das Führen eines Kraftfahrzeugs oder Fahrrads in angetrunkenem Zustand (→ *Alkoholdelikte,* Alkoholgenuss im Verkehr, Atemalkoholuntersuchung und Blutprobe). Daneben kommen aber auch noch andere Ursachen der Fahruntüchtigkeit wie Drogengenuss, Medikamenteneinnahme oder auch bestimmte Krankheiten in Betracht.

Fahrverbot

Ein Fahrverbot kann einmal im Strafverfahren als → *Nebenstrafe* verhängt werden, wenn jemand eine Straftat im Zusammenhang mit dem Führen eines Kraftfahrzeugs oder unter Verletzung seiner Pflichten als Kraftfahrzeugführer begangen hat. Neben den Fällen, in denen von einem Entzug der → *Fahrerlaubnis* ausnahmsweise abgesehen wird (etwa beim Rangieren eines Fahrzeugs nur auf einen anderen Parkplatz durch einen Angetrunkenen oder bei → *unerlaubtem* Entfernen vom Unfallort mit geringem Sachschaden), kommen vor allem → *Nötigung* oder Beleidigung im Straßenverkehr als Grund für ein Fahrverbot in Betracht. Mit ihm wird dem Betroffenen für die Dauer von einem bis zu drei Monaten verboten, im öffentlichen Straßenverkehr Kraftfahrzeuge jeder oder auch nur bestimmter Arten – etwa Personenkraftwagen – zu führen. Im Gegensatz zum Entzug der Fahrerlaubnis muss nach dem Ablauf eines Fahrverbots die Erlaubnis zum Führen von Kraftfahrzeugen nicht erneut erworben werden.

Ein Fahrverbot wird mit Rechtskraft der Entscheidung, die es enthält, wirksam. Sein Ablauf beginnt freilich erst – um eine Kontrolle zu ermöglichen –, wenn der Führerschein in amtliche Verwahrung gelangt ist.

Aber auch bei der Ahndung erheblicher oder wiederholt begangener Ordnungswidrigkeiten kann neben der Geldbuße ein Fahrverbot verhängt werden. Es unterliegt denselben Regeln wie das im Strafverfahren verhängte. Im → *Bußgeldkatalog* sind verschiedene, schwere Verstöße aufgezählt, bei denen in der Regel Fahrverbote verhängt werden sollen. Allerdings bedarf es jeweils einer sorgfältigen Prüfung des Einzelfalls.

Fahrzeugführer

Wer im Verkehr die tatsächliche Herrschaft über ein Fahrzeug ausübt, ist Fahrzeugführer. Er muss nicht mit dem → *Halter* oder dem Eigentümer identisch sein. Fahrzeugführer ist beispielsweise der Angestellte einer Brauerei, der gerade am Steuer des Bierwagens sitzt.

Falschaussage

Eine Falschaussage ist eine inhaltlich unrichtige Aussage. Unrichtig ist eine Aussage, wenn sie falsche Tatsachen enthält, Wesentliches verschweigt oder auch nur als sicheres Wissen angibt, was in Wirklichkeit ungewisse Erinnerung ist.

Eine Falschaussage, die ein Zeuge oder Sachverständiger bewusst vor Gericht oder einer anderen zur eidlichen Vernehmung zuständigen Stelle macht, ist auch dann strafbar, wenn keine Vereidigung erfolgt. Im Falle einer Vereidigung gelten die Regelungen über den → *Meineid.*

Ist ein → *Angehöriger* Zeuge, so soll ihm der Konflikt, entweder lügen oder aber einen Angehörigen belasten zu müssen, dadurch erspart werden, dass ihm → *Auskunftsverweigerungsrechte* und → *Zeugnisverweigerungsrechte* eingeräumt werden.

Falschbeurkundung

Unter einer Falschbeurkundung versteht man die Herstellung einer – äußerlich echten – öffentlichen → *Urkunde,* die aber inhaltlich unrichtig ist. Zu denken ist etwa daran, dass im → *Grundbuch* der Verkauf eines Grundstücks eingetragen wird, der in Wirklichkeit nicht stattgefunden hat. Eine Falschbeurkundung kann entweder als → *Amtsdelikt* durch einen Amtsträger begangen werden, der innerhalb seiner Zuständigkeit eine unrichtige öffentliche Urkunde erstellt. Bei dem Beispiel wäre dies der Fall, wenn der zuständige Rechtspfleger des → *Grundbuchamtes* bewusst den nicht stattgefundenen Verkauf beurkunden würde.

Mittelbare Falschbeurkundung begeht hingegen, wer einen – gutgläubigen – Amtsträger täuscht und dadurch diesen eine unrichtige öffentliche Urkunde erstellen lässt. Das würde im Beispiel etwa bedeuten, dass ein Notar unzutreffende Urkunden beim Grundbuchamt einreicht und dadurch die Beurkundung des nicht stattgefundenen Verkaufs bewirken würde.

Falscheid → *Meineid*

Falschgeld → *Geldfälschung*

Familie

F. ist die Gesamtheit der durch →*Ehe* und →*Verwandtschaft* miteinander verbundenen Personen. Im engeren Sinne ist darunter die aus →*Ehegatten* bzw. auch nicht verheirateten Eltern und ihren →*Kindern* bestehende Kleinfamilie zu verstehen.

Familienbuch

F. ist eines der Personenstandsbücher. Es soll den jeweiligen →*Personenstand* der Familienangehörigen ersichtlich machen. Das Familienbuch wird im Anschluss an die →*Eheschließung* von dem →*Standesbeamten,* vor dem die →*Ehe* geschlossen wurde, angelegt.

Familiengericht

F. ist eine Abteilung des Amtsgerichts, die über Familiensachen und Kindschaftssachen entscheidet. Die Zuständigkeit des Familiengerichts ist vom Gesetzgeber abschließend definiert und ausschließlich (§ 23 b GVG).

Familienleistungsausgleich

F. bewirkt die steuerliche Freistellung des Existenzminimums eines →*Kindes* einschließlich des Betreuungs-, Erziehungs- und Ausbildungsbedarfes durch Freibeträge nach § 32 Abs. 6 EStG (Kinderfreibetrag und Betreuungsfreibetrag) oder durch das →*Kindergeld.* Für außergewöhnliche Aufwendungen sieht das Gesetz in typisierten Fällen einen Abzug als →*außergewöhnliche*

Belastungen vor. In der Regel wird die gebotene steuerliche Freistellung durch das Kindergeld bewirkt. Geschieht dies nicht in vollem Umfang, sind die Freibeträge nach § 32 Abs. 6 EStG abzuziehen. Die Günstigerprüfung hat das → *Finanzamt* von Amts wegen vorzunehmen. Für jedes Kind wird zur Abgeltung des sächlichen Existenzminimums ein **Kinderfreibetrag** von 1824 EUR und zur Abgeltung des Betreuungs-, Erziehungs- und Ausbildungsbedarfes ein Freibetrag in Höhe von 1080 EUR gewährt. Bei zusammenveranlagten Ehegatten (→ *Veranlagungsarten)* verdoppeln sich die Beträge, wenn das Kind zu beiden Ehegatten in einem Kindschaftsverhältnis steht.

▸ Familienrecht

F. ist die Gesamtheit der staatlichen Rechtsnormen, welche die rechtlichen Beziehungen der Mitglieder der → *Familie* untereinander und zu Dritten regeln (z. B. → *Ehe,* → *elterliche Sorge*).

▸ Feiertage

Es ist zwischen (nur) kirchlichen und gesetzlich geschützten Feiertagen zu unterscheiden. Nur für letztere gelten uneingeschränkt die arbeitsrechtlichen und gewerberechtlichen Schutzbestimmungen. Bundesrechtlich geregelt (→ *Einigungsvertrag)* ist der 3. Oktober als Tag der Deutschen Einheit. Die übrigen Feiertage sind durch Landesgesetz festgelegt.

Feiertage wirken sich auf den Ablauf gesetzlicher → *Fristen* aus; fällt deren Ende auf einen Sonn- oder Feiertag, so endet die Frist erst am nächstfolgenden Werktag.

▸ Feiertagslohn

Feiertagslohn bezeichnet die Vergütung, die der Arbeitnehmer gemäß § 2 Abs. 1 Entgeltfortzahlungsgesetz (EFG) für diejenige Arbeitszeit erhält, die **infolge des Arbeitsverbots an Feiertagen** ausfällt.

Im weiteren Sinn versteht man unter Feiertagslohn auch die Vergütung, die der Arbeitnehmer erhält, wenn er an einem Feiertag zulässigerweise oder auch gesetzwidrig zur Arbeit herangezogen wird.

Fernabsatz

Der aus dem Versandhandel seit Jahrzehnten bekannte Kauf einer Ware nach Katalog, die der Käufer zuvor „in Natur" nicht sehen kann, ist durch diesen Umstand mit typischen Gefahren – etwa einer Fehlvorstellung des Erwerbers als Folge einer besonders geschickten Fotografie – verbunden. Durch die technische Entwicklung der letzten Jahre vor allem im Bereich der Telekommunikation und des Internet hatte sich der Regelungsbedarf für solche Geschäfte weiter verstärkt.

In die §§ 312b bis 312f. des Bürgerlichen Gesetzbuches hat der Gesetzgeber nunmehr Regelungen für solche als **Fernabsatzverträge** bezeichneten Verträge aufgenommen, wenn sie von einem → *Unternehmer* mit einem → *Verbraucher* geschlossen werden und die Lieferung von Waren oder die Erbringung von Dienstleistungen zum Gegenstand haben. Lediglich dann, wenn die typischen Gefahren dieser Art der Geschäftsanbahnung regelmäßig nicht bestehen – ein gutes Beispiel ist etwa die telefonische Bestellung einer Pizza – finden diese Bestimmungen keine Anwendung.

Kennzeichnend für die Bestimmungen über den Fernabsatz ist es, dass der Verbraucher bereits vor dem Abschluss des Vertrages vor allem über die Person seines Vertragspartners, den Vertragsgegenstand, etwa verwendete → *Allgemeine Geschäftsbedingungen* und seine Rechte informiert werden muss. Ihm steht in jedem Fall ein → *Widerrufsrecht* oder ein → *Rückgaberecht* zu, das grundsätzlich zwei Wochen lang ausgeübt werden kann.

Fernmeldeanlagen

Die unbefugte Errichtung oder der unbefugte Betrieb von Fernmeldeanlagen ist strafbar. Hierunter fallen einmal etwa privat ausgestrahlte Rundfunksendungen (so genannte Schwarzsender), zum anderen aber auch der Gebrauch von Radarwarngeräten, da deren Benutzung von der Bundespost nicht erlaubt wird.

Zur Verwirklichung der Strafbarkeit genügt es regelmäßig schon, eine nicht genehmigte Fernmeldeanlage betriebsbereit zu halten. Das ist der Fall, wenn der Betrieb ohne Schwierigkeiten aufgenommen werden kann, also etwa nur ein Stecker in die Steckdose gesteckt werden muss.

Festnahme

Die Festnahme eines Beschuldigten kann einmal auf einem → *Haftbefehl* oder einem → *Unterbringungsbefehl* beruhen. Sie kann aber auch eine vorläufige Festnahme sein. Diese ist Polizei und Staatsanwaltschaft erlaubt, wenn die Voraussetzungen eines Haft- oder Unterbringungsbefehls vorliegen, dieser aber noch nicht erlassen ist. Schließlich hat jedermann – also jede Privatperson – das Recht zur vorläufigen Festnahme, wenn er den Beschuldigten auf frischer Tat betrifft und dieser fluchtverdächtig ist oder wenn seine Identität nicht sofort festgestellt werden kann. Dies ist etwa der Fall, wenn in einem Geschäft ein Dieb gestellt wird, der sich nicht ausweisen kann.

Wer als Privatperson eine vorläufige Festnahme durchführt, muss den Festgenommenen unverzüglich der Polizei übergeben. In den anderen Fällen ist ein Festgenommener, wenn er nicht wieder freigelassen wird, spätestens am nächsten Tag dem → *Ermittlungsrichter* vorzuführen.

Feststellungsklage

F. ist eine → *Klage*, die auf Feststellung des Bestehens oder Nichtbestehens eines Rechtsverhältnisses, auf Anerkennung einer → *Urkunde* oder die Feststellung ihrer Unechtheit gerichtet ist (§ 256 ZPO). Die Feststellungsklage setzt ein besonderes Feststellungsinteresse voraus, das insbesondere dann nicht gegeben ist, wenn eine → *Leistungsklage* oder eine → *Gestaltungsklage* erhoben werden könnte. Feststellungsurteile können, mit Ausnahme der → *Kostenentscheidung*, nicht vollstreckt werden.

Im Verwaltungsprozess ist die Erhebung einer Feststellungsklage möglich, wenn das Bestehen oder Nichtbestehen eines Rechtsverhältnisses oder die Nichtigkeit eines → *Verwaltungs-*

akts festgestellt werden soll. Unter einem Rechtsverhältnis versteht man die sich aus einem konkreten Sachverhalt aufgrund einer Vorschrift des → *öffentlichen Rechts* ergebenden rechtlichen Beziehungen einer Person zu einer anderen Person oder einer Sache. Nicht Gegenstand einer Feststellungsklage können abstrakte Rechtsfragen sein. Zulässigkeitsvoraussetzung ist, dass der Kläger seine Rechte nicht durch → *Anfechtungsklage* oder → *Leistungsklage* geltend machen kann; eine Ausnahme gilt nur für die Nichtigkeitsfeststellung. Weitere Voraussetzung ist, dass der Kläger ein berechtigtes Interesse an der begehrten Feststellung hat. Ein Sonderfall ist die Fortsetzungsfeststellungsklage. Diese ist dann möglich, wenn sich eine Anfechtungs- oder → *Verpflichtungsklage* in der Hauptsache erledigt hat, also die mit dem Verwaltungsakt verbundene Beschwer nachträglich weggefallen ist. Dann kann festgestellt werden, dass der ursprüngliche Verwaltungsakt oder seine Ablehnung rechtswidrig waren. Solche Klagen dienen oft der Vorbereitung von Amtshaftpflichtprozessen (→ *Staatshaftung*).

▶ Finanzamt

F. ist die örtliche → *Behörde* der Landesfinanzverwaltung für die Verwaltung von Steuern mit Ausnahme der Verwaltung von Zöllen, bundesgesetzlich geregelten Verbrauchsteuern und der → *Gemeinden* übertragenen Verwaltung von Steuern.

▶ Finanzgerichtsbarkeit

F. ist eine besondere → *Verwaltungsgerichtsbarkeit.* Sie wird in den einzelnen Bundesländern durch die → *Finanzgerichte* als obere Landesgerichte und im Bund durch den → *Bundesfinanzhof* ausgeübt. Die Finanzgerichte entscheiden über alle Angelegenheiten, für die der Finanzgerichtsweg nach § 33 der Finanzgerichtsordnung eröffnet ist (z. B. über Klagen gegen Einspruchsentscheidungen der Finanzbehörden, berufsrechtliche Streitigkeiten).

▶ Finanzierungshilfe

Dies ist der in § 499 des Bürgerlichen Gesetzbuches verwendete Oberbegriff, wenn ein → *Unternehmer* einem → *Verbraucher* in irgendeiner Form einen entgeltlichen Zahlungsaufschub von mehr als 3 Monaten oder sonstige entgeltliche Finanzierungshilfen gewährt. Typisch hierfür sind etwa das Recht zur Teilzahlung eines Kaufpreises in Raten gegen Zahlung eines Zinsaufschlags oder eine Finanzierung über Leasingverträge. Durch strenge Formvorschriften, die insbesondere die Preisklarheit gewährleisten und dem Verbraucher die entstehenden Kosten deutlich machen sollen, soll ein Schutz vor übereilten und unwirtschaftlichen Entscheidungen erreicht werden.

▶ Firma

Im Handelsrecht ist Firma der – rechtlich geschützte – Name des → *Kaufmanns,* unter der er seine Geschäfte betreibt (nicht jedoch sein – oft umgangssprachlich so bezeichnetes – Unternehmen). Ihre Bildung (Gestaltung) unterliegt strengen Regeln, insbesondere der Firmenwahrheit und Firmenklarheit. Die Firma kann zusammen mit dem Unternehmen auf einen Nachfolger übertragen werden.

▶ Fischereirecht

Das landesrechtlich geregelte Fischereirecht gibt die ausschließliche Befugnis, in einem Binnengewässer bestimmte Wassertiere zu hegen und sich anzueignen. Fischereiberechtigt ist regelmäßig der Grundstückseigentümer. Das Recht kann aber auch selbständig begründet und übertragen werden. Dem Fischereirecht unterliegen im wesentlichen Fische, Krebse und Muscheln, aber auch sonstige nutzbare Tiere wie z. B. Frösche. Neben dem privaten Fischereiausübungsrecht bedarf es einer öffentlich-rechtlichen Erlaubnis, die in Gestalt des Fischereischeins erteilt wird. Dieser ist beim Fischen mitzuführen, ein Verstoß gegen diese Verpflichtung wird als → *Ordnungswidrigkeit* geahndet.

▶ Flächennutzungsplan → *Bauleitplanung*

Fleischhygiene

Das Gesetz über die Fleischhygiene enthält Bestimmungen über Schlachttiere, Fleisch, sowie Schlacht- und Fleischverarbeitungsbetriebe. Fleischuntersuchungen sind von Amtstierärtzen und Fleischkontrolleuren durchzuführen, die dem öffentlichen Dienst angehören müssen. Das Fleisch wird je nach dem Ergebnis der Untersuchung als tauglich, bedingt tauglich oder untauglich eingestuft. Die Kategorie „bedingt tauglich" ist aufgrund von Rechtsvorschriften der → *Europäischen Gemeinschaften* nicht mehr zu vergeben, was in Deutschland die Schließung der Freibanken zur Folge haben wird. Schlachttiere sind vor der Schlachtung zu untersuchen. Sie sind so zu kennzeichnen, dass der Erzeugerbetrieb ermittelt werden kann. Für die Untersuchungen sind aufgrund von Satzungen, welche die mit den Fleischhygieneuntersuchungen beauftragten Körperschaften erlassen, Gebühren zu zahlen. Verboten ist es, das Fleisch von Hunden, Katzen und Affen zu gewinnen oder in die Bundesrepublik Deutschland einzuführen.

Flüchtlinge

F. im Sinne des Genfer Flüchtlingsabkommens sind Personen, die sich aus Furcht vor Verfolgung wegen ihrer Rasse, Religion, Nationalität, Zugehörigkeit zu einer bestimmten sozialen Gruppe oder wegen ihrer politischen Überzeugung außerhalb des Landes aufhalten, dessen Staatsangehörigkeit sie besitzen und die den Schutz dieses Landes nicht in Anspruch nehmen können.

Das Bundesvertriebenengesetz unterscheidet zwischen Vertriebenen und Flüchtlingen, wobei hier aber nur Sowjetzonenflüchtlinge gemeint sind.

Flugplatz

Das Luftverkehrsrecht unterscheidet zwischen Flughäfen, Landeplätzen und Segelfluggeländen. Ganz allgemein versteht man unter Flugplätzen Land- oder Wasserflächen, die zum Start und/oder Landung von Luftfahrzeugen bestimmt sind. Flugplätze dürfen nach dem Luftverkehrsgesetz nur nach vorheriger Genehmigung angelegt und betrieben werden. Flughäfen bedürfen zusätzlich einer → *Planfeststellung.* In einem gewissen Umgriff um einen Flughafen gelten Baubeschränkungen, d. h. bestimmte oberirdische Anlagen dürfen dort nicht errichtet werden. Nach dem Fluglärmschutzgesetz werden durch Verordnung um die einzelnen Flugplätze Lärmschutzzonen festgelegt.

▸ Flurbereinigung

Durch die nach näherer Bestimmung durch das Flurbereinigungsgesetz durchzuführende Flurbereinigung wird der Zweck verfolgt, ländlichen Grundbesitz zur Verbesserung der Produktions- und Arbeitsbedingungen sowie zur Förderung der allgemeinen Landeskultur und der Landesentwicklung neu zu ordnen. Mit der Durchführung sind die Flurbereinigungsbehörden betraut, welche die Flurbereinigung unter Mitwirkung der Grundstückseigentümer (der Teilnehmergemeinschaft) und der Träger öffentlicher Belange in einem förmlichen Verfahren durchführen. Die Flurbereinigungsverfahren ergehenden → *Verwaltungsakte* können nach Durchführung eines → *Widerspruchsverfahrens* durch Klage angefochten werden, über die ein spezieller Flurbereinigungssenat bei dem zuständigen → *Oberverwaltungsgericht* entscheidet.

▸ Flutopfer-Solidaritätsgesetz

Zur wirksamen Beseitigung von Hochwasserschäden und zum Wiederaufbau der Infrastruktur hat der Gesetzgeber durch das Flutopfer-Solidaritätsgesetz die für 2003 vorgesehene Steuerentlastungsstufe (→ *Steuertarif)* um ein Jahr und eine auf das Jahr 2003 befristete Anhebung des Körperschaftsteuersatzes von 25 v. H. auf 26,5 v. H. beschlossen. Die aus diesen Maßnahmen zu erwartenden Mehreinnahmen von Bund und Länder werden einem neu einzurichtenden Fonds „Aufbau-Hilfe" zur Verfügung gestellt (→ *außergewöhnliche Belastungen*).

▸ Formerfordernis

Im → *Privatrecht* bedürfen → *Willenserklärungen* in der Regel keiner Form (Grundsatz der Formfreiheit), können also auch etwa mündlich oder stillschweigend (Beispiel: Kopfnicken auf Antrag hin) abgegeben werden. Es können jedoch die Parteien auch eine bestimmte Form vereinbaren. Außerdem schreibt das Gesetz (etwa zur Warnung der Parteien vor Übereilung oder zu Beweiszwecken) häufig die Einhaltung verschiedener Formen vor (Beispiel: § 311b BGB bei Grundstücksgeschäften). Zu unterscheiden sind dabei insbesondere die Schriftform (§ 126 BGB), die notarielle Beurkundung (§ 128 BGB) und die öffentliche Beglaubigung (§ 129 BGB). Werden die vorgeschriebenen Formerfordernisse nicht eingehalten, ist das Rechtsgeschäft nach § 125 BGB nichtig (→ *Nichtigkeit*).

Fortbildungskosten

F. sind beruflich veranlasste Weiterbildungskosten für einen erlernten und ausgeübten Beruf. Diese können als → *Betriebsausgaben* oder → *Werbungskosten* abziehbar sein (z. B. Besuch von Fachlehrgängen, Seminaren, Vorbereitungslehrgängen zur Meisterprüfung). Von den Fortbildungskosten zu unterscheiden sind die → *Ausbildungskosten*.

Fortgesetzte Handlung

Aus Vereinfachungsgründen hatte die Rechtsprechung früher oft selbständige Taten, die sich gegen dasselbe Rechtsgut richteten und sich durch eine ähnliche Tatausführung glichen – etwa laufend verübte Einbruchsdiebstähle – mit der Rechtsfigur der „fortgesetzten Handlung“ zu einer einheitlichen Tat verbunden. Diese Rechtsprechung ist zwischenzeitlich aufgegeben worden.

Fortsetzungserkrankung

Nach dem Entgeltfortzahlungsgesetz (EFG) ist der Arbeitgeber im Fall der → *Arbeitsunfähigkeit* des Arbeitnehmers aufgrund einer Erkrankung verpflichtet, dem Arbeitnehmer für die Dauer von bis zu sechs Wochen die vertragliche Vergütung weiter zu zahlen. **Erkrankt** der Arbeitnehmer, nachdem er wieder arbeitsfähig war, **erneut**, hat er grundsätzlich wieder Anspruch auf → *Entgeltfort-*

zahlung für sechs Wochen. Eine Begrenzung auf sechs Wochen pro Jahr gibt es nicht.

Erkrankt der Arbeitnehmer allerdings an **derselben** Krankheit, für die er bereits Entgeltfortzahlung erhalten hat, erneut, wird diese erneute Erkrankung dem früheren Entgeltfortzahlungszeitraum hinzugerechnet. Der Begriff der Fortsetzungserkrankung bezeichnet dementsprechend einen Sachverhalt, bei dem das Gesetz den Entgeltfortzahlungsanspruch auch dann **auf insgesamt sechs Wochen beschränkt**, wenn es sich um **zeitlich auseinander liegende, in sich geschlossene Krankheitszeiten** handelt. Dabei wird eine Fortsetzungserkrankung bereits nicht nur dann unterstellt, wenn es sich um **dieselbe** Erkrankung handelt, sondern auch wenn die aktuelle Erkrankung **auf demselben Grundleiden beruht** wie die frühere Erkrankung.

Liegen zwischen den Krankheitszeiten bestimmte – im Gesetz geregelte – Mindestfristen, kann der Entgeltfortzahlungsanspruch allerdings **wieder aufleben** (§ 3 Abs. 1 Satz 2 EFG).

▶ Fortsetzungsfeststellungsklage → *Feststellungsklage*

▶ Frachtbrief

Ein Frachtbrief ist eine Urkunde über den Inhalt eines abgeschlossenen → *Frachtvertrags.*

▶ Frachtführer

Wer gewerbsmäßig die Beförderung von Gütern unternimmt, ist Frachtführer. Er ist Kaufmann, ihn treffen besondere Verpflichtungen nach dem Handelsgesetzbuch.

▶ Frachtvertrag

Ein Frachtvertrag ist ein zwischen dem Absender und dem → *Frachtführer* geschlossener → *Werkvertrag,* der auf die entgeltliche Beförderung von Gütern gerichtet ist.

Franchise(vertrag)

Hierbei handelt es sich um einen pachtähnlichen Vertrag, bei dem dem Franchisenehmer gegen Entgelt Namen, technische Ausstattung etc. vom Franchisegeber zur Verfügung gestellt werden, der Franchisenehmer jedoch auf eigene Rechnung die Waren vertreibt oder Dienstleistungen erbringt; beispielsweise werden manche Restaurantketten auf Franchisebasis geführt.

Freiberufliche Tätigkeit → *Selbständige Arbeit*

Freibeweis

Ein Freibeweis ist ein → *Beweis,* bei dem das Verfahren und die Beweismittel im Ermessen des Gerichts stehen. Er ist etwa zulässig, wenn überprüft werden soll, ob die → *Prozessvoraussetzungen* vorliegen. Das Gericht kann dies dann zum Beispiel durch schriftliche oder telefonische Auskünfte klären.

Im → *Strafverfahren* gilt der Freibeweis hauptsächlich für Verfahrensvoraussetzungen, etwa die Verhandlungsfähigkeit eines → *Angeklagten.* Hält der Vorsitzende ihn zum Beispiel für angetrunken und damit verhandlungsunfähig, so kann er diese Frage etwa durch den Einsatz eines Alkomaten klären.

Freiheit, persönliche

Nach Art. 2 Abs. 2 Satz 2 des Grundgesetzes ist die Freiheit der Person unverletzlich; eine Beschränkung ist nur aufgrund eines förmlichen Gesetzes zulässig. Dieses jedermann zustehende → *Grundrecht* hat einen hohen Rang; die dahinter stehende Wertentscheidung ist für alle Bereiche des Rechts von Bedeutung → *Drittwirkung von Grundrechten*). Die persönliche Freiheit wird auch durch die in Art. 2 Abs. 1 des Grundgesetzes gewährleistete freie Entfaltung der Persönlichkeit geschützt, die ihre Grenzen in den Rechten anderer, der verfassungsmäßigen Ordnung und dem Sittengesetz findet. Unter dem Begriff „verfassungsmäßige Ordnung“ sind nach der Rechtsprechung des → *Bundesverfassungsgerichts* alle Rechtsnormen zu verstehen, die formell und materiell mit dem Grundgesetz übereinstimmen. Ausprägung des Schutzes der persönlichen Freiheit ist auch das Recht auf Leben und persönliche Unversehrheit, in die nur aufgrund eines Gesetzes eingegriffen werden darf.

Freiheitsberaubung

Eine Freiheitsberaubung liegt vor, wenn ein Mensch unberechtigt daran gehindert wird, seinen derzeitigen Aufenthaltsort zu verlassen. Der Hauptfall ist das Einsperren, doch kommen auch Fesselung oder eine zu Unrecht veranlasste polizeiliche Festnahme in Betracht. Die Freiheitsberaubung ist ein → *Dauerdelikt,* das erst mit der Freilassung des Opfers endet.

Freiheitsentziehung

F. ist im Zivilrecht die Unterbringung eines Menschen gegen oder ohne seinen Willen in in einem geschlossenen Heim oder einer geschlossenen Anstalt. Die Unterbringung eines Kindes bedarf der Genehmigung des → *Familiengerichts* (§ 1631 b BGB). Die Unterbringung eines Erwachsenen der Genehmigung des → *Vormundschaftsgerichts* (§ 1906 BGB). → *Freiheitsstrafe.*

Freiheitsstrafe

Die Freiheitsstrafe kann je nach dem abgeurteilten Tatbestand zeitig oder lebenslang sein. Sie ist im Erwachsenenstrafrecht die einzige Form des Freiheitsentzugs. Die frühere Unterscheidung zwischen Gefängnis- und Zuchthausstrafe ist weggefallen. Die zeitige Freiheitsstrafe liegt, soweit das Gesetz keine anderen Grenzen beinhaltet, zwischen einem Monat und 15 Jahren. Der Vollzug der Freiheitsstrafe wird durch die Bestimmungen über die → *Strafvollstreckung* näher geregelt. Bei Freiheitsstrafe, die zwei Jahre nicht übersteigt, kommt → *Strafaussetzung* zur Bewährung in Betracht. Bei einer lebenslangen Freiheitsstrafe ist nach 15 Jahren zu prüfen, ob der weitere Strafvollzug zur Bewährung ausgesetzt werden kann.

Freiwillige Gerichtsbarkeit

Sie ist ein Teil der ordentlichen Gerichtsbarkeit und von der → *streitigen Gerichtsbarkeit* zu unterscheiden. Es handelt sich dabei um ein Verfahren für bestimmte (meist privatrechtliche) Angelegenheiten, das grundlegend im FGG (Gesetz über die Angelegenheiten der freiwilligen Gerichtsbarkeit) geregelt ist. Nach § 12 FGG gilt der Untersuchungsgrundsatz, sodass etwa das Nachlassgericht von sich aus die Wahrheit zu erforschen hat und nicht (wie im → *Zivilprozess)* an Parteivorbringen gebunden ist. Verhandelt wird nicht öffentlich und meist auch nicht mündlich. Wichtige Bereiche der freiwilligen Gerichtsbarkeit sind insbesondere Nachlass-, Vormundschafts-, Register-, Grundbuch- und Wohnungseigentumssachen.

Freizeichnungsklausel

Unter einer Freizeichnungsklausel versteht man eine Regelung in Allgemeinen Geschäftsbedingungen, durch die eine Haftung des Verwenders für Fehlverhalten ausgeschlossen oder beschränkt werden soll. Freizeichnungsklauseln sind für vorsätzlich oder grob fahrlässig herbeigeführte Schädigungen ebenso unwirksam wie bei der Verletzung des Lebens, des Körpers oder der Gesundheit. In anderen Fällen der → *Fahrlässigkeit* ist auf die Umstände des einzelnen Vertragstyps abzustellen (→ *Autowaschanlagen*, → *Gebrauchtwagen*).

Freizügigkeit

Art. 11 des Grundgesetzes garantiert allen Deutschen das Recht, ohne Behinderung durch die Staatsgewalt an jedem Ort im Bundesgebiet Aufenthalt und Wohnsitz nehmen zu können. Eine Einschränkung dieses → *Grundrechts* kann durch Gesetz für die Fälle vorgesehen werden, in denen eine ausreichende Lebensgrundlage fehlt, wenn die Einschränkung zum Schutz der Jugend vor Verwahrlosung, zur Seuchenbekämpfung oder zur Verhinderung strafbarer Handlungen notwendig ist; schließlich kann die Freizügigkeit zur Abwehr drohender Gefahren für die freiheitlich –

demokratische Grundordnung oder zur Bekämpfung von Naturkatastrophen beschränkt werden. Das Grundrecht schützt auch das Recht, in das Bundesgebiet einzureisen; das Recht, auszureisen, wird durch das Grundrecht auf allgemeine Handlungsfreiheit (Art. 2 Abs. 1 GG) gewährleistet.

Friedenspflicht

F. ist die Verpflichtung der Parteien eines Tarifvertrags, während dessen Vertragsdauer Arbeitskampfmaßnahmen zu unterlassen, diesbezüglich auf ihre Mitglieder einzuwirken und vor einem → *Arbeitskampf* miteinander zu verhandeln.

Frist

Eine Frist ist ein durch → *Gesetz,* Hoheitsakt oder Vereinbarung festgelegter bestimmter oder bestimmbarer Zeitraum, mit dessen Ablauf eine Rechtswirkung eintritt oder endet (Beispiele: Kündigungsfrist; Verjährungsfrist). Die Berechnung von Fristen ist allgemein in §§ 186 ff. BGB geregelt. Fristen enden normalerweise nie an einem Sonnabend, Sonntag oder Feiertag, sondern erst am ersten darauf folgenden Werktag.

Im Verwaltungsrecht bestimmt sich die Berechnung von Fristen, die für den Ablauf eines Verwaltungsverfahrens Bedeutung haben, nach dem → *Verwaltungsverfahrensgesetz;* die Vorschriften sind im Wesentlichen denen des Bürgerlichen Gesetzbuches nachgebildet. Bei schuldloser Versäumung kann im Einzelfall → *Wiedereinsetzung* in den vorigen Stand gewährt werden.

Auch im Straf- und Bußgeldverfahren gibt es eine Reihe von Fristen, für deren Berechnung die allgemeinen Grundsätze gelten. Am wichtigsten sind die Fristen für die Einlegung der → *Berufung* und der → *Revision* (jeweils 1 Woche) sowie für den Einspruch gegen einen → *Strafbefehl* und gegen einen Bußgeldbescheid (jeweils 2 Wochen).

Früchte

Nach § 99 BGB sind Sachfrüchte die Erzeugnisse einer → *Sache* (z. B. Eier, Blumen, Obst) oder die sonstige bestimmungsgemäße

Ausbeute (Kies, Mineralwasser); Rechtsfrüchte sind die Erträge, die ein → *Recht* gewährt (z. B. das aufgrund eines → *Nießbrauchs* geerntete Obst). Der → *Eigentumserwerb* an Früchten ist in den §§ 953 ff. BGB geregelt.

Führerschein

Der Führerschein ist die amtliche Bescheinigung zum Nachweis einer → *Fahrerlaubnis*. Er ist bei Fahrten auf öffentlichen Straßen stets mitzuführen. Wird er vergessen, berührt dies die Fahrerlaubnis aber nicht; es handelt sich lediglich um eine geringfügige → *Ordnungswidrigkeit*.

Führungszeugnis

Das Führungszeugnis stellt eine eingeschränkte Form der Auskunft über die im → *Zentralregister* (davon zu unterscheiden ist das → *Verkehrszentralregister)* enthaltenen Eintragungen dar. Der Betroffene selbst – nicht aber andere Personen wie etwa sein künftiger Arbeitgeber – kann es bei der Meldebehörde beantragen. In das Führungszeugnis werden Verurteilungen nur zum Teil aufgenommen; außerdem erfolgt dort eine frühere Tilgung als im Zentralregister. Am wichtigsten ist, dass bei Erwachsenen eine einzelne Eintragung von → *Freiheitsstrafe* bis zu 3 Monaten oder → *Geldstrafe* bis zu 90 Tagessätzen und bei Jugendlichen eine Verurteilung zu einer zur Bewährung ausgesetzten → *Jugendstrafe* bis zu zwei Jahren nicht eingetragen wird.

Erfolgt im Führungszeugnis keine Eintragung, so kann sich die betreffende Person nach außen als nicht vorbestraft bezeichnen.

Fürsorgepflicht im Arbeitsrecht

F. ist die Verpflichtung des Arbeitgebers zur besonderen Berücksichtigung der Interessen seiner Arbeitnehmer, beispielsweise durch Vorkehrungen zur Vermeidung von Unfällen oder zum Schutze des in den Betrieb mitgebrachten Eigentums des Arbeitnehmers. Wichtige gesetzliche Konkretisierungen dieser Arbeitgeberpflicht finden sich in § 241 Abs. 2 BGB, sowie speziell bezüglich Leben und Gesundheit in den §§ 617 bis 619 BGB. Auch der im → *Beschäftigtenschutzgesetz* gewährleistete Schutz vor sexueller Belästigung stellt eine spezialgesetzliche Ausprägung der allgemeinen Fürsorgepflicht des Arbeitgebers dar. S. a. → *Arbeitsschutzrecht.*

▶ Fürsorgepflicht im Strafrecht

Hat sich jemand gegenüber einem anderen pflichtwidrig verhalten – hat also etwa ein Autofahrer durch einen Fahrfehler einen Fußgänger angefahren und verletzt, so entsteht für ihn daraus gegenüber seinem Opfer eine → *Garantenpflicht.*

▶ Fund

Wird eine verlorene Sache entdeckt und in → *Besitz* genommen (§§ 965 ff. BGB), so liegt ein Fund vor. Verloren ist eine Sache dann, wenn sie keiner mehr besitzt (anders: → *herrenlose Sache*). Zwischen Finder und Empfangsberechtigtem (meist der Eigentümer) entsteht ein gesetzliches → *Schuldverhältnis,* das den Finder z. B. zur Aufbewahrung oder Ablieferung der Fundsache verpflichtet; der Empfangsberechtigte muss z. B. den Finderlohn zahlen. Nach Ablauf bestimmter → *Fristen* kann der Fund zum → *Eigentumserwerb* durch den Finder führen. Besondere Vorschriften regeln den Fund in öffentlichen Einrichtungen (§§ 978 ff. BGB).

▶ Fusion → *Verschmelzung*

▶ Fußgänger

Fußgänger müssen vorhandene Gehwege benutzen. Fehlt ein Gehweg, so können sie in Ortschaften den rechten oder linken Seitenstreifen benutzen; außerhalb von Ortschaften müssen sie grundsätzlich auf dem linken Seitenstreifen gehen. Eine Fahrbahn haben sie zügig und auf dem kürzesten Weg zu überqueren; → *Autobahnen* und → *Autostraßen* dürfen sie nicht betreten.

G

▶ Garantenpflicht

Wer einen unter Strafe gestellten Erfolg nicht durch (aktives) Handeln, sondern durch (passives) Unterlassen herbeiführt, kann wegen dieses Unterlassens grundsätzlich nur nach den Bestimmungen über die → *unterlassene Hilfeleistung*, nicht aber wegen des sonst verwirklichten Tatbestands bestraft werden. So begeht ein Tötungsdelikt durch Handeln, wer einen anderen in einen Fluss stößt, in dem dieser nach dem Plan des Täters ertrinkt. Sieht er aber nur zu, obwohl er den Ertrinkenden, der selbst in den Fluss gefallen ist, retten könnte, so kann er nicht wegen eines Tötungsdelikts, sondern nur wegen unterlassener Hilfeleistung belangt werden.

Eine Ausnahme von diesen Grundsätzen gilt aber, wenn ein so genanntes unechtes → *Unterlassungsdelikt* vorliegt. Dann wird der Täter, der eine gebotene Handlung unterlässt, so bestraft, als ob er den Erfolg durch eine aktive Handlung herbeigeführt hätte. Die Anwendung der Grundsätze über das unechte Unterlassungsdelikt setzt aber unter anderem voraus, dass der Täter für das Opfer eine Garantenpflicht hat. Das bedeutet, dass er über das normale Maß der allgemeinen Hilfeleistungspflicht hinaus in besonderem Ausmaß für das Wohlergehen des Opfers verantwortlich sein muss. Solche Garantenpflichten entstehen einmal im „sozialen Nahraum“, etwa einer → *Ehe*, einer → *eheähnlichen Gemeinschaft* oder zwischen Eltern und Kindern, weiter aus der Übernahme von Schutzpflichten – etwa bei der Betreuung eines Kindes – aus „Gefahrengemeinschaften“ wie einer Seilschaft beim Klettern im Gebirge und schließlich aus der → *Fürsorgepflicht*, die durch vorausgegangenes Verhalten bedingt ist.

▶ Garantie

Eine Garantie ist ein → *Vertrag*, durch den der Garant die Haftung dafür übernimmt, dass der garantierte Erfolg auch eintritt.

Anders als bei der → *Bürgschaft* ist die Schuld des Gewährleistenden nicht vom Fortbestand der gesicherten Schuld abhängig. Die Garantie bedarf auch keiner Form. Häufig werden Garantien von Warenherstellern gegeben, so dass der Verbraucher bei Mängeln neben seinem Gewährleistungsanspruch gegen den Verkäufer einen unmittelbaren Anspruch gegen den Hersteller hat.

Gaststätte

Regelungen über Gaststätten sind in verschiedenen Gesetzen enthalten. Der Betrieb einer Gaststätte bedarf nach dem Gaststättengesetz einer Erlaubnis, die mit Nebenbestimmungen, insbesondere Auflagen, verbunden werden kann, um die Einhaltung der gesetzlichen Anforderungen zu gewährleisten. Die Gaststättenerlaubnis gilt für eine bestimmte Betriebsart (z. B. Schankwirtschaft, Speisewirtschaft, → *Beherbergungsbetrieb),* für bestimmte Räumlichkeiten und eine bestimmte Person. Sie ist nicht übertragbar; daher ist für den Betrieb einer Gaststätte durch einen Stellvertreter eine eigene Erlaubnis erforderlich. Voraussetzung für die Erlaubniserteilung ist die persönliche Zuverlässigkeit des Betreibers und das Vorhandensein entsprechender Räumlichkeiten, die bestimmten, durch die landesrechtlichen Gaststättenbauverordnungen festgelegten Mindestanforderungen entsprechen müssen; die örtliche Lage des Betriebs muss so sein, dass von ihm keine unzumutbaren Belästigungen für die Nachbarschaft ausgehen.

Baurechtlich sind Schank- und Speisegaststätten nach den Vorschriften der → *Baunutzungsverordnung* in fast allen Baugebieten zulässig. Ist der Betrieb als Vergnügungsstätte (Nachtlokal, Diskothek u. ä.) zu qualifizieren, ist seine bauplanungsrechtliche Zulässigkeit sehr eingeschränkt; er ist nur in solchen Gebieten (insbesondere Kerngebieten) zuzulassen, wo seine Auswirkungen nicht wesentlich stören.

Gastwirtshaftung

Hierunter versteht man die Haftung eines Gastwirts, der gewerbsmäßig Übernachtungsgäste (nicht nur Speisegäste) aufnimmt; der Wirt haftet (regelmäßig der Höhe nach beschränkt) auch ohne Verschulden für den Verlust, die Zerstörung oder Beschädigung von durch den Gast mitgebrachten Sachen.

Gattungsschuld

Eine Gattungsschuld ist die Verpflichtung zur Leistung eines nicht nach individuellen Merkmalen, sondern nur der Gattung nach bestimmten Gegenstandes (z. B. 1 Zentner Kartoffeln einer bestimmten Sorte). Der Schuldner muss dann eine Sache mittlerer Art und Güte leisten.

Gebietskörperschaft

Hierunter versteht man Körperschaften des öffentlichen Rechts, deren Hoheitsbereich durch einen räumlich abgegrenzten Bereich des Staatsgebiets bestimmt wird. Die wichtigsten Gebietskörperschaften sind die → *Gemeinden* und die → *Gemeindeverbände*. Als Gebietskörperschaften lassen sich auch die Länder und die Bundesrepublik Deutschland als Ganzes bezeichnen.

Gebrauchtwagen

Beim Verkauf von Gebrauchtwagen wurde vor dem 1.1.2002 häufig durch Allgemeine Geschäftsbedingungen jegliche Gewährleistung ausgeschlossen. Die Neuregelung des Schuldrechts lässt dies jetzt in weitem Umfang nicht mehr zu:

Beim → *Verbrauchsgüterkauf* darf ein → *Unternehmer* zu Lasten eines → *Verbrauchers* auch beim Verkauf gebrauchter Sachen dessen Rechte auf → *Nacherfüllung*, → *Rücktritt* und → *Minderung* weder durch → *Allgemeine Geschäftsbedingungen* noch in einem Individualvertrag ausschließen. Lediglich der → *Schadensersatzanspruch* des Käufers kann in einem Individualvertrag ganz und in Allgemeinen Geschäftsbedingungen teilweise ausgeschlossen werden. Die → *Gewährleistung* kann auf ein Jahr beschränkt werden. Da § 475 des Bürgerlichen Gesetzbuches auch eine Umgehung dieser Regelungen durch anderweitige Gestaltungen untersagt, werden Gebrauchtwagenhändler diese Folgen voraussichtlich auch nicht dadurch umgehen können, dass sie lediglich einen

Agenturvertrag schließen, also den Verkauf des Fahrzeugs von Privat an Privat vermitteln.

→ *Verbraucher* hingegen, die ein Fahrzeug verkaufen, können zumindestens in einem Individualvertrag nach wie vor einen vollständigen Ausschluss der Gewährleistung vereinbaren.

Die Angaben, die ein Verkäufer beim Verkauf eines Gebrauchtwagens macht, müssen insbesondere hinsichtlich des Fahrzeugalters, der Fahrleistung und einer etwaigen Unfallfreiheit zutreffen. Wesentliche Mängel – wie einen erheblichen Unfallschaden – muss ein Verkäufer darüber hinaus sogar ungefragt offenbaren. Andernfalls haftet er aus dem Gesichtspunkt seiner **Arglist** verschärft und kann sich gegebenenfalls auch wegen → *Betrugs* strafbar machen.

Gebrechlichkeitspflegschaft

Mit Inkrafttreten des Betreuungsgesetzes zum 1.1.1992 ist die Gebrechlichkeitspflegschaft für Volljährige durch das Institut der → *Betreuung* (§§ 1896 ff. BGB) abgelöst worden. Am 1.1.1992 bestehende Gebrechlichkeitspflegschaften sind in Betreuungen umgewandelt worden; der Pfleger ist Betreuer geworden. Für Minderjährige gelten weiterhin die Vorschriften zur → *Pflegschaft*.

Gebühr

Gebühren sind wie → *Steuern* und → *Beiträge* öffentliche Abgaben. Es ist zwischen Verwaltungsgebühren und Benutzungsgebühren zu unterscheiden. Verwaltungsgebühren werden für bestimmte Amtshandlungen erhoben, insbesondere solche, die im privaten Interesse liegen. Hierzu gehören auch die Gerichtsgebühren. Benutzungsgebühren werden als Gegenleistung für die Inanspruchnahme öffentlicher Einrichtungen, insbesondere der kommunalen Gebietskörperschaften auf satzungsmäßiger Grundlage erhoben. Gebühren werden etwa für die gemeindliche Wasserversorgung oder die Müllabfuhr verlangt (→ *Abgaben, öffentliche*).

Gefährdung

Die Gefährdung eines anderen liegt dann vor, wenn bei dem konkreten Vorfall nicht nur eine → *Behinderung* erfolgte, sondern der Eintritt eines Schadens wahrscheinlich war.

Gefährdung des Straßenverkehrs → *Straßenverkehrsgefährdung*

Gefährdungsdelikt

Als Gefährdungsdelikte werden solche Tatbestände bezeichnet, die bereits eine bestimmte Verhaltensweise – ohne dass es zu einer Verletzung von Rechten gekommen sein muss – als Straftatbestand einstufen. Bei den konkreten Gefährdungsdelikten – wie etwa der → *Straßenverkehrsgefährdung* – muss der Eintritt eines Schadens wenigstens nahe gelegen haben. Bei einem abstrakten Gefährdungsdelikt – wie der → *Trunkenheit im Verkehr* – genügt für die Strafbarkeit allein die als gefährlich angesehene Verhaltensweise.

Gefährdungshaftung

Die Verpflichtung, bei bestimmten gefährlichen Verhaltensweisen oder Anlagen auch ohne Verschulden für verursachte Schäden Schadenersatz zu leisten, wird als Gefährdungshaftung bezeichnet. Sie besteht nur in den gesetzlich bestimmten Fällen (z. B. für einen Fahrzeughalter oder Tierhalter).

Gefahrgeneigte Arbeit

G. ist eine Arbeit, die auch bei Anwendung der erforderlichen Sorgfalt leicht zu Unfällen mit verhältnismäßig hohem Schaden führen kann. Dieser im Recht der → *Arbeitnehmerhaftung* früher bedeutsame Begriff ist aufgrund der neueren Rechtsprechung des Bundesarbeitsgerichts (seit 1993) überholt. Haftungserleichterungen werden nunmehr bei allen betrieblich veranlassten – also nicht nur den gefahrgeneigten – Tätigkeiten eines Arbeitnehmers anerkannt.

Gefahrtragung

Im Schuldrecht bedeutet Gefahrtragung die Verteilung des Risikos beim Untergang der geschuldeten Sache (→ *Leistung*). Dabei muss streng zwischen der so genannten Leistungsgefahr und der Preisgefahr (oder Gegenleistungs- beziehungsweise Vergütungsgefahr) unterschieden werden. Nach der Leistungsgefahr richtet sich, ob beim Untergang der Sache der Schuldner von der Leistungsverpflichtung frei wird, ob er erneut leisten muss, oder ob ihn sonstige Nachteile treffen (zum Beispiel Schadenersatzleistungen). Die Preisgefahr sagt dagegen, ob der Schuldner, der von seiner Leistungspflicht frei geworden ist, vom Vertragspartner trotzdem die Gegenleistung verlangen kann. Grundlegende Regelungen hierüber enthalten die §§ 275, 280, 326 BGB. Der Zeitpunkt des Gefahrübergangs ist bei den speziellen Vertragstypen teilweise ausdrücklich geregelt (etwa beim Kauf in § 447 BGB).

Gegenbeweis

Durch einen Gegenbeweis versucht die gegnerische → *Partei*, die Unwahrheit der vom anderen behaupteten Tatsachen nachzuweisen. Der Gegenbeweis ist bereits erfolgreich geführt, wenn das Gericht Zweifel an der Wahrheit der gegnerischen Tatsachen hat. Teilweise ist der Gegenbeweis ausgeschlossen oder erschwert (→ *Ausschluss* des Gegenbeweises).

Gegenseitiger Vertrag

Ein gegenseitiger Vertrag ist ein → *Vertrag*, aus dem beide Parteien Verpflichtungen treffen, die – und das ist die Besonderheit – zueinander in einem Abhängigkeitsverhältnis stehen. Jede Partei verspricht ihre Leistung nur deshalb, um die Leistung des Partners zu erhalten („ich gebe, damit du gibst" – so genannte synallagmatische Verknüpfung). So will der Verkäufer seine Sache nur deshalb übereignen, weil er seinerseits den Kaufpreis erhalten möchte. Für die in einem solchen Gegenseitigkeitsverhältnis stehenden Leistungspflichten enthalten §§ 320 ff. BGB Sonderregelungen.

Gegenstandswert

Dies ist der in Geld festzusetzende Wert, nach dem die Vergütung der anwaltlichen Tätigkeit berechnet wird (§ 7 Bundesrechtsanwaltsgebührenordnung). Teilweise richtet sich der Gegenstandswert nach dem → *Streitwert.*

Gegenvormund

Das → *Vormundschaftsgericht* kann nach pflichtgemäßem Ermessen neben dem Vormund einen Gegenvormund bestellen. Gegenvormund kann das → *Jugendamt* sein. Ist indes das Jugendamt bereits Vormund, kann kein Gegenvormund bestellt werden. Der Gegenvormund ist Kontrollorgan des Vormunds. Er soll bestellt werden, wenn mit der Vormundschaft eine Vermögensverwaltung von erheblichem Umfang verbunden ist.

Gehaltsabtretung → *Lohnabtretung*

Geheimbereich

Der Schutz einer persönlichen Vertrauenssphäre soll im Strafrecht mittels verschiedener Vorschriften dadurch gesichert werden, dass der Bruch von Geheimnissen weitgehend unter Strafe gestellt ist. Zu denken ist vor allem an das → *Briefgeheimnis,* an die Verschwiegenheitspflicht von Amtsträgern, an das → *Steuergeheimnis* und an das Verbot des → *Abhörens.*

Geheimnisverrat

Ein Geheimnisverrat ist einmal die Durchbrechung bestehender Verschwiegenheitspflichten (→ *Geheimbereich).* Geheimnis ist dabei jede nicht allgemein bekannte Tatsache, deren Verbreitung vernünftigerweise nicht wünschenswert erscheint.

Zum anderen wird der Begriff Geheimnisverrat im allgemeinen Sprachgebrauch hauptsächlich im Bereich der Agententätigkeit verwandt und bezieht sich darauf, dass Geheimnisse von Staat oder Wirtschaft an andere Nationen weitergegeben werden.

Gehorsamspflicht → *Direktionsrecht,* → *Soldatenrecht*

Geiselnahme

Im Sinne des Strafrechts begeht eine Geiselnahme, wer einen anderen entführt oder ihn sonst in seine Gewalt bringt, um durch die → *Drohung* mit seinem Tod, mit einer ihm zuzufügenden schweren Verletzung oder mit dessen längerer Freiheitsberaubung ihn oder einen Dritten zu einem bestimmten Verhalten zu nötigen. Im Gegensatz zum → *Menschenraub* ist das abgenötigte Verhalten nicht vermögensbezogen (dies wäre → *Erpressung),* sondern verfolgt andere Ziele. Eine Geiselnahme liegt etwa vor, wenn Terroristen einen Politiker entführen, um die Freilassung von Gesinnungsgenossen aus der Haft zu erreichen.

Geldbuße

Die Geldbuße ist einmal diejenige Sanktion, mit der eine → *Ordnungswidrigkeit* geahndet wird. Soweit das einzelne Gesetz keinen anderen Rahmen angibt, liegt die Höhe der Geldbuße bei vorsätzlichem Verhalten zwischen 5 und 1000 EUR, bei fahrlässigem Verhalten zwischen 5 und 500 EUR. Daneben werden auch Geldauflagen, die bei der Aussetzung einer → *Freiheitsstrafe* zur → *Bewährung* und als → *Zuchtmittel* verhängt werden, häufig als „Geldbuße" bezeichnet.

Geldfälschung

Mit dem Tatbestand der Geldfälschung soll der nationale und internationale Zahlungsverkehr geschützt werden. Daher wird nicht nur → *Falschgeld* als Tatobjekt erfasst.

Geld sind alle – zum Tatzeitpunkt gültigen – Zahlungsmittel (gleich, ob Münze oder Papiergeld), die von deutscher oder ausländischer, staatlicher Seite ausgegeben werden. Vielmehr werden auch solche Papiere, die einen Fälschungsschutz besitzen und Geldwert haben, unter die entsprechenden Tatbestände gezogen. Dies sind etwa Euroschecks und Euroscheckkarten, Aktien oder Inhaberverschreibungen. Schließlich unterliegen auch von staatlicher Seite ausgegebene Wertzeichen wie etwa Briefmarken einem strafrechtlichen Schutz im Rahmen der Geldfälschungsdelikte.

Die einzelnen Tatbestände sind so ausgestaltet, dass jedes Nachmachen, Beschaffen, Verändern oder Verwenden von Falschgeld strafbar ist. Selbst Vorbereitungshandlungen wie etwa das Herstellen entsprechender Druckplatten sind strafbar.

Geldschuld

Eine Geldschuld ist eine → *Schuld,* durch die der Schuldner verpflichtet wird, dem Gläubiger eine bestimmte Menge Geld zu zahlen. Die Geldschuld kann Geldsummenschuld sein (dann ist die Leistung durch einen bestimmten Nennbetrag bezeichnet – wenn zum Beispiel der Kaufpreis 1000 EUR beträgt). Sie kann aber auch Geldwertschuld sein, bei der ein Nennbetrag fehlt und sich die Höhe aus dem jeweiligen Schuldzweck ergibt (Beispiel: Der Schadenersatzanspruch hängt von der Höhe des Schadens ab). Wenn eine Geldschuld im Inland in ausländischer Währung zu zahlen ist, kann die Zahlung auch in EUR erfolgen, wenn nichts anderes vereinbart ist. Wertsicherungsklauseln (wenn etwa die Höhe der Geldschuld vom Lebenshaltungsindex abhängen soll) sind im Gegensatz zum früheren Recht nach den Bestimmungen des Preisangaben- und Preisklauselgesetzes grundsätzlich zulässig. Solche Klauseln müssen aber einen Bezug zu den Gütern oder Leistungen haben, deren Wert angepasst werden soll. Die Einzelheiten regelt die Preisklauselverordnung.

Geldstrafe

Die Geldstrafe ist – neben der → *Freiheitsstrafe* – die zweite und mildere „Hauptstrafe" des Strafrechts. Sie wird für die Fälle der kleinen bis mittleren Kriminalität angewandt. Im Gegensatz zur Freiheitsstrafe, die häufig zur → *Bewährung* ausgesetzt wird, wird die Geldstrafe fast immer vollstreckt. Die im Gesetz enthaltene Möglichkeit, die Verurteilung zu einer Geldstrafe vorzubehalten (Verwarnung mit Strafvorbehalt) findet kaum praktische Anwendung.

Die Geldstrafe wird nach dem so genannten Tagessatzsystem verhängt. In einem ersten Schritt wird die Anzahl der Tagessätze festgesetzt, die sich an der Schwere des Delikts orientiert. Im Regelfall muss die Anzahl der Tagessätze zwischen 5 und 360 liegen. So wird eine erstmalige → *Trunkenheit* im Verkehr je nach den Umständen des Einzelfalls mit etwa 25–50 Tagessätzen geahndet werden. In einem zweiten Schritt wird dann die Höhe des einzelnen Tagessatzes festgelegt. Sie richtet sich nach den wirtschaftlichen Verhältnissen des Täters und muss zwischen 1 und 5000 EUR liegen. Grundsätzlich beträgt ein Tagessatz 1/30 des monatlichen Nettoeinkommens, wobei vor allem Unterhaltsverpflichtungen in Abzug gebracht werden können.

Aus dem Produkt von Anzahl und Höhe des Tagessatzes ergibt sich dann die Gesamtsumme der Geldstrafe. Wird also der angetrunkene Fahrer zu 40 Tagessätzen zu je 75 EUR verurteilt, so muss er insgesamt 3000 EUR bezahlen.

Kann eine Geldstrafe nicht beigetrieben werden, so muss der Verurteilte eine Ersatzfreiheitsstrafe verbüßen. Dabei entspricht ein Tagessatz einem Tag Freiheitsstrafe. Der angetrunkene Fahrer müsste in diesem Fall also 40 Tage im Gefängnis verbringen.

Auch eine Geldstrafe ist eine Vorstrafe. Unter bestimmten Voraussetzungen wird sie jedoch im → *Führungszeugnis* nicht eingetragen, so dass sich der Verurteilte als nicht vorbestraft bezeichnen darf.

Geldwäsche

Im allgemeinen Sprachgebrauch wird der Begriff der Geldwäsche verwendet, wenn Gewinne aus illegalen Geschäften in den legalen Wirtschaftskreislauf eingeschleust werden. Ein Beispiel dafür wäre es, wenn ein Rauschgifthändler mit dem Gewinn aus seinen Betäubungsmittelgeschäften Gebrauchtfahrzeuge erwirbt und diese im Rahmen eines offiziell angemeldeten Geschäfts weiterveräußert.

Um dieses Einschleusen krimineller Gelder zu erschweren, hat der Gesetzgeber vor einiger Zeit den Straftatbestand der Geldwäsche geschaffen. Wer weiß oder aus → *Leichtfertigkeit* nicht erkennt, dass Gegenstände – vor allem Geld – aus bestimmten kriminellen Handlungen stammen und diese entweder verbirgt, ihre Herkunft verschleiert oder die Ermittlung ihrer Herkunft vereitelt, macht sich wegen Geldwäsche strafbar. Vor allem Banken sind gehalten, sich bei Bareinzahlungen größerer Summen über die Identität des Einzahlenden zu vergewissern.

Gemeinde

Gemeinden können als die auf der untersten Stufe des Verwaltungsaufbaus befindlichen → *Gebietskörperschaften* bezeichnet werden; sie sind juristische Personen des öffentlichen Rechts. Nach der Größe und dem zu erledigenden Aufgabenbereich werden kreisangehörige und kreisfreie Gemeinden unterschieden; letztere nehmen im übertragenen Wirkungskreis auch die sonst den untereren Staatsbehörden – den Landratsämtern – obliegenden Aufgaben wahr. Die Kommunalverfassung ist in den landesrechtlichen Gemeindeordnungen geregelt, dort sind insbesondere die Rechtsstellung des → *Bürgermeisters* und des Gemeinderats und seiner → *Ausschüsse* festgelegt. Gemeinden besitzen → *Dienstherreneigenschaft,* d. h. sie können für ihren Bereich Beamte ernennen. Verfassungsrechtlich ist die Gemeinde institutionell abgesichert und ihr Selbstverwaltungsrecht im Kern garantiert. Es wäre also unzulässig, Gemeinden generell abzuschaffen; dagegen bietet die Verfassung einer einzelnen Gemeinde keinen Schutz vor Auflösung, etwa im Rahmen einer allgemeinen Gebietsreform.

Gemeindeabgaben

Die Gemeinden können zur Deckung ihres Finanzbedarfs Abgaben erheben, und zwar im wesentlichen → *Steuern,* → Gebühren und → *Beiträge.* Die wichtigsten Gemeindesteuern sind die bundesrechtlich geregelten Realsteuern, nämlich die → *Grund-* und die → *Gewerbesteuer.* Daneben können die Gemeinden – wobei die Zulässigkeit der Steuererhebung in den einzelnen Bundesländern teilweise unterschiedlich geregelt ist – auch aufgrund gemeindlicher Steuersatzungen örtliche Verbrauch- und Aufwandsteuern (z. B. Hundesteuer, Schankerlaubnissteuer, → *Zweitwohnungssteuer)* erheben.

Gemeindeverbände

G. sind öffentlich-rechtliche → *Gebietskörperschaften* auf übergemeindlicher Ebene. Es ist zwischen eigenständigen Gemeindeverbänden und nachträglich gebildeten zu unterscheiden. Zur ersten Gruppe gehören diejenigen, in denen eine unmittelbar gewählte Volksvertretung besteht, insbesondere → *Kreise* und → *Bezirke.* Zur zweiten Gruppe zählen Zusammenschlüsse wie Verwaltungsgemeinschaften, Verbandsgemeinden und Gemeindeverwaltungsverbände; diese nehmen die Aufgaben der Gemeinden im übertragenen Wirkungskreis (Auftragsangelegenheiten) an deren Stelle kraft Gesetzes, Aufgaben des eigenen Wirkungskreises (Selbstverwaltungsangelegenheiten) kraft Übertragung wahr. Keine Gebietskörperschaften im engeren Sinn sind Zweckverbände, die nur einzelne Aufgaben im Auftrag ihrer Mitglieder erledigen.

Gemeingebrauch

G. besteht im Wesentlichen an öffentlichen Straßen, Wegen und Plätzen (→ *Straßen- und Wegerecht*) sowie an oberirdischen Gewässern (→ *Wasserrecht).* Der Gemeingebrauch berechtigt zur unentgeltlichen, genehmigungsfreien Benutzung der öffentlichen Sachen im Rahmen des Widmungszwecks (→ *Widmung*). Anliegern an öffentlichen Straßen steht ein gesteigerter Gemeingebrauch zu, der allgemein als Anliegergebrauch bezeichnet wird. Er verhindert z. B., dass dem Anlieger der Zugang zu einer öffentlichen Straßen ohne Schaffung einer Ersatzzufahrt oder ohne Entschädigung genommen wird. Wird die öffentliche Sache in einer über den Widmungszweck hinausgehenden Weise genutzt, handelt es sich um eine grundsätzlich genehmigungs- und gebührenpflichtige → *Sondernutzung.*

Gemeingefährliche Straftaten

Dies sind solche Straftaten, die in erster Linie Rechtsgüter der Allgemeinheit wie die Sicherheit des Verkehrs schützen wollen.

Hierunter fallen etwa die → *Straßenverkehrsgefährdung,* aber auch die → *Brandstiftungsdelikte.*

Gemeingefahr

G. bedeutet, dass für hochwertige Rechtsgüter einer unbestimmten Vielzahl von Personen Gefahr bestehen muss. Das ist etwa der Fall, wenn durch eine Überschwemmung vielen Menschen die Gefahr des Ertrinkens droht.

Gemeinschaftliches Testament

G. ist ein Testament, dass nur von → *Ehegatten* oder → *Lebenspartnern* errichtet werden kann. Formerleichterungen gibt es dabei für das handschriftliche Testament. Es genügt, wenn ein Ehegatte oder Lebenspartner den Text des Testamentes vollständig verfaßt und der andere mitunterzeichnet (§ 2267 BGB). Die mit dem Testament getroffenen → *wechselbezüglichen Verfügungen* (→ *Erbeneinsetzung,* → *Auflagen,* → *Vermächtnisse)* entfalten beim gemeinschaftlichen Testament Bindungswirkung. Diese entfällt, wenn die Testamentsverfasser Abweichendes anordnen.

Gemeinschaft nach Bruchteilen

Sie liegt vor, wenn mehrere Personen gemeinsam Inhaber eines Rechtes sind und im Gesetz eine andere Gemeinschaftsform nicht bestimmt ist (§§ 741 ff. BGB). Die jedem Teilhaber zustehenden Bruchteile sind beliebig, z. B. kann ein Gemälde zu 1/8 dem A und zu 7/8 dem B gehören. Jeder Teilhaber kann seinen Anteil veräußern oder belasten, die Verwaltung des Gegenstandes erfolgt jedoch gemeinschaftlich. Träger von Rechten und Pflichten kann die Gemeinschaft als solche nicht sein. Ihre Aufhebung kann jederzeit verlangt werden, sie erfolgt durch Teilung in Natur, Verkauf und bei Grundstücken auch durch Teilungsversteigerung (→ *Zwangsversteigerung).* Besonders geregelt ist das Bruchteilseigentum (→ *Miteigentum).* Abzugrenzen ist die Bruchteilsgemeinschaft von der → *Gesamthandsgemeinschaft.*

Gemeinschaftsaufgaben

G. stellen eine Ausnahme von dem verfassungsrechtlichen Grundsatz dar, dass Verwaltungsaufgaben entweder vom Bund oder von den Ländern wahrgenommen werden. Bei bestimmten Aufgaben der Länder, die für die Gesamtheit bedeutsam sind und bei denen eine Mitwirkung des Bundes zur Verbesserung der Lebensverhältnisse notwendig ist, wird dieser Grundsatz durchbrochen. Es handelt sich dabei um den Ausbau und den Neubau von Hochschulen einschließlich der Hochschulkliniken, um Maßnahmen zur Verbesserung der regionalen Wirtschaftsstruktur, der Agrarstruktur und des Küstenschutzes.

Gemeinschaftsrecht, europäisches

Unter Gemeinschaftsrecht versteht man allgemein die Rechtsvorschriften, die in Zusammenhang mit den → *Europäischen* Gemeinschaften stehen. Es ist zu unterscheiden zwischen primärem und sekundärem Gemeinschaftsrecht. Primäres Gemeinschaftsrecht sind die Verträge über die Gründung der Eurpäischen Gemeinschaften samt den dazugehörigen Anlagen und Protokollen. Sekundäres Gemeinschaftsrecht sind die von den Organen, insbesondere dem → *Rat* und der Kommission (→ *EG-Kommision)* erlassenen Rechtsnormen, die Verordnungen, Richtlinien und Entscheidungen. Nicht um Gemeinschaftsrecht im engeren Sinne handelt es sich bei den in Ausfüllung der Richtlinien ergangenen nationalen Gesetzen. Das Gemeinschaftsrecht hat unmittelbare Geltung in den Mitgliedsstaaten und geht dem nationalen Recht in seiner Wertigkeit vor; das gilt nach der Rechtsprechung des → *Bundesverfassungsgerichts* auch für das → *Grundgesetz* und die darin verbürgten → *Grundrechte.*

Genehmigung

Eine Genehmigung ist die nachträgliche → *Zustimmung* zu einem → *Rechtsgeschäft.* Sie wirkt auf den Zeitpunkt der Vornahme des Rechtsgeschäfts zurück.

▶ Generalklausel

Eine Generalklausel ist eine ganz allgemein formulierte Vorschrift (oder Begriff), deren Ausfüllung der Gesetzgeber den Gerichten überlassen hat (Beispiele: Treu und Glauben; gute Sitten).

▶ Genossenschaft

Eine Genossenschaft ist eine Gesellschaft mit offener Mitgliederzahl zur wirtschaftlichen Förderung ihrer Mitglieder (Beispiele: Verbrauchergenossenschaft, Baugenossenschaft). Sie ist eine juristische Person, die mit Eintragung im Genossenschaftsregister entsteht.

▶ Gerichtliche Zuständigkeit → *Zuständigkeit, gerichtliche,* → *Zuständigkeitsvereinbarung*

▶ Gerichtsbescheid

Das → *Verwaltungsgericht* kann über Klagen durch Gerichtsbescheid entscheiden, wenn die Sache keine besonderen Schwierigkeiten aufweist und der Sachverhalt geklärt ist. Die Entscheidung ergeht ohne mündliche Verhandlung. Die Beteiligten sind vor einer solchen Entscheidung zu hören. Der Gerichtsbescheid steht in seiner Wirkung einem → *Urteil* gleich. Gegen ihn kann grundsätzlich das gleiche Rechtsmittel eingelegt werden, das gegeben wäre, hätte das Gericht durch Urteil entschieden. In einigen Fällen kann auch Antrag auf Durchführung einer mündlichen Verhandlung gestellt werden.

▶ Gerichtskosten → *Kostenpflicht*

▶ Gerichtsstandsklausel

Vereinbarungen über die Zuständigkeit eines bestimmten Gerichts – die so genannten Gerichtsstandsklauseln – sind gegenüber Privaten fast ausnahmslos unzulässig. Hintergrund dieser Regelung ist, dass früher unseriöse Kaufleute durch die Vereinbarung der Zuständigkeit weit entfernter Gerichte häufig erfolgreich versucht hatten, Kunden am Beschreiten des Rechtswegs allein durch tatsächliche Schwierigkeiten zu hindern.

Gerichtsvollzieher

Der Gerichtsvollzieher ist ein → *Beamter* des mittleren Dienstes, der in einem eigenen Bezirk tätig wird und dafür feste Bezüge und (zusätzlich) Gebühren für seine Tätigkeit erhält. Zu den Aufgaben des Gerichtsvollziehers gehören nach § 154 Gerichtsverfassungsgesetz die Durchführung von → *Zustellungen,* → *Ladungen* und Vollstreckungen. In der Praxis bedient sich der Gerichtsvollzieher bei den Zustellungen der Post. Sein Hauptaufgabenbereich liegt auf dem Gebiet der → *Zwangsvollstreckung.* So ist er nach § 753 ZPO insbesondere zuständig für die Zwangsvollstreckung in das bewegliche Vermögen (also die Pfändung von Bildern, Autos, Möbeln und anderen körperlichen Gegenständen). Die Pfändung von Forderungen ist dagegen den Gerichten zugewiesen ist (§ 828 ZPO).

Geringfügige Beschäftigung

Personen, die nur eine geringfügige Beschäftigung ausüben, unterliegen nicht der Versicherungspflicht in der gesetzlichen → *Krankenversicherung* und → *Rentenversicherung.* Geringfügig ist eine Beschäftigung nach § 8 des Vierten Buchs des → *Sozialgesetzbuchs* (SGB IV), wenn sie weniger als 15 Stunden in der Woche ausgeübt wird, das Arbeitsentgelt regelmäßig im Monat 400 EUR nicht übersteigt oder wenn die Beschäftigung innerhalb eines Jahres nach ihrem Beginn nicht länger als zwei Monate oder 50 Arbeitstage dauert, es sei denn, die Beschäftigung wird berufsmäßig ausgeübt und das Entgelt übersteigt die genannte Grenze. Mehrere nebeneinander bestehende Beschäftigungsverhältnisse werden zusammengerechnet. Im Bereich von 400,01 EUR bis 800 EUR liegt eine Gleitzone, in der stufenweise gestaffelte Beiträge zu entrichten sind; auch hier werden mehrere Beschäftigungsverhältnisse zusammen gerechnet. Im Rahmen der Neuordnung des Arbeitsmarktrechts sind Änderungen bei der geringfügigen Beschäftigung zu erwarten.

Das →*Arbeitsentgelt* einer geringfügigen Beschäftigung ist steuerfrei, wenn die Summe der anderen →*Einkünfte* des Arbeitnehmers nicht positiv ist. Der →*Arbeitnehmer* hat beim zuständigen →*Finanzamt* eine Freistellungsbescheinigung anzufordern, die dem →*Arbeitgeber* vorzulegen ist und an die der Arbeitgeber gebunden ist. Wird keine Freistellungsbescheinigung vorgelegt, hat der Arbeitgeber zwei Möglichkeiten. Er kann die Lohnsteuer pauschal mit 20 v. H. übernehmen (§ 40a Abs. 2 EStG). Ansonsten muss der Arbeitgeber Lohnsteuer nach →*Lohnsteuerkarte* oder gegebenenfalls gemäß →*Lohnsteuerklasse* 6 einbehalten.

Ist die Freistellungsbescheinigung falsch, fordert das Finanzamt die Lohnsteuer vom Arbeitnehmer an.

▶ Geringfügigkeit → *Bagatellstrafsachen*

▶ Geringwertige Wirtschaftsgüter (GWG)

GWG sind abnutzbare bewegliche →*Wirtschaftsgüter* des →*Anlagevermögens,* die einer selbständigen Nutzung fähig sind. Sie können im Wirtschaftsjahr der Anschaffung, Herstellung oder Einlage des Wirtschaftsgutes oder zur Öffnung des Betriebes in voller Höhe als →*Betriebsausgabe* oder als →*Werbungskosten* abgesetzt werden, wenn die Anschaffungs- oder Herstellungskosten, vermindert um den darin enthaltenen Vorsteuerabzug (→*Umsatzsteuer),* 410 EUR nicht übersteigen (§ 6 Abs. 2 EStG). Die Abzugsfähigkeit geringwertiger Wirtschaftsgüter gilt für alle →*Einkunftsarten.*

▶ Geringwertigkeit

Bei vielen Eigentums- und Vermögensdelikten wie →*Diebstahl* und →*Betrug* wird die Strafverfolgung bei einem geringwertigen Schaden von einem →*Strafantrag* des Geschädigten oder jedenfalls von einem ausdrücklichen Verfolgungswillen der →*Staatsanwaltschaft* abhängig gemacht. Die Grenze für die Geringwertigkeit liegt bei etwa 30 EUR.

Gesamtgläubiger

Kann bei mehreren Gläubigern jeder die ganze → *Leistung* fordern, muss der Schuldner aber nur einmal leisten (§ 428 BGB), so liegt Gesamtgläubigerschaft vor. Der Schuldner ist hier berechtigt, nach seinem Belieben an einen der Gesamtgläubiger schuldbefreiend zu leisten. Wegen dieses Umstandes kommt die Gesamtgläubigerschaft im Vertragsrecht selten vor; insbesondere besteht bei vertraglichen Ansprüchen keine Vermutung für eine Gesamtgläubigerschaft.

Gesamtgut → *Gütergemeinschaft*

Gesamthandsgemeinschaft

Eine Gesamthandsgemeinschaft kann nur durch → *Gesellschaft Bürgerlichen Rechts*, → *Erbengemeinschaft* oder → *Gütergemeinschaft* gebildet werden. Sie ist gekennzeichnet dadurch, dass die Vermögensgegenstände als Ganzes den Mitgliedern gemeinschaftlich zugeordnet sind, nicht dagegen gehören den Mitgliedern reale Teile oder Bruchteile. So gehört z. B. der von A und B geerbte Schrank nicht etwa zum Teil dem B, sondern eben dem A und dem B „in Erbengemeinschaft" (= zur gesamten Hand). Deshalb kann über die „Anteile" am einzelnen Gegenstand auch nicht verfügt werden. Beendet wird die Gesamthand durch Auseinandersetzung.

Gesamthypothek

Sie entsteht, wenn eine → *Hypothek* an mehreren Grundstücken lastet (§ 1132 BGB), entweder weil sie so bestellt, oder weil das belastete Grundstück später geteilt wurde. Es kommt nicht darauf an, ob die belasteten Grundstücke einem oder verschiedenen Eigentümern gehören. Der Gläubiger kann sich aussuchen, ob er die → *Zwangsvollstreckung* aus dem Recht in eines der Grundstücke oder in alle betreibt.

Gesamtrechtsnachfolge

G. ist der unmittelbare Übergang des gesamten Vermögens einer Person mit allen Rechten und Pflichten auf den Gesamtnachfolger, ohne dass einzelne Übertragungsakte erfolgen. Hauptfall ist die → *Erbfolge,* bei der das Vermögen des → *Erblassers* als Ganzes auf den oder die → *Erben* übergeht.

Gesamtschuld

Eine Gesamtschuld liegt vor, wenn von mehreren → *Schuldnern* jeder Schuldner verpflichtet ist, die ganze → *Leistung* zu bewirken, der Gläubiger aber die Leistung insgesamt nur einmal verlangen kann (§ 421 BGB). Es steht hier im Belieben des Gläubigers, welchen der Schuldner er ganz oder auch nur teilweise in Anspruch nimmt. Die Gesamtschuld ist in den §§ 421 bis 427 BGB geregelt und ist die häufigste Form der Schuldnermehrheit. Leistet einer der Gesamtschuldner, wirkt dies auch für die anderen Schuldner. Dem Leistenden steht aber im Innenverhältnis ein Ausgleichsanspruch gegen die übrigen Gesamtschuldner insoweit zu, als er über den auf ihn entfallenden Anteil hinaus gezahlt hat.

Gesamtstrafe

Wird ein Erwachsener gleichzeitig wegen mehrerer Straftaten verurteilt, so wird aus den verhängten Einzelstrafen – im Gegensatz zur → *Einheitsstrafe* des Jugendstrafrechts – eine Gesamtstrafe gebildet. Diese muss einerseits die höchste Einzelstrafe übersteigen, darf aber andererseits die Summe aller einbezogenen Einzelstrafen nicht erreichen. Sind also Freiheitsstrafen von 2 Jahren und einem Jahr einzubeziehen, so muss die Gesamtstrafe rechnerisch zwischen 2 Jahren und 1 Monat und 2 Jahren und 11 Monaten liegen. Die Strafmilderung, die sich für einen Verurteilten aus einer Gesamtstrafe ergibt, rechtfertigt sich daraus, dass mit zunehmender Strafdauer auch die Strafempfindlichkeit steigt.

▸ Geschäftsanteil

Als Geschäftsanteil bezeichnet man bei einigen Gesellschaften (z. B. bei der GmbH) den Anteil des Gesellschafters am Gesellschaftsvermögen.

▸ Geschäftsbesorgungsvertrag

Ein Geschäftsbesorgungsvertrag ist ein Vertrag, durch den sich jemand gegen Entgelt verpflichtet, selbständig eine Tätigkeit wirtschaftlicher Art für einen anderen und in dessen Interesse zu besorgen (Beispiel: Rechtsanwaltsvertrag). Auf ihn finden im Wesentlichen die Vorschriften über den → *Auftrag* Anwendung.

▸ Geschäftsbetrieb

Dies ist die äußere Organisation eines → *Kaufmanns*, mit deren Hilfe er seine Geschäfte betreibt.

▸ Geschäftsfähigkeit

Unter Geschäftsfähigkeit versteht man die Fähigkeit, → *Rechtsgeschäfte* selbst wirksam vorzunehmen. Sie ist ein Unterfall der → *Handlungsfähigkeit.* Volljährige Personen sind grundsätzlich voll geschäftsfähig, können also alle Rechtsgeschäfte abschließen. Minderjährige, die das siebente, noch nicht aber das achtzehnte Lebensjahr vollendet haben, sind beschränkt geschäftsfähig (§ 106 BGB). Sie können ohne Einwilligung ihres gesetzlichen Vertreters (Regelfall: die Eltern, → *elterliche Sorge*) nur solche Rechtsgeschäfte vornehmen, die ihnen nur einen rechtlichen Vorteil bringen (etwa Annahme einer Schenkung). Rechtlich auch nachteilige → *Verträge* (etwa Kaufvertrag, bei dem der Minderjährige zur Zahlung verpflichtet wird), die der Minderjährige ohne eine solche Einwilligung abschließt, sind zunächst schwebend unwirksam. Mit Genehmigung der Eltern werden die Verträge wirksam, bei Verweigerung sind sie endgültig unwirksam.

Volljährige, die unter → *Betreuung* stehen, sind nur und soweit ein Einwilligungsvorbehalt (§ 1903 BGB) angeordnet ist, in ihrer Geschäftsfähigkeit beschränkt.

Geschäftsunfähig sind Kinder unter sieben Jahren und Personen, die sich aufgrund dauernder krankhafter Störung der Geistestätigkeit in einem Zustand befinden, der die freie Willensbildung ausschließt (§ 104 BGB). Willenserklärungen Geschäftsunfähiger sind nichtig. Kinder unter sieben Jahren können also auch nicht mit Einwilligung oder Genehmigung der Eltern etwa einen Kaufvertrag über Süßigkeiten abschließen. Die Vorschriften der §§ 104 ff. BGB sind Schutzvorschriften, die auch gegenüber einem gutgläubigen Geschäftspartner zur Anwendung kommen.

▶ Geschäftsführung ohne Auftrag

Sie liegt vor, wenn jemand (Geschäftsführer) für einen anderen (Geschäftsherrn) ein Geschäft führt, ohne von diesem beauftragt oder sonst dazu berechtigt zu sein (§ 677 BGB). Sie setzt voraus, dass der Geschäftsführer mit dem Bewusstsein und Willen handelt, im Interesse eines anderen tätig zu werden. Bei der berechtigten Geschäftsführung ohne Auftrag hat der Geschäftsführer die Interessen des Geschäftsherrn zu berücksichtigen. Er kann dann aber auch Ersatz seiner Aufwendungen verlangen. Handelt der Geschäftsführer gegen den erkennbaren Willen des Geschäftsherrn, macht er sich schadenersatzpflichtig (unberechtigte Geschäftsführung ohne Auftrag).

▶ Geschäftsgeheimnis

Ein Geschäfts- oder Betriebsgeheimnis ist eine betriebsbezogene Tatsache, die der Betriebsinhaber erkennbar und berechtigterweise geheim halten will und die anderen Personen nicht ohne weiteres zugänglich ist (z. B. Kundenlisten; Produktionsverfahren).

Der Verrat eines Geschäftsgeheimnisses durch einen Angestellten und die Verwertung so erlangter Kenntnisse durch die Konkurrenz sind im Gesetz gegen unlauteren Wettbewerb unter Strafe gestellt. Für sonst zur Verschwiegenheit verpflichtete Personen wie → *Amtsträger* oder → *Rechtsanwälte* ergibt sich die Strafbarkeit bei einer Verletzung dieser Pflicht bereits aus dem Strafrecht (→ *Dienstgeheimnis*, → *Geheimbereich*, → *Verschwiegenheitspflicht*).

Geschäftsgrundlage

Seit dem Inkrafttreten der Schuldrechtsreform ist die Störung der Geschäftsgrundlage in § 313 BGB geregelt. Unter der Geschäftsgrundlage eines Vertrags versteht man die Vorstellungen der Parteien über das Vorhandensein oder den zukünftigen Eintritt bestimmter Umstände, die für sie die Grundlage des Vertrages oder der maßgebliche Umstand zum Abschluss des Vertrages waren. Dabei kann es sich um gemeinsame Vorstellungen beider Parteien handeln. Ausreichend ist aber auch die Vorstellung nur einer Partei, wenn diese für die andere erkennbar war und der Vertragspartner ihr nicht widersprochen hat.

Tritt nach Vertragsschluss nunmehr eine schwerwiegende Veränderung – bis hin zum völligen Wegfall – dieser Umstände ein, so kann in erster Linie eine Anpassung des Vertrages an diese neuen Umstände verlangt werden, soweit einem der Vertragspartner unter Abwägung aller Umstände ein Festhalten am bisherigen Vertragsinhalt nicht zugemutet werden kann. Ist eine Anpassung nicht möglich oder zumutbar, so kann der benachteiligte Teil vom Vertrag zurücktreten.

Als Beispiel kann etwa genannt werden, dass bei einer unvorhergesehenen inflationären Geldentwertung langfristig vereinbarte Miet- und Pachtzinsforderungen in höherem Umfang als im Vertrag vereinbart angeglichen werden, weil die Vorstellung beider Vertragspartner über eine weitgehende Stabilität des Geldwertes sich als unzutreffend erwiesen hat.

Geschäftsverteilung

Die Geschäftsverteilung regelt, welche Personen im konkreten Fall für das → *Gericht* tätig werden. Die Geschäftsverteilung obliegt dem Präsidium der jeweiligen Gerichte. Um den → *gesetzlichen* Richter zu gewährleisten, wird der Geschäftsverteilungsplan jeweils für ein Jahr im Voraus aufgestellt; von ihm darf nur in eng begrenzten Ausnahmefällen während des Jahres abgewichen werden (zum Beispiel bei Versterben eines Richters).

Geschäftswert

Dies ist der in Geld ausgedrückte Wert, nach dem die Gerichtsgebühren in Angelegenheiten der → *freiwilligen Gerichtsbarkeit* und die Notargebühren festgesetzt werden. Die Berechnung dieses Wertes richtet sich nach der Kostenordnung. Für Zivil- und Verwaltungsprozesse → *Streitwert.*

Geschwindigkeit → *Fahrgeschwindigkeit*

Geschwindigkeitsmessung

Zur Messung der Fahrgeschwindigkeit gibt es verschiedene Verfahren, insbesondere den Einsatz von Radarmessgeräten, Lichtschranken, stationäre Messgeräte und das Nachfahren. Diese Verfahren gewährleisten, wenn die von der Rechtsprechung entwickelten Grundsätze und Abzüge für Fehlerquellen beachtet werden, in der Regel zutreffende Ergebnisse. Bei den seit einigen Jahren eingesetzten Laserpistolen – die vorerst noch keine Beweisfotos liefern – liegt ein gewisses Problem in der möglichen Verwechslung von Fahrzeugen.

Bei berechtigten Zweifeln an der Richtigkeit eines Messergebnisses empfiehlt sich daher die Erholung eines Sachverständigengutachtens, das allerdings zu erheblichen Kosten führen kann.

Grundsätzlich unzulässig für die Verfolgung von Ordnungswidrigkeiten ist nach deutschem Recht (Ausnahme: nachhaltige Geschwindigkeitsüberschreitung im verkehrsberuhigten Bereich) die im Ausland oft noch verbreitete Methode, die Geschwindigkeit durch Polizeibeamte nur schätzen zu lassen.

Geschworene

Dies ist die früher übliche Bezeichnung für diejenigen Mitglieder des → *Schwurgerichts,* die keine Berufsrichter waren. Heute werden alle Laienrichter im Bereich des Strafrechts als → *Schöffen* bezeichnet.

▶ Gesellschaft

Unter einer Gesellschaft versteht man den Zusammenschluss von mindestens zwei Personen, die sich gegenseitig verpflichten, einen gemeinsamen Zweck zu verfolgen.

▶ Gesellschaft bürgerlichen Rechts (BGB-Gesellschaft)

Die Gesellschaft bürgerlichen Rechts (§§ 705 ff. BGB) stellt den Grundtypus einer Gesellschaft dar. Der Gesellschaftsvertrag kann formlos geschlossen werden. Man unterscheidet Außen- und Innengesellschaft: Die Außengesellschaft nimmt am Rechtsverkehr teil, während bei einer Innengesellschaft zwar ebenfalls gemeinschaftliche Zwecke verfolgt werden, nach außen aber nur einer der Gesellschafter in Erscheinung tritt.

Von den Gesellschaften des Handelsrechts (→ *KG* und → *OHG*) unterscheidet sich die BGB-Gesellschaft vor allem dadurch, dass sie nicht auf den Betrieb eines Handelsgewerbes gerichtet ist, von der → *Kapitalgesellschaft* dadurch, dass sie nicht in erster Linie auf das Sammeln von Kapital abzielt.

Während die BGB-Gesellschaft früher als nicht rechtsfähig angesehen wurde, wird heute die Außengesellschaft – ohne dass sie eine → *Juristische Person* wäre – im Rahmen ihrer Teilnahme am Rechtsverkehr als eigenständig rechtsfähig angesehen. Insbesondere wird ihre → *Parteifähigkeit* jetzt als gegeben angesehen.

Die tatsächlichen Erscheinungsformen von BGB-Gesellschaften sind außerordentlich vielfältig: Sie reichen von der Lotto-Tippgemeinschaft bis hin zu Arbeitsgemeinschaften zur Durchführung umfangreichster Bauarbeiten.

▶ Gesellschafterbeschluss

Ein Gesellschafterbeschluss ist ein Beschluss der Gesellschaftmitglieder; im Regelfall ist lediglich eine einfache Mehrheit für sein Zustandekommen erforderlich.

▸ Gesellschafterversammlung

Die Gesellschafterversammlung ist bei einer → *GmbH* das Organ, durch das die Gesamtheit der Gesellschafter im Wege der Beschlussfassung handelt. Die Zuständigkeiten der Gesellschafterversammlung sind in der → *Satzung* der jeweiligen GmbH und im GmbH-Gesetz geregelt.

▸ Gesellschaft mit beschränkter Haftung → *GmbH*

▸ Gesellschaftsschuld

Eine Gesellschaftsschuld ist die Verbindlichkeit einer → *Gesellschaft* Bürgerlichen Rechts, einer → *OHG* oder einer → *KG*. Hierfür haftet zunächst einmal das → *Gesellschaftsvermögen*. Daneben haften für die Gesellschaftsschuld bei einer OHG aber auch alle und bei einer KG die persönlich haftenden Gesellschafter mit ihrem Privatvermögen. Bei einer Gesellschaft Bürgerlichen Rechts haften die Gesellschafter grundsätzlich ebenfalls mit ihrem Privatvermögen, doch kann jetzt die Haftung auf das Gesellschaftsvermögen beschränkt werden.

▸ Gesellschaftsvermögen

Das Vermögen einer Gesellschaft wird als Gesellschaftsvermögen bezeichnet. Es entsteht durch Leistungen der Gesellschafter und durch Vermögenserwerb der Gesellschaft infolge ihrer Tätigkeit und ist vom Privatvermögen der Gesellschafter rechtlich zu unterscheiden.

▸ Gesellschaftsvertrag

Ein Gesellschaftsvertrag ist der zum Zweck einer Gesellschaftsgründung zwischen den Gesellschaftern geschlossene Vertrag. Sein Abschluss ist – außer bei zu gründenden juristischen Personen und in sonstigen Sonderfällen – formfrei möglich.

▸ Gesetz

Der Begriff des Gesetzes wird in unterschiedlicher Bedeutung gebraucht. Ganz allgemein versteht man unter einem Gesetz eine durch bewusste Setzung niedergelegte Regel. Gesetz im formellen Sinn ist jeder vom zuständigen Gesetzgebungsorgan in einem nach der jeweiligen Verfassung (Grundgesetz oder Landesverfassung) vorgeschriebenen → *Gesetzgebungsverfahren* gefasste, in der dafür vorgesehenen Weise verkündete Beschluss. Unter einem Gesetz im materiellen Sinn versteht man jede abstrakt-generelle Rechtsnorm, also jede hoheitliche Anordnung, die für eine unbestimmte Vielzahl von Personen eine allgemein verbindliche Regelung enthält. Gesetze im materiellen Sinn sind neben den Gesetzen im formellen Sinn auch → *Satzungen* und → *Rechtsverordnungen.* Je nach der Zugehörigkeit des Gesetzgebungsorgans unterscheidet man zwischen Bundes- und Landesgesetzen. Das → *Grundgesetz* enthält Regelungen darüber, auf welchen Rechtsgebieten eine Bundes- oder eine Landesgesetzgebungskompetenz besteht. Keine Gesetze sind → *Verwaltungsakte,* die nur eine Regelung für den Einzelfall treffen sowie → *Verwaltungsvorschriften,* die nur innerhalb der Verwaltung Bindungswirkung entfalten.

▸ Gesetzesvorbehalt

Im Verfassungsrecht versteht man unter Gesetzesvorbehalt die im Grundgesetz im Einzelfall eingeräumte Möglichkeit, → *Grundrechte* durch Gesetz oder aufgrund eines Gesetzes einzuschränken; deren Kerngehalt muss aber immer erhalten bleiben. Das entsprechende Gesetz muss das eingeschränkte Grundrecht bezeichnen (Zitiergebot). Vorbehalt des Gesetzes im Verwaltungsrecht meint, dass in Rechte des Bürgers nur auf der Grundlage eines formellen → *Gesetzes* oder einer daraus abgeleiteten Rechtsnorm, etwa einer Satzung oder einer Verordnung, eingegriffen werden darf. Schließlich wird unter dem Begriff Vorbehalt des Gesetzes noch verstanden, dass der Gesetzgeber wesentliche Grundentscheidungen zur Regelungen der Lebensverhältnisse der Bürger selbst regeln muss und sie nicht dem Satzungs- oder Verordnungsgeber überlassen darf.

Gesetzgebende Gewalt

G. ist ein anderer Ausdruck für Legislative. Sie ist eine der drei nach dem in Art. 20 Abs. 2 des Grundgesetzes verankerten Gewaltenteilungsprinzip selbständigen Gewalten neben der vollziehenden Gewalt (Exekutive) und der Rechtsprechung (Judikative). Ihre originäre Aufgabe ist der Erlass von → *Gesetzen* im formellen Sinn. Daneben ist es in der parlamentarischen Demokratie auch Aufgabe des Parlaments, den Gesetzesvollzug zu überwachen und – das ist in den verschiedenen Staaten unterschiedlich geregelt – die Regierung als Träger der vollziehenden Gewalt oder jedenfalls den Regierungschef (→ *Bundeskanzler)* zu bestimmen. Im Einzelfall stehen auch der Exekutive Rechtssetzungsbefugnisse zu; sie kann, soweit sie dazu durch Gesetz ermächtigt ist, Verordnungen oder Satzungen erlassen.

Gesetzgebungsverfahren

Das Gesetzgebungsverfahren ist im Grundgesetz und den Landesverfassungen im Einzelnen geregelt. Auf Bundesebene ist das Recht, Gesetzesentwürfe einzubringen, der → *Bundesregierung* und dem → *Bundesrat* eingeräumt; Gesetzesentwürfe können auch aus der Mitte des Bundestags eingebracht werden. Je nachdem, von wem der Entwurf eingebracht wurde, bestimmt sich der Umlauf bei den einzelnen Stellen. So sind Entwürfe der Bundesregierung zunächst dem Bundesrat zur Stellungnahme zuzuleiten, bevor sie im Bundestag behandelt werden. Ist das Gesetz von diesem beschlossen, ist es erneut dem Bundesrat zu übersenden. Handelt es sich um ein zustimmungsbedürftiges Gesetz, so kommt es nur zustande, wenn die Zustimmung erteilt wird. Bei sonstigen Gesetzen kann der Bundesrat den Vermittlungsausschuss, der aus Mitgliedern des Bundestags und des Bundesrats besteht, anrufen; bleibt das erfolglos, ist ein Einspruch möglich, über den sich der Bundestag aber mit entsprechender Mehrheit hinwegsetzen kann. Das Gesetzgebungsverfahren ist abgeschlossen, wenn das Gesetz vom → *Bundespräsidenten* ausgefertigt und im → *Bundesgesetzblatt* veröffentlicht ist.

Gesetzlicher Richter

Der Grundsatz des gesetzlichen Richters besagt, dass die Zuständigkeit des Richters bereits vor Beginn eines Jahres durch die → *Geschäftsverteilung* abstrakt festgelegt sein muss. Unzulässig ist es, erst nach Anhängigkeit eines bestimmten Einzelfalls den darüber entscheidenden Richter zu bestimmen. Damit soll vermieden werden, dass durch die Einflussnahme von irgendeiner Seite derjenige Richter zuständig gemacht werden kann, von dem man sich das „passende“ Urteil erhofft. Der Grundsatz des gesetzlichen Richters hat Verfassungsrang.

Geständnis

Im strafrechtlichen Bereich versteht man unter einem Geständnis, dass der → *Beschuldigte* den Tatvorwurf einräumt. Im Allgemeinen führt ein frühzeitig abgegebenes Geständnis, das weiteren Ermittlungsaufwand entbehrlich macht, zu einer erheblichen Milderung der Strafe.

Wie andere Vorgänge im Prozess auch, unterliegt das Geständnis der freien Beweiswürdigung durch das Gericht. Kommt es also zu dem Ergebnis, dass sich ein Beschuldigter zu Unrecht schuldig bekennt, so darf es ihn trotz eines Geständnisses nicht verurteilen.

Gestaltungsklage

Diejenige → *Klage,* mit der erreicht werden soll, dass die bestehende Rechtslage geändert wird, wird als Gestaltungsklage bezeichnet. Da die Rechtsänderung durch das rechtskräftige → *Urteil* eintritt, bedarf es keiner Zwangsvollstreckung. Eine Ehe ist beispielsweise bereits durch das rechtskräftige Scheidungsurteil aufgelöst. Gestaltungsklagen sind grundsätzlich nur dort zulässig, wo das Gesetz dies ausdrücklich vorsieht. Eine Gestaltungsklage im Verwaltungsrecht ist die → *Anfechtungsklage.*

Gestaltungsrecht

Mit diesem Begriff bezeichnet man die Berechtigung, unmittelbar die bestehende Rechtslage zu ändern. Durch die Ausübung eines Kündigungsrechts z. B. wird ein Mietverhältnis beendet, durch die → *Anfechtung* ein → *Rechtsgeschäft* unwirksam. In der Regel wird es durch formlose → *Willenserklärung* ausgeübt. In einigen Fällen aber verlangt das Gesetz eine förmliche Entscheidung durch ein Gericht. So wird z. B. das Rechtsverhältnis der Ehe durch Gestaltungsurteil geschieden.

Gesundheitszeugnis

Wer als Arzt ein inhaltlich unrichtiges Gesundheitszeugnis ausstellt oder wer von einem solchen Gesundheitszeugnis – etwa durch Vorlage beim Arbeitgeber – Gebrauch macht, macht sich strafbar. Damit soll verhindert werden, dass jemand durch unzutreffende Angaben über seine Gesundheitszustand unberechtigte Vorteile erlangen kann. In der Praxis werden derartige Vorgänge allerdings nur selten aufgeklärt.

Getrenntleben

G. hat grundsätzliche Bedeutung für alle Scheidungstatbestände. Getrenntleben der → *Ehegatten* erfordert, dass zwischen ihnen keine häusliche Gemeinschaft mehr besteht, die Ehegatten sich wechselseitig nicht mehr versorgen und kein eheliches Intimleben mehr stattfindet. Erforderlich ist zudem, dass der Ehegatte, der die Trennung begehrt, den Trennungswillen erkennbar zum Ausdruck bringt. Die Trennung kann auch innerhäuslich erfolgen. Eine kurzzeitige Versöhnung, die nicht länger als drei Monate andauert, unterbricht das Getrenntleben, das für die → *Ehescheidung* erforderlich ist, nicht.

Gewährleistung

Nach dem früheren Schuldrecht verstand man unter Gewährleistung die gesetzliche Verpflichtung eines Schuldners, für die Mangelfreiheit einer Sache oder eines Werkes ein zu stehen. Lag diese nicht vor, so entstanden grundsätzlich Gewährleistungsansprüche des Gläubigers in Form eines Anspruchs auf Wandelung (= Rückabwicklung des Vertrages) oder Minderung (= Herabsetzung des Kaufpreises oder Werklohnes).

Im Rahmen der Schuldrechtsreform ist das Gewährleistungsrecht anders konzipiert worden: Die Einstandspflicht des Schuldners für die Mangelfreiheit blieb erhalten. Die Ansprüche des Gläubigers, also des Käufers einer Sache (bzw. des Bestellers eines Werkes), werden jetzt jedoch nicht mehr als Gewährleistung bezeichnet. Der Gläubiger hat jetzt im Wesentlichen Ansprüche auf → *Nacherfüllung,* auf → *Rücktritt* oder → *Minderung* sowie (unter weiteren Voraussetzungen) auf → *Schadensersatz.*

Gewässer

G. können in Binnengewässer, Küstengewässer und die Hohe See eingeteilt werden. Regelungsgegenstand des Wasserhaltsgesetzes und der landesrechtlichen Wassergesetze (→ *Wasserrecht)* sind die Binnengewässer, das sind die oberirdischen Gewässer und das Grundwasser sowie die Küstengewässer. Die oberirdischen Gewässer, d. h. das in Betten stehende oder fließende oder aus Quellen abfließende Wasser, werden in verschiedene Ordnungen unterteilt. Gewässer erster Ordnung sind nach den jeweiligen Verzeichnissen der Landeswassergesetze im Wesentlichen die → *Bundeswasserstraßen* und bedeutende Flüsse und Seen, Gewässer zweiter Ordnung sind Flüsse und Seen mit erheblicher wasserwirtschaftlicher Bedeutung; in die dritte Kategorie fallen alle sonstigen Gewässer. Die Benutzung der Gewässer, etwa das Ableiten, Aufstauen und Absenken bedarf grundsätzlich einer wasserrechtlichen Gestattung, die entweder in der Form der Bewilligung oder der Erlaubnis erteilt werden kann. Genehmigungsfrei ist die Gewässerbenutzung im Rahmen des → *Gemeingebrauchs;* hierunter fällt vor allem das Baden, das Befahren mit kleineren Booten, das Schöpfen mit Handgefäßen und das Viehtränken. Der Ausbau oberirdischer Gewässer, also das Herstellen oder die wesentliche Umgestaltung bedarf der → *Planfeststellung.*

Gewalt

Unter Gewalt versteht man eine körperlich spürbare Zwangswirkung, durch die ein Willensentschluss des Opfers verhindert oder gebeugt werden soll. Eine Verhinderung liegt etwa vor, wenn ein Räuber sein Opfer von hinten niederschlägt, so dass es gar nicht mehr zu einer Abwehrhandlung kommen kann. Eine Willensbeugung wäre die Bedrohung mit einer Pistole. Das Opfer hat dann zwar noch die theoretische Möglichkeit, sein Eigentum nicht herauszugeben, doch muss es bei einer Abwägung der Risiken wohl nachgeben. Die Abgrenzung dieser Art von Gewalt zur → *Drohung* ist zwar schwierig, doch meist ohne praktische Bedeutung, weil die in Betracht kommenden Tatbestände auch durch eine entsprechende Drohung verwirklicht werden können.

Die Gewalt kann ihre körperliche Zwangswirkung unmittelbar – etwa durch Festhalten – oder mittelbar entfalten. Letzteres liegt vor, wenn jemand in einen Raum eingesperrt wird, um ein bestimmtes Verhalten zu erreichen. Denn der Eingesperrte kann sich dann auch nicht mehr wie gewünscht fortbewegen. Ob so genannte Sitzblockaden (→ *Nötigung),* mit denen Demonstranten das Weiterfahren von Fahrzeugen verhindern, Gewalt sind, ist eine Frage des Einzelfalls.

Reine Gewalt gegen Sachen – etwa das Einschlagen einer Fensterscheibe –, die nicht mit einem Vorgehen gegen eine Person verbunden ist, kann dagegen nur durch die → *Sachbeschädigung* und ihr verwandte Bestimmungen erfasst werden.

▶ Gewaltdelikte

Als Gewaltdelikte bezeichnet man solche Strafbestimmungen, bei denen Gewaltanwendung zu den Bestandteilen des jeweiligen Tatbestandes gehört. Zu denken ist etwa an → *Raub,* → *Vergewaltigung* oder → *Widerstand* gegen die Staatsgewalt.

▶ Gewaltschutz

Für gerichtliche Maßnahmen zum Schutz vor Gewalt und Nachstellungen sowie zur Erleichterung der Überlassung der Ehewohnung in Trennungsfällen gilt seit 1. 1. 2002 das Gewaltschutzgesetz (GewSchG). Für Entscheidungen über den Gewaltschutz ist das → *Familiengericht* zuständig, wenn die Beteiligten einen auf Dauer angelegten Haushalt führen oder innerhalb von sechs Monaten vor Antragstellung geführt haben (§ 23 b Ziff. 8 a Gerichtsverfassungsgesetz).

Hat eine Person vorsätzlich den Körper, die Gesundheit oder die Freiheit einer anderen Person widerrechtlich verletzt, hat das Familiengericht auf Antrag der verletzten Person zur Abwendung weiterer Verletzungen erforderliche Maßnahmen zu treffen. Das Familiengericht kann anordnen, dass der Täter die Wohnung der verletzten Person nicht betreten darf (Wegweisung), sich einen bestimmten Umkreis der Wohnung der verletzten Person nicht nähern darf, bestimmte Orte, an denen sich die verletzte Person aufhält, nicht aufsuchen darf, keinen Kontakt über Fernkommunikationsmittel zur verletzten Person aufnehmen darf (Näherungsverbote). Hat die verletzte Person mit dem Täter in einem Haushalt zusammengelebt, kann die verletzte Person vom Täter verlangen, ihr die gemeinsam genutzte Wohnung zur alleinigen Benutzung zu überlassen (→ *elterliche Sorge*, § 1666 a BGB). → *Wohnungszuweisung*

Gewalttaten, Opfer von

Nach dem Opferentschädigungsgesetz können Opfer von Straftaten von staatlicher Seite eine Entschädigung erhalten. Im Wesentlichen müssen folgende Voraussetzungen erfüllt sein: Es muss sich um einen vorsätzlichen, rechtswidrigen und tätlichen Angriff auf das Opfer oder einen Dritten oder um dessen rechtmäßige Abwehr handeln. Einzig bei Straftaten, die mit gemeingefährlichen Mitteln begangen werden – wie der Herbeiführung einer Bombenexplosion – genügt eine fahrlässige Schädigung des Opfers.

Dieser Angriff muss zu einem Gesundheitsschaden geführt haben.

Der Angriff darf nicht mit einem Kraftfahrzeug ausgeführt worden sein (hier gibt es den → *Entschädigungsfonds)*.

Der Geschädigte darf nicht durch eigenes Verhalten zu dem Angriff herausgefordert haben. Das wäre etwa der Fall, wenn ein Hausherr – unter Überschreitung des → *Notwehrrechts* – einen von ihm überraschten Einbrecher zusammenschlägt.

Der Geschädigte muss alles zur Aufklärung der Straftat tun, insbesondere unverzüglich Anzeige erstatten.

Die Polizeidienststellen und Staatsanwaltschaften sind gehalten, die Opfer von Straftaten über diese Ansprüche aufzuklären; meist werden auch entsprechende Merkblätter ausgegeben.

Gewerbe

G. ist jede erlaubte, auf Gewinnerzielung gerichtete, auf eine gewisse Dauer angelegte selbständige Tätigkeit mit Ausnahme der Urproduktion (im Wesentlichen die Landwirtschaft) und der freiberuflichen Tätigkeit. Hierunter fallen sowohl die handwerklich als auch die industriell arbeitenden Betriebe. Der Gewerbebegriff ist für viele Rechtsbereiche von Bedeutung, etwa für das Handelsrecht, das Gesellschaftsrecht und das Steuerrecht → *Gewerbesteuer)*. Regelungen über die Zulassung zu bestimmten Gewerben und deren Betrieb enthält die Gewerbeordnung und die für einige Gewerbezweige erlassenen Sondergesetze, insbesondere die Handwerksordnung (→ *Handwerk*) und das Gaststättengesetz (→ *Gaststätte*).

Gewerbeaufsicht

Alle Gewerbe unterliegen nach näherer Bestimmung der Gewerbeordnung einer staatlichen Aufsicht. Zuständig sind die Gewerbeaufsichtsämter, für die nach den jeweiligen Landesgesetzen unterschiedliche Organisationsvorgaben bestehen. Zur Gewerbeaufsicht im engeren Sinne gehört die Überwachung der Arbeitsschutzbestimmungen, im weiteren Sinne auch die Zulassung zu einem bestimmten Gewerbe (→ *Gewerbezulassung)* und die → *Gewerbeuntersagung*, wenn sich der Betreiber als unzuverlässig erweist.

Gewerbebetrieb im Steuerrecht

Einkünfte aus Gewerbebetrieb sind als → *Gewinneinkünfte* einkommensteuerpflichtig.

(1) Gewerbebetrieb ist eine selbständige nachhaltige Betätigung, die in der Absicht, Gewinn zu erzielen, ausgeübt wird und sich als Beteiligung am allgemeinen wirtschaftlichen Verkehr darstellt. Die Betätigung darf weder die Ausübung von → *Land- und Forstwirtschaft*, noch die Ausübung eines → *freien Berufes* oder eine andere selbständige Arbeit betreffen und nicht bloße private Vermögensverwaltung darstellen.

(2) Zu den Einkünften aus Gewerbebetrieb zählen alle Einkünfte aus gewerblichen Unternehmen (z. B. Handel, handwerkliche Berufe, Hotelerie, Gastronomie), ferner Einkünfte aus Mitunternehmerschaft, Handels- und Personengesellschaften, die sich gewerblich betätigen.

(3) Der Begriff des Gewerbebetriebes ist bedeutsam für die → *Einkommen-*, → *Körperschaft-* und die → *Gewerbesteuer*.

Gewerbebetrieb im Verwaltungsrecht

Unter einem Gewerbebetrieb versteht man im Verwaltungsrecht die zur Ausübung eines → *Gewerbes* erforderliche organisatorische Einheit. Im Steuerrecht gilt wegen der anderen Zielrichtung ein erweiterter Gewerbebetriebsbegriff.

Gewerbefreiheit

Nach § 1 der Gewerbeordnung ist der Betrieb und die Führung eines Gewerbes jedermann gestattet; der Beginn und die Fortsetzung des → *Gewerbetriebs* darf nur den gesetzlich vorgesehenen Beschränkungen unterworfen werden (→ *Gewerbezulassung*, → *Gewerbeuntersagung*). Die Gewerbefreiheit geht über den Schutzbereich des Art. 12 des Grundgesetzes (→ *Berufsfreiheit*) hinaus, der sich nur auf Deutsche bezieht.

Gewerbesteuer

G. wird aufgrund des Gewerbesteuergesetzes (GwStG) erhoben. Das Aufkommen aus der Gewerbesteuer steht den Gemeinden zu, wobei Bund und Länder sich durch Umlage an dem Aufkommen beteiligen können (Art. 106 Abs. 6 GG).

(1) Rechtsgrundlagen der Besteuerung sind das Gewebesteuergesetz, die Gewerbesteuerdurchführungsverordnung und die Gewerbesteuerrichtlinien.

(2) Der Gewerbesteuer unterliegen stehende → *Gewerbebetriebe* und Gewerbebetriebe des → *Reisegewerbes,* soweit sie im Inland betrieben werden. Die Gewerbesteuer bemisst sich seit 1998 allein nach dem Gewerbeertrag. Das Gewerbekapital ist seither nicht mehr Gegenstand der Besteuerung.

(3) **Gewerbeertrag** ist der nach Einkommen- oder Körperschaftsteuer ermittelte Gewinn aus Gewerbebetrieb unter Berücksichtigung von Zurechnungen nach § 8 GewStG und Kürzungen nach § 9 GewStG. Aus dem Gewerbeertrag wird unter Berücksichtigung von Freibeträgen und Steuermesszahl der **Steuermessbetrag** ermittelt, der die Grundlage für die Gewerbesteuerfestsetzung bildet.

(4) Das → *Finanzamt* setzt mit einem **Grundlagenbescheid** den Messbetrag durch **Gewerbesteuermessbescheid** und den Einheitswert des Betriebsgrundstückes durch Grundlagenbescheid fest. Unterhält ein Gewerbebetrieb mehrere Betriebsstätten in mehreren Gemeinden, wird der Messbetrag durch einen **Zerlegungsbescheid** unter Berücksichtigung der bezahlten Löhne aufgeteilt. Sodann setzt die hebeberechtigte → *Gemeinde* unter Berücksichtigung des Steuermeßbetrages und ihres Hebesatzes die Gewerbesteuer durch **Gewerbesteuerbescheid** fest.

(5) Steuerschuldner ist der Unternehmer, für dessen Rechnung das Gewerbe betrieben wird.

Gewerbeuntersagung

Nach § 35 der Gewerbeordnung kann die nach Landesrecht zuständige Behörde einem Gewerbetreibenden ganz oder teilweise die Ausübung eines Gewerbes untersagen, wenn Tatsachen vorliegen, aus denen sich die Unzuverlässigkeit (→ *Zuverlässigkeit)* des Betriebsinhabers oder einer mit der Betriebsleitung betrauten Person ergibt. Unzuverlässigkeit ist z. B. bei einschlägigen strafrechtlichen Verurteilungen oder bei Nichtabführung von Steuern oder Sozialversicherungsabgaben anzunehmen. Die Durchsetzung einer Gewerbeuntersagung kann gegebenenfalls durch Schließung der Betriebsräume oder durch andere geeignete Maßnahmen erreicht werden.

▶ Gewerbezentralregister

Das Gewerbezentralregister ist eine besondere Abteilung des Bundeszentralregisters (→ *Strafregister,* → *Zentralregister*). In das Gewerbezentralregister werden neben bestimmten Bußgeldentscheidungen auch Verwaltungsentscheidungen aufgenommen, die mit der Gewerbeausübung in Zusammenhang stehen. Eingetragen werden etwa bestandskräftige → *Verwaltungsakte,* durch die eine → *Gewerbezulassung* abgelehnt oder eine → *Gewerbeuntersagung* ausgesprochen wurde. Durch das Gewerbezentralregister soll eine einheitliche Verwaltungspraxis im Hinblick auf ungeeignete oder unzuverlässige Gewerbetreibende sichergestellt, insbesondere eine Umgehung der in einem Bundesland ausgesprochenen Untersagung durch erneute Zulassung in einem anderen unterbunden werden.

▶ Gewerbezulassung

Der Zugang zu den meisten Gewerbearten ist von einer behördlichen Zulassung abhängig; eine Ausnahme bildet im Wesentlichen nur der Handel, soweit er nicht im Rahmen eines Handwerksbetriebs (→ *Handwerk)* ausgeübt wird. Genehmigungsvoraussetzung sind in der Regel der Nachweis der erforderlichen Sachkunde und die persönliche → *Zuverlässigkeit* sowie im Einzelfall (→ *Gaststätte)* das Vorhandensein der sachlichen Betriebsgrundlagen. Regelmäßig unzulässig ist es dagegen, die Gewerbezulassung von einer → *Bedürfnisprüfung* abhängig zu machen.

▶ Gewerblicher Rechtsschutz

Gewerblicher Rechtsschutz sind alle Rechtsinstitute, die die geistige, gewerbliche Leistung des Einzelnen schützen (z. B. → *Patent).*

Gewerkschaften

G. sind freiwillige Vereinigungen von →*Arbeitnehmern,* die meist in der Rechtsform eines nichtrechtsfähigen →*Vereins* organisiert sind, dessen **Zweck die Wahrung und Förderung der Arbeitsbedingungen seiner Mitglieder** ist. Die einzelnen Gewerkschaften sind entweder im Deutschen Gewerkschaftsbund (DGB) oder im Christlichen Gewerkschaftsbund (CGB) zusammengeschlossen. Die Mitgliedschaft der einzelnen Arbeitnehmer in einer Gewerkschaft, z. B. in der IG (Industriegewerkschaft) Metall, IG-BCE (Industriegewerkschaft Bergbau, Chemie, Energie) oder in ver.di (Vereinte Dienstleistungsgewerkschaft e.V.) bestimmt sich danach, zu welchem Industriezweig der jeweilige Betrieb gehört (**Industrieverbandssystem**) also ohne Rücksicht auf die Qualifikation oder Tätigkeit des Mitglieds. Regional gliedern sich die Gewerkschaften in Landesbezirke, Kreis- und Ortsverwaltungen. Organe sind Hauptversammlung und Vorstand.

Die Gewerkschaften sind in ihrem Bestand und in ihrer Betätigungsfreiheit durch Art. 9 Abs. 3 Grundgesetz →*Koalitionsfreiheit,* →*Streik*) geschützt. Sie können als tariffähige Parteien einen →*Tarifvertrag* abschließen und in arbeitsgerichtlichen Verfahren (§ 10 Arbeitsgerichtsgesetz) selbst klagen wie auch verklagt werden (→*Parteifähigkeit).*

Gewillkürtes Betriebsvermögen → *Betriebsvermögen*

Gewinneinkünfte

G. umfassen Einkünfte aus →*Land- und Forstwirtschaft,* aus →*Gewerbebetrieb* und aus →*selbständiger Arbeit* (§ 2 Abs. 2 EStG).

Gewinnermittlung

Das Steuerrecht kennt verschiedene Gewinnermittlungsarten.

(1) Betriebsvermögensvergleich für bestimmte Gewerbetreibende (§ 5 Abs. 1 EStG) und den allgemeinen Betriebsvermögensvergleich (§ 4 Abs. 1 EStG): Für Vollkaufleute und bestimmte andere Gewerbetreibende, die aufgrund gesetztlicher Bestimmungen verpflichtet sind, Bücher zu führen und regelmäßig Abschlüsse zu machen oder für diejenigen, die freiwillig Bücher führen und freiwillig regelmäßig Abschlüsse machen, ist der Gewinn durch Betriebsvermögensvergleich zu ermitteln. Gewinn ist dabei der Unterschied zwischen dem Betriebsvermögen am Schluss des Wirtschaftsjahres und dem Betriebsvermögen am Schluss des vergangenen Wirtschaftjahres, vermehrt um den Wert der → *Entnahmen* und vermindert um den Wert der → *Einlagen.* Im Rahmen der Gewinnermittlung sind die handelsrechtlichen Grundsätze ordnungsgemäßer → *Buchführung* zu beachten, ferner die Grundsätze für die ordnungsgemäße Erstellung einer → *Bilanz.*

(2) Gewinnermittlung durch Überschussrechnung (§ 4 Abs. 3 EStG): Steuerpflichtige, die nicht aufgrund gesetzlicher Vorschriften verpflichtet sind, Bücher zu führen und regelmäßig Abschlüsse zu machen und dies auch nicht freiwillig tun, können als Gewinn den Überschuss der Betriebseinnahmen über die Betriebsausgaben ansetzen. Bei Anschaffung von betrieblich genutzten → *Wirtschaftsgütern* kommt es für deren Bewertung auf den Zeitpunkt der Anschaffung, Veräußerung oder Entnahme an. Die Vorschriften über die → *AfA* oder Sustanzverringerung sind zu beachten. Nicht absetzbare Wirtschaftsgüter sind in ein Verzeichnis aufzunehmen. Die Gewinnermittlungsart wird häufg von Freiberuflern und nicht buchführungspflichten Unternehmen gewählt.

(3) Besondere Gewinnermittlungsarten bestehen für Land- und Forstwirtschaft nach Durchschnittssätzen (§ 13 a EStG), wenn sie nicht buchführungspflichtig sind, oder gewisse Flächengrößen oder Viehbestände nicht überschreiten. Besonderheiten gelten ferner für Handelsschiffe im internationalen Verkehr, deren Gewinn nach Tonnagen versteuert werden kann (§ 5 a EStG).

▶ GG

GG ist die gebräuchliche Abkürzung für → *Grundgesetz.*

▶ Gläubiger

Als Gläubiger wird diejenige Person bezeichnet, die gegen einen →*Schuldner* einen Anspruch hat, also das Recht, von ihm ein Tun, Dulden oder Unterlassen zu fordern.

▶ Gläubigeranfechtung

Sie ist im Anfechtungsgesetz besonders geregelt und gibt einem Gläubiger die Möglichkeit, bestimmte Rechtshandlungen des Schuldners anzufechten, z. B. weil sie unentgeltlich oder in der Absicht vorgenommen wurden, den Gläubiger zu benachteiligen. Es spielt keine Rolle, ob später die →*Insolvenz* eröffnet wird. Erreicht wird die Rückgabe des veräußerten Gegenstandes an den Schuldner und damit verbesserte Vollstreckungsmöglichkeiten des Gläubigers.

▶ Gläubigerbegünstigung → *Insolvenzstraftaten*

▶ Gläubigerverzug

Ein Gläubigerverzug (auch Annahmeverzug genannt) liegt vor, wenn die Erfüllung des →*Schuldverhältnisses* dadurch verzögert wird, dass der Gläubiger die ihm angebotene →*Leistung* nicht annimmt (§293 BGB). Der Gläubiger kommt aber nur dann in →*Verzug,* wenn ihm die geschuldete Leistung tatsächlich ordnungsgemäß angeboten wird. Dem Käufer muss also etwa tatsächlich die Übergabe und Übereignung der gekauften Sache angedient werden. Nur ganz ausnahmsweise reicht ein wörtliches Angebot (§295 BGB) oder kann von einem Angebot ganz abgesehen werden (§296 BGB). Die nachteiligen Folgen des Annahmeverzugs für den Gläubiger sind im Wesentlichen in §§300ff. BGB geregelt (zum Beispiel Haftungsminderung beim Schuldner, Gefahrübergang, Wegfall der Verzinsung einer Geldschuld, Recht des Schuldners zur Besitzaufgabe).

Glaubens- und Gewissensfreiheit

Art. 4 Abs. 1 und 2 des Grundgesetzes schützen die Freiheit des Glaubens und des Gewissens, des religiösen und weltanschaulichen Bekenntnisses sowie die ungestörte Religionsausübung. Die Glaubens- und Gewissensfreiheit gewährleistet, dass jedermann frei von staatlichem Zwang seine Glaubensüberzeugungen und seine sittlichen Wertvorstellungen bilden und ihnen anhängen darf. Auf die Zahl der Personen, welche die jeweilige Überzeugung teilen, kommt es nicht an; geschützt sind auch zahlenmäßig kleine Religions- und Weltanschauungsgemeinschaften. Das → *Grundrecht* steht unter keinem → *Gesetzesvorbehalt,* kann also grundsätzlich nicht eingeschränkt werden. Ausprägung der Glaubens- und Gewissenfreiheit ist es nach der Rechtsprechung des → *Bundesverfassungsgerichts,* dass niemand zur Ablegung eines Eids (→ *Amtseid,* Diensteid) gezwungen werden kann, wenn dem religiöse oder weltanschauliche Überzeugungen entgegenstehen; es ist dem Betreffenden zu ermöglichen, das entsprechende feierliche Versprechen in anderer Form abzugeben.

Glaubhaftmachung

Im → *Zivilprozess* kann eine Glaubhaftmachung durch alle präsenten (also sofort zur Verfügung stehenden) Beweismittel erfolgen. Zulässig ist auch eine Versicherung an Eides statt des Beweispflichtigen. In der Praxis ist dies neben schriftlichen Zeugenaussagen und Bestätigungen eine der häufigsten Arten dieser Beweisführung. Glaubhaftmachung ist etwa ausreichend bei Verfahren auf Erlass einer → *Einstweiligen Anordnung* oder → *Einstweiligen Verfügung.*

Im Strafprozess hat die Glaubhaftmachung vor allem bei der Versäumung von Fristen – etwa für eine → *Berufung* – Bedeutung, wenn der Betroffene Wiedereinsetzung in den vorigen Stand erreichen will.

Im Verwaltungsprozess gelten im Wesentlichen die gleichen Grundsätze wie im Zivilprozess.

Gleichbehandlung(sgrundsatz)

Der arbeitsrechtliche Gleichbehandlungsgrundsatz besagt, dass der Arbeitgeber bei **allgemeinen oder gruppenbezogenen** Regelungen bzw. Leistungen einzelne Arbeitnehmer oder Gruppen von Arbeitnehmern **nicht aus sachfremden Gründen schlechter behandeln** darf als andere Arbeitnehmer in **vergleichbarer Lage**. Er spielt eine wichtige Rolle insbesondere bei freiwilligen, tariflich nicht abgesicherten Leistungen des Arbeitgebers wie z. B. bei → *Gratifikationen,* aber auch im Bereich des → *Direktionsrechts.*

Gleichberechtigung

Art. 3 Abs. 2 Satz 1 des Grundgesetzes bestimmt, dass Männer und Frauen gleichberechtigt sind. Dieser Grundsatz, der unmittelbar geltendes Recht und nicht nur Programmsatz ist, verbietet Ungleichbehandlungen zwischen Mann und Frau, die sich nicht aus dem objektiven biologischen und funktionalen Unterschied zwischen den Geschlechtern ergeben. Verfassungsrechtlich unbedenklich sind danach z. B. arbeitsrechtliche Regelungen, die den biologischen Besonderheiten der Frau Rechnung tragen (z. B. Mutterschutz); unzulässig ist dagegen eine unterschiedliche Belohnung für gleiche Arbeit. Als verfassungswidrig hat das → *Bundesverfassungsgericht* die familienrechtliche Regelung über den Vorrang des Namens des Ehemanns angesehen, wenn sich die Ehepartner nicht über einen einheitlichen Familiennamen einigen konnten. In Ausfüllung des Gleichberechtigungsgrundsatzes wurden zahlreiche gesetzliche Regelungen erlassen, durch die eine Gleichstellung der Frau im gesellschaftlichen Bereich und im Arbeitsleben erreicht werden soll. So sind etwa eine Ungleichbehandlung von Männern und Frauen bei der Begründung, Gestaltung oder Kündigung eines Arbeitsverhältnisses sowie bei Stellenausschreibungen verboten. Der neu in das Grundgesetz eingefügte Art. 3 Abs. 2 Satz 2, wonach der Staat die tatsächliche Durchsetzung der Gleichberechtigung von Männern und Frauen fördert und auf die Beseitigung bestehender Unterschiede hinwirkt, ist kein → *Grundrecht,* sondern eine → *Staatszielbestimmung.*

Glücksspiel

Ein Glücksspiel ist ein Spiel, bei dem in erster Linie der Zufall über Gewinn oder Verlust entscheidet.

Die unerlaubte Veranstaltung eines Glücksspiels, aber auch die Beteiligung daran sind strafbar. Glücksspiele liegen vor, wenn die Gewinnmöglichkeiten weitgehend vom Zufall abhängen – wie etwa beim Pokerspiel – und wenn es sich bei den Gewinn- und Verlustmöglichkeiten um nicht nur unerhebliche Vermögenswerte handelt. Zur zivilrechtlichen Beurteilung des Glücksspiels s. → *Wette*.

GmbH

Die GmbH (Gesellschaft mit beschränkter Haftung) ist eine → *Kapitalgesellschaft* mit einem oder mehreren Eigentümern. Ihr(e) Eigentümer (= Gesellschafter) haften für die Verbindlichkeiten der GmbH nicht persönlich (= mit ihrem privaten Vermögen), sondern es haftet die GmbH mit ihrem Gesellschaftsvermögen. Einzelheiten sind im GmbH-Gesetz geregelt. Danach muss das Stammkapital einer GmbH mindestens 25 000 EUR betragen.

Bevor nicht der/die Gesellschafter eine Einlage von mindestens 12 500 EUR geleistet hat/haben und die Gesellschaft im → *Handelsregister* eingetragen ist, ist eine GmbH nicht entstanden. Das Innenverhältnis zwischen den Gesellschaftern regelt die Satzung der GmbH. So besteht etwa eine Nachschusspflicht (Pflicht zur Erhöhung der Einlage) für einen Gesellschafter nur, wenn dies in der Satzung der GmbH festgelegt ist. Im geschäftlichen Verkehr handelt für die GmbH ihr Geschäftsführer. Die Gesellschafterversammlung überwacht ihn; sie kann durch Beschluss, für den eine 3/4–Mehrheit erforderlich ist, auch die Satzung ändern. Hauptfall der Auflösung einer GmbH ist die Insolvenz.

Gnadenrecht

Das Gnadenrecht erlaubt es, von der Vollstreckung eines rechtskräftigen Straferkenntnisses ganz oder teilweise abzusehen. Insbesondere kommen ein Aufschub der Strafvollstreckung, eine vorzeitige Haftentlassung oder eine → *Strafaussetzung* zur Bewährung in Betracht. Soweit das Strafrecht selbst nachträgliche Änderungsmöglichkeiten vorsieht wie etwa die → *Abkürzung* einer Sperrfrist, ist vor einem Gnadenverfahren von diesen Möglichkeiten Gebrauch zu machen.

Die Ausübung des Gnadenrechts steht im Regelfall den Ministerpräsidenten der einzelnen Bundesländer zu, die meist untergeordnete Stellen mit der Entscheidung beauftragt haben. Ein Gnadengesuch kann regelmäßig bei der → *Staatsanwaltschaft* eingereicht werden, da diese Behörde auch die → *Strafvollstreckung* einleitet. Ein Gnadenrecht des Bundespräsidenten besteht nur in wenigen Fällen im Bereich der Staatsschutz- und Terrorismusdelikte.

Die im Gnadenverfahren ergehende Entscheidung ist einer gerichtlichen Überprüfung nicht zugänglich. Werden nicht nur Einzelfälle entschieden, sondern wird generell von der Verfolgung bestimmter Taten oder der Vollstreckung bestimmter Strafen abgesehen, so spricht man von einer Amnestie. Im Gegensatz zum Gnadenakt bedarf eine Amnestie einer gesetzlichen Regelung.

Grad der Behinderung → *Schwerbehinderte Menschen*

Gratifikation

Unter G.en versteht man alle Leistungen des Arbeitgebers, die nicht regelmäßig mit der Arbeitsvergütung ausgezahlt werden, sondern **aus bestimmten Anlässen** oder **zu bestimmten Terminen**. In der Praxis gibt es G.en häufig als sog. 13. Monatsgehalt, Jahresabschlussvergütung, Sondervergütung, Weihnachtsgeld, Urlaubsgeld oder Jubiläumszuwendung. Eine G. kann entweder **rechtlich verankert** sein in der Weise, dass der Arbeitnehmer auf ihre Leistung einen einklagbaren Anspruch hat, oder sie kann **freiwillig** sein. Im letzteren Fall besteht kein Rechtsanspruch. Ein Anspruch kann sich unter bestimmten Voraussetzungen jedoch aus dem arbeitsrechtlichen → *Gleichbehandlungsgrundsatz* oder aus → *betrieblicher Übung* ergeben.

Grenze im Nachbarrecht

Die Grenze im Nachbarrecht ist die durch Grenzzeichen festgelegte Trennungslinie zwischen benachbarten → *Grundstücken.* Das Vorgehen bei Grenzstreitigkeiten und die Benutzung von auf der Grenze liegenden Anlagen ist in den §§ 919 ff. BGB geregelt.

Großer Senat

Bei den obersten Gerichtshöfen des Bundes ist jeweils ein Großer Senat eingerichtet, beim Bundesgerichtshof jeweils einer für Straf- und Zivilsachen. Er ist anzurufen, wenn ein → *Senat* des Bundesgerichtshof in dem entscheidungserheblichen Teil seines Urteils oder Beschlusses von der Rechtsprechung eines anderen Senats abweichen will. Dadurch soll die Rechtseinheit gewahrt werden.

Grüner Punkt → *Duales System*

Grünpfeil

Als Ausnahmeregelung, die aus der früheren DDR übernommen wurde, erlaubt der so genannte Grünpfeil das → *Abbiegen* nach rechts trotz roter Ampel. Allerdings muss zunächst an der Haltelinie gestoppt werden. Das Abbiegen darf nach dem Anhalten nur erfolgen, wenn jede Behinderung oder Gefährdung sowohl des Verkehrs in der freigegebenen Fahrtrichtung als auch etwa querender Fußgänger ausgeschlossen ist.

Grundbuch

Ein Register, in das → *Grundstücke* und die an ihnen bestehenden Rechtsverhältnisse eingetragen sind. Es gliedert sich in das Bestandsverzeichnis, in dem die Grundstücke nach Nutzungsart und Fläche beschrieben sind, und weitere drei Abteilungen, aus denen sich die Eigentums- und Belastungsverhältnisse ergeben. Geführt wird das Grundbuch vom → *Grundbuchamt.* Es steht der Einsicht durch jeden offen, der ein berechtigtes Interesse darlegen kann

(§ 12 Grundbuchordnung). Materiellrechtliche Bedeutung hat es, weil Rechtsänderungen an Grundstücken in der Regel die → *Eintragung* voraussetzen (§ 873 Abs. 1 BGB). Unrichtige Eintragungen können → *gutgläubigen Erwerb* auslösen.

Heute werden die Grundbücher in der Regel nicht mehr in Papierform, sondern mit Hilfe der EDV geführt.

Grundbuchamt

Das Grundbuchamt ist die für die Führung der → *Grundbücher* zuständige Abteilung des → *Amtsgerichts* (§ 1 Grundbuchordnung). Die vorgeschriebenen Aufgaben werden überwiegend vom → *Rechtspfleger* wahrgenommen.

Grunddienstbarkeit

Eine Grunddienstbarkeit ist eine → *Dienstbarkeit,* bei der Rechtsinhaber der jeweilige Eigentümer eines anderen Grundstücks ist (herrschendes Grundstück). Von besonderer Bedeutung sind Geh- und Fahrtrechte, Versorgungsleitungsrechte und Bebauungsbeschränkungen.

Grunderwerbsteuer

G. wird auf der Grundlage des Grunderwerbsteuergesetzes (GrEStG) erhoben. Ihr Aufkommen steht den Ländern zu (Art. 106 Abs. 2 GG).

(1) Der Grunderwerbsteuer unterliegen alle Rechtsvorgänge, die sich auf den Erwerb bzw. die Veräußerung von inländischen Grundstücken beziehen. Ab 1. 1. 2000 unterliegt der Besteuerung auch, wenn Grundstücke von einer Kapitalgesellschaft oder Personengesellschaft gehalten werden und unmittelbar oder mittelbar 95 v. H. der Anteile der Gesellschaft übertragen oder der Gesellschafterstand geändert wird (§ 1 Abs. 2 a, Abs. 3 GrEStG). Auch Rechtsvorgänge, die einem anderen die wirtschaftliche Verwertungsmacht einräumen (z. B. bei langfristiger Verpachtung), unterliegen der Grunderwerbsteuer.

(2) Die Grunderwerbsteuer entsteht bereits mit Abschluss des schuldrechtlichen → *Vertrages,* nicht erst mit Eigentumsverschaffung.

(3) Die Besteuerungsgrundlage ist der Wert der Gegenleistung für das Grundstück (§§ 8, 9 GrEStG). Die Grunderwerbsteuer beträgt derzeit 3,5 v. H.. Steuerbefreit ist der Erwerb bis 2500 Euro, darüber hinaus der Grundstückerwerb durch Schenkung und → *Erbschaft,* Grundstückerwerb durch → *Ehegatten,* auch im Rahmen von Vermögensauseinandersetzung nach Scheidung, Grundstückserwerb gradlinig verwandter Personen, Rückerwerb eines Grundstücks durch den Treugeber bei Auflösung eines Treuhandverhältnisses (§ 3 GrEStG).

(4) Steuerschuldner ist der Erwerber.

▶ Grundgesetz (GG)

Das Grundgesetz für die Bundesrepublik Deutschland, das am 23. 5. 1949 verkündet wurde, ist die Verfassung der → *Bundesrepublik* Deutschland. Seit dem Betritt der Länder der früheren DDR (→ *Einigungsvertrag)* gilt es im gesamten Deutschland. Das Grundgesetz regelt die rechtliche und politische Grundordnung der Bundesrepublik Deutschland. Wesentliche Änderungen – außer der durch den Einigungsvertrag – hat das Grundgesetz durch die Regelungen der Notstandsverfassung erfahren, durch die den besonderen Bedingungen im Spannungs- und Verteidigungsfall Rechnung getragen werden sollte. Änderungen des Grundgesetzes bedürfen einer Zwei-Drittel-Mehrheit im → *Bundestag* und im → *Bundesrat.* Wesentliche, tragende Verfassungsgrundsätze wie die föderalistische Struktur der Bundesrepublik, der Schutz der Menschenwürde, die Gewaltenteilung sowie das Rechts- und Sozialstaatsprinzip sind einer Änderung generell entzogen.

▶ Grundkapital

Das Grundkapital ist das bei einer Gründung einer → *Aktiengesellschaft* aufzubringende Kapital, das mindestens 50 000 EUR betragen muss. Über das Grundkapital werden → *Aktien* ausgegeben. Es wird in der Bilanz als Passiva ausgewiesen. Eine Veränderung des Grundkapitals bedarf einer Satzungsänderung.

Grundpfandrechte

Dies sind Rechte an Grundstücken, die den Eigentümer zur Duldung der →*Zwangsvollstreckung* verpflichten (vgl. § 1147 BGB). Es gibt →*Grundschuld*, →*Hypothek* und →*Rentenschuld.*

Grundrechte

Das →*Grundgesetz* enthält in seinem ersten Abschnitt die Grundrechte. Daneben finden sich in anderen Abschnitten noch grundrechtsähnliche Rechte, insbesondere das Recht auf rechtliches Gehör und den →*gesetzlichen Richter.* Allgemein versteht man unter Grundrechten die der Einzelperson zustehenden Rechte, die dieser durch die Verfassung als Elementarrechte garantiert sind. Die Grundrechte sind keine bloßen Programmsätze, sondern binden unmittelbar die Gesetzgebung, die Verwaltung und die Rechtsprechung. Grundrechtsverletzungen können gegebenenfalls mit der →*Verfassungsbeschwerde* gerügt werden. Die Grundrechte gelten grundsätzlich nur im Verhältnis zwischen Staat und Bürger; im Einzelfall können sie aber auch in anderen Rechtsbereichen Geltung beanspruchen (→*Drittwirkung* der Grundrechte). Durch Gesetz oder aufgrund Gesetzes können Grundrechte nur eingeschränkt werden, wenn ihnen ein →*Gesetzesvorbehalt* beigefügt ist. Soweit eine Einschränkung nicht zulässig ist, sich aber immanente Schranken durch Konkurrenz mit anderen Freiheitsrechten ergeben, können diese Schranken durch Gesetz festgeschrieben werden.

Bei den Grundrechten ist zwischen solchen zu unterscheiden, die nur für Deutsche gelten und solchen, die für jedermann verbürgt sind. Die Grundrechte stehen grundsätzlich nur natürlichen Personen zu; soweit sie ihrem Wesen nach auch auf (inländische) juristische Personen anwendbar sind, gelten sie auch für diese. Allerdings sind juristische Personen des öffentlichen Rechts hiervon grundsätzlich ausgenommen. Wichtige Grundrechte sind die Unverletzlichkeit der persönlichen Freiheit (→*Freiheit,* persönliche), der Grundsatz der Gleichheit vor dem Gesetz (→*Gleichbehandlung),* die →*Gleichberechtigung* von Mann und Frau, die

→ *Glaubens- und Gewissensfreiheit*, die → *Meinungsfreiheit*, die → *Kunstfreiheit*, der Schutz von Ehe und Familie, die → *Vereinigungs-* und → *Koalitionsfreiheit*, die → *Freizügigkeit*, die → *Berufsfreiheit*, die → *Eigentumsgarantie*, das → *Asylrecht* und das Recht auf effektiven Rechtsschutz. Keine Grundrechte stellen die Regelungen in Art. 3 Abs. 2 Satz 2 (Förderung der tatsächlichen Gleichberechtigung von Männern und Frauen) und Art. 20a (Umwelt- und Tierschutz) dar; vielmehr handelt es sich um → *Staatszielbestimmungen*.

▶ Grundschuld

Eine Grundschuld ist die Belastung eines Grundstücks in der Weise, dass an denjenigen, zu dessen Gunsten die Belastung erfolgt, eine bestimmte Geldsumme aus dem Grundstück zu zahlen ist (§ 1191 BGB). Sie gehört zu den → *Grundpfandrechten* und wird in der Regel zur Absicherung eines → *Darlehens* bestellt. Im Gegensatz zur → *Hypothek* ist sie aber in ihrem Bestand von der gesicherten Forderung unabhängig: wird das Darlehen zurückbezahlt, bleibt die Grundschuld unverändert bestehen und kann später als Sicherheit für ein neues Darlehen wieder verwendet werden. Sie entsteht durch → *Einigung* und → *Eintragung im Grundbuch* (§ 873 Abs. 1 BGB); die Erteilung eines → *Grundschuldbriefes* wird in der Praxis überwiegend ausgeschlossen (Buchgrundschuld). Sie kann an mehreren Grundstücken lasten (Gesamtgrundschuld), ist auf einen neuen Gläubiger übertragbar und kann auch als → *Eigentümergrundschuld* bestehen.

▶ Grundschuldbrief

Hier gelten die Ausführungen zum → *Hypothekenbrief* sinngemäß.

▶ Grundsteuer

G. wird aufgrund des Grundsteuergesetzes (GrStG) erhoben. Das Aufkommen aus der Grundsteuer steht den → *Gemeinden* zu (Art. 106 Abs. 6 GG).

(1) Steuerpflichtig sind inländische Grundstücke, die land- und forstwirtschaftlichen Wohnzwecken oder gewerblichen Zwecken dienen. Steuerbefreit ist Grundbesitz, der gemeinnützigen, mildtätigen, religiösen wirtschaftlichen Zwecken oder Zwecken zur Benutzung als Krankenhaus dient (§§ 3, 4 GrStG).

(2) Steuerschuldner ist derjenige, dem der Grundbesitz bei Feststellung des Einheitswertes zugerechnet ist.

(3) Grundsteuer wird in einem zweistufigen Verfahren ermittelt. Das → *Finanzamt* ermittelt den Steuermeßbetrag. Dieser ist durch Anwendung eines Tausendsatzes nach dem → *Einheitswert* des Grundstückes mit dem **Grundsteuermessbescheid** festzustellen. Sodann stellt die Gemeinde unter Anwendung des für ihr Gemeindegebiet geltenden Hebesatzes mit **Grundsteuerbescheid** die Höhe der Grundsteuer fest (§ 25 GrStG). In Ausnahmefällen kann die Grundsteuer für Kulturgüter, öffentliche Grünanlagen oder wegen wesentlicher Ertragsminderung land- und forstwirtschaftlicher Grundstücke erlassen werden (§§ 22, 33 GrStG).

▶ Grundstück

Im Rechtssinne ist ein Grundstück ein räumlich abgegrenzter Teil der Erdoberfläche, der im → *Grundbuch* unter einer eigenen laufenden Nummer eingetragen ist. Dazu gehören als wesentliche → *Bestandteile* die darauf errichteten Bauwerke. Das Flurstück (Katasterparzelle) ist eine vermessungstechnische Einheit und begrifflich nicht mit dem Grundstück gleichzusetzen: ein Grundstück kann aus einem oder mehreren Flurstücken bestehen. Das → *Eigentum* an Grundstücken kann erheblichen öffentlich-rechtlichen Beschränkungen unterliegen (Bau- und Bodenrecht).

▶ Grundstückskaufvertrag

Ein Grundstückskaufvertrag ist ein → *Kauf* mit einem Grundstück als Kaufgegenstand. Nach § 311b BGB bedarf der Vertrag der notariellen Beurkundung. Die bei Verstoß gegen diese Formvorschrift gegebene Unwirksamkeit des Vertrages spielt keine Rolle mehr, wenn die Auflassung und die → *Eintragung ins Grundbuch* trotzdem erfolgt sind.

▸ Grundstücksrechte

Dies sind die an einem → *Grundstück* bestehenden Rechte. Neben dem → *Eigentum* und dem → *Erbbaurecht* sind das die beschränkten dinglichen Rechte, nämlich → *Nießbrauch*, → *Reallast*, → *Dienstbarkeiten*, dingliches → *Vorkaufsrecht* und → *Grundpfandrechte*. Ihre Entstehung, Übertragung, Veränderung und ihr Erlöschen ist in den §§ 873 ff. BGB geregelt.

▸ Grundwehrdienst

Der Grundwehrdienst hat die Aufgabe, den Wehrpflichtigen ihre grundlegende militärische Ausbildung zukommen zu lassen. Er gliedert sich in der Regel in eine dreimonatige Grundausbildung und eine anschließende Vollausbildung. Grundwehrdienst müssen diejenigen Wehrpflichtigen leisten, die das 28. Lebensjahr noch nicht vollendet haben; in einigen Ausnahmefällen kommt eine Heranziehung zum Grundwehrdienst auch noch bis zur Vollendung des 32. Lebensjahrs in Betracht, insbesondere für Wehrpflichtige, die wegen ihrer Ausbildung als Arzt oder Zahnarzt vorwiegend militärfachlich verwendet werden. Die → *Einberufung* zum Grundwehrdienst erfolgt grundsätzlich in dem Jahr, in dem der Wehrpflichtige das 19. Lebensjahr vollendet. Der Wehrdienst dauert derzeit 10 Monate.

▸ Günstigkeitsprinzip → *Betriebsvereinbarung*, → *Tarifvertrag*

▸ Gütergemeinschaft

G. ist einer der → *Güterstände* des BGB. Die Gütergemeinschaft kann nur durch → *Ehevertrag* vereinbart werden und bewirkt, dass mit Abschluss des Ehevertrages kraft Gesetzes, ohne dass es eines Übertragungsaktes bedarf, grundsätzlich das gesamte vorhandene → *Vermögen* des Ehemannes und der Ehefrau gemeinschaftliches Vermögen der → *Ehegatten* (sog. Gesamtgut) wird.

(1) Zum Gesamtgut gehört auch das Vermögen, das die Ehegatten während der bestehenden Gütergemeinschaft erwerben. Daneben gibt es noch vier weitere Vermögensmassen, nämlich das Sondergut beider Ehegatten. Darunter sind die rechtsgeschäftlich nicht übertragbaren Vermögensgegenstände zu verstehen und das jeweils durch Ehevertrag bestimmte Vorbehaltsgut oder die von einem Dritten erbrachten unentgeltlichen Zuwendungen mit der Maßgabe, dass diese Vorbehaltsgut sein sollen. Die Verwaltung des Gesamtgutes erfolgt gemeinschaftlich. Für persönliche Schulden jedes Ehegatten gegenüber Dritten haftet zunächst das jeweilige Vorbehalts- und Sondergut. Die → *Gläubiger* der Ehegatten können außerdem aus dem Gesamtgut Befriedigung verlangen.

(2) Die Gütergemeinschaft endet durch Auflösung der Ehe, durch Aufhebung mit Ehevertrag oder nach → *Ehescheidung* durch rechtskräftiges Gestaltungsurteil. Mit Aufhebung der Gütergemeinschaft sind zunächst alle Verbindlichkeiten zu berichtigen, der Überschuss unter den Ehegatten sodann zu teilen. Ferner kann jeder Ehegatte die Erstattung des eingebrachten, auch des geschenkten und ererbten Vermögens verlangen.

▸ Güterkraftverkehr

Nach dem Güterkraftverkehrsgesetz unterliegt der Transport von Gütern mit Kraftfahrzeugen rechtlichen Beschränkungen; ausgenommen ist der Transport in Personenkraftwagen. Durch Regelungen, insbesondere über die Verkehrstarife, soll nach der gesetzlichen Zielsetzung darauf hingewirkt werden, dass die Wettbewerbsbedingungen der einzelnen Verkehrsträger einander angeglichen werden. Dadurch soll vor allem der Güterverkehr der Deutschen Bundesbahn geschützt werden. Genehmigungspflichtig ist der Güternahverkehr, d. h. die Beförderung von Gütern mit einem Kraftfahrzeug innerhalb der Grenzen eines Gemeindebezirks oder einer Nahzone von 50 Kilometern vom Standort des Fahrzeugs. Die Zulassung setzt den Nachweis der Sachkunde und die → *Zuverlässigkeit* des Betreffenden voraus. Die Zulassung zum Güterfernverkehr, d. h. der Transport von Gütern außerhalb der Nahzone, ist ebenfalls genehmigungspflichtig, wobei die Erlaubnis nur im Rahmen der vom Bundesverkehrsministerium festgelegten Höchstzahlen erfolgen darf. Voraussetzung für die Zulassung ist außer dem Nachweis der Sachkunde und der Zuverlässigkeit, dass der Betrieb leistungsfähig und das verwendete Fahrzeug nach Bauart und Zustand für den Güterfernverkehr geeignet ist.

Güterrechtsregister

G. ist ein von den → *Amtsgerichten* geführtes öffentliches Register, in das auf Antrag eines → *Ehegatten* die durch → *Ehevertrag* vereinbarten güterrechtlichen Regelungen eingetragen werden. Die Einsicht ins Güterrechtsregister ist jedermann gestattet. Die Eintragung in das Güterrechtsregister bewirkt, dass jeder Dritte die eingetragenen Tatsachen gegen sich gelten lassen muß.

Güterstand

G. betrifft die vermögensrechtlichen Beziehungen der → *Ehegatten* untereinander. Es gibt neben dem gesetzlichen Güterstand der → *Zugewinngemeinschaft* die durch Ehevertrag zu vereinbarenden Güterstände der → *Gütergemeinschaft* und der → *Gütertrennung.* Daneben kann auch der gesetzliche Güterstand der Zugewinngemeinschaft durch Ehevertrag modifiziert werden. Für gleichgeschlechtliche → *Lebenspartner* sieht das Gesetz als gesetzlichen Güterstand den → *Vermögensstand* der Ausgleichsgemeinschaft vor.

Gütertrennung

G. ist ein → *Güterstand,* den → *Ehegatten* durch → *Ehevertrag* vereinbaren können. Er hat zur Folge, dass die Vermögen der Ehegatten rechtlich völlig voneinander getrennt sind, jeder Ehegatte sein Vermögen selbst verwaltet und gegeneinander grundsätzlich keine Ausgleichsansprüche bestehen. Kraft Gesetzes tritt der Güterstand der Gütertrennung ein, wenn Ehegatten den gesetzlichen Güterstand ausschließen, ihn aufheben, der Ausgleich des → *Zugewinns* oder des → *Versorgungsausgleiches* ausgeschlossen ist oder die → *Gütergemeinschaft* aufgehoben wird.

Güteverhandlung

Nach dem Vorbild des arbeitsgerichtlichen Verfahrens (→ *Arbeitsgerichtsverfahren*) hat der Gesetzgeber, der die vergleichsweise Beilegung bürgerlicher Rechtsstreitigkeiten damit fördern will, seit 2002 auch für den Zivilprozess vielfach eine Güteverhandlung vorgesehen (§ 278 Abs. 2 ZPO). Dieser Termin findet vor dem eigentlichen Haupttermin statt, in den die Verhandlung aber ohne weiteres übergeleitet werden kann. Er dient einer sorgfältigen Erörterung und weiteren Aufklärung des Sach- und Streitstands vor allem durch eine Erörterung mit den Parteien, deren → *persönliches Erscheinen* zur Güteverhandlung deshalb in der Regel auch angeordnet werden soll.

Gutachten

Im Verfahrensrecht spielen Gutachten eine große Rolle, da dem Richter häufig die entsprechende Fachkenntnis in den zu beurteilenden (nichtjuristischen) Spezialmaterien (etwa Bauphysik, Statik) fehlt. Hier zieht der Richter → *Sachverständige* zu, welche die Frage aufgrund ihres Spezialwissens (insbesondere unter Anwendung von Erfahrungssätzen) beurteilen. Die Gutachten bereiten jedoch die Entscheidung des Gerichts nur vor. Die Würdigung des Gutachtens und die erforderlichen Schlussfolgerungen aus dem Gutachten ist alleine Aufgabe des Gerichts.

Gutgläubiger Erwerb

Unter einem gutgläubigen Erwerb versteht man den Erwerb des Eigentums oder eines Rechtes an einer Sache vom Nichtberechtigten, d. h. von einer Person, die selber nicht Rechtsinhaber ist, mit der Konsequenz, dass der wahre Rechtsinhaber sein Recht verliert. Für bewegliche Sachen ist er in §§ 932 ff. BGB geregelt. Voraussetzung ist im Wesentlichen, dass der Nichtberechtigte im → *Besitz* der Sache ist und der Erwerber ohne sich grob fahrlässig zu verhalten nicht weiß, dass die Sache nicht dem Veräußerer gehört (= guter Glaube). Für Grundstücke und → *Grundstücksrechte* gelten die §§ 892 f BGB. Sie knüpfen an der Unrichtigkeit einer → *Ein-*

tragung im Grundbuch an, der Erwerber darf davon keine Kenntnis haben. Eine besondere Variante bildet der gutgläubige lastenfreie Erwerb eines Grundstücks, der eintreten kann, wenn ein noch bestehendes Grundstücksrecht versehentlich im Grundbuch gelöscht wurde.

H

Haftbefehl

Ein Haftbefehl ist die schriftliche Anordnung der → *Festnahme* einer bestimmten Person. Mit Ausnahme der → *Strafvollstreckung* ist zum Erlass eines Haftbefehls nur der → *Ermittlungsrichter* oder – nach Erhebung der → *Anklage* – das zuständige Gericht befugt. Neben der Anordnung der → *Untersuchungshaft* und dem Haftbefehl zum Zwecke der Strafvollstreckung gibt es noch die Möglichkeit, einen schuldhaft nicht erschienenen Angeklagten verhaften zu lassen. Bei mutmaßlich schuldunfähigen Tätern tritt an Stelle eines Haftbefehls die Anordnung der → *einstweiligen Unterbringung.*

Der Erlass eines Haftbefehls soll in erster Linie die Durchführung des Strafverfahrens – beim Vorwurf einer → *Ordnungswidrigkeit* ist er nicht statthaft – ermöglichen; außerdem wird in bestimmten Fällen eine Sicherung der Allgemeinheit angestrebt. Deshalb ist vor allem die Anordnung der → *Untersuchungshaft* an strenge Voraussetzungen geknüpft: Der Beschuldigte muss der ihm vorgeworfenen Tat dringend verdächtig sein. Dringender Tatverdacht bedeutet, dass eine sehr hohe Wahrscheinlichkeit für die Täterschaft sprechen muss.

Es muss ein Haftgrund bestehen. Bei den meisten Delikten – nur bei wenigen genügt wie bei → *Mord* die Schwere der Tat oder wie bei → *Vergewaltigung* die Wiederholungsgefahr – ist dies entweder Flucht- oder Verdunkelungsgefahr: Fluchtgefahr sind Gründe – dies kann das Fehlen einer Wohnung ebenso sein wie eine Strafe, die vermutlich sehr hoch sein wird –, die es nahe legen, dass sich der Beschuldigte dem Verfahren nicht stellen wird. Verdunkelungsgefahr ist gegeben, wenn Tatsachen darauf hinweisen, dass der Beschuldigte die Ermittlungen zu unterlaufen versucht. Dies kann etwa darin bestehen, dass er Zeugen einschüchtert oder einschüchtern lässt.

Schließlich darf die Anordnung der Untersuchungshaft nicht unverhältnismäßig sein. Dies ist insbesondere der Fall, wenn sich ihr Zweck, die Durchführung des Verfahrens zu sichern, auch mit weniger schwerwiegenden Eingriffen wie dem Entzug der Ausweispapiere erreichen lässt.

Eine → *Anhörung* eines Beschuldigten vor Erlass eines Haftbefehls ist aus nahe liegenden Gründen nicht nötig. Nach seiner Festnahme ist dies aber unverzüglich nachzuholen. Im Rahmen der Eröffnung des Haftbefehls kann der zuständige Richter auf entsprechendes Gegenvorbringen des Beschuldigten auch → *Abhilfe* gewähren und den Haftbefehl aufheben.

Haftpflichtversicherung

Für Kraftfahrzeuge, die im öffentlichen Verkehrsraum benutzt werden sollen, muss eine Haftpflichtversicherung abgeschlossen sein. Verstöße bringen nicht nur eine Bestrafung, sondern können auch zur → *Einziehung* des Fahrzeugs führen. Werden durch ein nicht versichertes Kraftfahrzeug Schäden verursacht, so bestehen unter Umständen Ansprüche gegen den → *Entschädigungsfonds.*

Für Radfahrer ist der Abschluss einer Haftpflichtversicherung zwar nicht vorgeschrieben, aus Gründen der Eigenvorsorge aber dringend – im Rahmen einer Privathaftpflicht – zu empfehlen.

Haftprüfungsverfahren

Neben der Beschwerde gegen einen → *Haftbefehl* gibt es noch die Möglichkeit, ein Haftprüfungsverfahren zu beantragen. Der zuständige Richter muss dann darüber entscheiden, ob der weitere Vollzug der → *Untersuchungshaft* gerechtfertigt ist. Zwischen zwei Haftprüfungsverfahren müssen einerseits gewisse Fristen verstrichen sein; andererseits findet eine Haftprüfung aber nach Ablauf bestimmter Zeiten vielfach sogar von Amts wegen statt.

Haftunfähigkeit

Bei einem Beschuldigten ist Haftunfähigkeit dann gegeben, wenn ein – weiterer – Vollzug von Untersuchungs- oder Strafhaft aus medizinischen Gründen nicht mehr verantwortet werden kann. Gründe der öffentlichen Sicherheit dürfen aber auch dann einer Haftentlassung nicht entgegenstehen.

▸ Haftung

Der Begriff „Haftung" bedeutet einmal Einstehenmüssen für eine Verpflichtung (z. B. auf Leistung von Schadenersatz); zum anderen (im engeren Sinn) Haftung des (grundsätzlich ganzen) Vermögens des Schuldners oder einer bestimmten Vermögensmasse gegenüber dem Zugriff des Gläubigers. Im Zivilrecht hängt eine Haftung meistens vom Verschulden ab (→ *Arbeitnehmerhaftung,* → *Schadenersatz).* Ein Beamter haftet gegenüber seinem Dienstherrn nur bei einer vorsätzlichen oder grob fahrlässigen Pflichtverletzung (vgl. im Übrigen → *Staatshaftung).*

▸ Haftungsausschluss → *Haftungsbeschränkung*

▸ Haftungsbeschränkung

Gegenüber einem → *Verbraucher* darf in → *Allgemeinen Geschäftsbedingungen* die Haftung für ein vorsätzliches oder grob fahrlässiges Verhalten des Verwenders, seines gesetzlichen Vertreters oder einer seiner Hilfspersonen weder ausgeschlossen noch in irgendeiner Weise beschränkt werden. Bei einer Verletzung von Leben, Körper oder Gesundheit sind Haftungsausschlüsse oder Haftungsbegrenzungen darüber hinaus vollständig ausgeschlossen, also insbesondere auch nicht bei nur leichter Fahrlässigkeit möglich. Unzulässig wäre bei einer → *Autowaschanlage* etwa die Klausel, dass für die Beschädigung von Antennen „nicht gehaftet" werde. Denn mit dieser Formulierung würde sowohl der Ersatz auch bei vorsätzlich oder grob fahrlässig herbeigeführten Schäden an Antennen als auch bei etwaigen durch die Beschädigung der Antenne hervorgerufenen Folgeschäden an Leben, Körper oder Gesundheit verweigert werden.

Halbeinkünfteverfahren

H. ist in § 3 Nr. 40 EStG geregelt. Danach ist nur die Hälfte der Einkünfte der in § 3 Nr. 40 EStG genannten Erwerbstatbestände der Besteuerung unterzogen (z. B. Veräußerung oder Entnahme von Anteilen an Körperschaften, Personenvereinigungen, Personenmassen, deren Leistungen beim Empfänger zu Einnahmen nach § 20 Abs. 1 Nr. 1 EStG gehören, Einkünfte aus Kapitalvermögen i. S. v. § 20 Abs. 1 Nr. 1, Nr. 9 EStG, Einnahmen aus der Veräußerung von Dividendengutscheinen), → *Kapitalvermögen*, → *Körperschaftsteuer.*

Halten

Ein Halten ist jede gewollte Unterbrechung des Fahrvorgangs, die nicht durch die Verkehrssituation oder durch Anordnungen veranlasst ist. Kein Halten im Rechtssinn liegt also vor, wenn man hinter dem letzten Fahrzeug einer bereits stehenden Schlange (Verkehrssituation) oder an einem Stoppschild (Anordnung) anhält.

Neben den Bereichen, in denen dies Verkehrszeichen anordnen, ist das Halten überall dort verboten, wo es – wie etwa an Engstellen – übermäßige Gefahren auslösen könnte.

Halter

Wer ein Kraftfahrzeug für eigene Rechnung betreibt und die tatsächliche Verfügungsgewalt darüber besitzt, ist dessen Halter. Er kann, muss aber nicht mit dem Eigentümer oder → *Fahrzeugführer* identisch sein.

Der Halter eines Fahrzeugs ist für dessen einwandfreien technischen Zustand – etwa die Einhaltung der vorgeschriebenen Profiltiefe bei den Reifen – verantwortlich; außerdem haftet er zivilrechtlich für die → *Betriebsgefahr* seines Fahrzeugs. Verstöße, die mit dem Fahrzeug begangen werden, lösen dagegen mit Ausnahme der Verstöße im ruhenden Verkehr keine Verantwortlichkeit des Halters aus. Fährt also der Sohn mit dem Auto seines Vaters zu schnell, so kann allein deswegen der Vater nicht mit einem → *Bußgeld* belegt werden.

Hammelsprung → *Abstimmung im Parlament*

Handelsbrauch

Dies sind die unter Kaufleuten im Handelsverkehr geltenden gewöhnlichen Gebräuche und Verkehrssitten; der Handelsbrauch wird im Einzelfall zur Auslegung von Vereinbarungen bei Handelsgeschäften herangezogen.

Handelsgeschäft

Ein Handelsgeschäft ist jede Tätigkeit eines Kaufmanns, die zum Betrieb seines → *Handelsgewerbes* gehört; das wichtigste Beispiel ist der → *Handelskauf*. Für Handelsgeschäfte gelten vom BGB teilweise abweichende Sonderregelungen (§§ 343 ff. HGB).

Handelsgewerbe

Unter einem Handelsgewerbe versteht man jeden Gewerbebetrieb, dessen Geschäftsbereich von Art und Umfang her in kaufmännischer Weise organisiert sein muss.

Handelskauf

Ein Handelskauf ist ein Kaufvertrag über Waren, der gleichzeitig ein → *Handelsgeschäft* ist. Für ihn gelten insbesondere Sonderregeln hinsichtlich der Untersuchungs- und Rügepflicht des Käufers bei Sachmängeln und Falschlieferungen.

Handelsmakler

Dies ist ein Makler, der gewerbsmäßig gegen Provision Geschäfte (nicht: Grundstücke!) vermittelt, die Gegenstand des Handelsverkehrs sind, insbesondere über Waren, Wertpapiere oder Versicherungen. Er ist → *Kaufmann*.

Handelsregister

Die Handelsregister sind öffentliche, von jedermann einsehbare Register, die bei den Amtsgerichten geführt werden und in die

Kaufleute und Handelsgesellschaften sowie bestimmte mit ihnen zusammenhängende Tatsachen eingetragen werden (u.a. Gesellschafter, Prokuraerteilung, ggfs. haftendes Kapital, etc.); alle Eintragungen werden auch unter anderem in der örtlichen Presse veröffentlicht. Ein redlicher Dritter kann sich auf die Richtigkeit und Vollständigkeit der Eintragungen im Handelsregister in gesetzlich bestimmtem Umfang verlassen.

Handelsrichter

Die Handelsrichter sind als ehrenamtliche Richter in Handelssachen Mitglieder der Kammern für Handelssachen bei den Landgerichten (§§ 93 ff. des Gerichtsverfassungsgesetzes).

Handelsvertreter

Ein Handelsvertreter ist ein selbständiger Kaufmann, der für einen Unternehmer Geschäfte vermittelt oder in dessen Namen abschließt. Er wird auf Provisionsbasis tätig und hat nach vollständiger Beendigung seiner Tätigkeit für den Unternehmer unter Umständen einen Ausgleichsanspruch.

Handlungsfähigkeit

Darunter versteht man die Fähigkeit, rechtlich bedeutsame Handlungen vorzunehmen. Die Handlungsfähigkeit wird allgemein zumindest noch unterteilt in die → *Geschäftsfähigkeit* und die → *Deliktsfähigkeit.* Sie ist zu unterscheiden von der → *Rechtsfähigkeit.*

Handlungsgehilfe

Ein Handlungsgehilfe ist ein Angestellter, der in einem Handelsgewerbe kaufmännische Dienste leistet (Beispiel: Buchhalter, Kassier). Für das → *Arbeitsverhältnis* gelten neben §§ 611 ff. BGB als Sonderregelung auch die §§ 59 ff. HGB. Zu beachten ist insbesondere, dass nach § 60 HGB ein gesetzliches Wettbewerbsverbot für den Handlungsgehilfen besteht, d. h. er darf nebenher kein eigenes Gewerbe betreiben.

Handlungsvollmacht

Eine Handlungsvollmacht ist eine von einem Kaufmann erteilte besondere → *Vollmacht* (§ 54 HGB). Der Kaufmann kann die Vollmacht beliebig beschränken. Zum Schutz des Rechtsverkehrs ist aber zugunsten eines gutgläubigen Kunden davon auszugehen, dass sich die Vollmacht auf alle für das Gewerbe üblichen Geschäfte erstreckt. Hierzu gehören nach § 54 Abs. 2 HGB aber keine Grundstücksbelastungen, Wechselverbindlichkeiten, Darlehensaufnahmen und Prozessführungen. Das Erlöschen der Handlungsvollmacht richtet sich (wie die Erteilung) nach den allgemeinen Vorschriften des Bürgerlichen Gesetzbuchs (§§ 167 ff. BGB).

Handwerk

Nach der Definition der Handwerksordnung ist ein Handwerksbetrieb ein → *Gewerbe,* das in der Anlage A aufgelistet ist und das handwerksmäßig betrieben wird. Von einem industriell betriebenen „allgemeinen“ → *Gewerbebetrieb* unterscheidet sich der Handwerksbetrieb durch den Umstand, dass auch beim Einsatz von Maschinen grundsätzlich handwerkliche Kenntnisse und Fertigkeiten erforderlich sind. Kennzeichnend ist die persönlich-fachliche und nicht nur kaufmännische Mitarbeit des Betriebsinhabers, die hauptsächliche Beschäftigung von Handwerksgesellen und das Überwiegen von Einzelfertigung. Die Ausübung eines Handwerks ist genehmigungspflichtig; die Genehmigung wird durch Eintragung in die → *Handwerksrolle* erteilt. Hierzu ist grundsätzlich der → *Befähigungsnachweis,* das Bestehen der Meisterprüfung, erforderlich. Nicht erlaubnispflichtig ist die Aufnahme eines handwerksähnlichen Betriebs im Sinne der Anlage B zur Handwerksordnung.

Handwerksrolle

H. ist ein von der Handwerkskammer des jeweiligen Bezirks geführtes Verzeichnis, in das die selbständigen Handwerksbetriebe mit der Art des ausgeübten Gewerbes eingetragen werden. Die

Eintragung ist Voraussetzung für die Aufnahme eines Handwerksbetriebs, sie stellt die Zulassungsgenehmigung dar (→ *Handwerk*).

Hauptverfahren

Das Hauptverfahren ist der Teil des strafgerichtlichen Verfahrens, in dem das Gericht über die erhobene und von ihm im → *Eröffnungsverfahren* zugelassene → *Anklage* entscheidet.

Hauptverhandlung

Die Hauptverhandlung, die den Grundsätzen der Mündlichkeit, Öffentlichkeit und Unmittelbarkeit folgt, ist das Kernstück des Strafprozesses. In ihr wird der in der zugelassenen → *Anklage* enthaltene Tatvorwurf verhandelt; und nur auf die dort gewonnenen Erkenntnisse – also nicht etwa auf Bestandteile der Akten, die in der Hauptverhandlung nie zur Sprache gekommen sind – stützt das Gericht sein Urteil.

Alle Verfahrensbeteiligten sind vom Gericht zur Hauptverhandlung zu laden; dabei muss die → *Ladung* dem → *Angeklagten* und seinem → *Verteidiger* mindestens 1 Woche vor dem Termin (Ausnahme: → *beschleunigtes Verfahren*) zugegangen sein.

In der Hauptverhandlung muss der Angeklagte grundsätzlich ständig anwesend sein (→ *Abwesenheit des Angeklagten*). Sein Ausschluss vom Verfahren ist aber erlaubt, wenn er durch sein Verhalten – etwa durch ständige Störungen oder die bewusste Herbeiführung seiner Verhandlungsunfähigkeit – einen ordnungsgemäßen Ablauf der Verhandlung zu vereiteln versucht. Außer dem Angeklagten muss auch das erkennende Gericht mit seinen etwa vorgesehenen → *ehrenamtlichen Richtern* ständig teilnehmen; die Personen der Richter dürfen dabei auch bei längerer Verfahrensdauer nicht wechseln. Dies beruht darauf, dass ein ausgewechselter Richter sein Urteil ja nie auf den Inhalt der gesamten Verhandlung stützen könnte. Schließlich müssen noch ein Vertreter der → *Staatsanwaltschaft* und ein Urkundsbeamter zugegen sein. Ob ein → *Verteidiger* teilnehmen muss, entscheidet sich dagegen danach, ob ein Fall der „notwendigen Verteidigung" vorliegt oder nicht.

Die Hauptverhandlung wird durch den Vorsitzenden des Gerichts geleitet. Sie beginnt mit dem Aufruf der Sache und der Feststellung der Anwesenheit. Der Angeklagte ist, bevor er zur Sache befragt wird, über sein Recht zu belehren, sich zum Vorwurf der Anklage einzulassen oder aber zu schweigen. Entscheidet er sich zum Schweigen, so darf dies keinesfalls zu seinem Nachteil gewertet werden. An die Vernehmung des Angeklagten schließt sich die Beweisaufnahme (→ *Beweis*) an.

Nach deren Abschluss folgen die Plädoyers von Staatsanwaltschaft und Verteidigung. Daran anschließend hat der Angeklagte das → *„letzte* Wort". Danach zieht sich das Gericht zur → *Beratung* zurück. Ist diese abgeschlossen, wird das → *Urteil* verkündet.

Die Hauptverhandlung ist grundsätzlich öffentlich, doch gibt es zahlreiche Ausnahmen - etwa beim Verfahren gegen Jugendliche (→ *Jugendgerichtsgesetz)* oder zum Schutz von Tatopfern - von diesem Grundsatz.

Die Hauptverhandlung muss möglichst ohne größere Unterbrechungen abgewickelt werden, um zu gewährleisten, dass die Verfahrensbeteiligten ihre Anträge und Entscheidungen auf ihre aktuellen Eindrücke stützen können. Daher sind mit Ausnahme von Großverfahren Unterbrechungen nur bis zu 10 Tagen zulässig. Dauert die Unterbrechung länger, führt dies zu einer Aussetzung der Hauptverhandlung mit der Folge, dass sie völlig neu begonnen werden muss.

▶ Hauptversammlung

Die Hauptversammlung ist ein Organ der → *Aktiengesellschaft.* In ihr können die Aktionäre ihre Rechte ausüben, also insbesondere vom Vorstand Auskunft über alle Geschäftsangelegenheiten verlangen und durch Beschlüsse Entscheidungen treffen (etwa Gewinnverteilung, Bestellung von Aufsichtsratsmitgliedern, Entlastung des Vorstandes, Satzungsänderungen). Die ordentliche Hauptversammlung findet jährlich statt. Unter bestimmten Voraussetzungen ist auch eine außerordentliche Hauptversammlung einzuberufen.

Hausfriedensbruch

Durch den Tatbestand des Hausfriedensbruchs soll das Hausrecht auch strafrechtlich durchgesetzt werden. Neben Wohnungen und Geschäftsräumen sind auch „befriedetes Besitztum" (etwa rundum eingezäunte Gärten) und abgeschlossene Räumlichkeiten, die dem öffentlichen Dienst oder Verkehr dienen (etwa Straßenbahnwagen), geschützt. Strafbar macht sich, wer unberechtigt in solche Räumlichkeiten eindringt oder sich auf die Aufforderung eines Berechtigten nicht daraus entfernt. Da der Hausfriedensbruch aber zu den → *Antragsdelikten* zählt, tritt die Strafverfolgung nur auf Wunsch des Verletzten ein.

Hausgewerbetreibender

H. ist nach § 2 Abs. 2 Heimarbeitsgesetz, wer in der eigenen Wohnung oder Betriebsstätte mit nicht mehr als zwei fremden Hilfskräften im Auftrag von Gewerbetreibenden oder → *Zwischenmeistern* Waren herstellt, bearbeitet oder verpackt, wobei er selbst wesentlich am Stück mit arbeitet, die Verwertung der Produkte aber dem Auftraggeber überlässt.

Arbeitsrechtlich sind Hausgewerbetreibende → *Heimarbeitern* gleichgestellt, in der Sozialversicherung sind sie grundsätzlich versicherungspflichtig. Als Arbeitgeber der Hausgewerbetreibenden gilt, wer die Arbeit unmittelbar an sie vergibt.

Haushaltsfreibetrag

Steuerpflichtige, für die das Splittingverfahren nicht anzuwenden ist (Unverheiratete, Geschiedene, dauernd Getrenntlebende), können vom Einkommen einen Haushaltsfreibetrag in Höhe von 2340 EUR abziehen, wenn sie einen kinderbedingten Freibetrag nach § 32 Abs. 6 EStG oder → *Kindergeld* für mindestens ein → *Kind* erhalten, das im Haushalt gemeldet ist. Der Haushaltsfreibetrag wird, um den Entscheidungen des → *Bundesverfassungsgerichts* zur Gleichwertigkeit der Erziehungsarbeit verheirateter und nicht verheirateter Eltern nachzukommen, sozialverträglich abgeschmolzen und bis 2005 auf Null reduziert. Verfassungsbeschwerden sind anhängig.

Haushaltshilfe → *Außergewöhnliche Belastungen*

Hausrat

H. sind alle beweglichen → *Sachen* einschließlich wesentlicher Bestandteile und Zubehör, die nach den Einkommens-, Vermögens- und Lebensverhältnissen der → *Ehegatten* und ihrer → *Kinder* üblicherweise der Einrichtung der Wohnung, der Hauswirtschaft und dem Zusammenleben der → *Familie* sowie ihrer Freizeitgestaltung dienen und zu dienen bestimmt sind. Voraussetzung ist die Eignung der betroffenen Gegenstände als Hausrat (Funktion) und die Zweckbestimmung zu ihrer tatsächlichen Verwendung im Rahmen der gemeinsamen Lebensführung der Familie (Widmung). Im Falle der → *Ehescheidung* regelt das → *Familiengericht* auf Antrag die → *Aufteilung* des Hausrates sowie bei Getrenntleben die Zuweisung einzelner Hausratsgegenstände. Die Verteilung von Hausratsgegenständen unterliegt der Hausratsverordnung und gehört nicht zur güterrechtlichen Auseinandersetzung.

Haustürgeschäft

Das jetzt in § 312 BGB geregelte Haustürgeschäft ist dadurch gekennzeichnet, dass der Vertragsschluss in einem Bereich vorgenommen wird, der im Normalfall von Geschäftsabschlüssen freigehalten wird. Zu diesem Bereich zählen insbesondere die Privatwohnung, der Arbeitsplatz, die Straße und der Freizeitbereich. Da ein dort angesprochener → *Verbraucher* regelmäßig durch das betreffende Geschäft überrascht wird, hat er innerhalb von zwei Wochen ein → *Widerrufsrecht*, unter Umständen auch ein → *Rückgaberecht*.

Hehlerei

Dieser Straftatbestand liegt vor, wenn sich jemand bewusst eine Sache, die ein anderer durch ein gegen fremdes Eigentum oder Vermögen gerichtetes Delikt erlangt hat, verschafft oder wenn er an ihrem weiteren Absatz mitwirkt. Ihr häufigster Fall dürfte der Ankauf von Diebesgut sein.

Durch die Strafbarkeit der Hehlerei soll das weitere „Verschieben“ unrechtmäßig erlangter Sachen verhindert werden. Bedenkt man, dass viele Straftaten erst dadurch wirtschaftlich lohnend werden, weil die Beute auch abgesetzt und damit „zu Geld“ gemacht werden kann, so wird die Verwerflichkeit der Hehlerei besonders deutlich.

Heimarbeit

H. ist eine gewerbliche Arbeit, die der Heimarbeiter in der eigenen Wohnung oder oder selbst gewählter Arbeitsstätte gegen Entgelt im Auftrag eines anderen Gewerbetreibenden verrichtet und dabei die Verwertung seiner Arbeit diesem anderen überlässt. Der Heimarbeiter ist aufgrund seiner wirtschaftlichen Abhängigkeit arbeitnehmerähnliche Person im Sinne des Arbeitsgerichtsgesetzes. Das Heimarbeitsgesetz vom 14. März 1951 gewährt den Heimarbeitern u. a. Arbeitszeit-, Gefahren-, Entgelt- und Kündigungsschutz.

Heimgesetz

Für die ständige Aufnahme von alten Menschen sowie von pflegebedürftigen oder behinderten Volljährigen in ein Heim finden sich die gesetzlichen Regelungen im Heimgesetz. Voraussetzung für die Anwendbarkeit des Heimgesetzes ist neben der auf Dauer gerichteten Aufnahme die Gewährung von Verpflegung und Betreuung sowie der Wille des Betreibers, die Einrichtung unabhängig von ihren derzeitigen Bewohnern auf Dauer bestehen zu lassen. Das Heimgesetz oder die zu seiner Ausführung erlassenen Verordnungen treffen Regelungen vor allem über bauliche Voraussetzungen, die notwendige Personalausstattung, die Anforderungen an den Betreiber des Heims und das Rechtsverhältnis zwischen Betreiber und Bewohner (→ *Heimvertrag*). Hingegen fällt das → *betreute Wohnen* nicht unter das Heimgesetz.

Heimvertrag

Mit dem Heimvertrag werden die vertraglichen Beziehungen

zwischen dem Betreiber und dem Bewohner eines Heims (→ *Heimgesetz*) geregelt. Die allgemeine Vertragsfreiheit erfährt hier einige Einschränkungen, die sich aus der in der Regel bestehenden Abhängigkeit der Heimbewohner rechtfertigen. So ist für den Betreiber vor allem die Möglichkeit der ordentlichen Kündigung des Vertrages ausgeschlossen, das geforderte Entgelt muss sich im Rahmen des Angemessenen bewegen und dem Heimpersonal ist die Annahme von Geld oder geldwerten Leistungen untersagt.

▸ Heranwachsender → *Jugendgerichtsgesetz,* → *Deliktsfähigkeit*

▸ Herrenlose Sache

Eine herrenlose Sache ist eine → *Sache,* die niemand gehört (§ 958 BGB). Dies kann, wie z. B. bei wilden Tieren, ein ursprünglicher Zustand sein, er kann sich aber auch durch → *Eigentumsaufgabe* später ergeben haben. An herrenlosen Sachen kann durch → *Aneignung* Eigentum begründet werden. Zu unterscheiden ist die Herrenlosigkeit von der Besitzlosigkeit (→ *Fund).*

Ist eine Sache herrenlos, so kann sie nicht Gegenstand solcher Straftaten sein, die – wie der → *Diebstahl* – eine Eigentumsverletzung voraussetzen.

▸ HGB

HGB ist die gebräuchliche Abkürzung für Handelsgesetzbuch.

▸ Hilfsbeamter der Staatsanwaltschaft

Bestimmte Beamtengruppen – vor allem die meisten Polizeibeamten, soweit sie Aufgaben der Strafverfolgung wahrnehmen (s. a. → *Polizei),* die Zollbeamten und die Beamten der Steuer- und Zollfahndung nach Landesrecht – sind zu Hilfsbeamten der Staatsanwaltschaft bestellt. Dadurch stehen ihnen nach näherer Bestimmung des Strafprozessrechts viele Zwangsbefugnisse zu.

Hinterbliebener

H. ist ein naher Angehöriger eines Verstorbenen. Er kann – ohne Rücksicht auf seine erbrechtliche Stellung – zum Bezug von Sozialleistungen (z. B. Hinterbliebenenrente) berechtigt sein.

Hochschulrecht

Hierunter versteht man die Rechtsvorschriften, die sich mit den Aufgaben, der Rechtsstellung, der Organisation und der Finanzierung von Hochschulen, den Rechten und Pflichten ihrer Mitglieder sowie der personalrechtlichen Stellung der Professoren und der akademischen und nichtakademischen Mitarbeiter befassen. Hochschulen sind im wesentlichen Universitäten, Pädagogische Hochschulen und die Fachhochschulen. Die Förderung der wissenschaftlichen Forschung ist eine → *Gemeinschaftsaufgabe* von Bund und Ländern. Wichtige hochschulrechtliche Gesetze sind das Hochschulrahmengesetz, das die allgemeinen Grundsätze für das Hochschulwesen enthält, die landesrechtlichen Hochschul- und Hochschullehrergesetze sowie die jeweiligen Studien- und Prüfungsordnungen.

Hochverrat

Unter Hochverrat versteht man jedes auf einen gewaltsamen Umsturz im Inneren der Bundesrepublik oder einer ihrer Länder gerichtetes Unternehmen. Das wäre etwa eine Verschwörung mit dem Ziel, die Bundesregierung gewaltsam aus ihrem Amt zu vertreiben und an ihre Stelle zu treten.

Hoheitsaufgaben

H. sind die Aufgaben, die juristische Personen des Öffentlichen Rechts, insbesondere Bund, Länder und Gemeinden, kraft öffentlichen Rechts mit Hilfe öffentlich-rechtlicher Handlungsformen, etwa durch → *Verwaltungsakt* oder öffentlich-rechtlichen → *Vertrag,* zu erfüllen haben. Das Gegenstück sind die mit Mitteln des Privatrechts zu erledigenden fiskalischen Aufgaben. Das Grundgesetz geht davon aus, dass hoheitliche Aufgaben von → *Beamten* wahrzunehmen sind; gleichwohl können damit jedenfalls im Ausnahmefall auch Angestellte oder Arbeiter im öffentlichen Dienst betraut werden.

▸ Hypothek

Eine Hypothek ist die Belastung eines Grundstücks in der Weise, dass an denjenigen, zu dessen Gunsten die Belastung erfolgt, eine bestimmte Geldsumme zu zahlen ist, und zwar zur Erfüllung einer ihm zustehenden Forderung (§ 1113 BGB). Sie gehört zu den → *Grundpfandrechten,* ihr Zweck ist die Absicherung einer Geldforderung. Anders als die → *Grundschuld* ist sie eng mit der gesicherten Forderung verbunden (akzessorisch), verändert sich die Forderung, hat dies unmittelbar Auswirkungen auf die Hypothek: wird z. B. das gesicherte Darlehen zurückbezahlt, wandelt sie sich kraft Gesetzes in eine → *Eigentümergrundschuld* (§§ 1163, 1177 BGB). Die Hypothek entsteht durch → *Einigung* und → *Eintragung* im Grundbuch (§ 873 Abs. 1 BGB), außerdem muss der Gläubiger wegen der strengen Akzessorietät bereits Inhaber der zu sichernden Forderung sein. Die Erteilung eines → *Hypothekenbriefes* wird in der Praxis meistens ausgeschlossen (Buchhypothek). Wird die gesicherte Forderung abgetreten, geht auch die Hypothek auf den neuen Gläubiger über (§ 401 BGB). Vgl. auch → *Eigentümerhypothek,* → *Gesamthypothek.*

▸ Hypothekenbank

Eine Hypothekenbank ist ein Kreditinstitut, dessen Geschäftsbetrieb darauf abzielt, durch → *Hypotheken* abgesicherte Darlehen zu gewähren, die mittels Ausgabe von Hypothekenpfandbriefen finanziert werden.

▸ Hypothekenbrief

Er wird über eine → *Hypothek* erteilt, falls die Beteiligten nicht den Ausschluss der Erteilung vereinbaren (§ 1116 BGB). Der Brief gibt den wesentlichen Inhalt des Rechtes wieder, er dient zum

Nachweis der Gläubigerstellung und erleichtert die Übertragung des Rechtes, weil er sie von der Eintragung im Grundbuch unabhängig macht (§ 1154 BGB).

I

▸ Identitätsfeststellung

Polizei und Staatsanwaltschaft sind befugt, gegenüber Tatverdächtigen und – in eingeschränktem Umfang – auch gegenüber Dritten Maßnahmen zur Feststellung der Identität zu treffen. Damit ist insbesondere das Verbringen zu einer Polizeidienststelle erlaubt, wenn eine sichere Feststellung der Identität auf andere Weise nicht möglich ist.

▸ Illegale Schriften

Unter diesem Begriff versteht man alle Darstellungen (also auch Abbildungen oder Tonträger), die sich gegen den Bestand der Bundesrepublik oder gegen bestimmte Verfassungsgrundsätze wenden. Ihre Herstellung, Vervielfältigung, Verbreitung oder ihr Aufbewahren ist strafbar.

▸ Immission

Eine Immission ist die Zuführung von Gasen, Dämpfen, Gerüchen, Rauch, Ruß, Lärm, Erschütterungen und ähnliche Einwirkungen. Der Eigentümer eines Grundstücks kann sie nur dann verbieten, wenn sie die Benutzung seines Grundstücks wesentlich beeinträchtigen (§ 906 BGB), andernfalls können ihm aber Ausgleichsansprüche zustehen. Im öffentlichen Recht sind zulässige Werte im Bundesimmissionsschutzgesetz festgeschrieben, das auch Genehmigungspflichten für bestimmte Anlagen enthält.

▸ Immissionsschutz

I. ist der Schutz vor schädlichen Umwelteinwirkungen, insbesondere vor Luftverunreinigungen, Geräuschen, Erschütterungen und Strahlen. Regelungen hierüber finden sich nicht nur im Bundesimmissionsschutzgesetz, sondern auch im → *Atomgesetz* und den Landesbauordnungen. Aufgabe des öffentlich-rechtlichen Immissionsschutzes ist es, Menschen, Tiere und Pflanzen vor schädlichen Umwelteinwirkungen, und, soweit es sich um genehmigungsbedürftige Anlagen handelt, auch vor Gefahren, erheblichen Nachteilen und Belästigungen, die auf andere Weise herbeigeführt werden, zu schützen und dem Entstehen schädlicher Umwelteinwirkungen vorzubeugen. Das Bundesimmissionsschutzgesetz enthält Regelungen über genehmigungsbedürftige Anlagen, wobei zwischen solchen, die im förmlichen und solchen unterschieden wird, die im vereinfachten immissionsschutzrechtlichen Verfahren überprüft werden. Um welche Anlagen es sich jeweils handelt, ist der 4. Verordnung zum Bundesimmissionsschutzgesetz zu entnehmen; es sind solche, die in besonderem Maße geeignet sind, schädliche Umwelteinwirkungen hervorzurufen oder sonst erheblich belästigen oder stören. Das förmliche Genehmigungsverfahren weist starke Ähnlichkeit zum Planfeststellungsverfahren (→ *Planfeststellung*) auf. Das Gesetz stellt auch Anforderungen an nicht genehmigungspflichtige Anlagen, die notfalls durch → *Verwaltungsakt* festgelegt und durchgesetzt werden können.

Grenzwerte für Immissionen, die von bestimmten Vorhaben ausgehen, z. B. Sportstätten, sind in speziellen Immissionsschutzverordnungen enthalten. Anhaltspunkte über höchstzulässige Werte können auch technischen Regelwerken (z. B. DIN-Normen) entnommen werden.

Immissionsschutzbeauftragter

Der Inhaber eines nach dem Bundesimmissionsschutzgesetz genehmigungspflichtigen Betriebs hat einen fachkundigen und zuverlässigen Betriebsbeauftragten für den Immissionsschutz zu bestellen und der zuständigen Behörde zu benennen, soweit das wegen der Größe der Anlage notwendig ist. Der Immissionsschutzbeauftragte hat bestimmte gesetzlich festgelegte Aufgaben im Interesse des Immissionsschutzes zu erfüllen, insbesondere die Einhaltung der gesetzlichen Vorschriften zu überwachen.

Immobiliarsachenrecht

Dies ist derjenige Teil des → *Sachenrechts*, der sich mit unbeweglichen → *Sachen* (Immobilien) befasst.

Immunität

→ *Abgeordnete* des Bundestags und der Landtage genießen Immunität. Darunter versteht man, dass ihre Verfolgung wegen einer → *Straftat* (etwa einer Trunkenheitsfahrt im Straßenverkehr) grundsätzlich nur mit einer Genehmigung des Parlaments möglich ist.

Indemnität

I. bedeutet, dass → *Abgeordnete* wegen einer im Parlament vorgenommenen Äußerung grundsätzlich nicht außerhalb des Parlaments zur Verantwortung gezogen werden können. Stellt ein Abgeordneter also im Parlament eine bestimmte Behauptung auf, so kann er vor Gericht nicht auf deren Unterlassung in Anspruch genommen werden.

Indizienbeweis

Ein Angeklagter kann nicht nur verurteilt werden, wenn er geständig ist oder wenn alle Merkmale des ihm zur Last gelegten Tatbestands unmittelbar bewiesen sind. Vielmehr kann im Wege des Indizienbeweises auch aus nur mittelbar bedeutsamen Tatsachen der Schluss gezogen werden, dass der Täter einen bestimmten Tatbestand verwirklicht habe.

Bei einer Verurteilung wegen → *Mordes* würde etwa eine unmittelbare Beweisführung vorliegen, wenn ein Zeuge gesehen hätte, wie der Angeklagte das Opfer in eine Falle gelockt und erschossen hätte. Ein Indizienbeweis wäre es dagegen, wenn man auf der Waffe Fingerabdrücke des Täters gefunden hätte, Reifenspuren am Tatort zu seinem Auto passen würden und ein Zeuge ihn mit seinem Wagen etwa kurz nach der festgestellten Tatzeit einen Kilometer vom Tatort entfernt gesehen hätte.

In dubio pro reo

Dieser Grundsatz (auf deutsch: im Zweifel für den Angeklagten) bedeutet, dass im Strafprozess eine Verurteilung nur erfolgen darf, wenn das Gericht davon überzeugt ist, dass der Angeklagte die ihm zur Last gelegte Tat schuldhaft begangen hat. Damit muss nicht der Angeklagte seine Unschuld, sondern die → *Staatsanwaltschaft* seine Schuld beweisen (→ *Beweislast).*

Informationelle Selbstbestimmung → *Datenschutz*

Informationsfreiheit

Art. 5 Abs. 1 des Grundgesetzes gibt jedermann das Recht, sich aus allgemein zugänglichen Quellen, insbesondere Büchern, Zeitungen, Zeitschriften, Rundfunk und Fernsehen, ungehindert zu informieren. Dieses → *Grundrecht* steht selbständig neben der Meinungsfreiheit und der Pressefreiheit. Die Informationsfreiheit schützt nicht nur ein aktives Handeln zur Informationsbeschaffung, sondern ebenso die Entgegennahme von Informationen. Unzulässig ist neben der endgültigen Vorenthaltung einer Information auch die auf einer – unzulässigen – Kontrolle beruhende Verzögerung.

Inhaberanteilschein

Ein Inhaberanteilschein ist ein Inhaberpapier, das von einer Kapitalanlagegesellschaft ausgegeben wird (sogen. Investmentanteil, Investmentzertifikat).

Inhaberpapier

Ein Inhaberpapier ist ein Wertpapier, bei dem das verbriefte Recht von jedem Inhaber geltend gemacht werden kann; dieser braucht sein Eigentum am Inhaberpapier nicht zu beweisen (Beispiele: → *Inhaberschuldverschreibung*, → *Aktie*).

Inhaberschuldverschreibung

Eine Inhaberschuldverschreibung ist ein Wertpapier, das ein Forderungsrecht verbrieft; der Aussteller ist zur Leistung an den jeweiligen Inhaber verpflichtet (Beispiele: Hypothekenpfandbrief; Industrieanleihe; Lotterielos). In der Regel bedarf die Ausgabe einer Inhaberschuldverschreibung einer staatlichen Genehmigung.

Inhaltskontrolle

Unter Inhaltskontrolle versteht man die gerichtliche Überprüfung einer Rechtsnorm oder eines → *Rechtsgeschäfts* auf die Vereinbarkeit mit dem Gesetz.

Inkompatibilität

I. bedeutet Unvereinbarkeit von zwei verschiedenen Funktionen. Inkompatibilitätsregelungen sollen einer „Ämterverfilzung" oder einer „Vetternwirtschaft" vorbeugen. Das → *Grundgesetz* verbietet z. B., dass der → *Bundespräsident* ein Minister-, ein Abgeordneten- oder ein sonstiges besoldetes öffentliches → *Amt* ausübt oder dass Richter des → *Bundesverfassungsgerichts* Mitglied einer gesetzgebenden Körperschaft sind. Als unzulässig wird auch die gleichzeitige Mitgliedschaft in → *Bundestag* und → *Bundesrat* angesehen. Rechte und Pflichten eines in den Bundestag als → *Abgeordneter* gewählten Beamten, Richters, Soldaten oder Angestellten im öffentlichen Dienst ruhen für die Dauer des Mandats. Inkompatibilitätsregelungen finden sich auch in anderen Rechtsbereichen. So darf ein Richter nicht zugleich Aufgaben der gesetzgebenden oder der vollziehenden Gewalt ausüben. Beamte oder Angestellte einer Gemeinde können nicht ehrenamtliche Bürgermeister oder ehrenamtliche Gemeinderatsmitglieder sein. Nach den meisten Gemeindeordnungen ist es auch unzulässig, dass Ehegatten oder nahe Verwandte gleichzeitig Mitglieder eines Gemeinderats sind.

Innere Verwaltung

Die Bundes- und Landesregierungen sind in verschiedene Ressorts unterteilt, für die jeweils ein Minister verantwortlich ist. Einer dieser Fachbereiche ist das Innenministerium, die oberste Behörde der Inneren Verwaltung. Welche Sachgebiete zum Bereich der Inneren Verwaltung gehören, ist in Bund und Ländern nicht einheitlich geregelt. Klassische Gebiete der Inneren Verwaltung sind das Recht der öffentlichen Sicherheit und Ordnung, das Gesundheits- und Veterinärwesen, das Bauwesen, das Straßen- und Wegerecht, das Wasserrecht, das Melderecht, das Personenstandswesen und das Ausländerrecht.

Insolvenzanfechtung

Bestimmte vor der Eröffnung eines → *Insolvenzverfahrens* vorgenommene Handlungen oder Unterlassungen vor allem des → *Insolvenzschuldners* kann der → *Insolvenzverwalter* im Rahmen des Insolvenzverfahrens anfechten (§§ 129 ff. Insolvenzordnung). Im Falle ihres Erfolges bewirkt die Anfechtung, dass die Insolvenzmasse so gestellt wird, als ob die angefochtene Handlung (oder Unterlassung) nicht stattgefunden habe.

Insolvenzgeld

Das Insolvenzgeld ist an die Stelle des früheren Konkursausfallgeldes getreten. Es stellt eine Leistung der Arbeitsförderung dar. Die Einzelheiten sind im Dritten Buch des → *Sozialgesetzbuchs* (SGB III) geregelt. Insolvenzgeld wird an Arbeitnehmer und arbeitnehmerähnliche Personen bezahlt. Es deckt deren Ansprüche ab, die innerhalb von drei Monaten vor Eröffnung des Insolvenzverfahrens oder dessen Ablehnung mangels Masse entstanden sind. Es orientiert sich am letzten Arbeitsentgelt abzüglich der gesetzlichen Abzüge (§§ 183, 358 SGB III). Es wird auf Antrag vom zuständigen Arbeitsamt ausgezahlt. Die Mittel für das Insolvenzgeld werden von den Berufsgenossenschaften (→ *Unfallversicherung*) aufgebracht.

Insolvenzgläubiger

Darunter versteht man alle Personen, die zur Zeit der Eröffnung des → *Insolvenzverfahrens* einen Anspruch gegen den → *Insolvenzschuldner* haben. Davon abzugrenzen sind die Massegläubiger, also diejenigen Personen, die erst während des laufenden Insolvenzverfahrens einen Anspruch gegen die → *Insolvenzmasse* erwerben. Letzteres kann etwa dadurch geschehen, dass der → *Insolvenzverwalter* einen Arbeitnehmer auch nach der Eröffnung des Insolvenzverfahrens weiterhin beschäftigt.

Insolvenzmasse

Von einem → *Insolvenzverfahren* wird das gesamte dem Schuldner zur Zeit der Eröffnung des Verfahrens gehörende und – im Gegensatz zum früheren Rechtszustand – auch das von ihm während des Verfahrens erworbene Vermögen erfasst (§ 35 Insolvenzordnung). Ausgenommen hiervon bleiben lediglich unpfändbare Gegenstände und im Regelfall der übliche Hausrat. Die Insolvenzmasse unterliegt ausschließlich dem Verwaltungs- und Verfügungsrecht des → *Insolvenzverwalters*, so dass der → *Insolvenzschuldner*, obwohl er formell bis zur Verwertung weiterhin Rechtsinhaber bleibt, keine Einwirkungsmöglichkeiten mehr auf die Insolvenzmasse hat.

Insolvenzordnung

Die Insolvenzordnung ist die an die Stelle von Konkurs-, Vergleichs- und Gesamtvollstreckungsverfahren getretene gesetzliche Regelung des → *Insolvenzrechts*.

Insolvenzrecht

Das an die Stelle des bisherigen Konkurs- und Vergleichsrechts sowie – für das Gebiet der früheren DDR – an die Stelle der Gesamtvollstreckungsordnung getretene Insolvenzrecht stellt ein gerichtliches Verfahren dar, mit dessen Hilfe im Gegensatz zu der auf die Befriedigung von Einzelansprüchen gerichteten → *Zwangs-*

vollstreckung alle Gläubiger eines Schuldners gemeinschaftlich und weitgehend gleichmäßig befriedigt werden sollen. Gesetzliche Grundlage des Insolvenzrechts ist die → *Insolvenzordnung*. Im Gegensatz zum weitgehend auf Verwertung ausgerichteten früheren Konkursrecht stellt das jetzige Insolvenzrecht die Erhaltung lebensfähiger Unternehmen stärker in den Vordergrund. Zweite wesentliche gesetzliche Neuerung ist die → *Verbraucherinsolvenz*, mit deren Hilfe Privatleuten und kleinen Unternehmern eine Entschuldung und damit ein wirtschaftlicher Neubeginn ermöglicht werden soll.

Voraussetzung für die Eröffnung eines → *Insolvenzverfahrens* ist die Zahlungsunfähigkeit des → *Insolvenzschuldners*, bei juristischen Personen daneben auch die Überschuldung. Stellt der Schuldner selbst den Insolvenzantrag, so genügt für die Eröffnung auch schon die nur drohende Zahlungsunfähigkeit. Zuständig für die Durchführung des Insolvenzverfahrens ist das Amtsgericht.

Zwischen der Einreichung des Antrags und der Entscheidung über die Eröffnung des Insolvenzverfahrens wird meist ein vorläufiger → *Insolvenzverwalter* bestellt, der vor allem die → *Insolvenzmasse* sichern, ein Unternehmen gegebenenfalls vorläufig weiterführen und die wirtschaftliche Durchführbarkeit des Insolvenzverfahrens prüfen soll.

Mit dem Eröffnungsbeschluss des Insolvenzgerichts kann dann spätestens nur noch der Insolvenzverwalter über die Insolvenzmasse verfügen. Wird das betroffene Unternehmen nicht fortgeführt, so kommt es zur Verwertung der noch vorhandenen Vermögensmasse. Hierbei hat der Insolvenzverwalter vor allem auch berechtigte Forderungen der Insolvenzmasse durchzusetzen und unberechtigte Ansprüche abzulehnen. Gegenstände, die nicht zur Insolvenzmasse gehören – etwa geliehene Sachen –, kann der Berechtigte aussondern. Wer durch Grundpfandrechte, Pfandrechte an beweglichen Gegenständen oder vor allem durch einen → *Eigentumsvorbehalt* gesichert ist, hat ein Recht auf → *Absonderung*. Im Übrigen werden die Gläubiger, deren Forderungen in die Insolventabelle aufgenommen worden sind oder die ihre Forderungen gegenüber dem Insolvenzverwalter erfolgreich auf dem Klageweg durchgesetzt haben, nach Befriedigung der so genannten Masseverbindlichkeiten mit der gleichen, meist sehr geringen Quote befriedigt. Mit der endgültigen Aufnahme in die Insolvenztabelle erlangt ein Gläubiger allerdings, soweit er aus der Quote nicht befriedigt wird, einen Vollstreckungstitel für seinen restlichen Anspruch.

Vgl. im Übrigen auch → *Insolvenzanfechtung*, → *Insolvenzgeld*, → *Insolvenzstraftaten* und → *Nachlassinsolvenz*.

Insolvenzschuldner

Das ist diejenige natürliche oder juristische Person, über deren Vermögen ein → *Insolvenzverfahren* stattfindet.

Insolvenzstraftaten

Unter diesen Begriff fallen diejenigen Delikte, die strafbare Handlungen im Zusammenhang mit einer Insolvenz beschreiben. Ihr besonderes Kennzeichen ist, dass die entsprechenden Verhaltensweisen nur dann eine Strafbarkeit nach sich ziehen, wenn das → *Insolvenzverfahren* eröffnet worden ist, die Eröffnung mangels Masse abgelehnt worden ist oder wenn der Täter seine Zahlungen insgesamt eingestellt hat.

Unter den Insolvenzstraftaten sind vor allem folgende Delikte von Bedeutung:

- **Bankrott** liegt vor, wenn der Täter in einer Krise Vermögensbestandteile der späteren → *Insolvenzmasse* beiseite schafft, grob gegen Grundsätze ordnungsgemäßen Wirtschaftens verstößt, nicht bestehende Rechte anerkennt oder gegen Verpflichtungen im Zusammenhang mit seiner Buchführungs- und Bilanzierungspflicht verstößt. Dasselbe gilt, wenn er durch solche Handlungen erst eine Krise herbeiführt.
- **Gläubigerbegünstigung** ist gegeben, wenn der Täter einem seiner Gläubiger – etwa einem guten Geschäftsfreund – für eine Forderung eine Befriedigung verschafft, die diesem so nicht zusteht. Das kann etwa die Erfüllung einer Forderung vor ihrer Fälligkeit oder die Übergabe des Schecks eines zahlungsfähigen Dritten sein, der an sich auf dem überzogenen Geschäftskonto gut geschrieben werden müsste.

- **Schuldnerbegünstigung** begeht schließlich, wer einem Schuldner dabei hilft, Bestandteile seines Vermögens beiseite zu schaffen.

Insolvenzverfahren

Hierunter versteht man das zur Abwicklung einer Insolvenz in der → *Insolvenzordnung* vorgeschriebene gerichtliche Verfahren.

Insolvenzverwalter

Der vorläufige und auch – jedenfalls zunächst – der ab Eröffnung des → *Insolvenzverfahrens* tätig werdende „endgültige" Insolvenzverwalter werden vom Insolvenzgericht ernannt. Der Insolvenzverwalter muss, soweit dies nicht schon im Rahmen der vorläufigen Insolvenzverwaltung geschehen ist, die gesamte → *Insolvenzmasse* in Besitz und Verwaltung nehmen (§§ 148 ff. Insolvenzordnung). Er hat nunmehr Verfügungsbefugnis über die Insolvenzmasse und muss diese entweder als Ganzes – etwa ein Unternehmen aus der Insolvenz heraus veräußern – oder durch Zerschlagung verwerten. Von seinem wirtschaftlichen Geschick wird die Insolvenzquote, also das Verhältnis, in dem die → *Insolvenzgläubiger* befriedigt werden, maßgeblich beeinflusst.

Der Insolvenzverwalter untersteht der Aufsicht des Insolvenzgerichts und wird für seine Tätigkeit vergütet.

Institutionelle Garantie

Einige → *Grundrechte* enthalten nicht nur Abwehrrechte gegen staatliche Eingriffe, sondern gewährleisten bestimmte freiheitlich geordnete und ausgestattete Lebensbereiche als Elemente der objektiven Ordnung des Gemeinwesens, schützen also „auch" das Institut als solches. Als derartige Gewährleistungen werden z. B. angesehen das Institut von Ehe und Familie, die freie Presse, die Berufs-, Kunst- und Wissenschaftsfreiheit, das private Eigentum und die kommunale Selbstverwaltung (→ *Selbstverwaltung* der Gemeinden).

Internationales Privatrecht

Das „Internationale Privatrecht“ ist die Gesamtheit der Rechtssätze, die angeben, welches nationale Recht auf Fälle mit Auslandsberührung Anwendung findet (Beispiel: Das Scheidungsrecht welchen Staates gilt für eine gemischtnationale Ehe?). Es ist in Art. 3 ff. des Einführungsgesetzes zum BGB geregelt.

Inventar

I. ist ein Bestandsverzeichnis bezogen auf einen bestimmten Stichtag unter Angabe von Aktiva und Passiva.

(1) Im **Erbrecht** umfasst das vom → *Erben* freiwillig oder auf Antrag eines Nachlassgläubigers errichtete Inventar sämtliche beim → *Erbfall* vorhandene Nachlassgegenstände und → *Nachlassverbindlichkeiten* (§ 2001 BGB).

(2) Im **Handelsrecht** beinhaltet das Inventar sämtliche Vermögensgegenstände und Schulden eines Kaufmannes zum Abschlussstichtag mit Wertangaben (§ 240 Abs. 1 HGB). Das Inventar hat der → *Kaufmann* bei Beginn des Handelsgewerbes und am Schluss jeden Jahres bzw. Wirtschaftsjahres aufzustellen. Es ist Gegenstand des → *Jahresabschlusses.*

Inventarerrichtung

I. ist im Einzelfall gesetzlich vorgeschrieben.

(1) Im **Erbrecht** ist der → *Erbe* berechtigt, freiwillig, ohne an eine Frist gebunden zu sein, ein Inventar zu errichten. Auf Antrag eines Nachlassgläubigers ist der Erbe bei Bestimmung einer Frist durch das → *Nachlassgericht* verpflichtet, ein Inventar zu errichten. Die Inventarfrist soll mindestens einen Monat, höchstens drei Monate betragen. Der Erbe muss zur Aufnahme des Inventars eine zuständige → *Behörde,* einen zuständigen Beamten oder einen → *Notar* zuziehen (§ 2002 BGB). Auf Antrag des Erben muss das Nachlassgericht das Inventar selbst aufnehmen. Ist das Inventar rechtzeitig errichtet worden, wird im Verhältnis zwischen Erben und Nachlassgläubiger vermutet, dass das Inventar vollständig ist (§ 2009 BGB).

(2) Im **Handelsrecht** ist der → *Kaufmann* verpflichtet, durch eine Bestandsaufnahme (Inventur) das Inventar nach Ablauf des Geschäftsjahres innerhalb eines ordnungsgemäßen Geschäftsganges zu erstellen. Es ist vom Kaufmann oder dem vertretungsberechtigten Organ zu unterzeichnen. Das Inventar ist in geordneter Form 10 Jahre, gegebenenfalls als Wiedergabe auf einem Bildträger oder anderen Datenträgen, aufzubewahren. Die Vorschriften über die Inventarerrichtung (§§ 240, 241 ff. HGB) gelten sinngemäß auch für andere buchführungspflichtige Steuerpflichtige.

▶ Investitionszulage

Das Investitionszulagegesetz (InvZulG) räumt unbeschränkt und beschränkt Steuerpflichtigen im Sinne des Einkommensteuer- und Körperschaftsteuergesetzes, die im Fördergebiet (neue Bundesländer) begünstigte Investitionen vornehmen, einen Anspruch auf Investitionszulage ein.

Bemessungsgrundlage für die Investitionszulage ist die Summe der Anschaffungs- und Herstellungskosten sowie Erhaltungsaufwendungen der geförderten → *Wirtschaftsgüter.* Die Höhe der Investitionszulage ist nach dem Zeitpunkt des Investitionsbeginns gestaffelt, soweit diese 2556 EUR übersteigen. Die Investitionszulage mindert die steuerlichen Anschaffungs- und Herstellungskosten sowie die Erhaltungsaufwendungen nicht. Ertragsteuerlich gehört sie nicht zu den Einkünften. Das InvZulG 1999 löst für Investitionen, die nach dem 31. 12. 1998 vorgenommen werden, das InvZulG 1996 ab und erweitert die geförderten Investitionsbereiche.

▶ Investmentanteil → *Inhaberanteilschein*

▶ Irrtum

Im Zivilrecht ist eine → *Willenserklärung* grundsätzlich auch dann wirksam, wenn das Erklärte mit dem Gewollten nicht übereinstimmt. Eine solche Willenserklärung kann dann jedoch unter den Voraussetzungen des § 119 BGB wegen Irrtums angefochten werden (siehe wegen der einzelnen Fälle → *Anfechtung).*

Im Strafrecht löst ein Irrtum – je nachdem, worauf er sich bezieht – unterschiedliche Folgen aus: Kennt der Beschuldigte ein Merkmal des verwirklichten Tatbestands nicht, so scheidet eine Strafbarkeit wegen → *Vorsatzes* aus. Dies ist etwa der Fall, wenn jemand in einer Gaststätte einen fremden Mantel mitnimmt, den er für seinen eigenen gehalten hat.

Auch wenn der Beschuldigte zu Unrecht tatsächliche Umstände annimmt, die – würden sie in Wirklichkeit vorliegen – einen Rechtfertigungsgrund ergeben würden, entfällt eine Strafbarkeit wegen Vorsatzes. Dies könnte etwa vorkommen, wenn ein im Scherz nachts von seinem Freund Bedrohter diesen nicht erkennt, sondern ihn für einen Räuber hält und niederschlägt.

Ein Irrtum über das Erlaubtsein eines bestimmten Verhaltens stellt dagegen einen → *Verbotsirrtum* dar, der meist die Strafbarkeit nicht beeinflusst.

Aber auch der so genannte „umgekehrte Irrtum" ist rechtlich von Bedeutung: Nimmt jemand irrig an, er verwirkliche einen Straftatbestand, während das in Wirklichkeit nicht zutrifft, so ist er wegen des → *Versuchs* dieses Delikts strafbar. Ein Beispiel soll diesen Fall verdeutlichen: Ein Mann bittet seine Freundin, ihm für eine bestimmte Nacht entgegen der Wahrheit zu bestätigen, er sei bei ihr gewesen, ihm also ein falsches → *Alibi* zu geben. Die Freundin macht dies und nimmt an, so eine Bestrafung des aus ihrer Sicht schuldigen Mannes zu vermeiden. In Wirklichkeit hat der Mann das ihm zur Last gelegte Delikt aber tatsächlich nicht begangen. Hier wäre die Freundin wegen versuchter → *Strafvereitelung* zu belangen.

Schließlich kann sich noch jemand vorstellen, ein bestimmtes Verhalten sei strafbar, obwohl es in Wirklichkeit straflos ist. Dann spricht man von einem → *Wahndelikt,* das nicht strafbar ist. Ein Beispiel hierfür wäre die Annahme zweier 30 Jahre alter Männer, ihre homosexuelle Beziehung sei strafbar.

J

Jagdbezirk

Das Bundesjagdgesetz geht vom Revierprinzip aus, d. h. die Jagd darf nur in bestimmten Jagdbezirken ausgeübt werden. Es ist zwischen Eigenjagdbezirken und gemeinschaftlichen Jagdbezirken zu unterscheiden. Eigenjagdbezirke sind zusammenhängende Grundstücke im Eigentum einer oder mehrerer Personen mit einer land-, forst- oder fischwirtschaftlich nutzbaren Fläche von 75 Hektar; im Hochgebirge kann die Mindestgröße abweichend festgesetzt werden. Gemeinschaftliche Jagdbezirke sind die Grundflächen einer Gemeinde oder mehrerer Gemeinden, die nicht zu einem Eigenjagdbezirk gehören und eine Fläche von 150 Hektar aufweisen. Jagdbezirke können meist durch einen von der zuständigen Jagdbehörde zu erlassenden → *Verwaltungsakt* durch Abtrennung, Angliederung oder Austausch von Flächen abgerundet werden, wenn das aus Gründen der Jagdpflege oder Jagdausübung notwendig ist.

Jagdpacht

Das Jagdrecht kann grundsätzlich nur in seiner Gesamtheit an eine andere Person verpachtet werden. Diese muss einen → *Jagdschein* besitzen und diesen mindestens seit drei Jahren innehaben. Die teilweise Verpachtung eines Eigenjagdbezirks (→ *Jagdbezirk)* ist nur zulässig, wenn beide die Mindestgröße nicht unterschreiten. Der Jagdpachtvertrag ist der zuständigen Behörde anzuzeigen, die ihn beanstanden kann, wenn die Vorschriften über die Pachtdauer (mindestens 9 Jahre) nicht eingehalten sind oder wenn die vertragsgemäße Jagdausübung mit der gebotenen Wildhege unvereinbar ist. Außer durch (zivilrechtliche) Kündigung oder Vertragsaufhebung erlischt der Jagdpachtvertrag, wenn dem Pächter der Jagdschein entzogen wird.

Jagdrecht

Als Jagdrecht (im objektiven Sinn) bezeichnet man die Summe der Rechtsvorschriften, welche die Jagdausübung betreffen. Der Bund hat von seiner Gesetzgebungskompetenz (→ *Rahmengesetzgebung)* durch den Erlass des Bundesjagdgesetzes Gebrauch gemacht, die Länder haben entsprechende Ausführungsgesetze und -verordnungen erlassen. Jagdrecht (im subjektiven Sinn) ist die ausschließliche Befugnis, in einem bestimmten Bereich (→ *Jagdbezirk*) die dem Jagdrecht unterliegenden Tierarten zu hegen, zu jagen und sie sich anzueignen. Jagdberechtigter ist der Eigentümer; das Recht kann aber übertragen werden (→ *Jagdpacht*).

Jagdschein

Der Jagdschein wird von der zuständigen Behörde als Tages- oder Jahresjagdschein ausgestellt. Er ist bei der Jagdausübung mitzuführen und auf Verlangen vorzuzeigen. Die erstmalige Ausstellung eines Jagdscheins ist vom Bestehen der Jägerprüfung abhängig. Der Bewerber muss das 18. Lebensjahr vollendet haben, zuverlässig sein und den Nachweis einer ausreichenden Haftpflichtversicherung führen. An Jugendliche über 16 Jahre kann ein Jugendjagdschein ausgestellt werden.

Jagdwilderei

Der Tatbestand der Jagdwilderei soll das → *Jagdrecht* des jeweils Berechtigten schützen. Durch die Strafbestimmungen über → *Diebstahl* und → *Unterschlagung* ist dies nicht möglich, da das Wild und die sonstigem dem Jagdrecht unterliegenden Gegenstände wie abgeworfene Geweihe → *herrenlose Sachen* sind. Neben sämtlichen Arten der Jagdausübung fällt insbesondere auch die Mitnahme toten Wildes – etwa wenn es vom einem Autofahrer angefahren wurde – oder eines abgeworfenen Geweihes unter die Jagdwilderei.

▸ Jahresabschluss

J. umfasst für ein Geschäftsjahr die Jahresabschlußbilanz (→ *Bilanz)* und die Gewinn- und Verlustrechnung (§ 242 Abs. 3 HGB). Der Jahresabschluß, der klar und übersichtlich sein muß, ist nach den Grundsätzen ordnungsgemäßer → *Buchführung* innerhalb der einen ordnungsgemäßen Geschäftsgang entsprechenden Zeit in deutscher Sprache und in Euro aufzustellen sowie unter Datumsangabe zu unterzeichnen (§§ 243–245 HGB).

▸ Jahresarbeitsverdienst → *Nichtselbständige Arbeit*

▸ Jugendamt

Landkreise und kreisfreie Städte sind Träger der öffentlichen Jugendhilfe (§ 69 des Achten Buchs des Sozialgesetzbuchs); landesrechtlich können auch kreisangehörige Gemeinden zu Trägern bestimmt werden. Sie haben jeweils für junge Menschen und ihre Familien ein Jugendamt zu errichten. Aufgaben des Jugendamtes sind insbesondere, die Leistungen der Jugendhilfe zu erbringen (§§ 2, 3 SGB VIII). Solche Leistungen werden z. B. angeboten in Form von Jugendarbeit, Hilfen zur Erziehung, Inobhutnahme von Kindern und Jugendlichen, Beratung von → *Pflegern* und Vormündern, Mitwirkung in Verfahren vor dem → *Vormundschafts-* und → *Familiengericht,* → Amtspflegschaft und → *Amtsvormundschaft* sowie Beurkundung und Beglaubigung und die Erteilung vollstreckbarer Urkunden.

▸ Jugendarbeitsschutz

J. ist geregelt im Jugendarbeitsschutzgesetz (JArbSchG). Das Gesetz gilt für die Beschäftigung von Personen, die noch nicht 18 Jahre alt sind. (§ 1 JArbSchG). Das Gesetz unterscheidet dabei Kinder und Jugendliche: **Kind** ist, wer noch nicht 15 Jahre alt ist oder der Vollzeitschulpflicht unterliegt; **Jugendlicher** ist, wer 15 aber noch nicht 18 Jahre alt ist (§ 2 JArbSchG).

Die **Beschäftigung von Kindern ist verboten** (§ 5 Abs. 1 JArbSchG). Ausnahmen lässt § 5 Abs. 2, 3 JArbSchG zu (z. B. Teilnahme an einem Betriebspraktikum).

Die **Arbeitszeit** von Jugendlichen darf täglich grundsätzlich 8 Stunden und wöchentlich 40 Stunden nicht überschreiten (§ 8 JArbSchG). Für die Teilnahme am Berufsschulunterricht sowie an Prüfungen und außerbetrieblichen Ausbildungsmaßnahmen hat der Arbeitgeber den Jugendlichen freizustellen (§§ 9, 10 JArbSchG).

Jugendliche dürfen grundsätzlich **nur in der Zeit von 6 bis 20 Uhr** beschäftigt werden; Ausnahmen sind u. a. für Bäckereien und Gaststätten vorgesehen (§ 14 JArbSchG). Der **Urlaubsanspruch** beträgt je nach Alter mindestens 30 Werktage (unter 16 Jahre) 27 Werktage (unter 17 Jahre) 25 Werktage (unter 18 Jahre; vgl. § 19 JArbSchG). Nach § 31 JArbSchG besteht ein Züchtigungsverbot sowie ein **Verbot der Ausgabe von Alkohol und Tabakwaren** an Jugendliche unter 16 Jahren. Verstöße gegen das JArbSchG sind meist als Ordnungswidrigkeiten mit Bußgeld zu ahnden (vgl. §§ 58–60 JArbSchG).

Jugendarrest

Ein Jugendarrest ist das strengste → *Zuchtmittel* des → *Jugendgerichtsgesetzes*. Er wird verhängt, wenn eine → *Jugendstrafe* zwar noch nicht notwendig ist, dem Jugendlichen aber durch einen kurzen Freiheitsentzug der Unrechtsgehalt seines Verhaltens nachdrücklich verdeutlicht werden muss. Der Jugendarrest ist in drei Formen möglich: Am häufigsten wird er als Freizeitarrest verhängt. Der Verurteilte muss dann zwischen eine oder zwei Freizeiten – das ist jeweils die Freizeit am Wochenende – in einer Jugendarrestanstalt verbringen. Weitere Formen sind der Kurzarrest – er dauert zwei bis vier Tage – und der Dauerarrest zwischen einer und vier Wochen.

Jugendgerichtsgesetz

Für die Strafbarkeit Jugendlicher und Heranwachsender gilt das allgemeine Straf- und Strafprozessrecht nur, soweit das Jugendgerichtsgesetz keine besonderen Regelungen vorsieht. Jugendlicher ist, wer zur Tatzeit zwischen 14 und 18 Jahren alt ist. Heranwachsender ist, wer zwischen 18 und 21 Jahren alt ist. Die Rechtsfolgen können für Heranwachsende freilich auch nach dem Erwachsenenstrafrecht festgesetzt werden; entscheidend ist, ob die Art der Tat und der Reifegrad des Angeklagten mehr auf ein jugendtümliches Verhalten – dann wird er wie ein Jugendlicher behandelt – hinweisen oder nicht.

Die Sanktionen im Jugendstrafrecht haben in erster Linie erzieherischen Charakter. Als mildeste Reaktion kommen die → *Erziehungsmaßregeln* in Betracht. Als nächste Stufe sind die → *Zuchtmittel* heranzuziehen, bei denen der „Denkzettel" für den jugendlichen Täter hauptsächlicher Strafzweck ist. Jugendstrafe darf nur verhängt werden, wenn beim Täter schädliche Neigungen bekämpft werden müssen oder wenn eine besonders schwere Straftat wie etwa ein → *Raub* abzuurteilen ist.

Für die Verfahren gegen Jugendliche und Heranwachsende – dies gilt meist auch, wenn zusätzlich Erwachsene am Prozess beteiligt sind – sind fast immer die Jugendgerichte zuständig. Sie werden bei den → *Amtsgerichten* in Form des Jugendrichters und des Jugendschöffengerichts und beim Landgericht in Form der Jugendkammer gebildet. Das Verfahren selbst weicht in vielen Punkten vom normalen Strafverfahren ab: Gegen Jugendliche wird nicht öffentlich verhandelt, die Möglichkeiten einer vereinfachten Abwicklung (→ *Bagatellstrafsachen)* sind erweitert und auf die Beschleunigung – die Strafe soll „auf dem Fuße" folgen – wird großer Wert gelegt. Dies führt auch zu einer Einschränkung der Rechtsmittel.

Schließlich gibt es, um die soziale Einordnung jugendlicher Straftäter zu erleichtern, auch Besonderheiten bei der Eintragung rechtskräftiger Verurteilungen: Im → *Zentralregister* wird nur Jugendstrafe eingetragen; die übrigen Sanktionen kommen lediglich in das → *Erziehungsregister.* Damit tauchen Erziehungsmaßregeln und Zuchtmittel auch im → *Führungszeugnis* nicht auf.

Jugendstrafe

Eine Jugendstrafe wird verhängt, wenn in der Tat eines Jugendlichen – oder eines nach Jugendstrafrecht zu beurteilenden Heranwachsenden – schädliche Neigungen sichtbar werden. Darunter versteht man einen Hang zur kriminellen Lebensführung, der insbesondere aus einer wiederholten Straffälligkeit deutlich werden kann.

Ferner wird Jugendstrafe verhängt, wenn es die Schwere der Schuld gebietet. Dies wird vor allem bei → *Verbrechen* in Betracht kommen.

Aber auch bei der Jugendstrafe steht der Erziehungsgedanke im Vordergrund. Dies äußert sich vor allem darin, dass das Mindestmaß einer Jugendstrafe 6 Monate beträgt, weil diese Zeit mindestens erforderlich ist, um auf einen Jugendlichen nachhaltig einwirken zu können. Das Höchstmaß der Jugendstrafe beträgt grundsätzlich 5 Jahre. Lediglich bei Verbrechen wie → *Mord,* die im allgemeinen Strafrecht mit mehr als 10 Jahren Freiheitsstrafe bedroht sind, erhöht sich diese Grenze auf 10 Jahre. Diese Grenzen für die Strafhöhe gelten auch, wenn ein Jugendlicher wegen mehrerer Taten verurteilt wird, wobei die Jugendstrafe als → *Einheitsstrafe* festgesetzt wird.

Eine → *Strafaussetzung* zur Bewährung ist aber bei Jugendstrafen bis zu 2 Jahren und nach der teilweisen Verbüßung möglich. Schließlich orientiert sich auch der Jugendstrafvollzug in erster Linie am Erziehungsgedanken.

Juristische Person

Unter einer „juristischen Person" versteht man die Zusammenfassung von Personen und Sachen zu einer rechtlich geregelten Organisation. Dieser Organiation hat die Rechtssordnung Rechtsfähigkeit verliehen, so dass die juristische Person selbständig Träger von eigenen Rechten und Pflichten sein kann. Sie ist daher im Ergebnis rechtlich einer natürlichen Person weitestgehend gleichgestellt. Trotz Streits über die Rechtsnatur der juristischen Person besteht jedenfalls darüber Einigkeit, dass sie nur durch ihre Organe tätig werden kann. So muss etwa beim Abschluss eines → *Rechtsgeschäftes* oder im → *Zivilprozess* für eine Gesellschaft mit beschränkter Haftung (→ *GmbH*) deren Geschäftsführer für sie tätig werden. Neben juristischen Personen des Privatrechts (etwa auch → *Aktiengesellschaft,* rechtfähiger Verein) gibt es auch juristische Personen des öffentlichen Rechts (wie etwa den Fiskus, die Gemeinden als Körperschaften, die Industrie- und Handelskammer als Anstalt).

Justizverwaltung

Unter Justizverwaltung versteht man diejenige Tätigkeit der Justiz, die nicht in der Rechtspflege besteht. Dies ist einmal die Organisation des Justizbetriebs, zum anderen die Dienstaufsicht über sämtliche Organe der Rechtspflege, also auch Rechtsanwälte und Notare.

Justizverwaltungsakt

Ein Justizverwaltungsakt ist eine Regelung der Justizverwaltung mit Wirkung nach außen außerhalb der Rechtspflege. Beispiele sind etwa Hausstrafen gegen Strafgefangene oder die Entscheidung über Akteneinsicht nach Abschluss eines Verfahrens. Auch ein Justizverwaltungsakt kann gerichtlich überprüft werden. Zuständig hierfür ist ein Senat des Oberlandesgerichts.

K

Kammer → *Strafkammer*, → *Senat (Gerichtsverfassung)*, → *Arbeitsgericht*

Kapitalanteil

Ein Kapitalanteil ist der auf einen bestimmten Geldbetrag lautende Anteil eines Gesellschafters an einer → *Offenen Handelsgesellschaft* oder einer → *Kommanditgesellschaft*. Nach § 120 Abs. 2 HGB richtet er sich nach den wechselnden Beteiligungen am Geschäftsvermögen, da ihm Gewinne zugeschrieben und Verluste abgeschrieben werden. Im Gesellschaftsvertrag kann aber auch ein unveränderlicher Kapitalanteil festgeschrieben werden. Der wechselnde Kapitalanteil kann auch negativ werden.

Kapitalerhöhung

Unter einer Kapitalerhöhung versteht man die Erhöhung des → *Grundkapitals* bei der → *Aktiengesellschaft*. Sie erfolgt durch Ausgabe neuer Aktien und bedarf eines Beschlusses in der → *Hauptversammlung*. Man unterscheidet die effektive Kapitalerhöhung, bei der neue Einlagen in die Gesellschaft eingebracht werden, von der nominellen Erhöhung, die aus Gesellschaftsmitteln bewirkt wird. Die näheren Einzelheiten sind in §§ 182ff. Aktiengesetz geregelt.

Kapitalertragsteuer

K. ist die bei inländischen und bestimmten ausländischen Kapitalerträgen erhobene Einkommensteuer durch Abzug vom Kapitalertrag (§ 43 Abs. 1 EStG). Schuldner der Kapitalertragsteuer ist in der Regel der Gläubiger der Kapitalerträge. Der Schuldner der Kapitalerträge hat die Steuer einzubehalten und für Rechnung des Gläubigers an das → *Finanzamt* abzuführen. Die Höhe der Kapitalertragsteuer ist in §43a EStG geregelt und beträgt i.d.R. 25 v. H. des Kapitalertrags. Sie wird auf die Einkommensteuerschuld angerechnet (§36 Abs. 2 Nr. 2 EStG).

Wird dem zum Steuerabzug Verpflichteten ein **Freistellungsauftrag** des Gläubigers der Kapitalerträge nach dem amtlich vorgeschriebenen Vordruck erteilt oder eine Nichtveranlagungsbescheinigung des Wohnsitzfinanzamtes vorgelegt, findet der Steuerabzug nicht statt.

▸ Kapitalgesellschaft

Eine Kapitalgesellschaft ist eine rechtsfähige Gesellschaft (→ *juristische Person*), bei der die reine Kapitalbeteiligung der Gesellschafter im Vordergrund steht und nicht deren persönliche Mitarbeit (wie bei den Personengesellschaften). Die Gesellschafter haften auch nicht persönlich und können ihre Anteile leicht veräußern oder sonst übertragen. Zu den Kapitalgesellschaften gehören insbesondere die → *Aktiengesellschaft* und die Gesellschaft mit beschränkter Haftung (→ *GmbH*).

▸ Kapitalherabsetzung

Eine Kapitalherabsetzung ist bei der → *Aktiengesellschaft* die Herabsetzung des → *Grundkapitals.* Dies erfordert eine Satzungsänderung in der → *Hauptversammlung.* Bei der Herabsetzung werden regelmäßig die Nennbeträge der Aktien herabgesetzt oder die Aktien zusammengelegt. Häufig ist die Kapitalherabsetzung eine Maßnahme, um erhebliche Verluste abzufangen. Teilweise erfolgt die Herabsetzung aber auch, um Stammkapital an die Gesellschafter zurückzahlen zu können oder es den Rücklagen zuzuführen.

▸ Kapitalvermögen

Einkünfte aus Kapitalvermögen sind → *Überschusseinkünfte,* die der Einkommenbesteuerung unterliegen (§2 Abs. 1 EStG).

(1) Zu den Einkünften gehören nach §20 EStG u. a. Gewinnanteile (Dividenden), Erträge aus Aktien, Erträge aus Anteilen an

→ *GmbHs*, Einnahmen aus Beteiligung an einem Handelsgewerbe als stiller Gesellschafter und aus partiarischen Darlehen, Zinsen aus → *Hypotheken* und → *Grundschulden*, Erträge aus sonstigen Kapitalforderungen aller Art, insbesondere Bankguthaben. Soweit Einkünfte aus Kapitalvermögen zu den Einkünften aus → *Land- und Forstwirtschaft*, aus → *Gewerbebetrieb*, aus → *selbständiger Arbeit* oder → *Vermietung und Verpachtung* gehören, sind sie diesen Einkunftsarten zuzurechnen.

(2) Von den Einnahmen aus Kapitalvermögen kann der Steuerpflichtige einen Werbungskostenpauschbetrag in Höhe von 51 EUR in Abzug bringen, zusammenveranlagte Ehegatten 102 EUR (§ 9 a Nr. 2 EStG), ferner einen Sparerfreibetrag in Höhe von 1150 EUR, zusammen veranlagte Ehegatten 3100 EUR (§ 20 Abs. 4 EStG). Der Sparerfreibetrag und der für Ehegatten gemeinsame Sparerfreibetrag dürfen nicht höher sein als die um die Werbungskosten geminderten Kapitalerträge (→ *Veranlagungsarten*).

Kartell

Unter einem Kartell versteht man Vereinbarungen miteinander im Wettbewerb stehender Unternehmen zur Verhinderung , Einschränkung oder Verfälschung des Wettbewerbs. Gleichgestellt sind Beschlüsse von Unternehmervereinigungen und abgestimmte Verhaltensweisen mit derselben Wirkung.

Von dem Verbot derartiger Verhaltensweisen (= Kartellverbot) gibt es einige im Gesetz abschließend aufgezählte Ausnahmen. Die wichtigste Kartellbehörde ist das Bundeskartellamt. Eine gerichtliche Überprüfung der Entscheidung von Kartellbehörden erfolgt vor dem → *Oberlandesgericht* und im Rechtsbeschwerdeverfahren vor dem → *Bundesgerichtshof*.

Kaskoversicherung

Die Kaskoversicherung tritt im Gegensatz zur → *Haftpflichtversicherung*, die Ansprüche des Geschädigten reguliert, für Schäden am versicherten Kraftfahrzeug ein. Es gibt sie in Form der Teilkaskoversicherung, die nur gewisse Risiken wie Brand, Diebstahl oder Glasbruch umfasst, und in Form der Vollkaskoversicherung, die insbesondere auch Schutz bei Beschädigung oder Zerstörung des versicherten Fahrzeugs durch einen Unfall bietet. Sowohl die Teilkasko- als auch die Vollkaskoversicherung können mit und ohne Selbstbeteiligung abgeschlossen werden.

Für die Eintrittspflicht der Vollkaskoversicherung ist es grundsätzlich unerheblich, ob ein Dritter oder der Versicherte – diesem gleichgestellt sind Personen, die das Fahrzeug mit seinem Einverständnis benutzen – den Schaden verschuldet hat. Führt allerdings der Versicherte den Schaden vorsätzlich oder durch grobe Fahrlässigkeit – das kann zum Beispiel das Übersehen eines Rotlichts sein – herbei, so entfällt eine Zahlungspflicht der Vollkaskoversicherung.

Kassenarzt

Die wesentlichen Naturalleistungen der gesetzlichen → *Krankenversicherung,* die Heilbehandlung bei Krankheiten, werden durch besonders zugelassene → *Ärzte* und Zahnärzte erbracht. Die Zulassung wird nach Ableistung einer entsprechenden Vorbereitungszeit von einem Zulassungsausschuss, der paritätisch mit Vertretern der Ärzte und Krankenkassen besetzt ist, durch → *Verwaltungsakt* ausgesprochen. Verletzt ein Kassenarzt gröblich seine Pflichten, kann ihm die Zulassung entzogen werden. Die Kassenärzte bilden für den Bereich eines Landes eine Kassenärztliche Vereinigung, eine Körperschaft des öffentlichen Rechts. Die kassenärztliche Versorgung wird grundsätzlich durch schriftliche Verträge zwischen den Kassenärztlichen Vereinigungen und den Krankenkassen sichergestellt. Kassenärzte haben gegenüber den Krankenkassenpatienten keinen unmittelbaren Honoraranspruch. Ihre Vergütung erhalten sie von der Kassenärztlichen Vereinigung, welche die Gesamtvergütung, die sie von den Krankenkassen erhält, nach ihrem Verteilungsmaßstab an die einzelnen Ärzte verteilt. Unabhängig von der Frage, ob zwischen Kassenarzt und Patient ein bürgerlich-rechtliches Vertragsverhältnis besteht, ist der Kassenarzt gegenüber dem zu Behandelnden zur Sorgfalt nach den Vorschriften des Bürgerlichen Gesetzbuchs verpflichtet.

Kauf

Der Kauf ist ein schuldrechtlicher → *gegenseitiger Vertrag*. Durch diesen wird der Verkäufer verpflichtet, den gekauften Gegenstand mangelfrei zu übergeben und zu übereignen; den Käufer trifft die Pflicht, den Kaufpreis zu zahlen und die Sache abzunehmen (§ 433 BGB). Es können sowohl (bewegliche und unbewegliche) Sachen als auch Rechte (zum Beispiel Forderungen) verkauft werden. Die Sachen können individuell (etwa ein gebrauchtes Auto) oder nur der Gattung nach (ein neues Auto eines bestimmten Fahrzeugtyps) bestimmt sein. In den §§ 433 ff. BGB sind auch speziell die Folgen geregelt, wenn die verkaufte Sache mangelhaft ist oder etwa die Frage, ab welchem Zeitpunkt die → *Gefahrtragung* auf den Käufer übergeht. Zu beachten ist jedoch, dass durch den Kaufvertrag nur schuldrechtliche Beziehungen entstehen, dass sich die dingliche Rechtslage hierdurch aber noch nicht ändert. Das Eigentum an der verkauften Sache oder an dem zu zahlenden Geld geht erst durch ein gesondertes („abstraktes") dingliches Rechtsgeschäft (Übereignung nach § 929 BGB) über. Sonderfälle des Kaufs sind der Kauf unter Eigentumsvorbehalt (§ 449 BGB), der Kauf auf Probe (§§ 454 f. BGB), der Wiederkauf (§§ 456 ff. BGB), das → *Vorkaufsrecht* (§§ 463 ff. BGB) und der → *Verbrauchsgüterkauf* (§§ 474 ff. BGB).

Kaufmann

Wer ein → *Handelsgewerbe* betreibt, ist Kaufmann (§ 1 HGB). Nur er kann eine → *Firma* führen oder → *Prokura* erteilen.

Kausalität

Die Frage nach der Kausalität, also der Ursächlichkeit, befasst sich mit der Zurechenbarkeit eines Handelns oder Unterlassens zu einem Erfolg. Im Strafrecht wird jedes Verhalten als kausal angesehen, das eine Bedingung für den eingetretenen Erfolg gesetzt hat, selbst wenn noch weitere Ursachen hinzutreten. Wird also jemand bei einem Verkehrsunfall leicht verletzt, kommt er deshalb ins Krankenhaus und wird er dort mit einem tödlichen Krankheitserreger infiziert, der zu seinem Ableben führt, so war der Unfall für seinen Tod kausal. Einer Ausuferung der strafrechtlichen Verantwortlichkeit wird aber dadurch begegnet, dass die Kausalität nur eine von mehreren für eine Strafbarkeit notwendigen Voraussetzungen ist.

Kaution → *Sicherheitsleistung*

Kettenarbeitsvertrag

Ein K. ist gegeben, wenn mehrere befristete Arbeitsverträge so aneinandergereiht werden, dass **mit Fristablauf eines Arbeitsvertrags jeweils ein neuer befristeter Arbeitsvertrag beginnt**. Mehrfach befristete Arbeitsverträge sind **nicht in jedem Fall unzulässig**. Ihre Zulässigkeit richtet sich nach den Vorschriften des Teilzeit- und Befristungsgesetz – TzBfG – (→ *Befristung).* Bei Befristungen aus sachlichem Grund (§ 14 Abs. 1 TzBfG) steigen bei mehrfacher Befristung – also bei einem Kettenarbeitsverhältnis – die Anforderungen an den Sachgrund der Befristung. Insbesondere können auch Anzahl und Dauer der Befristungen Indizien für das Fehlen eines Sachgrunds sein.

KG → *Kommanditgesellschaft*

Kilometerpauschale → *Entfernungspauschale*

Kinderbetreuungskosten

K. sind nach § 33 c EStG mit Wirkung ab Veranlagungszeitraum 2002 als → *außergewöhnliche Belastungen* abzugsfähig, soweit sie je Kind 1548 EUR übersteigen, wenn der Steuerpflichtige entweder erwerbstätig ist, sich in Berufsausbildung befindet, körperlich, geistig oder seelisch behindert oder krank ist. Bei zusammen lebenden Eltern müssen beide Elternteile die Voraussetzungen erfüllen. Leben Elternteile nicht zusammen, kann jeder Elternteil Aufwendungen abziehen, wenn sie in 2002 je Kind 774 EUR übersteigen. Aufwendungen sind in Höhe von 750 EUR abzugsfähig, in Einzelfällen gemäß § 33 Abs. 2 EStG in Höhe von 1500 EUR. Für volle Kalendermonate, in denen die Anspruchsvoraussetzungen nicht vorliegen, ermäßigt sich der Abzugsbetrag um 1/12.

Kindererziehungszeiten

In der gesetzlichen → *Rentenversicherung* werden Zeiten der Erziehung eines Kindes in dessen ersten drei Lebensjahren, wenn diese im Bundesgebiet erfolgt, berücksichtigt. Für diese Zeit gelten Versicherungsbeiträge als bezahlt. Anzurechnen ist die Zeit für den Elternteil, der das Kind erzogen hat; bei gemeinsamer Erziehung können die Eltern bestimmen, wem die Zeit zuzuordnen ist.

Werden mehrere Kinder gleichzeitig erzogen, wird die Erziehungszeit um die Monate der gleichzeitigen Erziehung verlängert. In bestimmten Fällen sieht das Gesetz einen Ausschluss von der Anrechnung vor. Zeiten der Erziehung eines Kindes bis zu dessen 10. Lebensjahr können als → *Berücksichtigungszeit* rentenrechtlich von Bedeutung sein. Die Einzelheiten sind im Sechsten Buch des → *Sozialgesetzbuchs* geregelt.

Kinderfreibetrag → *Familienleistungsausgleich*

Kindergeld

K. wird im Rahmen des → *Familienleistungsausgleichs* als Steuervergünstigung monatlich gezahlt. Das Kindergeld beträgt seit 2002 für das erste bis dritte → *Kind* je 154 EUR, ab dem vierten Kind und für jedes weitere Kind jeweils 179 EUR. Das Kindergeld wird von den Familienkassen ausgezahlt, für Angehörige des öffentlichen Dienstes durch den → *Arbeitgeber*. Familienkassen sind bei den Arbeitsämtern gebildet. Nur in Ausnahmefällen wird Kindergeld noch nach den Bestimmungen des Bundeskindergeldgesetzes gewährt.

Kindergeld wird auf den geschuldeten Kindesunterhalt in der Regel zur Hälfte angerechnet, ausnahmsweise indes nicht, wenn Kindesunterhalt nicht in Höhe von 135 v. H. des → *Regelbetrages* bezahlt wird.

▶ Kinder im Steuerrecht

Als Kinder werden steuerrechtlich berücksichtigt die im ersten Grad mit dem Steuerpflichtigen verwandten → *Kinder,* → *Pflegekinder,* wenn zu den leiblichen Eltern kein Pflege- und Obhutsverhältnis mehr besteht, adoptierte Kinder. Ein Kind wird in dem Kalendermonat, in dem es lebend geboren wurde, bis zur Vollendung des 18. Lebensjahres, ohne dass es darauf ankommt, welche Einkünfte das Kind hat, berücksichtigt. Ab Vollendung des 18. Lebensjahres wird ein Kind berücksichtigt, wenn es noch nicht das 21. Lebensjahr vollendet hat, arbeitslos ist oder wenn es noch nicht das 27. Lebensjahr vollendet hat, für einen Beruf ausgebildet wird oder sich einer Übergangszeit von höchstens vier Monaten befindet, die zwischen zwei Ausbildungsabschnitten oder zwischen einem Ausbildungsabschnitt und der Ableistung des gesetzlichen Wehr- und Zivildienstes oder einer davon befreienden Tätigkeit liegt. Das Kind wird ferner berücksichtigt, wenn es ein freiwilliges soziales oder freiwilliges ökologisches Jahr ableistet und wenn ein Kind körperlich geistig oder seelisch behindert ist und die Behinderung vor Vollendung des 27. Lebensjahres eingetreten ist.

Eigene → *Einkünfte* bzw. Bezüge des volljährigen Kindes, die kalenderjährlich gesetzlich festgelegte Höchstbeträge übersteigen (2002: 7188 EUR), führen zum Wegfall der Kindergeldbezugsberechtigung.

▶ Kinder im Zivilrecht

K. im Sinne des BGB sind die → *Abkömmlinge* ersten Grades (→ *Erbfolge).* Mit dem zum 1.7.1998 in Kraft getretenen Kindschaftsrecht sind von Gesetzes wegen alle Kinder gleichgestellt. Das Gesetz unterscheidet nicht mehr zwischen ehelichen und nichtehelichen Kindern. Diese Begriffe tauchen im Gesetz nicht mehr auf. Es gibt nur noch Kinder, die in einer Ehe geboren sind oder Kinder, die nicht in einer Ehe geboren sind.

▶ Kirchensteuer

Religionsgemeinschaften, die Körperschaften des öffentlichen Rechts sind, sind gemäß Art. 140 GG mit Verweis auf Art. 137

Abs. 6 der Weimarer Verfassung berechtigt, Steuern zu erheben. Die Bundesländer haben entsprechend der verfassungsrechtlichen Vorgabe Gesetze über die Erhebung der Kirchensteuer erlassen. Darin sind jeweils Bemessungsgrundlage, Schuldner und Gläubiger, Verwaltung und Vollstreckung der Kirchensteuer geregelt.

(1) Steuerschuldner ist jeweils das Mitglied der betreffenden Kirche, wobei sich der Erwerb der Mitgliedschaft nach dem inneren Kirchenrecht richtet. Ein Austritt aus der Kirche ist in der Regel gegenüber dem → *Standesamt* zu erklären.

(2) Die Kirchensteuer wird als Zuschlagsteuer zur → *Einkommensteuer* bzw. → *Lohnsteuer* erhoben, in einigen Bundesländern als Zuschlag zur → *Grundsteuer.* Der Steuersatz schwankt je nach Bundesland zwischen 8 und 9 v. H.

(3) Bei konfessionsverschiedener → *Ehe* gilt gesetzlich Halbteilung, d. h. die Kirchensteuer bemißt sich nach der Hälfte des zusammengerechneten Einkommens der Ehegatten. Bei glaubensverschiedener Ehe gilt ausnahmslos der Grundsatz der Individualbesteuerung. Bei Zusammenveranlagung der Ehegatten (→ *Veranlagungsarten)* hat die gesonderte Feststellung der Steuerbemessungsgrundlage für den kirchensteuerpflichtigen → *Ehegatten* zu erfolgen.

(4) Gezahlte Kirchensteuer ist → *Sonderausgabe* (§ 10 Abs. 1 Nr. 4 EStG).

▸ Klage

Eine Klage ist eine → *Prozesshandlung,* durch die der Kläger beim → *Gericht* um Rechtsschutz gegen den Beklagten nachsucht. Durch die → *Klageerhebung* wird ohne Rücksicht auf die → *Zulässigkeit* und Begründetheit der Klage zwischen den Parteien ein Prozessrechtsverhältnis begründet. Man unterscheidet → *Leistungsklagen,* → *Feststellungsklagen* und → *Gestaltungsklagen.* Siehe auch → *Klageerhebung* und → *Klageschrift.*

▸ Klageänderung

Eine Klageänderung liegt vor, wenn der Kläger in demselben Streitverfahren seinen Klageantrag ändert (etwa statt Zahlung nun Rückübereignung eines Bildes verlangt) oder seinen Antrag nunmehr auf einen anderen Lebenssachverhalt stützt, ihn also anders begründet (also zum Beispiel Zahlung nun nicht mehr wegen eines Kaufvertrages, sondern aufgrund eines später geschlossenen Darlehensvertrages verlangt). Im Zivilprozess (§ 263 ZPO) ist eine Klageänderung nach → *Rechtshängigkeit* nur mehr möglich, wenn der Beklagte zustimmt oder das Gericht sie als sachdienlich erachtet (etwa weil eine bereits durchgeführte Beweisaufnahme auch für den geänderten Antrag von Bedeutung ist). Im Verwaltungsprozess gelten diese Grundsätze entsprechend.

▸ Klageerhebung

Die Klageerhebung erfolgt im → *Zivilprozess* durch → *Zustellung* einer Klageschrift (§ 253 ZPO). Während des Prozesses können aber auch zum Beispiel Klageerweiterungen oder sonstige → *Klageänderungen* in der mündlichen Verhandlung geltend gemacht werden (§ 261 ZPO). Klagen zum → *Amtsgericht* können schließlich auch zu Protokoll der Geschäftsstelle eines jeden Amtsgerichtes erklärt werden (§§ 496, 129 a ZPO). Durch die Klageerhebung wird die → *Rechtshängigkeit* begründet. Im Verwaltungsprozess wird die Klage durch Einreichung eines Schriftsatzes bei Gericht erhoben; sie kann aber auch zu Protokoll des Urkundsbeamten der Geschäftsstelle erhoben werden.

▸ Klagerücknahme

Eine Klagerücknahme ist das Gegenstück zur → *Klageerhebung* und bedeutet, dass der Kläger sein Rechtsschutzbegehren gegenüber dem Gericht widerruft, er also keine gerichtliche Entscheidung mehr haben möchte. Der Kläger verliert dadurch jedoch nicht sein Recht, den materiellen Anspruch erneut einzuklagen; es wird lediglich davon ausgegangen, dass der Rechtsstreit nicht anhängig geworden ist (§ 269 Abs. 3 ZPO). Um den Beklagten davor zu schützen, dass er wegen der gleichen Sache mehrfach mit Gerichtsverfahren überzogen wird, ist im Zivilprozess eine Klagerücknahme ab Beginn der → *mündlichen Verhandlung* nur mehr mit Einwilligung des Beklagten möglich. Im Verwaltungsprozess gelten im Wesentlichen die gleichen Grundsätze.

▶ Klageschrift

Die Klageschrift ist im → *Zivilprozess* ein Schriftsatz, durch dessen → *Zustellung* die Klage erhoben (→ *Klageerhebung)* wird (§ 253 Abs. 1 ZPO). Sie muss mindestens die Bezeichnung der Parteien und des Gerichts, einen bestimmten Klagegrund und einen bestimmten Klageantrag enthalten (§ 253 Abs. 2 ZPO). Der Klageantrag ist dabei so genau zu formulieren, dass er im → *Urteil* als Tenor übernommen werden kann (dass also die → *Zwangsvollstreckung* daraus betrieben werden könnte). Im Verwaltungsprozess werden wegen der dort geltenden Amtsermittlungspflicht (→ *Verfahrensgrundsätze)* geringere Anforderungen an den Inhalt der Klageschrift gestellt; insbesondere ist die Stellung eines bestimmten Antrags nicht zwingend vorgeschrieben; dieser muss erst in der mündlichen Verhandlung gestellt werden.

▶ Kleingedrucktes → *Allgemeine Geschäftsbedingungen*

▶ Kleinkraftrad

Unter diesen Begriff fallen Krafträder mit Elektroantrieb oder mit einem Hubraum von nicht mehr als 50 cm^3 und einer Höchstgeschwindigkeit von nicht mehr als 45 km/h. Sie dürfen mit der → *Fahrerlaubnis* der Klasse M frühestens ab 16 Jahren geführt werden.

▶ Koalitionsfreiheit

Nach Art. 9 Abs. 3 GG ist für jedermann das Grundrecht gewährleistet, zur Wahrung und Förderung der Arbeits- und Wirtschaftsbedingungen Vereinigungen zu bilden (= Vereinigungsfreiheit). Es können Arbeitnehmer einerseits und Arbeitgeber andererseits Koalitionen bilden, um dadurch kollektiv Mitgliederinteressen wahrzunehmen. Der einzelne → *Arbeitnehmer* bzw. → *Arbeitgeber* hat das Recht, einer Koalition beizutreten und sich in ihr zu betätigen (= positive Koalitionsfreiheit); garantiert ist aber auch das Recht einer Koalition fernzubleiben (= negative Koalitionsfreiheit). Maßnahmen, z. B. die Benachteiligung von Gewerkschaftsmitgliedern (→ *Gewerkschaft*), die dagegen gerichtet werden, sind nichtig (sog. Drittwirkung des Grundrechts im Privatrechtsbereich). Geschützt ist mittelbar auch das Streikrecht (→ *Streik*).

Die Vereinigungen sind zur kollektiven Gestaltung der Arbeitsbedingungen durch → *Tarifverträge* befugt (sog. Tarifautonomie).

▶ Körperliche Untersuchung

Die Strafprozessordnung lässt körperliche Untersuchungen beim Beschuldigten und bei → *Zeugen* grundsätzlich zu, soweit dies zur Aufklärung eines bestimmten Sachverhalts notwendig ist. Dabei ist zu unterscheiden zwischen Untersuchungen am Körper – etwa ein Entkleiden des Oberkörpers, um die Existenz einer Tätowierung auf der Brust überprüfen zu können – und körperlichen Eingriffen wie der Blutentnahme (→ *Blutprobe).* Erfolgt ein körperlicher Eingriff gegen den Willen des Betroffenen, so darf er nur von einem Arzt durchgeführt werden. Weiter darf er keine erheblichen Gefahren für die Gesundheit befürchten lassen – was etwa eine zwangsweise Abnahme von Urin unzulässig macht – und darf nicht außer Verhältnis zur Bedeutung der Sache stehen.

▶ Körperschaftsteuer

K. wird aufgrund des Körperschaftsteuergesetzes (KStG) erhoben. Ihr Aufkommen steht dem Bund und den Ländern zu (Art. 106 Abs. 3 GG). Die Körperschaftsteuer ist die Einkommensteuer der → *Kapitalgesellschaften* (z. B. AG, → *GmbH*) und der anderen in § 1 KStG genannten Vereinigungen.

(1) Die Körperschaftsteuer bemißt sich nach dem zu versteuernden Einkommen, das nach § 8 Abs. 1 KStG mit Verweis auf die Bestimmungen des Einkommensteuerrechts ermittelt, um nichtabziehbare Aufwendungen (§ 10 KStG) erhöht und um abziehbare Aufwendungen (§ 9 KStG) sowie um Freibeträge (§§ 24 und 25 KStG) vermindert wird. Besteuerungszeitraum ist das Kalenderjahr. Die Körperschaftsteuer ist eine Jahressteuer. Der Steuersatz beträgt in 2002 25 v. H. und für 2003 26,5 v. H. (→ *Flutopfer-Solidaritätsgesetz)*.

(2) Sondervorschriften gelten für den Übergang vom Anrechnungsverfahren zum → *Halbeinkünfteverfahren,* für die Feststellung von Körperschaftsteuerguthaben, -minderungen und -erhöhungen (§§ 36 ff. KStG).

▸ Körperverletzung

Die körperliche Misshandlung oder die Beschädigung der Gesundheit eines anderen wird als Körperverletzung bezeichnet. Unter einer körperlichen Misshandlung ist jede Einwirkung zu verstehen, die die körperliche Unversehrtheit – wie etwa ein Messerstich – oder das körperliche Wohlbefinden – wie etwa ein Schlag – nicht nur ganz unerheblich beeinträchtigt. Eine Gesundheitsbeschädigung ist jedes Hervorrufen oder Steigern eines Krankheitszustands.

Neben der vorsätzlichen oder der fahrlässigen Körperverletzung – die, falls die Staatsanwaltschaft sie nicht von sich aus verfolgt, zu den → *Antragsdelikten* gehören – gibt es noch weitere Tatbestände in diesem Bereich. Die wichtigsten sind: Eine gefährliche Körperverletzung liegt vor, wenn der Täter zur Tat eine Waffe – etwa ein Messer – oder ein anderes „gefährliches Werkzeug" – etwa einen Holzscheit – verwendet hat. Weitere Fälle der gefährlichen Körperverletzung sind der „hinterlistige Überfall" – also ein verdeckter Angriff, die gemeinschaftlich – also von mindestens zwei Tätern – begangene Körperverletzung, die Beibringung von Gift oder anderen gesundheitsschädlichen Stoffen und die „lebensgefährdende Behandlung". Für letztere genügt, dass die Art der Tatbegehung – wie etwa das Anfahren eines Fußgängers mit einem Kraftfahrzeug – an sich geeignet ist, eine Lebensgefahr herbeizuführen. Ein wichtiger Fall dieser Begehungsmodalität der gefährlichen Körperverletzung ist auch der ungeschützte Sexualkontakt einer mit → *AIDS* infizierten Person mit anderen.

Eine schwere Körperverletzung, die zu den → *erfolgsqualifizierten Delikten* gehört, ist gegeben, wenn das Opfer als Folge der Körperverletzung wichtige Körperglieder – etwa einen Arm –, das

Sehvermögen auf mindestens einem Auge oder sonstige wichtige Körperfunktionen verliert, es dauernd entstellt wird oder in Lähmung, Siechtum oder Geisteskrankheit verfällt.

Die Körperverletzung mit Todesfolge schließlich ist ein Tatbestand, der den ungewollt tödlichen Ausgang einer vorsätzlich begangenen Körperverletzung unter eine besonders hohe Strafe stellt.

Nach der Rechtsprechung stellt jeder - also auch der sachgerecht durchgeführte - ärztliche Heileingriff Körperverletzung dar. Seine Rechtswidrigkeit kann nur durch eine wirksame → *Einwilligung* beseitigt werden. Weitere wichtige Rechtfertigungsgründe für eine Körperverletzung sind verschiedene hoheitliche Befugnisse, die wie bei der → *körperlichen Untersuchung* zu Eingriffen berechtigen.

▶ Kollektives Arbeitsrecht → *Arbeitsrecht*

▶ Kommanditgesellschaft (KG)

Unter einer KG versteht man eine → *Gesellschaft*, deren Zweck auf den Betrieb eines → *Handelsgewerbes* unter gemeinschaftlicher → *Firma* gerichtet ist. Sie hat jeweils mindestens einen unbeschränkt (Komplementär) und beschränkt (Kommanditisten) haftenden Gesellschafter. Während also der oder die Komplementäre den Gläubigern der KG für deren Verbindlichkeiten unmittelbar und unbeschränkt mit ihrem gesamten Vermögen haften, ist die Haftung des oder der Kommanditisten regelmäßig auf deren Einlage beschränkt. In der Praxis tritt am weitaus häufigsten die GmbH & Co. KG auf. Bei dieser Art der Gesellschaft wird die rechtstechnisch unbeschränkte Haftung - komplementär ist die → *GmbH*, die mit ihrem „gesamten" Vermögen haftet - faktisch zur beschränkten, weil auch das Haftungskapital der GmbH ja gerade eingeschränkt ist.

▶ Kommission der EG → *EG-Kommission*

Kommission(sgeschäft)

Ein Kommissionsgeschäft ist ein Handelsgeschäft, bei dem ein Kaufmann (der Kommissionär) gegen Entgelt – meist auf Provisionsbasis – Waren oder Wertpapiere im eigenen Namen, aber für Rechnung eines Dritten (des Kommittenten) kauft oder verkauft.

Kommunalverfassungsstreitigkeit

Bei Kommunalverfassungsstreitigkeiten geht es um rechtliche Auseinandersetzungen zwischen Organen, die am Kommunalverfassungsleben beteiligt sind und die von der Gemeindeordnung mit eigenen Rechten ausgestattet wurden. Kommunalverfassungsrechtliche Streitigkeiten sind etwa vor Gericht ausgetragene Meinungsverschiedenheiten zwischen einer im Gemeinderat vertretenen Partei und dem restlichen Gemeinderat über die Zahl der Sitze in einem → *Ausschuss,* die der Partei zustehen oder Auseinandersetzungen über die Rechtmäßigkeit einer Entscheidung des → *Bürgermeisters,* ein Ratsmitglied wegen störenden Verhaltens von der Sitzung auszuschließen. Zuständig für derartige Rechtsstreitigkeiten sind die → *Verwaltungsgerichte;* richtige Klageart ist die allgemeine → *Leistungsklage* oder die → *Feststellungsklage,* da derartige Handlungen mangels Außenwirkung keine → *Verwaltungsakte* darstellen.

Kompetenz

K. ist ein anderes Wort für Zuständigkeit. Im Verwaltungsrecht wird damit die Summe der Aufgaben und Befugnisse eines bestimmten Verwaltungsorgans umschrieben. Im Verfassungsrecht bezeichnet man mit Kompetenz meist die Zuständigkeit (von Bund oder Ländern) zum Erlass von Gesetzen (Gesetzgebungskompetenz).

Konkurrentenklage

Als Konkurrentenklagen bezeichnet man solche Rechtsschutzbegehren, die ein unterlegener Bewerber um eine bestimmte Position gegen die seinem Mitbewerber günstige Verwaltungsentscheidung vor Gericht anhängig macht. Konkurrentenklagen gibt es vor allem im Beamtenrecht, im Gewerberecht und im Subventionsrecht. Damit treten ähnliche prozessuale Probleme wie bei der baurechtlichen → *Nachbarklage* auf; es ist insbesondere zu entscheiden, ob dem abgelehnten Bewerber eine Rechtsposition zukommt, die durch die Bevorzugung des anderen verletzt wird, ob also im konkreten Fall eine drittschützende Norm existiert.

▶ Konkurrenz

Dies ist der Fachbegriff für das Zusammentreffen von Straftaten. Mit der Lehre von der Konkurrenz wird geregelt, wie bei der mehrfachen Verwirklichung desselben Tatbestands durch eine Handlung (ein Autofahrer verletzt bei einem von ihm verschuldeten Unfall mehrere Personen), bei der Verwirklichung verschiedener Tatbestände durch eine Handlung (ein Räuber schlägt sein Opfer nieder, so dass neben → *Raub* auch noch → *Körperverletzung* vorliegt) oder beim Vorliegen mehrerer Straftaten (der Täter wird wegen eines → *Diebstahls* vom 20. Mai und einer → *Beleidigung* vom 10. Juni gleichzeitig belangt) zu verfahren ist.

Während bei nur einer Handlung die Strafe grundsätzlich dem schwersten Delikt – bei unserem Beispiel dem Raub – entnommen wird, wird beim Zusammentreffen mehrerer Straftaten im Erwachsenenstrafrecht (im Jugendstrafrecht wird dagegen eine → *Einheitsstrafe* gebildet) jede gesondert abgeurteilt. Aus den so gewonnenen Einzelstrafen wird dann eine → *Gesamtstrafe* gebildet.

▶ Konkurrierende Gesetzgebung

Das → *Grundgesetz* hat die Gesetzgebungskompetenz zwischen Bund und Ländern aufgeteilt. Es ist dabei zwischen der ausschließlichen Gesetzgebungskompetenz, der konkurrierenden Gesetzgebungskompetenz und der → *Rahmengesetzgebungskompetenz* zu unterscheiden. Wenn das Grundgesetz dem Bund keine → *Kompetenz* einräumt, ist die Gesetzgebung Sache der Länder. Soweit die ausschließliche Gesetzgebungskompetenz (z. B. auf dem Gebiet der Landesverteidigung) besteht, kann nur der Bund tätig werden; Gesetze der Länder sind auch dann unzulässig, wenn der Bund noch nicht gehandelt hat. Welche Rechtsgebiete dieser Form der Gesetzgebungskompetenz unterfallen, ist in Art. 73 GG geregelt. Im Rahmen der konkurrierenden Gesetzgebung können die Länder nur Gesetze erlassen, wenn und soweit der Bund noch nicht abschließende Regelungen getroffen hat; die Bundesgesetzgebung hat insofern Vorrang. Der Bund darf allerdings nur dann von seiner Kompetenz Gebrauch machen, wenn ein Bedürfnis nach bundeseinheitlicher Normsetzung besteht, wenn also die Rechtsmaterie durch die Gesetzgebung eines Landes nicht wirksam geregelt werden kann oder durch eine isolierte Regelung die Interessen eines anderen Landes oder der Gesamtheit berührt werden, insbesondere wenn die Einheit der Lebensverhältnisse sonst nicht gewahrt werden kann. Welche Rechtsbereiche zur Konkurrierenden Gesetzgebung gehören, ist in Art. 74 GG geregelt; es handelt sich dabei um fast alle wesentlichen Sachgebiete.

▶ Konkurs

Die früher mit dem Begriff des Konkurses bezeichnete Zahlungsunfähigkeit einer Person oder eines Unternehmens wird jetzt Insolvenz genannt. Die entsprechenden Begriffe wie etwa → *Insolvenzrecht* werden jetzt in der Zusammensetzung mit dem Begriff „Insolvenz" dargestellt.

▶ Kontokorrent

Unter Kontokorrent versteht man eine laufende Geschäftsverbindung mit einem Kaufmann, insbesondere einer Bank, bei der die gegenseitigen Ansprüche laufend in Rechnung gestellt und in regelmäßigen Abständen durch Verrechnung und Feststellung des sich ergebenden Saldos ausgeglichen werden.

▶ Konzern

Konzern wird ein Zusammenschluss mehrerer selbständiger → *Unternehmen* unter einer einheitlichen Leitung genannt. Beim Unterordnungskonzern werden die übrigen Unternehmen von einem leitenden Unternehmen kontrolliert und sind von diesem abhängig. Beim Gleichordnungskonzern fehlt eine solche Abhängigkeit.

Kosten → *Kostenentscheidung,* → *Kostenfestsetzung,* → *Kostenpflicht*

Kostenentscheidung

Im → *Zivilprozess* enthält nach § 308 Abs. 2 ZPO das Urteil eine von Amts wegen zu treffende Kostenentscheidung, wobei das Gericht nicht an Anträge gebunden ist. Die Kostenentscheidung ist grundsätzlich nur zusammen mit der Hauptsacheentscheidung anfechtbar (§ 99 ZPO). Im Verwaltungsprozess gelten im Wesentlichen die gleichen Grundsätze.

Die Kostenentscheidung ist auch im Strafrecht die gerichtliche Entscheidung darüber, wer die Kosten des Verfahrens zu tragen hat.

Kostenfestsetzung

Die Kostenfestsetzung erfolgt im Zivilprozess durch → *Beschluss* (§ 104 ZPO), der auf Antrag hin ergeht. Zuständig für den Erlass des Kostenfestsetzungsbescheides ist der → *Rechtspfleger* beim erstinstanzlichen Gericht. Der Kostenfestsetzungsbeschluss ist ein Vollstreckungstitel (§ 794 Abs. 1 Nr. 2 ZPO), so dass mit ihm der Kostengläubiger seinen Erstattungsanspruch auch zwangsweise durchsetzen kann. Im Verwaltungsprozess gilt Entsprechendes.

Kostenpflicht

Im → *Zivilprozess* hat grundsätzlich die unterliegende Partei die Kosten zu tragen (§§ 91 ff. ZPO). Bei teilweisem Unterliegen erfolgt eine entsprechende Quotelung der Kosten. Die Entscheidung darüber trifft das Gericht (→ *Kostenentscheidung);* lediglich bei Vergleichen ist die Festlegung der Parteien insoweit maßgeblich.

Das Verwaltungsprozessrecht enthält im Wesentlichen entsprechende Regelungen.

Im Strafverfahren hat ein Angeklagter die Kosten des Verfahrens nur zu tragen, wenn er zu einer Strafe verurteilt wird oder wenn gegen ihn eine Maßregel der Besserung und Sicherung verhängt wird. Im Falle eines Freispruchs oder einer Einstellung des Verfahrens durch das Gericht trägt grundsätzlich die Staatskasse die Kosten des Verfahrens. Dazu gehören dann auch die notwendigen Auslagen eines Angeklagten, insbesondere die gesetzlich vorgesehenen Gebühren für einen Verteidiger. Ausnahmen von diesem Grundsatz greifen nur dann ein, wenn sich der Angeklagte der Tat zunächst selbst bezichtigt hatte oder wenn er in wesentlichen Punkten unrichtige Angaben gemacht oder Entlastendes verschwiegen hatte. Letzteres gilt aber nicht, wenn der Angeklagte von seinem Schweigerecht Gebrauch gemacht hat.

Stellt dagegen die Staatsanwaltschaft ein → *Ermittlungsverfahren* oder die Verwaltungsbehörde ein Ordnungswidrigkeitenverfahren ein, so entsteht keine Kostenpflicht der Staatskasse. Ansprüche des Betroffenen können sich allenfalls unter dem Gesichtspunkt der → *Entschädigung* für Strafverfolgungsmaßnahmen ergeben.

Kraftfahrer

Als Kraftfahrer bezeichnet man diejenigen Personen, die berufsmäßig Kraftfahrzeuge führen. Sie müssen im Interesse der Verkehrssicherheit bestimmte Arbeits- und Lenkzeiten einhalten. Die Arbeitszeit – darunter fallen auch Tätigkeiten vor und nach dem Fahren wie das Beladen und Entladen – darf 12 Stunden nicht überschreiten; danach ist grundsätzlich eine Ruhezeit von mindestens 11 Stunden einzuhalten. Innerhalb der Arbeitszeit muss nach spätestens 4 1/2 Stunden eine Pause von mindestens 1/2 Stunde liegen.

Die Lenkzeit darf bei LKW über 2,8 t Gesamtgewicht und Omnibussen 9 Stunden täglich und innerhalb von 2 Wochen insgesamt 90 Stunden nicht überschreiten. Nach spätestens 4 1/2 Stunden ist hier eine Pause von mindestens 45 Minuten zu gewähren.

Kraftfahrstraße

Dies ist der vom Gesetz gebrauchte Begriff für → *Autostraße.*

Kraftfahrzeugbrief

Der Kraftfahrzeugbrief ist dasjenige Dokument, das dem Nachweis des Eigentums und anderer Rechte am Kraftfahrzeug dient. Er wird für jedes Kraftfahrzeug bei der erstmaligen Zulassung ausgestellt und ist bei jedem weiteren Vorgang, insbesondere einer Ummeldung des Fahrzeugs oder bei seiner Veräußerung, der Zulassungsstelle wieder vorzulegen. Wer ein gebrauchtes Kraftfahrzeug erwirbt, ohne sich im Kraftfahrzeugbrief über die Berechtigung des Veräußernden unterrichtet zu haben, kann an diesem Fahrzeug nicht gutgläubig Eigentum erwerben.

Im Hinblick darauf, dass der Besitz des Briefes praktisch die Verfügung über das Fahrzeug ermöglicht, sollte er sicher – vor allem aber nicht im Fahrzeug selbst – untergebracht werden.

Kraftfahrzeug-Haftpflichtversicherung → *Haftpflichtversicherung*

Kraftfahrzeugregister

Das Kraftfahrzeugregister ist ein Zentralregister, in dem bei Zuteilung eines amtlichen Kennzeichens die Daten über das zugelassene Fahrzeug, seinen Halter und die Versicherung registriert werden. Dadurch ist eine gegenseitige Zuordnung möglich, so dass etwa mit Hilfe des Kennzeichens der Halter festgestellt werden kann.

Kraftfahrzeugsteuer

K. wird erhoben aufgrund des Kraftfahrzeugsteuergesetzes (KraftStG). Das Steueraufkommen steht den Ländern zu (Art. 106 Abs. 2 Nr. 3 GG).

(1) Die Kraftfahrzeugsteuer wird erhoben für das Halten eines Kraftfahrzeugs oder Kfz-Anhängers zum Verkehr auf öffentlichen

Straßen, widerrechtliche Benutzung von Fahrzeugen, die Zuteilung von Oldtimer-Kennzeichen, die Zuteilung von roten Kennzeichen, die von einer Zulassungsbehörde im Inland zur wiederkehrenden Verwendung ausgegeben werden (§ 1 KraftStG). Steuerbefreiungen bestehen für nicht zulassungspflichtige und für bestimmte von Bund und Ländern, → *Gemeinden,* → Polizei genutzte Fahrzeuge (§ 3 KraftStG), für schwerbehinderte Personen (§ 3 KraftStG) und für besonders schadstoffreduzierte Personenkraftwagen (§ 3 b KraftStG).

(2) Steuerschuldner ist die Person, für die das Fahrzeug zugelassen ist, bei widerrechtlicher Benutzung der Benutzer.

(3) Bemessungsgrundlage für die Kraftfahrzeugsteuer ist bei Krafträdern und Personenkraftwagen der Hubraum, zusätzlich Schadstoffemission und Kohlendyoxidemission, bei anderen Fahrzeugen das verkehrsrechtlich zulässige Gesamtgewicht. Bei Fahrzeugen über 3.500 kg zusätzlich Schadstoff- und Geräuschemissionen. Der Steuersatz ist in § 9 KraftStG geregelt.

Krankengeld

K. ist eine Leistung der gesetzlichen → *Krankenversicherung.* Das Krankengeld gehört neben der Krankenpflege zu den wichtigsten Leistungen dieses Sozialversicherungszweigs. Anspruchsvoraussetzung ist neben der Versicherteneigenschaft → *Arbeitsunfähigkeit* infolge von Krankheit. Der Anspruch entsteht erst dann, wenn der Arbeitgeber nicht (mehr) zur Lohnfortzahlung verpflichtet ist. Krankengeld wird auch neben Krankenhauspflege und ähnlichen Aufenthalten als ergänzende Leistung gewährt. Der Anspruch auf Krankengeld ist grundsätzlich auf 78 Wochen innerhalb eines Zeitraums von 3 Jahren begrenzt. Es beträgt 70 v. H. des Regellohns des Versicherten. Die Einzelheiten sind im Fünften Buch des → *Sozialgesetzbuchs* (SGB V) geregelt.

Krankenkassen

Träger der gesetzlichen → *Krankenversicherung* sind die Krankenkassen. Es ist zu unterscheiden zwischen den Allgemeinen Ortskrankenkassen, den Innungskrankenkassen, den → *Betriebs-*

krankenkassen, den landwirtschaftlichen Krankenkassen, den Ersatzkassen und der Seekrankenkasse. Die Allgemeinen Ortskrankenkassen sind zuständig für die Versicherungspflichtigen und die freiwillig Versicherten, die keiner anderen Krankenkasse angehören. Die Betriebskrankenkassen sind für die im entsprechenden Betrieb Arbeitenden zuständig, die Innungskrankenkassen für die Beschäftigten der der Innung angehörenden Betriebe. Die Ersatzkassen sind für diejenigen Versicherten zuständig, denen die Satzung ein Beitrittsrecht gibt. Die Krankenkassen sind öffentlichrechtliche Selbstverwaltungskörperschaften. Organe der Krankenkassen sind die Vertreterversammlung und der Vorstand, die laufenden Geschäfte erledigt ein vom Vorstand gewählter hauptamtlicher Geschäftsführer. Vertreterversammlung und Vorstand sind grundsätzlich paritätisch mit Vertretern der Versicherten und der Arbeitgeber besetzt; Abweichendes gilt für die Ersatzkassen und die landwirtschaftliche Krankenversicherung. Die Krankenkassen sind mit Ausnahme der landwirtschaftlichen Krankenkassen zu Landesverbänden und diese zu Bundesverbänden zusammengeschlossen.

▶ Krankenversicherung

Die öffentlich-rechtliche Krankenversicherung ist ein Zweig der gesetzlichen →*Sozialversicherung.* Sie ist im Wesentlichen im Fünften Buch des →*Sozialgesetzbuchs* (SGB V) geregelt. Versicherungspflichtig sind →*Arbeiter* und Angestellte, wenn ihr Jahresarbeitsverdienst 75 v. H. der →*Beitragsbemessungsgrenze* nicht überschreitet; die Versicherungspflicht besteht auch für Zeiten der Arbeitslosigkeit fort (→*Sonderausgaben).* Der Versicherungspflicht unterliegen auch, soweit sie nicht anderweitig versichert sind, Lehrlinge, Praktikanten während eines vorgeschriebenen Berufspraktikums, Hochschulstudenten und Rentner, die Renten aus der gesetzlichen →*Rentenversicherung* erhalten. Der Versicherungspflicht unterliegen auch Personen, die in Einrichtungen der Jugendhilfe für eine Erwerbstätigkeit vorbereitet werden sollen, Teilnehmer an Arbeitserprobungsmaßnahmen sowie Behinderte in anerkannten Werkstätten. Versicherungspflichtig sind auch Landwirte und ihre mitarbeitenden Familienmitglieder. Künstler und Publizisten sind nach Maßgabe des Künstlersozialversicherungsgesetzes versicherungspflichtig. Familienangehörige sind grundsätzlich mitversichert. In einigen Fällen sieht das Gesetz eine Befreiung von der Versicherungspflicht vor. Versicherungsfrei sind vor allem → *Beamte,* Geistliche der als öffentlich-rechtliche Körperschaften anerkannten Religionsgemeinschaften und Studierende, die an ihrer Hochschule gegen Entgelt beschäftigt sind. Versicherungsfrei sind auch → *geringfügig Beschäftigte.* Für einige Personengruppen besteht die Möglichkeit der freiwilligen Versicherung. Als wichtige Regelleistungen gewährt die gesetzliche Krankenversicherung Maßnahmen zur Verhütung und zur Früherkennung von Krankheiten, zur Behandlung von Krankheiten, → *Krankengeld* sowie Sterbegeld. Krankenbehandlung umfasst diejenigen Dienstleistungen und sächlichen Mittel, die zur Heilung oder Linderung der Krankheit erforderlich sind, insbesondere ärztliche und zahnärztliche Behandlung (→ *Kassenarzt),* die Versorgung mit Arznei- und Verbands- Heil- und Hilfsmitteln, häusliche Krankenpflege und Haushaltshilfe, Krankenhauspflege sowie Leistungen zur medizinischen Rehabilitation. Im Rahmen der geplanten Reform des Krankenversicherungsrechts sind erhebliche Änderungen zu erwarten.

Kreditbetrug

Der Kreditbetrug ist eine im Vorfeld des → *Betrugs* angesiedelte Strafvorschrift. Er erfasst unrichtige und für diesen vorteilhafte Angaben, die ein Betriebsinhaber oder sonstiger Unternehmer im Zusammenhang mit einem Kreditantrag macht.

Kreis

Der Kreis, in einigen Bundesländern auch Landkreis genannt, ist als → *Gemeindeverband* eine kommunale Gebietskörperschaft, dem das Recht zur Selbstverwaltung zusteht. In dieser Eigenschaft hat er meist Aufgaben von überörtlicher Bedeutung zu erfüllen, also solche, die über die Grenzen oder die Leistungsfähigkeit einer Gemeinde hinausgehen. Neben kommunalen Aufgaben, die entweder im eigenen (Selbstverwaltungsangelegenheiten) oder übertragenen Wirkungskreis (Auftragsangelegenheiten) angesiedelt sind, obliegt den Landratsämtern als Kreisverwaltungsbehörden auch die Erledigung der den unteren staatlichen Verwaltungsbehörden zugewiesenen Aufgaben. Die Landkreisordnungen der einzelnen Länder sind insoweit aber nicht ganz einheitlich. Gleiches gilt für die Ausgestaltung der Kreisorgane. Im Regelfall ist oberstes Kreisorgan der Kreistag, der einen Kreisausschuss (→ *Ausschüsse*) zu bilden hat; dieser hat teils vorberatende, teils beschließende Funktion. Vorsitzender der Kreisgremien ist der (→ *Landrat,* der in eigener Zuständigkeit auch die laufenden Angelegenheiten erledigt.

Kriegsdienstverweigerer

Als Kriegsdienstverweigerer werden Personen bezeichnet, die von dem in Art. 4 Abs. 3 GG verbürgten → *Grundrecht,* dass niemand gegen sein Gewissen zum Kriegsdienst mit der Waffe gezwungen werden kann, Gebrauch machen. Das Anerkennungsverfahren ist im Kriegsdienstverweigerungsgesetz geregelt. Bei ungedienten Wehrpflichtigen wird grundsätzlich im schriftlichen Verfahren aufgrund eines entsprechenden Antrags entschieden; bei Ablehnung ist der Rechtsweg zu den → *Verwaltungsgerichten* gegeben. Über Anträge einberufener Wehrpflichtiger und von Soldaten entscheiden besondere Ausschüsse für Kriegsdienstverweigerung. Gegen deren negative Entscheidung kann binnen 2 Wochen → *Widerspruch* eingelegt werden; bleibt auch dieser erfolglos, ist ebenfalls die Klagemöglichkeit eröffnet. Kriegsdienstverweigerer müssen einen → *Zivildienst* ableisten.

Kronzeuge

Als Kronzeuge wird derjenige Mittäter oder Teilnehmer einer Straftat bezeichnet, der durch seine Aussage andere Tatbeteiligte belastet oder auf bevorstehende Straftaten hinweist. Dafür kann er Strafmilderung oder sogar völlige Straffreiheit erlangen.

Der Begriff des Kronzeugen stammt aus dem englischen Recht. Dem deutschen Strafprozess war er bis zur Einführung entsprechender Regelungen im Betäubungsmittelrecht fremd. Später sind die Kronzeugenregelungen vorübergehend auf die Bereiche terroristischer Straftaten und organisierter Kriminalität ausgeweitet worden.

Kündigung

Eine Kündigung ist eine einseitige → *Willenserklärung,* durch die ein → *Schuldverhältnis* für die Zukunft beendet wird. Kündigungen sind im Gesetz vor allem bei Dauerschuldverhältnissen wie → *Miete* oder → *Arbeitsverhältnis* vorgesehen. Von der ordentlichen Kündigung, die meist an bestimmte Fristen gebunden ist, kann die außerordentliche Kündigung unterschieden werden, bei der meist keine Fristen einzuhalten sind. Dafür müssen aber regelmäßig besonders wichtige Gründe für die sofortige Beendigung der vertraglichen Beziehungen vorliegen.

Kündigung, ordentliche im Arbeitsrecht

→ *Kündigungsfristen im Arbeitsrecht*

Kündigungsfristen im Arbeitsrecht

Will ein Vertragspartner des Arbeitsverhältnisses, also der Arbeitgeber oder der Arbeitnehmer, das Arbeitsverhältnis **einseitig**, das heißt durch **ordentliche Kündigung**, beenden, so muss die Kündigungsfrist gewahrt sein. Die Kündigungsfrist bezeichnet dabei den Zeitraum, der zwischen dem gewollten Ende des Arbeitsverhältnisses und dem Ausspruch (= Zugang) der Kündigung mindestens liegen muss. Die Kündigungsfristen für eine ordentliche Kündigung eines Arbeitsverhältnisses sind in § 622 des Bürgerlichen Gesetzbuchs (BGB) gesetzlich geregelt. Das Gesetz lässt allerdings in gewissem Umfang zu, dass auch im Einzelarbeitsvertrag oder im → *Tarifvertrag* abweichende Kündigungsfristen vereinbart werden.

Die gesetzliche Regelung unterscheidet zwischen **Grundkündigungsfrist** und **verlängerten Kündigungsfristen**. Die Grundkündigungsfrist beträgt gemäß § 622 Abs. 1 BGB vier Wochen zum 15. oder zum Ende eines Kalendermonats. Hat das Arbeitsverhältnis länger gedauert, so verlängert sich nach Maßgabe des § 622 Abs. 2 BGB die Kündigungsfrist. Die verlängerten Kündigungsfristen sollen den Arbeitnehmer schützen und gelten daher nur für die Kündigung des Arbeitgebers.

Kündigungsschutz im Arbeitsrecht

Der Arbeitgeber hat bei der Kündigung eines Arbeitnehmers neben den einzuhaltenden → *Kündigungsfristen* (§ 622 BGB) verschiedene **Beschränkungen** zu beachten. Dabei ist zu unterscheiden zwischen dem allgemeinen Kündigungsschutz nach dem Kündigungsschutzgesetz und dem Kündigungsschutz für besondere Arbeitnehmergruppen.

(1) Nach § 23 Kündigungsschutzgesetz (KSchG) besteht **allgemeiner** Kündigungsschutz für → *Arbeitnehmer* (auch teilzeitbeschäftigte) in Betrieben und Verwaltungen des privaten oder öffentlichen Rechts mit in der Regel **mehr als 5 beschäftigten Arbeitnehmern** (zur Beschäftigtenzahl im Einzelnen vgl. § 23 Abs. 1 KSchG). Nach § 1 Abs. 1 KSchG ist die ordentliche Kündigung gegenüber einem Arbeitnehmer, dessen → *Arbeitsverhältnis* in demselben Betrieb oder Unternehmen ohne Unterbrechung **länger als 6 Monate bestanden** hat, rechtsunwirksam, wenn sie sozial ungerechtfertigt ist. Das ist der Fall, wenn die Kündigung nicht durch Gründe, die in der Person (= **personenbedingt**) oder im Verhalten (= **verhaltensbedingt**) des Arbeitnehmers oder durch dringende betriebliche Erfordernisse, die einer Weiterbeschäftigung in diesem Betrieb entgegenstehen (= **betriebsbedingt**), gerechtfertigt ist (§ 1 Abs. 2 KSchG). Der Arbeitnehmer, der den Schutz des Kündigungsschutzgesetzes in Anspruch nehmen will, muss **binnen 3 Wochen** nach Zugang der Kündigung Klage zum → *Arbeitsgericht* auf Feststellung erheben, dass das Arbeitsverhältnis durch die ausgesprochene Kündigung nicht aufgelöst worden ist. Wird diese Frist versäumt, gilt die Kündigung als von Anfang an wirksam (§§ 4, 7 KSchG). Diese Frist gilt auch für fristlose (außerordentliche) Kündigungen, sofern die allgemeinen Voraussetzungen der Anwendbarkeit des Kündigungsschutzgesetzes (mehr als fünf Beschäftigte, Beschäftigungsdauer von mehr als sechs Monaten) gegeben sind.

Bei Vorliegen besonderer Voraussetzungen kann auch eine verspätete Klage vom Gericht nachträglich zugelassen werden (§ 5 KSchG).

Wird der Klage stattgegeben, dann hat infolge der Unwirksamkeit der Kündigung das Arbeitsverhältnis fortbestanden.

(2) Mitglieder von Betriebsräten bzw. einer Jugend- und Auszubildendenvertretung genießen zusätzlichen Kündigungsschutz nach Maßgabe des § 15 KSchG; **speziellen** Kündigungsschutz regeln das Mutterschutzgesetz für Schwangere und Mütter (§ 9), das Sozialgesetzbuch IX für →*schwerbehinderte Menschen* (§§ 85, 86), das Bundeserziehungsgeldgesetz (§§ 18, 21) für die Elternzeit, das Arbeitsplatzschutzgesetz für Arbeitnehmer, die zum Wehrdienst einberufen sind bzw. Wehrdienst leisten (§ 2; siehe →*Arbeitsplatzschutz).*

Kunstfreiheit

Art. 5 Abs. 3 GG gewährleistet die Freiheit der Kunst. Damit wird nicht nur eine →*institutionelle Garantie* ausgesprochen, sondern auch das Recht des Einzelnen geschützt, sich künstlerisch zu betätigen. Kunst ist nach einer Definition des →*Bundesverfassungsgerichts* die freie schöpferische Gestaltung, in der Eindrücke, Erlebnisse und Erfahrungen des Künstlers durch Verwendung einer bestimmten Formensprache zu unmittelbarer Anschauung gebracht wird. Welches Medium dabei verwendet wird, ist unerheblich (Malerei, Plastik, Dichtung, Musik). Ebenso müssen Geschmacksfragen außer Betracht bleiben. Die Kunstfreiheit ist schrankenlos gewährleistet (→*Gesetzesvorbehalt).* Einschränkungen ergeben sich nur aus der grundgesetzlichen, insbesondere grundrechtlichen Wertordnung; danach wäre eine Kunstverwirklichung, die den Bestand der für die Gemeinschaft notwendigen Rechtsgüter gefährdet, etwa das Persönlichkeitsrecht Dritter, unzulässig.

Kur

Als Leistung der gesetzlichen →*Krankenversicherung* kann, wenn andere Maßnahmen nicht ausreichen, eine Behandlung in einer Kur- oder Spezialeinrichtung gewährt werden. Art, Dauer, Umfang, Beginn und Durchführung der Leistungen bestimmt die Kasse nach pflichtgemäßem Ermessen. Die Maßnahmen sollen eine Dauer von drei Wochen nicht überschreiten; vor Ablauf von vier Jahren wird grundsätzlich keine weitere stationäre Kurbehandlung bewilligt. Einzelheiten sind im Fünften Buch des → *Sozialgesetzbuchs* (SGB V) geregelt. Kurleistungen gewähren auch die gesetzliche → *Unfallversicherung*, die → *Rentenversicherung* und die Kriegsopferfürsorge. In der Kranken- und Rentenversicherung hat sich der Versicherte grundsätzlich mit einen Eigenanteil an den Kosten einer Kur zu bezahlen.

▶ Kurzarbeit

K. ist die aus betrieblichen Gründen vorübergehend zeitmäßig verminderte Arbeit. Sie ist nur auf Grund von (meist tarifvertraglichen) Vereinbarungen oder – bei drohenden Massenentlassungen – auf Grund einer Genehmigung des Landesarbeitsamts zulässig und führt zu einer entsprechenden Kürzung des jeweiligen Lohnanspruchs, andererseits unter Umständen zu einem Anspruch auf Kurzarbeitergeld. Der Betriebsrat hat bei der Einführung von Kurzarbeit in jedem Fall ein Mitbestimmungsrecht (§ 87 Abs. 1 Ziff. 3 Betriebsverfassungsgesetz).

L

▸ Ladendiebstahl

Die häufigste tatsächliche Ausführungsform des → *Diebstahls* ist der so genannte Ladendiebstahl. Man versteht darunter, dass der Täter in einem Selbstbedienungsladen Waren an seinem Körper, in seiner Kleidung oder in mitgebrachten Behältnissen versteckt, um sie ohne Bezahlung aus dem Laden bringen zu können. Bei einem Wert der Diebesbeute bis zu etwa 30 EUR zählt der Ladendiebstahl zu den → *Bagatellstrafsachen* und ist, wenn die → *Staatsanwaltschaft* ihn nicht von sich aus verfolgen will, → *Antragsdelikt.*

▸ Ladenschluss

Nach dem Gesetz über den Ladenschluss dürfen Verkaufsstellen nur während der allgemeinen Öffnungszeiten oder in den vom Gesetz bestimmten Ausnahmefällen für den Kundenverkehr geöffnet sein. Allgemeine Öffnungszeiten sind montags bis freitags von 6 bis 20 Uhr, samstags von 6 bis 16 Uhr und an den 4 Samstagen vor Weihnachten bis 18 Uhr. Unter einer Verkaufsstelle versteht man Ladengeschäfte aller Art, in denen von einer festen Stelle aus ständig Waren für jedermann angeboten werden.

Besondere Ladenschlusszeiten gelten für Tankstellen, Zeitungskioske, Apotheken, Warenautomaten sowie für Verkaufsstellen auf Bahnhöfen, Flughäfen und Fährhäfen. Abweichende Ladenschlusszeiten sind in Kur-, Erholungs- und Fremdenverkehrsorten zulässig. Schließlich erlaubt das Gesetz auch noch in eingeschränktem Maß den Verkauf bestimmter Waren an Sonntagen sowie aus besonderem Anlass – etwa einem Jahrmarkt – bis zu viermal im Jahr so genannte Verkaufssonntage.

Es ist geplant, die Ladenschlusszeiten zu liberalisieren. So soll der Ladenschluss an Samstagen auf 20 Uhr festgelegt werden.

▶ Ladung

Eine Ladung ist die Aufforderung, zu einem bestimmten gerichtlichen oder behördlichen Termin zu erscheinen.

▶ Lärmbekämpfung

Lärm ist eine schädliche Umwelteinwirkung im Sinne des Bundesimmissionsschutzgesetzes, die es zu vermeiden gilt. Eine absolute Grenze, ab welchem Wert Lärm als unzulässig angesehen wird, gibt es nicht. Die Technische Anleitung zum Schutz gegen Lärm (TA Lärm) und vergleichbare technische Regelwerke enthalten unterschiedliche Immissionsrichtwerte für die einzelnen Baugebiete, jeweils einen Tag- und einen Nachtwert, die grundsätzlich nicht überschritten werden sollen. Die 16. Verordnung zum Bundesimmissionsschutzgesetz (16. BImSchV) enthält Lärmgrenzwerte, die bei der Planung von Straßen beachtet werden müssen. Die 18. Verordnung zum Bundesimmissionsschutzgesetz (18. BImSchV) regelt die Zulässigkeit von Emissionen, die von Sportstätten ausgehen. Vorschriften, welche die Lärmbekämpfung zum Ziel haben, sind auch in den Landesbauordnungen und im Luftverkehrsrecht enthalten. Werden Vorhaben, von denen unzumutbare Lärmbelästigungen ausgehen, im Weg der → *Planfeststellung* genehmigt, so sind in den Planfeststellungsbeschluss regelmäßig Lärmschutzauflagen aufzunehmen, etwa Lärmschutzwände an Bundesautobahnen (aktiver Lärmschutz) anzuordnen oder den Betroffenen ist der Einbau von Schallschutzfenstern (passiver Lärmschutz) auf Kosten des Betreibers zu ermöglichen.

▶ Lagervertrag

Ein Lagervertrag ist ein zwischen dem Lagerhalter, einem → *Kaufmann,* und dem Einlagerer geschlossener entgeltlicher Vertrag über die Verwahrung (Einlagerung) von Gütern. Über seine Herausgabepflicht stellt der Lagerhalter eine Urkunde aus, den Lagerschein.

▶ Laienrichter → *Ehrenamtliche Richter*

▸ Landespersonalausschuss

Im Bereich eines jeden Landes ist eine unabhängige, an Weisungen nicht gebundene Stelle einzurichten, welche über die in den beamtenrechtlichen Vorschriften vorgesehenen Ausnahmen von den grundsätzlich zu erfüllenden Anforderungen für die Übertragung eines bestimmten Amtes zu entscheiden und die Befähigung anderer Bewerber festzustellen hat. Diese sowie andere, ihnen durch Gesetz übertragene Aufgaben nehmen die Landespersonalausschüsse wahr; für Bundesbeamte ist der Bundespersonalausschuss zuständig.

▸ Landesplanung

L. ist ein Teil der →*Raumordnung*. Sie befasst sich mit der überörtlichen, zusammenfassenden, übergeordneten Planung für ein Bundesland oder größere Teile davon. Das Bundesraumordnungsgesetz und die Landesplanungsgesetze der Länder stellen Grundsätze der Raumordung und Landesplanung auf, die bei der Aufstellung der landesplanerischen Ziele in Raumordnungsprogrammen und fachlichen Plänen zu berücksichtigen sind. An die Ziele der Raumordnung sind die Träger öffentlicher Gewalt bei der Verwirklichung raumbedeutsamer Maßnahmen gebunden, die Gemeinden haben ihre Bauleitpläne (→*Bauleitplanung*) entsprechend anzupassen.

▸ Landesverrat

Unter Landesverrat versteht man im Gegensatz zum →*Hochverrat* eine Handlungsweise, die sich gegen die äußere Sicherheit der Bundesrepublik im Verhältnis zu fremden Staaten richtet. Darunter fallen insbesondere der Verrat von Staatsgeheimnissen an fremde Mächte, entsprechende Agententätigkeiten und friedensgefährdende Beziehungen.

▸ Landfriedensbruch

Der Tatbestand des Landfriedensbruchs – er zählt zu den am meisten begangenen →*Demonstrationsdelikten* – liegt vor, wenn aus einer Menschenmenge heraus in einer Weise, die die öffentliche Sicherheit gefährdet, mit vereinten Kräften Gewalttaten gegen Menschen oder Sachen begangen werden. Täter ist dabei aber nur, wer sich selbst an diesen Gewalttätigkeiten beteiligt oder dazu anreizt. Wegen Landfriedensbruch kann danach etwa belangt werden, wer aus einer unfriedlichen Menschenmenge heraus Steine auf Schaufensterscheiben wirft.

Wer sich dagegen, ohne selbst gewalttätig zu werden, nicht aus einer solchen Menge entfernt, kann nur wegen der → *Ordnungswidrigkeit* einer unerlaubten → *Ansammlung* mit → *Bußgeld* belegt werden.

▶ Landgericht

In **Zivilsachen** ist das Landgericht in erster Instanz vor allem dann zuständig, wenn es um mehr als 5000 EUR geht. Darüber hinaus entscheidet es als zweite Instanz über → *Berufungen* gegen Zivilurteile der → *Amtsgerichte*. Ausgenommen hiervon sind regelmäßig Familiensachen, für die das → *Oberlandesgericht* zuständig ist. Im Rahmen einer Experimentierklausel können bis zunächst Ende 2007 die einzelnen Bundesländer auch die an sich zum Landgericht gehörenden Berufungssachen dem Oberlandesgericht zuweisen.

In **Strafsachen** ist das Landgericht in erster Instanz immer zuständig, wenn eine Freiheitsstrafe von mehr als 4 Jahren oder die Unterbringung in → *Sicherungsverwahrung* oder einem psychiatrischen Krankenhaus zu erwarten ist. Außerdem ist seine erstinstanzliche Zuständigkeit für eine Reihe schwerer Verbrechen wie → *Mord* als so genanntes → *Schwurgericht* gegeben.

Als zweite Instanz ist das Landgericht für Berufungen gegen Strafurteile der Amtsgerichte zuständig.

Beim Landgericht werden für Strafsachen kleine und große Strafkammern und – für Jugendstrafsachen – Jugendkammern gebildet (→ *Rechtszug*).

▶ Landkreis → *Kreis*

Landrat

Aufgaben und Rechtsstellung des Landrats sind in den landesrechtlichen Landkreisordnungen geregelt (→ *Kreis*). Er ist Leiter der Kreisverwaltungsbehörde (Landratsamt) und nimmt sowohl staatliche wie kommunale Aufgaben wahr; er ist Vorsitzender des Kreistags. In den meisten Bundesländern wird der Landrat direkt vom Volk gewählt, in einigen vom Kreistag oder unter Mitwirkung staatlicher Stellen. Der Landrat ist Kommunalbeamter.

Land- und Forstwirtschaft

Einkünfte aus Land- und Forstwirtschaft sind → *Gewinneinkünfte*, die der Einkommensteuer unterliegen (§ 2 Abs. 1 EStG). Einkünfte aus Land- und Forstwirtschaft sind Einkünfte aus dem Betrieb von Landwirtschaft, Forstwirtschaft, Weinbau, Gartnbau und allen Betrieben, die Pflanzen und Pflanzenteile mit Hilfe der Naturkräfte gewinnen.

(1) Zu den Einkünften gehören auch Einkünfte aus Tierzucht und Tierhaltung, wenn die Tierbestände im Wirtschaftsjahr gestaffelt nach Hektarzahl bestimmte Vieheinheiten nicht übersteigen (§ 13 Abs. 1 Ziff. 1 EStG). Bei Einkünften aus Massentierhaltung liegen Einkünfte aus → *Gewerbebetrieb* vor. Zu Einkünften aus Land- und Forstwirtschaft gehören ferner Einkünfte aus sonstiger land- und forstwirtschaftlicher Nutzung, Einkünfte aus Jagd, wenn diese mit dem Betrieb einer Land- oder Forstwirtschaft in Zusammenhang stehen, im Einzelfall auch der Nutzungswert der → *Wohnung* des Steuerpflichtigen, sofern diese eine betriebsübliche Größe nicht überschreitet und Gebäude und Gebäudeteile nach landesrechtlichen Bestimmungen Baudenkmal sind.

(2) Buchführungspflichtige Land- und Forstwirte haben den Gewinn nach § 4 Abs. 1 EStG zu ermitteln. Besteht keine Verpflichtung zur → *Buchführung* und werden bestimmte Flächengrößen, Vieheinheiten oder Sondernutzungswerte nicht überschritten, ist der Gewinn nach Durchschnittssätzen zu ermitteln (§ 13 a EStG). Besteht weder Buchführungspflicht noch die Möglichkeit der Durchschnittsbesteuerung, kann der Gewinn durch

Überschussrechnung nach § 4 Abs. 3 EStG ermittelt werden (→ *Gewinnermittlungsarten).*

(3) Einkünfte aus Land- und Forstwirtschaft unterliegen der Besteuerung nur, soweit sie den Freibetrag des § 13 Abs. 3 EStG übersteigen. Er beträgt ab 2002 670 EUR, bei zusammenveranlagten Ehegatten 1340 EUR, wenn zugleich die Einkünfte aus Land- und Forstwirtschaft ab 2002 30 700 EUR bzw. bei zusammenveranlagten Ehegatten 61 400 EUR nicht übersteigen (→ *Veranlagungsarten).*

Lastkraftwagen

Unter diesem Begriff versteht man solche Kraftfahrzeuge, die nach ihrer Bauart zum Transport von Gütern bestimmt sind. Für Lastkraftwagen gelten außerhalb geschlossener Ortschaften besondere Geschwindigkeitsbegrenzungen. Über die erforderliche → *Fahrerlaubnis* befinden sich Ausführungen in der entsprechenden Anmerkung.

Laufbahnen im Beamtenrecht

Das Beamtenrecht unterscheidet zwischen vier verschiedenen Laufbahnen, dem einfachen, mittleren, gehobenen und dem höheren Dienst. Für einige Beamtengruppen, etwa für Polizeivollzugsbeamte, gelten Besonderheiten; hier gilt eine Einheitslaufbahn vom einfachen oder mittleren Dienst bis in den höheren. Allgemein versteht man unter einer Laufbahn alle Ämter derselben Fachrichtung, welche die gleiche Vor- und Ausbildung oder eine entsprechende Vorbildung erfordern. Eine Einstellung erfolgt grundsätzlich nur in dem zur jeweiligen Laufbahngruppe gehörenden Eingangsamt (→ *Ernennung);* alle weiteren Ämter werden im Weg der → *Beförderung* besetzt. Unter bestimmten Voraussetzungen ist ein Aufstieg in die nächsthöhere Laufbahngruppe möglich. Die Einzelheiten regeln die Laufbahnverordnungen des Bundes und der Länder.

Leasing

Als Leasing bezeichnet man einen → *Vertrag,* bei dem der Leasinggeber dem Leasingnehmer eine Sache gegen Entgelt zum Gebrauch überlässt, wobei jedoch der Leasingnehmer alleine die Gefahr beziehungsweise die Haftung für Instandhaltung, Sachmängel, Untergang oder Beschädigung der Sache trägt. Der Leasingvertrag ist daher ein atypischer Mietvertrag (→ *Miete)* mit Kaufvertragselementen (→ *Kauf).* Die in Deutschland häufigste Form ist das so genannte Finanzierungsleasing. Dabei wird eine meist teuere Sache (zum Beispiel ein Auto) vom Leasinggeber (häufig Banken oder Tochterunternehmen) erworben und dem Leasingnehmer (Firmen oder Privatpersonen) für eine längere Grundmietzeit (meist einige Jahre) überlassen. Diese Mindestzeit kann meist auch noch verlängert werden. Oft sind auch Kaufoptionsklauseln (→ *Option)* enthalten, so dass der Leasingnehmer am Ende der Mietzeit den Gegenstand zu einem bestimmten Restwert erwerben kann (aber nicht muss).

Lebensmittel

Das Lebensmittel- und Bedarfsgegenständegesetz (→ *Bedarfsgegenstände*) enthält umfangreiche Regelungen für das Herstellen, Behandeln und Inverkehrbringen von Lebensmitteln. Nach der Definition des Gesetzes sind Lebensmittel Stoffe, die dazu bestimmt sind, in unverändertem, zubereitetem oder verarbeitetem Zustand von Menschen verzehrt zu werden. Keine Lebensmittel sind Stoffe, die überwiegend dazu bestimmt sind, zu anderen Zwecken als zur Ernährung oder zum Genuss zu sich genommen zu werden, insbesondere → *Arzneimittel,* für die besondere Vorschriften gelten. Das Gesetz enthält umfassende Regelungen, die dem Gesundheitsschutz und dem Schutz vor Täuschung dienen. So ist es verboten, Lebensmittel für andere derart herzustellen oder zu behandeln, dass ihr Verzehr zu Gesundheitsschäden führen kann oder Stoffe, deren Verzehr geeignet ist, die Gesundheit zu schädigen, als Lebensmittel in den Verkehr zu bringen. Verboten ist auch das Inverkehrbringen nachgemachter, wertgeminderter oder von der allgemeinen Verkehrsauffassung abweichender Lebensmittel ohne ausreichende Kenntlichmachung. Die Einhaltung der lebensmittelrechtlichen Vorschriften wird durch besondere, landesrechtlich bestimmte Behörden überwacht, die über fachlich ausgebildetes Personal verfügen. Den Lebensmittelkontrolleuren ist es gestattet, Grundstücke, Geschäfts- und Betriebsräume zu betreten und Proben zu nehmen (→ *Lebensmittelüberwachung*).

Lebensmittelrecht

Zum Lebensmittelrecht gehören die Rechtsvorschriften, die den Schutz der Verbraucher vor Gesundheitsgefährdungen und Täuschung in Zusammenhang mit → *Lebensmitteln* bezwecken. Hierzu gehört in erster Line das Lebensmittel- und Bedarfsgegenständegesetz und die auf seiner Grundlagen ergangenen Rechtsverordnungen (z. B. die Lebensmittelkennzeichnungsverordnung, die → *Diätverordnung* und die Zusatzstoff-Zulassungsverordnung). Zum Lebensmittelrecht gehören auch Vorschriften des → *Fleischhygienegesetzes,* des → *Weingesetzes* sowie des Margarinegesetzes.

Lebensmittelüberwachung

Die Einhaltung der lebensmittelrechtlichen Vorschriften (→ *Lebensmittel,* → *Lebensmittelrecht*) wird von besonderen, vom Landesgesetzgeber bestimmten Behörden überwacht. In der Regel sind hiermit die Kreisverwaltungsbehörden als untere Staatsbehörden betraut. Die Lebensmittelüberwachungsstellen verfügen über fachlich geschultes Personal; die fachlichen Anforderungen sind in einer entsprechenden Rechtsverordnung geregelt. Den Kontrolleuren ist es bei ihrer Dienstausübung gestattet, Grundstücke, Geschäfts- und Betriebsräume zu betreten, in Geschäftsaufzeichnungen Einsicht zu nehmen und Proben zu entnehmen. Zu ihrer Unterstützung stehen vereidigte Sachverständige und Untersuchungsanstalten zur Verfügung.

Lebenspartnerschaft

Zwei Personen gleichen Geschlechts können eine Lebenspartnerschaft begründen, wenn sie gegenseitig persönlich und bei gleichzeitiger Anwesenheit erklären, miteinander eine Partnerschaft auf Lebenszeit führen zu wollen (§ 1 Lebenspartnerschaftsgesetz). Die Erklärungen können wirksam nur vor der zuständigen → *Behörde* abgegeben werden. Nach Maßgabe des jeweiligen Landesrechts ist dies in der Mehrzahl der Länder der → *Standesbeamte,* in Bayern der → *Notar.* Zusätzlich haben die Lebenspartner eine Erklärung über ihren Vermögensstand abzugeben (→ *Vermögensstand der Ausgleichsgemeinschaft*).

Lebenspartnerschaftsvertrag

Gleichgeschlechtliche Personen, die eine → *Lebenspartnerschaft* begründen, können ihre vermögensrechtlichen Verhältnisse durch Vertrag regeln. Der Vertrag muß bei gleichzeitiger Anwesenheit beider Lebenspartner vor dem → *Notar* abgeschlossen werden. Die Pflicht zur notariellen Beurkundung entfällt, wenn die Lebenspartner vor Begründung der Lebenspartnerschaft den → *Vermögensstand der Ausgleichsgemeinschaft* vereinbart haben.

Lebensversicherung

L. ist eine Versicherung, die auf die Person des Versicherungsnehmers oder eines Dritten mit dessen schriftlicher → *Einwilligung* abgeschlossen werden kann. Man unterscheidet die Erlebens- und Todesfallversicherung. Beide Formen werden häufig miteinander verbunden. Die Lebensversicherung kann auch in der Form abgeschlossen werden, dass im Versicherungsfall ein bestimmter Kapitalbetrag oder ab einem bestimmten Zeitpunkt eine laufende Rente bezahlt wird. Die Lebensversicherung kann auch auf das Leben eines Dritten (Fremdversicherung) abgeschlossen werden. Davon unterscheidet man jedoch die bloße Bestimmung eines Bezugsberechtigten für die Eigenversicherung, wobei dann im Versicherungsfall die Versicherungssumme dem Bezugsberechtigten zusteht.

Lebensversicherungsbeiträge können im Einkommensteuerrecht als → *Sonderausgaben* abgezogen werden, sofern sie der Vorsorge dienen. Abzugsfähig sind die in § 10 Abs. 1 Nr. 2 b EStG genannten Versicherungsbeiträge (Risikoversicherungen auf den

Todesfall, Rentenversicherung ohne Kapitalwahlrecht, Rentenversicherung mit Kapitalwahlrecht gegen laufende Beitragszahlung, wenn das Kapitalwahlrecht nicht vor Ablauf von 12 Jahren seit Vertragsabschluss ausgeübt werden kann, Kapitalversicherungen gegen laufende Beitragsleistung mit Sparanteil, wenn der Vertrag für die Dauer von mindestens 12 Jahren abgeschlossen ist). Ausnahmeregelungen gelten noch für Steuerpflichtige, die am 31.12.1990 ihren Wohnsitz in den neuen Bundesländern hatten. Hier verkürzt sich die 12-jährige Bindungsdauer im Einzelfall nach § 10 Abs. 1 Nr. 2 b Satz 3 EStG auf höchstens sechs Jahre.

Nicht abzugsfähig sind Kapitalversicherungen oder Rentenversicherungen gegen Einmalbeitrag, Kapital- oder Rentenversicherungen gegen laufende Beitragszahlung mit einer Vertragsdauer unter 12 Jahren, fondsgebunde Lebensversicherungen.

Lebensversicherungsbeiträge sind als Vorsorgeaufwendungen nur mit bestimmten Höchstbeiträgen als → *Sonderausgaben* abzugsfähig (§ 10 Abs. 3 EStG).

▶ Legalitätsprinzip

Das Legalitätsprinzip besagt, dass → *Staatsanwaltschaft* und → *Polizei* jedem zureichenden Verdacht einer → *Straftat* nachzugehen und deswegen, soweit sich der Verdacht als nachweisbar herausstellt, ein → *Ermittlungsverfahren* einzuleiten haben. Die Strafverfolgung liegt also nicht im Ermessen dieser Stellen, sondern ist deren Pflicht.

Allerdings erlauben in zahlreichen Fällen von untergeordneter Bedeutung Bestimmungen der → *Strafprozessordnung* eine Einstellung des Verfahrens nach Grundsätzen des → *Opportunitätsprinzips*. So kann etwa das Verfahren gegen einen nicht Vorbestraften, der in einem Geschäft in kleinerem Umfang (→ *Bagatellstrafsachen)* gestohlen hat, von der Staatsanwaltschaft gegen Zahlung einer Geldbuße (an die Staatskasse oder eine gemeinnützige Einrichtung) eingestellt werden.

▶ Legitimation von Kindern → *Vaterschaft,* → *Vaterschaftsfeststellung,* → *Vaterschaftsanfechtung*

Leichenschau

Bestehen Anhaltspunkte für einen unnatürlichen Tod oder ist die Person eines aufgefundenen Toten unbekannt, so ist die → *Staatsanwaltschaft* einzuschalten. Diese entscheidet dann darüber, ob zur Feststellung der Todesursache eine Obduktion, also eine Leichenöffnung durch entsprechend ausgebildete Ärzte, notwendig ist.

Eine Bestattung ist in jedem Fall erst nach schriftlicher Genehmigung der Staatsanwaltschaft zulässig.

Leichtfertige Steuerverkürzung → *Steuerordnungswidrigkeiten*

Leichtfertigkeit

Unter Leichtfertigkeit versteht man eine besonders grobe Form der Fahrlässigkeit. Leichtfertig handelt etwa, wer sich im sommerlich ausgetrockneten Wald trotz eines ausdrücklichen Hinweises auf ein Rauchverbot eine Zigarette anzündet und trotz dieser Umstände darauf vertraut, dass es schon nicht zu einem Brand kommen werde.

Leichtfertigkeit ist bei einigen Tatbeständen wie etwa der → *Geldwäsche* der einzig strafbare Bereich fahrlässigen Verhaltens.

Leiharbeitnehmer → *Arbeitnehmerüberlassungsgesetz*

Leihe

Unter Leihe versteht man einen → *Vertrag*, durch den eine Verpflichtung zur unentgeltlichen Überlassung einer Sache (§ 598 BGB) begründet wird. Die entliehene Sache ist nach Ablauf der vorher bestimmten Zeit zurückzugeben. Fehlt eine solche Bestimmung, kann der Verleiher zurückfordern, wenn der durch die Leihe bezweckte Erfolg eingetreten ist (mit entliehener Bohrmaschine wurden die beabsichtigten Arbeiten durchgeführt). Fehlt auch ein solcher Zweck, kann die Rückforderung jederzeit erfolgen. Wenn die Gebrauchsüberlassung entgeltlich erfolgte, liegt nicht Leihe, sondern → *Miete* vor. Soll nicht dieselbe, sondern nur eine Sache der gleichen Art zurückgegeben werden, handelt es sich um ein Sachdarlehen (→ *Darlehen*). So nimmt, wer sich vom Nachbarn eine Tasse Zucker „ausleiht", bei genauer juristischer Betrachtung eben ein Sachdarlehen auf.

Leistung

Nach der Rechtsprechung ist Leistung die tatsächliche Herbeiführung des nach dem konkreten → *Schuldverhältnis* geschuldeten Leistungserfolges (siehe auch → *Erfüllung*). Wird die geschuldete Leistung an den Gläubiger bewirkt, erlischt das Schuldverhältnis (§ 362 BGB). Leistungen an Dritte haben jedoch nur dann Erfüllungswirkung, wenn dieser zur Entgegennahme ermächtigt ist (wegen Banküberweisung siehe → *Erfüllung*). Dagegen kann im Regelfall auch ohne Einverständnis des Schuldners die Leistung durch einen Dritten erbracht werden (§ 267 BGB). Teilleistungen durch den Schuldner oder Dritte sind nur ausnahmsweise zulässig (§ 266 BGB). Wenn der Schuldner eine andere Leistung erbringt, als die geschuldete, erlischt das Schuldverhältnis, wenn der Gläubiger diese Leistung an Erfüllungs Statt annimmt (§ 364 BGB). Bei einer bloßen Leistung erfüllungshalber tritt Erfüllung dagegen erst ein, wenn dem Gläubiger tatsächlich die entsprechenden Mittel zufließen. Tritt etwa ein Schuldner seine Forderung gegen einen Dritten erfüllungshalber an den Gläubiger ab, erlischt die Verbindlichkeit des Schuldners erst, wenn der Dritte tatsächlich an den Gläubiger zahlt.

Leistungsbescheid

L. ist ein → *Verwaltungsakt,* durch den eine mit hoheitlicher Gewalt ausgestattete Stelle Zahlungsansprüche geltend macht. Der Leistungsbescheid ist Grundlage der Zwangsvollstreckung; einer gerichtlichen Vollstreckbarkeitserklärung bedarf es nicht. Wegen dieser Möglichkeit, dass sich eine Behörde einen Vollstreckungstitel selbst schaffen kann, ist ein Leistungsbescheid grundsätzlich nur zulässig, wo er im Gesetz ausdrücklich vorgehen ist.

Vollstreckt werden kann ein Leistungsbescheid nur, wenn er bestandskräftig, also nicht mehr mit Rechtsmitteln angegriffen werden kann, oder vorläufig vollziehbar (→ *Vollziehung, sofortige*) ist.

▸ Leistungsklage

Unter diesem Begrif versteht man die auf eine → *Leistung* gerichtete → *Klage*. Die → *Zwangsvollstreckung* aus dem aus einer solchen Klage erzielten Leistungsurteil richtet sich jeweils danach, ob die Leistung des Beklagten in einem Tun (zum Beispiel Zahlung von 1000 EUR, Herausgabe eines Bildes), Unterlassen (wie ab 22 Uhr nicht mehr Trompete zu spielen) oder in einer Duldung (etwa der Vollstreckung in ein Grundstück) besteht.

▸ Leistungsort

Als Leistungsort wird der Ort bezeichnet, an dem der → *Schuldner* die Leistungshandlung (→ *Leistung*) zu erbringen hat. Nach § 269 BGB ist hierfür in erster Linie eine Parteivereinbarung maßgeblich. Liegt eine solche nicht vor, entscheiden die besonderen Umstände, insbesondere die Natur des Schuldverhältnisses (ein Bauhandwerker hat etwa seine Leistung an der Baustelle zu erbringen). Lassen auch die Umstände keine Klärung zu, ist Leistungsort der → *Wohnsitz* des Schuldners bei Entstehung des Schuldverhältnisses. Die Schulden können in Bringschulden (der Schuldner muss am Wohnsitz des Gläubigers leisten), Schickschulden (etwa bei Geld: der Schuldner schickt von seinem Wohnsitz das Geld zum Wohnsitz des Gläubigers) und Holschulden (der Gläubiger muss die Leistung am Wohnsitz des Schuldners abholen) unterteilt werden.

▸ Leistungsvergütung → *Akkordlohn*

▸ Leistungsverwaltung

Als Leistungsverwaltung wird die gewährende, lebensermöglichende und -verbessernde Verwaltung bezeichnet, die sich also mit Aufgaben der Daseinsvorsorge, der sozialen Sicherheit und der Förderung der verschiedenen Lebensbereiche, etwa durch Ausreichen von Subventionen, befasst. Das Gegenstück ist die ordnende Verwaltung, auch Eingriffsverwaltung genannt. Allerdings lassen sich beide Bereiche nicht immer strikt trennen. So kann etwa auch im Subventionsrecht ein Eingriff insbesondere in Gestalt eines belastenden → *Verwaltungsakts* erfolgen, wenn zu Unrecht ausbezahlte oder zweckwidrig verwendete Zuschüsse zurückverlangt werden.

Leistungszeit

Mit Leistungszeit bezeichnet man die Zeit, zu der der → *Schuldner* die → *Leistung* zu erbringen hat. Dabei sind die Fälligkeit und die Erfüllbarkeit voneinander zu unterscheiden. Maßgeblich ist auch hier zunächts jeweils eine getroffene Parteivereinbarung. Vor einem vereinbarten Zeitpunkt (Beispiel: Darlehensrückzahlung am 1.1. des nächsten Jahres) kann der Gläubiger die Leistung nicht verlangen, der Schuldner darf sie aber regelmäßig vorher bereits erbringen. Wurde keine Bestimmung getroffen, ist die Forderung sofort fällig und erfüllbar (§ 271 BGB).

Leitende Angestellte

Leitende Angestellte erledigen nach Arbeitsvertrag eigenverantwortlich unternehmerische Aufgaben (§ 5 Abs. 3 Betriebsverfassungsgesetz). Aufgrund der damit verbundenen arbeitgeberähnlichen Stellung gelten für sie einige Sonderregelungen (z. B. im Kündigungsschutzrecht); → *Sprecherausschuss.*

Letztes Wort

Das letzte Wort ist die dem → *Angeklagten* in einer → *Hauptverhandlung* eingeräumte Möglichkeit, nach den Äußerungen sämtlicher anderer Prozessbeteiligter die Angelegenheit nochmals aus seiner Sicht darzustellen.

Liquidation

Eine Liquidation ist die Abwicklung der Rechtsverhältnisse einer aufgelösten → *Gesellschaft,* eines → *Vereins* oder einer → *Genossenschaft* durch Beendigung des laufenden Geschäfts, Begleichung der Schulden etc. Die Gesellschaft besteht bis zur Beendigung der Liquidation fort und wird während der Liquidation durch ihre Liquidatoren vertreten.

Lockspitzel

Lockspitzel ist eine – meist von polizeilicher Seite eingesetzte – Person, die einen anderen zu einer Tat veranlasst, deren Erfolg durch entsprechende Überwachungsmaßnahmen verhindert wird. Mit Hilfe eines Lockspitzels sollen vor allem solche Täter überführt werden, deren strafbares Verhalten anders nicht nachgewiesen werden kann. Ein Beispiel für den Einsatz eines Lockspitzels ist es etwa, dass ein unerkannt arbeitender Polizeibeamter einen mutmaßlichen Rauschgifthändler zum Verkauf von Rauschgift auffordert und dafür sorgt, dass dieser – falls es zum Geschäft kommt – bei dieser Gelegenheit überführt und festgenommen wird. In den letzten Jahren hat die Rechtsprechung für den Einsatz von Lockspitzeln strenge Voraussetzungen entwickelt. So darf ein Verdächtiger durch den Lockspitzel insbesondere nicht zu Taten solcher Schwere (etwa Handel mit Heroin statt mit Haschisch) aufgefordert werden, die er aus eigenem Antrieb vermutlich nie begangen hätte.

Löschungsvormerkung

Eine Löschungsvormerkung ist ein im → *Grundbuch* eingetragener Vermerk, eine entstandene → *Eigentümergrundschuld* oder → *Eigentümerhypothek* löschen zu lassen (§§ 1179 ff. BGB). Begünstigter aus der → *Vormerkung* ist in der Regel der Gläubiger eines nachrangigen Rechts, das sich durch die Löschung im → *Rang* verbessert.

Lohnabtretung

Eine Form der → *Sicherungsabtretung,* bei der eine Lohnforderung durch den Arbeitnehmer an einen Gläubiger abgetreten wird. Der Arbeitgeber wird davon meist erst dann in Kenntnis gesetzt, wenn der Sicherungsfall eintritt, die gesicherte Verbindlichkeit also nicht ordnungsgemäß bezahlt wird. Die Lohnabtretung unterliegt den gleichen Grenzen wie die → *Lohnpfändung.*

Lohnausfallprinzip → *Entgeltfortzahlung*

Lohnfortzahlung → *Entgeltfortzahlung*

Lohnpfändung

L. ist die → *Pfändung* von → *Arbeitseinkommen.* Sie ist zum Schutz der Arbeitnehmer durch §§ 850 ff. ZPO stark eingeschränkt worden. So sind bestimmte Bezüge überhaupt nicht, andere nur zum Teil pfändbar. § 850 c ZPO sieht darüber hinaus Pfändungsfreigrenzen vor, die etwa für allein stehende Schuldner zur Zeit 939,99 EUR netto monatlich betragen. Bei einer Unterhaltspflicht für 2 Personen kann erst ab einem Nettoeinkommen von 1480,00 EUR netto gepfändet werden.

Lohnsteuer

L. ist keine selbständige Steuerart, sondern **Einkommensteuer,** die bei Einkünften aus → *nichtselbständiger Arbeit* in einer besonderen Erhebungsform durch direkten Abzug vom Arbeitslohn erhoben wird (§ 38 EStG). Schuldner der Lohnsteuer ist der → *Arbeitnehmer.* Die Lohnsteuer entsteht in dem Zeitpunkt, in dem der Arbeitslohn dem Arbeitnehmer zufließt. Der → *Arbeitgeber* hat die Lohnsteuer für Rechnung des Arbeitnehmers bei jeder Lohnzahlung vom Arbeitslohn einzubehalten und an das → *Finanzamt* abzuführen. Der Arbeitgeber haftet für die richtige Einbehaltung und Abführung der Lohnsteuer.

Für die Durchführung des Lohnsteuerabzugs ist die dem Arbeitgeber vom Arbeitnehmer vorgelegte → *Lohnsteuerkarte* maßgeblich. Diese enthält die für die Berechnung der Lohnsteuer relevanten persönlichen Daten, die Steuerklasse und gegebenenfalls zu berücksichtigende Freibeträge.

Die Höhe der Lohnsteuer bemisst sich nach dem Arbeitslohn, den der Arbeitnehmer im Kalenderjahr bezieht. Die einbehaltene Lohnsteuer wird auf die im Kalenderjahr geschuldete Einkommensteuer angerechnet. Hat der Arbeitgeber eine zu hohe Lohnsteuer einbehalten, oder stehen dem Arbeitnehmer aus anderen Gründen Steuererstattungsansprüche zu, kann er Antrag auf Veranlagung zur Einkommensteuer unter Anrechnung der Lohnsteuer auf die Einkommensteuer stellen (§ 46 Abs. 2 Nr. 8 EStG). Diesen Antrag kann der Arbeitnehmer längstens zwei Jahre nach Ablauf des Veranlagungszeitraums beim Finanzamt einreichen. Ansonsten gilt die Einkommensteuer beim Arbeitnehmer durch den Lohnsteuerabzug als abgegolten.

Lohnsteuerfreibetrag → *Lohnsteuerkarte*

Lohnsteuerjahresausgleich

Der → *Arbeitgeber* ist berechtigt, jedoch ab 10 Arbeitnehmer verpflichtet, für seine → *Arbeitnehmer* einen Lohnsteuerjahresausgleich durchzuführen (§ 42 b EStG). Gleichwohl bleibt der Arbeitnehmer berechtigt, Antrag auf Einkommensteuerveranlagung zu stellen.

Lohnsteuerkarte

L. enthält die für die Einbehaltung der → *Lohnsteuer* relevanten persönlichen Daten des → *Arbeitnehmers*.

(1) Die Lohnsteuerkarte hat die → *Gemeinde* zu erstellen. Zuständig ist die Wohnsitzgemeinde oder in Ermangelung einer Wohnung die Gemeinde, in der der Steuerpflichtige seinen gewöhnlichen Aufenthalt hat.

(2) Auf der Lohnsteuerkarte hat die Gemeinde die Steuerklasse, Zahl der Kinderfreibeträge einzutragen. Für die Eintragungen sind die Verhältnisse zu Beginn des Kalenderjahres maßgeblich. Auf Antrag des Arbeitnehmers kann eine für ihn ungünstigere Steuerklasse oder die Zahl der Kinderfreibeträge auf der Lohnsteuerkarte eingetragen werden. Der Arbeitnehmer ist verpflichtet, die Eintragung der Steuerklasse und die Zahl der Kinderfreibeträge auf der Lohnsteuerkarte umgehend ändern zu lassen, wenn die Eintragungen zum Vorteil des Arbeitnehmers abweichen. Treten im Verlauf des Kalenderjahres Änderungen ein, die dem Arbeitnehmer eine günstigere Steuerklasse oder eine höhere Zahl von Kinderfreibeträgen ermöglichen, kann dieser bis zum 30. 11. des Kalenderjahres die Änderung der Eintragungen auf der Lohnsteuerkarte beantragen.

(3) Auf Antrag des Steuerpflichtigen können auf der Lohnsteuerkarte die in § 39 a EStG genannten Freibeträge, die gesetzlich geregelte Pauschbeträge (→ *Arbeitnehmer-Pauschbetrag*, → *Sonderausgaben*-Pauschbetrag, → *Pauschbeträge* für Behinderte und Hinterbliebene) übersteigen oder → *außergewöhnliche Belastungen* eingetragen werden. Der Antrag ist beim zuständigen Finanzamt durch vorgeschriebenen Vordruck bis längstens zum 30. 11. des Kalenderjahres zu stellen.

(4) Sind zusätzliche Freibeträge auf der Lohnsteuerkarte eingetragen, werden diese bereits beim Lohnsteuerabzug berücksichtigt.

▸ Lohnsteuerklassen

Für die Durchführung des Lohnsteuerabzugs werden unbeschränkt einkommensteuerpflichtige → *Arbeitnehmer* in Steuerklassen eingeteilt. Es gibt sechs Steuerklassen (§ 38 b EStG).

(1) Steuerklasse I: Arbeitnehmer, die ledig sind oder verheiratet, verwitwet oder geschieden und bei denen die Voraussetzungen für die Steuerklasse III oder IV nicht erfüllt sind.

(2) Steuerklasse II: Arbeitnehmer der Steuerklasse I, wenn bei ihnen ein Haushaltsfreibetrag nach § 32 Abs. 7 EStG zu berücksichtigen ist (z. B. geschiedener Elternteil mit Kind).

(3) Steuerklasse III: Arbeitnehmer, die verheiratet sind, wenn beide → *Ehegatten* unbeschränkt einkommensteuerpflichtig und nicht dauernd getrenntlebend sind, ein Ehegatte keinen Arbeitslohn bezieht oder der andere Ehegatte in Steuerklasse V eingereiht wird; Arbeitnehmer, die verwitwet sind für das im Todesfall folgende Kalenderjahr; Arbeitnehmer, deren Ehe aufgelöst worden ist, im Kalenderjahr der letzten gemeinsamen Veranlagung oder der andere Ehegatte wieder verheiratet ist.

(4) **Steuerklasse IV:** verheiratete Arbeitnehmer, die beide Arbeitslohn beziehen.

(5) **Steuerklasse V:** verheiratete Arbeitnehmer, wenn auf Antrag ein Ehegatte in Steuerklasse III eingereiht wird.

(6) **Steuerklasse VI:** Arbeitnehmer, die nebeneinander von mehreren Arbeitgebern Arbeitslohn beziehen.

▶ Lohnsteuertabellen

Seit 1.1.2001 besteht für den Bundesminister der Finanzen keine gesetzliche Verpflichtung mehr, Lohnsteuertabellen zu veröffentlichen. Das Bundesministerium für Finanzen ist aber ermächtigt, einen Programmablaufplan für die Erstellung von Lohnsteuertabellen zur manuellen Berechnung der Lohnsteuer aufzustellen und bekanntzumachen.

▶ Lotterie

Eine Lotterie ist ein Glücksspiel, das auf der Basis eines bestimmten Plans gegen Geldeinsatz die Aussicht auf bestimmte Geldgewinne vermittelt. Lotterien sind z.B. Lotto und Toto, aber auch die Teilnahme an Wetten über Pferderennen. Von einer Ausspielung unterscheidet sich eine Lotterie dadurch, dass dort Sachpreise ausgelost werden. Nach der Lotterieverordnung bedürfen öffentliche Lotterien und Ausspielungen der Genehmigung, die ungenehmigte Durchführung einer Lotterie ist strafbar.

▶ Luftreinhaltung

Luftverunreinigungen sind Veränderungen der natürlichen Zusammensetzung der Luft insbesondere durch Rauch, Ruß, Staub, Gase, Dämpfe und Geruchsstoffe. Es handelt sich somit um schädliche Umwelteinwirkungen, die es zu vermeiden gilt. Die wichtigsten Regelungen zur Luftreinhaltung sind im Bundesimmissionsschutzgesetz enthalten, die durch die Technische Anleitung zur

Reinhaltung der Luft (TA Luft) ergänzt werden. Vorschriften über die Luftreinhaltung sind auch in den Landesbauordnungen zu finden. Dem gleichen Zweck dienen auch einige der Bestimmungen der Straßenverkehrszulassungsordnung über den Bau und den Betrieb von Kraftfahrzeugen.

M

Mängelrüge

Unter einer Mängelrüge versteht man beim Kauf- oder Werkvertrag die Anzeige des Käufers bzw. Bestellers, dass die gelieferte Sache einen Mangel aufweist, aufgrund dessen Gewährleistungsansprüche geltend gemacht werden sollen. Im Handelsrecht (§ 377 HGB) ist sie besonders ausgestaltet.

Mahnverfahren

Das Mahnverfahren ist ein billiger und einfacher Weg, bei voraussichtlich unstreitigen Geldforderungen ohne → *mündliche Verhandlung* zu einem → *Vollstreckungstitel* zu gelangen. Das Mahnverfahren wird von den → *Amtsgerichten* durchgeführt. Auf Antrag hin wird ein Mahnbescheid erlassen. Unternimmt der Schuldner gegen diesen nichts, ergeht ein Vollstreckungsbescheid, aus dem dann die → *Zwangsvollstreckung* betrieben werden kann. Der Schuldner hat jedoch auch die Möglichkeit, gegen den Mahnbescheid Widerspruch oder gegen den Vollstreckungsbescheid → *Einspruch* einzulegen. In beiden Fällen wird das Mahnverfahren dann in ein streitiges Zivilverfahren übergeleitet.

Makler-AGB

Die Allgemeinen Geschäftsbedingungen von Maklern weisen vielfach unwirksame Klauseln auf. Unzulässig sind insbesondere folgende Regelungen: Die Pflicht, an den Makler eine Vergütung auch dann zu zahlen, wenn seine Tätigkeit ohne Erfolg bleibt. Auch so genannte Aufwandspauschalen für Anzeigenkosten etc. sind jedenfalls dann unwirksam, wenn mehr als nur geringfügige Kosten zu erstatten sind. Weiterhin darf ein Makler seinem Kunden – auch einem Verkäufer – keine eigene Tätigkeit verbieten oder für den Fall eines solchen Eigengeschäfts eine Provisionspflicht vereinbaren. Die Bindungsfrist für einen Kunden darf im Regelfall 6 Monate nicht übersteigen.

Marke

Seit 1995 sind die bisherigen Vorschriften über Warenzeichen durch das EU-einheitliche neue Markenrecht ersetzt worden. Unter einer Marke versteht man alle Zeichen/Wörter/Abbildungen/Zahlen/Abkürzungen, die geeignet sind, Dienstleistungen oder Waren eines Unternehmens von denen anderer Firmen zu unterscheiden. Der Markenschutz entsteht durch die Eintragung in das beim Deutschen → *Patentamt* geführte Markenregister. Nicht nur Gewerbetreibende, auch Privatpersonen können Marken anmelden, wobei die ältere Eintragung Vorrang hat.

Der Inhaber älterer Markenrechte muss im Falle der Verwechslungsgefahr innerhalb von 3 Monaten Widerspruch erheben.

Die Schutzdauer einer Marke beträgt 10 Jahre, sie muss allerdings spätestens nach 5 Jahren benutzt werden, um rechtsbeständig zu bleiben, ansonsten verfällt sie. Der Schutz eingetragener Marken kann durch Zahlung der Gebühren beliebig oft um 10 Jahre verlängert werden. Für den europäischen Bereich gibt es seit 1.1.96 die Gemeinschaftsmarke, die beim europ. Markenamt in Alicante anzumelden ist.

Massenentlassung

Das Kündigungsschutzgesetz (KSchG) enthält in den Vorschriften der §§ 17 ff. aus **arbeitsmarktpolitischen Gründen** besondere Regelungen für sog. Massenentlassungen. Unter Massenentlassungen versteht das Gesetz Entlassungen innerhalb von 30 Tagen

(a) von mehr als 5 → *Arbeitnehmern* in Betrieben mit in der Regel mehr als 20 und weniger als 60 Arbeitnehmern,

(b) von 10% der im Betrieb regelmäßig beschäftigten Arbeitnehmer oder aber von mehr als 25 Arbeitnehmern in Betrieben mit in der Regel mehr als 60 und weniger als 500 Arbeitnehmern,

(c) von mindestens 30 Arbeitnehmern in Betrieben mit in der Regel mindestens 500 Arbeitnehmern.

Der Entlassung gleich stehen andere Beendigungen des Arbeitsverhältnisses, die vom Arbeitgeber veranlasst werden.

Bei Überschreiten der genannten Grenzen treffen den Arbeitgeber **verschiedene Anzeige-, Mitteilungs-, Beratungs- und Genehmigungserfordernisse**. So hat der Arbeitgeber den Betriebsrat von einer beabsichtigten Massenentlassung zu unterrichten und mit ihm über eine mögliche Vermeidung zu beraten (§ 17 Abs. 2 KSchG). Ferner muss er die beabsichtigte Massenentlassung dem zuständigen Arbeitsamts **anzeigen** (§ 17 Abs.1 und 3 KSchG).

Anzeigepflichtige Entlassungen werden frühestens nach Ablauf von einem Monat nach Eingang der Anzeige beim Arbeitsamt wirksam (Sperrfrist). Dabei kommt es nicht auf den Zeitpunkt des Ausspruchs der Kündigung, sondern den Zeitpunkt der Entlassung an. Das Arbeitsamt kann die einmonatige Sperrfrist auf Antrag verkürzen, im Einzelfall jedoch auch auf bis zu zwei Monate verlängern. Entlassungen, die **vor der Anzeige** beim Arbeitsamt durchgeführt wurden, sind unheilbar nichtig. Hat der Arbeitgeber eine fristgerechte Kündigung ausgesprochen, deren Kündigungsfrist nach Eingang der Anzeige beim Arbeitsamt, jedoch vor Ablauf der Sperrfrist abläuft, besteht das Arbeitsverhältnis bis zum Ablauf der Sperrfrist fort.

▶ Massenverfahren

M. nennt man im Verwaltungsrecht Verfahren, an denen eine Vielzahl von Personen beteiligt sind. Das ist z. B. der Fall bei → *Planfeststellungen* für ein größeres Vorhaben, gegen das sich Betroffene mit massenhaften Einwendungen zur Wehr setzen. Das → *Verwaltungsverfahrensgesetz* enthält besondere Regelungen über Massenverfahren. So kann die Behörde, wenn an einem Verfahren mehr als 50 Personen mit gleicher Interessenlage beteiligt sind und diese keinen gemeinsamen Vertreter haben, einen solchen von Amts wegen bestellen. Sind in einem Planfeststellungsverfahren mehr als 50 Zustellungen notwendig, dann kann der Beschluss öffentlich zugestellt werden; das erfolgt in der Form, dass dessen wesentlicher Inhalt in örtlichen Tageszeitungen bekannt gemacht wird. Auch im Verwaltungsprozess gibt es Sondervorschriften für Massenverfahren. Ist die Rechtmäßigkeit einer behördlichen Maßnahme Gegenstand von mehr als 20 Verfahren, so kann das Gericht Musterverfahren auswählen und diese entscheiden. Nach → *Rechtskraft* können die restlichen Verfahren in einem vereinfachten Verfahren erledigt werden.

Maßregeln der Besserung und Sicherung

Ein wirksamer Schutz der Allgemeinheit kann neben einer Bestrafung des Täters noch weitere Maßnahmen erfordern. So vermag allein die Bestrafung eines betrügerischen Unternehmers manchmal nicht zu verhindern, dass er erneut gleichartige Straftaten versucht. Hier soll etwa durch ein → *Berufsverbot* erreicht werden, dass ihm der Zugang zu gewissen Tätigkeiten, bei denen er seine Betrugshandlungen besonders leicht ausführen kann, von Anfang an verwehrt ist.

Weiterhin muss bei schwerwiegenden Straftaten eines nicht schuldfähigen Täters – etwa bei einer → *Brandstiftung* – ebenfalls ein Schutz der Allgemeinheit möglich sein. Dies kann etwa durch eine „Anstaltsunterbringung" geschehen. Hinter diesem allgemeinen Begriff kann sich einmal die Unterbringung in einem psychiatrischen Krankenhaus, zum anderen in einer Entziehungsanstalt verbergen.

Weitere Maßregln der Besserung und Sicherung sind die Sicherungsverwahrung – bei deren Hilfe gefährliche Gewohnheitsverbrecher auch nach der Strafverbüßung in Unfreiheit gehalten werden können, die Führungsaufsicht – mit der auf die Lebensführung eines kriminell Gefährdeten Einfluss genommen werden soll – und der Entzug der → *Fahrerlaubnis*.

MdE → *Minderung der Erwerbsfähigkeit*

Mehrarbeit

M. ist ein Begriff, der seit Außerkrafttreten der Arbeitszeitordnung (AZO) und Erlass des Arbeitszeitgesetzes (→ *Arbeitszeit)* seine eigenständige Bedeutung weitgehend verloren hat (Ausnahme: § 8 MuSchG). Der Begriff der Mehrarbeit wird nunmehr regelmäßig nur noch gleichbedeutend mit dem Begriff der Überarbeit bzw. der → *Überstunde* verwandt. Auch Tarifverträge verwenden statt des unüblichen Begriffs der Überarbeit häufig den Begriff der Mehrarbeit.

Mehrheitswahl

M. ist ein Wahlsystem, bei dem der Bewerber mit der (absoluten oder relativen) Mehrheit der abgegebenen Stimmen gewählt ist. Mehrheitswahl ist also Persönlichkeitswahl. Das Gegenstück ist die Verhältniswahl, bei der Bewerberlisten zur Abstimmung stehen. Vielfach werden beide Systeme kombiniert; neben der Wahl von Listen kann auch mit einer Zweitstimme ein einzelner Bewerber gewählt werden; man nennt dieses System auch „verbessertes Verhältniswahlrecht". Es gilt etwa bei der Wahl zum → *Bundestag.*

Mehrwertsteuer → *Umsatzsteuer*

Meineid

Ein Meineid ist die mit einem → *Eid* bekräftigte, bewusste → *Falschaussage* vor Gericht oder einer anderen zur Vereidigung befugten Stelle. Er wird als → *Verbrechen* mit mindestens einem Jahr Freiheitsstrafe geahndet. Eine Strafmilderung kommt aber in Betracht, wenn ein Zeuge oder Sachverständiger mit dem Meineid verhindern will, dass er oder ein → *Angehöriger* bestraft werden oder wenn eine solche Falschaussage rechtzeitig berichtigt wird.

Wird eine falsche Aussage aus → *Fahrlässigkeit* gemacht, so tritt im Falle einer Beeidigung ebenfalls Strafbarkeit, und zwar wegen fahrlässigen Falscheids, ein.

Meinungsfreiheit

Das → *Grundrecht* der Meinungsfreiheit ist durch Art. 5 Abs. 1 GG verbürgt. Danach hat jeder das Recht, seine Meinung in Wort, Bild und Schrift frei zu äußern. Als Meinung ist dabei nicht die bloße Wiedergabe von Tatsachen anzusehen, sondern die wertende Stellungnahme, die auf Überzeugungsbildung gerichtete Äußerung. Das Grundrecht, das für die freiheitlich demokratische Grundordnung von überragender Bedeutung ist, ist nicht schrankenlos gewährleistet. Es findet seine Grenzen vielmehr in den allgemeinen Gesetzen, den Gesetzen zum Schutz der Jugend und im Recht der persönlichen Ehre. Allgemeine Gesetze sind solche, die sich nicht gegen die Meinungsfreiheit als solche, also gegen eine bestimmte Meinung richten, sondern allgemeine Sachverhalte regeln, dabei aber den Schutzbereich des Grundrechts berühren. Bei Erlass derartiger Gesetze ist aber immer der Wertgehalt des Grundrechts zu beachten, d. h. das einschränkende Gesetz ist im Sinne einer Wechselwirkung im Lichte des Grundrechts zu sehen und auszulegen und somit in seiner begrenzenden Wirkung selbst wieder einzuschränken. Allgemeine Gesetze sind etwa die Strafgesetze und die Polizeigesetze.

▶ Melderecht

Hauptaufgabe des Melderechts ist die Feststellung der Identität und des Aufenthalts der in einer Gemeinde lebenden Personen. Die rechtlichen Grundlagen hierfür sind im Melderechtsrahmengesetz des Bundes und in den Meldegesetzen der Länder enthalten. Sie enthalten nicht nur Regelungen über die Meldepflicht im engeren Sinn, sondern auch solche datenschutzrechtlicher Art über Zulässigkeit der Weitergabe der Meldedaten. Meldebehörden sind grundsätzlich die Gemeinden; ihnen obliegt die Führung des Melderegisters, in das die Daten, die nach den gesetzlichen Bestimmungen erfasst werden dürfen, eingetragen sind. Erweist es sich als unrichtig, können die Angaben von Amts wegen berichtigt werden. Meldepflichtig sind vor allem der Zuzug in einer Gemeinde, der Umzug innerhalb einer Gemeinde und der Wegzug. Einzutragen ist auch, ob ein Haupt- oder Nebenwohnsitz begründet wurde. Im Gegensatz zum früheren Recht ist die Bestimmung, welche Wohnung Hauptwohnsitz sein soll, nicht mehr der Freiheit des Meldepflichtigen überlassen; vielmehr bestimmt sich der Hauptwohnsitz nach objektiven Kriterien, insbesondere danach, an welchem Ort sich eine Person überwiegend aufhält. Besondere Meldepflichten bestehen für → *Beherbergungsbetriebe.*

Menschenraub

Wer sich durch List, Drohung oder Gewalt eines Menschen bemächtigt, um ihn in einer hilflosen Lage auszusetzen, in Sklaverei oder in auswärtige Kriegsdienste zu verbringen, begeht Menschenraub. Neben diesem praktisch nicht mehr bedeutsamen Tatbestand spielt das Sichbemächtigen eines Menschen vor allem beim erpresserischen Menschenraub und bei der → *Geiselnahme* eine Rolle.

Menschenwürde

Nach Art. 1 Abs. 1 GG ist die Würde des Menschen unantastbar; sie zu achten und zu schützen ist die Verpflichtung aller staatlichen Gewalt. Dabei handelt es sich um einen Sammelbegriff, der alle Merkmale umfasst, die die Persönlichkeit des Menschen ausmachen. Dieser Grundrechtsartikel stellt einen fundamentalen Verfassungsgrundsatz dar, der auch durch Grundgesetzänderung nicht abgeändert oder abgeschafft werden kann. Eine Ausprägung des Grundsatzes der Menschenwürde ist es, Bürgern eine materielle Lebensgrundlage zu garantieren, also das Existenzminimum zu sichern. Diesem Staatsziel trägt im Einzelnen das Bundessozialhilfegesetz (→ *Sozialhilfe)* Rechnung.

Die Menschenwürde wird auch durch strafrechtliche Bestimmungen umfassend geschützt. Einmal können Angriffe gegen die Menschenwürde bestimmter Gruppen als → *Volksverhetzung* strafbar sein. Sodann bietet der Tatbestand der → *Beleidigung* Schutz. Schließlich ist auch im Wehrstrafrecht die entwürdigende Behandlung eines Untergebenen unter Strafe gestellt.

Miete

Unter Miete versteht man einen gegenseitigen → *Vertrag,* durch den sich der Vermieter zur Gebrauchsüberlassung während der Mietzeit und der Mieter zur Mietzinszahlung verpflichtet (§ 535 BGB). Mietverträge können über → *Sachen* oder Sachteile (zum Beispiel eine Wohnung als Teil eines Grundstücks) geschlossen werden. Die Verträge sind grundsätzlich formfrei; jedoch bedürfen Mietverträge über Grundstücke oder Räume (etwa Wohnungen), wenn sie für eine längere Zeit als ein Jahr geschlossen werden, der Schriftform. Die Haftung für Sach- oder Rechtsmängel ist in den §§ 535 ff. BGB speziell geregelt. Der Vermieter von Grundstücken oder Räumen hat an den eingebrachten Sachen des Mieters ein → *Pfandrecht* für seine Forderungen aus dem Mietverhältnis (etwa für nicht bezahlte Mietbeträge). Da die Vorschriften der §§ 535 ff. BGB weitgehend nachgiebiges Recht sind, werden sie häufig in den Mietverträgen abbedungen und durch andere Regelungen ersetzt. Im Handel werden verschiedene vorformulierte Mustermietvertragsformulare angeboten, die jedoch den Regelungen über → *Allgemeine Geschäftsbedingungen* entsprechen müssen. Nach Beendigung des Mietverhältnisses muss der Mieter die gemietete Sache an den Vermieter zurückgeben (§ 546 BGB). Beendet wird das Mietverhältnis nach § 542 BGB durch Zeitablauf (Regelfall etwa bei Autovermietungen) oder durch → *Kündigung* (bei der im Bereich der Wohnraummiete verschiedene Besonderheiten zu beachten sind (→ *Kündigungsschutz)*. Daneben kann aber das Mietverhältnis auch jederzeit durch einen Aufhebungsvertrag zwischen den Parteien aufgelöst werden. Dagegen stellt bei Raum- (etwa bei Wohnungen) oder Grundstücksmiete der Verkauf des Grundstücks keinen Beendigungsgrund dar, da der Erwerber kraft Gesetzes in das Mietverhältnis eintritt (§ 566 BGB). Von der Miete zu unterscheiden ist die → *Pacht*.

▶ Mieterhöhung

Bei nicht preisgebundenem Wohnraum (→ *Mietpreisbindung*) kann eine Mieterhöhung einmal einverständlich zwischen Mieter und Vermieter ausgehandelt werden. Eine obere Grenze für die statthafte Miete bildet aber immer der Eintritt der **Mietpreisüberhöhung**, die 20 % oberhalb der für vergleichbare Räume geforderten Entgelte einsetzt.

Einseitig kann der Vermieter – er darf zum Zweck der Mieterhöhung nicht kündigen (§ 573 Abs. 1 S. 2 BGB) – eine Mieterhöhung nur nach Maßgabe des § 558 BGB durchsetzen. Nach dieser Bestimmung kann ein Vermieter nur dann eine Zustimmung seines Mieters zu einer Mieterhöhung verlangen und gegebenenfalls auch mit Hilfe einer → *Klage* durchsetzen, wenn die Miete seit mindestens einem Jahr nicht mehr erhöht wurde und in dem Zeitpunkt, in dem die Mieterhöhung wirksam werden soll, die vorangehende Miete mindestens 15 Monate bestanden hat. Erhöht werden darf nur bis zur ortsüblichen Vergleichsmiete (→ *Mietspiegel*) und innerhalb von 3 Jahren um maximal 20 %. Daneben sind für die Begründung des Mieterhöhungsverlangens noch weitere, in § 558 a BGB genannte Formvorschriften zu beachten.

Stimmt der Mieter zu, so tritt die erhöhte Miete mit Beginn des dritten Monats nach dem Zugang des Erhöhungsverlangens in Kraft. Stimmt er nicht zu, muss der Vermieter auf Zustimmung klagen; diese Klage muss er bis zum Ablauf von fünf Monaten nach dem Zugang seines Erhöhungsverlangens erheben.

▸ Mieterschutz

Bei Wohnräumen wird der Mieterschutz nunmehr durch das BGB selbst, so zum Beispiel durch die Einschränkung der Kündigungsmöglichkeiten (→ *Kündigung,* → *Kündigungsschutz*), oder durch spezielle Gesetze zur Vermeidung ungerechtfertigter → *Mieterhöhungen* (→ *Mietpreisbindung),* gewährleistet.

▸ Mietgericht

Das Mietgericht ist eine Abteilung des → *Amtsgerichts*, die für bestimmte Streitigkeiten zwischen Vermieter und Mieter (§ 23 Nr. 2 a Gerichtsverfassungsgesetz) aus Mietverhältnissen über Wohnraum zuständig ist. So muss beispielsweise eine → *Räumungsklage* für eine Wohnung unabhängig vom → *Streitwert* zum Amtsgericht erhoben werden. Örtlich ist dabei nach § 29 a ZPO das Amtsgericht **ausschließlich** zuständig, in dessen Bezirk sich die Wohnung befindet.

▸ Mietkauf

Ein Mietkauf ist ein → *Mietvertrag,* bei dem dem Mieter das Recht eingeräumt wird, die ihm zunächst nur mietweise überlassene Sache käuflich zu erwerben, wobei die bisher gezahlten Mietzinsen ganz oder teilweise auf den festgesetzten Kaufpreis angerechnet werden. Wenn die Kaufoption ausgeübt wird, wird auf den Vertrag Kaufrecht angewandt.

Mietkaution

Unter Mietkaution versteht man eine Sicherheitsleistung des Mieters, mit der Ansprüche des Vermieters (etwa wegen nicht bezahlter Mieten oder offener Schadenersatzansprüche) abgedeckt werden sollen. Bei Wohnraummietverhältnissen darf die Mietkaution drei Monatsmieten nicht übersteigen (§ 551 BGB). Die Kaution ist vom Vermieter auf ein gesondertes Sparkonto zu legen und zu verzinsen. Wenn nach Beendigung des Mietverhältnisses keine Forderungen des Vermieters mehr offen sind, ist die Kaution an den Mieter zurückzuzahlen.

Mietpreisbindung

Bei nicht preisgebundenem Wohnraum gibt es heute eine Mietpreisbindung nur noch indirekt über die Regelungen zum → *Wucher* beziehungsweise zur Mietpreisüberhöhung und in gewissen Grenzen durch die Bestimmungen zur → *Mieterhöhung*. Eine echte Mietpreisbindung besteht jedoch noch bei Sozialwohnungen (nach dem Wohnungsbindungsgesetz), Staatsbedienstetenwohnungen und öffentlich geförderten Wohnungen, die keine Sozialwohnungen sind. Bei solchen Wohnungen darf der Vermieter Miete nur bis zu einer Höhe verlangen, die erforderlich ist, um die laufenden Aufwendungen zu decken (so genannte Kostenmiete). Bei Veränderung der laufenden Kosten kann der Vermieter hier die Miete einseitig um den entsprechenden Betrag erhöhen.

Mietspiegel

Unter einem Mietspiegel versteht man eine Übersicht über die in einer Gemeinde üblichen Mieten für Wohnraum. Er wird in einfacher (§ 558 c BGB) oder qualifizierter (§ 558 d BGB) Form – dann muss er nach wissenschaftlich anerkannten Grundsätzen erstellt sein – entweder von der Gemeinde oder von Interessenvertretern der Vermieter und der Mieter gemeinsam erstellt. Ein Mietspiegel soll im Abstand von 2 Jahren der Marktentwicklung angepasst werden.

Er kann zur Begründung eines Mieterhöhungsverlangens als Maßstab für die übliche Vergleichsmiete herangezogen werden. Bei einem qualifizierten Mietspiegel wird vermutet, dass er die ortsübliche Vergleichsmiete zutreffend angibt.

Mietvertrags-AGB

Allgemeine Geschäftsbedingungen stellen im Bereich der Wohnungsmiete alle für eine mehrfache Verwendung bestimmten Vertragsmuster, insbesondere auch die so genannten Formularverträge, dar. Viele Klauseln, die auch heute noch in Vertragsmustern verwendet werden, sind in letzter Zeit für unwirksam erklärt worden: So sind „Kleinreparaturklauseln“ nicht statthaft, wenn kein Höchstbetrag für mehrere Reparaturen in einem bestimmten Zeitraum festgesetzt ist, wenn sie sich auch auf solche Gegenstände beziehen, die nicht in erster Linie dem Zugriff des Mieters ausgesetzt sind oder wenn sie bei Reparaturen über ungefähr 50 EUR den Mieter mit jährlich mehr als etwa 150 EUR beteiligen. Bei einer Kanal- oder Leitungsverstopfung darf keine anteilige Haftung aller Mieter festgesetzt werden, wenn der Verursacher nicht zu ermitteln ist. Die Abwälzung von → *Schönheitsreparaturen* auf den Mieter kann zwar in Allgemeinen Geschäftsbedingungen grundsätzlich wirksam erfolgen. Unzulässig sind aber so genannte „Fachbetriebsklauseln“, wonach der Mieter die Schönheitsreparaturen etwa von Malerfachbetrieben ausführen lassen muss.

Minderung

Zu den Rechten eines Käufers oder Bestellers beim Werkvertrag im Rahmen der so genannten → *Gewährleistung* zählt unter anderem auch die Minderung. Sie erlaubt es dem Käufer oder Besteller, bei einem nicht behebbaren Mangel oder einem Mangel, den der Verkäufer oder Werkunternehmer nicht beheben will oder aus Gründen der Verhältnismäßigkeit nicht beheben muss, den von ihm zu entrichtenden Preis herabzusetzen. Die Höhe der Minderung richtet sich danach, was die Kaufsache oder das Werk durch ihren jeweiligen Mangel an Wert gegenüber einer mangelfreien Sache bzw. einem mangelfreien Werk verlieren.

Minderung der Erwerbsfähigkeit

In der gesetzlichen → *Unfallversicherung* und in der Kriegsopferfürsorge ist die Höhe der zu gewährenden Renten vom Grad der Minderung der Erwerbsfähigkeit (MdE) abhängig. Sie muss durch einen → *Arbeitsunfall* bzw. durch einen Kriegsschaden entstanden sein. Die Minderung der Erwerbsfähigkeit richtet sich nach dem Umfang der sich aus der Beeinträchtigung des körperlichen und geistigen Leistungsvermögens ergebenden verminderten Arbeitsmöglichkeiten auf dem gesamten Gebiet des Erwerbslebens. Bei der Bemessung der Minderung der Erwerbsfähigkeit werden Nachteile berücksichtigt, die der Versicherte dadurch erleidet, dass er bestimmte von ihm erworbene besondere berufliche Kenntnisse und Erfahrungen infolge des Versicherungsfalls nicht mehr oder nur noch in verringertem Maße nutzen kann. Die Minderung der Erwerbsfähigkeit wird in einem bestimmten Vonhundertsatz ausgedrückt. In der gesetzlichen Unfallversicherung wird eine Rente ab einer MdE von 20 v.H. gezahlt. Die Einzelheiten sind im Siebten Buch des → *Sozialgesetzbuchs* (SGB VII) geregelt.

Misstrauensvotum

M. wird allgemein die Feststellung bezeichnet, dass das Parlament der Regierung oder einzelnen Regierungsmitgliedern nicht mehr das notwendige Vertrauen entgegenbringt. Im Grundgesetz ist das so genannte konstruktive Misstrauensvotum vorgesehen. Der → *Bundestag* kann dem → *Bundeskanzler* sein Misstrauen nur dadurch aussprechen, dass er mit der Mehrheit seiner Mitglieder einen Nachfolger wählt und den → *Bundespräsidenten* zur Entlassung des alten und zur Ernennung des neuen Bundeskanzlers auffordert. Durch diese Regelung soll verhindert werden, dass eine Bundesregierung abberufen wird, ohne dass zugleich die parlamentarische Grundlage für die Bildung einer neuen Regierung durch Wahl seines Nachfolgers geschaffen wird. Der Bundeskanzler hat die Möglichkeit, die Vertrauensfrage zu stellen. Findet sein Antrag, ihm das Vertrauen auszusprechen, keine Mehrheit, so kann der Bundespräsident auf Vorschlag des Bundeskanzlers den Bundestag auflösen; wird innerhalb der hierfür gesetzten Frist von 21 Tagen ein neuer Bundeskanzler gewählt, erlischt dieses Recht.

▸ **Mitarbeit des Ehegatten** → *Verträge zwischen nahen Angehörigen*

▸ Mitbestimmung der Arbeitnehmer

Der Gedanke der Mitbestimmung der Arbeitnehmer findet in verschiedenen Gesetzen seinen Niederschlag.

(1) Das **Betriebsverfassungsgesetz** – BetrVG – (→ *Betriebsverfassungsrecht)* sichert dem Betriebsrat umfangreiche Mitspracherechte in personellen, sozialen und wirtschaftlichen Angelegenheiten. Zu unterscheiden sind Mitbestimmungsrechte und sonstige Mitwirkungsrechte wie z. B. Informations- und Beratungsrechte des Betriebsrates.

In sozialen Angelegenheiten (z. B. Beginn und Ende der täglichen Arbeitszeit, Aufstellung des Urlaubsplans) sowie grundsätzlich bei personellen Einzelmaßnahmen (z. B. Einstellung, → *Versetzung,* Eingruppierung) hat der Betriebsrat ein **Mitbestimmungsrecht** (§§ 87, 99 BetrVG). Kommt in den Angelegenheiten, die der Mitbestimmung unterliegen, keine Einigung zustande, dann entscheidet die → *Einigungsstelle* (§ 87 Abs. 2 BetrVG) bzw. das → *Arbeitsgericht* (§ 99 Abs. 4 BetrVG). In allgemeinen personellen Angelegenheiten besteht hingegen nur ein Informationsrecht (§§ 91 ff. BetrVG).

In wirtschaftlichen Angelegenheiten (z. B. Produktions- und Absatzlage, Rationalisierungsvorhaben) hat in einem Unternehmen mit in der Regel mehr als 100 ständig beschäftigten Arbeitnehmern ein **Wirtschaftsausschuss** mitzuwirken (§§ 106 ff. BetrVG). Dieser hat die Aufgabe, wirtschaftliche Angelegenheiten mit dem Unternehmer zu beraten und den Betriebsrat zu unterrichten. Der Wirtschaftsausschuss besteht aus mindestens 3 und höchstens 7 Mitgliedern; sie werden vom Betriebsrat bestimmt (vgl. § 107 BetrVG).

(2) In Betrieben mit in der Regel mindestens 10 → *leitenden* Angestellten werden *Sprecherausschüsse* gewählt (§ 1 Abs. 1 Sprecherausschussgesetz – SprAuG –). Der Sprecherausschuss vertritt die Belange der leitenden Angestellten (§ 25 SprAuG); er wirkt beratend mit bei der Festlegung von Arbeitsbedingungen sowie bei personellen Maßnahmen (§§ 30, 31 SprAuG). In wirtschaftlichen Angelegenheiten hat er ein Informationsrecht.

(3) Auf Unternehmen mit in der Regel mehr als 2000 beschäftigten Arbeitnehmern findet, sofern sie in der Rechtsform z. B. einer Aktiengesellschaft oder GmbH betrieben werden, grundsätzlich das **Mitbestimmungsgesetz** – MitbestG – Anwendung (§ 1 Abs. 1 MitbestG). Bei diesen Unternehmen ist ein Aufsichtsrat zu bilden (§ 6 MitbestG), soweit dies nicht bereits nach anderen Vorschriften vorgesehen ist. Der Aufsichtsrat ist **paritätisch** mit Anteilseignern und Arbeitnehmern besetzt (§ 7 MitbestG). Aus seiner Mitte ist der Aufsichtsratsvorsitzende zu wählen (§ 27 MitbestG). Ergibt sich bei einer Abstimmung im Aufsichtsrat Stimmengleichheit (Pattsituation), so hat bei einer erneuten Abstimmung der Aufsichtsratsvorsitzende 2 Stimmen (§ 29 MitbestG). Dem Vorstand eines mitbestimmten Unternehmens muss als gleichberechtigtes Mitglied ein **Arbeitsdirektor** angehören, der sich vornehmlich um die sozialen Belange der Arbeitnehmerschaft zu kümmern hat.

Historisch bedingt gelten für die Unternehmen des Bergbaus und der Eisen und Stahl erzeugenden Industrie gesonderte gesetzliche Regeln (Montan-Mitbestimmungsgesetz und Mitbestimmungsergänzungsgesetz).

▸ Miteigentum

Sind mehrere Personen gemeinsam Eigentümer einer → *Sache* in → *Gemeinschaft* nach Bruchteilen, so liegt Miteigentum vor (z. B.: A und B sind Miteigentümer eines Grundstücks zu je $1/2$).

▸ Mittäterschaft

Unter Mittäterschaft versteht man die gemeinschaftliche Verwirklichung einer Vorsatztat durch mindestens zwei Beteiligte, von denen jeder als Täter bestraft wird. Gemeinschaftliche Tatverwirklichung bedeutet einmal, dass jeder Beteiligte den Taterfolg als seinen „eigenen“ will, und zum anderen, dass der Taterfolg von jedem Beteiligten durch seinen Beitrag „in Händen gehalten“ wird. Die – schwierige – Abgrenzung zur → *Beihilfe* erklärt sich am besten daraus, dass ein Gehilfe einerseits nur einen untergeordneten und durch einen anderen ersetzbaren Tatbeitrag leistet, und dass er nicht zwingend eigenes Interesse am Taterfolg haben muss. So ist Mittäterschaft bei einem Einbruchsdiebstahl gegeben, wenn einer der Täter die Alarmanlage ausschaltet und der andere den Tresor aufbricht, weil jeder Beitrag ohne den anderen – wenn die Alarmanlage funktionsfähig bliebe – nicht möglich oder jedenfalls – wenn der Tresor geschlossen bliebe – nicht erfolgversprechend wäre. Beihilfe leistet hingegen, wer einem anderen vor der Tatbegehung Einbruchswerkzeug besorgt, weil davon allein der Taterfolg nicht abhängig ist.

Mittelbare Täterschaft

Eine mittelbare Täterschaft ist gegeben, wenn der Täter – der so genannte Hintermann – seine Tat durch einen anderen – das so genannte Tatwerkzeug – ausführen lässt, der selbst entweder nicht vorsätzlich, nicht rechtswidrig oder nicht schuldhaft handelt. Zu denken ist etwa daran, dass bei einem Tötungsdelikt die Waffe einem Geisteskranken gegeben wird, der dem Hintermann gehorcht und das Opfer entsprechend den ihm gegebenen Befehlen umbringt.

Mitverschulden

Das Mitverschulden des bei einem Unfall Verletzten schließt die strafrechtliche Verantwortlichkeit des Verursachers nicht aus. Allerdings stellt es einen Strafmilderungsgrund dar.

Im Rahmen von Schadensersatzansprüchen bei Unfällen kann das Mitverschulden einmal in einer Mitverursachung des Unfalls liegen – ein Unfallbeteiligter hat z. B. die Vorfahrt verletzt, der andere ist erheblich zu schnell gefahren – zum anderen auch in einem Unterlassen notwendiger Schutzvorkehrungen oder der Missachtung eigener Interessen. So können Schadensersatzansprüche wegen einer Kopfverletzung erheblich gekürzt werden, wenn ein Motorradfahrer keinen Helm getragen hat und dadurch diese Kopfverletzung erlitten hat. Eine Missachtung seiner eigenen Interessen muss sich etwa vorwerfen lassen, wer sich zu einem erkennbar Angetrunkenen in das Auto setzt. Denn hier ist nach der Lebenserfahrung mit einem Unfall zu rechnen.

▶ Mofa

Ein Mofa ist ein Fahrrad mit Hilfsmotor, das nach seiner Bauart auf ebener Strecke eine Höchstgeschwindigkeit von 25 km/h nicht überschreiten kann. Eine → *Fahrerlaubnis* ist für Mofas zwar nicht notwendig, doch muss der Führer mindestens 15 Jahre alt sein und eine Prüfbescheinigung besitzen.

▶ Montanunion → *Europäische Gemeinschaft*

▶ Mord

Die vorsätzliche Tötung eines Menschen wird in Fällen besonderer Verwerflichkeit als Mord bezeichnet. Für diese Verwerflichkeit bildet das Gesetz drei Gruppen: Niedrige Beweggründe liegen vor, wenn das Tötungsmotiv nach allgemeiner Ansicht sittlich auf tiefster Stufe steht. Dafür benennt das Gesetz einige Fälle wie etwa die Habgier, also die Tötung aus eigensüchtigem Erwerbsinteresse. Daneben fallen vor allem Rassenhass – als Motiv etwa von Judenmorden –, Rachsucht oder Eigensucht unter diese Gruppe.

Die Art der Tatbegehung qualifiziert eine Tat als Mord, wenn die Tötung heimtückisch, grausam oder mit gemeingefährlichen Mitteln – etwa durch die Herbeiführung einer Bombenexplosion – erfolgt ist.

Schließlich ist Mord gegeben, wenn ein Mensch getötet wird, um eine andere Straftat zu ermöglichen – so zum Beispiel die Tötung eines sich heftig wehrenden Raubopfers, um ihm sein Geld doch noch abnehmen zu können – oder um eine andere Straftat zu verdecken.

Der von einem Erwachsenen begangene Mord wird mit lebenslanger → *Freiheitsstrafe* geahndet; bei Verhängung von → *Jugend-*

strafe beträgt das Höchstmaß zehn Jahre. Zuständig für die Durchführung eines Mordprozesses ist das → *Landgericht,* und zwar bei Erwachsenen das Schwurgericht und bei Jugendlichen und Heranwachsenden die Jugendkammer.

Mündel

M. ist eine unter → *Vormundschaft* stehende Person.

Mündelgeld

Der Vormund darf → *Vermögen* des → *Mündels* weder für sich noch für andere verwenden. Er hat das Vermögen des Mündels verzinslich bzw. mündelsicher in inländischen Hypothekenforderungen, Pfandbriefen, Wertpapieren und Schuldverschreibungen öffentlicher Körperschaften oder sonstig für geeignet erklärter Kreditinstitute anzulegen. Für abweichende Anlageformen (z. B. Kauf von Grundstücken, Aktien) ist die Erlaubnis des → *Vormundschaftsgerichts* erforderlich.

Mündliche Verhandlung

Im → *Zivilprozess* ist als Regelfall die Verhandlung in Anwesenheit der Parteien unter mündlichem Vortrag vorgesehen (Mündlichkeitsgrundsatz). Dabei soll der Rechtsstreit möglichst in einem Haupttermin erledigt werden (→ *Beschleunigtes Verfahren*). Der besondere Wert, den der Gesetzgeber einer gütlichen Regelung beimisst, ergibt sich daraus, dass nach § 278 Abs. 2 ZPO der mündlichen Verhandlung in der Regel eine → *Güteverhandlung* vorauszugehen hat und dass auch in jeder Lage der mündlichen Verhandlung die gütliche Einigung gesucht werden soll.

Auch im Verwaltungsprozess gilt der Grundsatz, dass im Klageverfahren aufgrund mündlicher Verhandlung entschieden wird; ohne mündliche Verhandlung wird entschieden, wenn die → *Beteiligten* darauf verzichten oder die Voraussetzungen für den Erlass eines → *Gerichtsbescheides* vorliegen. Im → *Beschlussverfahren* bedarf es einer mündlichen Verhandlung nicht (s. a. → *schriftliches Verfahren*). In Normenkontrollverfahren (→ *Nor-*

menkontrolle) steht es im Ermessen des Gerichts, ob eine mündliche Verhandlung durchgeführt wird; hat ein Beteiligter ein besonderes Interesse an ihrer Durchführung, wird das Gericht dem grundsätzlich nachkommen müssen.

Wird im Strafverfahren über eine zugelassene Anklage oder über den Einspruch gegen einen → *Strafbefehl* verhandelt, so muss dies zwingend in Form einer mündlichen Verhandlung geschehen. Diese wird als → *Hauptverhandlung* bezeichnet.

Mündlichkeitsgrundsatz

Er bedeutet, dass die Entscheidung eines Verfahrens auf der Grundlage einer mündlichen Verhandlung ergehen muss. Am stärksten ist er im Strafrecht und dort für den Bereich der → *Hauptverhandlung* ausgeprägt.

Mundraub

Als Mundraub wird der Diebstahl von geringwertigen Gebrauchsgegenständen, insbesondere von Lebensmitteln, bezeichnet, die der Täter alsbald für sich oder seine Angehörigen verbrauchen will. Der Mundraub war früher ein gegenüber dem „normalen" → *Diebstahl* privilegierter, also milder bestrafter Tatbestand. Zwischenzeitlich ist an seine Stelle der Diebstahl geringwertiger Sachen getreten, der als → *Bagatellstraftat* behandelt werden kann.

Musterung

Durch die Musterung ungedienter Wehrpflichtiger soll festgestellt werden, ob der Betreffende für den Wehrdienst zur Verfügung steht, insbesondere ob er körperlich und geistig tauglich ist. Zur Entscheidung berufen sind Musterungskammern, die bei dem jeweiligen Kreiswehrersatzamt gebildet werden. Der Musterungsbescheid ist ein → *Verwaltungsakt,* der mit Widerspruch und Klage vor den → *Verwaltungsgerichten* angefochten werden kann.

▸ Mutterschutz

Das Mutterschutzgesetz (MuSchG i. d.F. vom 17. Jan. 1997) gilt für Frauen, die in einem Arbeitsverhältnis stehen, sowie für Heimarbeiterinnen (§ 1 MuSchG). Zum Schutze der werdenden Mutter ist die **Arbeitsplatzgestaltung** besonders geregelt (§ 2 MuSchG). Werdende Mütter dürfen **nicht beschäftigt** werden, soweit nach ärztlichem Zeugnis Leben oder Gesundheit von Mutter oder Kind bei Fortdauer der Beschäftigung gefährdet ist (§ 3 Abs. 1 MuSchG). Außerdem ist die Beschäftigung mit im Gesetz im Einzelnen aufgeführten **besonders anstrengenden oder gefährdenden Tätigkeiten** untersagt (§ 4 MuSchG). Nach §§ 3 und 6 MuSchG bestehen darüber hinaus **generelle Beschäftigungsverbote** (Schutzfristen) in den letzten 6 Wochen vor der Entbindung sowie bis zum Ablauf von 8 Wochen (bzw. 12 Wochen bei Mehrlings- oder Frühgeburten) nach der Entbindung. Die → *Kündigung* gegenüber einer Frau während der Schwangerschaft und bis zum Ablauf von 4 Monaten nach der Entbindung ist **unzulässig** (§ 9 Abs. 1 MuSchG). Auf Antrag des Arbeitgebers kann die nach Landesrecht für den Arbeitsschutz zuständige oberste Behörde oder die von ihr bestimmte Stelle in besonderen Fällen die Kündigung **ausnahmsweise zulassen** (§ 9 Abs. 3 MuschG). War dem Arbeitgeber eine Schwangerschaft zum Zeitpunkt der Kündigung nicht bekannt, muss sie innerhalb von 2 Wochen mitgeteilt werden. Frauen, die Mitglied einer Krankenkasse sind, erhalten für die Zeit der Schutzfristen **Mutterschaftsgeld** von der Krankenkasse und – abhängig vom letzten Nettoarbeitsentgelt – **Zuschuss zum Mutterschaftsgeld** vom Arbeitgeber (§§ 13, 14 MuSchG).

N

Nachbarklage

Als öffentlich-rechtliche Nachbarklage bezeichnet man die Klage eines Grundstücksnachbarn gegen die dem Bauherrn erteilte → *Baugenehmigung;* der Klageart nach handelt es sich um eine → *Anfechtungsklage.* Sie ist nur zulässig, wenn der Kläger geltend machen kann, die Baubehörde habe bei Erteilung der Genehmigung ein nachbarschützendes Recht verletzt. Hierunter versteht man eine Rechtsvorschrift des öffentlichen Rechts, die nicht nur bauordnungsrechtliche oder städtbaurechtliche Zwecke verfolgt, sondern auch dazu dient, Belange des Nachbarn zu schützen. Als nachbarschützend werden insbesondere die in den → *Bauordnungen* enthaltenen Bestimmungen über die Einhaltung von Grenzabständen durch oberirdische Bauvorhaben angesehen. Vorschriften des privaten → *Nachbarrechts* bleiben für die öffentlich-rechtliche Nachbarklage außer Betracht. Nachbarwiderspruch und Nachbarklage haben grundsätzlich → *aufschiebende Wirkung*; auch hier gibt es derzeit Änderungsüberlegungen.

Nachbarrecht

Das Nachbarrecht ist die Gesamtheit der Ansprüche und Duldungspflichten, die sich aus dem Eigentum an benachbarten Grundstücken ergeben. Zivilrechtlich ist es in den §§ 906 ff. BGB enthalten, es umfasst z. B. → *Immissionen,* → *Notwege,* den → *Überbau* und Streitigkeiten über die → *Grenze.* Im öffentlichen Recht gehören baurechtliche Vorschriften, z. B. über Grenzabstände, zum Nachbarrecht. Einzelheiten sind zumeist landesrechtlich geregelt.

Nacherbe

N. ist ein → *Erbe,* den der → *Erblasser* in der Weise berufen hat, dass dieser erst dann Erbe wird, nachdem zunächst ein anderer

Erbe geworden war (§ 2100 BGB). Hat der Erblasser zum Zeitpunkt des Eintritts der Nacherbfolge nichts anderes bestimmt, fällt die → *Erbschaft* dem Nacherben nach dem Tod des → *Vorerben* an (§ 2106 BGB). Der Nacherbe beerbt nicht den Vorerben, sondern den Erblasser.

▶ Nacherfüllung

Das seit dem 1. 1. 2002 geltende Schuldrechtsreformgesetz hat vor allem im Bereich des → *Kaufs* das Recht der → *Gewährleistung* der Rechtswirklichkeit angepasst: Während beim → *Werkvertrag* im Falle einer mangelhaften Leistung schon bisher der Unternehmer eine **Nachbesserung** erbringen und der Besteller als „ersten" Gewährleistungsanspruch regelmäßig auch nur diese fordern konnte, sah das Gesetz beim Kauf als Gewährleistungsrechte nur Wandelung, Minderung und Schadensersatz und teilweise auch den Anspruch auf eine mangelfreie Sache vor. Die Nachbesserung als Recht des Verkäufers, die von ihm veräußerte Sache in Ordnung bringen und damit den Bestand des Kaufvertrags sichern zu können – entsprechend waren die Gewährleistungsrechte des Käufers zunächst beschränkt –, sahen meist nur die → *Allgemeinen Geschäftsbedingungen* vor.

Der Gesetzgeber hat jetzt diese tatsächliche Rechtsentwicklung übernommen: Sowohl beim Kaufvertrag als auch beim Werkvertrag (§§ 439, 635 BGB) hat der Käufer bzw. Besteller jetzt im Regelfall als Gewährleistungsrecht nur den Anspruch auf **Nacherfüllung**. Neben dem Anspruch auf Nachbesserung, also auf Beseitigung des Fehlers, umfasst der Nacherfüllungsanspruch auch noch das Recht auf eine mangelfreie Sache oder Werkleistung. Allerdings kann der Verkäufer oder Werkunternehmer regelmäßig wählen, ob er nachbessern will oder bereit ist, eine mangelfreie Sache zu liefern oder ein neues Werk zu erstellen.

▶ Nachlass → *Erbschaft*

▶ Nachlassgericht

N. ist das → *Amtsgericht* (§ 72 Gesetz über die Angelegenheiten der → *freiwilligen Gerichtsbarkeit* – FGG –). Es wird im Nachlassverfahren tätig. Örtlich zuständig ist das Nachlassgericht, in dessen Bezirk der → *Erblasser* zum Zeitpunkt seines Todes seinen letzten Wohnsitz oder in Ermangelung eines inländischen Wohnsitzes seinen letzten Aufenthaltsort hatte. Ersatzweise, fehlt es sowohl an Wohnsitz und Aufenthalt im Inland, ist das Amtsgericht Schöneberg in Berlin zuständig (§ 73 FGG). Das Nachlassgericht wird im Verfahren der freiwilligen Gerichtsbarkeit tätig. Es hat erforderliche Ermittlungen von Amts wegen vorzunehmen.

▶ Nachlassinsolvenzverfahren

Die Haftung des → *Erben* über die → *Nachlassverbindlichkeiten* beschränkt sich auf den → *Nachlass*, wenn das Nachlassinsolvenzverfahren eröffnet ist (§ 1975 BGB, §§ 315–331 Insolvenzordnung). Durch die Anordnung des Insolvenzverfahrens wird der Zugriff aller Nachlassgläubiger auf den Nachlass beschränkt.

▶ Nachlasspfleger

N. ist ein Pfleger, der vom → *Nachlassgericht* in Fällen unklarer Erbrechtslage bis zur → *Annahme* der Erbschaft zur Sicherung des Nachlasses bestellt wird. Die Nachlasspflegschaft kann auch nur auf einen → *Erbteil* beschränkt werden.

▶ Nachlassverbindlichkeiten

N. sind sowohl alle Erblasserschulden als auch alle Erbfallsschulden, die aus Anlass des → *Erbfalls* entstehen (Beerdigungskosten, → *Pflichtteilsansprüche,* → *Vermächtnisse,* → *Erbschaftsteuer).* Der Erbe haftet für Nachlassverbinlichkeiten grundsätzlich unbeschränkt mit dem ererbten und dem eigenen Vermögen. Anderes gilt im Falle der → *Beschränkung* der Erbenhaftung.

▶ Nachlassverwaltung

N. ist eine vom → *Nachlassgericht* auf Antrag angeordnete, besondere Nachlasspflegschaft. Sie dient der Befriedigung der Nachlassgläubiger bei zureichendem, aber unübersichtlichem → *Nachlass.* Verwaltungs- und Verfügungsbefugnis über den → *Nachlass* gehen auf den Verwalter über. Die Nachlassverwaltung bewirkt eine → *Beschränkung der Erbenhaftung*.

▶ Nachrede, üble → *Beleidigung*

▶ Nachschieben von Gründen

Im Verwaltungsrecht spricht man von einem Nachschieben von Gründen dann, wenn einem → *Verwaltungsakt* nachträglich eine andere als die ursprüngliche Begründung gegeben wird, diese insbesondere auf andere tatsächliche Umstände oder andere Rechtsgrundlagen gestützt wird. Während des → *Widerspruchsverfahrens* und grundsätzlich auch während des gerichtlichen Verfahrens ist nach näherer Bestimmung des → *Verwaltungsverfahrensgesetzes* ein Nachschieben von Gründen in der Regel zulässig. Eine Einschränkung gilt für Ermessenserwägungen. Diese können im Klageverfahren nur ergänzt, nicht aber unterbliebene nachgeholt werden.

▶ Nachtarbeit

N. ist die Beschäftigung von Arbeitnehmern zwischen 20.00 Uhr und 6.00 Uhr. Sie ist für **Erwachsene** grundsätzlich gestattet (§ 6 Arbeitszeitgesetz – ArbZG), für **Jugendliche** hingegen nur ausnahmsweise erlaubt (§ 14 JugendarbeitsschutzG). Die **Dauer** der werktägliche Arbeitszeit der Nachtarbeitnehmer darf **acht Stunden** nicht überschreiten. Sie kann auf bis zu zehn Stunden verlängert werden, wenn längerfristig die durchschnittliche Arbeitszeit acht Stunden nicht überschreitet (§ 6 Abs. 2 ArbZG).

Nachtarbeitnehmer sind berechtigt, sich vor Beginn der Beschäftigung und danach in regelmäßigen Zeitabständen von nicht weniger als drei Jahren auf Kosten des Arbeitgebers **arbeitsmedizinisch untersuchen** zu lassen § 6 Abs. 3 ArbZG).

Soweit keine tarifvertraglichen Ausgleichsregelungen bestehten, hat der Arbeitgeber dem Nachtarbeitnehmer für die während der Nachtzeit geleisteten Arbeitsstunden eine angemessene Zahl **bezahlter freier Tage** oder einen **angemessenen Zuschlag** auf das ihm hierfür zustehende Bruttoarbeitsentgelt zu gewähren (§ 6 Abs. 5 ArbZG).

Nachweisgesetz → *Arbeitsvertrag*

Namensrecht

ist ein besonderes Persönlichkeitsrecht. Der Name dient zur Unterscheidung einer natürlichen oder juristischen Person von anderen Personen. Geschützt ist bei einer natürlichen Person nicht nur deren „richtiger" Name, sondern auch ein Künstlername (Pseudonym). Wird das Recht zum Gebrauch eines Namens dem Namensträger bestritten oder gebraucht ein anderer unbefugt denselben Namen, kann der Namensträger Unterlassung und gegebenenfalls Schadenersatz verlangen. Änderungen von Familien- und Vornamen sind nach dem öffentlich-rechtlichen Namensänderungsgesetz nur zulässig, wenn hierfür ein wichtiger Grund spricht.

Naturschutz

Der Schutz der Natur, also die Bewahrung, Pflege und Gestaltung der Umwelt und der natürlichen Hilfsquellen ist Gegenstand nicht nur des Bundesnaturschutzgesetzes und der entsprechenden Landesgesetze, sondern auch zahlreicher Fachgesetze, etwa des Wasserhaushaltsgesetzes (→ *Wasserrecht*), der Waldgesetze, des → *Jagd-* und des → *Fischereirechts*. Nach dem Bundesnaturschutzgesetz ist dessen wesentliche Aufgabe Schutz und Pflege der besiedelten und unbesiedelten Natur als Lebensgrundlage für den Menschen und für seine Erholung. Es sollen Naturhaushalt, Naturgüter, Pflanzen- und Tierwelt (→ *Artenschutz*) sowie Vielfalt, Eigenart und Schönheiten der Natur erhalten und gefördert werden. Instrumentarien des Naturschutzes sind insbesondere die Ausweisung von Naturschutzgebieten, Landschaftsschutzgebieten und die Unterschutzstellung von Naturdenkmälern. Dem Naturschutz dient auch die Schaffung von National- und Naturparks.

Nebel

Das Auftreten von Nebel verpflichtet als eine der gefährlichsten Verkehrssituationen jeden Verkehrsteilnehmer zu äußerster Vorsicht. Insbesondere ist bei Nebel die Geschwindigkeit der Sichtweite in der Art anzupassen, dass stets innerhalb der noch überschaubaren Strecke angehalten werden kann. Außerdem gilt bei einer Sichtweite von unter 50 Metern (Abstand zwischen zwei Leitpfosten) eine Geschwindigkeitsbegrenzung von 50 km/h.

Bei erheblicher Sichtbehinderung durch Nebel ist auch bei Tage mit Licht zu fahren. Hat ein Kraftfahrzeug zwei Nebelscheinwerfer, so darf – wenn sie benützt werden – daneben anstatt des Abblendlichtes das Standlicht eingeschaltet werden. Nur bei Sichtweiten von nicht mehr als 50 Metern darf schließlich die Nebelschlussleuchte verwendet werden.

Nebenklage

Bei bestimmten Delikten, insbesondere bei → *Beleidigung,* vorsätzlicher → *Körperverletzung,* → *Sexualstraftaten* und bei Tötungsdelikten, können sich der Verletzte bzw. seine Angehörigen einer von der → *Staatsanwaltschaft* erhobenen Klage als Nebenkläger anschließen. Bei der fahrlässigen Körperverletzung gilt dieses Recht nur eingeschränkt, nämlich dann, wenn es um besonders schwerwiegende Folgen für den Verletzten geht.

Der Anschluss hat zur Folge, dass der Nebenkläger weitgehend die Rechte der Staatsanwaltschaft hat. Beschränkt ist vor allem seine Befugnis, Rechtsmittel einzulegen. Dies kann er vor allem nicht mit dem Ziel, eine andere Strafe zu erreichen. Die Kosten der Nebenklage hat der Angeklagte zu tragen, wenn er wegen eines zur Nebenklage berechtigenden Delikts verurteilt worden ist.

Nebenstrafen

Unter Nebenstrafen versteht man solche Strafen, die nicht selbständig, sondern nur neben einer Freiheits- oder Geldstrafe verhängt werden können. Die weitaus wichtigste Nebenstrafe ist das → *Fahrverbot.*

Nebentätigkeit im Beamtenrecht

Der Beamte ist verpflichtet, auf Anweisung seines → *Dienstherrn* eine Nebentätigkeit im öffentlichen Dienst zu übernehmen, wenn diese seiner Ausbildung entspricht und ihn nicht unverhältnismäßig belastet. Der Begriff der Nebentätigkeit umfasst das Nebenamt und die Nebenbeschäftigung. Nebenamt ist die Ausübung von Tätigkeiten im Rahmen eines öffentlichen Dienst- und Treueverhältnisses, die nicht zum Kreis der Aufgaben gehören, die der Beamte in seinem Hauptamt wahrzunehmen hat. Nebenbeschäftigung sind alle sonstigen, innerhalb des öffentlichen Dienstes wahrzunehmenden Tätigkeiten, die nicht zum Hauptamt gehören. Die nicht angeordnete, also freiwillig übernommene Nebentätigkeit eines Beamten darf nur mit vorheriger Genehmigung ausgeübt werden. Sie ist zu erteilen, wenn keine Beeinträchtigung der dienstlichen Belange zu befürchten ist, insbesondere wenn die Unparteilichkeit oder Unbefangenheit des Beamten nicht gefährdet wird. Genehmigungsfrei sind die Verwaltung eigenen Vermögens sowie die wissenschaftliche, schriftstellerische oder künstlerische Betätigung. Die Einzelheiten sind in den Nebentätigkeitsverordnungen des Bundes und der Länder geregelt.

▸ Nebentätigkeit im Steuerrecht

N. ist eine Tätigkeit, die zusätzlich zum Hauptberuf als selbständige oder → *nichtselbständige Tätigkeit* ausgeübt wird. Bei einer nichtselbständig ausgeübten Nebentätigkeit liegt zu versteuernder Arbeitslohn vor. Wird die Nebentätigkeit selbständig ausgeübt, werden der Gewinn oder Verlust bei Einkünften aus Gewerbebetrieb, → *selbständiger Arbeit* oder gegebenenfalls → *Land- und Forstwirtschaft* erfasst.

Gewisse Einkünfte aus Nebentätigkeiten sind bis zu 1848 EUR im Kalenderjahr steuerfrei, z. B. Einkünfte als Übungsleiter, Ausbilder, Erzieher, Betreuer oder vergleichbaren nebenberuflichen Tätigkeiten, aus nebenberuflichen künstlerischen Tätigkeiten oder der nebenberuflichen Pflege alter, kranker oder behinderter Menschen im Dienste oder im Auftrag einer inländischen juristischen Person des öffentlichen Rechts bei einer Einrichtung zur Förderung gemeinnütziger, mildtätiger oder kirchlicher Zwecke (§ 3 Nr. 26 EStG). Auch Aufwandsentschädigungen, die aus öffentlichen Kassen gezahlt werden, sind steuerfrei (§ 3 Nr. 12 EStG).

Nichteheliche Kinder

N. sind ehelichen → *Kindern* gleichgestellt. Für ein Kind, das außerhalb der Ehe geboren wird, ist die Vaterschaft gerichtlich festzustellen. Vater des Kindes ist, wer die Vaterschaft anerkannt hat oder wessen Vaterschaft nach § 1600 d BGB gerichtlich festgestellt ist. Wird das außerhalb der Ehe gezeugte Kind noch in bestehender Ehe geboren, gilt der Ehemann der Kindesmutter als Vater des Kindes. Die Vaterschaftsvermutung kann durch → *Vaterschaftsanfechtung* widerlegt werden.

Die Mutter des Kindes ist alleinige Inhaberin der → *elterlichen Sorge*, es sei denn, die nicht miteinander verheirateten Eltern geben eine gemeinsame → *Sorgerechtserklärung* ab oder heiraten später. In diesen Fällen steht ihnen die elterliche Sorge dann gemeinsam zu.

Nichteheliche Lebensgemeinschaft

N. ist eine eheähnliche Gemeinschaft. Sie besteht dann, wenn zwei Personen verschiedenen Geschlechts auf Dauer ohne förmliche → *Eheschließung* miteinander zusammenleben und eine über eine bloße Wohn- und Wirtschaftsgemeinschaft hinausgehende gemeinsame Planung und Gestaltung der Lebensführung besteht, die zu eheähnlichen Bindungen der Partner untereinander führt. Auf die eheähnliche Gemeinschaft finden die Regelungen des Ehe- und Familienrechts keine Anwendung. Für sie gelten die allgemeinen Bestimmungen. Im Strafrecht kann es zu → *Garantenpflichten* kommen. Im Falle eines → *Verlöbnisses* gelten Privilegierungen bei → *Zeugnisverweigerungsrechten* im Zivil- und Strafrecht.

Nichtigkeit von Rechtsgeschäften

Die Nichtigkeit von Rechtsgeschäften bedeutet, dass ein → *Rechtsgeschäft* aufgrund der Schwere der ihm anhaftenden Mängel die nach seinem Inhalt bezweckten Rechtswirkungen nicht hervorbringen kann. Andere Rechtsfolgen (etwa Schadenersatzansprüche, Bereicherungsansprüche bei erfolgter Leistung) kann ein nichtiges Rechtsgeschäft jedoch schon nach sich ziehen.

Die Nichtigkeit wirkt für und gegen alle; eine Heilung eines nichtigen Rechtsgeschäfts ist nicht möglich (es muss gegebenenfalls neu vorgenommen werden). Gründe für die Nichtigkeit können beispielsweise Geschäftsunfähigkeit (→ *Geschäftsfähigkeit)* oder das Vorliegen eines Scherzgeschäftes (§ 118 BGB) sein. Ein anfechtbares Rechtsgeschäft, das tatsächlich angefochten wurde, ist ebenfalls als von Anfang an nichtig anzusehen (§ 142 Abs. 1 BGB). Ein Sonderfall ist die „schwebende Unwirksamkeit“ (→ *Geschäftsfähigkeit).* Ist nur ein Teil eines Rechtsgeschäftes nichtig (etwa eine Klausel in einem Vertrag), ist nach § 139 BGB im Zweifel das gesamte Rechtsgeschäft nichtig. Nach § 140 BGB kann ein nichtiges Rechtsgeschäft in ein wirksames umgedeutet werden, wenn dessen Voraussetzungen erfüllt sind und anzunehmen ist, dass die Parteien auch dieses gewollt hätten.

Nichtigkeitsklage

Im → *Zivilprozess* kann durch die Nichtigkeitsklage versucht werden, ein bereits rechtskräftiges Urteil zu beseitigen und eine neue Verhandlung und Entscheidung zu erreichen. Die Nichtigkeitsklage ist nur bei den in § 579 ZPO genannten Voraussetzungen (besonders schwere Verfahrensverstöße wie etwa Mitwirkung eines erfolgreich wegen Befangenheit abgelehnten Richters) zulässig. Im Verwaltungsprozessverfahren gilt Entsprechendes. Eine besondere Nichtigkeitsklage gibt es in → *Ehesachen.*

Der Strafprozess kennt im Gegensatz zum Zivilprozess keine Nichtigkeitsklage. Das erneute Aufrollen eines rechtskräftig abgeschlossenen Verfahrens kommt hier nur nach den Regeln des → *Wiederaufnahmeverfahrens* in Betracht.

Auch im Steuerrecht und im Verwaltungsprozess kann die Nichtigkeitsklage nach den Vorschriften des Zivilprozesses erhoben werden.

Nichtselbständige Arbeit

Zu dieser Einkunftsart gehören Gehälter, Löhne, Gratifikationen, Tantiemen und andere Bezüge und Vorteile, die einem → *Arbeitnehmer* im öffentlichen oder privaten Dienst gewährt werden, ferner Wartegelder, Ruhegelder, Witwen- und Waisengelder sowie andere Bezüge und Vorteile aus früheren Dienstverhältnissen. Gleichgültig ist, ob es sich um laufende oder einmalige Bezüge handelt und ob ein Rechtsanspruch auf sie besteht.

Einkünfte aus nichtselbständiger Arbeit unterliegen als → *Überschusseinkünfte* der Einkommensteuer. Besteuert wird der Überschuss der Einnahmen über die Werbungskosten. Von den Einnahmen ist ohne Nachweis der → *Arbeitnehmer-Pauschbetrag* abziehbar, höhere Werbungskosten sind gegen Nachweis derselben abzugsfähig.

Für Einkünfte aus früheren Dienstverhältnissen bleibt ein Betrag in Höhe von 40 v. H. dieser Bezüge, höchstens jedoch ein Betrag von 3072 EUR im Veranlagungszeitraum, steuerfrei (→ *Versorgungsfreibetrag).*

Die Einkommensteuer wird bei Einkünften aus nichtselbständiger Arbeit als → *Lohnsteuer* vom Jahresbruttoarbeitslohn einbehalten (→ *Lohnsteuerkarte,* → *Lohnsteuerklassen).*

Nichtzulassungsbeschwerde

Im → *Zivilprozess* findet nach § 543 ZPO die → *Revision* entweder nach Zulassung durch das Berufungsgericht oder nach erfolgreicher Durchführung der Nichtzulassungsbeschwerde (§ 544 ZPO) statt. Bis Ende 2006 muss hierfür der Wert der Beschwer allerdings 20 000 EUR übersteigen.

Im Verwaltungsprozess kann gegen die Nichtzulassung der Revision in einem Urteil des → *Oberverwaltungsgerichts* Beschwerde eingelegt werden, wenn die Sache grundsätzliche Bedeutung hat, von einer obergerichtlichen Entscheidung abgewichen oder ein wesentlicher Verfahrensfehler geltend gemacht wird. Die Nichtzulassungsbeschwerde ist bei dem Oberverwaltungsgericht, gegen dessen Urteil Revision eingelegt werden soll, innerhalb eines Monats einzureichen. Die Beschwerde ist innerhalb eines weiteren Monats zu begründen. Wenn der Beschwerde nicht abgeholfen wird, entscheidet das → *Bundesverwaltungsgericht.*

Niederlassung

Eine Niederlassung ist die Begründung eines ständigen Wohn- bzw. Geschäftssitzes sowie dieser Sitz selbst. Jeder Kaufmann muss mindestens eine Niederlassung haben.

Niederlassungserlaubnis

Im Rahmen der geplanten Neuordnung des Zuwanderungsrechts ist beabsichtigt, die Zahl der → *Aufenthaltsgenehmigungen* für Ausländer zu reduzieren. Die Niederlassungserlaubnis soll unbefristet und örtlich unbeschränkt gelten und zur Aufnahme einer Erwerbstätigkeit berechtigen.

Nießbrauch

Ein Nießbrauch ist ein Recht, das den Inhaber berechtigt, eine Sache umfassend zu nutzen (§§ 1030 ff. BGB). Er kann zwar auch an beweglichen Sachen und an Rechten (§ 1068 BGB) bestehen, hat praktische Bedeutung aber nur als Belastung eines Grundstücks erlangt. Er gehört zu den → *Dienstbarkeiten,* die aber nur zur Nutzung in einzelnen Beziehungen berechtigen. Er entsteht durch → *Einigung* und → *Eintragung im Grundbuch* (§ 873 Abs. 1 BGB), er ist nicht übertragbar (§ 1059 BGB) und unvererblich (§ 1061 BGB).

Nötigung

Unter Nötigung versteht man die Einwirkung auf die Willensentschließung oder Willensbetätigung eines anderen mittels → *Gewalt* oder mittels → *Drohung* mit einem empfindlichen Übel. Strafbar ist eine Nötigung allerdings nur dann, wenn sie auch rechtswidrig ist. Dies ist der Fall, wenn das eingesetzte Mittel, der verfolgte Zweck oder die Beziehung zwischen Mittel und Zweck als verwerflich anzusehen sind. So darf einem Schuldner, der nicht bezahlt, durchaus mit einer gerichtlichen Klage gedroht werden – dies ist ein angemessenes, von der Rechtsordnung vorgesehenes Mittel –, nicht aber damit, ihn zu verprügeln, wenn er nicht zahlt.

Besonders schwierig ist die Abwägung der Relation zwischen Mittel und Zweck bei der Drohung mit → *Strafanzeigen.* Hat der Drohende selbst aus der Straftat einen Anspruch, so wird diese Drohung regelmäßig als zulässig angesehen; fehlt es daran oder wird mehr als das Geschuldete verlangt, so ist diese Drohung verwerflich.

Sehr umstritten ist, ob und wann so genannte Sitzblockaden (→ *Gewalt)* Nötigung darstellen. Dies hängt wohl sehr von den Umständen des Einzelfalls ab. Nötigung wird dann vorliegen, wenn die Blockade mehr als nur symbolisch behindert und wenn die Betroffenen an der Ausübung ihrer Bewegungsfreiheit insgesamt gehindert werden. Ein Beispiel für den letztgenannten Fall liegt vor, wenn Gegendemonstranten einem Demonstrationszug durch eine Sitzblockade die gesamte Straße versperren.

Im Straßenverkehr wird Nötigung vor allem bei Überholvorgängen (dichtes und längeres Auffahren auf den Vordermann unter Gebrauch von Hupe oder Lichthupe, um diesen zur Freigabe der Überholspur zu veranlassen), durch Langsamfahren unter gleichzeitiger Verhinderung des Überholens, durch Wegdrängen von Personen, die – wenn auch zu Unrecht – eine Parklücke (→ *Parken)* freihalten wollen und durch das zwangsweise Anhalten anderer Verkehrsteilnehmer zum Zwecke der „Belehrung" begangen. Neben einer empfindlichen → *Geldstrafe* – Freiheitsstrafe wird bei Nötigung im Straßenverkehr nur ausnahmsweise in Betracht kommen – wird vielfach auch ein → *Fahrverbot* verhängt werden.

Normenkontrolle

N. nennt man die gerichtliche Überprüfung von Rechtsvorschriften, also von → *Gesetzen* im formellen und im materiellen Sinne. Grundsätzlich sind alle Gerichte gehalten, im Rahmen der Rechtsfindung alle anzuwendenden Rechtsvorschriften auf ihre Gültigkeit hin zu überprüfen. Eine Verwerfungskompetenz, also die Befugnis, Normen als ungültig anzusehen und sie deshalb nicht anzuwenden, steht ihnen aber nur zu, wenn das nicht anderen Gerichten, insbesondere den Verfassungsgerichten (→ *Verfassungsgerichtsbarkeit)* vorbehalten ist.

Das → *Bundesverfassungsgericht* entscheidet nach Art. 93 Abs. 1 Nr. 3 GG auf Antrag der Bundesregierung, einer Landesregierung oder eines Drittels der Mitglieder des Bundestags über die Vereinbarkeit von Bundes- oder Landesrecht mit dem Grundgesetz oder über die Vereinbarkeit von Landesrecht mit sonstigem Bundesrecht. Man spricht hier von einer abstrakten Normenkontrolle, weil es auf die Gültigkeit der Vorschrift nicht in einem konkreten anderen Verfahren ankommt. Hält ein Gericht eine Vorschrift eines Gesetzes im formellen Sinn, auf die es zur Entscheidung eines bestimmten Rechtsstreits ankommt, für grundgesetzwidrig, so hat es das Verfahren auszusetzen, und nach Art. 100 Abs. 1 GG eine Entscheidung des Bundesverfassungsgerichts über die Gültigkeit der Norm einzuholen; Gleiches gilt bei einem Verstoß eines Landesgesetzes gegen sonstiges Bundesrecht. Hier liegt eine konkrete Normenkontrolle vor. Entsprechende Bestimmungen enthalten die meisten Landesverfassungen für einen Verstoß von Landesgesetzen gegen Landesverfassungsrecht. In besonderen Fällen kann nach Art. 93 Abs. 1 Nr. 4a GG eine → *Verfassungsbeschwerde* zum Bundesverfassungsgericht erhoben werden, wenn der Betreffende durch ein Gesetz unmittelbar in seinen → *Grundrechten* verletzt wird. Eine → *Popularklage,* mit der ein Bürger die Verfassungsmäßigkeit eines Gesetzes ohne eigene Betroffenheit überprüfen lassen kann, ist im Grundgesetz nicht vorgesehen.

Nach § 47 der Verwaltungsgerichtsordnung entscheiden die → *Oberverwaltungsgerichte* auf Antrag über die Gültigkeit von → *Satzungen,* die auf der Grundlage des → *Baugesetzbuchs* erlassen wurden, insbesondere von Bebauungsplänen (verwaltungsgerichtliche Normenkontrolle). Soweit das Landesrecht das vorsieht, kann auch über die Gültigkeit sonstiger Rechtsvorschriften, die in ihrem Rang unter den formellen Landesgesetzen stehen (Verordnungen, Satzungen), entschieden werden. Voraussetzung ist, dass der Betreffende durch die Vorschrift eine Rechtsverletzung erleidet.

Notar

Der Notar ist ein unabhängiger Träger eines öffentlichen Amtes. Er ist vor allem zuständig für Beurkundungen. Der Notar muss die

Befähigung zum Richteramt besitzen. In vielen Bundesländern übt er sein Amt hauptberuflich aus (so genannter Nurnotar; siehe aber auch → *Anwaltsnotar).* Bei Amtspflichtverletzungen kann er sich schadenersatzpflichtig machen, weshalb für ihn eine Berufshaftpflichtversicherung zwingend vorgeschrieben ist. Für seine Tätigkeit erhält er Gebühren und Auslagen (→ *Geschäftswert*).

Notfrist

Im → *Zivilprozess* sind Notfristen nur solche Fristen, die das Gesetz ausdrücklich so bezeichnet (§ 224 ZPO). Ihr Wesen besteht darin, dass sie unabänderlich sind – also vom Gericht nicht verlängert oder verkürzt werden können –, dass sie auch während des Ruhens eines Verfahrens laufen und dass bei unverschuldeter Versäumung → *Wiedereinsetzung* gewährt werden kann. Notfristen sind etwa die Rechtsmitteleinlegungsfristen (für die → *Berufung* vgl. § 517 ZPO).

Im **Strafrecht** gelten alle gesetzlich vorgeschriebenen Fristen als Notfristen. Der **Verwaltungsprozess** kennt den Begriff Notfrist nicht.

Notstand

Ein Notstand ist gegeben, wenn für ein Rechtsgut eine gegenwärtige Gefahr besteht, die sich durch Verletzung eines anderen Rechtsguts abwenden lässt. Dies wäre etwa der Fall, wenn jemand an einem Auto eine Fensterscheibe einschlägt (→ *Sachbeschädigung),* um ein im Fahrzeug zurückgelassenes Kleinkind, das infolge hoher Temperaturen einen Kollaps zu erleiden droht (zumindest → *Körperverletzung),* aus dem Fahrzeug bergen zu können.

Der rechtfertigende Notstand beseitigt die Rechtswidrigkeit der begangenen Tat. Er setzt vor allem voraus, dass die Abwendung der Gefahr für das eine Rechtsgut (im Beispiel die Gesundheit des Kleinkindes) nur durch die Verletzung des anderen Rechtsguts (Zerstörung der Fensterscheibe) möglich ist und dass das geschützte Interesse das verletzte wesentlich überwiegt.

Neben dem rechtfertigenden Notstand gibt es noch den entschuldigenden Notstand, der nur die Schuld eines Täters aufhebt.

Er hat jedoch enge Voraussetzungen und wenig praktische Bedeutung.

Notweg

Fehlt einem → *Grundstück* die notwendige Verbindung zu einem öffentlichen Weg, so müssen die Nachbarn dulden, dass über ihre Grundstücke eine Verbindung hergestellt wird (§ 917 BGB); sie sind dafür mit einer Geldrente zu entschädigen.

Notwehr

Unter Notwehr versteht man diejenige Verteidigung, die erforderlich ist, um einen gegenwärtigen, rechtswidrigen Angriff von sich oder einem anderen abzuwenden. Sie stellt im Straf- und Zivilrecht einen Rechtfertigungsgrund dar; eine durch Notwehr gebotene Handlung ist damit erlaubt.

Angriff ist dabei jedes menschliche Verhalten – dazu zählt auch die menschliche Einwirkung auf ein Tier wie das Hetzen eines Hundes – das ein geschütztes Rechtsgut – wie etwa Leben, körperliche Unversehrtheit oder das Eigentum – beeinträchtigt.

Der Angriff muss gegenwärtig sein. Er muss also zumindest unmittelbar bevorstehen und darf noch nicht beendet sein. Beendet ist ein Angriff, wenn die Rechtsgutverletzung endgültig abgeschlossen ist. Das tritt bei einem → *Diebstahl* etwa ein, wenn der Dieb seine Beute in Sicherheit gebracht hat.

Der Angriff muss schließlich rechtswidrig sein, also gegen die Rechtsordnung verstoßen. Daran fehlt es, wenn ein Eingriff in die Rechte des Betroffenen seinerseits durch Befugnisnormen gedeckt ist wie etwa bei der Anordnung einer → *Blutprobe* und der darauf erfolgenden Blutentnahme.

Verteidigung ist diejenige Handlung, die mit dem Willen, den Angriff abzuwehren, zu seiner alsbaldigen Beendigung vorgenommen wird.

Die schwierigsten Probleme der Notwehr ergeben sich bei der Erforderlichkeit der Verteidigung. Grundsätzlich darf zwar das Mittel gewählt werden, das eine alsbaldige Beendigung des Angriffs sicher erwarten lässt. Ist der Angegriffene körperlich unterlegen, so muss er – will ein Angreifer ihn verprügeln – sich nicht auf seine Körperkräfte stützen, sondern darf von Anfang an eine Waffe so einsetzen, dass diese den Angreifer zuverlässig abwehrt.

Einschränkungen findet das Notwehrrecht allerdings insoweit, als die Folgen seiner Ausübung nicht völlig unangemessen sein dürfen. So darf der Behinderte auf einen Dieb in seinem Kirschbaum, der von seinem Tun nicht ablässt, nicht schießen, auch wenn er sich nicht anders wehren kann. Weiter ist das Notwehrrecht auch gegenüber schuldunfähigen Personen wie Kindern oder Geisteskranken und gegen Personen aus dem „sozialen Nahraum" wie Ehepartnern eingeschränkt. Hier darf lediglich der Angriff abgewehrt, nicht aber nachhaltig beendet werden.

▸ Notwendiges Betriebsvermögen → *Betriebsvermögen*

▸ Numerus clausus

Grundsätzlich ist wegen der durch Art. 12 Abs. 1 GG gewährleisteten → *Berufsfreiheit* die Beschränkung der Zulassung zu einem bestimmten Beruf oder einer → *Ausbildungsstätte* durch Festsetzung bestimmter Höchstzahlen unzulässig. Im → *Hochschulrecht* werden zahlenmäßige Zulassungsbeschränkungen für Studienanfänger einer bestimmten Fachrichtung dann als verfassungsgemäß angesehen, wenn sie in den Grenzen des unbedingt Notwendigen unter Ausschöpfung aller Ausbildungskapazitäten angeordnet werden und das Verteilungsverfahren nach objektiven Kriterien abläuft, so dass jeder, der die Hochschulreife besitzt, grundsätzlich eine Zulassungschance hat. Die näheren Einzelheiten über das Zulassungsverfahren enthält das Hochschulrahmengesetz.

▸ Nutzungen

Dieser Begriff bezeichnet die → *Früchte* einer Sache oder eines Rechtes sowie die Vorteile, welche der Gebrauch der Sache oder des Rechts gewährt (§ 100 BGB).

O

▸ Obdachlose

O. sind Personen, die keine Unterkunft haben. Obdachlosigkeit ist regelmäßig als Störung der öffentlichen Sicherheit und Ordnung anzusehen. Die nach Landesrecht zuständigen Ordnungsbehörden sind deshalb verpflichtet, diesen Zustand zu beseitigen. Das geschieht in der Regel dadurch, dass die betreffenden Personen in kommunale oder staatliche Unterkünfte eingewiesen werden. Stehen solche nicht zur Verfügung, ist unter engen Voraussetzungen auch eine zwangsweise Einweisung in Räume, die der Verfügungsgewalt Dritter unterstehen, möglich; die Einweisung darf nur so lange dauern, bis geeignete Räumlichkeiten beschafft sind.

▸ Oberfinanzdirektion

O. ist die Mittelbehörde sowohl der Bundesfinanzverwaltung als auch der Landesfinanzverwaltung.

▸ Oberlandesgericht

In Zivilsachen sind die Oberlandesgerichte vor allem für → *Berufungen* gegen erstinstanzielle Urteile der → *Landgerichte* sowie der → *Amtsgerichte* in Familiensachen zuständig (→ *Rechtszug)*.

In Strafsachen ist das Oberlandesgericht – in Bayern tritt insoweit an seine Stelle das Bayerische Oberste Landesgericht – für die → *Revision* in Strafverfahren, die ihren Ausgangspunkt beim → *Amtsgericht* haben, zuständig. Es entscheidet außerdem über die weitere Beschwerde bei der Verhängung von → *Untersuchungshaft* und überprüft, ob Untersuchungshaft für einen Zeitraum von mehr als 6 Monaten angeordnet werden darf. Schließlich bestehen weitere Zuständigkeiten für Verfahren, in denen es um → *Anklageerzwingung* oder → *Auslieferung* geht.

Oberste Gerichtshöfe

Oberste Gerichtshöfe des Bundes sind der → *Bundesgerichtshof* in Karlsruhe (für Zivil- und Strafverfahren), das → *Bundesarbeitsgericht* in Erfurt (für Arbeitsrecht), das → *Bundessozialgericht* in Kassel (für Sozialrecht), der → *Bundesfinanzhof* in München (für Steuerrecht) und das → *Bundesverwaltungsgericht* in Leipzig (für Verwaltungsrecht).

Oberverwaltungsgericht

Die → *Verwaltungsgerichtsbarkeit* ist dreistufig aufgebaut. Eingangsgerichte sind die → *Verwaltungsgerichte*, d. h. sie sind grundsätzlich für alle Streitsachen in erster Instanz zuständig. Rechtsmittelinstanz sind die Oberverwaltungsgerichte, von denen eines in jedem Bundesland eingerichtet ist (in einigen Bundesländern heißen sie traditionell „Verwaltungsgerichtshof"). Oberste Instanz ist das → *Bundesverwaltungsgericht*. Zuständig sind die Oberverwaltungsgerichte für Berufungen und Beschwerden gegen Entscheidungen der Verwaltungsgerichte. Daneben sind sie erstinstanzlich zuständig für Klagen gegen technische Großvorhaben sowie für → *Normenkontrollen*. Die Spruchkörper bei den Oberverwaltungsgerichten, die Senate, sind im Regelfall mit drei → *Berufsrichtern* besetzt; die Landesgesetzgebung kann jedoch bestimmen, dass in der Besetzung mit fünf Richtern entschieden wird, von denen zwei → *ehrenamtliche* Richter sein können. Gegen Urteile der Oberverwaltungsgerichte ist die Revision zum Bundesverwaltungsgericht möglich, wenn sie zugelassen wurde; gegen die Nichtzulassung kann Beschwerde eingereicht werden (→ *Nichtzulassungsbeschwerde*).

Öffentlicher Dienst

Als öffentlicher Dienst wird allgemein jede Tätigkeit im Dienst einer juristischen Person des öffentlichen Rechts, insbesondere des Bundes, der Länder und der Gemeinden und der Gemeindeverbände bezeichnet. Die Rechtsverhältnisse der Angehörigen des öffentlichen Dienstes sind nicht einheitlich geregelt. Für → *Be-*

amte gelten die Beamtengesetze (→ *Beamtenrecht),* für → *Angestellte* und → *Arbeiter* gelten neben den allgemeinen arbeitsrechtlichen Bestimmungen besondere tarifvertragliche Regelungen, vor allem der Bundesangestelltentarifvertrag (BAT) und die Manteltarifverträge für Arbeiter im Bundes- (MTB II), Landes- (MTL II) und Gemeindedienst (BMTG II).

▸ Öffentlicher Glaube

Hierunter versteht man den Schutz, den derjenige genießt, der sich in gutem Glauben auf die inhaltliche Richtigkeit des Grundbuchs oder eines → *Erbscheines* verlässt. Er erwirbt ein Recht auch dann, wenn der im Grundbuch oder Erbschein als Berechtigter Eingetragene in Wahrheit nicht der Rechtsinhaber ist; Letzterer erleidet dann kraft Gesetzes einen Rechtsverlust (→ *Gutgläubiger Erwerb*).

▸ Öffentliche Sachen

Ö. sind Gegenstände oder Einrichtungen, die durch → *Widmung* zum Gebrauch für die Allgemeinheit bestimmt sind oder die der öffentlichen Verwaltung zur Erfüllung ihrer Aufgaben dienen. Zur ersten Gruppe gehören z. B. Straßen, Wege und Parkanlagen, zur zweiten Rathäuser oder Schulen. Der Begriff der öffentlichen Sache ist nicht vollständig mit dem Sachenbegriff des Bürgerlichen Gesetzbuchs identisch; es kann an der Eigenschaft der Körperlichkeit fehlen, etwa bei den der Öffentlichkeit zugänglichen Wasserflächen; ansonsten unterfallen sie grundsätzlich dem Zivilrecht. Besonderheiten ergeben sich aus der öffentlichen Zweckbestimmung; der – zivilrechtliche – Eigentümer ist etwa verpflichtet, die Nutzung durch die Allgemeinheit (→ *Gemeingebrauch)* im Rahmen des Widmungszwecks zu dulden.

▸ Öffentliche Sicherheit und Ordnung → *Sicherheit und Ordnung, öffentliche*

▶ Öffentliches Recht

Die Rechtsnormen werden allgemein in solche des Privatrechts und des öffentlichen Rechts unterteilt. Erstere regeln das Verhältnis und die Rechtsverhältnisse der Einzelnen zueinander; sie sind dadurch gekennzeichnet, dass sich die Beteiligten gleichgeordnet gegenüberstehen. Letztere regeln das Verhältnis des Einzelnen zum Staat und den sonstigen Trägern öffentlicher Gewalt; sie sind von einem grundsätzlichen Über-Unterordnungsverhältnis geprägt. Zum öffentlichen Recht gehören das → *Verwaltungsrecht,* das Steuerrecht, das Sozialrecht einschließlich des Sozialversicherungsrechts, aber auch das Strafrecht. Je nach der Zugehörigkeit der Rechtsvorschriften zu einem bestimmten Rechtsgebiet, die bei einer bestimmten Angelegenheit inmitten stehen, bestimmt sich der Rechtsweg. Steuerstreitigkeiten werden von den Finanzgerichten (→ *Finanzgerichtsbarkeit),* Sozialversicherungsstreitigkeiten vor den Sozialgerichten (→ *Sozialgerichtsbarkeit),* verwaltungsrechtliche Streitigkeiten vor den → *Verwaltungsgerichten* ausgetragen.

▶ Öffentlichkeitsgrundsatz

Gerichtsverhandlungen erfolgen grundsätzlich öffentlich. Davon gibt es jedoch wichtige Ausnahmen: z. B. Strafverfahren gegen Jugendliche und die meisten Familiensachen sind nicht öffentlich; außerdem kann die Öffentlichkeit aus verschiedenen Gründen (insbesondere bei einer Gefährdung der öffentlichen Ordnung, der Staatssicherheit, der Sittlichkeit oder der Erörterung von Angelegenheiten aus dem persönlichen Lebensbereich eines Beteiligten) ausgeschlossen werden. Für die Urteilsverkündung ist jedoch der Ausschluss der Öffentlichkeit nur in eingeschränktem Maße statthaft.

▶ Örtliche Zuständigkeit

Sie legt fest, welches konkrete Gericht der ersten Instanz wegen seines Sitzes den Rechtsstreit zu erledigen hat (zum Beispiel das Amtsgericht München, das Landgericht Köln; → *Zuständigkeit,* gerichtliche).

Im Zivilprozess richtet sich der allgemeine Gerichtsstand nach dem Wohnsitz des Beklagten (§§ 12, 13 ZPO), wenn es sich bei diesem um eine → *juristische Person* handelt, nach deren Sitz (§ 17 ZPO). Für bestimmte Verfahren können auch besondere Gerichtsstände neben dem allgemeinen zur Verfügung stehen (etwa der Gerichtsstand des Erfüllungsortes gemäß § 29 ZPO). Der Kläger hat dann die Wahl zwischen dem allgemeinen und dem besonderen Gerichtsstand (§ 35 ZPO). Wenn jedoch ein ausschließlicher Gerichtsstand eingreift, kann Klage nur bei diesem Gericht erhoben werden. So kann eine → *Räumungsklage* wegen § 29 a ZPO fast immer nur bei dem Amtsgericht durchgeführt werden, in dessen Bezirk sich die Räume befinden (der allgemeine oder besondere Gerichtsstände stehen daneben nicht zur Verfügung).

Die örtliche Zuständigkeit des Verwaltungsgerichts bestimmt sich nach anderen Kriterien. Soweit nicht besondere Gerichtsstände (z. B. für Streitigkeiten, die sich auf ortsgebundene Rechte beziehen, für Streitigkeiten über die Gewährung von Asyl (→ *Asylrecht)* und für → *Numerus clausus-Verfahren* begründet sind, ist das Verwaltungsgericht örtlich zuständig, in dessen Bezirk der Beklagte seinen Sitz hat.

Im Strafprozess sind im Wesentlichen Tatort und Wohnort für die Zuständigkeit des Gerichts entscheidend.

▶ Offene Handelsgesellschaft (OHG)

Eine Offene Handelsgesellschaft ist eine Gesellschaft, deren Zweck auf den Betrieb eines → *Handelsgewerbes* unter gemeinschaftlicher → *Firma* gerichtet ist; ihre Gesellschafter haften den Gläubigern der OHG für deren Verbindlichkeiten unmittelbar und unbeschränkt mit ihrem gesamten Vermögen. → *KG*, → *Gesellschaft Bürgerlichen Rechts*).

▶ Offizialprinzip → *Verfahrensgrundsätze*

▶ OHG → *Offene Handelsgesellschaft*

Opportunitätsprinzip

Das Opportunitätsprinzip bedeutet, dass die Verfolgung einer bestimmten Angelegenheit im Ermessen der dafür zuständigen Stelle liegt. Im Strafverfahren gilt für → *Polizei* und → *Staatsanwaltschaft* zwar grundsätzlich das → *Legalitätsprinzip*, so dass beim Verdacht jeglicher Straftat ein → *Ermittlungsverfahren* einzuleiten und – nach dessen Durchführung – bei hinreichendem Tatverdacht auch → *Anklage* zu erheben ist.

Im Bereich der → *Bagatellstrafsachen* und im → *Jugendgerichtsgesetz* wird das Legalitätsprinzip jedoch vielfach vom Opportunitätsprinzip durchbrochen: Die Staatsanwaltschaft (nicht die Polizei) kann vielfach – wobei sie teilweise der Zustimmung des zuständigen Gerichts bedarf – ohne oder gegen Auflagen (wie die Zahlung einer Geldbuße an eine gemeinnützige Einrichtung) von der Verfolgung einer Straftat absehen. Weitere wichtige Fälle des Opportunitätsprinzips sind das Absehen von der Verfolgung unwesentlicher Nebendelikte und bei Delikten, deren Täter insoweit das Opfer einer → *Erpressung* geworden sind.

Ordentlicher Rechtsweg

Vor die ordentlichen Gerichte (→ *Amtsgericht*, → *Landgericht*, → *Oberlandesgericht*, → *Bundesgerichtshof*) gehören nach § 13 Gerichtsverfassungsgesetz neben den Strafsachen alle bürgerlichen Rechtsstreitigkeiten.

Ordnungsbehörden

O. im weiteren Sinn sind alle Behörden, deren Aufgabe die Beseitigung und die Verhinderung von Gefahren für die öffentliche Sicherheit und Ordnung ist. Hierunter fallen nicht nur die Verwaltungsbehörden, denen entsprechende Aufgaben obliegen, sondern auch der Polizeivollzugsdienst. Als Ordnungsbehörden im engeren Sinn bezeichnet man aber nur die genannten Verwaltungsbehörden, etwa die → *Bauaufsichtsbehörden*, die → *Gewerbeaufsicht* und die Gesundheitsämter. Die jeweiligen Gesetze geben den Behörden die Befugnis, im Einzelfall die notwendigen Anordnungen zu erlassen. Nach dem Träger, dem die Behörde angehört, sind Bundes-, Landes- und Kommunalordnungsbehörden zu unterscheiden.

Ordnungsmäßigkeit der Buchführung → *Buchführung*

Ordnungsmittel

Unter Ordnungsmitteln versteht man Sanktionen, mit deren Hilfe das Gericht einen ordnungsgemäßen Ablauf des Verfahrens sichern kann. Neben sitzungspolizeilichen Maßnahmen wie dem Gebot an einen störenden Zuhörer, sich aus dem Sitzungssaal zu entfernen, sind Ordnungsmittel im engeren Sinn das Ordnungsgeld und die Ordnungshaft.

Ordnungsmittel können vor allem in den folgenden Fällen festgesetzt werden:

- Beim unentschuldigten Nichterscheinen von → *Zeugen* sowie dann, wenn Zeugen ihre Aussage oder Eidesleistung unberechtigt verweigern.
- Wenn Beschuldigte, Zeugen, Sachverständige oder am Verfahren nicht beteiligte Personen den Anordnungen des Gerichtsvorsitzenden zur Aufrechterhaltung der Ordnung keine Folge leisten.
- Bei Ungebühr vor Gericht (das ist etwa der Fall, wenn der Angeklagte den Vorsitzenden beleidigt oder wenn ein Zuschauer Bier trinkt).

Ordnungswidrigkeit

Ordnungswidrigkeiten sind Rechtsverstöße, die keinen kriminellen Unrechtsgehalt haben. Sie sind daher nicht mit Strafe bedroht, sondern können im so genannten Ordnungswidrigkeitenverfahren mit → *Geldbuße* (siehe auch → *Bußgeld)* geahndet werden. Dieses Verfahren unterliegt dem → *Opportunitätsprinzip,* so dass die zuständige Behörde – unter pflichtgemäßer Ausübung ihres Ermessens – zwar einschreiten kann, nicht aber einschreiten muss.

Die Person, der eine Ordnungswidrigkeit vorgeworfen wird, wird nicht als → *Beschuldigter,* sondern als → *Betroffener* bezeichnet. Die Unterscheidung zwischen Täter, Anstifter und Gehilfen gibt es im Bereich der Ordnungswidrigkeiten nicht. Wie eine

Straftat kann auch eine Ordnungswidrigkeit nur bei → *Vorsatz* geahndet werden, es sei denn, das jeweilige Gesetz erfasst auch → *Fahrlässigkeit.*

Die einzelnen Tatbestände, die Ordnungswidrigkeiten enthalten, sind in zahlreichen Gesetzen verstreut. Von besonderer praktischer Bedeutung sind die Verstöße gegen Vorschriften des Straßenverkehrsrechts, die mit verhältnismäßig wenigen Ausnahmen keine Straftaten, sondern Ordnungswidrigkeiten sind.

Zur Verfolgung von Ordnungswidrigkeiten sind die jeweils dafür bestimmten Verwaltungsbehörden und die → *Polizei* zuständig. Trifft allerdings mit der Ordnungswidrigkeit möglicherweise eine Straftat zusammen, so fällt das Verfahren insgesamt an die Staatsanwaltschaft. Die Verwaltungsbehörden haben grundsätzlich die Stellung der → *Staatsanwaltschaft,* doch sind ihre Zwangsbefugnisse erheblich eingeschränkt. So rechtfertigen Ordnungswidrigkeiten insbesondere keinen → *Haftbefehl* und keinen vorläufigen Entzug der → *Fahrerlaubnis.* Wichtig ist auch noch, dass bei der Verfolgung von Ordnungswidrigkeiten verhältnismäßig kurze Fristen für die → *Verjährung* gelten.

Wird die Ordnungswidrigkeit nicht mit einer → *Verwarnung* geahndet, so ist der Sachverhalt zu ermitteln und – wenn der Betroffene für schuldig gehalten wird – ein Bußgeldbescheid zu erlassen. Darin sind insbesondere der Betroffene, seine Tat und die Höhe der festgesetzten Geldbuße anzugeben.

Gegen diesen Bußgeldbescheid kann innerhalb einer Frist von 2 Wochen nach Zustellung → *Einspruch* eingelegt werden. Wird dann der Bußgeldbescheid durch die zuständige Verwaltungsbehörde nicht zurückgenommen und das Verfahren auch in dem nachfolgenden Zwischenstadium nicht eingestellt, so kommt es zu einem Verfahren vor dem zuständigen → *Amtsgericht.* Dieses folgt im Wesentlichen den Regeln des Strafprozesses. Das Amtsgericht kann dabei in einem Beschlussverfahren ohne mündliche Verhandlung – dann darf es aber die Rechtsfolgen zu Lasten des Betroffenen gegenüber dem Bußgeldbescheid nicht verschärfen – oder in einem „normalen“ Urteilsverfahren entscheiden. In eine weitere Instanz ist der Rechtsweg nur noch in eingeschränktem Umfang eröffnet.

P

Pacht

Die Pacht ist ein gegenseitiger → *Vertrag,* durch den der Verpächter verpflichtet wird, dem Pächter den Gebrauch des verpachteten Gegenstandes und den Genuss der Früchte gegen Entgelt zu gewähren. In der Befugnis des Pächters, aus der bestimmungsgemäßen Verwertung der Sache einen Ertrag zu erzielen (= Genuss der Früchte), liegt der wesentliche Unterschied zur → *Miete* (dort nur Gebrauchsüberlassung). Anders als bei der Miete können auch Rechte verpachtet werden (zum Beispiel das Urheberrecht). Auf die Pacht finden grundsätzlich die mietrechtlichen Vorschriften entsprechend Anwendung. Besondere Vorschriften bestehen bei Landpacht, Kleingartenpacht, Jagd- und Fischereipacht.

Parken

Wer sein Fahrzeug verlässt oder länger als 3 Minuten hält (→ *Halten),* der parkt. Das Parken muss platzsparend und grundsätzlich auf der rechten Fahrbahnseite in Fahrtrichtung erfolgen. Wird ein Kraftfahrzeug verlassen, so ist es gegen unbefugte Benutzung – insbesondere durch Betätigung der Lenkradsperre – zu sichern.

Das Parken ist einmal dort unzulässig, wo auch nicht gehalten werden darf. Zum anderen sieht die Straßenverkehrsordnung Parkverbote dort vor, wo parkende Fahrzeuge zu einer → *Behinderung* oder gar Gefährdung des übrigen Verkehrs werden könnten. Die wichtigsten derartigen Parkverbote sind der Bereich vor und hinter Kreuzungen und Einmündungen (bis zu je 5 Meter von den Schnittstellen der Fahrbahnkanten), der Bereich bis zu je 15 Meter vor und hinter Haltestellenschildern, Grundstückseinfahrten sowie die Fahrbahn von Vorfahrtsstraßen außerhalb geschlossener Ortschaften.

Schließlich ist das Parken noch überall dort verboten, wo entsprechende Anordnungen durch → *Verkehrszeichen* bestehen.

Dabei ist zu beachten, dass im Bereich des eingeschränkten Halteverbots zum Be- und Entladen sowie zum Ein- und Aussteigen bei entsprechender Notwendigkeit auch länger als 3 Minuten gehalten werden darf.

Wollen zwei Fahrer in dieselbe Parklücke einfahren, so hat derjenige Vorrang, der sie zuerst unmittelbar erreicht hat. Allerdings darf er nicht versuchen, sein Recht mit Gewalt durchzusetzen, da er sich sonst sehr leicht wegen → *Nötigung* strafbar machen kann.

▶ Partei

Im Zivil- und Verwaltungsprozess sind diejenigen natürlichen und → *juristischen Personen* Partei, von denen oder gegen die im eigenen Namen staatlicher Rechtsschutz begehrt wird. Daher ist nicht der → *Prozessbevollmächtigte* oder der gesetzliche Vertreter (wie zum Beispiel die Eltern bei Klagen eines Kindes), sondern der Vertretene (also im vorigen Beispiel das Kind) Partei. Jeder Zivilprozess erfordert mindestens zwei Parteien, die – je nach Verfahrensart – Kläger und Beklagter, Gläubiger und Schuldner oder Antragsteller und Antragsgegner genannt werden. Im Verwaltungsprozess bezeichnet man Kläger und Beklagten als Parteien, im → *Beschlussverfahren* als Antragsteller und Antragsgegner. Der Beigeladene (→ *Beiladung)* und der → *Vertreter des öffentlichen Interesses* werden → *Beteiligte* genannt.

▶ Parteien

Politische Parteien sind nach der Definition des Parteiengesetzes Vereinigungen von Bürgern, die dauernd oder jedenfalls für längere Zeit für den Bereich des Bundes oder eines Landes auf die politische Willensbildung Einfluss nehmen und an der Vertretung des Volkes im Bundestag oder einem Landtag mitwirken wollen; sie müssen eine ausreichend gefestigte Organisationsstruktur aufweisen, ihre innere Ordnung muss demokratischen Prinzipien entsprechen. Die Bildung von Parteien ist frei. Nicht Parteien in diesem Sinn sind die nur auf kommunaler Ebene tätigen Wählergruppen („Rathausparteien“). Den Parteien obliegt die Mitwirkung bei der politischen Willensbildung des Volkes; sie sind ein verfassungsrechtlich notwendiger Bestandteil der freiheitlich demokratischen Grundordnung. Diese Mitwirkung besteht vor allem darin, dass sie Kandidaten für die jeweiligen Wahlen aufstellen, die öffentliche Meinung mitgestalten und die politische Bildung fördern. Die Wahlkampfkosten werden den Parteien nach bestimmten Sätzen, deren Höhe von der Zahl der erreichten Wählerstimmen abhängt, aus öffentlichen Mitteln erstattet. Ein Parteiverbot kann nur vom → *Bundesverfassungsgericht* ausgesprochen werden.

▸ Parteifähigkeit

Hierunter versteht man die Fähigkeit, in einem Rechtsstreit → *Partei* zu sein. Parteifähig ist, wer rechtsfähig ist (§ 50 Abs. 1 ZPO, → *Rechtsfähigkeit*). Dies sind insbesondere alle natürlichen und → *juristischen Personen*, nunmehr auch die → *BGB-Gesellschaft*, die Handelsgesellschaften (→ *OHG*, § 124 Abs. 1 HGB und → *KG*, § 161 Abs. 2 HGB) und die Gewerkschaften. Der nichtrechtsfähige Verein kann nur verklagt werden (§ 50 Abs. 2 ZPO) und ist daher nur passiv parteifähig. Die → *Arbeitgeberverbände* und die → *Gewerkschaften* können in arbeitsgerichtlichen Verfahren selbst klagen (§ 10 Arbeitsgerichtsgesetz). Die Parteifähigkeit ist eine selbständige Prozessvoraussetzung; sie ist darüber hinaus auch erforderlich, um wirksam → *Prozesshandlungen* vornehmen zu können. Im Verwaltungsprozess gilt Entsprechendes.

▸ Parteiprozess

Im Gegensatz zum → *Anwaltsprozess* ist ein Parteiprozess ein → *Zivilprozess*, den die Parteien selbst oder durch jede prozessfähige Person als Bevollmächtigten (→ *Prozessbevollmächtigter*) führen können (§ 79 ZPO).

▸ Parteivernehmung

Parteien können im Zivilprozess nicht nur zu bestimmten Tatsachen angehört werden, sie können auch im Rahmen der Beweisaufnahme als Partei vernommen werden. Die Parteivernehmung ist ein echtes, wenn auch nachrangiges Beweismittel. Sie ist nur unter den einschränkenden Voraussetzungen der §§ 445 ff. ZPO zulässig. Die vernommene Partei kann auch vereidigt werden (wegen der Strafandrohung siehe → *Meineid*). Zum → *Gegenbeweis* kann die Parteivernehmung nicht angeordnet werden. Im verwaltungsgerichtlichen Verfahren gelten diese Grundsätze entsprechend.

▸ Parteiverrat

Der Parteiverrat stellt ein Sonderdelikt dar, das nur Rechtsanwälte oder sonstige Rechtsbeistände begehen können. Der Parteiverrat setzt voraus, dass ein Anwalt in derselben Sache beiden Seiten pflichtwidrig dient. Unter der Sache ist dabei ein Lebenssachverhalt wie etwa eine Ehescheidung, nicht nur ein bestimmtes Verfahren im formellen Sinn zu verstehen. Ein pflichtwidriges Dienen ist dann gegeben, wenn die Interessenlage beider Seiten gegensätzlich ist.

▸ Parteiwechsel

Ein Parteiwechsel liegt vor, wenn anstelle des bisherigen Klägers oder Beklagten ein neuer Kläger oder Beklagter in den laufenden Prozess eintritt. Der Parteiwechsel kann kraft Gesetzes eintreten, etwa beim Tod einer Partei durch → *Gesamtrechtsnachfolge* (§ 1922 BGB, § 239 ZPO). Möglich ist aber auch ein von den Parteien gewollter („gewillkürter“) Parteiwechsel. Dieser ist nur für Sonderfälle gesetzlich geregelt (§§ 265, 266 ZPO). Er wird im Übrigen als → *Klageänderung* behandelt. Beim gesetzlichen Parteiwechsel tritt eine totale Nachfolge ein, das heißt, die neue Partei ist an die bisherigen Prozessergebnisse gebunden. Beim gewillkürten Parteiwechsel gilt dies nur im Grundsatz. Der Verwaltungsprozess kennt insoweit keine anderen Regelungen.

▸ Partnerschaftsgesellschaft

Eine seit 1. 7. 1995 mögliche Rechtsform der Zusammenarbeit von Angehörigen freier Berufe, etwa Ärzten, Anwälten, Architekten, Ingenieuren oder hauptberuflichen Sachverständigen, ist die Partnerschaftsgesellschaft. Die Gesellschaften werden in ein Partnerschaftsregister beim örtlich zuständigen Amtsgericht eingetragen.

Partnerschaftsvermittlung

Die früheren Heiratsvermittler, denen im BGB kein einklagbarer Honoraranspruch zugebilligt wurde, arbeiten heute meist als Partnerschaftsvermittlung und versuchen, die Anwendung von → *Werkvertragsrecht* zu vereinbaren. Dies ist jedoch unwirksam, da die Rechtsprechung solche Verträge als → *Dienstverträge* über Dienste „höherer Art", die jederzeit gekündigt werden können, einordnet. Soweit ein Auftraggeber „Grundvergütungen" vorausgezahlt oder sich in → *Allgemeinen Geschäftsbedingungen* längeren Kündigungsfristen unterworfen hat, sind derartige Vereinbarungen unwirksam: Er kann sofort kündigen und erhält dann auch einen Teil der „Grundvergütung" wieder.

Passwesen

Das Passgesetz verpflichtet jeden Deutschen, sich beim Grenzübertritt durch einen gültigen Reisepass auszuweisen. Von diesem Passzwang gibt es Ausnahmen; so reicht es jedenfalls im Verkehr zwischen den europäischen Staaten aus, einen → *Personalausweis* vorzuweisen. Der Pass ist fälschungssicher ausgestaltet und enthält einen maschinenlesbaren Teil. Er ist mit einer Seriennummer versehen und enthält ein Lichtbild des Inhabers. Welche persönlichen Daten in den Pass aufgenommen werden dürfen, ist im Passgesetz abschließend aufgezählt. Seine äußere Form ist nach Vorgaben der → *Europäischen Gemeinschaft* in allen Mitgliedsländern im Wesentlichen einheitlich („Europapass"). Seine Geltungsdauer ist grundsätzlich auf zehn Jahre befristet. Passbehörden sind in der Regel die Gemeinden. Der Passpflicht unterliegen auch in das Bundesgebiet einreisende Ausländer; sie bedürfen in einigen Fällen noch zusätzlich eines → *Sichtvermerks* (Visum).

Patent

Ein Patent ist das dem Patentinhaber (dem Erfinder oder dem Patentanmelder) vom Staat erteilte, ausschließliche und auf 20 Jahre begrenzte Recht, eine neue Erfindung gewerblich zu nutzen; dieses Recht kann der Patentinhaber durch eine Lizenz auf einen Dritten übertragen.

Patentamt

Das Patentamt ist die für die Erteilung von → *Patenten* zuständige Behörde, für Deutschland das Deutsche Patentamt in München.

Patentanmeldung → *Patent*

Patentanwalt

Ein Patentanwalt ist der – einem Rechtsanwalt gleichstehende – berufsmäßige Berater und Vertreter in Patentangelegenheiten. Er muss eine technisch-naturwissenschaftliche Ausbildung nachweisen sowie eine juristische Prüfung ablegen.

Patientenverfügung

P. ist eine schriftliche oder mündliche Willenserklärung eines einwilligungsfähigen Patienten, mit der er für den Fall zukünftiger eigener Entscheidungsunfähigkeit Anordnungen trifft, in welcher Art und Weise er künftig für sich eine ärztliche Behandlung wünscht.

Pauschbetrag für Behinderte und Hinterbliebene
→ *Außergewöhnliche Belastungen*

Pensionsrückstellung

Für eine Pensionsverpflichtung darf steuerlich eine Rückstellung (Pensionsrückstellung) nach § 6 a EStG gebildet werden, wenn der Pensionsberechtigte einen Rechtsanspruch hat, die Pensionszusage schriftlich unter Angabe von Art, Form, Voraussetzung und Höhe der in Aussicht gestellten Leistung erteilt wurde und kein steuerschädlicher Vorbehalt angebracht wurde. § 6 a Abs. 2 EStG regelt die Voraussetzungen, wann die Pensionsrückstellung erstmals gebildet werden darf. Sie darf in der → *Bilanz* höchstes mit dem Teilwert der Pensionsverpflichtung angesetzt werden (§ 6 a Abs. 3 EStG).

Persönliches Erscheinen

Neben der → *Güteverhandlung* soll im → *Zivilprozess* das persönliche Erscheinen der Parteien auch zum eigentlichen Verhandlungstermin angeordnet werden, wenn dies zur Aufklärung des Sachverhalts geboten erscheint. Die jeweilige Partei wird dann von Amts wegen zum Termin geladen (→ *Ladung*). Erscheint sie unentschuldigt nicht, so kann das Gericht dies nach § 286 ZPO frei würdigen und zudem auch Ordnungsgeld (→ *Ordnungsmittel*) verhängen. Allerdings steht es einer Partei, um diese Folgen zu vermeiden, frei, sich durch eine umfassend informierte und bevollmächtigte Person vertreten zu lassen.

Die hier dargestellten Grundsätze gelten im **Verwaltungsprozess** entsprechend.

Im **Strafverfahren** ist die Pflicht zum persönlichen Erscheinen unterschiedlich geregelt: Vor der → *Polizei* muss weder der → *Beschuldigte* noch ein → *Zeuge* erscheinen. Dagegen bestehen für beide Personengruppen entsprechende Verpflichtungen gegenüber → *Staatsanwaltschaft* und Gericht. Ihre Durchsetzung wird durch die Anwendbarkeit von → *Ordnungsmitteln* sowie teilweise durch die Befugnis, → *Vorführungsbefehle* oder → *Haftbefehle* zu erlassen, abgesichert.

Wird im Verfahren über eine → *Ordnungswidrigkeit* vor dem → *Amtsgericht* mündlich verhandelt, so kann unter gewissen Voraussetzungen das persönliche Erscheinen des → *Betroffenen* angeordnet werden. Bleibt er dennoch aus, so wird sein → *Einspruch* aus diesem Grund verworfen.

▸ Persönlichkeitsrecht

P. ist das (allgemeine) Recht eines jeden Menschen auf Achtung seiner Würde und seines Eigenwertes, insbesondere seiner Ehre und seiner Intimsphäre; eine Verletzung dieses Rechts kann für den Betroffenen Unterlassungs- und Schadenersatzansprüche, in besonders schweren Fällen auch Schmerzensgeldansprüche begründen.

▸ Personalakten

Nach den Beamtengesetzen hat ein → *Beamter* Anspruch auf Einsicht in seine Personalakte. Die beim → *Dienstherrn* geführten Personalakten enthalten alle Urkunden und Vorgänge, die sich auf die dienstlichen Verhältnisse des Beamten beziehen; persönliche Vorgänge sind dann aufzunehmen, wenn sie in einem inneren Zusammenhang mit dem Beamtenverhältnis stehen. Sollen Beschwerden über den Beamten oder für ihn ungünstige Tatsachenbehauptungen zu den Personalakten genommen werden, so ist der Beamte vorher zu hören und seine Stellungnahme den Akten beizufügen. Enthalten die Personalakten nachweislich unwahre Tatsachenbehauptungen, so steht dem Beamten ein Berichtigungsanspruch zu, der in der Regel durch Entfernung des entsprechenden Schriftstücks aus den Akten erfüllt wird. Gegegebenenfalls ist der Anspruch im Weg der → *Verpflichtungsklage* vor dem → *Verwaltungsgericht* durchzusetzen.

▸ Personalausweis

Das Personalausweisgesetz verpflichtet jeden Deutschen über 16 Jahren, einen Personalausweis zu besitzen; eine Ausnahme gilt, wenn der Betreffende einen Reisepass (→ *Passrecht)* hat. Der Ausweis dient der Personenfeststellung des Inhabers. Vor allem im Reiseverkehr innerhalb der europäischen Staaten ist der Personalausweis auch als Reisedokument (Passersatz) zugelassen. Das Personalausweisgesetz regelt die Personalausweispflicht, die Art, den Inhalt und die Ausstellung des Personalausweises. Er ist fälschungssicher ausgestaltet und enthält einen maschinenlesbaren

Teil. Er ist mit einem Lichtbild des Inhabers versehen. Der Ausweis hat grundsätzlich eine Geltungsdauer von 10 Jahren, eine Verlängerungsmöglichkeit besteht nicht. Personalausweisbehörden sind die von den Ländern bestimmten Stellen, in der Regel die Gemeinden.

▶ Personalservice-Agenturen

Bei jedem Arbeitsamt ist nach § 37 c des Dritten Buchs des → *Sozialgesetzbuchs* (SGB III) mindestens eine Personalservice-Agentur einzurichten. Diese hat die Aufgabe, Arbeitnehmerüberlassung zur Vermittlung von Arbeitslosen in Arbeit durchzuführen sowie ihre Beschäftigten in verleihfreien Zeiten zu qualifizieren und weiterzubilden. Hierzu sollen Verträge mit erlaubt tätigen Arbeitsvermittlern abgeschlossen werden. Die Agenturen können sich auch an solchen Einrichtungen beteiligen.

▶ Personalvertretung

Das Personalvertretungsrecht des Bundes und der Länder regelt die berufliche Interessenvertretung der im → *öffentlichen Dienst* Beschäftigten. Hiermit betraut sind die bei jeder Dienststelle einzurichtenden Personalräte, die sich in der Regel aus den Vertretern der → *Beamten*, → *Angestellten* und → *Arbeiter* zusammensetzen. Bei mehrstufigen Verwaltungen werden Stufenvertretungen gebildet, bei der Mittelbehörde Bezirkspersonalräte und bei der obersten Dienstbehörde Hauptpersonalräte. Die Personalräte werden grundsätzlich für die Dauer von drei Jahren gewählt. Besteht der Personalrat aus mehr als einer Person, findet Gruppenwahl statt, d. h. die Beamten, Angestellten und Arbeiter wählen ihren Vertreter in getrennten Wahlgängen; es kann aber auch mehrheitlich Gemeinschaftswahl beschlossen werden. Die Rechte der Personalräte bei sozialen und personellen Maßnahmen lassen sich in Mitwirkungs- und Mitbestimmungsrechte untergliedern. Mitwirkungsrechte lassen sich in Informations-, Anhörungs- und Beratungsrechte unterteilen. Kommt in mitbestimmungspflichtigen Angelegenheiten, die im Gesetz abschließend aufgezählt sind, keine Einigung zwischen Personalrat und Dienststelle zustande, kann die nächsthöhere Behörde, bei der eine Stufenvertretung besteht, angerufen werden. Ist auch zwischen Hauptpersonalrat und oberster Dienststelle eine einvernehmliche Regelung nicht möglich, entscheidet auf Antrag eine unabhängige Einigungsstelle. Bei Streitigkeiten über personalvertretungsrechtliche Fragen entscheiden auf Antrag besondere bei den Gerichten der → *Verwaltungsgerichtsbarkeit* gebildete Fachkammern bzw. -senate.

Personenbeförderung

Das Personenbeförderungsgesetz enthält die wesentlichen Bestimmungen über die entgeltliche oder geschäftsmäßige Beförderung von Personen mit Straßenbahnen, Oberleitungsomnibussen (Obussen) und Kraftfahrzeugen (Omnibusse und Taxen). Für Eisenbahnen gilt die Eisenbahnverkehrsordnung, für Flugzeuge die Luftverkehrsordnung. Das Personenbeförderungsgesetz begründet eine Genehmigungspflicht für den Betrieb von Straßenbahnen und Oberleitungsomnibussen sowie die Personenbeförderung in Kraftfahrzeugen im Linien- und Gelegenheitsverkehr. Ausgenommen ist die Beförderung in Personenkraftwagen, wenn das Entgelt nicht höher ist als die Betriebskosten. Voraussetzung für die Genehmigung ist die Zuverlässigkiet des Betreibers und die Sicherheit und Leistungsfähigkeit seines Betriebs. Beim Straßenbahn-, Obus- und Kfz-Linienbetrieb ist außerdem Voraussetzung, dass die entsprechenden Straßen im Hinblick auf die Verkehrssicherheit geeignet sind. Taxen sind zuzulassen, wenn öffentliche Verkehrsinteressen nicht beeinträchtigt sind und das örtliche Taxigewerbe durch die Zulassung nicht in seiner Existenz gefährdet wird. Wird die Genehmigung erteilt, besteht eine Betriebs- und Beförderungspflicht.

Personensorge

P. ist ein Teil der → *elterlichen Sorge*. Sie umfasst die Pflicht und das Recht, den Vornamen des Kindes auszuwählen, das Kind in erforderlichen Fällen mit Unterstützung des → *Familiengerichts* und des → *Jugendamts* zu pflegen, zu erziehen (Erziehungsrecht), zu beaufsichtigen und seinen Aufenthalt zu bestimmen (Aufenthaltsbestimmungsrecht) sowie das Kind in dessen Angelegenheiten außergerichtlich und gerichtlich zu vertreten (Vertretungsrecht). Entwürdigende Erziehungsmaßnahmen, insbesondere körperliche und seelische Misshandlungen sind unzulässig. Bei Missbrauch der elterlichen Sorge kann das → *Familiengericht* Maßnahmen zur Beschränkung und Entziehung der elterlichen Sorge anordnen. Eine → *Unterbringung* des Kindes, die mit einer → *Freiheitsentziehung* verbunden ist, kann nur mit gerichtlicher Genehmigung erfolgen.

Personenstand

P. ist das familienrechtliche Verhältnis zweier Personen zueinander, das rechtlich auch über den Tod hinaus bestehen bleibt. Der Personenstand und seine Veränderungen (Geburt, Verehelichung, Tod) werden vom → *Standesbeamten* in den Personenstandsbüchern beurkundet.

Petitionsrecht

Nach Art. 17 GG hat jedermann das Recht, sich schriftlich mit Bitten an die zuständigen Stellen und an die Volksvertretung zu wenden. Das Petitionsrecht erstreckt sich auf alle Arten von Eingaben, Anträgen und Beschwerden, die darauf gerichtet sind, eine staatliche Reaktion hervorzurufen. Zuständige Stelle ist die für die jeweilige Angelegenheit zur Entscheidung berufene Behörde, gegebenfalls auch deren Aufsichtsbehörde. Volksvertretung sind der Bundestag und die Landtage, die zur Behandlung von Petitionen meist besondere → *Ausschüsse* (Petitionsausschüsse) gebildet haben. Das Petitionsrecht gibt einen Anspruch auf sachliche Prüfung und schriftliche Mitteilung der Form der Erledigung; eine besondere Begründung kann grundsätzlich nicht gefordert werden. Die Petitionsentscheidung ist kein → *Verwaltungsakt;* ein Anspruch auf Behandlung der Petition kann deshalb nicht mit der → *Verpflichtungsklage,* sondern mit der allgemeinen → *Leistungsklage* verwaltungsgerichtlich verfolgt werden.

Pfändung

Eine Pfändung ist die staatliche Beschlagnahme eines Gegenstands zum Zwecke der Gläubigerbefriedigung (§§ 803 ff. ZPO). Sie ist → *Zwangsvollstreckung* in das bewegliche Vermögen, so dass alle Zwangsvollstreckungsvoraussetzungen vorliegen müssen. Die Pfändung körperlicher Sachen wird durch den Gerichtsvollzieher durch Wegnahme oder Anbringung eines Pfandsiegels bewirkt. Dadurch ist die Sache verstrickt (die Verfügungsmacht steht nun dem Staat zu) und es entsteht ein → *Pfandrecht* (nach einer Meinung nur bei Vorliegen weiterer Voraussetzungen). Für die Pfändung von Rechten ist das → *Vollstreckungsgericht* zuständig, das einen Pfändungsbeschluss erlässt. Zur Pfändung von Arbeitseinkommen s. → *Lohnpfändung*.

Pfandleiher

Eine Person, die gewerbsmäßig → *Darlehen* gewährt, die durch ein → *Pfandrecht* an beweglichen Sachen abgesichert werden, wird als Pfandleiher bezeichnet.

Pfandrecht

Dies ist das Recht an einem Gegenstand, das zu dessen Verwertung zum Zwecke der Erfüllung einer Verbindlichkeit berechtigt. Es kann durch → *Rechtsgeschäft* entstehen (Verpfändung, §§ 1204 ff. BGB), aber auch kraft Gesetzes; wie z. B. das Vermieter- oder das Unternehmerpfandrecht (§§ 559, 647 BGB). Das rechtsgeschäftlich begründete Pfandrecht kann an beweglichen Sachen (§ 1204 BGB) und an Rechten (§ 1273 BGB) bestellt werden. An beweglichen Sachen entsteht es nur, wenn neben der → *Einigung* auch die Übergabe der Pfandsache an den Pfandgläubiger erfolgt (Faustpfand): Der mit dem Wechsel im → *Besitz* verbundene Verlust der Nutzungsmöglichkeit durch den Verpfänder hat dazu geführt, dass es im Wirtschaftsleben von der → *Sicherungsübereignung* praktisch verdrängt wurde. Das Pfandrecht ist in seinem Bestand von der gesicherten Forderung abhängig (akzessorisch). Es erlischt mit dem Wegfall der Forderung (§ 1252 BGB), aber auch bei Rückgabe der Pfandsache an den Verpfänder (§ 1253 BGB). Die Verwertung des Pfandes erfolgt durch Verkauf oder Versteigerung, sobald die gesicherte Forderung fällig geworden ist (Pfandreife). An Rechten entsteht das Pfandrecht nach Maßgabe des § 1274 BGB; soll eine Forderung verpfändet werden, ist zusätzlich die Anzeige an den sog Drittschuldner (z. B. den Arbeitgeber) erforderlich (§ 1280 BGB). Ein Pfandrecht kann auch durch → *Zwangsvollstreckung* entstehen (→ *Pfändung*, § 804 ZPO); die §§ 1204 ff. erfassen dieses Pfändungspfandrecht aber nicht.

Pflanzenschutz

Das Pflanzenschutzgesetz bezweckt den Schutz von Kulturpflanzen und Pflanzenerzeugnisse vor Krankheiten und schädlichen Organismen und soll vor Schäden bewahren, die bei der Anwendung von Pflanzenschutzmitteln für die Gesundheit von Mensch oder Tier entstehen können. Deren Anwendung auf Freilandflächen ist grundsätzlich nur erlaubt, wenn diese Land- oder forstwirtschäftlich oder gärtnerisch genutzt werden; in oder an oberirdischen Gewässern ist sie verboten. Die Einfuhr von Pflanzenschutzmitteln in das Bundesgebiet bedarf der Zulassung durch die Biologische Bundesanstalt. Die gewerbsmäßige Verwendung von Pflanzenschutzmitteln ist anzeigepflichtig. Pflanzenschutz im weiteren Sinne wird auch durch das → *Naturschutzrecht* und das → *Artenschutzrecht* bezweckt.

Pflegegeld

Das ist die wichtigste Geldleistung der sozialen → *Pflegeversicherung*. Einzelheiten regelt das Elfte Buch des → *Sozialbesetzbuchs* (SGB XI). Pflegegeld kann anstelle der häuslichen Pflegehilfe beantragt werden. Die Höhe ist vom Umfang der Pflegebedürftigkeit abhängig. Das Gesetz kennt drei Pflegestufen (vgl. § 37 SGB XI). Die Bezieher von Pflegegeld sind verpflichtet, in bestimmten Umständen einen Pflegeeinsatz durch eine von der Pflegekasse anerkannte Pflegeeinrichtung abzurufen. Die Pflegeeinsätze dienen der Sicherung der Qualität der häuslichen Pflege und der regelmäßigen Hilfestellung und Beratung der häuslich Pflegenden.

Pflegekassen

P. sind die Träger der sozialen → *Pflegeversicherung*. Ihre Aufgaben werden von den → *Krankenkassen* wahrgenommen.

Pflegekind

P. sind Kinder und Jugendliche, die sich dauernd oder regelmäßig für einen Teil des Tages außerhalb des Elternhauses in Familienpflege befinden (→ *elterliche Sorge*, § 1688 BGB, → *Kinder im Steuerrecht*).

Pflegeperson

P. nennt das Achte Buchs des → *Sozialgesetzbuchs* (SGB VIII) diejenigen Personen, welche Kinder oder Jugendliche außerhalb ihres Elternhauses regelmäßig betreuen. Das → *Jugendamt* erteilt ggf. die hierzu nötige Erlaubnis, die nicht erforderlich ist bei Adoptionspflege, Pflege im Rahmen der Erziehungshilfe, bei → *Vormundschaft* oder → *Pflegschaft* oder bei Pflege durch Verwandte. Bei der häufig anzutreffenden Tagespflege (durch die sog. Tagesmütter), kommt es auf die Zahl der betreuten Kinder an: Bei mehr als 3 im selben Haushalt betreuten Kindern besteht eine Erlaubnispflicht. In der Sozialen → *Pflegeversicherung* erhalten Personen, die nicht gewerblich eine pflegebedürftige Person in ihrer häuslichen Umgebung in einem bestimmten zeitlichen Umfang pflegen, Beiträge zur sozialen Rentenversicherung. Einzelheiten sind im Elften Buch des Sozialgesetzbuchs geregelt.

Pflegeversicherung

Das Elfte Buch des → *Sozialgesetzbuchs* (SGB XI) regelt die soziale Pflegversicherung. Sie dient der solidarischen Absicherung des Pflegefallrisikos. Das Gesetz bringt allerdings keine Vollversicherung, sondern stellt – nur – eine soziale Grundsicherung dar. Zur Absicherung des Pflegefallrisikos wurde einerseits eine soziale

Pflegeversicherung als eigenständige Säule der Sozialversicherung unter dem Dach der gesetzlichen → *Krankenversicherung* eingeführt und andererseits eine private Pflegeversicherung geschaffen; beide sind als Pflichtversicherung ausgestaltet. Der versicherte Personenkreis der sozialen Pflegeversicherung ist im Wesentlichen identisch mit dem der gesetzlichen Krankenversicherung. Die bei einem privaten Krankenversicherungsunternehmen gegen Krankheit Versicherten erhalten in der privaten Pflegeversicherung Versicherungsschutz gegen Pflegebedürftigkeit. Häusliche Hilfe hat dabei stets Vorrang vor anderen Hilfearten. Die wichtigsten Leistungen sind häusliche Pflegehilfe, → *Pflegegeld*, Pflegehilfsmittel, teilstationäre Pflege, Kurzzeitpflege, vollstationäre Pflege und Leistungen zur sozialen Sicherung von Pflegepersonen. Der Anspruch auf dieses Leistungen ist von der wirtschaftlichen Lage des Versicherten unabhängig. Leistungen erhalten diejenigen Personen, die wegen einer Krankheit oder Behinderung für die gewöhnlichen und wiederkehrenden Verrichtungen des täglichen Lebens auf Dauer – voraussichtlich für mindestens sechs Monate – in erheblichem oder höherem Maß der Pflege bedürfen. Das Gesetz unterscheidet zwischen drei Pflegestufen, die vom erforderlichen Pflegeaufwand abhängig sind; die Höhe der Versicherungsleistungen richtet sich nach der Schwere der Pflegebedürftigkeit. Das Beitragsrecht gleicht dem der gesetzlichen Krankenversicherung. Die Beiträge sind je zur Hälfte von den Beschäftigten und den Arbeitgebern zu zahlen; ihre Höhe richtet sich grundsätzlich nach dem Einkommen des Versicherten; dabei gilt eine bestimmte monatliche Mindestbeitragsbemessungsgrenze, die dann eingreift, wenn das tatsächliche Einkommen geringer ist. Zur Kompensation der Mehraufwendungen für die Arbeitgeber wurde in den Bundesländern ein→ *Feiertag* abgeschafft; wie die Kompensation für die höheren Beiträge nach Einführung der stationären Leistungen aussetzen soll, ist noch nicht abschließend geklärt. Privat Versicherte erhalten von ihrem Arbeitgeber einen Beitragszuschuss bis zur Höhe des Arbeitgeberbeitrags in der gesetzlichen Pflegeversicherung. Die Beiträge der Rentner werden je zur Hälfte von diesen und vom Rentenversicherungsträger gezahlt. Die Bundesanstalt für Arbeit trägt die Beiträge für die Bezieher von Arbeitslosengeld und Arbeitslosenhilfe. Träger der sozialen Pflegeversicherung sind die Pflegekassen, deren Aufgaben von den → *Krankenkassen* erledigt werden.

Pflegschaft

P. ist im Gegensatz zur → *Vormundschaft* für Fälle vorgesehen, in denen ein Fürsorgebedürfnis durch gesetzliche Vertretung nicht allgemein, sondern nur für bestimmte personen- bzw. sachbezogene Angelegenheiten oder einen Kreis solcher Angelegenheiten besteht. Der Pfleger hat daher nur für die bestimmte Angelegenheit zu sorgen. Die → *Geschäftsfähigkeit* des Pfleglings ist davon unberührt. Wird eine Pflegschaft erforderlich, haben Eltern oder der Vormund dies dem → *Vormundschaftsgericht* unverzüglich anzuzeigen. Die Pflegschaft wird dann vom Vormundschaftsgericht angeordnet.

Pflichtquote → *Schwerbehinderte Menschen*

Pflichtteil

P. ist der Ersatz für den Verlust des gesetzlichen Erbrechts. Der Pflichtteil gewährt einem enterbten nahen Angehörigen einen Mindestanspruch auf Teilhabe am → *Nachlass.* Es handelt sich um einen Anspruch auf Zahlung einer Geldsumme in Höhe des Wertes der Hälfte des gesetzlichen Erbteils (§ 2303 BGB).

(1) Pflichtteilsberechtigt sind nur die im Gesetz genannten Personen, → *Abkömmlinge* des Erblassers, → *Eltern,* → *Ehegatte* oder → *Lebenspartner* des Erblassers. Nähere Abkömmlinge schließen entferntere Abkömmlinge aus (z. B. Kinder vor Eltern). Nicht pflichtteilsberechtigt sind Geschwister, Großeltern und andere Verwandte des Erblassers. Kein Pflichtteilsrecht steht dem geschiedenen Ehegatten zu, ferner Personen, die einen → *Erbverzicht,* → *Pflichtteilsverzicht* erklärt haben, die → *Erbschaft* ausgeschlagen haben, oder für die Ebunwürdigkeit festgestellt ist. In besonderen vom Gesetz genannten Fällen (§§ 2333–2335 BGB) kann der Erblasser den Pflichtteil entziehen (z. B. Lebensnachstellung, vorsätzliche körperliche Mißhandlung des Erblassers, Verbrechen, ehrloser oder unsittlicher Lebenswandel).

(2) Pflichtteilsansprüche verjähren in drei Jahren ab Kenntnis des Pflichtteilsberechtigten vom → *Erbfall,* ohne Rücksicht auf diese Kenntnis in 30 Jahren.

Pflichtteilsergänzungsanspruch

Hat der → *Erblasser* sein Vermögen dadurch verkürzt, dass er Dritten zu Lebzeiten Schenkungen gemacht hat, kann der Pflichtteilsberechtigte als Ergänzung des → *Pflichtteils* den Betrag verlangen, um den sich der Pflichtteil erhöht, wenn der verschenkte Gegenstand dem → *Nachlass* hinzugerechnet wird. Schenkungen bleiben unberücksichtigt, wenn zur Zeit des → *Erbfalls* bereits 10 Jahre seit der Leistung des verschenkten Gegenstandes verstrichen sind. Die 10-Jahres-Frist beginnt mit der wirtschaftlichen Ausgliederung des Gegenstandes aus dem Vermögen des Erblassers. Der Pflichtteilsergänzungsanspruch verjährt wie der → *Pflichtteilsanspruch.*

Pflichtversicherung

Bis auf unbedeutende Ausnahmen ist jeder Halter eines Kraftfahrzeugs verpflichtet, für dieses eine → *Kraftfahrzeughaftpflichtversicherung* mit bestimmten Mindestdeckungssummen für den Schadensfall abzuschließen. Ohne den Nachweis dieser Versicherung darf ein amtliches Kennzeichen für das betreffende Kraftfahrzeug nicht ausgegeben werden. Die von dieser Pflicht befreiten staatlichen Einrichtungen (Bund, Länder, Gemeinden über 100 000 Einwohner) haften nach denselben Grundsätzen.

Ein Geschädigter kann seinen Anspruch direkt gegen den Versicherer geltend machen. Dieser kann dem Geschädigten Obliegenheitsverletzungen des Versicherten wie das Fahren unter Alkohol oder das → *unerlaubte Entfernen vom Unfallort* nicht entgegenhalten. Auf eine Beendigung des Versicherungsverhältnisses kann sich die Versicherung nur berufen, wenn sie diesen Umstand mindestens einen Monat zuvor der Zulassungsstelle angezeigt hatte.

Ansprüche gegen die Versicherung muss der Geschädigte allerdings innerhalb von zwei Wochen nach dem Schadenseintritt beim

Versicherer schriftlich anzeigen; die rechtzeitige Absendung dieses Schriftstücks genügt.

▶ Planfeststellung

In zahlreichen Fachplanungsgesetzen ist der Bau, die Errichtung, die Änderung oder die wesentliche Umgestaltung bestimmter Anlagen nur zulässig, wenn der Plan vorher festgestellt ist. Eine Planfeststellung wird vom Gesetzgeber in der Regel dann angeordnet, wenn es sich um komplexe Vorhaben handelt, von denen typischerweise Auswirkungen auf eine Vielzahl von Betroffenen ausgehen und für die normalerweise mehrere Einzelgenehmigungen notwendig wären. Der Planfeststellung unterliegen z. B. der Bau von → *Bundesfernstraßen,* → *Flughäfen,* → *Bundeswasserstraßen,* der Ausbau oberirdischer → *Gewässer,* der Bau von Straßenbahnlinien (→ *Personenbeförderung)* und Eisenbahnstrecken (→ *Bundesbahn).* Das → *Atomgesetz* und das Bundesimmissionsschutzgesetz enthalten für die ihrem jeweiligen Anwendungsbereich unterfallenden Anlagen eigene Verfahren, die aber in ihrer Ausgestaltung dem Planfeststellungsverfahren weitgehend angenähert sind. Das Planfeststellungsverfahren ist im Wesentlichen im → *Verwaltungsverfahrensgesetz* geregelt. Es zeichnet sich durch eine weitgehende Öffentlichkeitsbeteiligung aus; die Betroffenen können gegen den Plan Einwendungen erheben, die in einem Erörterungstermin behandelt werden müssen. Durch die Planfeststellung wird die Zulässigkeit des Vorhabens einschließlich der notwendigen Folgemaßnahmen an anderen Anlagen im Hinblick auf alle von ihm berührten Belange festgestellt; andere öffentlichrechtliche Erlaubnisse oder Genehmigungen sind daneben nicht erforderlich. Soweit mit dem Vorhaben unzumutbare Beeinträchtigungen Dritter verbunden sind, die nicht durch Schutzauflagen verhindert werden können, steht diesen ein Entschädigungsanspruch zu. Der Planfeststellungsbeschluss ist rechtlich als → *Verwaltungsakt* zu qualifizieren. Ist er bestandskräftig geworden, kann er also nicht mehr mit Rechtsmitteln angegriffen werden, sind Beseitigungs- oder Unterlassungsansprüche ausgeschlossen.

Politische Beamte

Nach der im Beamtenrechtsrahmengesetz (→ *Beamtenrecht)* enthaltenen Definition sind politische Beamte Beamte auf Lebenszeit, die bei Ausübung ihres Amtes in ständiger Übereinstimmung mit den grundsätzlichen Zielen der Regierung stehen müssen. Welche Beamte zu dieser Gruppe zählen, ist in den einzelnen Beamtengesetzen geregelt. Zu nennen sind die – verbeamteten – Staatssekretäre, bestimmte höhere Beamte im Auswärtigen Dienst, im Bundesamt für Verfassungsschutz und beim Bundesnachrichtendienst. Politische Beamte können jederzeit und ohne Angabe von Gründen in den einstweiligen Ruhestand versetzt werden.

Polizei

Die Polizei hat eine Doppelstellung zwischen Aufgaben der Gefahrenabwehr und solchen der Strafverfolgung. Nur soweit es sich um Strafverfolgung handelt, sind die Polizeibeamten Hilfsbeamte der → *Staatsanwaltschaft* und verpflichtet, deren Weisungen zu befolgen.

Der Polizeibegriff im Verwaltungsrecht wird unterschiedlich verwendet. Im weitesten Sinn werden hierunter alle Sicherheits- und → *Ordnungsbehörden* verstanden; so wurde etwa die → *Bauaufsicht* früher als „Baupolizei" bezeichnet. Unter Polizei im engeren Sinn versteht man die Behörden des Polizeivollzugsdienstes. Soweit die Polizei nicht strafverfolgend tätig wird (→ *Hilfsbeamter* der Staatsanwaltschaft), sind ihre Befugnisse in den landesrechtlichen Polizeigesetzen geregelt. In den meisten Bundesländern ist die Polizei staatlich, es gibt aber auch noch Gemeindepolizeibehörden. Für die im Polizeivollzugsdienst tätigen Beamten gelten Besonderheiten im Bezug auf die → *Laufbahn;* hier wird nicht streng zwischen dem einfachen, mittleren, gehobenen und höheren Dienst unterschieden; es gibt vielmehr eine Einheitslaufbahn, die einen Aufstieg vom einfachen oder mittleren Dienst bis in den höheren ermöglicht. Polizeirecht ist Ländersache; der Bund hat eigene Polizeikräfte nur beim → *Bundesgrenzschutz* und im Bundeskriminalamt.

Im Straßenverkehr ist die Polizei für die dringende Erfüllung hoheitlicher Maßnahmen von der Einhaltung der Straßenverkehrsordnung befreit. Allerdings ist trotzdem jede Schädigung anderer zu vermeiden. Verwendet die Polizei bei ihren Einsatzfahrten Blaulicht und Martinshorn, so haben ihr alle übrigen Verkehrsteilnehmer sofort freie Bahn zu schaffen.

▶ Polizeiliche Maßnahmen

Bei den polizeilichen Maßnahmen ist zwischen den repressivpolizeilichen Maßnahmen im Rahmen der strafverfolgenden Tätigkeit (→ *Hilfsbeamter* der Staatsanwaltschaft) und den präventivpolizeilichen Maßnahmen zur Gefahrenabwehr nach den Landespolizeigesetzen zu unterscheiden. Nur im zweiten Fall wird die Polizei im verwaltungsrechtlichen Bereich tätig mit der Folge, dass die Rechtmäßigkeit der entsprechenden Maßnahmen von den → *Verwaltungsgerichten* überprüft werden kann. Die Polizei bedarf für Maßnahmen, die in Rechte Dritter eingreifen, einer gesetzlichen Befugnis (→ *Gesetzesvorbehalt).* Die landesrechtlichen Polizeigesetze enthalten entweder eine Aufzählung der einzelnen Spezialbefugnisse oder verwenden eine Generalklausel. Danach kann die Polizei bei einer Störung der öffentlichen Sicherheit und Ordnung, bei bevorstehenden Straftaten oder Ordnungswidrigkeiten eingreifen, um die Gefahr zu unterbinden oder zu verhindern. Die Maßnahmen sind grundsätzlich gegen den → *Störer* zu richten, also denjenigen, der die Gefahr verursacht oder für den Zustand einer störenden Sache verantwortlich ist; in Ausnahmefällen kann auch ein Nichtstörer herangezogen werden.

Polizeiliche Maßnahmen, die zu Zwecken der Strafverfolgung vorgenommen werden, müssen sich – soweit sie wie etwa eine → *Durchsuchung* einen Eingriff in die Rechte des davon Betroffenen bedeuten – auf entsprechende Befugnisse der Strafprozessordnung stützen lassen.

▶ Popularklage

Im Regelfall kann eine Klage nur erhoben werden, wenn dem Kläger die Sachbefugnis zusteht, wenn er also eigene Rechte verfolgt oder verteidigt; im Verwaltungsprozess spricht man insoweit von Klagebefugnis. Hiervon gibt es jedoch vereinzelte Ausnahmen, etwa im Patentrecht. Eine Art Popularklage ist auch die in einigen Landesnaturschutzgesetzen bestimmten Naturschutzverbänden eingeräumte Klagemöglichkeit gegen naturschutzrechtlich relevante Vorhaben (Verbandsklage). In einigen Landesverfassungen findet sich die Möglichkeit, → *Normenkontrolle* beim jeweiligen Landesverfassungsgericht zu erheben, ohne dass eine Eigenbetroffenheit durch die zur Überprüfung gestellte Norm vorliegen muss.

▶ Positive Vertragsverletzung

Erst seit der Schuldrechtsreform ist die positive Vertragsverletzung im Gesetz geregelt (§ 241 Abs. 2 BGB). Inhaltlich hat sich dieses Rechtsinstitut aber nicht geändert. Man versteht darunter weiterhin eine im Rahmen eines Schuldverhältnisses auftretende Leistungsstörung, die nicht in den Bereich der → *Unmöglichkeit*, des → *Verzugs* und der → *Gewährleistung* fällt und für die der Schuldner verantwortlich ist. Hauptsächlich umfasst der Anwendungsbereich der positiven Vertragsverletzung damit die Schlechtleistung und die Verletzung von Nebenpflichten. Rechtsfolge einer positiven Vertragsverletzung ist ein Anspruch des Verletzten auf → *Schadenersatz.*

▶ Post- und Fernmeldewesen

Die mit dem Post- und Fernmeldewesen zusammenhängenden Aufgaben obliegen der → *Bundespost.* Zu den Postdiensten gehören nach näherer gesetzlicher Bestimmung der Brief-, Paket-, Postanweisungs- und Postauftragsdienst, der Postzeitungsdienst sowie die Postbankdienste, nämlich Postgiro- und Postsparkassendienst. Die Aufgaben im Zusammenhang mit dem Fernmeldewesen sind im Fernmeldegesetz geregelt; die einzelnen Dienste ergeben sich aus der Telekommunikationsordnung. Zu unterscheiden sind leitungsgebundene Anlagen und Funkanlagen. In Bezug auf den → *Rundfunk* umfasst das Fernmeldewesen die Übermittlung der sendefertigen Signale vom Rundfunkstudio zum Sender, die Ausstrahlung und die von dort sich noch anschließenden technischen

Vorgänge bis zum Empfang der Sendung. Das Post- und Telekommunikatioswesen unterliegt noch teilweise der staatlichen Aufsicht. Zuständig ist die Regulierungsbehörde für Telekommunikation und Post. Es handelt sich um eine → *Bundesoberbehörde* mit Sitz in Bonn. Sie überwacht die Einhaltung des Telekommunikationsgesetzes und verfügt über erhebliche Eingriffsbefugnise. Im Bereich des Postwesens ist sie Lizenz- und Überwachungsbehörde.

Preisangabe

Der Preis ist der Gegenwert, der für eine Ware oder Dienstleistung bezahlt werden muss; er wird in einem betimmten Geldbetrag ausgedrückt. Die Preisangabenverordnung regelt im Einzelnen, wann und unter welchen Voraussetzungen Waren ausgezeichnet und angebotene Leistungen mit einem Preisverzeichnis versehen werden müssen. Wer für Letztverbraucher gewerbs- oder geschäftsmäßig Waren oder Leistungen anbietet, hat die Preise einschließlich Umsatzsteuer und sonstiger Preisbestandteile – unabhängig von einer Rabattgewährung – anzugeben (Auszeichnungspreis). Eine Ausnahme gilt etwa für Kunstgegenstände, Sammlerstücke und Antiquitäten. Handelsbetriebe müssen die Preise für Waren in Schaufenstern, Schaukästen und in Verkaufsräumen sowie in Katalogen angeben. Für Leistungen sind die Preise durch entsprechende Verzeichnisse bekannt zu geben. Bei Krediten ist auf den effektiven Jahreszins (Zinsen, Vermittlungsgebühren und Nebenkosten) hinzuweisen. In Gaststätten müssen die Preise durch Aushang am Lokaleingang und an den Tischen bekannt gegeben werden. Tankstellen müssen ihre Preise so angeben, dass sie vom Autofahrer rechtzeitig erkannt werden können.

Preiserhöhungen → *Allgemeine Geschäftsbedingungen*

Pressefreiheit

Art. 5 Abs. 1 GG gewährleistet die Pressefreiheit. Damit werden einmal die im Pressewesen auf dem Gebiet der Meinungsäußerung und der Informationsbeschaffung tätigen Personen geschützt. Zum andern garantiert das → *Grundrecht* die freie Presse als

Rechtsinstitut (→ *institutionelle Garantie*). Die Pressefreiheit schützt die freie Gründung von Presseorganen und den freien Zugang zu Presseberufen. Sachlich reicht sie von der Beschaffung der Informationen bis zur Verbreitung von Nachrichten und Meinungen. Der Begriff Presse ist weit auszulegen. Man versteht hierunter alle mittels Buchdruckerpresse oder eines anderen Vervielfältigungsverfahrens hergestellten und zur Verbreitung in der Öffentlichkeit bestimmten Schriften und bildlichen Darstellungen. Hierunter fallen somit Zeitungen, Zeitschriften, Illustrierte, Magazine, Bücher, Bildbände, Broschüren sowie Plakate, Flugblätter und Handzettel. Es ist unzulässig, die Pressefreiheit von der Bewertung der Publikation abhängig zu machen; sie ist nicht auf die „seriöse Presse" beschränkt. Eng mit der Pressefreiheit hängt das Zensurverbot zusammen. Eingeschränkt wird die Pressefreiheit durch die gleichen Schranken wie die → *Meinungsfreiheit,* nämlich die allgemeinen Gesetze, durch Vorschriften zum Schutz der Jugend und das Recht der persönlichen Ehre.

Privat genutztes Firmenfahrzeug

Steuerlich wird die private Nutzung eines dem Unternehmer vom → *Betrieb* oder eines dem → *Arbeitnehmer* vom → *Arbeitgeber* gestellten Fahrzeugs zu Privatfahrten pauschal oder unter Darlegung der tatsächlichen Kosten besteuert.

(1) Pauschalbesteuerung: Privat genutzte Firmenfahrzeuge des Arbeitgebers können für private Fahrten mit 1 v. H. des inländischen Listenpreises (Preis zum Zeitpunkt der Erstzulassung zuzüglich der Kosten für Sonderausstattung einschließlich Umsatzsteuer) angesetzt werden. Darf das Fahrzeug auch für Fahrten zwischen Wohnung und Arbeitsstätte genutzt werden, erhöht sich der hinzuzurechnende Betrag für jeden Kalendermonat um 0,03 v. H. des genannten Listenpreises für jeden Kilometer der Entfernung zwischen Wohnung und Arbeitsstätte.

(2) Konkreter Kostennachweis: Abweichend von der Pauschalbesteuerung können die tatsächlichen Kosten konkret nachgewiesen werden. Dazu müssen die Gesamtkosten des Fahrzeugs durch Belege und das Verhältnis der privaten zu den übrigen Fahrten durch ein **ordnungsgemäß geführtes Fahrtenbuch** nachgewiesen werden. Die dienstlich und privat zurückgelegten Fahrtstrecken sind laufend und gesondert im → *Fahrtenbuch* nachzuweisen. Für dienstliche Fahrten sind Datum, Kilometerstand am Anfang und Ende der jeweiligen Fahrt, Reiseziel und bei Umwegen Reiseroute sowie Reisezweck und besuchter Geschäftspartner anzugeben. Für Privatfahrten genügen Kilometerangaben, für Fahrten zwischen Wohnung und Arbeitsstätte genügt jeweils ein kurzer Vermerk. Der private Nutzungswert errechnet sich aus dem Anteil der Gesamtkosten, der dem Verhältnis der Privatfahrten zur Gesamtfahrstrecke entspricht. Die Gesamtkosten sind aus den Nettoaufwendungen (einschließlich Unfallkosten) zuzüglich → *Umsatzsteuer* und → *AfA* der tatsächlichen Anschaffungs- und Herstellungskosten zu ermitteln.

Privatklage

Bei einer Reihe von Straftatbeständen, insbesondere bei → *Beleidigung,* → *Hausfriedensbruch,* → *Körperverletzung* und → *Sachbeschädigung,* ist die → *Staatsanwaltschaft* zu einer Verfolgung nur verpflichtet, wenn dafür ein öffentliches Interesse besteht. Das ist etwa der Fall, wenn ein Verkehrsunfall auf ein grobes Fehlverhalten zurückzuführen ist und das Opfer erheblich verletzt wurde, wogegen das öffentliche Interesse bei einem leichteren Fehler und geringen Folgen meist fehlen wird.

Als Ausgleich dafür, dass die Staatsanwaltschaft die Verfolgung derartiger Delikte ablehnen kann, hat das Gesetz die Möglichkeit zur Privatklage geschaffen: Der Verletzte kann wegen der Angelegenheit selbst Klage beim → *Amtsgericht* erheben und auf diese Weise grundsätzlich eine Bestrafung seines Gegners erreichen. Seine verfahrensrechtliche Stellung entspricht der des Staatsanwalts. Teilweise muss aber nach landesrechtlichen Bestimmungen vor einer Gerichtsverhandlung noch ein Sühneverfahren durchgeführt werden. Zur Vermeidung einer strafrechtlichen Ahndung von geringfügigem Fehlverhalten hat das Gericht im Übrigen die Möglichkeit, → *Bagatellstrafsachen* wegen geringen Verschuldens einzustellen.

Die Privatklagedelikte sind nicht zwangsläufig mit den → *Antragsdelikten* identisch, doch fallen beide Gruppen oft – wie bei der → *Beleidigung* – zusammen.

Privatrecht

Das Privatrecht ist die Gesamtheit der Rechtsnormen, welche die Beziehungen der Bürger untereinander nach dem Grundsatz der Gleichordnung regeln. Den Gegenbegriff bildet das → *öffentliche Recht*, das die Tätigkeit der Träger hoheitlicher Gewalt regelt, wenn diese in ihrer hoheitlichen Eigenschaft handeln (meist im Über-/Unterordnungsverhältnis). Zum Privatrecht gehört insbesondere auch das → *Bürgerliche Recht*, daneben aber auch Sonderrechtsgebiete wie etwa das Handelsrecht oder das Wertpapierrecht.

Privatschulen

P. sind alle Schulen, deren Träger nicht ein Träger öffentlicher Gewalt ist. Das Gegenstück zu Privatschulen sind somit die öffentlichen Schulen, also insbesondere die staatlichen und kommunalen Schulen. Privatschulen sind entweder als Ersatzschulen oder als Ergänzungsschulen ausgestaltet. Ersatzschulen haben die gleichen Erziehungs- und Bildungsziele wie öffentliche Schulen, Ergänzungsschulen stellen auf andere Erziehungsziele ab (z. B. Haushaltsschulen). Art. 7 Abs. 4 GG verbürgt das → *Grundrecht* zur Errichtung von Privatschulen. Eine staatliche Genehmigung ist erforderlich, wenn die Privatschule eine öffentliche Schule ersetzen soll. Genehmigungsvoraussetzung ist, dass die Schule von ihren Lehrzielen sowie der Ausbildung der Lehrer nicht hinter öffentlichen Schulen zurücksteht und deren wirtschaftliche und rechtliche Stellung gesichert ist. Eine Ersatzschule, die anstelle einer Volksschule treten soll, ist nur zu genehmigen, wenn ein besonderes pädagogisches Interesse an ihrer Zulassung besteht oder sie als Gemeinschafts-, → *Bekenntnis*- oder Weltanschauungsschule errichtet werden soll und eine vergleichbare am Ort nicht besteht.

Privatvermögen

P. sind → *Wirtschaftsgüter,* die in keinem Zusammenhang mit dem → *Betrieb* stehen (z. B. eigen genutztes Wohnhaus, → *Betriebsvermögen).*

Produkthaftung

Für Produzenten besteht eine, insbesondere gegenüber dem Endverbraucher wichtige → *Gefährdungshaftung,* die als Produkthaftung bezeichnet und im **Produkthaftungsgesetz** gesetzlich geregelt ist. Mit Ausnahme von → *Arzneimitteln* erfasst das Gesetz Produkte jeglicher Art, insbesondere auch landwirtschaftliche Naturprodukte. Als Produzent werden neben dem Hersteller auch der Erzeuger (bedeutsam für landwirtschaftliche Produkte) und – bei außerhalb des EU-Gebiets hergestellten Waren – der Importeur angesehen. Das Gesetz sieht – allerdings sehr hohe – Haftungsobergrenzen sowie Geringfügigkeitsvorbehalte bei Sachschäden vor.

Prokura

Unter Prokura versteht man eine besondere handelsrechtliche → *Vollmacht* mit gesetzlich geregeltem Umfang. Ihr Inhaber wird als **Prokurist** bezeichnet. Er ist mit Ausnahme von Grundstücksgeschäften, auf die eine Prokura gesondert erstreckt werden muss, zu allen Arten von Geschäften befugt, die der Betrieb eines Handelsgewerbes mit sich bringen kann. Die Prokura muss im → *Handelsregister* eingetragen werden.

Prostitution

Die Ausübung der Prostitution als solche ist straflos. Strafbar sind allerdings die beharrliche, das heißt wiederholte Ausübung der Prostitution in einem Sperrbezirk oder die jugendgefährdende Prostitution.

Weiterhin sind zahlreiche Verhaltensweisen im Umfeld der Prostitution, die ausbeuterischen Charakter haben, strafbar. Darunter fallen etwa die Zuhälterei oder gewisse Formen des Betreibens eines Bordells.

Protokoll → *Verhandlungsprotokoll*

Provision

Eine Provision ist eine Vergütung für eine Tätigkeit, die in einem bestimmten Prozentsatz des Wertes des vermittelten (Vermittlungsprovision) oder abgeschlossenen (Abschlussprovision) Geschäftes bemessen wird. Sie kann das alleinige Entgelt oder eine Zulage zu einem „Grundentgelt" sein.

Prozessbevollmächtigter

Ein Prozessbevollmächtigter ist eine Person, der → *Prozessvollmacht* erteilt ist. Grundsätzlich reicht es aus, dass der Prozessbevollmächtigte prozessfähig ist (→ *Prozessfähigkeit)*. In → *Anwaltsprozessen* muss jedoch ein zugelassener Rechtsanwalt als Bevollmächtigter auftreten, um wirksam → *Prozesshandlungen* vornehmen zu können. In Strafsachen heißt der Prozessbevollmächtigte → *Verteidiger.*

Prozessfähigkeit

Hierunter versteht man die Fähigkeit, → *Prozesshandlungen* selbst oder durch selbst gewählte Vertreter (→ *Prozessbevollmächtigte)* wirksam vor- und entgegenzunehmen. Sie ist das prozessuale Gegenstück zur → *Geschäftsfähigkeit* und stimmt weitgehend mit dieser überein. Es gibt jedoch keine beschränkte Prozessfähigkeit. Prozessfähig ist nur, wer sich durch Verträge verpflichten kann (§ 52 ZPO), dies sind grundsätzlich nur voll geschäftsfähige natürliche Personen. Volle, aber gegenständlich auf diesen Bereich beschränkte Prozessfähigkeit, gibt es in eng begrenzten Ausnahmefällen (zum Beispiel in den Fällen der §§ 112, 113 BGB, in Ehesachen gemäß § 607 ZPO, bei Ehelichkeits- oder Vaterschaftsanerkenntnisanfechtung gemäß § 640 b ZPO und im Betreuungsverfahren). → *Juristische Personen* sind nicht prozessfähig, da sie selbst nicht handeln können, sondern durch gesetzliche Vertreter (ihre Organe) vertreten werden müssen. Die Prozessfähigkeit ist nicht nur Wirksamkeitsvoraussetzung für alle → *Prozesshandlungen,* sondern auch eine selbständige → *Prozessvoraussetzung.*

Im Verwaltungsprozess gelten die zivilprozessualen Vorschriften über die Prozessfähigkeit entsprechend.

Prozesshandlung

Prozesshandlung ist jede prozessgestaltende Betätigung. Durch Prozesshandlungen werden also beispielsweise Verfahren eröffnet (→ *Klage),* in die höhere Instanz gebracht (Berufungseinlegung) oder auch beendet (→ *Klagerücknahme).* Sie sind nur wirksam, wenn bestimmte Prozesshandlungsvoraussetzungen (etwa → *Parteifähigkeit,* → *Prozessfähigkeit,* Postulationsfähigkeit) vorliegen.

Prozesskostenhilfe

Um zu vermeiden, dass Parteien nur aufgrund ihrer schwachen finanziellen Lage berechtigte Ansprüche nicht einklagen können, sehen §§ 114 ff. ZPO die Gewährung von Prozesskostenhilfe (früher: Armenrecht) vor, wenn die Klage oder die Rechtsverteidigung zumindest nicht aussichtslos oder mutwillig erscheinen. In diesem Fall wird die Partei ganz oder teilweise (zum Beispiel durch Gewährung von Ratenzahlung) von den Verfahrenskosten freigestellt. Beigeordnete Rechtsanwälte können nur mit der Staatkasse oder dem Gegner abrechnen, nicht aber die Partei in Anspruch nehmen, der die Hilfe gewährt wurde. Wenn die hilfsbedürftige Partei jedoch im Prozess unterliegt, muss sie trotz Prozesskostenhilfe regelmäßig dem Gegner dessen entstandene Kosten (meist Anwaltskosten) ersetzen. Im Verwaltungsprozess und im finanzgerichtlichen Verfahren gelten diese Grundsätze entsprechend.

Prozessvergleich

Der Prozessvergleich ist ein → *Vergleich,* der in einem anhängigen Rechtsstreit vor einem → *Gericht* abgeschlossen wird. Er ist nur wirksam, wenn er entweder im gerichtlichen Protokoll ordnungsgemäß beurkundet wurde oder ein schriftlicher Vergleichsvorschlag des Gerichts diesem gegenüber schriftlich angenommen wurde. Der Prozessvergleich hat eine so genannte Doppelnatur; er ist sowohl ein materielles Rechtsgeschäft (→ *Vergleich* im Sinne des § 779 BGB), als auch eine → *Prozesshandlung* (beendet den Rechtsstreit ganz oder zumindest teilweise). Er kann auch widerruflich abgeschlossen werden. Aus einem wirksamen Prozessvergleich kann die → *Zwangsvollstreckung* betrieben werden (§ 794 Abs. 1 Nr. 1 ZPO). Im Verwaltungsprozess gelten ähnliche Grundsätze.

▸ Prozessvollmacht

Eine Prozessvollmacht wird durch Rechtsgeschäft oder Prozesshandlung erteilt und führt zur Vertretungsmacht im Prozess. Sie ist keine → *Prozessvoraussetzung.* Liegt sie jedoch nicht vor, ist die jeweils vorgenommene Prozesshandlung unwirksam; so ist etwa eine Klagerücknahme wirkungslos, wenn der handelnde Rechtsanwalt keine Prozessvollmacht mehr hat. Die Erteilung der Vollmacht ist zwar an keine Form gebunden, doch ist zu beachten, dass sie regelmäßig schriftlich nachzuweisen und zu den Gerichtsakten zu geben ist (§ 80 ZPO). Im Verwaltungsprozess ist eine schriftliche Vollmachtserteilung erforderlich; das ist grundsätzlich vom Gericht von Amts wegen zu prüfen.

▸ Prozessvoraussetzungen

Unter den Prozessvoraussetzungen versteht man diejenigen Umstände, die gegeben sein müssen, damit das Gericht überhaupt in der Sache entscheiden darf. Sie werden auch Sachurteilsvoraussetzungen oder Verfahrensvoraussetzungen genannt. Fehlt eine Prozessvoraussetzung, muss die → *Klage* als unzulässig abgewiesen werden. Die Regelung der Prozessvoraussetzungen in der ZPO ist unsystematisch. Bedeutsame Verfahrensvoraussetzungen sind insbesondere die ordnungsgemäße → *Klageerhebung,* die → *Zuständigkeit,* die → *Partei-* und die → *Prozessfähigkeit,* das Fehlen entgegenstehender → *Rechtskraft* und das → *Rechtsschutzbedürfnis.*

Im Verwaltungsprozess gelten für die verschiedenen Klagearten besondere Prozessvoraussetzungen. So ist bei der → *Anfechtungs-* und → *Verpflichtungsklage* die Durchführung eines → *Vorverfahrens* – jedenfalls im Regelfall – Zulässigkeitsvoraussetzung. Allgemeine Prozessvoraussetzung ist die Klagebefugnis, d. h., der Kläger muss geltend machen können, durch die Handlung der Behörde, durch ihren → *Verwaltungsakt* bzw. durch seine Ablehnung oder Unterlassung in seinen Rechten verletzt zu sein.

▶ **Punktesystem** → *Verkehrszentralregister*

Q

Quellensteuer

Q. wird nicht durch Veranlagung, sondern durch Steuerabzug an der Quelle erhoben und direkt an das → *Finanzamt* abgeführt (z. B. → *Lohnsteuer,* → *Kapitalertragssteuer,* → *Aufsichtsratsteuer* bei beschränkt Einkommensteuerpflichtigen, § 50 a EStG).

Quittung

Eine Quittung ist ein schriftliches Bekenntnis, eine bestimmte Leistung erhalten zu haben. Jeder Gläubiger muss seinem Schuldner auf Verlangen eine Quittung ausstellen; der Überbringer einer Quittung gilt normalerweise als ermächtigt, die quittierte Leistung in Empfang zu nehmen (§§ 368, 370 BGB).

R

▸ Radarwarngerät

Geräte, mit deren Hilfe Verkehrsüberwachungsmaßnahmen, insbesondere Geschwindigkeitskontrollen, angezeigt oder gestört werden können, dürfen von Kraftfahrern weder betrieben noch betriebsbereit mitgeführt werden. Verstöße gegen diese Bestimmung werden als → *Ordnungswidrigkeit* geahndet.

▸ Radfahrer

Für die Teilnahme am öffentlichen Straßenverkehr benötigen Radfahrer keine Fahrerlaubnis; auch eine bestimmte Altersgrenze ist nicht vorgeschrieben. Sie müssen jedoch in der Lage sein, sich im Verkehr sicher zu bewegen. → *Trunkenheit im Verkehr* wird bei Radfahrern ebenfalls verfolgt (→ *Alkoholgenuss im Verkehr*).

Radfahrer müssen rechts fahren; vorhandene Radwege, die für die entsprechende Fahrtrichtung gekennzeichnet sind, haben sie zu benutzen. Im Falle einer Kennzeichnung spielt es keine Rolle, ob der Radweg auf der rechten oder linken Straßenseite verläuft. Andere Radwege dürfen sie benutzen, wenn sie in Fahrtrichtung auf der rechten Straßenseite verlaufen. Kinder müssen bis zum vollendeten 8. Lebensjahr und dürfen bis zum vollendeten 10. Lebensjahr dort, wo keine Radwege vorhanden sind, den Gehweg benutzen. Beim Überqueren von Kreuzungen und Einmündungen müssen sie absteigen.

▸ Räuberischer Diebstahl

Wie ein Räuber wird derjenige Dieb bestraft, der unmittelbar nach seiner Tat gestellt wird und der sich seine Diebesbeute mit den Mitteln des Raubes erhalten will. So ist etwa räuberischer Diebstahl gegeben, wenn ein Dieb den Detektiv, der ihn nach Passieren der Ladenkasse anspricht, niederschlägt, um mit seinem Diebesgut fliehen zu können.

Räumungsklage

Mit diesem Begriff bezeichnet man eine Leistungsklage (→ *Klage*), die auf Räumung eines Grundstücks oder eines Raumes gerichtet ist. Wenn die Räumung von Räumen begehrt wird, ist nach § 29 a ZPO ausschließlich zuständig das Gericht, in dessen Bezirk der Raum gelegen ist.

Räumungsverkauf

Das Gesetz gegen unlauteren Wettbewerb erlaubt einen Räumungsverkauf, wenn die Räumung eines vorhandenen Warenlagers aus besonderen Gründen (z. B. Wasserschaden, Notwendigkeit eines Umbaus des Lagers) notwendig ist; er ist auf die Dauer von 12 Werktagen beschränkt. Das Nachschieben von Waren ist verboten. Die Durchführung des Räumungsverkaufs ist der jeweils zuständigen amtlichen Berufsvertretung anzuzeigen. Vom Räumungsverkauf ist der Ausverkauf zu unterscheiden. Dieser ist auf die Dauer von 24 Werktagen zulässig, wenn in den letzten drei Jahren keine solche Veranstaltung durchgeführt wurde. Er ist möglich bei der Aufgabe eines Geschäftsbetriebs, einer Zweigniederlassung oder einer bestimmten Warengattung.

Rahmengesetzgebung

Der Bund hat auf den in Art. 75 GG genannten Gebieten die → *Kompetenz,* Rahmenvorschriften zu erlassen (z. B. → *Beamtenrecht,* → *Hochschulrecht,* → *Wasserrecht* und → *Melderecht).* Die Rahmengesetzgebung ist neben der ausschließlichen und der → *konkurrierenden Gesetzgebung* die dritte Form der Gesetzgebungskompetenz des Bundes. Voraussetzung für den Erlass von Rahmengesetzen ist das Bedürfnis nach einer bundeseinheitlichen Regelung. Soweit der Bund von seiner Kompetenz keinen Gebrauch macht, sind die Länder uneingeschränkt zur Regelung der entsprechenden Rechtsmaterie befugt. Bei der Rahmengesetzgebung darf keine abschließende Regelung getroffen werden; es ist vielmehr nur ein allgemeiner Rahmen vorzugeben, der durch die Landesgesetzgebung auszufüllen und zu ergänzen ist.

Rang von Grundstücksrechten

Er ist ausschlaggebend für die Reihenfolge, in der mehrere Rechte an einem Grundstück im Falle der → *Zwangsversteigerung* zum Zuge kommen: der Gläubiger z. B. einer erstrangigen → *Hypothek* wird aus dem Versteigerungserlös zuerst befriedigt, dann erst kommen die Gläubiger rangschlechterer Rechte an die Reihe. Das Rangverhältnis mehrerer → *Grundstücksrechte* ergibt sich aus der → *Eintragung im Grundbuch* (§ 879 BGB), wobei im Verfahrensrecht sichergestellt wird, dass früher bestellte Rechte besseren Rang erhalten (§ 17, § 45 Grundbuchordnung). Durch → *Rechtsgeschäft* kann der Rang nachträglich geändert werden, bei → *Grundpfandrechten* muss neben den beteiligten Gläubigern auch der Grundstückseigentümer mitwirken (§ 880 BGB).

Rat der Europäischen Gemeinschaften

R., meist abgekürzt Rat genannt, ist eines der Hauptorgane der → *Europäischen* Gemeinschaften. Er wird auch als Ministerrat bezeichnet, weil er sich aus den Vertretern der Regierungen der Mitgliedsstaaten zusammensetzt. Ihm obliegt als wesentliche Aufgabe die Rechtssetzung; diese Kompetenz hat er allerdings in einer Vielzahl von Fällen insbesondere im Hinblick auf den Erlass von Durchführungsbestimmungen an die Kommission (→ *EG*-Kommission) übertragen. Die Befugnis zum Erlass von Rechtsvorschriften des Rates ist weitgehend begrenzt durch das Vorschlagsrecht der Kommission. Von deren Vorschlägen kann der Rat nur durch einstimmigen Beschluss abweichen. Neben der allgemeinen Koordinierungsfunktion für die Wirtschaftspolitik der Mitgliedsstaaten zum Zweck der Verwirklichung der Vertragsziele sind ihm spezielle Koordinierungsaufgaben für Teilbereiche zugewiesen, vor allem für die Haushalts- und Währungspolitik.

Ratenlieferungsvertrag

Ein von einem → *Verbraucher* mit einem → *Unternehmer* abgeschlossener Vertrag über die Lieferung zusammengehörender Sachen in Teilleistungen, bei dem das Entgelt in Teilzahlungen zu entrichten ist, ein Vertrag über die regelmäßige Lieferung gleichartiger Sachen oder ein sonstiger zwischen solchen Personen geschlossener Ratenlieferungsvertrag unterliegt ähnlich wie bei einem → *Teilzahlungsgeschäft* Schutzvorschriften wie der Schriftformklausel, → *Belehrungspflichten* und dem → *Widerrufsrecht* zu Gunsten des Verbrauchers (§ 505 BGB).

Raub

Einen Raub begeht, wer einem anderen eine fremde bewegliche Sache unter Anwendung von → *Gewalt* oder durch → *Drohung* mit gegenwärtiger Gefahr für Leib oder Leben wegnimmt, um diese sich oder einem Dritten rechtswidrig zuzueignen. Der Raub muss also sämtliche Merkmale des → *Diebstahls* und zusätzlich den Einsatz bestimmter Nötigungsmittel beinhalten. Ein Beispiel für einen Raub ist etwa das Entreißen einer Handtasche durch gezielte Schläge gegen den Arm des Opfers.

Eine weitere Verschärfung der ohnehin schon hohen Strafandrohung – mindestens 1 Jahr → *Freiheitsstrafe* – tritt ein, wenn sich die Tat als schwerer Raub – etwa unter Einsatz einer Schusswaffe – oder als Raub mit Todesfolge darstellt.

Raumordnung

R. ist die übergeordnete, über das Gebiet der kleinsten Verwaltungseinheiten hinausgehende Planung; durch sie sollen die vielfältigen Fachplanungen zusammengefasst und aufeinander abgestimmt werden. Die Vorschriften über die Raumordnung sind im Raumordnungsgesetz enthalten. Es enthält die Grundsätze der Raumordnung, die von den Verwaltungen und Planungsträger des Bundes sowie für die → *Landesplanung* der Länder zu beachten sind. In den einzelnen Fachplanungsgesetzen finden sich meist Raumordnungsklauseln, die bestimmen, dass die im Gesetz genannten Grundsätze angemessen berücksichtigt werden müssen. Zu den Raumordnungsgrundsätzen gehört z. B. die Pflicht, die räumliche Struktur der Gebiete, und zwar sowohl der Verdichtungsräume als auch der unterentwickelten Gebiete so zu gestalten, dass gesunde Lebens- und Arbeitsbedingungen bestehen, die wirtschaftlichen, sozialen und kulturellen Verhältnisse gesichert sind und die verkehrs- und versorgungsmäßige Erschließung mit der angestrebten Entwicklung vereinbar ist.

Rauschgiftdelikte

Das Betäubungsmittelgesetz stellt praktisch jeden Umgang mit den in diesem Gesetz angesprochenen Drogen unter Strafe. Insbesondere sind die Einfuhr, das Handeltreiben, der Erwerb sowie das Herstellen, Verarbeiten und der Besitz von Betäubungsmitteln verboten.

Werden Rauschgiftdelikte während der Teilnahme am Verkehr begangen oder bedeutet die Drogenabhängigkeit einer Person eine Gefahr für andere Verkehrsteilnehmer, so kann dies zum Entzug der → *Fahrerlaubnis* führen.

Reallast

R. ist die Belastung eines Grundstücks in der Weise, dass an den Berechtigten wiederkehrende Leistungen aus dem Grundstück zu entrichten sind (§ 1105 BGB). Als → *Grundstücksrecht* entsteht sie durch → *Einigung* und → *Eintragung im Grundbuch.* In der Praxis werden durch eine Reallast zumeist Ansprüche auf Rentenzahlung (z. B. bei Hofübergabe) abgesichert.

Realsplitting

Unterhaltsleistungen an den geschiedenen oder dauernd getrennt lebenden unbeschränkt einkommensteuerpflichtigen Ehegatten können bis zu 13 805 EUR im Kalenderjahr mit Zustimmung des Ehegatten, der Unterhaltsleistungen empfängt, als → *Sonderausgabe* im Rahmen der Einkommensbesteuerung in Abzug gebracht werden. Nicht entscheidend ist, ob die Unterhaltsleistung freiwillig oder aufgrund gesetzlicher Verpflichtung erbracht wird, ob es sich um laufende oder einmalige Leistungen, auch Sachleistungen (z. B. unentgeltliche überlassene Wohnung), handelt. Der Antrag ist bedingungsfeindlich, er kann der Höhe nach begrenzt, später nicht gemäßigt oder zurückgenommen werden. Die einmal erklärte Zustimmung kann nur für zukünftige Kalenderjahre widerrufen werden. Der Unterhaltsempfänger kann seine Zustimmung davon abhängig machen, dass ihm der Unterhaltspflichtige die finanziellen Nachteile und gegen Darlegung auch die sonstigen Nachteile ausgleicht. Im Einzelfall kann bei Gefährdung des Nachteilsausgleichs Sicherheitsleistung verlangt werden.

Nichteheliche, unterhaltsberechtigte Partner (→ *Betreuungsunterhalt)* sind ebenso wenig gleichgestellt wie → *Lebenspartner.* Für Letztere ist eine gesetzliche Sonderregelung beabsichtigt.

Alternativ können Unterhaltszahlungen an den getrennt lebenden oder geschiedenen Ehegatten als → *außergewöhnliche Belastung* abgezogen werden, wobei dieser Abzug auf einen Höchstbetrag bis zu 7188 EUR begrenzt ist. Letzerer vermindert sich um Eigeneinkünfte des Unterhaltsberechtigten, die 624 EUR übersteigen.

▶ Realsteuern → *Gewerbesteuer,* → *Grundsteuer*

▶ Rechenschaftslegung

Wer fremde Angelegenheiten zu besorgen hat (z. B. Beauftragter, Betreuer, Testamentsvollstrecker, Vormund), ist zur Auskunft verpflichtet und hat über seine Verwaltung Rechenschaft abzulegen. Er muss eine gesonderte Zusammenstellung der Einnahmen und Ausgaben mit entsprechenden Belegen vorlegen (§ 259 BGB). Besteht Grund zu der Annahme, dass die Angaben unvollständig oder nicht mit der erforderlichen Sorgfalt gemacht worden sind, hat der Verpflichtete auf Verlangen zu Protokoll die → *eidesstattliche Versicherung* auf die Richtigkeit und Vollständigkeit abzugeben (→ *Stufenklage).*

▶ Rechnungslegung → *Rechenschaftslegung*

▶ Rechtliches Gehör

Art. 103 Abs. 1 GG garantiert jedermann Anspruch auf rechtliches Gehör vor Gericht. Das Gericht darf keine für den Betreffenden belastende Entscheidung treffen, ohne ihm vorher Gelegenheit zur Stellungnahme gegeben zu haben; Ausnahmen hiervon sind nur in ganz bestimmten Fällen zulässig. Ein Verstoß gegen den Grundsatz des rechtlichen Gehörs kann unter Umständen im Rahmen einer → *Verfassungsbeschwerde* gerügt werden (→ *Anhörung, gerichtliche).*

Rechtsanspruch

Unter einem Anspruch versteht man allgemein das Recht, von einem anderen ein Tun oder Unterlassen verlangen zu können.

Im Verwaltungsrecht ist dem Bürger nicht in jedem Fall das uneingeschränkte Recht eingeräumt, vom Staat oder sonstigen Trägern öffentlicher Gewalt eine bestimmte Leistung verlangen zu können. Meist ist der Behörde ein → *Ermessen* eingeräumt, d.h. sie kann in ihre Entscheidung Zweckmäßigkeitserwägungen einfließen lassen. Vorschriften, die einen Rechtsanspruch gewähren, erkennt man daran, dass die Behörde eine bestimmte Leistung zu gewähren hat, dass eine bestimmte → *Erlaubnis* zu erteilen ist oder nur unter bestimmten Voraussetzungen zu versagen ist. Ermessensvorschriften sind dagegen so formuliert, dass die Behörde eine bestimmte Leistung gewähren kann oder eine Genehmigung erteilen darf. Besteht ein Rechtsanspruch, ein subjektiv öffentliches Recht, kann unmittelbar mit der → *Leistungs-* oder → *Verpflichtungsklage* vorgegangen werden; bei fehlerhaften Ermessensentscheidungen kann grundsätzlich nur eine – erneute – Entscheidung der Behörde unter Beachtung der Rechtsauffassung des Gerichts verlangt werden.

Rechtsanwalt

Der Rechtsanwalt ist ein unabhängiges Organ der Rechtspflege und übt einen freien Beruf aus. Grundsätzlich ist nur ihm (→ *Rechtsbeistand)* die umfassende, geschäftsmäßige Besorgung fremder Rechtsangelegenheiten gestattet. Eine Zulassung zu diesem Beruf kann nur erhalten, wer die Befähigung zum Richteramt erworben hat.

Nur noch in wenigen Fällen – insbesondere noch für → *Zivilprozesse* vor dem Bundesgerichtshof – kann ein Rechtsanwalt nur vor dem Gericht auftreten, bei dem er zugelassen ist. Im Übrigen kann er Mandanten – so insbesondere im → *Strafprozess* und im Verwaltungsstreitverfahren – vor jedem Gericht der Bundesrepublik vertreten.

Die vertragliche Beziehung zwischen Rechtsanwalt und Mandant wird als → *Geschäftsbesorgungsvertrag* eingeordnet. Über alles, was ihm im Rahmen eines solchen Mandantschaftsverhältnisses bekannt wird, ist der Rechtsanwalt zur Verschwiegenheit verpflichtet. Bei einer Verletzung dieser Pflicht macht er sich strafbar (→ *Geheimbereich,* Geheimnisverrat).

Auf bestimmten Gebieten besonders erfahrene Anwälte können eine Zulassung als Fachanwalt erhalten. In einigen Bundesländern sind Rechtsanwälte auch als → *Notare* tätig.

Rechtsanwaltsgebühr

Darunter versteht man die in der Bundesrechtsanwaltsgebührenordnung (BRAGO) geregelte Vergütung für die Tätigkeit eines → *Rechtsanwalts.* Im → *Zivil- und Verwaltungsprozess* sind die wichtigsten Gebühren die allgemeine Prozessgebühr, die Beweisgebühr und die Verhandlungsgebühr. Die Höhe der Gebühr richtet sich dabei nach dem → *Gegenstandswert.*

In Strafverfahren, aber auch in Ordnungswidrigkeitenverfahren bestimmt sie sich aus einer so genannten Rahmengebühr. Für die im Einzelfall innerhalb des gesetzlich vorgegebenen Rahmens festzusetzende Gebühr sind vor allem die Schwierigkeit der Sache, ihr Umfang und die Bedeutung für den Mandanten sowie dessen soziale Stellung maßgebend. In Strafsachen vor dem Schöffengericht beträgt sie zum Beispiel für eine eintägige Verhandlung zwischen 50 und 660 EUR.

Es bleibt einem Rechtsanwalt allerdings unbenommen, eine höhere als die gesetzlich vorgesehene Gebühr zu fordern, was gerade in Strafsachen recht häufig geschieht. Eine derartige Honorarvereinbarung muss aber schriftlich vor der Abwicklung der entsprechenden Sache getroffen werden. Unzulässig ist dagegen ein so genanntes Erfolgshonorar, also etwa die Vereinbarung, dass der Mandant seinem Anwalt nur im Falle eines Freispruchs eine Vergütung schulden würde.

Rechtsbehelf

Rechtsbehelf ist der Oberbegriff für jedes von der Rechtsordnung in einem Verfahren zugelassene Gesuch, mit der eine behördliche oder gerichtliche Entscheidung angefochten werden kann. Im gerichtlichen Verfahren bezeichnet man die Rechtsbehelfe meist als Rechtsmittel; hierunter fallen die → *Berufung*, die → *Beschwerde* und die → *Revision*. Außerordentliche Rechtsbehelfe im Prozessrecht sind z. B. die Wiederaufnahme des Verfahrens (→ *Wiederaufnahmeverfahren*) und der Antrag auf → *Wiedereinsetzung* in den vorigen Stand. Im Verwaltungsprozessrecht gibt es als besonderen Rechtsbehelf den Widerspruch gegen Verwaltungsakte (→ *Widerspruchsverfahren*). Neben diesen förmlichen Rechtbehelfen gibt es formlose, wie die → *Dienstaufsichtsbeschwerde*.

Rechtsbehelfsbelehrung

Rechtsbehelfsbelehrung ist die schriftliche oder mündliche Erklärung der entscheidenden Stelle darüber, dass und wie eine Entscheidung angefochten werden kann. Sie umfasst die Form und die Frist, die für diese Anfechtung gewahrt werden müssen, und muss außerdem die Stelle beinhalten, bei der das Rechtsmittel einzulegen ist.

Im Strafprozess muss bei Verkündung eines Urteils eine Belehrung über die statthaften Rechtsmittel erfolgen. In anderen Verfahrensordnungen muss die Rechtsbehelfsbelehrung teils im Urteil enthalten sein; teils ist sie auch – wie im → *Zivilprozess* – nicht vorgeschrieben.

Im Verwaltungsrecht gilt der Grundsatz, dass → *Verwaltungsakte* mit einer Rechtsbehelfsbelehrung zu versehen sind; Gleiches gilt für den Widerspruchsbescheid. Unterbleibt die Rechtsbehelfsbelehrung, gilt anstelle der Monatsfrist für die Einlegung des Rechtsbehelfs eine Jahresfrist.

Rechtsbehelfsverfahren im Steuerrecht

(1) Als außergerichtlicher Rechtsbehelf gegen → *Verwaltungsakte in Steuerangelegenheiten* (§ 347 Abs. 1 AO) ist der *Ein-*

spruch statthaft. Gleiches gilt, wenn in diesen Angelegenheiten über einen vom Einspruchsführer gestellten Antrag ohne Grund nicht binnen einer angemessenen Frist sachlich entschieden ist. Einspruch kann einlegen, wer durch den Verwaltungsakt oder dessen Unterlassen beschwert ist (§ 350 AO). Der Einspruch ist innerhalb eines Monats nach Bekanntgabe des Verwaltungsaktes bei der Finanzbehörde zur Niederschrift zu erklären oder schriftlich einzulegen. Eine unrichtige Bezeichnung des Rechtsbehelfs ist unschädlich. Enthält der Verwaltungsakt keine Rechtsbehelfsbelehrung, ist der Einspruch binnen eines Jahres seit dessen Bekanntgabe zulässig. Die Finanzbehörde kann dem Einspruchsführer eine Frist zur Begründung des Einspruchs setzen. Gehen Erklärungen zur Sache und Beweismittel nach Fristablauf ein, sind diese nicht mehr zu berücksichtigen. Über den Einspruch entscheidet die Finanzbehörde, die den Verwaltungsakt erlassen hat, durch Einspruchsentscheidung, wobei die Sache im vollen Umfang neu geprüft wird. Der Verwaltungsakt kann auch zum Nachteil des Einspruchsführers abgeändert werden, wenn diesem vorher → *rechtliches Gehör* gewährt und er unter Angabe von Gründen auf die verbösernde Entscheidung hingewiesen wurde. Die Einspruchsentscheidung ist schriftlich abzufassen, zu begründen und mit → *Rechtsbehelfsbelehrung* versehen bekannt zu machen.

(2) Gegen die Einspruchsentscheidungen der Finanzbehörde ist, wenn das Rechtsbehelfsverfahren ganz oder teilweise erfolglos geblieben ist, die → *Klage* (→ *Anfechtungs-*, → *Verpflichtungs-*, → *Feststellungs-*, → *Nichtigkeits-*, → *Untätigkeitsklage)* zum → *Finanzgericht* zulässig. Die Klagefrist beträgt einen Monat und beginnt mit Bekanntgabe der Einspruchsentscheidung. Die Klage ist schriftlich oder zur Niederschrift beim Finanzgericht zu erheben. Sie muss den Kläger, den Beklagten und den Gegenstand des Klagebegehrens, bei Anfechtungsklage auch den Verwaltungsakt und die Einspruchsentscheidung bezeichnen. Über die Klage entscheidet das Finanzgericht durch → *Urteil* oder → *Gerichtsbescheid.* Ergeht ein Gerichtsbescheid, können die Beteiligten binnen eines Monats nach dessen Zustellung Antrag auf mündliche Verhandlung stellen, über den durch Urteil entschieden wird.

(3) Gegen Urteile des Finanzgerichts ist die → *Revision* an den → *Bundesfinanzhof* (BFH) zulässig, wenn das Finanzgericht oder auf die → *Nichtzulassungsbeschwerde* der BFH die Revision zugelassen hat. Die Revision findet ferner gegen Gerichtsbescheide statt, wenn das Finanzgericht diese mit dem Gerichtsbescheid zugelassen hat.

(4) Einspruch und Klage hindern die → *Vollziehung* des angefochtenen Verwaltungsaktes nicht. Auf Antrag kann die Aussetzung der Vollziehung sowohl im Einspruchs- als auch im Klageverfahren gewährt werden (§ 361 AO, § 69 Abs. 3 Finanzgerichtsordnung).

Rechtsbeistand

Rechtsbeistand ist die Berufsbezeichnung für eine Person, die zwar nicht → *Rechtsanwalt* ist, aber dennoch fremde Rechtsangelegenheiten geschäftsmäßig besorgen darf. Seit dem 1. 1. 1981 dürfen neue Rechtsbeistände nicht mehr bestellt werden.

Im Strafprozess ist von dem Rechtsbeistand der Beistand zu unterscheiden. Beistand ist jemand, der zwar nicht Rechtsanwalt oder Rechtsbeistand ist, aber zur Unterstützung eines Angeklagten in einem einzelnen Verfahren zugelassen ist. Außer bei Ehegatten und gesetzlichen Vertretern liegt die Zulassung eines solchen Beistands allerdings im Ermessen des Gerichts. Die Funktion des Beistands beschränkt sich im Übrigen auf unterstützende Beratung und die Abgabe von Stellungnahmen; die prozessualen Rechte des Angeklagten wie etwa das auf Stellung eines → *Beweisantrags* hat er nicht.

Rechtsberatung

Hierunter versteht man die Beratung in fremden Rechtsangelegenheiten. Sie ist grundsätzlich den Rechtsanwälten und Notaren vorbehalten; andere Personen brauchen zu ihrer geschäftsmäßigen Ausübung eine Erlaubnis, die grundsätzlich nur beschränkt auf bestimmte Sachgebiete erteilt wird. → *Rechtsbeistand.*

▸ Rechtsbeschwerde

An die Stelle der → *weiteren Beschwerde*, die vor allem im Strafprozess noch existiert, ist im → *Zivilprozess* die Rechtsbeschwerde (§ 574 ZPO) getreten. Sie ist nur ausnahmsweise zulässig, wenn sie vom Gericht zugelassen wird oder dies im Gesetz vorgesehen ist und weitere Vorausetzungen wie eine grundsätzliche Bedeutung der Sache vorliegen. Im Gegensatz zum früheren Recht ist die Rechtsbeschwerde jetzt immer form- und fristgebunden.

▸ Rechtsbeschwerde im Arbeitsrecht → *Beschlussverfahren*

▸ Rechtsbeugung

Ein → *Richter* begeht dann Rechtsbeugung, wenn er bei der Leitung oder Entscheidung einer Rechtssache vorsätzlich das Recht zum Vorteil oder Nachteil einer Partei verletzt. Rechtssache ist dabei jede Rechtsangelegenheit, bei der zwischen mindestens zwei Beteiligten widersprechende Interessen bestehen können. Neben den → *ehrenamtlichen Richtern* werden von diesem Tatbestand auch noch solche → *Amtsträger* erfasst, die selbständig nach Rechtsgrundsätzen zu entscheiden haben.

Als Beispiel für eine Rechtsbeugung kann etwa der Fall herangezogen werden, dass ein Richter trotz seiner Überzeugung von der Täterschaft des → *Betroffenen* diesen im Bußgeldverfahren wegen einer Geschwindigkeitsüberschreitung freispricht, weil es sich um einen guten Bekannten von ihm handelt.

▸ Rechtserwerb

Der Erwerb eines Rechts kann sich auf verschiedene Arten vollziehen: Eine Möglichkeit besteht darin, dass sich die Beteiligten über den Rechtsübergang einigen (Beispiel: → *Eigentumsübertragung)*, eine andere darin, dass ein Rechtserwerb unmittelbar kraft Gesetzes eintritt (Beispiel: → *Erbfall)*. Ein Rechtserwerb kraft Gesetzes wiederum kann sich vom bisherigen Rechtsinhaber abgeleitet vollziehen (Beispiel: Erbfall) oder unabhängig von einem etwaigen bisherigen Rechtsinhaber (originär; Beispiele: Aneignung, Fund). Bei jedem abgeleiteten Erwerb kann grundsätzlich nur diejenige Rechtsstellung erworben werden, die der bisherige Rechtsinhaber innehatte; Ausnahmen gelten in Sonderfällen, wenn das Vertrauen eines redlichen Erwerbers auf die Rechtsstellung des Veräußerers im Interesse des Rechtsverkehrs schutzwürdig ist (→ *gutgläubiger Erwerb*, → *Öffentlicher Glaube*).

Rechtsfähigkeit

Dies ist die Fähigkeit, selbst Träger von Rechten und Pflichten zu sein. Alle Menschen (= natürliche Personen) sind von der Geburt bis zum Tod rechtsfähig. Auch → *juristische Personen* sind rechtsfähig; teilweise müssen sie jedoch vorher in ein Register (zum Beispiel Handelsregister) eingetragen worden sein. Im Prozessrecht entspricht der Rechtsfähigkeit die → *Parteifähigkeit.* Von der Rechtsfähigkeit sind die → *Geschäftsfähigkeit* und die → *Handlungsfähigkeit* zu unterscheiden.

Rechtsgeschäft

Ein Rechtsgeschäft ist ein Tatbestand, bei dem eine Rechtsfolge deshalb herbeigeführt wird, weil sie gewollt ist. Ein Rechtsgeschäft besteht aus mindestens einer → *Willenserklärung* (einseitiges Rechtsgeschäft; Beispiel: → *Kündigung).* Der Regelfall sind aber mehrseitige Rechtsgeschäfte, die aus zwei oder mehr Willenserklärungen bestehen (Beispiel: Kaufvertrag besteht aus → *Antrag* und → *Annahme;* wenn zwei Personen als Käufer auftreten, liegen bereits drei Willenserklärungen vor). Häufig kommt zu den Willenserklärungen noch ein weiteres Tatbestandselement dazu. Zum Beispiel erfolgt die Übereignung nach § 929 BGB durch Einigung (Angebot und Annahme) und Übergabe (tatsächlicher Vorgang). Beim Fehlen bestimmter Voraussetzungen können Rechtsgeschäfte nichtig (→ *Nichtigkeit,* → *Form,* → *Geschäftsfähigkeit)* oder anfechtbar (→ *Anfechtung)* sein. Besondere Vorschriften enthalten dazu häufig die speziellen Rechtsgebiete (etwa Erbrecht, Familienrecht). Die Rechtsgeschäfte können nach den unterschiedlichsten Gesichtspunkten unterteilt werden (etwa einseitig – mehrseitig, familienrechtlich – erbrechtlich). Bedeutsam ist vor allem die Unterscheidung von schuldrechtlichen und dinglichen Rechtsgeschäften. Die dinglichen Rechtsgeschäfte (etwa Übereignung) sind abstrakt und damit nicht vom Bestand der ihnen zugrunde liegenden schuldrechtlichen (Kausal-)Geschäfte abhängig.

▶ Rechtshängigkeit

Im → *Zivilprozess* tritt Rechtshängigkeit durch die → *Klageerhebung* oder durch die Geltendmachung in der mündlichen Verhandlung ein (§ 261 Abs. 1 und 2 ZPO). Wichtige prozessuale Wirkungen der Rechtshängigkeit sind, dass die Sache nicht mehr anderweitig anhängig gemacht werden kann (§ 261 Abs. 3 Nr. 1 ZPO), veränderte Umstände die → *Zuständigkeit* nicht mehr entfallen lassen und → *Klageänderungen* nur mehr unter bestimmten Voraussetzungen zulässig sind (§ 263 ZPO). Daneben entfaltet die Rechtshängigkeit auch Wirkungen im materiellen Recht (etwa Hemmung der → *Verjährung* nach § 204 BGB). Im Verwaltungsprozess gilt insoweit eine Besonderheit, als die Rechtshängigkeit bereits mit Eingang der Klageschrift bei Gericht eintritt; im Zivilprozess aber erst mit Zustellung der Klage an den Prozessgegner.

Im Strafverfahren tritt die Rechtshängigkeit mit dem gerichtlichen Eröffnungsbeschluss ein (→ *Eröffnungsverfahren).* Das hat zur Folge, dass wegen der betreffenden Angelegenheit nunmehr bei keinem anderen Gericht mehr Anklage erhoben werden kann.

▶ Rechtshilfe

Rechtshilfe ist die Vornahme einer Amtshandlung (→ *Amtshilfe)* für ein anderes Gericht. Dabei muss zwischen innerstaatlicher und internationaler Rechtshilfe unterschieden werden.

In Strafsachen kommt die Rechtshilfe insbesondere bei der Vernehmung von → *Zeugen* in Betracht.

Bei der internationalen Rechtshilfe geht es im Strafrecht neben der Vernehmung von Zeugen hauptsächlich um die → *Auslieferung* von Tatverdächtigen oder von flüchtigen, bereits abgeurteilten Tätern. Hier regeln Auslieferungs- und Rechtshilfeverträge die näheren Einzelheiten.

Rechtskraft

Im → *Zivilprozess* tritt formelle Rechtskraft ein, wenn die Entscheidung mit Rechtsmitteln oder der Abhilferüge nach § 321a ZPO bei Verletzung des rechtlichen Gehörs nicht mehr angreifbar, also unanfechtbar, ist (vergleiche § 705 ZPO). Sie ist Voraussetzung für die materielle Rechtskraft. Diese bedeutet, dass der Inhalt der Entscheidung für das Gericht und für die Parteien maßgeblich ist. Durch eine rechtskräftige (endgültige) Entscheidung soll eine nochmalige Entscheidung (eventuell gar noch mit entgegenstehendem Inhalt) über denselben → *Streitgegenstand* vermieden und damit zur Rechtssicherheit und zum Rechtsfrieden beigetragen werden. Entsprechendes gilt für den Verwaltungsprozess.

Sind in einem Strafverfahren das → *Urteil* oder der → *Strafbefehl* rechtskräftig geworden, so tritt dadurch für die entsprechende Tat ein Strafklageverbrauch ein. Das hat zur Folge, dass auch bei späterer Kenntnis von einer umfassenderen Strafbarkeit oder von schwereren Folgen keine erneute → *Anklage* gegen den Täter erhoben werden kann. Wird etwa ein Autofahrer nach einem Verkehrsunfall in einem Strafbefehl wegen fahrlässiger → *Körperverletzung* belangt, und wird dieser Strafbefehl rechtskräftig, so kann er, falls das Unfallopfer später dann doch stirbt, nicht noch wegen fahrlässiger → *Tötung* bestraft werden. Aber auch, wenn sich bei einer Verurteilung wegen → *Unterschlagung* nach Rechtskraft des Urteils herausstellt, dass der Schaden nicht nur 10 000 EUR, sondern 200 000 EUR betragen hat, ist eine Verschärfung der ausgesprochenen Strafe aus diesem Grund nicht möglich.

Andererseits kann auch der Verurteilte nach Eintritt der Rechtskraft seine Strafe nicht mehr beseitigen. Die reine Berufung darauf, dass er doch unschuldig sei, ist ihm verwehrt.

Eine Durchbrechung der Rechtskraft ist in Strafverfahren nur im Rahmen von → *Wiederaufnahmeverfahren* möglich.

Rechtsmittel → *Rechtsbehelf*

Rechtspfleger

Rechtspfleger sind Beamte des gehobenen Justizdienstes, denen zur Entlastung der Richter bestimmte Rechtspflegeaufgaben übertragen sind. Zu diesen Aufgaben gehören vor allem Tätigkeiten im Bereich von → *Mahnverfahren,* Nachlassverfahren (→ *Nachlassgericht*), Zwangsvollstreckungsverfahren (→ *Zwangsvollstreckung*), am → *Grundbuchamt,* beim → *Handelsregister,* beim → *Vormundschaftsgericht* und beim → *Insolvenzgericht.* Voraussetzung für die Tätigkeit als Rechtspfleger ist eine dreijährige Fachhochschulausbildung.

In Strafsachen übernimmt der Rechtspfleger hauptsächlich Aufgaben im Bereich der → *Strafvollstreckung* und der Kostenfestsetzung.

▶ Rechtsschutzbedürfnis

Dies ist das berechtigte Interesse, zum Erreichen eines bestimmten Zweckes ein Gericht in Anspruch zu nehmen. Es ist eine → *Prozessvoraussetzung.* Bei → *Leistungsklagen* liegt das Rechtsschutzbedürfnis regelmäßig vor; es fehlt hier nur ausnahmsweise, etwa wenn der Kläger ein Urteil gar nicht benötigt, um sein Ziel zu erreichen (er besitzt zum Beispiel schon eine → *vollstreckbare Urkunde,* aus der er die Zwangsvollstreckung betreiben kann). Bei → *Gestaltungsklagen* liegt das Rechtsschutzbedürfnis immer vor, da das Urteil ja benötigt wird, um die materielle Rechtslage zu verändern. Für → *Feststellungsklagen* enthält § 256 ZPO eine spezielle Regelung: Feststellungsklagen sind nur zulässig, wenn ein rechtliches Interesse an der alsbaldigen Feststellung bestimmter Umstände besteht. Im Verwaltungsprozess gelten insoweit keine wesentlichen Besonderheiten.

▶ Rechtsstaat

Das in Art. 20 Abs. 3 GG verankerte Rechtsstaatsprinzip ist ein elementarer Grundsatz des freiheitlich demokratischen Staates, eine Grundentscheidung der Verfassung. Eine Verfassungsänderung mit dem Ziel, das Rechtsstaatsprinzip zu beseitigen, verbietet das GG ausdrücklich. Das Rechtsstaatsprinzip bedeutet zum einen die strikte Bindung der Staatsgewalt an Gesetz und Recht, zum anderen die Überprüfbarkeit staatlicher Maßnahmen durch unabhängige Gerichte. Das Rechtsstaatsprinzip verlangt einen geregelten Ablauf von Verfahren zur Rechtsfindung und einen Abschluss, dessen Bestand gesichert ist. Eingriffe in Rechte der Bürger müssen eine rechtliche Grundlage haben; diese muss so formuliert sein, dass Art und Umfang hoheitlicher Eingriffe vorhersehbar und berechenbar sind. Eine irreführende, missverständliche, widersprüchliche Fassung von Gesetzen würde einen Verstoß gegen das Rechtsstaatsprinzip darstellen. Eine rückwirkende Belastung durch ein Gesetz ist nur ausnahmsweise zulässig, nämlich wenn ein Vertrauen auf den Fortbestand der bisherigen Rechtslage nicht schützenswert ist; für das Strafrecht gilt ein absolutes Rückwirkungsverbot. Das Rechtsstaatsgebot fordert schließlich, dass staatliche Maßnahmen nicht unverhältnismäßig (→ *Verhältnismäßigkeitsgrundsatz)* sind.

▸ Rechtsverordnung

Eine Rechtsverordnung ist ein → *Gesetz* im materiellen Sinn, eine von einem Verwaltungsorgan aufgrund einer Ermächtigungsnorm in einem formellen Gesetz erlassene Rechtsvorschrift. Nach Art. 80 Abs. 1 GG müssen Inhalt, Zweck und Ausmaß der erteilten Verordnungsermächtigung in dem Gesetz angegeben sein.

Verordnungsermächtigungen bestehen für nahezu jeden Träger öffentlicher Gewalt. So gibt es Verordnungen der Bundesregierung und der Landesregierungen, der Bundes- und Landesminister, aber auch der Unterbehörden, etwa der Landratsämter und Bezirksregierungen (Regierungspräsidien); auch kommunale Gebietskörperschaften, insbesondere Gemeinden, können zum Erlass von Rechtsverordnungen ermächtigt werden. Soweit das vom Landesgesetzgeber zugelassen wurde, können landesrechtliche Rechtsverordnungen zum Gegenstand einer verwaltungsgerichtlichen → *Normenkontrolle* gemacht werden.

▸ Rechtsweggarantie

R. nennt man die Regelung in Art. 19 Abs. 4 GG. Danach steht der Rechtsweg offen, wenn jemand durch die öffentliche Gewalt in seinen Rechten verletzt wird. Das → *Grundrecht* gewährleistet einen grundsätzlich lückenlosen Individualrechtsschutz in verfahrensrechtlicher Hinsicht. Die Vorschrift ist in engem Zusammenhang mit dem → *Rechtsstaatsprinzip* zu sehen. Öffentliche Gewalt ist nur die inländische, vollziehende Gewalt, nicht aber die Gesetzgebung. Die Vorschrift gibt nach der Rechtsprechung des → *Bundesverfassungsgerichts* grundsätzlich keinen Anspruch, ablehnende Gnadenentscheidungen einer gerichtlichen Kontrolle unterziehen zu können. Das Grundrecht gibt nur ein Recht auf Zugang zum Gericht, es garantiert aber aber keinen Instanzenzug.

Rechtswidrigkeit

Rechtswidrigkeit liegt vor, wenn ein Verhalten der Rechtsordnung widerspricht. Bei der Erfüllung von Tatbeständen des Strafrechts oder des Ordnungswidrigkeitenrechts ist regelmäßig auch ein rechtswidriges Verhalten gegeben, es sei denn, dass im Einzelfall für dieses Verhalten Rechtfertigungsgründe wie → *Notwehr* vorgelegen haben.

Rechtszug

Als Rechtszug wird der Verfahrensabschnitt eines Rechtsstreits vor einem bestimmten Gericht bezeichnet. Im → *Zivilprozess* ist das → *Landgericht* Rechtsmittelinstanz (→ *Berufung*), wenn das Verfahren erstinstanzlich beim → *Amtsgericht* anhängig war (Ausnahme in Familien- und Kindschaftssachen oder bei landesrechtlichen Regelungen: → *Oberlandesgericht*). Wenn Eingangsgericht das Landgericht war, ist Berufungsgericht das Oberlandesgericht, Revisionsgericht der → *Bundesgerichtshof*. Die → *Zuständigkeit* des Gerichts ergibt sich in Strafsachen für die erste Instanz aus der Art der vorgeworfenen Straftat (Amtsgericht, Landgericht), für das weitere Verfahren aus der Zuständigkeit der Rechtsmittelgerichte. So entscheidet über Berufungen gegen Urteile des Amtsgerichts das Landgericht. Gegen seine Urteile in diesen Sachen ist → *Revision* zum Oberlandesgericht statthaft.

Ist dagegen in erster Instanz das Landgericht zuständig, so gibt es gegen seine Urteile nur die Revision zum → *Bundesgerichtshof*.

Auch die → *Verwaltungsgerichtsbarkeit* ist dreistufig aufgebaut. Gegen Entscheidungen des → *Verwaltungsgerichts* als Eingangsgericht entscheiden die → *Oberverwaltungsgerichte*, deren Urteile gegebenenfalls vom → *Bundesverwaltungsgericht* überprüft werden. Im sozialgerichtlichen Verfahren sind die Eingangsgerichte die Sozialgerichte, Berufungsinstanz ist das jeweilige Landessozialgericht; oberstes Sozialgericht ist das → *Bundessozialgericht* (→ *Sozialgerichtsbarkeit*).

In der Finanzgerichtsbarkeit ist der Instanzenzug zweistufig. In erster Instanz entscheiden die Finanzgerichte. Deren Entscheidungen werden durch den → *Bundesfinanzhof* überprüft, sofern die Revision durch das Finanzgericht oder auf die → *Nichtzulassungsbeschwerde* hin zugelassen wurde.

Regelbetrag

Ein minderjähriges Kind kann von einem Elternteil, mit dem es nicht in einem Haushalt lebt, den Unterhalt als Vomhundertsatz eines oder des jeweiligen Regelbetrages nach der Regelbetrag-Verordnung verlangen. Die Regelbeträge werden in dieser Verordnung nach dem Alter des Kindes für die Zeit bis zur Vollendung des 6. Lebensjahrs (1. Altersstufe), für die Zeit vom 7. bis zur Vollendung des 12. Lebensjahres (2. Altersstufe) und für die Zeit vom 13. Lebensjahr bis zur Vollendung des 18. Lebensjahres (3. Altersstufe) festgesetzt. Der Regelbetrag einer höheren Altersstufe kann jeweils ab dem Beginn des Monats verlangt werden, in dem das Kind das betreffende Lebensjahr vollendet. Die Regelbeträge werden seit 1. 7. 1999 entsprechend der Entwicklung des durchschnittlich verfügbaren → *Arbeitsentgeltes* jedes zweite Jahr angepasst. Wird der Kindesunterhalt in dynamisierter Form mit einem Vomhundertsatz des Regelbetrages tituliert, passt sich dieser an die geänderten Umstände automatisch an (z. B. Lebensalter, Erhöhung der Unterhaltssätze). Wird Kindesunterhalt nicht in Höhe von 135 Prozent des Regelbetrages bezahlt, unterbleibt die Anrechnung des → *Kindergeldes* ganz oder teilweise.

Reifen

Die Reifen eines Kraftfahrzeugs müssen an allen Stellen der Hauptlauffläche eine Profiltiefe von mindestens 1,6 mm aufweisen.

Die meisten heute verkauften Reifen haben in der Lauffläche so genannte Indikatoren eingearbeitet, die das Erreichen oder Unterschreiten dieses Werts anzeigen. Im Interesse der eigenen Sicherheit sollte im Übrigen bei Sommerreifen eine Profiltiefe von 2 mm und bei Winterreifen ein eher noch höherer Wert nicht unterschritten werden.

Im Übrigen ist noch darauf hinzuweisen, dass bei allen Fahrzeugen mit einem zulässigen Gesamtgewicht bis zu 3,5 t Mischbereifung, also die Verwendung teils von Diagonalreifen und teils von Radialreifen verboten ist.

Reisegewerbe

Nach der in der Gewerbeordnung enthaltenen Definition betreibt ein Reisegewerbe, wer in eigener Person außerhalb einer betrieblichen Niederlassung oder, ohne eine solche zu haben, ohne vorherige Bestellung Waren ankauft, Waren oder gewerbliche Leistungen anbietet oder darauf gerichtete Bestellungen annimmt; Reisegewerbetreibende sind auch die als Schausteller tätigen Personen. Die Aufnahme eines Reisegewerbes ist grundsätzlich genehmigungspflichtig; die Genehmigung wird in Form der Reisegewerbekarte erteilt. Sie ist zu erteilen, wenn der Antragsteller die für die Ausübung des Gewerbes erforderliche → *Zuverlässigkeit* besitzt. Bestimmte Tätigkeiten, etwa die Vermittlung von Darlehen oder der Vertrieb von Edelmetallen und Wertpapieren, dürfen nicht im Reisegewerbe ausgeübt werden.

Reisekosten

Beamte, → *Richter* und sonstige im → *öffentlichen Dienst* Tätige erhalten Reisekosten, wenn ihnen auf Dienstreisen Aufwendungen entstehen. Die Einzelheiten über die Voraussetzungen der Erstattung, über Art und Höhe der Vergütung (Tagesgeld, Trennungsgeld, Übernachtungsgeld) sind in den Reisekostengesetzen des Bundes und der Länder geregelt.

Steuerlich sind Reisekosten (Fahrtkosten, Verpflegungsmehraufwendungen, Übernachtungs- und Reisenebenkosten als → *Betriebsausgaben* oder → *Werbungskosten* im Rahmen der jeweiligen → *Einkünfte* abzugsfähig.

Reisevertrag

Ein Reisevertrag ist ein Vertrag, durch den sich der Veranstalter einer Pauschalreise verpflichtet, einem Reisenden gegen Entgelt eine Gesamtheit von Reiseleistungen zu erbringen. Er ist speziell geregelt in §§ 651 a ff. BGB. Nach diesen Vorschriften stehen dem Reisenden zwingend bestimmte Kündigungs-, Rücktritts-, Minderungs- und Schadenersatzrechte zu; außerdem kann sich der Veranstalter nicht darauf berufen, er selbst habe die am Urlaubsort erbrachten Leistungen nur vermittelt.

Religionsausübung, freie

Art. 4 Abs. 2 GG gewährleistet die freie Religionsausübung. Das → *Grundrecht* enthält die Freiheit des Einzelnen, ohne staatliche Beschränkung die religiösen Riten und Kulthandlungen auszuüben, die nach dem Selbstverständnis der jeweiligen Religionsgemeinschaft zu den religiösen Pflichten gehören; sie schützt aber auch die Religionsgemeinschaft als solche. Das Recht der freien Religionsausübung gibt aber grundsätzlich nicht die Befugnis, die kultischen Handlungen innerhalb staatlicher Gebäude vorzunehmen. Die Vorschrift enthält keinen → *Gesetzesvorbehalt;* Beschränkungen ergeben sich aber aus den immanenten Schranken des Grundrechts, insbesondere den Rechten Dritter. So kann etwa eine bestimmte religiöse Veranstaltung aus seuchenrechtlichen Gründen verboten werden. Unzulässig wären dagegen zielgerichtete Eingriffe, die sich nicht als allgemeine Nebenfolgen der für alle geltenden Vorschriften darstellen. Vgl. auch → *Bekenntnisfreiheit.*

Religionsgesellschaften

Der Begriff Religionsgesellschaften wird als allgemeiner Oberbegriff für alle Kirchen, Freikirchen und Sekten verwendet. Nach dem durch Art. 140 GG als geltendes Verfassungsrecht weitergeltenden Art. 137 der Weimarer Reichsverfassung wird die Freiheit zur Bildung von Religionsgesellschaften gewährleistet; staatliche Beschränkungen sind unzulässig. Ihnen wird das Recht zur Selbstverwaltung eingeräumt, d.h. sie können ihre inneren Angelegenheiten im Rahmen der für alle geltenden Gesetze frei von staatlichem Einfluss ordnen, insbesondere ihre Ämter verleihen. Die → *Rechtsfähigkeit* der Religionsgesellschaften bestimmt sich nach den Vorschriften des Bürgerlichen Gesetzbuchs. Soweit sie bei Inkrafttreten der Weimarer Reichsverfassung den Status einer Körperschaft des öffentlichen Rechts hatten, bleibt ihnen dieser erhalten. Anderen von der Zahl ihrer Mitglieder vergleichbaren Religionsgesellschaften kann diese Eigenschaft auf Antrag zuerkannt werden. Folge dieses Status ist das Recht, Kirchensteuer zu erheben.

Rente

Die Gewährung von Renten gehört zu den wichtigsten Leistungen der gesetzlichen → *Unfallversicherung,* der → *Rentenversicherung* und der sozialen Entschädigung nach dem Bundesversorgungsgesetz. Es handelt sich dabei um laufende Geldleistungen, die entweder an den Versicherten selbst oder an Hinterbliebene gezahlt werden. Die Voraussetzung für den Rentenbezug sind in den einzelnen Sozialversicherungszweigen unterschiedlich geregelt, je nachdem, welches Lebensrisiko abgedeckt werden soll. Die Unfallversicherung gewährt etwa Verletztenrente wegen einer → *Minderung der Erwerbsfähigkeit,* die Rentenversicherung Rente wegen teilweiser oder vollständiger → *Erwerbsminderung* sowie → *Altersrente.* Hinterbliebenenrenten sind im Wesentlichen Witwen- oder Witwerrenten sowie Waisenrenten.

Rentenbesteuerung

(1) Geldrenten der sozialen Rentenversicherung und der Knappschaftversicherung werden beim Empfänger einkommensteuerlich mit dem Ertragsanteil als Leibrente erfasst (§ 22 Nr. 1 a EStG). Geldrenten aus Unfallversicherungen sind steuerbefreit (§ 3 Nr. 1 EStG).

(2) Bei **privaten Veräußerungsrenten** (z. B. Verkauf eines Grundstücks gegen Leibrente) wird ebenfalls der Ertragsanteil besteuert. Der Verpflichtete kann den Ertragsanteil als → *Betriebsausgabe* oder als → *Werbungskosten* abziehen.

(3) Bei **privaten Versorgungsrenten,** die mit einer Gegenleistung verbunden sind (z. B. Übergabe eines Betriebes durch den Vater an den Sohn gegen Leibrentenzahlung) wird der Ertragsanteil besteuert (§ 22 Nr. 1 a EStG). Der Verpflichtete kann sie als → *Sonderausgabe* absetzen.

(4) Private Unterhaltsrenten unterliegen der Besteuerung § 22 Nr. 1 Satz 2 EStG), sofern das → *begrenzte Realsplitting* durchgeführt wird.

(5) Betriebliche Versorgungsrenten aus betrieblicher Altersvorsorge sind nachträgliche Einkunftsart und als → *Versorgungsbezüge* zu besteuern.

(6) Versorgungsbezüge von Beamtenpensionen unterliegen nach § 19 Abs. 2 EStG in vollem Umfang der Besteuerung (→ *Versorgungsbezüge).*

(7) Die unterschiedliche Besteuerung von Beamtenpensionen und Renten aus der gesetzlichen Rentenversicherung hat das → *Bundesverfassungsgericht* in 2002 für verfassungswidrig erklärt. Der Gesetzgeber ist zu einer Neuregelung der Rentenbesteuerung aufgerufen.

Rentenschuld

Dies ist ein → *Grundpfandrecht,* das die Zahlung einer bestimmten Geldsumme aus dem Grundstück in regelmäßig wiederkehrenden Terminen zum Gegenstand hat (§ 1199 BGB). In der Rechtspraxis hat sie keinerlei Bedeutung erlangt, weil derselbe Zweck besser mit einer → *Reallast* erreicht werden kann.

Rentenversicherung

Die gesetzliche Rentenversicherung ist nicht für alle Bevölkerungsgruppen einheitlich geregelt. → *Arbeiter* sind in der gesetzlichen → *Arbeiterrentenversicherung* versichert. Träger dieses Versicherungszweigs sind die Landesversicherungsanstalten (LVA). Die → *Angestellten* sind in der → *Angestelltenversicherung* versichert. Versicherungsträger ist die Bundesversicherungsanstalt für Angestellte (BfA). Die im Bergbau beschäftigten Arbeitnehmer sind in der knappschaftlichen Rentenversicherung versichert. Der zuständige Versicherungsträger ist die Bundesknappschaft. Träger der Rentenversicherung für Handwerker sind die Landesversicherungsanstalten. Die Rechtsgrundlagen für alle genannten Versicherungszweige sind im Sechsten Buch des → *Sozialgesetzbuchs* (SGB VI) enthalten. Die Alterssicherung für Landwirte bestimmt sich nach den Vorschriften des Gesetzes über die → *Altershilfe* für Landwirte. Träger sind die bei den landwirtschaftlichen Berufsgenossenschaften errichteten Alterskassen. Während sich Arbeiterrentenversicherung und Angestelltenversicherung von den jeweiligen Leistungen praktisch nicht unterscheiden, gibt es bei den anderen Rentenversicherungen teilweise erhebliche Abweichungen, die sich aus der jeweiligen berufsspezifischen Situation der Versicherten ergeben.

Rentnerkrankenversicherung

Rentner sind in der gesetzlichen → *Krankenversicherung* pflichtversichert, wenn sie nicht schon aufgrund anderer Vorschriften krankenversichert sind. Voraussetzung ist, dass sie während der zweiten Hälfte ihres Erwerbslebens Mitglied einer gesetzlichen Krankenversicherung oder als Familienangehöriger mitversichert waren. Die Versicherungspflicht beginnt mit Stellung des Rentenantrags. Von der Rentenversicherung erhalten die Rentner einen Zuschuss zu ihren Krankenversicherungsbeiträgen, soweit sie der gesetzlichen Krankenversicherung freiwillig angehören. Die Beiträge der Pflichtversicherten tragen diese und der jeweilige Rentenversicherungsträger je zur Hälfte.

Revision

Die Revision ist ein Rechtsmittel, das im Gegensatz zur → *Berufung* keine erneute Tatsacheninstanz eröffnet, sondern nur der Überprüfung eines Urteils auf Rechtsfehler dient. Im → *Zivilprozess* findet die Revision gegen Berufungsurteile des → *Landgerichts* und des → *Oberlandesgerichts* statt, die in Hauptsacheverfahren ergangen sind. Voraussetzung hierfür ist aber, dass das Berufungsgericht die Revision in seinem Urteil entweder zugelassen hat oder dass eine Beschwerde gegen deren Nichtzulassung, die bis zum Ablauf des Jahres 2006 aber eine Beschwer von mehr als 20000 EUR voraussetzt, erfolgreich war. Die Einlegung der Revision ist ebenso wie die Beschwerde gegen die Nichtzulassung form- und fristgebunden. Unter gewissen Voraussetzungen ist auch eine Sprungrevision gegen erstinstanzliche Urteile möglich.

In Strafsachen ist die Revision hauptsächlich gegen Urteile der → *Landgerichte* eröffnet. Sie ist binnen einer → *Notfrist* von einer Woche nach Verkündung eines Urteils einzulegen, und zwar bei dem Gericht, dessen Urteil angefochten wird. Für die Begründung der Revision steht dann eine weitere Frist von einem Monat zur Verfügung. Eine Revisionsbegründung kann in Strafsachen nur von einem → *Rechtsanwalt* oder gegenüber der Geschäftsstelle des Gerichts abgegeben werden. In der Revisionsbegründung muss angegeben werden, infolge welcher Rechtsverstöße ein Urteil unrichtig sein soll.

Im Verwaltungsprozess ist eine Revision zum → *Bundesverwaltungsgericht* nur möglich, wenn sie im Urteil des → *Oberverwaltungsgerichts* oder aufgrund einer → *Nichtzulassungsbeschwerde* zugelassen wurde. Die Zulassung ist nur möglich bei grundsätzlicher Bedeutung der Rechtssache, bei Abweichung von einer Entscheidung des Bundesverwaltungsgerichts oder bei wesentlichen Verfahrensfehlern. Eine → *Sprungrevision* ist statthaft, wenn sie das → *Verwaltungsgericht* auf Antrag einer Prozesspartei zugelassen hat; es sind die gleichen Zulassungsgründe maßgeblich.

▸ Revisionsverfahren

Im → *Zivilprozess* prüft das Revisionsgericht zunächst die Zulässigkeit der → *Revision.* Ist diese gegeben, so wird ein Termin für die mündliche Verhandlung bestimmt. Für das dann folgende Verfahren gelten grundsätzlich die Regeln des ersten Rechtszugs vor den → *Landgerichten.* Geprüft wird aber nur die richtige Rechtsanwendung, so dass es keine Beweisaufnahme über materiell erhebliche Tatsachen mehr gibt. Wird die Revision für begründet erachtet, so wird die angefochtene Entscheidung aufgehoben und das Verfahren in der Regel an das Berufungsgericht zurückverwiesen.

In Strafsachen erfolgt in Revisionsverfahren meist keine mündliche Verhandlung mehr. Gibt das Revisionsgericht einer Revision statt, so kann es meist nicht in der Sache selbst entscheiden, sondern muss die Angelegenheit zur erneuten Behandlung an die Tatsacheninstanz zurückverweisen.

Im Verwaltungsprozess ist das Revisionsverfahren mit gewissen Ausnahmen hinsichtlich der Möglichkeit einer Beiladung wie das Berufungsverfahren ausgestaltet. Das Revisionsgericht kann – sofern die Tatsachenermittlung durch die Vorinstanz nicht zu beanstanden ist – in der Sache selbst entscheiden, ansonsten erfolgt eine Zurückverweisung.

Richter

Den Richtern ist nach dem → *Grundgesetz* die rechtsprechende Gewalt anvertraut. Innerhalb der Richter ist zwischen den → *ehrenamtlichen* Richtern und den Berufsrichtern zu unterscheiden. Zum Berufsrichter kann nur ernannt werden, wer die entsprechenden Juristischen Staatsprüfungen bestanden hat. Kennzeichnendes Merkmal der Richterstellung sind die sachliche und persönliche Unabhängigkeit.

Richtlinien im Europarecht

Die von der Kommission oder dem → *Rat der Europäischen Gemeinschaften* erlassenen Richtlinien sind für die Mitgliedsstaaten unmittelbar geltendes Recht; die Bürger können sich aber darauf in der Regel nicht berufen. Vielmehr bedarf es noch eines Umsetzungsakts in Form des Erlasses eines nationalen Gesetzes (→ *Gemeinschaftsrecht*, europäisches).

Richtlinien für das Straf- und Bußgeldverfahren

R. sind Verwaltungsanweisungen mit internem Charakter. Sie geben Hinweise für die Handhabung bestimmter Situationen und sind nur für die → *Staatsanwaltschaft*, nicht aber für die Gerichte verbindlich.

Richtlinien im Steuerrecht

R. sind Rechtsvorschriften zur Durchführung von Steuergesetzen, die von der Bundesregierung erlassen werden (Art. 108 Abs. 7 GG). Sie richten sich primär an die Finanzbehörden, für die sie im Innenverhältnis bindend sind. Sie sollen eine einheitliche Anwendung des Steuerrechts durch die Finanzbehörden sicherstellen. Steuerrichtlinien sind zu zahlreichen Steuergesetzen erlassen (z. B. Einkommensteuer-, Lohnsteuer,- Gewerbesteuer-, Umsatzsteuerrichtlinien).

Richtlinien im Verwaltungsrecht

Richtlinien haben im Verwaltungsrecht erhebliche Bedeutung. Es handelt sich hierbei nicht um Rechtsvorschriften, sondern um Verwaltungsvorschriften, die meist von einer vorgesetzten Behörde erlassen wurden, um einen gleichmäßigen Gesetzesvollzug durch die nachgeordneten Behörden sicherzustellen. Richtlinien werden vor allem in Fällen aufgestellt, wo den Behörden durch Gesetz → *Ermessen* eingeräumt ist. Sie sind für die Verwaltung bindend; eine Bindung der Gerichte besteht aber grundsätzlich nicht. Sieht ein Gericht eine Verwaltungsvorschrift als rechtswidrig an, so kann es sich darüber ohne weiteres hinwegsetzen.

Riester-Rente

Durch das Altersvermögensgesetz wird die zusätzliche Eigenvorsorge für das Alter steuerlich durch direkte Zulagen und durch Abzug der Beiträge als → *Sonderausgaben* steuerlich gefördert. Begünstigt sind gesetzlich Rentenversicherungspflichtige und im Altersicherungssystem der Landwirte Versicherte. Gefördert werden nur zertifizierte Anlagenprodukte. Die direkte staatliche Förderung erfolgt durch die Gewährung einer **Grundzulage** (§ 84 EStG) und einer **Kinderzulage** für jedes kindergeldbezugsberechtigte Kind (§ 85 EStG). Beide Zulagen sind der Höhe nach ab 2002 bis 2008 gestaffelt. Die volle Zulage erhält, wer den Mindesteigenbetrag leistet. Im Übrigen erfolgt eine Kürzung. Bei schädlicher Verwendung sind die Zulagen zurückzuerstatten.

Rückfall

Rückfall bedeutet, dass ein Täter trotz einer Vorstrafe erneut denselben oder einen ähnlichen Tatbestand erfüllt. Die früher vom Gesetz für Rückfall zwingend vorgesehene Strafverschärfung ist zwischenzeitlich aufgehoben worden. Im Rahmen der → *Strafzumessung* muss das Gericht sich jedoch im Einzelfall damit auseinander setzen, ob das Vorliegen einschlägiger Vorstrafen nicht Anlass zu einer strengeren Bestrafung geben muss.

Rückgaberecht

Das Rückgaberecht bei Verträgen zwischen → *Unternehmern* und → *Verbrauchern*, das nach § 356 BGB vielfach an Stelle des → *Widerrufsrechts* eingeräumt werden kann, darf nicht mit der Abwicklung eines → *Rücktritts* verwechselt werden. Während es das Rücktrittsrecht einer etwa von einer mangelhaften Leistung betroffenen Vertragspartei unabhängig davon, ob ein Verbrauchervertrag vorliegt, erlaubt, etwa den Kaufgegenstand zurückzugeben und dadurch im Grundsatz den vollen Kaufpreis und die Kosten der Abwicklung vom Verkäufer (zurück) zu erhalten, hat das Rückgaberecht eine andere Zielsetzung:

Mit ihm soll die Entscheidungsfreiheit des Verbrauchers etwa bei → *Fernabsatzverträgen*, bei → *Teilzahlungsgeschäften*, bei Verträgen mit → *Finanzierungshilfe* und bei → *Haustürgeschäften* gesichert werden. Ein Verbraucher kann im Rahmen seines Rückgaberechts insbesondere eine Kaufsache innerhalb von zwei Wochen nach ihrem Erhalt an den Unternehmer auch ohne sachlichen Grund, also auch bei Mangelfreiheit, zurückgeben. Es genügt also, wenn ihm eine Sache einfach nicht gefällt oder er den Kauf nachträglich als wirtschaftlich nicht sinnvoll erachtet. Die Rückgabe erfolgt, um auch insoweit die Entscheidungsfreiheit des Verbrauchers (auf Kosten des Unternehmers) zu stärken, grundsätzlich auf Kosten und Gefahr des Unternehmers. Ausgenommen sind lediglich Bestellungen bis zu einem Wert von 40 EUR – die vor allem den Buchhandel betreffen –; hier können die Kosten der Rücksendung dem Verbraucher auferlegt werden.

Im Gegensatz zu einer Abwicklung im Rahmen eines Rücktrittsrechts muss der Verbraucher aber bei Ausübung des Rückgaberechts grundsätzlich für den Wertverlust durch Abnutzung der Sache einstehen und haftet bei Verlust, Zerstörung oder Beschädigung der Sache für jeglichen Sorgfaltsverstoß seinerseits.

Rücknahme von Verpackungen

Die Verpackungsverordnung (→ *Abfälle*) verpflichtet die Vertreiber, Hersteller und Versandhändler ab 1. 1. 1993, vom Endverbraucher gebrauchte Verkaufsverpackungen (z. B. Getränketüten, Kartons u. Ä.) zurückzunehmen. Sie haben dann in oder in unmittelbarer Nähe der Verkaufsstelle entsprechende Behälter bereitzustellen. Diese Verpflichtung entfällt, sobald diese Verpackungen bei dem Endverbraucher durch ein besonderes System (→ *Duales System*) abgeholt werden und der entsprechende Vertreiber an dem System teilnimmt.

Von dieser Rücknahmeverpflichtung ist die Rücknahmepflicht von Umverpackungen (z. B. eine Schachtel, in der sich eine Zahnpastatube befindet) zu unterscheiden. Wird die Ware in der Umverpackung angeboten, hat der Verbraucher das Recht, diese in der Verkaufsstelle zurückzulassen; entsprechende Behältnisse sind dort aufzustellen. Für die Rücknahme von bestimmten Getränken, die in Dosen abfüllt werden, ist auf der Grundlage der Verpackungsverordnung ein Pfand zu erheben (→ *Dosenpfand*).

Rücktritt im Strafrecht

Das Strafrecht lässt, solange sich eine Tat noch im Stadium des → *Versuchs* befindet, unter gewissen Voraussetzungen einen strafbefreienden Rücktritt zu. Hintergrund dieser Regelung ist, dass dem Täter vor der Vollendung noch eine „goldene Brücke" gebaut werden soll, auf den Boden des Rechts zurückzukehren, anstatt ihm – weil er ohnehin der Strafbarkeit nicht mehr entkommen könnte – jeden Anreiz zur Aufgabe zu nehmen.

Das Gesetz unterscheidet den unbeendeten und den beendeten Versuch: Ein unbeendeter Versuch liegt vor, wenn der Täter, um den Tatbestand verwirklichen zu können, nach seiner Auffassung noch weiteres tun müsste. Das ist etwa der Fall, wenn ein Wilderer

(→ *Jagdwilderei)* sein Gewehr auf einen Hirsch zwar bereits angelegt, aber noch nicht – das müsste er noch tun – abgedrückt hat. Für den strafbefreienden Rücktritt vom unbeendeten Versuch genügt die Freiwilligkeit. Freiwillig handelt, wer die Tat – gleich aus welchem Motiv – aufgibt, obwohl er sie nach seiner Ansicht ohne erheblich erhöhtes Risiko zu Ende bringen könnte. Das wäre bei dem Wilderer etwa der Fall, wenn er plötzlich Mitleid mit dem Hirsch bekommen hätte. Unfreiwillig handelt dagegen, wer die Tat nach seiner Auffassung nicht mehr zu Ende bringen könnte. Würde der Wilderer etwa einen nicht rasch behebbaren Defekt an seinem Gewehr bemerken und deshalb nicht mehr schießen, so wäre kein freiwilliger Rücktritt gegeben.

Ein beendeter Versuch liegt dagegen vor, wenn ein Täter bereits alles getan hat, was nach seiner Ansicht nötig ist, um den Erfolg herbeizuführen. Bei einem Wilderer wäre dies etwa gegeben, wenn er Schlingen ausgelegt und getarnt hat. Bei derartigen Versuchen genügt für einen Rücktritt bloße weitere Untätigkeit nicht. Vielmehr muss der Täter seinerseits freiwillig alles tun, um den Erfolgseintritt zu verhindern. Hier müsste also der Wilderer aus freien Stücken seine Schlingen, bevor sich Wild darin verfängt, wieder unschädlich machen.

Abschließend ist darauf hinzuweisen, dass der Rücktritt ein persönlicher Strafaufhebungsgrund ist. Er erfasst also bei mehreren Tatbeteiligten nur den, in dessen Person seine Voraussetzungen erfüllt sind; die Strafbarkeit der übrigen Beteiligten bleibt dagegen bestehen.

▶ Rücktritt im Zivilrecht

Im Zivilrecht ist der Rücktritt ein → *Gestaltungsrecht*, durch dessen Ausübung ein wirksam zustande gekommener → *Vertrag* rückgängig gemacht wird. Das Rücktrittsrecht für eine Vertragspartei kann sich aus dem zugrunde liegenden Vertrag (Rücktrittsvorbehalt) oder aus dem Gesetz (etwa aus §§ 323, 324 BGB bei einer nicht oder nicht ordnungsgemäß erbrachten Leistung sowie anderen, wesentlichen Pflichtverletzungen) ergeben. Nach einem erfolgtem Rücktritt muss eine Rückabwicklung des Vertrages nach

Maßgabe der §§ 346 ff. BGB erfolgen, wobei die Parteien insbesondere die jeweils schon erhaltenen Leistungen wieder zurückgeben müssen. Im Gegensatz zum früheren Rechtszustand sind jetzt Rücktritt und die Geltendmachung von → *Schadensersatz* nebeneinander möglich.

▸ Rückversicherung

Eine Rückversicherung ist eine Versicherung, bei der sich Versicherungsunternehmen gegen das Risiko versichern, ihrerseits von ihren eigenen Versicherungsnehmern (= Versicherten) in Anspruch genommen zu werden.

▸ Rückzahlungsklausel

R. ist eine Vereinbarung, nach der bestimmte Leistungen des Arbeitgebers (z. B. Ausbildungskosten, Gratifikationen) vom Arbeitnehmer zurückzuzahlen sind, wenn das Arbeitsverhältnis – insbesondere durch eine Kündigung seitens des Arbeitnehmers – vor einem bestimmten Zeitpunkt endet.Eine derartige Klausel ist nur zulässig, wenn zwischen erhaltener Leistung (z. B. Verbesserung der Chancen auf dem Arbeitsmarkt), zurückzuzahlender Leistung und maßgeblichem Zeitraum ein angemessenes Verhältnis besteht.

▸ Ruhegehalt

R. erhält ein → *Beamter* nach den Vorschriften des Beamtenversorgungsgesetzes (→ *Versorgung des Beamten*), wenn er mindestens fünf Dienstjahre abgeleistet hat oder wegen Krankheit oder sonstiger Dienstbeschädigungen dienstunfähig geworden oder in den einstweiligen Ruhestand versetzt worden ist. Die Höhe des Ruhegehalts richtet sich nach den vor Eintritt in den Ruhestand gewährten Dienstbezügen und der Dauer des Dienstverhältnisses. Es ist betrug bisher maximal 75 v. H. der Höhe der letzten Dienstbezüge und wird derzeit stufenweise auf 71,75 v. H. abgesenkt.

▸ Ruhegeld → *Altersversorgung, betriebliche*

▸ Rundfunk

Die Veranstaltung von Rundfunk, also von Hörfunk und Fernsehen, ist nach der deutschen Rechtsentwicklung eine öffentliche Aufgabe. Die → *Kompetenz* zum Erlass rundfunkrechtlicher Regelungen ist Sache der Länder. Die landesrechtlichen Rundfunkanstalten haben sich zur Arbeitsgemeinschaft der Rundfunkanstalten Deutschlands (ARD) zusammengeschlossen, die das Erste Fernsehprogramm betreibt. Das Zweite Deutsche Fernsehen (ZDF) ist eine aufgrund Staatsvertrags der Länder geschaffene Anstalt des Öffentlichen Rechts. Die Rundfunkgebühren, die von den Besitzern von Rundfunk- und Fernsehgeräten zu errichten sind, werden auf der Grundlage des Staatsvertrags der Länder über die Regelung des Rundfunkgebührenwesens erhoben. Der Bund unterhält zwei Rundfunkanstalten, die „Deutsche Welle" für Rundfunksendungen für das Ausland und den „Deutschlandfunk" für Sendungen für Deutschland und das Europäische Ausland. Die Sendung der einzelnen Programme als solche ist nicht Aufgabe der Rundfunkanstalten; diese Aufgabe obliegt vielmehr der Bundespost (→ *Post- und Fernmeldewesen*).

S

▸ Sachbeschädigung

Sachbeschädigung begeht, wer vorsätzlich eine fremde Sache beschädigt oder zerstört. Unter einer Beschädigung versteht man jede nicht mehr völlig unerhebliche Beeinträchtigung der Form, des Erscheinungsbilds oder der Substanz einer Sache. Neben Verhaltensweisen, die – wie etwa das Zerkratzen des Lacks eines Autos – schon bei üblicher Betrachtung als Beschädigung eingestuft werden, fallen damit auch Handlungen wie das Zerlegen eines Motors oder das Ablassen von Luft aus auch nur einem Reifen unter diesen Begriff. Das Zerstören ist eine „gesteigerte" Form der Beschädigung, nämlich eine Beeinträchtigung, die so weit geht, dass die betroffene Sache für ihren Zweck überhaupt nicht mehr brauchbar ist. Das wäre zum Beispiel der Fall, wenn ein Auto angezündet wird und vollständig verbrennt (→ *Brandstiftung).* Die Sachbeschädigung ist grundsätzlich → *Antragsdelikt;* ihre Verfolgung kann auf den Weg der → *Privatklage* verwiesen werden. Doch kann die Staatsanwaltschaft auch von Amts wegen – etwa bei Ausschreitungen aus Anlass von Demonstrationen (→ *Demonstrationsdelikt)* – die Verfolgung übernehmen.

Neben dem Grundtatbestand gibt es im Bereich der Sachbeschädigungsdelikte eine Reihe spezieller Delikte wie etwa die → *Computersabotage* und eine Reihe von Fällen, in denen die Beeinträchtigung von Sachen strenger geahndet wird. Darunter ist etwa gemeinschädliches Verhalten wie die Zerstörung eines öffentlich zugänglichen Feuerlöschers oder von Verkehrsbauwerken zu ziehen.

▸ Sachbezüge

Einnahmen, die nicht in Geld bestehen (Wohnung, Kost, Waren, Dienstleistung und sonstige Sachbezüge) sind im Rahmen der → *Einkunftsart,* in der sie zufließen, steuerpflichtig. Sie sind mit dem um Preisnachlässe geminderten üblichen Endpreis anzusetzen (§ 8 Abs. 2 EStG). → *Privat* genutzte Firmenfahrzeuge können pauschal oder konkret als Sachbezug der Besteuerung unterworfen werden. Sachbezüge sind steuerlich unbeachtlich, sofern die sich aus der Nutzung ergebenden Vorteile insgesamt 50 EUR im Kalendermonat nicht übersteigen.

▸ Sache

Eine Sache ist ein körperlicher Gegenstand (§ 90 BGB), unabhängig davon, ob er fest, flüssig oder gasförmig ist. Körperlichkeit setzt Abgrenzbarkeit im Raum voraus, sei es durch eigene körperliche Begrenzung, durch Fassung in einem Behältnis (z. B. Wein im Krug) oder durch sonstige Mittel (z. B. Grenzsteine). Gegenstand ist, was Objekt von Rechten sein kann; deshalb sind z. B. der menschliche Körper und seine Teile nicht Sache. Tiere sind zwar keine Sachen, es gelten für sie aber grundsätzlich die gleichen Vorschriften, § 90 a BGB. Anders als die einfache Sache (z. B. Münze) besteht eine zusammengesetzte Sache (z. B. Auto) aus mehreren → *Bestandteilen,* eine Sachgesamtheit (z. B. Bibliothek) wiederum aus mehreren Einzelsachen; die Abgrenzung wird nach der Verkehrsanschauung vorgenommen. Das Gesetz unterscheidet die beweglichen Sachen (Mobilien) von den unbeweglichen Sachen (Immobilien, → *Grundstücke).* Besonders definiert sind vertretbare (§ 91 BGB) und verbrauchbare (§ 92 BGB) Sachen. In der Regel sind alle Sachen verkehrsfähig, können also belastet oder veräußert werden.

▸ Sachenrecht

Als Sachenrecht bezeichnet man denjenigen Teil des → *Bürgerlichen* Rechts, der die Zuordnung von → *Sachen* zu Personen regelt. Es ist im 3. Buch des BGB enthalten und erfasst im Wesentlichen → *Besitz,* → *Eigentum* und dingliche Rechte. Anders als im → *Schuldrecht,* das vom Grundsatz der Vertragsfreiheit beherrscht wird, finden sich im Sachenrecht überwiegend zwingende, d. h. durch Parteiwillen nicht änderbare Vorschriften. Man unterscheidet das Recht der beweglichen Sachen (Mobiliarrecht) vom → *Immobiliarsachenrecht.*

Sachurteil

Ein Sachurteil ist ein → *Urteil,* das über die Begründetheit der Klage, also in der Sache selbst, entscheidet (etwa klärt, ob ein Kaufpreisanspruch besteht oder nicht). Ein Sachurteil darf nur ergehen, wenn alle → *Prozessvoraussetzungen* vorliegen.

Sachverständige

Sachverständige sind Personen, die für ein bestimmtes Gebiet besondere Sachkunde aufweisen. So kann etwa ein Unfallsachverständiger aus Bremsspuren, Beschaffenheit der Fahrbahn, der Art des beteiligten Fahrzeugs und den eingetretenen Schäden Rückschlüsse auf die gefahrene Geschwindigkeit ziehen. Der Sachverständigenbeweis ist zwar in allen Verfahrensarten bekannt, dürfte aber im Strafverfahren die größte Bedeutung haben.

Eine Person, die als Sachverständiger herangezogen wird und die das nötige Wissen hat, muss das Gutachten grundsätzlich erstatten. So kann auch ein Arzt, der einem Bekannten wegen des Verdachts der → *Trunkenheit im Verkehr* eine Blutprobe entnehmen soll, dies nicht mit Rücksicht auf die Bekanntschaft verweigern.

Säumniszuschläge

S. sind → *steuerliche* Nebenleistungen. Sie entstehen kraft Gesetzes, wenn der Steuerpflichtige die jeweilige Steuer nicht bis zum Ablauf des Fälligkeitstages entrichtet. Für jeden angefangenen Monat der Säumnis ist dann ein Säumniszuschlag von 1 v. H. des abgerundeten rückständigen Steuerbetrages zu entrichten. Für Überweisungen und Einzugsermächtigungen gilt eine Schonfrist von fünf Tagen.

Saldo → *Kontokorrent*

Satzungsgewalt

Die Satzungsgewalt, also die Befugnis, → *Satzungen* zu erlassen, ist für die kommunalen → *Gebietskörperschaften* Ausfluss des verfassungsrechtlich garantierten → *Selbstverwaltungsrechts.* Die Ermächtigungsnormen für den Erlass der kommunalen Satzungen sind in verschiedenen Gesetzen enthalten, insbesondere den Gemeinde- und Landkreisordnungen sowie den Kommunalabgabengesetzen. Daneben sind entsprechende Ermächtigungsnormen auch in Spezialgesetzen zu finden, vor allem im → *Baugesetzbuch* für die Aufstellung von Bebauungsplänen (→ *Bauleitplanung)* oder von baurechtlichen → *Veränderungssperren.*

▶ Satzung im Verwaltungsrecht

Die öffentlich-rechtliche Satzung stellt ein → *Gesetz* im materiellen Sinn dar. Vor allem die kommunalen Gebietskörperschaften, insbesondere die Gemeinden, verwenden die Rechtsform der Satzung, um ihre eigenen Angelegenheiten zu regeln.

Die Befugnis hierzu ist ihnen durch das in Art. 28 Abs. 2 GG garantierte Selbstverwaltungsrecht (→ *Selbstverwaltung der Gemeinden*) eingeräumt. Zum Erlass einzelner Satzungen sind die Gemeinden verpflichtet, insbesondere zur Aufstellung der Haushaltssatzung, ohne die eine geordnete Gemeindewirtschaft nicht möglich wäre. Ansonsten steht der Satzungserlass im Ermessen der Gemeinden, das allerdings in einigen Fällen eingeschränkt ist. So sind die Gemeinden etwa zur Aufstellung von → *Bauleitplänen* verpflichtet, soweit und sobald es für die städtebauliche Entwicklung und Ordnung erforderlich ist. Durch Satzung geregelt werden kann auch die Benutzung öffentlicher Einrichtungen; gegebenenfalls ist auch die Anordnung eines → *Anschluss-* und Benutzungszwangs möglich. Eine Satzung ist auch Voraussetzung für die Erhebung von → *Beiträgen* und → *Gebühren* durch die Gemeinden.

▶ Satzung im Zivilrecht

Unter einer Satzung versteht man allgemein die schriftlich niedergelegte Grundordnung eines rechtlichen Zusammenschlusses. Im Privatrecht ist Satzung die schriftliche, vertraglich zustande gekommene Verfassung eines Vereins, einer Aktiengesellschaft oder einer Genossenschaft; sie enthält insbesondere Bestimmungen über den Namen, den Zweck, den Sitz und die Organisation des jeweiligen Zusammenschlusses. Sie kann durch Beschluss der jeweiligen Mitglieder nachträglich geändert werden.

Schaden

Schaden ist jeder unfreiwillige Nachteil, den jemand an den eigenen, rechtlich geschützten Gütern erleidet, egal ob es sich um einen Vermögensschaden handelt oder um einen Nichtvermögensschaden. Im Gegensatz zum früheren Rechtszustand besteht bei Verletzungen des Körpers, der Gesundheit, der Freiheit und der sexuellen Selbstbestimmung auch für Nichtvermögensschäden ein umfassender, vielfach auch vom → *Verschulden* unabhängiger → *Schadensersatzanspruch* (§ 253 BGB).

Schadenersatz

Schadenersatz ist der Ausgleich des einer Person entstandenen Schadens; hierzu besteht eine rechtliche Verpflichtung nur dann, wenn dies gesetzlich ausdrücklich angeordnet ist. Grundsätzlich hat Schadenersatz durch Herstellung des Zustandes zu erfolgen, der ohne das schadensstiftende Ereignis bestehen würde (sogen. Naturalrestitution); ausnahmsweise kann der Verletzte stattdessen Schadenersatz in Geld verlangen (§§ 249 ff. BGB).

Schadensfreiheitsrabatt

Vor allem im Rahmen der → *Haftpflichtversicherung* und der → *Kaskoversicherung* für Kraftfahrzeuge spielt der Schadensfreiheitsrabatt eine auch wirtschaftlich wichtige Rolle. Man versteht unter diesem Begriff, dass nach dem schadensfreien Ablauf eines bestimmten Zeitraums – in der Regel eines Kalenderjahrs – die Höhe der zu zahlenden Versicherungsprämie um einen bestimmten Prozentsatz vermindert wird. Nach dem derzeitigen Stand liegt der niedrigste Beitragssatz bei 30 v. H. Umgekehrt führen Schäden oder sonstige ungünstige Einstufungen des Risikos – etwa bei Fahranfängern – zu Zuschlägen (so genannter Malus), so dass die Prämie auf bis zu 260 v. H. steigen kann.

Eine nur vorübergehende → *Abmeldung* eines Kraftfahrzeugs lässt im Übrigen einen bereits bestehenden Schadensfreiheitsrabatt unberührt.

Schadensversicherung

Dies ist eine auf die Deckung eines → *Schadens* gerichtete Versicherung (Beispiele: Hausrats-, Diebstahls-, und Haftpflichtversicherung). Speziell geregelt ist sie in §§ 49 ff. des Versicherungsvertragsgesetzes.

Schätzung von Besteuerungsgrundlagen

Können Finanzbehörden die Besteuerungsgrundlagen nicht ermitteln oder berechnen, weil der Steuerpflichtige keine oder nur unvollständige oder unzureichende Aufzeichnungen geführt hat oder trotz Aufforderung keine Steuererklärungen abgibt, kann die Finanzbehörde die Besteuerungsgrundlagen schätzen (§ 162 AO).

Scheck

Ein Scheck ist ein Wertpapier, das den strengen gesetzlichen Formvorschriften des Scheckgesetzes unterliegt und die Anweisung an die Bank des Scheckausstellers enthält, sofort bei Vorlage des Schecks an den Inhaber oder Überbringer eine bestimmte Geldsumme zu bezahlen; zur Bezahlung ist die bezogene Bank jedoch nur bei entsprechender Deckung auf dem Konto des Ausstellers verpflichtet. Bezahlt die Bank nicht, so können im Rahmen des Scheckregresses der Aussteller und diejenigen, die den Scheck übertragen haben, in Haftung genommen werden.

Scheidung → *Ehescheidung*

Scheingeschäft

Ein Scheingeschäft ist ein → *Rechtsgeschäft,* bei dem die Parteien einverständlich nur den Schein eines Geschäfts hervorrufen, sich aber beide nicht daran binden wollen. Wegen dieses beiderseitig fehlenden Rechtsbindungswillens ist ein Scheingeschäft nach

§ 117 Abs. 1 BGB nichtig (→ *Nichtigkeit*). Wird durch das Scheingeschäft jedoch ein anderes Geschäft verdeckt, ist dieses verdeckte Geschäft wirksam, wenn dessen Voraussetzungen erfüllt sind. Wenn bei einem Verkauf einer antiken Vase ein Kaufpreis von 1000 EUR vereinbart wird und zur Täuschung etwaiger Pfändungsgläubiger zum Schein ein schriftlicher Kaufvertrag über 500 EUR abgefasst wird, ist der Kauf über 1000 EUR wirksam, da Formvorschriften nicht einzuhalten sind. Anders verhält es sich bei den in der Praxis vorkommenden → *Unterverbriefungen* bei Grundstücksgeschäften. Hier kommt zunächst kein wirksamer Kaufvertrag zustande, da der beurkundete Vertrag nach § 117 BGB und der verdeckte Vertrag über den höheren Kaufpreis wegen Formmangels nach §§ 311b, 125 BGB nichtig ist. Hier erhalten also weder Verkäufer noch Käufer irgendwelche Ansprüche. Nur wenn tatsächlich die Auflassung und Eintragung ins Grundbuch erfolgen, wird dieser Formmangel nachträglich geheilt.

▸ Scheingesellschaft

Wird der Anschein des Bestehens einer Handelsgesellschaft erweckt, obwohl diese in Wahrheit gar nicht besteht, müssen sich die Scheingesellschafter so behandeln lassen, als bestünde die Gesellschaft doch; sie haften damit wie wirkliche Gesellschafter.

▸ Scheinkaufmann

Ein Scheinkaufmann ist jemand, der im → *Handelsregister* eingetragen ist, obwohl er in Wahrheit gar kein → *Kaufmann* ist; er muss sich dann trotzdem wie ein Kaufmann behandeln lassen.

▸ Schenkungsteuer → *Erbschaftsteuer*

▸ Schenkung von Todes wegen

S. ist ein formbedürftiges, notariell beurkundungspflichtiges Schenkungsversprechen. Es wird unter der Bedingung erteilt, dass der Beschenkte den Schenker überlebt (§ 2301 Abs. 1 BGB). Bei Eintritt des → *Erbfalls* ist das formgerechte Schenkungsversprechen entweder als → *Vermächtnis* (sofern ein Einzelgegenstand zugewendet wurde) oder als Erbeneinsetzung (sollte das gesamte Vermögen oder ein Bruchteil des Vermögens zugeordnet worden sein) zu behandeln. Der Empfänger des Schenkungsversprechens erhält bis zum Tode des Schenkers keine gesicherte Rechtsposition. Wird die Schenkung bereits zu Lebzeiten vollzogen, untersteht sie nicht dem Recht der letztwilligen Verfügung, sondern wird wie eine Schenkung unter Lebenden behandelt

Schiedsgericht

Ein Schiedsgericht ist ein privates Gericht, das über bürgerliche Rechtsstreitigkeiten entscheidet und damit an die Stelle der staatlichen Gerichte tritt. Es ist zuständig, wenn die Parteien einen wirksamen Schiedsvertrag (§ 1025 ZPO) geschlossen haben. Siehe auch → *schiedsrichterliches Verfahren.*

Schiedsmann

Dies ist eine Person, die in einigen Bundesländern als Vergleichsbehörde im Sinne des § 380 StPO tätig wird. Bei bestimmten Privatklagedelikten muss er vor Erhebung der → *Privatklage* zu einem Sühneversuch (→ *Sühneverfahren)* eingeschaltet werden.

Schiedsrichterliches Verfahren

Das Verfahren der → *Schiedsgerichte* ist in den §§ 1025 ff. ZPO geregelt. Es endet meist mit einem Schiedsspruch oder mit einem Schiedsvergleich, der die Wirkungen eines Urteils oder – beim Schiedsvergleich – eines dem Urteil gleichwertigen Titels hat.

Schiedsvertrag

Abgesehen von der gelegentlich auch einseitig möglichen Anordnung (etwa in einem Testament für den Fall der Erbauseinandersetzung) kann ein → *schiedsgerichtliches Verfahren* nur durch eine Übereinkunft der betroffenen Parteien vereinbart werden. Schiedsverträge werden insbesondere im Bereich der Personengesellschaften getroffen, bei denen Auseinandersetzungen nicht der bei der staatlichen Gerichtsbarkeit regelmäßig gegebenen → *Öffentlichkeit* zugänglich gemacht werden sollen.

Beim Vorliegen einer wirksamen Schiedsvereinbarung ist die Streitigkeit dem Zugriff der staatlichen Gerichtsbarkeit regelmäßig weitgehend oder sogar vollständig entzogen; an ihre Stelle tritt das → *Schiedsgericht*.

Schiff

Ein Schiff ist ein Wasserfahrzeug mit einer gewissen Mindestgröße (nicht z. B. ein Ruderboot). Ist es in einem bei bestimmten Amtsgerichten geführten Schiffsregister eingetragen, wird es rechtlich wie ein Grundstück behandelt, kann also beispielsweise mit → *Hypotheken* belastet werden (sogen. Schiffshypothek).

Schifffahrtsgerichte

Schifffahrtsgerichte sind besondere Abteilungen einzelner Amtsgerichte, die in erster Instanz für die Entscheidungen in Binnenschifffahrtssachen zuständig sind.

Schikane → *Soldatenrecht*

Schlägerei

Im strafrechtlichen Sinn ist eine Schlägerei eine tätliche Auseinandersetzung unter mindestens drei Personen – ihr gleichgestellt ist ein von mehreren Personen unternommener Angriff –, durch die ein Mensch getötet werden oder eine schwere → *Körperverletzung* erleiden muss. Unter dieser Voraussetzung ist allein die Teilnahme an der Schlägerei als solche strafbar, es sei denn, dass der Betreffende ohne sein Verschulden in sie hineingezogen worden ist. Letzteres kann der Fall sein, wenn jemand grundlos angegriffen wird und sich dagegen wehren muss.

Schlichtung

S. ist ein auf Erhaltung des Arbeitsfriedens gerichtetes Verfahren zur Beilegung von Konflikten zwischen den Parteien eines → *Tarifvertrags;* sie wird häufig in einem Tarifvertrag von vornherein vereinbart oder ist manchmal auch gesetzlich vorgeschrieben. An den jeweiligen Vorschlag des Schlichters sind die Parteien jedoch nicht gebunden.

Schlüsselgewalt

Unabhängig vom → *Güterstand* ist jeder → *Ehegatte,* solange die eheliche Gemeinschaft besteht, im Rahmen der gemeinsamen Haushaltsführung berechtigt, → *Rechtsgeschäfte* zur angemessenen Deckung des Lebensbedarfs der Familie mit Wirkung auch für den anderen Ehegatten zu besorgen. Durch derartige Geschäfte werden beide Ehegatten berechtigt und verpflichtet, es sei denn, dass sich aus den Umständen etwas anderes ergibt (§ 1357 BGB). Die Berechtigung kann beschränkt oder ausgeschlossen werden und wirkt Dritten gegenüber nur, wenn eine Eintragung im → *Güterrechtsregister* erfolgt ist.

Schlüssigkeit

Die Schlüssigkeit einer → *Klage* ist gegeben, wenn die vom Kläger vorgetragenen (und als richtig unterstellten) Tatsachen den Klageantrag rechtfertigen. Die Schlüssigkeit ist ein Unterbegriff im Rahmen der Begründetheitsprüfung einer Klage. Bei ihr wird nur auf das Vorbringen des Klägers abgestellt. Eine unschlüssige Klage muss als unbegründet abgewiesen werden. Dies gilt auch dann, wenn der Beklagte seine Verteidigungsbereitschaft nicht erklärt oder im Termin nicht erscheint, da ein → *Versäumnisurteil* eine schlüssige Klage voraussetzt.

Schlussgehör

Dieser Begriff besagt, dass ein Beschuldigter spätestens vor Abschluss eines → *Ermittlungsverfahrens* – wenn dies nicht ohnehin eingestellt wird – die Gelegenheit erhalten muss, sich zu dem Vorwurf zu äußern.

Schlussverkauf

Das Gesetz gegen unlauteren Wettbewerb verbietet grundsätzlich jede Art von → *Sonderveranstaltungen*, also von Verkaufsveranstaltungen im Einzelhandel, die außerhalb des regulären Geschäftsverkehrs stattfinden, der Beschleunigung des Warenabsatzes dienen und den Eindruck der Einräumung besonderer Kaufvorteile hervorrufen. Ausgenommen sind Jubiläumsverkäufe, die anlässlich des 25-jährigen Geschäftsbestehens durchgeführt werden dürfen sowie Schlussverkäufe für die Dauer von jeweils 12 Tagen Ende Januar (Winterschlussverkauf) und Ende Juli (Sommerschlussverkauf). Erfasst werden Textilien, Bekleidungsgegenstände, Schuh- und Lederwaren sowie Sportartikel. Anders als beim → *Räumungsverkauf* ist das Nachschieben von Waren zulässig. Eine Lockerung dieser Regelungen ist in absehbarer Zeit geplant.

Schmerzensgeld

Das Schmerzensgeld ist diejenige Entschädigung in Geld, die zivilrechtlich nach § 253 BGB wegen des Nichtvermögensschadens bei einer Verletzung des Körpers, der Gesundheit, der Freiheit oder der sexuellen Selbstbestimmung verlangt werden kann. Teilweise, so insbesondere bei einer Schädigung im Rahmen der Benutzung von Verkehrsmitteln, ist ein → *Verschulden* des Schädigers nicht mehr erforderlich.

Schöffen

Im Bereich des Strafverfahrens werden die → *ehrenamtlichen Richter* als Schöffen bezeichnet. Innerhalb der → *Hauptverhandlung* – nur dort wirken die Schöffen mit – sind sie mit den berufsmäßigen Richtern völlig gleichberechtigt.

Die Schöffen werden alle 4 Jahre von einem Ausschuss, der aus einem Richter am Amtsgericht, einem Verwaltungsbeamten und 10 Vertrauenspersonen besteht, gewählt. Dieser Ausschuss greift dabei auf Vorschlagslisten zurück, die die Gemeinden aufstellen. Das Amt des Schöffen ist für die Gewählten ein Ehrenamt, das nur in eng begrenzten Ausnahmefällen abgelehnt werden kann. Für die Sitzungstage erhalten die Schöffen Entschädigung nach den für ehrenamtliche Richter geltenden Bestimmungen.

Schöffengericht

Neben dem Einzelrichter kennt das → *Amtsgericht* in Strafsachen als weiteren Spruchkörper das Schöffengericht. Es ist in der Regel mit einem Berufsrichter als Vorsitzendem und zwei Schöffen besetzt. Das Schöffengericht ist – soweit nicht das → *Landgericht* tätig werden muss – zur Entscheidung zuständig, wenn ein → *Verbrechen* angeklagt wird oder wenn bei der Verfolgung eines → *Vergehens* eine Strafe erwartet wird, die über die Zuständigkeit des Einzelrichters hinausgeht.

Schönheitsreparaturen

Dies ist der Begriff für Instandsetzungsarbeiten im Inneren einer Wohnung oder eines Hauses, die durch das Bewohnen notwendig werden. Dies sind vor allem das Streichen von Wänden und Decken sowie das Lackieren von Türen, Heizkörpern und Fenstern (von innen).

Nach dem Mietrecht des BGB ist die Durchführung der Schönheitsreparaturen an sich Sache des Vermieters. Die Rechtsprechung lässt aber eine Abwälzung dieser Pflicht auf den Mieter durch die → *Allgemeinen Geschäftsbedingungen* eines → *Mietvertrags* zu. Allerdings müssen die hierbei dem Mieter auferlegten Pflichten im Einzelnen angemessen sein. Wichtig ist dabei vor allem: Die Vereinbarung so genannter Fristenpläne, also von Zeiträumen, nach deren Ablauf Schönheitsreparaturen durchzuführen sind, ist nur statthaft, wenn diese Fristen angemessen sind. Anerkannt sind drei Jahre für Küchen und Bäder, fünf Jahre für Wohn- und Schlafräume, Dielen, Flure und Toiletten und sieben Jahre für alle übrigen Räume.

Unzulässig ist die Verpflichtung, diese Arbeiten durch eine Fachfirma ausführen zu lassen. Gefordert werden darf lediglich die

fachgerechte Ausführung. Als weitgehend unzulässig wird auch eine Klausel angesehen, nach der ein Mieter während eines Auszugs innerhalb der Laufzeit des Fristenplans die anteiligen Kosten entsprechender Schönheitsreparaturen an den Vermieter zahlen muss. Als statthaft wird es dagegen angesehen, auch bei Übergabe einer unrenovierten Wohnung die Durchführung von Schönheitsreparaturen auf den Mieter zu übertragen, wenn er zum Ausgleich bei Beendigung des Mietverhältnisses jedenfalls von Schönheitsreparaturen freigestellt bleibt.

Schriftliches Verfahren

Ein schriftliches Verfahren ist das völlig ohne → *mündliche Verhandlung* durchgeführte. Es ist nur ausnahmsweise zulässig. Im → *Zivilprozess* sind die Voraussetzungen in § 128 Abs. 2 und 3 ZPO geregelt (möglich insbesondere, wenn die Parteien diesem Verfahren zustimmen). Für Verfahren vor dem → *Amtsgericht* gibt darüber hinaus § 495 a ZPO bei geringerem → *Streitwert* die Möglichkeit, nur schriftlich zu verhandeln, soweit nicht eine mündliche Verhandlung gefordert wird.

Bei den Arbeitsgerichten ist ein schriftliches Verfahren nicht zugelassen.

Im Verwaltungsprozess kann im → *Beschlussverfahren* oder Normenkontrollverfahren (→ *Normenkontrolle*) ohne mündliche Verhandlung entschieden werden, im Klageverfahren nur, wenn die → *Beteiligten* damit einverstanden sind.

Schuld

Unter Schuld versteht man die Vorwerfbarkeit tatbestandsmäßigen Verhaltens. Sie setzt Schuldfähigkeit voraus, die in der Regel bei Personen mit einem Mindestalter von 14 Jahren gegeben ist. (→ *Schuldunfähigkeit;* im Zivilrecht → *Verschulden).*

Schuldanerkenntnis

Ein Schuldanerkenntnis ist ein → *Vertrag,* durch den eine → *Schuld* anerkannt wird. Ein bloß deklaratorisches Schuldanerkenntnis liegt vor, wenn eine bereits bestehende Schuld nur bestätigt werden soll, um sie etwa dem Streit der Parteien zu entziehen. Durch ein Anerkenntnis kann aber auch nur eine Beweiserleichterung gewollt sein. Durch ein konstitutives Schuldanerkenntnis soll schließlich unabhängig von einem bereits bestehenden Schuldgrund eine neue, selbständige Schuld geschaffen werden (§ 781 BGB). Der Sinn eines Schuldanerkenntnisses ist durch → *Auslegung* zu ermitteln.

▸ Schuldausschließungsgründe

Im Strafverfahren führt die Existenz eines Schuldausschließungsgrundes dazu, dass die Vorwerfbarkeit eines tatbestandsmäßigen Verhaltens entfällt. Neben der → *Schuldunfähigkeit* sind insbesondere noch der entschuldigende → *Notstand* und der Notwehrexzess – dies ist das Überschreiten eines Notwehrrechts aus Verwirrung, Furcht oder Schrecken – als Schuldausschließungsgründe zu nennen.

▸ Schulden

Als Schulden bezeichnet man die Verbindlichkeiten (Verpflichtungen) einer Person. Die Verbindlichkeiten des → *Schuldners* sind aus der Sicht des Gläubigers dessen Forderungen (oder Ansprüche).

▸ Schuldmitübernahme

Eine Schuldmitübernahme (oder Schuldbeitritt, kumulative → *Schuldübernahme)* bedeutet, dass bei dem Schuldverhältnis neben den bisherigen Schuldner ein weiterer Schuldner tritt, wobei dann eine → *Gesamtschuld* entsteht. Die Schuldmitübernahme ist im Gesetz vereinzelt angeordnet (etwa in § 25 HGB: Hier haften bei einer Firmenfortführung der ursprüngliche Inhaber und der Übernehmer). Ein vertraglicher Schuldbeitritt ist im Gesetz nicht geregelt. Er ist aber nach dem Grundsatz der Vertragsfreiheit möglich und bedarf keiner → *Form.*

Schuldner

Der Schuldner ist diejenige Partei eines → *Schuldverhältnisses,* die verpflichtet ist, einem anderen (dem Gläubiger) eine → *Leistung* zu erbringen. In der → *Zwangsvollstreckung* wird derjenige, gegen den vollstreckt wird, ebenfalls Schuldner genannt.

Schuldnerverzeichnis

Hierbei handelt es sich um ein beim → *Vollstreckungsgericht* geführtes Verzeichnis, in das alle Personen aufgenommen werden, die eine → *eidesstattliche Versicherung* nach § 807 ZPO abgegeben haben oder gegen die wegen grundloser Verweigerung dieser Versicherung die Haft angeordnet wurde (§ 915 ZPO). Eintragungen in das Schuldnerverzeichnis stellen in der Praxis eine sehr bedeutsame Maßnahme der → *Zwangsvollstreckung* dar, da jedermann Auskunft über die Einträge erhält. Dies führt dazu, dass aufgenommene Schuldner in der Regel keine Kredite mehr erhalten.

Schuldnerverzug

Der Schuldnerverzug ist ein Fall der Leistungsstörung, bei dem der → *Schuldner* eine ihm noch mögliche → *Leistung* (ansonsten → *Unmöglichkeit der Leistung*) aus einem von ihm zu vertretenden Grund (also Verantwortlichkeit) rechtswidrig verzögert. Der Verzug des Schuldners ist in §§ 286 ff. BGB geregelt. Er setzt neben der Fälligkeit der Forderung regelmäßig eine Mahnung voraus. Einer Mahnung bedarf es aber nicht, wenn die Fälligkeit kalendermäßig bestimmt ist (etwa Zahlung am 1. 3. 2003). Der sich im Verzug befindliche Schuldner hat den entstehenden Schaden zu ersetzen, haftet schärfer und muss Verzugszinsen bezahlen.

Schuldrecht

Als Schuldrecht bezeichnet man die Gesamtheit der Normen, welche die rechtliche Beziehung zwischen verschiedenen Personen regeln. Das Schuldrecht befasst sich mit der Begründung, Änderung und Beendigung von → *Schuldverhältnissen.* Es ist im zweiten Buch des Bürgerliches Gesetzbuchs geregelt, in dem insbesondere auch verschiedene typische Schuldverhältnisse besonders ausgestaltet sind (etwa Kauf, Miete, Dienstvertrag). Da das Schuldrecht den rechtsgeschäftlichen Verkehr regelt, enthalten auch viele Vorschriften des Handelsgesetzbuch schuldrechtliche Normen. Vom Schuldrecht zu unterscheiden ist das → *Sachenrecht.*

Schuldschein

Ein Schuldschein ist eine → *Urkunde,* die der → *Schuldner* dem Gläubiger zum Beweis für das Bestehen der Forderung ausstellt. Dabei kann durch den Schuldschein die Schuld erst begründet werden, es kann dieser aber auch eine schon bestehende Schuld lediglich bestätigen. Das Eigentum an der Urkunde steht dem Gläubiger zu (§ 952 BGB). Bezahlt der Schuldner seine Verbindlichkeit, kann er Rückgabe des Schuldscheins verlangen (§ 371 BGB).

Schuldübernahme

Eine Schuldübernahme ist ein → *Vertrag,* durch den ein Dritter (der Übernehmer) in der Weise in ein bestehendes → *Schuldverhältnis* eintritt, dass nunmehr er der → *Schuldner* ist und der alte Schuldner von seiner Verbindlichkeit frei wird. Die Schuldübernahme ist in §§ 414 ff. BGB geregelt. Da durch die Auswechslung des Schuldners wesentliche Interessen des Gläubigers berührt werden, muss entweder der Vertrag zwischem dem Übernehmer und dem Gläubiger abgeschlossen werden oder aber dieser muss dem Vertrag zwischen altem und neuem Schuldner zustimmen. Wegen einer kumulativen Schuldübernahme siehe → *Schuldmitübernahme.*

Schuldunfähigkeit

Im Zivilrecht bedeutet Schuldunfähigkeit, dass man für Schäden, die man angerichtet hat, mit Ausnahme einer Ersatzpflicht aus Billigkeitsgründen keinen Ersatz leisten muss. Das trifft in der Regel zu auf Kinder bis zu 7 Jahren und Geisteskranke. Zwischen

7 und 18 Jahren findet eine zivilrechtliche Haftung nur bei der notwendigen Einsicht in die Verantwortlichkeit für das jeweilige Tun statt.

Eine wichtige Ausnahme von der Altersgrenze von 7 Jahren gilt aber bei Unfällen mit Kraftfahrzeugen, Schienen- und Schwebebahnen: Hier ist das schädigende Kind bei nur fahrlässigem Verhalten frühestens ab einem Alter von 10 Jahren verantwortlich.

Im Strafverfahren schließt die Schuldunfähigkeit den Vorwurf schuldhaften Verhaltens und damit eine Bestrafung des Beschuldigten aus. Es können jedoch → *Maßregeln der Besserung und Sicherung* gegen ihn in Betracht kommen. Verminderte Schuldfähigkeit hebt hingegen die Strafbarkeit nicht auf. Sie erlaubt es aber dem Gericht, die Strafe zu mildern.

Schuldunfähigkeit kann auf einer krankhaften seelischen Störung, einer tief greifenden Bewusstseinsstörung, bedingt etwa durch einen starken Rauschzustand (→ *Alkoholdelikte,* Blutalkohol) oder einen starken → *Affektzustand,* auf Schwachsinn oder auf einer anderen, schweren Abartigkeit beruhen. Dieser Zustand muss dann entweder die Einsicht verhindern, dass das betreffende Verhalten Unrecht darstellt, oder er muss den Täter daran hindern, sich entsprechend einer solchen Einsicht zu verhalten.

Besteht bereits im Rahmen des → *Ermittlungsverfahrens* bei schwerwiegenden Straftaten die Annahme, dass ein Täter schuldunfähig ist, so kommt anstatt der Verhängung von → *Untersuchungshaft* eine → *einstweilige Unterbringung* in Betracht.

Schuldverhältnis

Die rechtlichen Beziehungen zweier oder mehrerer Personen, die dem Gläubiger das Recht geben, vom → *Schuldner* eine → *Leistung* zu verlangen, nennt man Schuldverhältnis. Schuldverhältnisse schaffen Rechte und Pflichten nur zwischen den Parteien. So kann der Verkäufer etwa nur vom Käufer und nicht von einem sonstigen Dritten Zahlung des Kaufpreises verlangen. Eine Ausnahme hiervon stellt jedoch der → *Vertrag* zugunsten Dritter dar. Die Schuldverhältnisse sind im → *Schuldrecht* geregelt. Sie können kraft Gesetzes (etwa bei unerlaubten Handlungen nach

§§ 823 ff. BGB) oder durch → *Rechtsgeschäft* (insbesondere die typischen Verträge wie Kauf oder Miete) zustande kommen. Im Regelfall erlöschen sie durch → *Erfüllung*.

Schuldzinsen

S. die mit → *Einkünften* im Zusammenhang stehen, können als → *Werbungskosten* oder → *Betriebsausgaben* abgezogen werden. Schuldzinsen sind als Betriebsausgabe nur so weit abziehbar, als keine Entnahmen vorliegen, die die Summe des Gewinns und der → *Einlagen* des jeweiligen Wirtschaftsjahres übersteigen (§ 4 Abs. 4 a EStG).

Schwangerschaftsabbruch

Ein Schwangerschaftsabbruch ist die Abtötung der Leibesfrucht nach der Nidation – das ist die Einnistung des befruchteten Eies in die Gebärmutter – bis zum Beginn des Geburtsakts – dies ist bei normalem Verlauf einer Geburt das Einsetzen der Eröffnungswehen.

Ein gegen den Willen der Schwangeren vorgenommener Abbruch ist für den Ausführenden stets strafbar.

Mit dem Schwangeren- und Familienhilfeänderungsgesetz vom 21. 8. 1995 dürfte der Gesetzgeber – was die Strafbarkeit der Schwangeren angeht – nunmehr einen Schlusspunkt unter die jahrzehntelangen Diskussionen gesetzt haben. Nach diesem Gesetz ist ein Schwangerschaftsabbruch für eine Schwangere nicht rechtswidrig, wenn eine Fortsetzung der Schwangerschaft für sie Lebensgefahr oder die Gefahr einer schwerwiegenden Beeinträchtigung des körperlichen oder seelischen Gesundheitszustandes mit sich bringt oder die Schwangere – was ein Arzt bestätigen muss – Opfer eines Sexualdelikts geworden ist, die Schwangerschaft mit hoher Wahrscheinlichkeit aus dieser Tat herrührt und eine Frist von höchstens 12 Wochen ab der Empfängnis eingehalten ist.

Im Übrigen bleibt ein Schwangerschaftsabbruch zwar rechtswidrig. Die Schwangere und der Arzt, der mit ihrem Einverständnis den Abbruch vornimmt, bleiben aber straffrei, wenn

- die Schwangere sich mindestens 3 Tage vor dem Eingriff von einer zugelassenen Beratungsstelle beraten ließ,

- dies dem Arzt durch eine Bescheinigung nachgewiesen ist und
- seit der Empfängnis nicht mehr als 12 Wochen vergangen sind.

Schwarzarbeit

Der Begriff der Schwarzarbeit wird nicht eindeutig gebraucht. Es wird zwischen Schwarzarbeit im engeren und im weiteren Sinn unterschieden. Das Gesetz zur Bekämpfung der Schwarzarbeit (SchwArbG) betrifft die Schwarzarbeit **im engeren Sinn**. Gemäß § 1 Abs.1 SchwArbG leistet Schwarzarbeit, wer Dienst- oder Werkleistungen in erheblichem Umfang erbringt, obwohl er (a) der Mitteilungspflicht gegenüber der Bundesanstalt für Arbeit, einem Träger der gesetzlichen Renten-, Unfall- oder Krankenversicherung oder der Sozialhilfe nicht nachgekommen ist, (b) ein stehendes Gewerbe nicht angezeigt bzw. eine Reisegewerbekarte nicht erworben hat oder (c) ein Handwerk als stehendes Gewerbe sebständig betreibt ohne in die Handwerksrolle eingetragen zu sein. Der Schwarzarbeit gleichgestellt ist die Beauftragung von Subunternehmern mit Schwarzarbeit (§ 2 SchwArbG). Nicht unter den Schwarzarbeitsbegriff fallen Dienst- oder Werkleistungen, die auf **Gefälligkeit** oder **Nachbarschaftshilfe** beruhen.

Ein **Verstoß** gegen das Schwarzarbeitsverbot ist für den Schwarzarbeiter wie für den Auftraggeber mit einer Geldbuße bis zu 100 000 EUR bedroht. **Verträge** über die Leistung verbotener Schwarzarbeit werden überwiegend wegen Verstoßes gegen ein gesetzliches Verbot als nichtig angesehen. Für den Bereich der Erbringung von Dienstleistungen im Rahmen eines Arbeitsverhältnisses ist dies allerdings strittig.

Schwarzarbeit **im weiteren Sinn** liegt vor, wenn im Rahmen eines Arbeitsverhältnisses die allgemeinen sozialversicherungs- und steuerrechtlichen Melde- und Abführungspflichten vom Arbeitgeber nicht beachtet wurden.

Schwerbehinderte Menschen

Nach der Definition in § 2 des Neunten Buchs des → *Sozialgesetzbuchs* (SGB IX) sind Schwerbehinderte behinderte Menschen, die wegen ihrer körperlichen Funktion, ihren geistigen Fähigkeiten oder ihrer seelischen Gesundheit mit hoher Wahrscheinlichkeit länger als sechs Monate von dem für das Lebensalter typischen Zustand abweichen und bei denen ein Grad der Behinderung von wenigstens 50 vorliegt; weitere Voraussetzung ist ein Wohnsitz oder gewöhnlicher Aufenthalt oder eine Beschäftigung auf einem geeigneten Arbeitsplatz im Geltungsbereich des Gesetzes. Behinderte mit einem Grad der Behinderung von mehr als 30, aber weniger als 50 und die ohne Gleichstellung einen geeigneten Arbeitsplatz nicht bekommen oder behalten können und bei denen die weiteren vorstehend genannten Voraussetzungen erfüllt sind, werden auf Antrag vom Arbeitsamt Schwerbehinderten gleichgestellt. Schwerbehinderte genießen einen besonderen Kündigungsschutz dergestalt, dass das Integrationsamt einer Beendigung des Arbeitsverhältnisses zustimmen muss; bei Streitigkeiten hierüber entscheiden die → *Verwaltungsgerichte.* Private und öffentliche Arbeitgeber mit mindestens 20 Arbeitsplätzen müssen mindestens 5 v. H. Schwerbehinderte beschäftigen; wird diese Quote nicht erfüllt, ist für jede nicht besetzte Stelle eine Ausgleichsabgabe zu zahlen. Zum Nachweis für die Schwerbehinderung dient der von den Versorgungsämtern ausgestellte Schwerbehindertenausweis, in den der Grad der Behinderung und sonstige gesundheitliche Merkmale (etwa eine außergewöhnliche Gehbehinderung) eingetragen werden. Für Streitigkeiten über die Ausstellung, die Berichtigung oder die Einziehung von Schwerbehindertenausweisen ist der Rechtsweg zu den → *Sozialgerichten* gegeben.

▸ Schwurgericht

Schwurgericht ist die Bezeichnung für diejenige → *Strafkammer* des → *Landgerichts,* die für die Verhandlung über Anklagen wegen → *Mordes,* Totschlags und weitere Delikte mit Todesfolgen zuständig ist. Das Schwurgericht besteht aus 3 Berufsrichtern und 2 → *Schöffen;* die frühere Bezeichnung der → *ehrenamtlichen Richter* als → *Geschworene* ist nicht mehr gebräuchlich.

▸ Seeschifffahrt

Hierunter versteht man die Schifffahrt auf Seewasserstraßen

und auf hoher See im Gegensatz zur → *Binnenschifffahrt* und zur Küstenschifffahrt. Dem Bund obliegt nach dem Gesetz über die Aufgaben des Bundes auf dem Gebiet der Seeschifffahrt im Wesentlichen die Förderung der deutschen Handelsflotte, die Überwachung der Verkehrssicherheit der Wasserfahrzeuge und der Seenotdienst.

Selbständige Arbeit

Einkünfte aus selbständiger Arbeit unterliegen als → *Gewinneinkünfte* der Einkommensteuer.

(1) Zu den Einkünften aus selbständiger Arbeit zählen die in § 18 EStG explizit aufgeführten Einkünfte aus freiberuflicher Tätigkeit, insbesondere diejenigen aus den dort genannten Katalogberufen (z. B. Ärzte, Zahnärzte, Tierärzte, Rechtsanwälte, Notare, Ingenieure, Architekten, Wirtschaftsprüfer, Steuerberater, Heilpraktiker u. a.), ferner Einkünfte staatlicher Lotterieeinnehmer, Einkünfte aus sonstiger selbständiger Tätigkeit (z. B. → *Testamentsvollstrecker,* Vermögensverwalter, Tätigkeit als Aufsichtsratsmitglied).

(2) Einkünfte aus selbständiger Arbeit sind im Übrigen dann gegeben, wenn selbständig, nachhaltig unter Teilnahme am wirtschaftlichen Verkehr und in Gewinnerzielungsabsicht eine persönliche Arbeitsleistung des Berufsträgers erbracht wird. Die Ausübung einer selbständigen Tätigkeit unterscheidet sich von der gewerblichen und der eines land- und forstwirtschaftlichen Betriebes in der Regel dadurch, dass der Einsatz von Kapital gegenüber der geistigen Arbeit und der eigenen Arbeitskraft in den Hintergrund tritt.

Selbstanzeige

Wer in den Fällen der → *Steuerhinterziehung* (§ 370 AO) unrichtige oder unvollständige Angaben bei der Finanzbehörde berichtigt oder ergänzt oder unterlassene Angaben nachholt, wird straffrei. Bedingung ist, dass die Selbstanzeige vor Beginn einer steuerlichen Prüfung, vor Einleitung eines Straf- und Bußgeldverfahrens und vor Entdeckung der Tat durch die Finanzbehörden erfolgt. Außerdem muß die hinterzogene Steuer innerhalb einer angemessenen Frist nachentrichtet werden (§ 371 AO).

Selbstbehalt → *Unterhaltspflicht*

Selbsteintritt → *Eintrittsrecht im Verwaltungsrecht*

Selbstkontrahieren

Diese Art eines Vertragsschlusses liegt vor, wenn ein → *Stellvertreter* für seinen Geschäftsherrn einerseits mit sich selbst auf der anderen Seite ein → *Rechtsgeschäft* tätigt (z. B.: V als Vertreter des A verkauft ein dem A gehörendes Auto an sich selbst), oder wenn er auf beiden Seiten als Vertreter auftritt (V als Vertreter des A verkauft das Auto an B, wobei er auch den B vertritt). Ein solches Insichgeschäft ist unwirksam, wenn es nicht ausschließlich der Erfüllung einer Verbindlichkeit dient oder gestattet war (§ 181 BGB). Zweck der Norm ist die Vermeidung von Interessenskonflikten.

Selbstverwaltung der Gemeinden

Den → *Gemeinden* und den → *Gemeindeverbänden* ist das Recht, die Angelegenheiten der örtlichen Gemeinschaft im Rahmen der Gesetze eigenverantwortlich regeln zu können, durch Art. 28 Abs. 2 GG garantiert. Der verfassungsrechtliche Schutz erfasst allerdings nur einen Kernbereich; der Entzug einzelner Aufgaben in Form einer Übertragung auf eine überörtliche Gebietskörperschaft ist dagegen zulässig, wenn nicht der Wesensgehalt des Selbstverwaltungsrechts betroffen ist. Zu den Angelegenheiten der örtlichen Gemeinschaft gehören die Aufgaben, die in der örtlichen Gemeinschaft wurzeln oder auf sie einen speziellen Bezug haben und ihre Verwaltungs- und Finanzkraft nicht übersteigen. Hierzu gehören im Wesentlichen die Daseinsvorsorge, die Planungshoheit und die kommunale Personal- und Finanzhoheit; Letzteres wird durch Art. 28 Abs. 2 Satz 3 GG ausdrücklich anerkannt. Den Gemeinden ist bei der Erfüllung der entsprechenden Aufgaben ein Handlungs- und Gestaltungsspielraum eingeräumt, der weitgehend frei von staatlicher Einflussnahme ist. Die Maßnahmen der Gemeinden im eigenen Wirkungskreis können deshalb von den Aufsichtsbehörden regelmäßig nur auf ihre Rechtmäßigkeit, nicht aber auf ihre Zweckmäßigkeit hin überprüft werden (Rechtsaufsicht); dagegen erstreckt sich die Aufsicht im übertragenen Wirkungskreis, in dem die Gemeinden vom Staat zugewiesene Aufgaben erfüllen müssen, auch auf die Zweckmäßigkeitskontrolle (Fachaufsicht).

Senat im Staatsrecht

Senat wird in den Stadtstaaten Berlin, Hamburg und Bremen das höchste Regierungsorgan, die Landesregierung, genannt.

Senat in der Gerichtsverfassung

Im Bereich der ordentlichen Gerichtsbarkeit wird ein Spruchkörper bei einem Oberlandesgericht oder beim Bundesgerichtshof als Senat bezeichnet.

Im Verwaltungsprozess heißen die Spruchkörper beim → *Oberverwaltungsgericht* und beim → *Bundesverwaltungsgericht* gleichfalls Senate; Gleiches gilt für das → *sozialgerichtliche Verfahren* beim Landessozialgericht und beim → *Bundessozialgericht.* Im → *Finanzgerichtsverfahren* gilt Abweichendes; hier werden nicht nur die Spruchkörper beim → *Bundesfinanzhof* Senate genannt, sondern auch die bei den erstinstanzlichen Finanzgerichten.

Im arbeitsgerichtlichen Verfahren heißen nur die Spruchkörper beim → *Bundesarbeitsgericht* Senat; bei den → *Arbeitsgerichten* und bei den Landesarbeitsgerichten entscheiden Kammern.

Sequestration

Die Sequestration ist im Zwangsvollstreckungsverfahren die Verwaltung einer Sache durch einen vertrauenswürdigen Verwahrer. Sie ist in der ZPO ausdrücklich vorgesehen in den §§ 848 und 855. Häufig wird sie auch bei Erlass einer → *einstweiligen Verfügung* angeordnet, um die spätere Durchsetzung eines Herausgabeanspruchs zu sichern.

▶ Sexualstraftaten

Zielrichtung des heutigen Strafrechts ist es im Bezug auf sexuelles Verhalten nicht mehr, moralische Anschauungen durchzusetzen. Vielmehr sollen die sexuelle Selbstbestimmung und die ungestörte sexuelle Entwicklung von Kindern und Jugendlichen geschützt werden. Neben der → *Vergewaltigung*, der sexuellen Nötigung und dem sexuellen Missbrauch von Kindern zählen vor allem Vorschriften zu den Sexualstraftaten, die gegen die Förderung der → *Prostitution* und gegen Zuhälter gerichtet sind.

▶ Sexueller Missbrauch von Jugendlichen

Die neu gefasste Strafbestimmung über den sexuellen Missbrauch von Jugendlichen ersetzt vor allem die früheren Tatbestände der Verführung Minderjähriger und der früher mit Jugendlichen für Männer strafbaren Homosexualität.

Der Tatbestand will die ungestörte sexuelle Entwicklung Jugendlicher bis zu einem Alter von 16 Jahren dadurch sichern, dass er missbräuchliche sexuelle Kontakte einer über 21 Jahre alten Person mit ihnen dann unter Strafe stellt, wenn dabei die fehlende Fähigkeit des Jugendlichen zur sexuellen Selbstbestimmung ausgenutzt wird. Bereits ab einem Alter von 18 Jahren ist ein Täter strafbar, der Zwangslagen des Jugendlichen ausnützt oder Geldleistungen für sexuelle Handlungen erbringt.

Im Gegensatz zur früheren Rechtslage kommt es für die Strafbarkeit auf das Geschlecht von Täter und Opfer nicht mehr an.

▶ SGB

SGB ist die gebräuchliche Abkürzung für → *Sozialgesetzbuch.*

▶ Sicherheitsleistung im Strafrecht

Hat der in einem Strafverfahren → *Beschuldigte* in der Bundesrepublik keinen festen Wohnsitz, so wäre gegen ihn regelmäßig ein → *Haftbefehl* wegen Fluchtgefahr zu verhängen. Denn wenn er sich in seinen Heimatstaat begibt, kann er damit rechnen, als Angehöriger dieses Staates nicht ausgeliefert (→ *Auslieferung)* zu werden. Um diese Folge dort zu verhindern, wo eine → *Freiheitsstrafe* nicht zu erwarten ist, erlaubt es die → *Strafprozessordnung,* gegen Leistung einer Sicherheit - die als Kaution bezeichnet wird - von einem Haftbefehl abzusehen. Die Höhe der Sicherheitsleistung richtet sich nach der zu erwartenden → *Geldstrafe* und den Verfahrenskosten. So könnte etwa von einem ausländischen Autofahrer nach einem Verkehrsunfall mit Verletzten eine Kaution in Höhe eines Monatseinkommens gefordert werden.

Aber auch dann, wenn bei einer Straftat kein Haftgrund besteht oder wenn nur eine → *Ordnungswidrigkeit* verfolgt wird, kann von einer nicht in der Bundesrepublik ansässigen Person eine Sicherheitsleistung in Geld gefordert werden. Kann er die verlangte Summe nicht aufbringen, so dürfen auch ihm gehörende Sachen - insbesondere sein Kraftfahrzeug - beschlagnahmt werden. Außerdem muss in solchen Fällen eine Person im Inland benannt werden, an die → *Zustellungen* vorgenommen werden können.

Sicherheitsleistung im Zivilrecht

Im Zivilrecht soll die Sicherheitsleistung einen Sicherungsnehmer vor drohenden Rechtsnachteilen schützen. Im materiellen Recht kann sich die Verpflichtung zur Sicherheitsleistung aus dem Gesetz ergeben (etwa aus § 1039 BGB bei übermäßiger Fruchtziehung des Nießbrauchers) oder auf richterlicher Anordnung (Beispiel: Sicherheitsleistung für die Ausgleichsforderung beim Zugewinn, § 1382 BGB) beziehungsweise auf rechtsgeschäftlicher Vereinbarung (dann häufig Kaution genannt) beruhen. Die Art der Sicherheitsleistung (etwa Hinterlegung von Geld oder Wertpapieren, Bürgschaft, Hypothekenbestellung) richtet sich in erster Linie nach einer Vereinbarung der Parteien. Fehlt eine solche, greifen die §§ 232 ff. BGB ein. Im → *Zivilprozess* sieht die ZPO an verschiedenen Stellen eine Sicherheitsleistung vor. Der praktisch häufigste Fall ist die Sicherheitsleistung bei der Vollstreckung nur vorläufig vollstreckbarer Urteile (§ 709 ZPO). Diese prozessualen Sicherheiten sind in §§ 108 ff. ZPO speziell geregelt; die Vorschriften des BGB greifen nur ergänzend ein.

▶ Sicherheit und Ordnung, öffentliche

Unter öffentlicher Sicherheit wird allgemein der Schutz des Staates und seiner Einrichtungen sowie der Schutz von Leben, Gesundheit, Freiheit, körperlicher Unversehrtheit, Ehre und Vermögen einzelner Personen verstanden. Öffentliche Ordnung wird umschrieben als die Gesamtheit der geschriebenen und ungeschriebenen Regeln, deren Beachtung nach den jeweils herrschenden sozialen und ethischen Anschauungen als unerlässliche Voraussetzung für ein geordnetes staatsbürgerliches Zusammenleben angesehen wird. Der Begriff öffentliche Sicherheit und Ordnung ist vor allem im Polizeirecht (→ *Polizeiliche* Maßnahmen) und im Ordnungsrecht (→ *Ordnungsbehörden*) von Bedeutung. Liegt nämlich eine Gefahr oder eine Störung für die öffentliche Sicherheit und Ordnung vor, so ist ein hoheitliches Eingreifen zulässig.

▶ Sicherstellung

Die Sicherung einer Sache zu Beweiszwecken oder zur Vorbereitung der Einziehung durch hoheitliche Maßnahmen wird im Strafverfahren als Sicherstellung bezeichnet. Muss eine Sicherstellung gegen den Willen des Betroffenen erfolgen, so spricht man von einer → *Beschlagnahme.*

▶ Sicherungsabtretung

Sie ist ein → *Sicherungsgeschäft,* durch das eine Forderung oder ein Recht zur Absicherung einer anderen Forderung , der sogen. Hauptforderung, an den Gläubiger abgetreten wird. Hauptanwendungsfall ist die → *Lohnabtretung.*

▶ Sicherungsgeschäfte

Sicherungsgeschäfte sind → *Rechtsgeschäfte,* durch die eine Sicherheit für eine Forderung geschaffen wird. Dies kann in Form der Bestellung einer Sachsicherheit geschehen (→ *Grundpfandrechte,* → *Pfandrecht,* → *Sicherungsübereignung,* → *Sicherungsabtretung*), aber auch durch Begründung einer Personalsicherheit (→ *Bürgschaft).*

Sicherungsgrundschuld

Sie ist eine → *Grundschuld*, die als Sicherheit für eine Forderung bestellt wird. Da im Gesetz (§§ 1191 ff. BGB) keine Verbindung zwischen gesicherter Forderung und Sicherungsrecht hergestellt ist, muss durch einen zusätzlichen Sicherungsvertrag eine gewisse Abhängigkeit geschaffen werden. So kann der Grundstückseigentümer z. B. bei Erlöschen der Forderung einen Anspruch auf Rückgewähr oder Löschung der Grundschuld aus dem Sicherungsvertrag haben.

Sicherungshypothek

Dies ist eine → *Hypothek*, die besonders fest mit der gesicherten Forderung verbunden ist und ohne sie auch nicht in Ausnahmefällen bestehen kann (§ 1184 BGB). Sie muss im Grundbuch als Sicherungshypothek bezeichnet sein, die Erteilung eines Briefes ist ausgeschlossen (§ 1185 BGB). Besondere Bedeutung hat sie als → *Zwangshypothek* im Rahmen der → *Zwangsvollstreckung* in ein Grundstück.

Sicherungsübereignung

Die Sicherungsübereignung ist ein → *Sicherungsgeschäft*, das im Gesetz nicht geregelt, aber gewohnheitsrechtlich anerkannt und im Wirtschaftsleben sehr verbreitet ist. Der Eigentümer einer beweglichen Sache (Sicherungsgeber) übereignet diese seinem Gläubiger (Sicherungsnehmer, Sicherungseigentümer) zur Absicherung einer Geldforderung. In einem gesonderten Sicherungsvertrag wird festgelegt, dass der Sicherungsnehmer nur bei Eintritt bestimmter Voraussetzungen (z. B. Zahlungsverzug) von seiner Eigentümerstellung Gebrauch machen und die Sicherungssache verwerten darf. Im Übrigen aber ist die → *Eigentumsübertragung* nicht auf Dauer angelegt. Sie ist auflösend bedingt durch die Rückzahlung der Forderung vereinbart, oder der Sicherungsvertrag enthält eine entsprechende Rückübereignungsverpflichtung. Die Sicherungsübereignung wird über § 930 BGB vorgenommen, d. h. die Übergabe der Sache wird ersetzt. Der Sicherungsgeber behält den → *Besitz* und die Nutzungsmöglichkeit; darin liegt der große Vorteil gegenüber dem → *Pfandrecht.* Bei → *Insolvenz* des Sicherungsgebers kann der Sicherungsnehmer → *Absonderung* verlangen, bei Insolvenz des Sicherungsnehmers hat der Sicherungsgeber ein Recht auf → *Aussonderung,* sobald er die gesicherte Forderung zurückbezahlt hat.

Sicherungsverfahren

Ein Sicherungsverfahren wird an Stelle einer → *Anklageerhebung* durchgeführt, wenn der Beschuldigte schuldunfähig oder dauernd verhandlungsunfähig ist, aber → *Maßregeln der Besserung und Sicherung* gegen ihn in Betracht kommen.

Sicherungsverwahrung

Die Sicherungsverwahrung ist eine → *Maßregel der Besserung und Sicherung*. Sie dient dazu, besonders gefährliche Straftäter, von denen auch weiterhin schwere Straftaten zu erwarten sind, auch über die Strafverbüßung hinaus in Unfreiheit halten zu können. In der Praxis wird Sicherungsverwahrung relativ selten angeordnet.

Sichtvermerk

Ausländer aus bestimmten Ländern benötigen für die Einreise in das Bundesgebiet außer einem Reisepass (→ *Passwesen)* einen Sichtvermerk, auch Visum genannt. Das ist die amtliche Bestätigung, dass die Ausreise aus dem fremden Staat, die Einreise in das Inland oder der Aufenthalt im Inland erlaubt ist. Umgekehrt bedarf es für die Einreise Deutscher in bestimmte Staaten eines entsprechenden Visums.

Siegelbruch

Diesen Straftatbestand begeht, wer vorsätzlich dienstliche Siegel beschädigt, ablöst oder unkenntlich macht. Voraussetzung ist, dass das Siegel zu Zwecken der Beschlagnahme, des dienstlichen Verschlusses oder der dienstlichen Bezeichnung angebracht worden ist.

Beispiele für einen Siegelbruch wären etwa das Ablösen einer von einem → *Gerichtsvollzieher* angebrachten Pfandmarke oder das Öffnen einer von der → *Polizei* versiegelten Türe.

Sittenwidrigkeit

Im → *Privatrecht* bedeutet Sittenwidrigkeit, dass ein → *Rechtsgeschäft* gegen die guten Sitten verstößt. Eine solche Verletzung liegt vor, wenn das Geschäft gegen das Anstandsgefühl aller billig und gerecht Denkenden verstößt. Der Begriff der guten Sitten ist dabei einem ständigen Wandel unterworfen. Sittenwidrige Rechtsgeschäfte sind nach § 138 BGB nichtig (→ *Nichtigkeit)*. Wer einem anderen in einer gegen die guten Sitten verstoßenden Weise vorsätzlich Schaden zufügt, ist diesem zum Schadenersatz verpflichtet (§ 826 BGB).

Im Strafrecht spielt die Sittenwidrigkeit insoweit eine Rolle, als sie die Wirksamkeit einer → *Einwilligung* aufheben kann.

Sitzblockade → *Gewalt*, → *Nötigung*

Sitzungspolizei

Unter diesem Begriff versteht man die Aufrechterhaltung der Ordnung in einer Gerichtssitzung. Sie obliegt dem Vorsitzenden. Dieser kann gegenüber allen im Gerichtssaal Anwesenden, also auch gegenüber den Verfahrensbeteiligten, Anordnungen treffen. Dazu zählt insbesondere der Entzug des Wortes oder eine kurze Unterbrechung der Sitzung.

Neben diesen Maßnahmen kann Störungen der Verhandlung auch noch mit → *Ordnungsmitteln* begegnet werden, die allerdings gegen → *Verteidiger* und → *Staatsanwalt* nicht angewandt werden können.

Sofortige Beschwerde

Sie ist die fristgebundene Form der → *Beschwerde* und hat in den einzelnen Verfahrensordnungen unterschiedliche Ausprägungen gefunden:

Im → *Zivilprozess* ist sie jetzt die einzig vorgesehene Form der Beschwerde (§ 567 ZPO). Ihre Einlegung muss regelmäßig innerhalb einer → *Notfrist* von zwei Wochen beim Ausgangsgericht oder beim Beschwerdegericht erfolgen. Sie hat grundsätzlich keine aufschiebende Wirkung und soll begründet werden. Das Ausgangsgericht hat dann zu prüfen, ob es die sofortige Beschwerde für begründet ansieht und ihr abhilft. Ist das nicht der Fall, ist die Angelegenheit dem Beschwerdegericht zur Entscheidung vorzulegen. Gegen dessen Entscheidung ist dann teilweise noch die Rechtsbeschwerde (§§ 574 ff. ZPO) statthaft.

Im Verfahren der → *freiwilligen Gerichtsbarkeit* steht die sofortige Beschwerde (§ 22 FGG) dagegen neben der einfachen Beschwerde. Für die sofortige Beschwerde gilt auch hier, dass diese innerhalb einer Notfrist von zwei Wochen beim Ausgangsgericht oder beim Beschwerdegericht einzulegen ist. Für das Ausgangsgericht besteht aber keine Abhilfebefugnis.

Im **Strafverfahren** beträgt die Frist für die Einlegung der sofortigen Beschwerde dagegen nur eine Woche ab Zustellung oder Bekanntmachung der betreffenden Entscheidung (§ 311 StPO). Auch hier ist das Ausgangsgericht zu einer Abhilfe nicht befugt.

Im **Verwaltungsprozess** gibt es den Begriff der sofortigen Beschwerde nicht, da dort grundsätzlich jede Beschwerde fristgebunden ist.

Sofortvollzug → *Vollziehung, sofortige*

Soldatenrecht

Unter Soldatenrecht versteht man die Gesamtheit der Rechtsvorschriften, welche die Stellung des Soldaten, insbesondere seine Beziehungen zum Staat betreffen. Bei den Soldaten ist zwischen den Berufssoldaten, die sich freiwillig auf Lebenszeit verpflichtet haben, den Soldaten auf Zeit, deren Verpflichtung einen bestimmten Zeitraum betrifft, und Wehrpflichtigen zu unterscheiden, die ihre Wehrpflicht erfüllen (→ *Einberufung Wehrpflichtiger*). Das wichtigste Gesetz ist das Soldatengesetz, das die Begründung und Beendigung des Soldatenverhältnisses sowie die wichtigsten

Rechte und Pflichten regelt; für Wehrpflichtige gilt das Wehrpflichtgesetz. Diese Gesetze werden ergänzt durch die Vorgesetztenverordnung, die Soldatenlaufbahnverordnung, die Soldatenurlaubsverordnung und die Wehrbeschwerdeordnung. Die Besoldung der Berufssoldaten und der Zeitsoldaten bestimmt sich nach dem Bundesbesoldungsgesetz, die der Wehrpflichtigen nach der Wehrsoldordnung. Die Soldatenlaufbahnen sind abweichend vom allgemeinen Beamtenrecht (→ *Laufbahnen*) in die Gruppen Mannschaften, Unteroffiziere und Offiziere untergliedert; ein Aufstieg in eine höhere Laufbahn ist grundsätzlich möglich.

Das Wehrstrafgesetz enthält Sonderregelungen für Soldaten der Bundeswehr und sonstige militärische Vorgesetzte. Diese beinhalten einmal gesonderte Straftatbestände wie eigenmächtige Abwesenheit, Fahnenflucht, Verstöße gegen die → *Gehorsamspflicht*, Meuterei, Missbrauch von Befehlsbefugnissen oder das Verbot der entwürdigenden Behandlung von Untergebenen (Schikane). Zum anderen ändert das Wehrstrafgesetz zum Teil die Rechtsfolgen einer Tat gegenüber dem allgemeinen Strafrecht. So wird die → *Strafaussetzung* zur Bewährung eingeschränkt und mit dem Strafarrest eine zusätzliche Sanktion mit freiheitsentziehendem Charakter geschaffen, die teilweise die → *Geldstrafe* verdrängt.

Solidaritätszuschlag

S. ist eine Zuschlagsteuer, die auf die → *Einkommensteuer* und → *Körperschaftsteuer* zur Finanzierung des Aufbaus in den neuen Bundesländern von unbeschränkt Steuerpflichtigen erhoben wird. Der Solidaritätszuschlag beträgt seit 1998 5,5 v.H. → *Kinder-* und → *Betreuungsfreibetrag* sind bei der Festsetzung des Solidaritätszuschlags zu berücksichtigen.

Sonderabschreibungen

S. sind → *Abschreibungen*, die neben der normalen → *AfA* auf Wahl des Steuerpflichtigen in den gesetzlich geregelten Fällen vorgenommen werden können. Sonderabschreibungen gibt es für die Anschaffung abnutzbarer → *Wirtschaftsgüter* privater Krankenhäuser (§ 7 f EStG), für die Förderung kleinerer und mittlerer Betriebe (§ 7 g EStG), sofern diese Betriebe die in § 7 g Abs. 2 EStG genannten Größenmerkmale bzw. Voraussetzungen nicht überschreiten (Betriebsvermögen des Gewerbebetriebes nicht größer als 204 517 EUR, Einheitswert des land- und forstwirtschaftlichen Betriebes nicht größer als 122 710 EUR) und für Schiffe, Luftfahrzeuge sowie nach dem Fördergebietsgesetz (→ *Ansparabschreibung*).

Sonderausgaben

S. sind Aufwendungen, die weder → *Betriebskosten* noch → *Werbungskosten* sind, sondern Ausgaben der privaten Lebensführung. Diese sind abschließend in §§ 10, 10 a–10 i EStG aufgeführt und werden als oder wie Sonderausgaben abzugsfähig behandelt.

(1) Als **allgemeine Sonderausgaben** abzugsfähig sind z. B. Unterhaltsleistungen an den geschiedenen oder dauernd getrennt lebenden Ehegatten bis zu 13 805 EUR (→ *begrenztes Realsplitting*), auf besonderen Verpflichtungsgründen beruhende → *Renten* und dauernde Lasten, insbesondere sog. private Versorgungsrenten, gezahlte Kirchensteuer, Steuerberatungskosten, Aus- und Weiterbildungskosten, Schuldgeld.

(2) Vorsorgeaufwendungen, d. h. Beiträge zu Personenversicherungen sind im Rahmen bestimmter Höchstbeträge gem. § 10 Abs. 1 Ziff. 2, § 10 Abs. 3 EStG abzugsfähig.

(3) Spenden für wissenschaftliche, mildtätige, kirchliche, religiöse und als besonders förderungswürdig anerkannte gemeinnützige und kulturelle Zwecke sowie Spenden und Beiträge an politische Parteien sind in beschränkter Höhe abzugsfähig.

(4) Verluste, die nach § 10 d EStG in den vorangegangenen Veranlagungszeitraum rücktragsfähig oder in zukünftige Veranlagungszeiträume vortragsfähig sind, sind ebenfalls wie Sonderausgaben abzugsfähig, allerdings bei Ermittlung des Gesamtbetrages der Einkünfte noch vor den allgemeinen Sonderausgaben abzusetzen (→ *Verlust im Steuerrecht*).

(5) Wie Sonderausgaben abziehbar sind Investitionen in Baudenkmäler (§ 10 f EStG), schutzwürdige Kulturgüter (§ 10 g

EStG), die Ausgaben der früheren → *Wohnbauförderung* (§ 10 e EStG).

(6) Der Sonderausgaben-Pauschbetrag beträgt 36 EUR, für zusammenveranlagte Ehegatten 73 EUR.

Sonderbetriebsvermögen

S. ist notwendiges → *Betriebsvermögen*, wenn ein Wirtschaftsgut, das direkt betrieblichen Zwecken einer Personengesellschaft dient, im Eigentum eines Mitunernehmers steht. Dieses ist als Sonderbetriebsvermögen auszuweisen.

Sonderdelikt

Als Sonderdelikt bezeichnet man solche Tatbestände, bei denen Täter nur sein kann, wer ein besonderes persönliches Merkmal aufweist. So kann etwa der Tatbestand der → *Rechtsbeugung* nur durch einen Richter begangen werden.

Sondererbfolge

S. ist eine Ausnahme vom Grundsatz der → *Gesamtrechtsnachfolge* und bedeutet Rechtsnachfolge in einzelne Nachlassgegenstände. Sie ist gesetzlich nur vereinzelt vorgesehen (z. B. Erbfolge gemäß Höfeordnung, Eintrittsrecht bei Tod des Mieters für → *Ehegatten* und → *Lebenspartner* (§ 563 BGB), Erbfolge in einen Gesellschaftsanteil durch Nachfolgeklausel) .

Sondernutzung

Kennzeichnend für → *öffentliche Sachen* ist der Umstand, dass sie von der Allgemeinheit im Rahmen der → *Widmung* genutzt werden können. Wird die Nutzung über den Gemeingebrauch hinaus ausgeübt, handelt es sich um Sondernutzung. Die Sondernutzung ist grundsätzlich von einer behördlichen Genehmigung abhängig und meist gebührenpflichtig. Im → *Straßen- und Wegerecht* unterscheiden die meisten Landesgesetze zwischen einer Sondernutzung, die den Gemeingebrauch beeinträchtigt und einer gemeingebrauchsverträglichen; Erstere wird grundsätzlich durch

→ *Verwaltungsakt* zugelassen, Letztere kann auch mit Mitteln des Privatrechts, etwa durch Abschluss eines Mietvertrags, eingeräumt werden. Eine straßenrechtliche Sondernutzung liegt etwa vor, wenn auf öffentlichem Straßengrund Tische und Stühle vor einer Gaststätte aufgestellt oder Verkaufsstände eingerichtet werden.

Sonderveranstaltungen

Das Gesetz gegen unlauteren Wettbewerb sieht Sonderveranstaltungen, das sind Verkaufsveranstaltungen außerhalb des normalen Geschäftsbetriebs, die der Beschleunigung des Warenumsatzes dienen und den Eindruck der Gewährung besonderer Kaufvorteile beim Kunden erwecken, grundsätzlich als wettbewerbswidrig an. Ausgenommen sind Jubiläumsverkäufe anlässlich des 25-jährigen Bestehens eines Geschäfts sowie → *Schlussverkäufe.* Mit einer Lockerung dieser Bestimmungen ist in absehbarer Zeit zu rechnen.

Sonntagsarbeit

Grundsätzlich dürfen Arbeitnehmer an Sonn- und gesetzlichen Feiertagen von 0.00 Uhr bis 24.00 Uhr **nicht beschäftigt** werden (§ 9 Abs. 1 Arbeitszeitgesetz – ArbZG –). Dieses allgemeine Beschäftigungsverbot wird im Gesetz vielfach durchbrochen. Leitgedanke der **ausnahmsweisen Zulassung** von Sonn- und Feiertagsarbeit sind jeweils **übergeordnete Interessen**, zum Beispiel das Interesse der Gefahrenabwehr, der Versorgung der Bevölkerung, arbeitstechnische Erfordernisse sowie das Interesse der Sicherung des Standorts Deutschland gegenüber der internationalen Konkurrenz (§§ 10 und 13 ArbZG).

Sonstige Einkünfte

S. sind die in § 22 EStG abschließend genannten Einkünfte, die als → *Überschusseinkünfte* der Einkommensbesteuerung unterliegen. Hierzu gehören Einkünfte aus wiederkehrenden Bezügen, insbesondere → *Renten,* Einkünfte aus Unterhaltsleistungen (→ *begrenztes Realsplitting*), Einkünfe aus privaten Veräußerungsgeschäften innerhalb der in § 23 EStG genannten Spekulationsfristen (→ *Spekulationsgeschäfte)*, Einkünfte aus Leistungen, soweit sie nicht zu anderen Einkünften gehören, Einkünfte von Abgeordneten (Bundestags-, Landtags,- Europaabgeordnete), sowie Leistungen aus Altersvorsorgeverträgen (→ *Riester-Rente*).

Sorgerecht → *Elterliche Sorge*

Sorgerechtserklärung → *Elterliche Sorge*

Sozialgerichtsbarkeit

Die Sozialgerichtsbarkeit ist ein besonderer Verwaltungsgerichtszweig. Die Sozialgerichte sind im Wesentlichen zuständig für Streitigkeiten auf den Gebieten des Sozialversicherungsrechts (→ *Sozialversicherung)* einschließlich des Kassenarztrechts (→ *Kassenarzt)*, des Arbeitsförderungsrechts (→ *Arbeitsförderung)*, des Kindergeldrechts (→ *Kindergeld)*, des Schwerbehindertenrechts (→ *Schwerbehinderte)*, und der Kriegsopferversorgung. Die Sozialgerichtsbarkeit ist dreistufig aufgebaut. In erster Instanz entscheiden die Sozialgerichte. Die dort gebildeten Kammern sind mit einem → *Berufsrichter* und zwei → *ehrenamtlichen Richtern* besetzt. Soweit Fachkammern für bestimmte Angelegenheiten der Sozialversicherung oder der Arbeitslosenversicherung entscheiden, kommen die Beisitzer aus den Kreisen der Versicherten bzw. der Arbeitgeber; bei den Fachkammern für Kriegsopferversorgung sind ehrenamtliche Richter aus dem Kreis der Versorgungsberechtigten und Personen, die mit der Kriegsopferversorgung vertraut sind, zu berufen. Ehrenamtliche Richter in den Fachkammern für Kassenarztrecht kommen aus den jeweiligen Ärztekreisen. Gegen Entscheidungen der Sozialgerichte können die Landessozialgerichte angerufen werden. Deren Senate entscheiden grundsätzlich in der Besetzung mit drei Berufsrichtern und zwei ehrenamtlichen Richtern. Für die Besetzung der Fachsenate mit ehrenamtlichen Richtern gelten die gleichen Grundsätze wie bei den Fachkammern. Oberste Instanz ist das Bundessozialgericht mit Sitz in Kassel. Es entscheidet im Wesentlichen über Revisionen gegen Urteile der Landessozialgerichte.

Die Besetzung der Senate entspricht derjenigen der Landessozialgerichte. Vertretungszwang besteht nur vor dem Bundessozialgericht; vertretungsberechtigt sind neben Rechtsanwälten auch Gewerksschaftsvertreter und Vertreter von Arbeitgebervereinigungen.

Sozialgesetzbuch

Das Sozialgesetzbuch verfolgt das Ziel, das in zahlreichen Einzelgesetzen geregelte Sozialrecht zusammenzufassen und zu harmonisieren. Bislang enthält das Sozialgesetzbuch folgende Abschnitte: Allgemeiner Teil (SGB I), Arbeitsförderung (SGB III) Gemeinsame Vorschriften für die → *Sozialversicherung* (SGB IV), gesetzliche → *Krankenversicherung* (SGB V), gesetzliche → *Rentenversicherung* (SGB VI), Gesetzliche Unfallversicherung (SGB VII), Kinder- und Jugendhilferecht (SGB VIII), Rehabilitation und Teilhabe behinderter Menschen (SGB IX), Verwaltungsverfahren (SGB X) und gesetzliche → *Pflegeversicherung* (SGB XI). Die noch nicht in das Sozialgesetzbuch integrierten Gesetze, etwa das Bundessozialhilfegesetz (→ *Sozialhilfe),* das Wohngeldgesetz (→ *Wohngeld)* und das Kindergeldgesetz (→ *Kindergeld)* gelten vorläufig als besondere Bücher des Sozialgesetzbuchs.

Sozialhilfe

Die im Bundessozialhilfegesetz geregelte Sozialhilfe hat die Aufgabe, deren Empfängern die Führung eines Lebens zu ermöglichen, das der Würde des Menschen entspricht. Sozialhilfe ist dabei grundsätzlich als Hilfe zur Selbsthilfe zu verstehen, d. h. es soll dem Betreffenden ermöglicht werden, künftig ein Leben zu führen, ohne auf den Sozialhilfebezug angewiesen zu sein. Sozialhilfe wird als Geld- oder Sachleistung gewährt. Die Sozialhilfe ist grundsätzlich nachrangig, ein Anspruch besteht also nicht, wenn der Antragsteller Ansprüche gegen Dritte, etwa auch andere Sozialleistungsträger hat. Die wesentlichen Rechtsgrundlagen sind im Bundessozialhilfegesetz und in den hierzu ergangenen Ausführungsverordnungen enthalten. Das Gesetz unterscheidet zwischen Hilfe zum Lebensunterhalt und Hilfe in besonderen Lebenslagen. Hilfe zum Lebensunterhalt erhält, wer seinen notwendigen Lebensunterhalt nicht oder nicht ausreichend aus eigenen Kräften und Mitteln, insbesondere Einkommen und Vermögen, beschaffen kann. Hilfe in besonderen Lebenslagen sind im Wesentlichen die → *Altenhilfe,* die Ausbildungshilfe, die Krankenhilfe, die Eingliederungshilfe, die Tuberkulosenhilfe, die Blindenhilfe, die Pflegehilfe und die Hilfe zur Weiterführung des Haushalts. Besonderheiten bestehen bei der Gewährung von Sozialhilfe an Ausländer. Für Asylbewerber gilt das Bundessozialhilfegesetz nicht; sind sie bedürftig, wird ihnen Unterstützung nach Maßgabe des Asylbewerberleistungsgesetzes gewährt. Die Anspruchsvoraussetzungen sind bei den verschiedenen Hilfen unterschiedlich ausgestaltet. In der Regel sind Einkommen und Vermögen innerhalb bestimmter Grenzen anzurechnen, wobei manche Gegenstände außer Ansatz bleiben. Die Mittel für die Sozialhilfe sind von den einzelnen → *Sozialhilfeträgern* im Wesentlichen aus den diesen zufließenden Steuermitteln aufzubringen.

▸ Sozialhilfeträger

Sachlich zuständig für den Vollzug des Bundessozialhilfegesetzes (→ *Sozialhilfe)* sind im Regelfall die örtlichen Sozialhilfeträger, das sind die → *Kreise* und die kreisfreien → *Städte.* Durch Landesgesetz kann bestimmt werden, dass auch die kreisangehörigen Gemeinden zur Durchführung bestimmter Aufgaben herangezogen werden können. Die überörtlichen Sozialhilfeträger sind zuständig für einige Hilfen in besonderen Lebenslagen. Die Aufgaben der überörtlichen Sozialhilfeträger obliegen je nach landesrechtlicher Regelung entweder den Ländern oder bestimmten kommunalen Gebietskörperschaften höherer Ebene, etwa den → *Bezirken.* Örtlich zuständig ist im Regelfall der Sozialhilfeträger, in dessen Bezirk sich der Hilfebedürftige aufhält.

▸ Sozialplan

S. ist eine → *Betriebsvereinbarung* zwischen einem Unternehmer (Arbeitgeber) und seinem Betriebsrat über den Ausgleich oder die Milderung von wirtschaftlichen Nachteilen für die Arbeitnehmer infolge von **geplanten Betriebsänderungen** (z. B. einer Betriebsschließung). Der Sozialplan kann vom Betriebsrat erzwungen werden, sofern die geplante Betriebsänderung die in §§ 111 und 112 a BetrVG beschriebenen Voraussetzungen erfüllt. Die Betriebspartner (Arbeitgeber und Betriebsrat) sind grundsätzlich frei, welche Nachteile der von der Betriebsänderung betroffenen Arbeitnehmern sie in welchem Umfang ausgleichen oder mildern wollen. Im Mittelpunkt der Regelungen stehen häufig **Abfindungen für den Verlust des Arbeitsplatzes** auf Grund der Betriebsänderung.

▸ Sozialstaat

Das in Art. 20 Abs. 1 GG enthaltene Sozialstaatsprinzip ist nicht nur Programmsatz, sondern geltendes, den Gesetzgeber und die Verwaltung vor allem bei Ermessensentscheidungen (→ *Ermessen*) bindendes Recht; es ist auch von den Gerichten zu beachten. Das Sozialstaatsprinzip verpflichtet den Staat, für menschenwürdige Lebensbedingungen seiner Bürger zu sorgen und größere soziale Unterschiede innerhalb der Gesellschaft abzubauen. Ein Ausfluss dieses Grundsatzes ist das Bundessozialhilfegesetz (→ *Sozialhilfe*), dessen Ziel es ist, dem Hilfeempfänger die Führung eines Lebens zu ermöglichen, das der Würde des Menschen entspricht.

▸ Sozialversicherung

Die Sozialversicherung umfasst die gesetzliche → *Krankenversicherung,* die gesetzliche → *Unfallversicherung,* die gesetzliche → *Rentenversicherung* und die soziale → *Pflegeversicherung.* Sie beruht im Grundsatz auf einer Zwangsversicherung, d. h. es besteht im Regelfall eine Versicherungspflicht. Die Sozialversicherung soll im Wesentlichen das mit Krankheit, Arbeitsunfall, Berufskrankheit, vollständiger oder teilweiser → *Erwerbsminderung,* Mutterschaft, Alter, Pflegebedürftigkeit und Tod verbundene – finanzielle – Risiko abdecken. Die Leistungsgewährung ist in aller Regel nicht von einer besonderen Bedürftigkeit des Anspruchsberechtigten abhängig. Die Beiträge (→ *Sozialversicherungsbeiträge)* werden in der Kranken-, Pflege- und Rentenversicherung grundsätzlich zur Hälfte von Arbeitgebern und Arbeitnehmen aufgebracht, in der Unfallversicherung allein vom Arbeitgeber (→ *Arbeitgeberanteil,* Arbeitnehmeranteil). Die Träger der Sozialversicherung (→ *Sozialversicherungsträger)* sind Körperschaften des öffentlichen Rechts.

▶ Sozialversicherungsbeiträge

Die Leistungen der → *Sozialversicherung* im engeren Sinn sowie der → *Arbeitslosenversicherung* werden im Wesentlichen durch Beiträge der Arbeitgeber und Arbeitnehmer (→ *Arbeitgeberanteil,* Arbeitnehmeranteil) finanziert; teilweise leistet der Bund Zuschüsse aus Steuermitteln. In der gesetzlichen → *Krankenversicherung,* der gesetzlichen → *Rentenversicherung* und der → *Pflegeversicherung* werden die Beiträge grundsätzlich von beiden zu gleichen Teilen getragen, in der gesetzlichen → *Unfallversicherung* allein vom Arbeitgeber. In der → *Arbeitslosenversicherung* ist der Beitrag für Arbeitnehmer und Arbeitgeber jeweils gleich. Besonderheiten gelten für die knappschaftliche Versicherung, die Altershilfe für Landwirte und die Künstlersozialversicherung.

▶ Sozialversicherungsträger

Die Träger der → *Sozialversicherung* sind Körperschaften des öffentlichen Rechts, denen das Recht der Selbstverwaltung zusteht. Die Organe der Sozialversicherungsträger, im Regelfall die Vertreterversammlung und der Vorstand, sind grundsätzlich je zur Hälfte mit Vertretern der Versicherten und der Arbeitgeber besetzt. Die jeweiligen Vertreter werden in den → *Sozialwahlen* in getrennten Wahlgängen gewählt. Die Sozialversicherungsträger unterstehen staatlicher Aufsicht, durch die die Einhaltung von Recht und Gesetz überwacht werden soll. Für die gesetzliche → *Krankenversicherung,* die → *Unfallversicherung,* die → *Rentenversicherung* und die → *Arbeitslosenversicherung* bestehen jeweils eigene Versicherungsträger. Träger der sozialen → *Pflegeversicherung* sind die Pflegekassen, deren Aufgaben von den → *Krankenkassen* wahrgenommen werden.

Sozialwahlen

Die Vertreter von Versicherten und Arbeitgebern in den Vertreterversammlungen der → *Sozialversicherungsträger* werden alle sechs Jahre in freier und geheimer Wahl in verschiedenen Wahlgängen nach den Grundsätzen der Verhältniswahl gewählt. Wahlberechtigt ist, wer zu einer der Gruppen gehört, aus denen sich die Vertreterversammlung des jeweiligen Versicherungtägers zusammensetzt. Vorschlagslisten können im Wesentlichen von den Gewerkschaften und anderen Arbeitnehmerorganisationen, den Arbeitgebervereinigungen und berufsständischen Vereinigungen aufgestellt werden. Die Einzelheiten sind im Vierten Buch des → *Sozialgesetzbuchs* (SGB IV) und der Wahlordnung für die Sozialversicherung geregelt.

Sozietät

Eine Sozietät ist ein Zusammenschluss insbesondere mehrer Rechtsanwälte in Form einer Gesellschaft des Bürgerlichen Rechts (Gegensatz: bloße Bürogemeinschaft). Ein Anwaltsvertrag kommt bei einer Sozietät in der Regel mit allen ihren Mitgliedern zustande; diese haften dann als → *Gesamtschuldner.*

In Strafverfahren ist zu beachten, dass bei einer Sozietät, die aus mehr als drei Mitgliedern besteht, wegen der Höchstzahl (3) der Wahlverteidiger bestimmt werden muss, welches oder welche Mitglieder der Sozietät als → *Verteidiger* auftreten. Werden in einem Verfahren mehrere Beschuldigte verteidigt, so ist es wegen des Verbots der Mehrfachverteidigung notwendig, dass die in Betracht kommenden Anwälte der Sozietät jeweils einem bestimmten Beschuldigten zugeordnet werden.

Sparbuch

Auch das Sparbuch ist ein so genanntes qualifiziertes Legitimationspapier. Das bedeutet, dass die im Sparbuch benannte Person als Gläubiger ausgewiesen ist und die Bank (oder Sparkasse) mit befreiender Wirkung an diese Person zahlen kann. Das Eigentum an dem Sparbuch (der → *Urkunde)* steht gemäß § 952 BGB dem

Forderungsinhaber zu. Eine Übertragung dieses Eigentums erfolgt durch die Abtretung der Forderung (nicht durch Übereignung nach § 929 BGB).

Sparerfreibetrag → *Kapitalvermögen*

Spediteur

Ein Spediteur ist ein Kaufmann, der gewerbsmäßig die Versendung von Frachtgütern für Rechnung des Versenders im eigenen Namen übernimmt (§ 453 HGB). → *Speditionsvertrag.*

Speditionsvertrag

Ein → *Werkvertrag,* der die Versendung von Frachtgut für den Versender zum Gegenstand hat, ist ein Speditionsvertrag. Die erforderlichen Verträge mit dem eigentlichen Transporteur der Ware schließt der → *Spediteur* dann im eigenen Namen. Für seine Tätigkeit erhält der Spediteur Provision und Aufwendungsersatz; Einzelheiten sind vor allem im HGB geregelt.

Spekulationsgeschäfte

Einküfte aus privaten Veräußerungsgeschäften nach § 23 EStG unterliegen als → *sonstige Einkünfte* der Einkommensbesteuerung, wenn die Anschaffung und die Veräußerung eines → *Wirtschaftsgutes* innerhalb gesetzlich bestimmter Fristen erfolgt. Der Zeitraum zwischen Anschaffung und Veräußerung darf bei → *Grundstücken* nicht mehr als 10 Jahre und bei anderen Wirtschaftsgütern (insbesondere Wertpapiere) nicht mehr als ein Jahr betragen. Besteuert werden Veräußerungsgewinne nur, wenn der Gesamtgewinn aus privaten Veräußerungsgeschäften im Kalenderjahr mehr als 512 EUR beträgt. Die Veräußerung von Wirtschaftsgütern des → *Privatvermögens* außerhalb dieser Fristen unterliegt bislang nicht der Einkommensbesteuerung. Gleiches gilt für Wirtschaftsgüter, die im Zeitraum zwischen Anschaffung und Veräußerung im Jahr der Veräußerung oder den beiden vorangegangenen Jahren eigenen Wohnzwecken dienten.

Spenden

S. sind freiwillige Ausgaben zur Förderung mildtätiger, kirchlicher, religiöser, wissenschaftlicher und der als besonders förderungswürdig anerkannten gemeinnützigen Zwecke, denen keine konkrete Gegenleistung gegenübersteht. Spenden sind bei der Einkomensteuer als → *Sonderausgabe,* bei der → *Körperschaftsteuer* abziehbare Aufwendungen nach § 9 KStG, wenn der Zuwendungsempfänger einen Zuwendungsnachweis nach amtlich vorgeschriebenem Vordruck ausgestellt hat. Für Spenden bis 100 EUR genügt der Bareinzahlungsbeleg.

Spenden sind bis zu 5 v. H. des Gesamtbetrages der Einkünfte oder 2 v. T. der Summe der gesamten Umsätze und der im Kalenderjahr aufgewendeten Löhne und Gehälter abzugsfähig. Für wissenschaftliche, mildtätige und besonders förderungswürdig anerkannte kulturelle Zwecke erhöht sich der Spendenabzug um weitere 5 v. H.

Mitgliedsbeiträge und Spenden an politische Parteien im Sinne des Parteiengesetzes sind bis zur Höhe von 1650 EUR und bei zusammenveranlagten Ehegatten (→ *Veranlagungsarten)* bis zu 3300 EUR im Kalenderjahr als Sonderausgabe abzugsfähig, wenn für sie nicht bereits eine Steuerermäßigung nach § 34 g EStG gewährt worden ist.

Spenden und Mitgliedsbeiträge an politische Parteien und an unabhängige Wählervereinigungen vermindern die tarifliche Einkommensteuer um 50 v. H. der Ausgaben, höchstens um 825 EUR, bei zusammenveranlagten Ehegatten höchstens um 1650 EUR.

Parteizuwendungen über die verdopplten Höchstbeträge des § 34 g EStG hinaus können als Sonderausgabe nach § 10 b EStG abzugsfähig sein.

Sperrfrist

Wird einem Beschuldigten im Strafverfahren die → *Fahrerlaubnis* entzogen, so setzt das Gericht eine Frist fest, innerhalb derer die Verwaltungsbehörde keine neue Fahrerlaubnis erteilen darf. Diese Sperre erstreckt sich, falls das Gericht beim Entzug keine entsprechenden Ausnahmen gemacht hat, auf alle Klassen.

Die Sperrfrist muss zwischen 6 Monaten und 5 Jahren liegen; außerdem kann auch eine lebenslange Sperre ausgesprochen werden. Das Mindestmaß erhöht sich jedoch auf 1 Jahr, wenn in den letzten 3 Jahren vor der Tat bereits einmal eine Sperre angeordnet war. Bei einem vorläufigen Entzug der Fahrerlaubnis kann das Mindestmaß der Sperrfrist dagegen auf bis zu 3 Monate abgesenkt werden.

Eine so genannte „isolierte Sperrfrist" wird angeordnet, wenn der Beschuldigte überhaupt keine Fahrerlaubnis besessen hatte.

Der Ablauf der angeordneten Sperrfrist beginnt mit Rechtskraft des Urteils oder – falls diese später eintritt – nach der Verkündung des Urteils in der letzten Tatsacheninstanz. Eine spätere → *Abkürzung* der Sperrfrist ist unter gewissen Voraussetzungen möglich.

▸ Spiele

Wer gewerbsmäßig Spiele mit Gewinnmöglichkeiten veranstaltet, bedarf hierfür nach der Gewerbeordnung der Genehmigung. Sie wird nur erteilt, wenn der Antragsteller zuverlässig ist und eine vom Bundeskriminalamt ausgestellte Unbedenklichkeitsbescheinigung vorlegt, aus der sich ergibt, dass nicht die Gefahr besteht, dass die Spieler innerhalb kurzer Zeit übermäßige Verluste erleiden. Die Spielverordnung sieht Ausnahmen von der Genehmigungspflicht für bestimmte Gesellschaftsspiele vor, die als Preisspiele veranstaltet werden, z. B. für Skat-, Billard- und Schachspiele.

▸ Spielgeräte

Wer gewerbsmäßig Spielgeräte mit Gewinnmöglichkeit aufstellt, die mit einer den Spielausgang beeinflussenden technischen Vorrichtung ausgerüstet sind, bedarf hierzu nach der Gewerbeordnung der Genehmigung. Sie ist zu erteilen, wenn der Antragsteller die erforderliche → *Zuverlässigkeit* besitzt; sie kann zum Schutz der Allgemeinheit, der Gäste und des Jugendschutzes mit Auflagen verbunden werden. Erlaubt sind nur Geräte, die von ihrer Bauart her von der Physikalisch-Technischen Bundesanstalt zugelassen sind. Der Aufstellungsort von Spielgeräten ist der zuständigen Behörde anzuzeigen und dessen Eignung von dieser schriftlich zu bestätigen.

▶ Spielhallen

S. sind Räumlichkeiten, in denen Spielgeräte aufgestellt sind, an denen sich die Besucher betätigen können; ob die Geräte Gewinnmöglichkeiten bieten, ist grundsätzlich unerheblich. Für den Betrieb einer Spielhalle ist eine gewerberechtliche Erlaubnis erforderlich. Diese ist zu versagen, wenn der Betreiber unzuverlässig ist, die Lage oder Beschaffenheit der Räume Anlass zu Bedenken geben, insbesondere wegen unzumutbarer Belästigungen für die Allgemeinheit oder die Nachbarschaft oder wenn Gründe des Jugendschutzes gegen die Einrichtung sprechen. In baurechtlicher Hinsicht sind Spielhallen als Vergnügungsstätten zu qualifizieren; hinsichtlich ihrer bauplanungsrechtlichen Zulässigkeit unterscheidet die → *Baunutzungsverordnung* zwischen kerngebietstypischen und sonstigen Vergnügungsstätten. Erstere sind ausschließlich in Kerngebieten und Gewerbegebieten zulässig, Letztere mit Ausnahme von Wohngebieten und Industriegebieten entweder allgemein oder ausnahmsweise in fast allen anderen Baugebieten. Die Grenze wird bei einer Nutzfläche von etwa 100 bis 150 m^2 liegen.

▶ Splittingverfahren

Für zusammenveranlagte Ehegatten (→ *Veranlagungsarten)* wird die Einkommensteuer in der Weise ermittelt, dass der auf die Hälfte des gemeinsam zu versteuernden Einkommens entfallende, nach der Grundtabelle ermittelte Steuerbetrag verdoppelt wird (§ 32 a Abs. 5 EStG).

Auch der **verwitwete Ehegatte** kann im Todesjahr und im folgenden Jahr die Vorteile des Splittingverfahrens in Anspruch nehmen, wenn er mit seinem verstorbenen Ehegatten die Voraussetzungen der Zusammenveranlagung zum Todeszeitpunkt erfüllte. Gleiches gilt für den **geschiedenen Ehegatten** in dem Kalenderjahr, in dem er mit seinem bisherigen Ehegatten die Voraussetzungen der Zusammenveranlagung erfüllte, wenn der bisherige Ehegatte wieder verheiratet ist und mit seinem neuen Ehegatten ebenfalls die Voraussetzungen der Zusammenveranlagung erfüllt.

Bei unterschiedlich hohen Einkünften der Ehegatten trifft durch das Splittingverfahren i.d.R. eine Steuerentlastung ein, die umso größer ist, je weiter die Einkomen der Ehegatten voneinander differieren.

Sprecherausschuss

S. ist die Interessensvertretung der leitenden Angestellten gegenüber dem Arbeitgeber in allen Betrieben mit mindestens 10 leitenden Angestellten; seine Rechte ähneln denen des → *Betriebsrats;* vgl. → *Mitbestimmung.*

Sprungrevision

In den meisten Verfahrensordnungen sind Sprungrevisionen derzeit noch zugelassen. Sie werden an Stelle der → *Berufung* gegen Urteile des Erstgerichts eingelegt und führen dazu, dass die zweite Tatsacheninstanz entfällt.

Staatsangehörigkeit

Als Staatsangehörigkeit versteht man allgemein die rechtliche Zugehörigkeit einer natürlichen Person zu einem Staat bzw. zu einem Staatsvolk. Die Voraussetzungen für den Erwerb und den Verlust der deutschen Staatsangehörigkeit sind im Wesentlichen in Art. 116 GG und im Staatsangehörigkeitsgesetz geregelt. Die deutsche Staatsangehörigkeit wird im Regelfall durch Geburt erworben. Das eheliche Kind bekommt sie, wenn ein Elternteil die deutsche Staatsangehörigkeit besitzt, das nichteheliche Kind, wenn seine Mutter Deutsche ist. In welchem Land die Geburt erfolgt, ist ohne Bedeutung. Ausländer können die deutsche Staatsangehörigkeit durch → *Einbürgerung* erwerben. Die deutsche Staatsangehörigkeit geht verloren, wenn darauf verzichtet wird (Entlassung) oder wenn auf Antrag eine fremde Staatsangehörigkeit erworben wurde, ohne dass der Betreffende im Inland seinen Wohnsitz oder Aufenthalt hat oder die Beibehaltung der deutschen Staatangehörigkeit zuvor genehmigt wurde; durch diese Regelung soll die nach internationalem Recht unerwünschte Doppelstaatigkeit möglichst vermieden werden. Ein Entzug der deutschen Staatsbürgerschaft (Ausbürgerung) ist verfassungsrechtlich verboten, ein Verlust gegen den Willen des Betroffenen dann, wenn er sonst staatenlos wird.

Staatsanwaltschaft

Die Staatsanwaltschaft ist die „Herrin des → *Ermittlungsverfahrens*". Wenn auch in der Rechtswirklichkeit die → *Polizei* Fälle der kleineren und mittleren Kriminalität selbständig aufgreift, ermittelt und erst danach vorlegt, so liegt doch die letzte Entscheidung und Verantwortung bei der Staatsanwaltschaft. Insbesondere darf nur sie über die Einstellung von Ermittlungen, über das Absehen von einer Verfolgung nach Regeln des → *Opportunitätsprinzips* oder über die Anklageerhebung entscheiden.

Staatsanwaltschaften sind beim → *Bundesgerichtshof*, bei den → *Oberlandesgerichten* sowie bei den → *Landgerichten* eingerichtet. Letztere betreuen auch die im Bezirk des jeweiligen Landgerichts gelegenen Amtsgerichte. Die Staatsanwaltschaften sind als Behörden aufgebaut; die einzelnen Staatsanwälte sind weisungsgebunden. Dieses Weisungsrecht findet jedoch seine Grenzen am → *Legalitätsprinzip* und am Verbot der Verfolgung Unschuldiger. So dürfte ein Behördenleiter, dessen Frau einen → *Ladendiebstahl* begangen hat, einen Staatsanwalt keinesfalls anweisen, das Verfahren einzustellen. Die gebotene Sachbehandlung in einem solchen Fall ist vielmehr die Abgabe der Ermittlungen an eine andere Staatsanwaltschaft.

Staatshaftung

Der Staat haftet nach § 839 BGB in Verbindung mit Art. 34 GG für die schuldhafte Verletzung der gegenüber einem Dritten bestehenden Amtspflichten durch seine Beamten. Der Begriff des Beamten ist dabei nicht im staatsrechtlichen Sinne (→ *Beamter*) zu verstehen; „Beamter" in diesem Sinn ist vielmehr jeder Bedienstete, also Beamte (im staatsrechtlichen Sinne), Angestellte und

Arbeiter. Voraussetzung ist, dass der Bedienstete hoheitlich tätig geworden ist, d. h. in Ausübung öffentlicher Gewalt. Das liegt insbesondere vor beim Erlass von → *Verwaltungsakten.* Zum Schadensersatz verpflichtet ist die Körperschaft, die den jeweiligen Bediensteten angestellt hat. Hat der Betreffende eine Doppelfunktion, etwa der Landrat (nach bayerischem Recht), so ist entscheidend, in welchem Rechtskreis er tätig geworden ist, ob er also als Staatsbeamter oder als Kommunalbeamter gehandelt hat. Die Schadensersatzpflicht entfällt im Regelfall, wenn der Verletzte es vorsätzlich oder fahrlässig unterlassen hat, den Schaden durch Einlegung eines Rechtsmittels, etwa eines → *Widerspruchs* oder einer Klage, zu verhindern oder zu begrenzen. Hat der „Beamte" nur fahrlässig gehandelt, muss der Verletzte nachweisen, dass er nicht auf andere Weise seinen Schaden ersetzt bekommen kann. Wird ein durch ein gerichtliches Urteil eingetretener Schaden geltend gemacht, ist das nur möglich, wenn der Richter vorsätzlich gehandelt, also sich einer → *Rechtsbeugung* schuldig gemacht hat. Ist der „Beamte" im privatrechtlichen Bereich tätig geworden, so haftet der Staat nur nach allgemeinen Grundsätzen. Muss der Staat für das Verschulden eines Beamten Schadensersatz leisten, kann er unter bestimmten Voraussetzungen von diesem Regress verlangen.

Staatsvertrag

S. ist eine zwischen zwei oder mehr Staaten abgeschlossene völkerrechtliche Vereinbarung, die Gegenstände betrifft, zu deren Durchführung es eines innerstaatlichen Vollzugsakts bedarf, der meist als Ratifikationsgesetz bezeichnet wird. Dadurch wird einmal die Zustimmung des Gesetzgebungsorgans zu dem Abkommen erklärt und gleichzeitig dessen Inhalt in innerstaatliches Recht transformiert. Dementsprechend bedürfen Staatsverträge, die sich auf Rechtsmaterien beziehen, die der Bundesgesetzgebung unterliegen, der Billigung des Bundestags. Die Länder können Staatsverträge mit auswärtigen Staaten nur mit Zustimmung des Bundes abschließen. Nicht beschränkt ist dagegen der Abschluss von Staatsverträgen der Länder untereinander; Voraussetzung ist allerdings, dass Länderaufgaben betroffen sind. In welcher Form die Länderparlamente zu beteiligen sind, bestimmt sich nach der jeweiligen Landesverfassung. Als Beispiele sind zu nennen der Staatsvertrag über die Vergabe von Studienplätzen und über die Errichtung des Zweiten Deutschen Fernsehens (→ *Rundfunk*).

Staatszielbestimmungen

S. sind solche Normen im Grundgesetz und in den Landesverfassungen, die eine Zielvorgabe für alle staatlichen Organe enthalten, die es in der Zukunft zu erreichen gilt. In erster Linie richten sich diese Reglungen an den Gesetzgeber, der sie beim Erlass von Gesetzen zu beachten hat. Der Staat wird dadurch verpflichtet, das jeweilige Handlungsziel mit den ihm zu Gebote stehenden Mitteln zu verfolgen, und zwar durch Schaffung entsprechender Rahmenbedingungen sowohl im öffentlichen als auch im privaten Sektor. Staatszielbestimmungen enthalten keine → *Grundrechte* oder grundrechtsähnlichen Rechte; der Bürger kann sich im Rahmen einer Klage somit nicht auf derartige Bestimmungen berufen. Die wichtigsten Staatszielbestimmungen im GG sind der den → *Umweltschutz* und den → *Tierschutz* regelnde Art. 20a und Art. 3 Abs. 2 Satz 2, der den Staat verpflichtet, die tatsächliche Durchsetzung der → *Gleichberechtigung* von Frauen und Männern zu fördern.

Stadt

Größere Gemeinden werden nach näherer Bestimmung durch die Gemeindeordnung der jeweiligen Bundesländer oder nach hierzu ergangenen Ausführungsverordnungen oft als Stadt bezeichnet; es gibt allerdings auch kleinere Gemeinden, die aus historischen Gründen diesen Namen führen. Eine besondere rechtliche Stellung, etwa in Form eines erweiterten Aufgabenbereichs, ist hiermit nicht verbunden. Vom Aufgabenumfang unterscheiden sich nur kreisfreie und kreisangehörige Städte; Erstere nehmen im übertragenen Wirkungskreis auch die Aufgaben im Gemeindegebiet wahr, die sonst der unteren Staatsbehörde, dem Landratsamt, obliegen. Kreisangehörige Städte, denen besondere Aufgaben zur eigenständigen Erledigung übertragen wurden, führen meist eine besondere Bezeichnung wie Große Kreisstadt, Selbständige Stadt oder Große kreisangehörige Gemeinde. In Städten führen der Gemeinderat die Bezeichnung Stadtrat, die → *Bürgermeister* in kreisfreien Städten und Großen Kreisstädten die Bezeichnung Oberbürgermeister.

Stammeinlage

Hierunter versteht man einen bestimmten Teil des → *Stammkapitals* einer → *GmbH*. Die Stammeinlage entspricht in ihrer Funktion der → *Aktie* bei der Aktiengesellschaft. Ihr Mindestbetrag beläuft sich auf 100 EUR. An Stelle von Geld kann eine Stammeinlage in gewissen Grenzen aber auch durch Naturalleistungen als so genannte Sacheinlage erbracht werden. Bei der Gründung einer GmbH muss auf jede in Geld zu erbringende Stammeinlage mindestens ein Viertel des Nominalbetrages einbezahlt sein; darüber hinaus müssen aber Geld- und Sacheinlagen insgesamt mindestens in Höhe der Hälfte des Mindeststammkapitals von 25 000 EUR eingebracht sein.

Stammkapital

So nennt man bei der → *Gesellschaft* mit beschränkter Haftung den Geldbetrag, der bei der Aktiengesellschaft dem → *Grundkapital* entspricht. Es muss mindestens 25 000 EUR betragen und wird in der Bilanz auf der Passivseite ausgewiesen. Die Änderung des Stammkapitals bedarf einer Satzungsänderung.

Standesbeamter

Den Standesbeamten in den Gemeinden obliegt nach dem Personenstandsgesetz im Wesentlichen die Führung der Personenstandsbücher sowie die Ausstellung von Geburts-, Heirats- und Sterbeurkunden. Er ist für den Erlass des → *Aufgebots* zuständig und wirkt bei → *Eheschließungen* mit. Er stellt das für die Heirat eines Deutschen im Ausland notwendige Ehefähigkeitszeugis aus. Schließlich nimmt er namensrechtliche Erklärungen, etwa über die Führung des Familiennamens, entgegen.

Lehnt der Standesbeamte eine Amtshandlung ab, kann er dazu auf Antrag des Betroffenen durch die Aufsichtsbehörde oder das Amtsgericht angehalten werden. Streitigkeiten in Personenstandssachen werden im Verfahren der → *Freiwilligen Gerichtsbarkeit* entschieden.

▶ Steckbrief

Ein Steckbrief ist eine Fahndungsaufforderung, die sich in erster Linie an die Strafverfolgungs- und die Sicherheitsbehörden wendet. Sie enthält eine Beschreibung des Gesuchten und seiner Tat. Ein Steckbrief setzt grundsätzlich voraus, dass gegen den Beschuldigten ein → *Haftbefehl* oder ein → *Unterbringungsbefehl* besteht. Außerdem ist er möglich, wenn ein Festgenommener entwichen ist oder sich nach Rechtskraft eines Urteils nicht dem Vollzug einer Freiheitsstrafe stellt.

▶ Stehendes Gewerbe

Die Gewerbeordnung unterscheidet zwischen stehendem Gewerbe, → *Reisegewerbe* und Marktverkehr. Stehendes Gewerbe ist insbesondere eine Tätigkeit, die innerhalb der Räume einer gewerblichen Niederlassung ausgeübt wird. Inhaber eines stehendes Gewerbes ist aber auch, wer, ohne über eine eigene Betriebsstätte zu verfügen, gewerbliche Arbeiten auf Bestellung bei einem Kunden ausübt. Eine positve Definition ist aber letztlich nicht möglich; negativ lässt sich der Begriff so erläutern, dass stehendes Gewerbe jede gewerbliche Tätigkeit ist, die nicht als Reisegewerbe oder als Marktverkehr zu qualifizieren ist. Die Aufnahme eines stehenden Gewerbes ist anzeigepflichtig oder unterliegt der Erlaubnispflicht.

▶ Stellvertretung

Unter Stellvertretung versteht man ein rechtsgeschäftliches Handeln, dessen Rechtsfolgen in der Person des Vertretenen eintreten. Sie ist sowohl bei der Abgabe als auch beim Zugang einer → *Willenserklärung* möglich. Nach § 164 BGB setzt eine wirksame Stellvertretung voraus, dass der Vertreter in fremdem Namen und im Rahmen seiner Vertretungsmacht handelt. Die Vertretungsmacht kann sich aus einem Rechtsgeschäft (→ *Vollmacht)* oder aus dem Gesetz ergeben (so werden Minderjährige nach §§ 1626, 1629 BGB durch ihre Eltern als gesetzliche Vertreter vertreten). Nach § 166 BGB kommt es bei Willensmängeln auf die Person des Vertreters an (→ *Anfechtung* nach § 119 BGB also nur, wenn der Vertreter irrte). Schließt ein Vertreter einen → *Vertrag* ab, ohne dass er Vertretungsmacht hatte, verpflichtet dieser Vertrag den Vertretenen nur, wenn er ihn genehmigt (§ 177 BGB). Der vollmachtlose Vertreter muss jedoch bei Genehmigungsverweigerung auf Verlangen des Vertragspartners hin den Vertrag erfüllen oder den entstandenen Schaden ersetzen.

Sterbegeld

Die Zahlung von Sterbegeld ist eine Leistung, die von der gesetzlichen → *Unfallversicherung* und im Rahmen der Kriegsopferfürsorge nach dem Bundesversorgungsgesetz gezahlt wird. Eine entsprechende Leistung der gesetzlichen Krankenversicherung wird nur noch beim Tod eines Versicherten gewährt, wenn dieser vor dem 1. 1. 1989 versicherungspflichtig geworden ist. Das Sterbegeld ist vom → *Erbrecht* ausgeschlossen; es wird an denjenigen bezahlt, der die Beerdigungskosten getragen hat.

Steueranmeldung

S. ist eine Steuererklärung, in der der Steuerpflichtige, soweit dies gesetzlich vorgeschrieben ist, die Steuer selbst zu berechnen hat (§ 150 Abs. 1 Satz 2 AO). Dies gilt z. B. bei der → *Umsatz-*, → *Lohnsteuer.* Eine Steuerfestsetzung durch die Finanzbehörde erfolgt nur, wenn diese von der Steuererklärung abweichen will bzw. der Steuer- oder Haftungsschuldner die Steueranmeldung unterlässt (§ 167 Abs. 1 AO). Die Steueranmeldung steht einer Steuerfestsetzung unter Vorbehalt der Nachprüfung gleich und kann innerhalb der Festsetzungsfrist geändert werden.

Steuerberater

Als Steuerberater darf nur bestellt werden, wer die Steuerberaterprüfung bestanden hat oder davon befreit worden ist. Die Voraussetzungen für die Zulassung zur Steuerberaterprüfung sind in § 36 Steuerberatergesetz geregelt. Steuerberater üben einen freien Beruf aus, erzielen Einkünfte aus → *selbständiger Arbeit*. Steuerberater, Steuerbevollmächtigte und Steuerberatungsgesellschaften sind berechtigt, ihrem Auftraggeber geschäftsmäßig Hilfe in Steuersachen, Steuerstrafverfahren, Bußgeldsachen oder Ordnungswidrigkeiten zu leisten. Steuerberatungskosten sind je nach → *Einkunftsart* als → *Betriebsausgaben*, → *Werbungskosten* oder → *Sonderausgaben* abzugsfähig.

Steuerbescheid

Die Steuern werden, soweit nichts anderes vorgeschrieben ist, von der Finanzbehörde durch Steuerbescheid festgesetzt. Der Steuerbescheid ist ein → *Verwaltungsakt*, der dem Steuerpflichtigen, für den er bestimmt ist oder der von ihm betroffen ist, bekannt zu geben ist. Er kann auch gegenüber einem Bevollmächtigten bekannt gegeben werden.

Steuerbescheide sind, soweit nichts anderes bestimmt ist, schriftlich zu erteilen. Sie müssen die festgesetzte Steuer nach Art und Betrag bezeichnen und angeben, wer die Steuer schuldet. Dem Steuerbescheid ist auch eine → *Rechtsbehelfsbelehrung* beizufügen. Nach Ablauf der Einspruchsfrist wird der Steuerbescheid bestandskräftig (→ *Rechtsbehelfsverfahren im Steuerrecht*).

Der Steuerbescheid kann unter Vorbehalt der Nachprüfung ergehen, solange der Steuerfall nicht abschließend geprüft ist (§ 164 AO). Die Steuerfestsetzung kann auch vorläufig erfolgen, soweit ungewiss ist, ob die Voraussetzungen für die Entstehung einer Steuer eingetreten sind (§ 165 AO).

Ein Steuerbescheid darf, soweit Bestandskraft eingetreten ist, in den in § 172 AO genannten Voraussetzungen (z. B. bei Erlass durch eine unzuständige Stelle, Erwirkung durch arglistige Täuschung oder Bedrohung) aufgehoben oder geändert werden. Im Übrigen ist ein Steuerbescheid aufzuheben oder zu ändern, soweit nachträglich neue Tatsachen bekannt werden, die zu einer höheren Steuer führen oder diese zu einer niedrigeren Steuer führen und dem Steuerpflichtigen kein grobes Verschulden trifft (§ 173 AO).

Sind Besteuerungsgrundlagen gesondert festzustellen (§ 180 AO), werden diese durch Feststellungsbescheid ermittelt. Gegenüber mehreren Beteiligten erfolgt die Feststellung einheitlich durch einen Feststellungsbescheid.

Steuererklärung

Eine S. hat abzugeben, wer durch Steuergesetze hierzu verpflichtet ist und wer von der Finanzbehörde dazu aufgefordert wird.

Von Sonderregelungen abgesehen sind Steuererklärungen, die sich auf ein Kalenderjahr für einen gesetzlich bestimmten Zeitpunkt beziehen, spästestens fünf Monate danach abzugeben. Auf Antrag kann die Frist zur Abgabe der Steuererklärung verlängert werden.

Die Steuererklärung ist nach amtlich vorgeschriebenem Vordruck abzugeben, soweit nicht eine mündliche Steuererklärung zugelassen ist. Die Angaben in der Steuererklärung sind wahrheitsgemäß zu machen. Der Steuererklärung sind die Unterlagen beizufügen, die nach den Steuergesetzen vorzulegen sind. Hat der Steuerpflichtige die Steuererklärung eigenhändig zu unterschreiben, ist eine Unterzeichnung durch Bevollmächtigten nur zulässig, wenn der Steuerpflichtige hierzu wegen seines körperlichen oder geistigen Zustandes außerstande ist oder durch längere Abwesenheit an einer Unterschrift gehindert ist. Fallen die Hinderungsgründe weg, kann das Finanzamt die Nachholung der Unterschrift anordnen.

Wird die Steuererklärung vom Steuerpflichtigen nicht oder in unzureichender Form abgegeben, kann die Finanzbehörde die Besteuerungsgrundlagen schätzen (§ 162 AO) oder einen Verspätungszuschlag festsetzen (§ 152 AO) oder Zwangsmittel androhen und festsetzen (§§ 328 ff. AO).

▶ Steuergeheimnis

→ *Amtsträger* und diesen gleichgestellte Personen (z. B. öffentliche Bedienstete, amtlich zugezogene → *Sachverständige,* Träger von Ämtern der Kirche und anderer Religionsgemeinschaften) sind verpflichtet, das Steuergeheimnis zu wahren. Dem Steuergeheimnis unterliegt alles, was ein → *Amtsträger* oder eine gleichgestellte Person im Besteuerungsverfahren, im → *Strafverfahren* wegen einer → *Steuerstraftat,* im Bußgeldverfahren wegen einer → *Steuerordnungswidrigkeit* oder aus anderem Anlass durch Mitteilung einer Finanzbehörde bekannt geworden ist (§ 30 AO).

Die Offenbarung erlangter Kenntnisse ist nach § 30 AO zulässig (z. B. soweit sie der Durchführug eines Besteuerungsverfahrens, Steuerstrafverfahrens dient oder durch Gesetz ausdrücklich zugelassen ist oder wenn der Betroffene zustimmt, oder wenn für die Offenbarung von Kenntnissen ein zwingendes öffentliches Interesse besteht). Die Verletzung des Steuergeheimnisses ist strafbar (§ 355 StGB).

▶ Steuerhinterziehung

S. ist eine Steuerstraftat (→ *Steuerstrafrecht).* Wer den Finanzbehörden oder anderen → *Behörden* über steuerlich erhebliche Tatsachen unrichtige oder unvollständige Angaben macht, wer Finanzbehörden pflichtwidrig über steuerlich erhebliche Tatsachen in Unkenntnis lässt oder wer pflichtwidrig die Verwendung von Steuerzeichen oder Steuerstemplern unterlässt und dadurch Steuern verkürzt oder für sich oder einen anderen nicht gerechtfertigte Steuervorteile erlangt, macht sich wegen Steuerhinterziehung strafbar (§ 370 AO). Der Tatbestand der Steuerhinterziehung setzt vorsätzliches Handeln voraus.

Geschütztes Rechtsgut ist die rechtzeitige und vollständige Erfassung und Abführung der Steuern, so dass bereits die verspätete Abgabe einer Steuererklärung strafbar sein kann.

Steuerhinterziehung ist mit Freiheitsstrafe bis zu fünf Jahren oder mit Geldstrafe, in besonders schweren Fällen mit Freiheitsstrafe bis zu zehn Jahren bedroht. Der Versuch und die Begünstigung der Steuerhinterziehung ist ebenfalls strafbar.

Gewerbsmäßige oder bandenmäßige Steuerhinterziehung (§ 370 a AO) ist ein → *Verbrechen* und wird mit Freiheitsstrafe von einem Jahr bis zu zehn Jahren bestraft.

Die Festsetzungsfrist hinterzogener Steuern beträgt zehn Jahre (§ 169 Abs. 2 Satz 2 AO). Hinterzogene Steuern sind zu verzinsen (§ 235 AO).

Steuerkarte → *Lohnsteuerkarte*

Steuerliche Nebenleistungen

S. sind Verspätungszuschläge (§ 152 AO), Zinsen (§§ 232–237 AO), Säumniszuschläge (§ 240 AO), Zwangsgelder (§ 329 AO) und Kosten (§§ 178, 337–345 AO) sowie Zinsen im Sinne des Zollkodex. Auf steuerliche Nebenleistungen finden die Vorschriften der → *Abgabenordnung* Anwendung.

Steuermessbescheid → *Gewerbesteuer,* → *Grundsteuer*

Steuermessbetrag → *Gewerbesteuer,* → *Grundsteuer*

Steuern → *Abgaben, öffentliche*

Steuerordnungswidrigkeiten

S. sind Zuwiderhandlungen, die nach den Steuergesetzen mit Geldbuße geahndet werden können. Dazu gehören:

(1) Leichtfertige Steuerverkürzung (§ 378 AO). Sie setzt objektiv den Tatbestand der → *Steuerhinterziehung* (§ 370 AO) und subjektive Leichtfertigkeit voraus. Leichtfertigkeit entspricht „etwa" einer groben Fahrlässigkeit. Die Ordnungswidrigkeit kann mit einer Geldbuße bis zu 50 000 EUR geahndet werden.

(2) Steuergefährdung (§ 379 AO) liegt vor, wenn der Täter vorsätzlich oder leichtfertig zur Verkürzung von Steuereinnahmen unrichtige Belege ausstellt oder Vorfälle unrichtig verbucht. Die Ordnungswidrigkeit kann mit einer Geldbuße bis zu 5000 EUR geahndet werden.

(3) Ordnungswidrig handelt auch, wer vorsätzlich oder leichtfertig seiner Verpflichtung, Steuerabzugsbeträge einzubehalten und abzuführen, nicht, nicht vollständig oder rechtzeitig nachkommt (§ 380 AO), wer vorsätzlich oder leichtfertig den Vorschriften über Verbrauchssteuergesetze zuwiderhandelt (§ 381 AO), wer als Pflichtiger oder bei der Wahrnehmung von Angelegenheiten eines Pflichtigen vorsätzlich oder fahrlässig Zollvorschriften zuwiderhandelt (§ 382 AO), wer unzulässigerweise Steuererstattungs- oder Vergütungsansprüche erwirbt (§ 383 AO).

▸ Steuerpflicht

Verschiedene Steuergesetze (Einkommen-, Kirchen-, Körperschaftsteuer) knüpfen an die persönliche Steuerpflicht an.

(1) Unbeschränkte Steuerpflicht: Unbeschränkt einkommensteuerpflichtig sind natürliche Personen, die in der BRD einen → *Wohnsitz* oder ihren gewöhnlichen → *Aufenthalt* haben, unbeschränkt körperschaftsteuerpflichtig sind die in § 1 Körperschaftsteuergesetz aufgeführten Körperschaften, Personenvereinigungen oder Vermögensmassen, die ihre Geschäftsleitung oder ihren Sitz im Inland haben. Die unbeschränkte Steuerpflicht erstreckt sich bei Einkommen- und Körperschaftsteuer auf alle Einkünfte, das sog. „Welteinkommen".

(2) Beschränkte Steuerpflicht: Beschränkt einkommensteuerpflichtig ist, wer im Inland weder Wohnsitz noch gewöhnlichen Aufenthalt hat (§ 1 Abs. 4 EStG). Beschränkt körperschaftsteuerpflichtig sind Körperschaften, Personenvereinigungen und Vermögensmassen, die weder ihre Geschäftsleitung noch ihren Sitz im Inland haben, sonstige Körperschaften und Personenvereinigungen und Vermögensmassen, die nicht unbeschränkt steuerpflichtig sind. Die beschränkte Steuerpflicht erstreckt sich nur auf die jeweils inländischen Einkünfte.

(3) Erweiterte unbeschränkte Steuerpflicht kann sich für Grenzgänger (§ 1 a EStG) oder in Fällen des → *Außensteuergesetzes* ergeben (→ *Doppelbesteuerung).*

▸ Steuerstrafrecht

Zu unterscheiden sind Steuerstraftaten (§§ 369–376 AO) und Steuerordnungswidrigkeiten (§§ 377–384 AO).

(1) Steuerstraftaten, für die die allgemeinen Gesetze über das Strafrecht gelten, soweit Strafvorschriften der Steuergesetze nichts anderes bestimmen, verjähren in fünf Jahren. Die Verfolgung von Steuerstraftaten hat von Amts wegen zu erfolgen (→ *Legalitätsprinzip*).

(2) Für **Steuerordnungswidrigkeiten** gelten die Vorschriften des Gesetzes über Ordnungswidrigkeiten, soweit die Bußgeldvorschriften der Steuergesetze nichts anderes bestimmen. Steuerordnungswidrigkeiten verjähren in fünf Jahren. Für die Verfolgung von Steuerordnungswidrigkeiten gilt das → *Opportunitätsprinzip*.

StGB

StGB ist die gebräuchliche Abkürzung für → *Strafgesetzbuch*.

Stille Gesellschaft

Eine Stille Gesellschaft ist eine Beteiligung einer Person am Handelsgeschäft eines anderen mit einer Einlage gegen eine Beteiligung am Gewinn. Sie hat nur für das Rechtsverhältnis zwischen den beiden Beteiligten Bedeutung; aus den in seinem Betrieb geschlossenen Handelsgeschäften wird allein dessen Inhaber berechtigt und verpflichtet, nicht auch der Stille Gesellschafter.

Stille Reserve

S. ist der Unterschiedsbetrag zwischen → *Buchwert* und → *Teilwert*, der bei Veräußerung oder → *Entnahme* eines → *Wirtschaftsgutes* aus dem → *Betriebsvermögen* und bei Betriebsveräußerung oder Betriebsaufgabe zu versteuern ist.

Störer

S. nennt man den Adressat von Maßnahmen der → *Polizei* und der → *Ordnungsbehörden*. Man unterscheidet zwischen Handlungs- und Zustandsstörer. Handlungsstörer ist, wer durch aktives Tun oder pflichtwidriges Unterlassen eine Gefahr oder eine Störung der öffentlichen Sicherheit und Ordnung (→ *Sicherheit* und

Ordnung, öffentliche) hervorgerufen hat. Zustandsstörer ist, wer als Eigentümer oder Inhaber der tatsächlichen Gewalt für den Zustand einer Sache verantwortlich ist, von der eine Gefahr oder eine Störung ausgeht. Unter mehreren Störern ist nach dem Grundsatz der → *Verhältnismäßigkeit* der auszuwählen, der der Störung am nächsten steht, also regelmäßig der Handlungsstörer vor dem Zustandsstörer. Die Polizeipflichtigkeit tritt nur ein, wenn die Handlung oder der Zustand der Sache die Gefahr oder Störung unmittelbar verursacht wurde; eine nur mittelbare Verursachung reicht regelmäßig nicht. Eine Ausnahme von diesem Grundsatz ist der so genannte Zweckveranlasser, der zwar nicht selbst eine Gefahrenlage schafft, aber die Störung durch Dritte unmittelbar bezweckt. In besonderen Fällen kann auch ein Nichtstörer Adressat polizeilicher Maßnahmen sein, wenn eine unmittelbar bevorstehende erhebliche Gefahr abzuwehren ist und Maßnahmen gegen den Störer nicht möglich, ausreichend oder zulässig sind.

StPO

StPO ist die gebräuchliche Abkürzung für → *Strafprozessordnung.*

Strafantrag

Die Erklärung des Verletzten oder eines sonst dazu Berechtigten, dass er die Strafverfolgung einer bestimmten Tat – etwa einer fahrlässigen → *Körperverletzung* – wünsche, ist ein Strafantrag. Er ist von der → *Strafanzeige,* die jedermann stellen kann, zu unterscheiden. Bei den so genannten → *Antragsdelikten* ist die Stellung eines wirksamen Strafantrags – wenn nicht die Staatsanwaltschaft das „besondere öffentliche Interesse" erklären kann – Voraussetzung für die Einleitung strafrechtlicher Ermittlungen. Die wichtigsten Wirksamkeitsvoraussetzungen bei einem Strafantrag sind folgende: Der Strafantrag muss innerhalb von drei Monaten nach Kenntnis von der Tat und der Person des Täters gestellt werden. Ein Verzicht auf das Antragsrecht oder eine Rücknahme eines bereits gestellten Strafantrags sind möglich; sie führen dann aber zum endgültigen Verlust des Antragsrechts. Innerhalb der offenen

Frist kann man sich ferner die Stellung eines Strafantrags auch vorbehalten.

Der Strafantrag kann beim → *Amtsgericht* oder der → *Staatsanwaltschaft* schriftlich oder zu Protokoll, bei der → *Polizei* nur schriftlich erklärt werden. Antragsberechtigt ist grundsätzlich der Verletzte, also diejenige Person, deren Rechte durch die Straftat beeinträchtigt worden sind. Ist er noch nicht voll geschäftsfähig (Hauptfall hierfür ist ein Alter unter 18 Jahren), so muss der Strafantrag durch den gesetzlichen Vertreter – bei den Eltern sind dies im Normalfall beide Elternteile – gestellt werden.

▶ Strafanzeige

Eine Strafanzeige ist die Mitteilung des Verdachts einer strafbaren Handlung an Polizei, Staatsanwaltschaft oder Amtsgericht. Sie kann in einer reinen Mitteilung ohne eigenes Interesse an einer Verfolgung bestehen. Das wäre etwa der Fall, wenn ein Anrufer der Polizei mitteilt, er habe im Bereich eines Hauses verdächtige Geräusche gehört und befürchte dort einen Einbruch. In solchen Fällen erhält der Anzeigeerstatter keine weitere Mitteilung.

Eine Strafanzeige kann aber auch – ohne dass die Voraussetzungen eines → *Strafantrags* vorliegen müssen – ein Verfolgungsinteresse des Anzeigenden enthalten. Dies wäre etwa der Fall, wenn jemand ein → *unerlaubtes Entfernen vom Unfallort* anzeigt und bekundet, er sei sehr an der Bestrafung solcher Verkehrsteilnehmer interessiert. Hier muss die Staatsanwaltschaft dem Anzeigeerstatter die Einstellung des → *Ermittlungsverfahrens* mitteilen. Ist in solchen Fällen der Anzeigeerstatter – was nicht sein muss – gleichzeitig Verletzter, so kann er gegen die Einstellung von Ermittlungen gegebenenfalls sogar mit einem Klageerzwingungsverfahren vorgehen.

▶ Strafaufschub → *Strafvollstreckung*

▶ Strafaussetzung zur Bewährung

Strafaussetzung zur Bewährung bedeutet, dass auf die Vollstreckung einer rechtskräftig ausgesprochenen Rechtsfolge ganz oder teilweise verzichtet wird. Ihre größte Bedeutung hat die Strafaussetzung zur Bewährung im Bereich der → *Freiheitsstrafe* und der → *Jugendstrafe.* Daneben ist aber auch die Aussetzung einiger → *Maßregeln der Besserung und Sicherung* zur Bewährung möglich. Schließlich gibt es im Bereich der → *Geldstrafe* eine ähnliche Regelung in Form der Verwarnung mit Strafvorbehalt. Die folgenden Ausführungen beschränken sich auf die Freiheits- und Jugendstrafe: Eine Freiheitsstrafe bis zu einem Jahr wird zur Bewährung ausgesetzt, wenn eine günstige Sozialprognose besteht, also nach den Umständen des Einzelfalls angenommen werden kann, dass der Täter sich allein den Umstand seiner Verurteilung als Warnung dienen lässt und künftig nicht mehr straffällig werden wird. Dies wird meist gegeben sein, wenn erstmals eine solche Freiheitsstrafe gegen den betreffenden Täter verhängt wird. Zu beachten ist allerdings, dass trotz einer günstigen Sozialprognose eine Freiheitsstrafe von 6 Monaten oder mehr vollstreckt werden muss, wenn dies aus Gründen der Generalprävention erforderlich ist. Letzteres tritt ein, wenn sich bestimmte Delikte häufen oder wenn bestimmte Taten die Sicherheit der Bevölkerung besonders nachhaltig beeinträchtigen. So wird bei einer fahrlässigen → *Tötung,* die ein Verkehrsteilnehmer unter Alkoholeinfluss verschuldet, meist eine Vollstreckung der erkannten Freiheitsstrafe notwendig sein.

Freiheitsstrafen von mehr als einem bis zu zwei Jahren können zur Bewährung ausgesetzt werden, wenn zur günstigen Sozialprognose noch Besonderheiten bei Tat oder Täter hinzukommen, die die Tat insgesamt in einem milderen Licht erscheinen lassen. Neben Konflikttaten kommt eine Strafaussetzung hier besonders dann in Betracht, wenn der Täter sich zuvor langjährig straffrei geführt hatte oder die Tat in einer ungünstigen Lebenssituation – etwa als Folge finanzieller Schwierigkeiten nach einer → *Ehescheidung* – begangen hat.

Für die Aussetzung einer Jugendstrafe zur Bewährung gelten ähnliche Vorschriften wie bei der Freiheitsstrafe.

Mit der Strafaussetzung zur Bewährung wird die so genannte Bewährungszeit festgesetzt. Sie liegt im Erwachsenenstrafrecht zwischen 2 und 5 Jahren, im Jugendstrafrecht zwischen 2 und 3 Jahren (in Ausnahmefällen bei höchstens 4 Jahren). Wird der Täter innerhalb dieser Frist nicht mehr straffällig, so wird die Strafe erlassen. Andernfalls, also bei erneuter Strafbarkeit, kommt ein Widerruf der Strafaussetzung zur Bewährung in Betracht. Wird er ausgesprochen, so muss die verhängte Strafe verbüßt werden.

Ein erwachsener Verurteilter kann, ein jugendlicher Verurteilter muss einem → *Bewährungshelfer* unterstellt werden. Außerdem können mit der Strafaussetzung zur Bewährung weitere Auflagen verbunden werden. In Betracht kommen vor allem gewisse Anweisungen an die Lebensführung und die Auferlegung einer → *Geldbuße.* Durch Letztere soll der Verurteilte trotz des Umstands, dass er die erkannte Strafe nicht verbüßen muss, eine unmittelbare Folge seiner Tat spüren.

Strafaussetzung zur Bewährung kommt aber auch in Betracht, wenn der Verurteilte einen Teil seiner Strafe verbüßt hat. Kann dann unter dem Eindruck der bisherigen Strafvollstreckung angenommen werden, dass er sich straffrei führen wird, so wird auf einen entsprechenden Antrag des Verurteilten die Vollstreckung der Reststrafe zur Bewährung ausgesetzt.

Voraussetzung ist bei einem Erwachsenen, dass er im Regelfall $^2/_3$ seiner Strafe – mindestens aber zwei Monate – verbüßt hat (so genanntes „letztes Drittel"). Beim erstmaligen Vollzug einer Strafe bis zu höchstens 2 Jahren kann beim Vorliegen besonderer Voraussetzungen eine Strafaussetzung bereits nach Verbüßung der Hälfte der Strafe – frühestens aber nach 6 Monaten – erfolgen.

Die weitere Vollstreckung einer lebenslangen Freiheitsstrafe kann frühestens nach 15 Jahren zur Bewährung ausgesetzt werden. Hier ist jedoch eine besonders sorgfältige Prüfung nötig; insbesondere darf die Schwere der Tat keine weitere Vollstreckung mehr gebieten.

Bei der Verhängung von Jugendstrafe kann eine Entlassung zur Bewährung frühestens nach der Verbüßung eines Drittels – mindestens jedoch von 6 Monaten – erfolgen.

Weiter gehende Entscheidungen zur Strafaussetzung zur Bewährung sind im Übrigen nur im Rahmen des → *Gnadenrechts* möglich.

Strafbefehl

Das Strafbefehlsverfahren ist ein summarisches Verfahren mit Unterwerfungscharakter. Es basiert auf der Annahme, dass ein Beschuldigter die im Strafbefehl enthaltene Sanktion nur dann annehmen wird, wenn er die ihm zur Last gelegte Tat tatsächlich begangen hat. Ob diese Auffassung gerade bei einfacher strukturierten Beschuldigten richtig ist, erscheint nicht unzweifelhaft.

Voraussetzung für einen Antrag auf einen Strafbefehl ist es zunächst, dass die → *Staatsanwaltschaft* nach einer überschlägigen Prüfung der Sache im → *Ermittlungsverfahren* der Ansicht ist, der Beschuldigte habe die ihm zur Last gelegte Tat begangen und er werde die von ihr vorgeschlagene Sanktion annehmen. Die Staatsanwaltschaft kann dann von der Erhebung einer → *Anklage* und der damit verbundenen mündlichen Verhandlung absehen, wenn es sich bei der vorgeworfenen Tat um ein → *Vergehen* handelt, für dessen Ahndung das → *Amtsgericht* zuständig ist. Außerdem sind die im Strafbefehl möglichen Rechtsfolgen beschränkt. Die wichtigsten Sanktionen, die verhängt werden dürfen, sind: Geldstrafe, Fahrverbot, Entzug der Fahrerlaubnis bis zu 2 Jahren und Freiheitsstrafen bis zu einem Jahr unter Strafaussetzung zur Bewährung. Letzteres setzt allerdings voraus, dass der Angeschuldigte einen → *Verteidiger* hatte.

Ein Beispielsfall für einen Strafbefehlsantrag kann etwa eine im Straßenverkehr begangene fahrlässige → *Körperverletzung* sein, die die Staatsanwaltschaft mit einer → *Geldstrafe* von 20 Tagessätzen geahndet wissen möchte.

Der zuständige Richter erlässt den beantragten Strafbefehl nur, wenn auch er nach Überprüfung der Akten von einer Straftat des Beschuldigten überzeugt ist, die rechtliche Beurteilung der Staatsanwaltschaft teilt und auch die beantragte Strafe für angemessen erachtet.

Der Beschuldigte kann gegen einen Strafbefehl innerhalb von zwei Wochen nach Zustellung Einspruch einlegen. Dann muss eine → *mündliche Verhandlung* stattfinden, die der bei einem Verfahren mit Anklageerhebung entspricht. Der Einspruch kann auch auf bestimmte Punkte – etwa die Höhe der Strafe – beschränkt werden.

Unterbleibt ein Einspruch gegen einen Strafbefehl, so wird er grundsätzlich in demselben Umfang wie ein Urteil rechtskräftig.

Strafgesetzbuch

Im Strafgesetzbuch (StGB) sind einmal die wesentlichen allgemeinen Grundsätze des Strafrechts – in einem so genannten Allgemeinen Teil – und zum anderen die wichtigsten Straftatbestände – im Besonderen Teil – enthalten. Weitere wichtige Regelungen enthalten das Wehrstrafgesetz (→ *Soldatenrecht*), die Abgabenordnung (→ *Steuerstrafrecht*) und – für abweichende Rechtsfolgen – das Jugendgerichtsgesetz. Daneben gibt es aber auch noch in vielen Einzelgesetzen wie etwa dem Waffengesetz (→ *Waffenrecht*) Straftatbestände.

Strafkammer

Beim → *Landgericht* werden Strafkammern in unterschiedlicher Besetzung gebildet: Die kleine Strafkammer besteht aus einem Berufsrichter und zwei → *Schöffen*; die große Strafkammer ist – je nach Bedeutung des Falles – ebenso wie das → *Schwurgericht* mit drei Berufsrichtern und zwei Schöffen oder aber nur mit zwei Berufsrichtern und zwei Schöffen besetzt.

Die kleine Strafkammer ist für die Entscheidung über → *Berufungen* gegen Urteile des Einzelrichters und des → *Schöffengerichts* beim Amtsgericht zuständig. Die große Strafkammer hat diejenigen erstinstanzlichen Verfahren des Landgerichts zu entscheiden, die nicht zum Schwurgericht gehören.

Strafmilderung

Eine Strafmilderung ist vom Grundsatz her auf zwei Ebenen möglich: Entweder durch Berücksichtigung der Umstände des Einzelfalls (→ *Strafzumessung*) oder durch allgemein vom Gesetz vorgeschriebene oder zumindest ermöglichte Milderungsgründe. Die Strafmilderung wird dann dadurch erreicht, dass der vom Gesetz an sich vorgegebene Strafrahmen abgesenkt wird. Die wichtigsten – allerdings in das Ermessen des Gerichts gestellten – Strafmilderungsgründe betreffen das Vorliegen einer nur eingeschränkten Schuldfähigkeit sowie den → *Versuch.*

Strafmündigkeit

Dies ist der Begriff für das Vorliegen strafrechtlicher Verantwortlichkeit. Strafmündig ist nach deutschem Recht nicht, wer zur Tatzeit noch nicht 14 Jahre alt war. Bei einem Jugendlichen (→ *Jugendgerichtsgesetz)* ist Strafmündigkeit nur gegeben, wenn er nach seiner sittlichen und geistigen Entwicklung in der Lage war, das Unrecht seines Verhaltens einzusehen und auch entsprechend zu handeln. Mit Vollendung des 18. Lebensjahres setzt dann die volle Strafmündigkeit ein.

Strafprozessordnung

Die Strafprozessordnung (StPO) regelt das gesetzliche Verfahren, nach dem beim Verdacht einer → *Straftat* vorzugehen und gegebenenfalls zu entscheiden ist. Mit verhältnismäßig geringen Abweichungen, die insbesondere die Einschränkung von Zwangsbefugnissen der Ermittlungsbehörden regeln, gilt die Strafprozessordnung auch für das Verfahren bei → *Ordnungswidrigkeiten.* Die drei großen Schritte des Strafprozesses sind das → *Ermittlungsverfahren,* das → *Eröffnungsverfahren* und die → *Hauptverhandlung.*

Strafregister → *Zentralregister*

Strafsenat

Als Strafsenat wird der bei den → *Oberlandesgerichten* und dem → *Bundesgerichtshof* gebildete Spruchkörper für Strafsachen bezeichnet. Er ist bei den Oberlandesgerichten für die → *Revisionsverfahren* in Strafsachen, die ihren Ausgang beim → *Amtsgericht* haben, mit 3 Berufsrichtern und beim Bundesgerichtshof, der nur Revisionsverfahren durchführt, mit 5 Berufsrichtern besetzt. Außerdem entscheiden die Strafsenate der Oberlandesgerichte in erster Instanz über Staatsschutz- und Terrorismusdelikte; hierbei ist das Gericht mit 5 Berufsrichtern besetzt.

Straftat

Eine Straftat ist jede tatbestandsmäßige, rechtswidrige und schuldhafte Handlung, die das Gesetz mit Strafe bedroht.

Tatbestandsmäßigkeit bedeutet, dass ein Verhalten hinreichend bestimmt umschrieben und als strafbar bezeichnet werden muss, wenn es geahndet werden soll. Damit wird die rückwirkende Anwendung von Strafgesetzen ebenso ausgeschlossen wie eine → *Analogie* zu Lasten des Täters. Auch eine zu unbestimmte Formulierung, die die Grenzen der Strafbarkeit nicht mehr erkennen lässt, ist unzulässig. So wäre der Grundsatz der Bestimmtheit nicht mehr eingehalten, wenn das Gesetz das „Stellen von Autofallen" – denn was ist das? – mit Strafe belegen würde. Gegen das Rückwirkungsverbot wäre – wie es im Dritten Reich geschehen ist – verstoßen, wenn ein derartiges Gesetz am 2. 1. 2003 verkündet würde, aber schon auf einen Vorfall aus dem Jahr 2001 Anwendung finden würde.

Aus der Tatbestandsmäßigkeit eines Verhaltens folgt grundsätzlich seine Rechtswidrigkeit. Hier ist aber jeweils zu prüfen, ob nicht im Einzelfall das allgemein untersagte Verhalten durch das Vorliegen eines Rechtfertigungsgrundes berechtigt war.

Auf der Ebene der Schuld ist schließlich festzustellen, ob bei dem einzelnen Täter keine → *Schuldausschließungsgründe* gegeben sind.

Straftilgung

Im Interesse der Resozialisierung sollen die meisten Straftaten nach Ablauf bestimmter Fristen nach außen nicht mehr bekannt und schließlich auch in den Unterlagen der Strafverfolgungsbehörden gelöscht werden. Diesen Vorgang bezeichnet man als Straftilgung. Die Straftilgung erfolgt für das → *Führungszeugnis* früher als für das → *Zentralregister,* wo sie zudem voraussetzt, dass nach Ablauf der vom Gesetz vorgeschriebenen Frist keine spätere Eintragung mehr erfolgt ist. So wird eine Verurteilung wegen → *Diebstahls* zu einer Geldstrafe von 60 Tagessätzen, die am 1. 2. 2000 erfolgt ist, am 1. 2. 2005 getilgt werden. Dies unterbleibt aber, wenn am 1. 4. 2002 eine Verurteilung zu einer weiteren Geldstrafe wegen einer → *Beleidigung* erfolgt ist; die Frist für die Tilgung beider Straftaten läuft dann ab dem 1.4.2002.

Für Eintragungen im → *Verkehrszentralregister* folgen die Tilgungsregelungen denselben Grundsätzen.

Strafvereitelung

Den Tatbestand der Strafvereitelung erfüllt – im Gegensatz zur → *Begünstigung* –, wer verhindert, dass ein anderer bestraft oder dass die gegen einen anderen erkannte Strafe vollstreckt wird. Die Beeinträchtigung von → *Maßregeln der Besserung und Sicherung* wird einer Strafvereitelung gleichgestellt.

Beispiele für eine Strafvereitelung sind etwa das Beseitigen von Tatspuren, eine → *Falschaussage* oder eine Strafverbüßung an Stelle eines Verurteilten. Für eine Strafvereitelung ist es nicht notwendig, dass die Bestrafung oder Strafvollstreckung auf Dauer verhindert wird; eine erhebliche Verzögerung genügt.

Eine Strafvereitelung bleibt jedoch straffrei, wenn sie zu Gunsten eines → *Angehörigen* begangen wird – etwa um den → *Ehegatten* vor Strafe zu schützen – oder wenn der Täter damit auch seine eigene Bestrafung verhindern will.

Ein → *Verteidiger* ist gegenüber seinem Mandanten zur Verschwiegenheit verpflichtet. Er begeht daher keine Strafvereitelung, wenn er belastende Umstände, die ihm bekannt sind, nicht offenbart.

Strafverfahren → *Strafprozessordnung*

Strafvollstreckung

Die Strafvollstreckung umfasst alle Maßnahmen, die auf die Durchsetzung eines rechtskräftigen Straferkenntnisses gerichtet sind. Sie obliegt im Erwachsenenstrafrecht der → *Staatsanwaltschaft,* im Jugendstrafrecht dem Jugendrichter. Für die Durchführung der einzelnen Aufgaben ist aber meist ein → *Rechtspfleger* zuständig, der allerdings den Weisungen des Staatsanwalts oder Jugendrichters zu folgen hat.

Bei der Vollstreckung von Geldstrafen kann einem Verurteilten, der den Betrag nicht auf einmal zahlen kann, Ratenzahlung bewilligt werden. Für die Vollstreckung von → *Freiheitsstrafen* existieren so genannte Vollzugspläne, die regeln, in welcher Justizvollzugsanstalt ein Verurteilter die Strafe zu verbüßen hat. Dabei wird neben der Berücksichtigung örtlicher Gegebenheiten vor allem versucht, in den einzelnen Anstalten Strafen etwa gleichen Gewichts zu vollziehen. Damit soll verhindert werden, dass Gefangene, die wegen kleinerer Delikte verurteilt sind, ihre Strafe zusammen mit Schwerkriminellen verbüßen müssen.

Eine Freiheitsstrafe hat der Verurteilte grundsätzlich nach seiner Ladung zum Strafantritt zu verbüßen. Jedoch kann ihm aus wichtigen Gründen – etwa zur Regelung persönlicher Angelegenheiten – ein Strafaufschub bis zu 4 Monaten eingeräumt werden.

Der Strafvollzug selbst richtet sich nach den Bestimmungen des Strafvollzugsgesetzes: Für die Gefangenen besteht Arbeitspflicht; sie erhalten soweit notwendig Krankenversorgung und sind in der → *Arbeitslosenversicherung* versichert. Für den einzelnen Gefangenen wird ein Vollzugsplan aufgestellt, mit dem das Ziel, ihn zu einem straffreien Leben in der Freiheit zurückzuführen, erreicht werden soll. Mit zunehmender Dauer des Strafvollzugs soll der Gefangene durch Lockerungen wie Ausgang, Urlaub oder auch Beschäftigung außerhalb des Gefängnisses wieder an ein Leben in Freiheit gewöhnt werden. Trotz mancher Misserfolge haben sich diese Lockerungen insgesamt bewährt und Spannungen innerhalb des Strafvollzugs wesentlich abgebaut.

Fühlt sich ein Gefangener ungerecht behandelt, so kann er im Übrigen Entscheidungen im Rahmen der Strafvollstreckung wie die Versagung von Urlaub gerichtlich bei den so genannten Strafvollstreckungskammern überprüfen lassen.

▸ Strafzumessung

Die Straftatbestände enthalten fast immer einen Strafrahmen, etwa bei → *Diebstahl* → *Geldstrafe* von 5 bis zu 360 Tagessätzen oder → *Freiheitsstrafe* zwischen 1 Monat und 5 Jahren, aus dem im Einzelfall durch die Strafzumessung die konkrete Strafe zu entnehmen ist.

Bei der Strafzumessung sind die Schwere der Tat und die für und gegen einen Täter sprechenden Umstände zu berücksichtigen. So wird ein Diebstahl von 100 000 EUR mit einer wesentlich höheren Strafe zu ahnden sein als der Diebstahl von einem Pfund Kaffee. Die einzelnen, für und gegen den Täter sprechenden Umstände lassen sich abschließend nicht aufzählen; auch das Gesetz selbst nennt nur Beispiele. Strafverschärfend können etwa einschlägige Vorstrafen oder hohe kriminelle Energie des Täters wirken, während eine → *Strafmilderung* sich etwa aus einem Geständnis oder einer Schadenswiedergutmachung ergeben kann.

▶ Strahlenschutz

Die auf der Grundlage des Atomgesetzes erlassene Strahlenschutzverordnung regelt den Umgang und Verkehr mit radioaktiven Stoffen, deren Beförderung sowie die Ein- und Ausfuhr. Sie enthält weiterhin Regelungen über das Aufsuchen, die Gewinnung und Aufbereitung radioaktiver Mineralien sowie die Verwahrung, Be- und Verarbeitung und Verwendung von Kernbrennstoffen. Schließlich finden sich Vorschriften über die Errichtung von Atomanlagen sowie die Lagerung und Sicherung radioaktiver Stoffe und Abfälle. Der Schutzzweck wird im Wesentlichen durch die Begründung entsprechender Genehmigungspflichten erreicht. Die Verordnung legt Grenzwerte für den Schutz der Bevölkerung vor ionisierenden Srahlen und im Interesse der Arbeitssicherheit fest.

▶ Straßenbaulast

Die Straßenbaulast umfasst alle mit dem Bau und der Unterhaltung der Straße zusammenhängenden Aufgaben. Die Träger der Straßenbaulast haben im Rahmen ihrer Leistungsfähigkeit die Straßen in einem den gewöhnlichen Verkehrsbedürfnissen und den Erfordernissen der Verkehrssicherheit entsprechenden Zustand zu bauen, zu erneuern, zu unterhalten, zu erweitern oder sonst zu verbessern. Kann ein die Verkehrssicherheit beeinträchtigender Zustand mangels Leistungsfähigkeit nicht beseitigt werden, ist auf die Gefahrenstelle durch entsprechende Hinweisschilder aufmerksam zu machen. Nicht zur Straßenbaulast gehört das Schneeräumen, das Streuen bei Schnee- und Eisglätte (→ *Streupflicht),* die Straßenreinigung und die Straßenbeleuchtung. Die Straßenbaulastträger sollen jedoch unbeschadet der Verpflichtung Dritter die Straßen räumen und streuen. Die Straßenbaulast ist eine Verpflichtung des jeweiligen Straßenbaulastträgers, die im Rahmen der Straßenaufsicht durchgesetzt werden kann; ein einklagbares Recht Dritter auf Erfüllung der entsprechenden Aufgaben besteht aber nicht. Wer Straßenbaulastträger ist, bestimmen das Bundesfernstraßengesetz und die landesrechtlichen Straßen- und Wegegesetze (→ *Straßen- und Wegerecht*). Danach sind im Wesentlichen der Bund Träger der Baulast für die → *Bundesfernstraßen,* die Länder für die Staatsstraßen, die Kreise für die Kreisstraßen und die Gemeinden für die restlichen Straßen; abweichende Regelungen bestehen für die Ortsdurchfahrten in größeren Gemeinden.

Straßen- und Wegerecht

S. ist die Sammelbezeichnung für die Vorschriften, welche die Rechtsverhältnisse an den dem öffentlichen Verkehr gewidmeten Straßen, Wegen und Plätzen regeln. Sie finden sich im Wesentlichen im Bundesfernstraßengesetz für Bundesautobahnen und Bundesstraßen (→ *Bundesfernstraßen)* und in den Landes-Straßen- und Wegegesetzen für die sonstigen öffentlichen Straßen, vor allem die Staats-, Kreis- und Gemeindestraßen. Öffentliche Straßen entstehen durch → *Widmung;* sie bestimmt Art und Umfang des dort zulässigen Verkehrs und legt die Straßenklasse fest. Hat sich die Verkehrsbedeutung einer Straße geändert, so ist eine Neuklassifizierung durch Umstufung in die nunmehr zutreffende Straßenklasse vorzunehmen. Hat die Straße jede Verkehrsbedeutung verloren, so ist sie einzuziehen. Die Straßen- und Wegegesetze regeln außerdem den Umfang der → *Straßenbaulast* und bestimmen, welche Körperschaft für welche Straßen Baulastträger ist. Die Benutzung der öffentlichen Straßen zur Teilnahme am allgemeinen Verkehr ist jedermann im Rahmen der Widmung unentgeltlich gestattet (→ *Gemeingebrauch*). Daneben begründen einige Straßen- und Wegegesetze noch den so genannten Anliegergebrauch; dieser gibt zwar keinen Anspruch auf unveränderten Bestand der an das Grundstück angrenzenden Straße; er hindert jedoch eine entschädigungslose Entziehung einer bestehenden Zufahrt. Wird die Straße über den Gemeingebrauch hinaus benutzt, so stellt das eine genehmigungspflichtige und grundsätzlich gebührenpflichtige → *Sondernutzung* dar. Der Bau und die wesentliche Umgestaltung öffentlicher Straßen dürfen regelmäßig nur nach vorheriger → *Planfeststellung* vorgenommen werden; Gemeinden können Straßenplanung auch im Bebauungsplanverfahren (→ *Bauleitplanung*) betreiben.

Straßenverkehrsbehörde

S. ist diejenige Behörde, die nach den Vorschriften des jeweiligen Landesrechts mit der Ausführung der Straßenverkehrsordnung und der Straßenverkehrszulassungsordnung beauftragt ist. Für den Entzug der → *Fahrerlaubnis* im Verwaltungsweg ist die Fahrerlaubnisbehörde zuständig. Die einschlägigen Vorschriften hierfür sind in der Fahrerlaubnis-Verordnung enthalten.

Straßenverkehrsgefährdung

Der Tatbestand der Straßenverkehrsgefährdung stellt bestimmte Verhaltensweisen bei der Teilnahme am Straßenverkehr unter Strafe, wenn dadurch andere Personen getötet oder verletzt werden, fremde Sachen von bedeutendem Wert beschädigt werden oder wenn die konkrete Gefahr besteht, dass ein derartiger Erfolg eintritt. Diese Verhaltensweisen sind: Die Teilnahme am Verkehr in fahruntauglichem Zustand, der auf Alkoholgenuss (→ *Alkoholdelikte),* den Genuss sonstiger berauschender Mittel wie etwa Rauschgift, oder auf geistige oder körperliche Mängel zurückzuführen sein muss.

Die Nichtbeachtung der Vorfahrt, Fehlverhalten beim → *Überholen* und an Fußgängerüberwegen, zu schnelles Fahren an unübersichtlichen oder gefährlichen Stellen wie Bahnübergängen, Nichteinhaltung der rechten Fahrbahnseite an unübersichtlichen Stellen, Wenden, Rückwärtsfahren oder Fahren entgegen der Fahrtrichtung (sowie der → *Versuch* dieses Verhaltens) auf Autobahnen oder Kraftfahrstraßen und die unterlassene Sicherung haltender oder liegen gebliebener Fahrzeuge, wenn dieses Verhalten grob verkehrswidrig und rücksichtslos ist.

Grob verkehrswidrig ist dabei ein Verhalten, das objektiv einen besonders schweren Verstoß gegen die Verkehrsregeln darstellt; rücksichtslos ist es, wenn der betreffende Fahrer sich eigensüchtig – etwa weil er nur sein schnelleres Vorankommen im Sinn hat – über Verkehrsregeln hinwegsetzt.

Bei einer Beeinträchtigung oder konkreten Gefährdung von Leib oder Leben eines anderen Verkehrsteilnehmers – auch ein Mitfahrer kann keine wirksame → *Einwilligung* in seine Gefährdung vornehmen – ist der Tatbestand erfüllt. Bei der Beeinträchtigung nur einer fremden Sache muss sowohl diese als auch die ihr drohende Gefahr von bedeutendem Wert sein; die Grenze hierfür liegt bei etwa 1000 EUR. So fehlt es an der Gefährdung einer fremden Sache von bedeutendem Wert, wenn der Täter an einem geparkten, alten Auto im Wert von 500 EUR Totalschaden verursacht, während diese Gefährdung zu bejahen ist, wenn der Täter nur mit äußerster Mühe den Aufprall auf einen abgestellten Neuwagen vermeiden kann.

Eine Verurteilung wegen Straßenverkehrsgefährdung führt in aller Regel zum Entzug der → *Fahrerlaubnis.*

Straßenverkehrshaftung

Damit bezeichnet man die bei einem Verkehrsunfall unabhängig von einem Verschulden des Fahrers bestehende Gefährdungshaftung des Fahrzeughalters nach § 7 des Straßenverkehrsgesetzes für die Verletzung oder Tötung eines Menschen oder die Beschädigung von Sachen. Wird mit einem Kraftfahrzeug ein Verkehrsunfall verschuldet, so haftet der Fahrer für die entstandenen Schäden uneingeschränkt nach den Vorschriften über die → *unerlaubte Handlung*. Soweit freilich die vorgeschriebene → *Haftpflichtversicherung* reicht, muss diese bezahlen; der Geschädigte kann sie unmittelbar in Anspruch nehmen.

Fehlt es dagegen an einem Verschulden an einem Unfall – etwa bei einem plötzlichen Platzen eines Reifens –, so trifft den Halter des Kraftfahrzeugs die aus der → *Betriebsgefahr* herrührende Gefährdungshaftung. Diese ist allerdings in ihrer Höhe beschränkt; umfasst aber seit 1.8.2002 auch einen Anspruch auf → *Schmerzensgeld.* Von dieser Gefährdungshaftung wird der Halter grundsätzlich nur befreit, wenn er nachweist, dass der Unfall für ihn höhere Gewalt darstellte. Resultieren Ansprüche allerdings aus der Unfallbeteiligung eines anderen Kraftfahrzeugs heraus, so wird ein Anspruch aus Gefährdungshaftung bereits bei dem so genannten „unabwendbaren Ereignis" ausgeschlossen. Das setzt voraus, dass der Unfall auch für einen besonders sorgfältigen Kraftfahrer nicht vermeidbar gewesen wäre. Unabwendbar ist damit etwa ein Unfall, den ein Fahrer, der eine bevorrechtigte Straße mit der vorgeschriebenen Geschwindigkeit befährt, dadurch erleidet, dass ein anderer Wagen an einer unübersichtlichen Einmündung mit hoher Geschwindigkeit unmittelbar vor ihm ein Stoppschild missachtet. Durch die oben dargestellte Differenzierung soll die Entschädigung von Fußgängern und Radfahrern, insbesondere wohl von Kindern, verbessert werden.

Beim Umfang des Schadensersatzes ist zu beachten, dass neben den Reparaturkosten auch der so genannte merkantile Minderwert zu ersetzen ist. Das ist derjenige Betrag, um den der Wert eines Fahrzeugs durch seine Eigenschaft als Unfallwagen – auch nachdem es repariert ist – am Markt sinkt.

Ist das Fahrzeug infolge des Unfalls total beschädigt, so ist der Wiederbeschaffungswert zu ersetzen. Das ist der Betrag, der für den Ankauf eines gleichwertigen Fahrzeugs bei einem seriösen Fachhändler aufzuwenden wäre.

Für den Zeitraum der Reparatur oder der Wiederbeschaffung hat der Geschädigte Anspruch auf die Kosten für einen Mietwagen oder für den so genannten Nutzungsausfall. Das ist ein von der Rechtsprechung nach der Größe des Fahrzeugs festgesetzter Betrag, den der Geschädigte dafür erhält, dass er in der betreffenden Zeit auf seinen Wagen verzichten muss.

▸ Streik

S. ist – als Mittel des Arbeitskampfs – eine gemeinsame, planmäßige und vorübergehende Arbeitsniederlegung einer größeren

Zahl von Arbeitnehmern zur Erlangung günstigerer Arbeitsbedingungen.

Das Streikrecht ist durch Art. 9 GG garantiert.

Während eines Streiks werden bestehende Arbeitsverhältnisse nicht aufgelöst, sondern ruhen; die Arbeitnehmer haben keinen Lohnanspruch, sondern erhalten – falls sie Gewerkschaftsmitglieder sind – lediglich von ihrer → *Gewerkschaft* eine Unterstützung (Streikgeld). Der Streik ist rechtmäßig, wenn dadurch nicht gegen die → *Friedenspflicht* aufgrund eines → *Tarifvertrags* verstoßen wird. Einem Arbeitnehmer, der sich an einem rechtmäßigen Streik beteiligt, kann deshalb nicht gekündigt werden. Der Arbeitgeber ist aber nicht zur Lohnzahlung verpflichtet, er kann seinerseits zur → *Aussperrung* greifen.

Rechtswidrig ist ein Streik der z. B. gegen die Friedenspflicht verstößt oder der nicht von einer Gewerkschaft geführt wird (sog. „wilder Streik"). Die Teilnahme an einem rechtswidrigen Streik ist Pflichtverletzung und kann Schadensersatzansprüche des Arbeitgebers gegen den Arbeitnehmer begründen und u. U. sogar zur → *außerordentlichen Kündigung* berechtigen.

▶ Streitgegenstand

Dies ist ein zentraler Begriff im → *Zivilprozess*, der unter anderem bei der → *Rechtskraft* des Urteils, der → *Klageänderung* und der entgegenstehenden → *Rechtshängigkeit* von entscheidender Bedeutung ist. Er ist in der Zivilprozessordnung nicht geregelt und daher streitig. Einigkeit besteht nur darin, dass der Streitgegenstand der prozessuale Anspruch ist, der nicht mit dem materiellen Anspruch gleichgesetzt werden kann. Herrschend dürfte gegenwärtig der so genannte zweigliedrige Streitgegenstandsbegriff sein, wonach der Klageantrag (etwa Zahlung von 1000 EUR) und der zugrundeliegende Lebenssachverhalt (weil zwischen den Parteien ein Kaufvertrag mit diesem Kaufpreis geschlossen wurde) maßgebend ist. Daneben wird insbesondere auch noch die Meinung vertreten, dass ausschließlich der Klageantrag den Streitgegenstand bestimmt (eingliedriger Streitgegenstandsbegriff). Im Verwaltungsprozess gelten im Wesentlichen die gleichen Grundsätze wie im Zivilprozess.

Streitgenossenschaft

Eine Streitgenossenschaft liegt vor, wenn in einem Prozess auf Kläger- oder Beklagtenseite (oder auf beiden Seiten) mehr als eine Person auftreten. Streitgenossen müssen immmer auf derselben Parteiseite stehen. Verklagt daher der Kläger zwei Beklagte, sind diese Streitgenossen, wobei auch zwei Prozessrechtsverhältnisse vorliegen (zwischen Kläger und Beklagten Nr. 1 und Kläger und Beklagten Nr. 2). Es gibt die einfache und die notwendige Streitgenossenschaft. Bei der notwendigen Streitgenossenschaft gelten einige Besonderheiten (zum Beispiel nur einheitliche Sachentscheidung – → *Sachurteil* – gegenüber allen möglich).

Streitige Gerichtsbarkeit

Die streitige Gerichtsbarkeit ist ein Teil der ordentlichen Gerichtsbarkeit (→ *ordentlicher Rechtsweg*).

Streitverkündung

Im Zivilprozess liegt eine Streitverkündung dann vor, wenn eine → *Partei* einen Dritten förmlich von dem anhängigen Rechtsstreit unterrichtet und ihm so die Möglichkeit gibt, sich an diesem Rechtsstreit zu beteiligen (§§ 72 ff. ZPO). Die Streitverkündung ist dann bedeutsam, wenn die verkündende Partei glaubt, gegen den Dritten einen Regressanspruch für den Fall zu haben, dass der anhängige Prozess ungünstig ausgeht. Ob sich der Dritte an dem Verfahren tatsächlich beteiligt, ist unerheblich. Die wichtigste Folge der Streitverkündung ist nämlich, dass sich der Dritte in einem nachfolgenden Regressprozess nicht darauf berufen kann, dass der jetzige Prozess falsch entschieden worden sei. Wenn zum Beispiel in einem Baumängelprozess vom Bauunternehmer dem Architekten der Streit verkündet wurde und in dem Urteil festgestellt wird, dass ein (Planungs-)Mangel vorliegt, kann in dem nachfolgenden Schadenersatzprozess der Architekt sich nicht mehr darauf berufen, es läge gar kein Mangel am Bauwerk vor.

Streitwert

Unter Streitwert versteht man den in Geld ausgedrückten Wert des → *Streitgegenstandes.* Er kann für die sachliche Zuständigkeit der Gerichte (§§ 23, 71 Gerichtsverfassungsgesetz: bis 5000 EUR das → *Amtsgericht,* darüber das → *Landgericht* zuständig), die uneingeschränkte Zulässigkeit eines Rechtsmittels (zum Beispiel § 511 a ZPO: Berufungssumme mindestens 600 EUR) und die Berechnung der Gerichtsgebühren von Bedeutung sein. Dem Streitwert entspricht in der → *Freiwilligen Gerichtsbarkeit* der → *Geschäftswert;* bei der Berechnung der Rechtsanwaltsgebühren ist der → *Gegenstandswert* maßgeblich.

Im verwaltungs- und im finanzgerichtlichen Prozess ist es üblich, bei jeder die Instanz abschließenden Entscheidung den Streitwert festzusetzen. Bietet der Sach- und Streitstand keine genügenden Anhaltspunkte für die Bemessung des Streitwerts, ist der so genannte Auffangstreitwert in Höhe von 4000 EUR festzusetzen (§ 13 Abs. 1 Satz 2 Gerichtskostengesetz). Anhaltspunkte für die Bemessung eines individuellen Streitwerts bietet ein von der Rechtsprechung entwickelter Streitwertkatalog.

Streupflicht

Die → *Straßenbaulast* umfasst nach den insoweit weitgehend übereinstimmenden Vorschriften des Bundesfernstraßengesetzes und der landesrechtlichen Straßen- und Wegegesetze (→ *Straßen- und Wegerecht*) nicht die Verpflichtung des Straßenbaulastträgers zur Reinigung der öffentlichen Straßen, zum Schneeräumen und zum Streuen bei Schnee- und Eisglätte. Gleichwohl sollen die Straßenbaulastträger unbeschadet der Verpflichtung Dritter die Straßen räumen und streuen. Die Pflicht ist allerdings nicht einklagbar; eine Verletzung kann aber zu Schadensersatzansprüchen unter dem Gesichtspunkt der Amtspflichtverletzung (→ *Staatshaftung)* führen. Die Straßen- und Wegegesetze begründen jedoch im Einzelfall die unmittelbare Verpflichtung der Gemeinden, die Straßen innerhalb der geschlossenen Ortslage bei Bedarf zu reinigen, zu räumen und zu streuen. Es besteht allerdings grundsätzlich die Möglichkeit, diese Pflicht durch Rechtsverordnung ganz oder teilweise – etwa hinsichtlich der Gehwege – auf die Anlieger zu übertragen.

Studienreisen

Aufwendungen für Studienreisen, Fachkongresse, Auslandsreisen können nur dann als → *Betriebskosten* oder → *Werbungskosten* anerkannt werden, wenn die Teilnahme ausschließlich oder weitaus überwiegend beruflich veranlasst ist. Ansonsten handelt es sich um Aufwendungen der privaten Lebensführung, die steuerlich nicht abzugsfähig sind (→ *Ausgaben*).

Stufenklage

Eine Stufenklage ist eine → *Klage,* bei der ein Antrag auf Zahlung oder Herausgabe mit einem Antrag auf Rechnungslegung, Vorlegung eines Vermögensverzeichnisses oder Abgabe einer eidesstattlichen Versicherung verbunden wird (§ 254 ZPO). Bedeutsam ist dabei vor allem, dass die Zahlungsklage nicht, wie ansonsten immer erforderlich, von Anfang an beziffert sein muss. So kann beispielsweise ein Mieter, dem vom Vermieter die Heizkostenabrechnung vorenthalten wird, im Wege der Stufenklage beantragen, dass der Vermieter 1) die Abrechnung erteilen und 2) den sich aus der Abrechnung ergebenden Überschussbetrag an den Mieter bezahlen muss. Erst wenn über die Abrechnung entschieden (1. Stufe) und diese erteilt ist, muss der Mieter seinen Zahlungsantrag entsprechend der Abrechnung beziffern und das Gericht entscheidet nun über die Zahlungsklage (2. Stufe).

Subjektives Recht

Im Verwaltungsrecht wird mit dem Begriff subjektives Recht (oft auch subjektiv öffentliches Recht genannt) die dem einzelnen vom Gesetz gegebene Befugnis bezeichnet, vom Staat oder einem anderen Träger von Hoheitsrechten ein Tun oder ein Unterlassen verlangen zu können. Ob dem Bürger ein solcher → *Rechtsanspruch* eingeräumt ist, oder ob er durch eine Norm nur reflexartig begünstigt ist, ist jeweils durch Auslegung zu ermitteln. Im Zweifel ist auf den vom Gesetz verfolgten Zweck abzustellen; dient dieses jedenfalls schwerpunktmäßig dem Schutz des Einzelnen und sind nicht nur die Interessen der Allgemeinheit betroffen, so ist ein subjektiv öffentliches Recht anzunehmen. Ist der Behörde ein → *Ermessen* eingeräumt, besteht grundsätzlich nur ein Anspruch auf pflichtgemäße Ausübung des Ermessens, also auf ermessensfehlerfreie Entscheidung.

▶ Subventionen

Unter Subventionen versteht man für den Bereich des Wirtschaftsverwaltungsrechts vermögenswerte Zuwendungen, die dem Einzelnen von der öffentlichen Hand zu einem bestimmten Zweck gegeben werden. Es ist zu unterscheiden zwischen direkten Subventionen, also der unmittelbaren Auszahlung von – zweckgebundenen – Geldmitteln oder der verdeckten, indirekten Subventionierung, die im Wesentlichen in Form von Steuervergünstigungen besteht. Direkte Subventionen können in Gestalt von verlorenen Zuschüssen ausgereicht werden; sie müssen also nicht zurückgezahlt werden. Es besteht aber auch die Möglichkeit, zinslose oder zinsvergünstigte Darlehen zu gewähren; der Zuschuss besteht insoweit im Zinsvorteil. Es ist rechtlich noch nicht abschließend geklärt, ob für die Gewährung von Subventionen eine gesetzliche Grundlage erforderlich ist (→ *Gesetzesvorbehalt*). Die Rechtsprechung geht überwiegend davon aus, dass es ausreicht, wenn die Behörde im Rahmen ihrer gesetzlichen Aufgaben handelt und im Haushaltsplan entsprechende Mittel ausgewiesen sind. Im Regelfall ist die Entscheidung, ob eine Subvention gewährt wird, als → *Verwaltungsakt* zu qualifizieren; dagegen kann die Auszahlung der entsprechenden Gelder mit den Mitteln des Privatrechts, etwa in Form eines → *Darlehens*, erfolgen (so genannte Zweistufentheorie). Bei Streitigkeiten ist je nachdem, welcher Bereich betroffen ist, der Rechtsweg zu den Verwaltungsgerichten oder den Zivilgerichten gegeben.

▶ Subventionsbetrug

Einen Subventionsbetrug begeht, wer bei der Vergabe einer öffentlichen → *Subvention* falsche oder unvollständige Angaben macht oder erschlichene Bescheinigungen gebraucht. Zu einer Auszahlung der Subvention muss es nicht kommen.

Mit diesem Tatbestand soll also verhindert werden, dass die zutreffende Vergabe öffentlicher Mittel durch unrichtige Angaben gefährdet wird.

Sühneverfahren

Bei bestimmten → *Privatklagedelikten* muss, soweit das Landesrecht dies vorsieht, vor Einreichung einer Privatklage durch das so genannte Sühneverfahren zunächst eine gütliche Beilegung des Streits versucht werden. Die praktische Bedeutung ist eher gering, weil häufig eine oder beide Seiten zu einem Ausgleich nicht mehr bereit sind.

Sukzessivlieferung

Unter diesem Begriff versteht man einen → *Vertrag*, der darauf gerichtet ist, Leistungen in einzelnen Teillieferungen zu erbringen. Diese Lieferungen können dabei entweder in von Anbeginn festgesetzten Raten bestehen (Ratenlieferungsvertrag) oder aber sich nach dem jeweiligen Bedarf des Abnehmers in einem festgelegten Zeitraum richten. Letzteres ist häufig bei Bierlieferungsverträgen zwischen Brauereien und Gastwirten gegeben. Für Leistungsstörungen gelten die allgemeinen Regelungen.

Syndikusanwalt

S. ist ein → *Rechtsanwalt*, der bei einem Unternehmen fest als Rechtsberater angestellt ist. Er darf das Unternehmen grundsätzlich nicht vor Gericht vertreten, da ihm die für einen Anwalt erforderliche Unabhängigkeit fehlt. Etwas anderes gilt aber dann, wenn der Syndikusanwalt etwa nur freier Mitarbeiter ist und seine Arbeitszeit weitgehend frei einteilen kann.

T

Täter

Im Sinne eines Straftatbestands ist Täter, wer dessen sämtliche Merkmale selbst unmittelbar verwirklicht. Bei einem → *Diebstahl* erfordert die Tätereigenschaft somit, dass der Beschuldigte auf eine fremde, bewegliche Sache wie etwa eine Jacke zugreift, diese wegnimmt – also die Sachherrschaft eines anderen bricht und neue begründet – und dass er diese Jacke sich zueignen will.

Werden die Tatbestandsmerkmale dagegen durch eine andere Person erfüllt, so kommen → *Mittäterschaft,* → *mittelbare Täterschaft* oder → *Teilnahme* in Betracht.

Täter-Opfer-Ausgleich

Der 1994 in das Strafgesetzbuch aufgenommene Täter-Opfer-Ausgleich soll über eine Strafmilderung für den Täter die Chancen des Opfers, Entschädigung zu erhalten, erhöhen. Gleichzeitig wird die vom Täter gezeigte Reue für diesen honoriert. Voraussetzung für eine Anwendung der Vorschrift ist eine wenigstens überwiegende Wiedergutmachung oder Entschädigung seitens des Täters in dem ernsthaften Bemühen, einen Ausgleich mit dem Verletzten zu erreichen. Das Gericht kann dann die an sich verwirkte Strafe mildern oder – wenn sie ein Jahr Freiheitsstrafe oder 360 Tagessätze Geldstrafe nicht übersteigen würde – von Strafe absehen.

Tätige Reue

Grundsätzlich ist der Begriff der tätigen Reue auf Fälle des beendeten → *Versuchs* bezogen. Sie liegt vor, wenn nach Abschluss aller für einen Taterfolg notwendigen Handlungen, aber vor seinem Eintritt eine Verwirklichung des betreffenden Tatbestands doch noch verhindert wird (→ *Rücktritt).*

Daneben kennt das Gesetz bei einigen Tatbeständen – so im → *Steuerstrafrecht* bei einer → *Selbstanzeige* oder bei der

→ *Brandstiftung* – auch nach Vollendung eines Delikts noch eine Strafbefreiung durch tätige Reue. Voraussetzung ist freilich, dass ein weiterer Schadenseintritt noch verhindert oder – im Steuerstrafrecht – der schon eingetretene Schaden wieder gutgemacht wird.

Der kriminalpolitische Hintergrund für die Honorierung der tätigen Reue liegt darin, dass durch die möglichst lange Gewährung von Straffreiheit für den Täter ein Anreiz geschaffen werden soll, doch noch auf die endgültige Verletzung der geschützten Rechtsgüter zu verzichten.

Tantieme

T. ist eine prozentual am Umsatz oder am Gewinn eines → *Unternehmens* bemessene Beteiligung. Diese wird meist neben einer festen Vergütung gezahlt.

Tarifautonomie → *Koalitionsfreiheit*

Tarifregister

Das Tarifregister wird vom Bundesarbeitsministerium geführt. Dort werden Abschluss, Änderung und Aufhebung von Tarifverträgen sowie der Beginn und die Beendigung der → *Allgemeinverbindlichkeit* von Tarifverträgen eingetragen (§ 6 Tarifvertragsgesetz). Die Einsicht steht jedermann zu.

Tariftreuegesetz

Gesetzesvorhaben der Bundesregierung laut Koalitionsvereinbarung vom 14. Oktober 2002, mit dem die Wettbewerbsverzerrungen im Baubereich, die durch den massiven Einsatz von Niedriglohnkräften zu verzeichnen sind, begegnet werden soll. Ziel des Vorhabens ist es, Arbeitsplätze in tarifgebundenen, mittelständischen Unternehmen zu sichern, die durch diese Form des Lohndumpings gefährdet sind. Im Einzelnen sollen öffentliche Auftraggeber verpflichtet werden, Bauaufträge und Aufträge zur Personenbeförderung im Öffentlichen Nahverkehr nur an solche Unternehmen zu vergeben, die sich ihrerseits verpflichten, das in Tarifverträgen vereinbarte Arbeitsentgelt am Ort der Leistungserbringung zu zahlen. Außerdem soll ein Register über unzuverlässige Unternehmen eingerichtet werden.

Tarifvertrag

Ein Tarifvertrag kann als privatrechtlicher Vertrag nur zwischen tariffähigen Parteien (z. B. → *Gewerkschaften*, → *Arbeitgeberverbände*) geschlossen werden. Nach § 1 Abs. 1 des Tarifvertragsgesetzes (TVG) regelt der Tarifvertrag die Rechte und Pflichten (z. B. die → *Friedenspflicht)* der Tarifvertragsparteien (= **schuldrechtlicher Teil**) und enthält Rechtsnormen, die den Inhalt (z. B. die Höhe des Arbeitslohns), den Abschluss und die Beendigung von Arbeitsverhältnissen (z. B. Form, Frist der Kündigung) sowie betriebliche und betriebsverfassungsrechtliche Fragen ordnen können (= **normativer Teil**). Tarifverträge bedürfen der Schriftform (§ 1 Abs. 2 TVG). Persönliche Geltung (Tarifbindung) hat der Tarifvertrag zwischen den Mitgliedern der Tarifvertragsparteien (§ 3 Abs. 1 TVG). Es kann aber nach Maßgabe des § 5 TVG seine → *Allgemeinverbindlichkeit* herbeigeführt werden. Der normative Teil des Tarifvertrags wirkt unmittelbar und zwingend zwischen den Tarifgebundenen, also wie ein Gesetz (§ 4 Abs. 1 TVG). Daneben soll nach dem von der Bundesregierung nach der Koalitionsvereinbarung vom 14. 10. 2002 geplanten → *Tariftreuegesetz* die Bindungswirkung nicht für allgemeinverbindlich erklärter Tarifverträge dadurch ausgedehnt werden, dass öffentliche Auftraggeber verpflichtet werden, Bauaufträge und Aufträge zur Personenbeförderung im Öffentlichen Nahverkehr nur an solche Unternehmen zu vergeben, die sich ihrerseits verpflichten, das in Tarifverträgen vereinbarte Arbeitsentgelt am Ort der Leistungserbringung zu zahlen. Dies würde dann zu einer indirekten Tarifbindung in den genannten Bereichen führen.

Vom Tarifvertrag abweichende Vereinbarungen im Einzelarbeitsvertrag sind nur zulässig, wenn dies der Tarifvertrag gestattet oder sie den Arbeitnehmer begünstigen (sog. **Günstigkeitsprinzip**). Nach § 4 Abs. 5 TVG hat der Tarifvertrag auch nach seinem Ablauf Geltung, bis ein neuer Tarifvertrag abgeschlossen wird. Bei Fehlen einer beiderseitigen Tarifbindung können die Parteien eines Arbeitsvertrags die Geltung eines Tarifvertrags durch vertragliche Abrede herbeiführen.

Tatbestand

Unter einem Tatbestand versteht man im Zivilprozess den Teil des → *Urteils,* in dem knapp und aus sich heraus verständlich die erhobenen Ansprüche sowie die gestellten Anträge und die Angriffs- und Verteidigungsmittel wiedergegeben werden. Dabei berücksichtigt das Gericht nur das Vorbringen der Parteien, lässt aber noch nicht die eigene Meinung einfließen. Im Verwaltungsprozess gilt Ähnliches wie im Zivilprozess.

Im Strafverfahren enthält ein Urteil keinen selbständigen Tatbestand. Vielmehr erfolgt die Feststellung des tatsächlichen Geschehens und der Beweisergebnisse unselbständig innerhalb des Urteils.

Tatort

Dies ist jeder Ort, an dem ein Täter gehandelt hat oder – im Falle eines → *Unterlassungsdelikts* – zur Handlung verpflichtet gewesen wäre, sowie jeder Ort, an dem der im jeweiligen Tatbestand umschriebene Erfolg eintritt oder – bei einem → *Versuch* – eintreten sollte. Tatort eines → *Betrugs* ist damit etwa der Ort, an dem der Täter seinem Opfer gegenüber falsche Angaben gemacht hat als auch der Ort, an dem das Opfer dem Täter das Geld übergeben und dadurch seinen Vermögensschaden erlitten hat.

Tausch

Ein gegenseitiger → *Vertrag,* in dem Leistungs- und Gegenleistungspflicht in der Übertragung einer Sache oder eines Rechts bestehen. Die Vorschriften über den → *Kauf* finden entsprechende Anwendung (§ 480 BGB).

Technische Überprüfung von Kraftfahrzeugen

Die meisten Kraftfahrzeuge müssen in regelmäßigen Abständen einer technischen Überprüfung unterzogen werden. Werden dabei keine oder nur geringe Beanstandungen – in letzterem Fall muss aber eine alsbaldige Beseitigung gewährleistet sein – festgestellt, so erhält das Fahrzeug die so genannte Prüfplakette. Für privat genutzte Kraftfahrzeuge beträgt die Frist zwischen den einzelnen Überprüfungen regelmäßig 2 Jahre; lediglich neu zugelassene Personenwagen müssen erst nach 3 Jahren vorgeführt werden.

Die Überprüfungen werden durch den Technischen Überwachungsverein (TÜV) oder eine sonstige anerkannte Sachverständigenorganisation wie etwa die DEKRA vorgenommen.

▸ Teilanfechtung

Unter einer Teilanfechtung versteht man, dass eine gerichtliche Entscheidung nicht insgesamt, sondern nur hinsichtlich eines Teiles mit Rechtsbehelfen angefochten wird. Im → *Zivilprozess* hindert eine Teilanfechtung zunächst den Eintritt der → *Rechtskraft* hinsichtlich des gesamten Urteils.

Im Strafverfahren können der → *Einspruch* gegen einen → *Strafbefehl* sowie → *Berufung* und → *Revision* auf einzelne Teile der angegriffenen Entscheidung beschränkt werden. Voraussetzung ist, dass über den angegriffenen Teil abgesondert, also ohne Berücksichtigung der nicht angegriffenen Teile, entschieden werden kann. So kann zum Beispiel bei einer Verurteilung wegen → *Diebstahls* zu einer → *Geldstrafe* von 40 Tagessätzen zu je 50 EUR eine Berufung auf die Strafhöhe beschränkt werden. Denn diese lässt sich auch dann prüfen, wenn der Diebstahl als feststehend vorausgesetzt werden muss. Ebenso kann auch nur die Höhe des einzelnen Tagessatzes angegriffen werden, weil insoweit abgesondert geprüft werden kann, ob dafür von den richtigen Voraussetzungen ausgegangen worden ist.

▸ Teilnahme an einer Straftat

Im engeren Sinn umfasst die Teilnahme an einer Straftat die → *Anstiftung* und die → *Beihilfe;* spricht man von Teilnahme im weiteren Sinn, so fällt auch dic → *Mittäterschaft* darunter.

Teilungsanordnung

T. ist die Bestimmung des → *Erblassers* über die Auseinandersetzung seines → *Nachlasses.* Er kann dem(n) Erben selbst einzelne Gegenstände des Nachlasses oder bestimmte Quoten zuordnen. Der Erblasser kann ferner anordnen, dass die Auseinandersetzung nach dem billigen Ermessen eines Dritten zu erfolgen hat (z. B. durch den → *Testamentsvollstrecker).* Der Erblasser kann durch letztwillige Verfügung die Auseinandersetzung des gesamten Nachlasses oder hinsichtlich einzelner Gegenstände längstens 30 Jahre ausschließen.

Teilungsplan

Ein Teilungsplan ist eine Aufstellung, die in der → *Zwangsvollstreckung* vom → *Vollstreckungsgericht* errichtet wird, wenn der Versteigerungserlös nicht für alle Berechtigten ausreicht und die Gläubiger über die Verteilung des Erlöses streiten. In dem Verteilungsplan werden die Gläubiger ihrem Rang nach berücksichtigt. Er wird ausgeführt, wenn kein Widerspruch gegen ihn erhoben wird. → *Verteilungsverfahren.*

Teilurteil

Ein Teilurteil ist ein → *Endurteil,* das erlassen wird, wenn bei mehreren Ansprüchen, die in einer Klage geltend gemacht werden, ein Anspruch entscheidungsreif ist. Das Gleiche gilt, wenn bei nur einem geltend gemachten Anspruch ein selbständiger Teil dieses Streitgegenstandes entschieden werden kann. Der Prozess bleibt jedoch hinsichtlich der nicht erfassten Streitgegenstände rechtshängig. Das Teilurteil kann als echtes Endurteil selbständig mit Rechtsmitteln angefochten werden.

Teilvollstreckung

Im Strafverfahren darf ein Urteil grundsätzlich nicht vor seiner Rechtskraft vollstreckt werden. Nur im Jugendstrafrecht ist, wenn ein Täter die Schuldfrage selbst nicht mehr angreift, eine Ausnahme statthaft.

Von der Teilvollstreckung zu unterscheiden ist der Fall, dass ein Urteil bezüglich einzelner Taten oder einzelner Täter bereits rechtskräftig ist. Dann ist es erlaubt, insoweit bereits die → *Strafvollstreckung* einzuleiten.

Teilwert

T. als Bewertungsmaßstab eines → *Wirtschaftsgutes* ist der Betrag, den ein Erwerber des ganzen Betriebes im Rahmen des Gesamtkaufpreises für das einzelne Wirtschaftsgut ansetzen würde. Dabei ist davon auszugehen, dass der Erwerber den Betrieb fortführt (§ 6 Abs. 1 Nr. 1 Satz 3 EStG; § 10 Bewertungsgesetz). Maßgebend ist der Nutzen des Wirtschaftsgutes im Gesamtbetrieb. Obergrenze des Teilwertes sind die Wiederbeschaffungskosten, Untergrenze ist der gemeine Wert des einzelnen Wirtschaftsgutes.

Teilzahlungsgeschäft

Durch das Schuldrechtsreformgesetz wurde mit Wirkung ab 1. 1. 2002 auch das **Verbraucherkreditgesetz**, das seinerseits 1991 das frühere **Abzahlungsgesetz** ersetzt hatte, aufgehoben. Seine inhaltlichen Regelungen sind jedoch erhalten geblieben und wurden an verschiedenen Stellen in das BGB übernommen. Für Teilzahlungsgeschäfte, die zwischen einem → *Verbraucher* und einem → *Unternehmer* geschlossen werden, gelten als Schutzbestimmungen zu Gunsten des Verbrauchers vor allem ein → *Widerrufsrecht*, → *Belehrungspflichten* insbesondere über den Barpreis und die mit der Teilzahlung verbundene Belastung, eine Schriftformklausel sowie Bestimmungen über die Verrechnung von Leistungen des Verbrauchers und über die Folgen von Verstößen gegen Schutzvorschriften.

Teilzahlungskredit

T. ist ein Kredit, der zur Finanzierung meist des Erwerbs beweglicher Sachen dient und in regelmäßig gleich hohen Monatsraten zurückbezahlt werden muss.

▸ Teilzeitbeschäftigung

Teilzeitbeschäftigt ist ein Arbeitnehmer, dessen regelmäßige Wochenarbeitszeit kürzer ist als die eines vergleichbaren vollzeitbeschäftigten Arbeitnehmers, § 2 Abs. 1 des **Gesetzes über Teilzeitarbeit und befristete Arbeitsverträge** (Teilzeit- und Befristungsgesetz – TzBfG).

(1) Den Parteien eines Arbeitsvertrages, also Arbeitnehmer und Arbeitgeber steht es frei, das ihren Interessen entsprechende **Teilzeitmodell** zu vereinbaren. In Betracht kommen z. B. Verkürzung der täglichen Arbeitszeit, Beschäftigung an einigen Tagen/Wochen, am Wochen- oder Monatsende, Langzeiturlaub (Sabbatical), Vereinbarung eines Wochenstundenkontingents, das der Arbeitgeber nach Bedarf abrufen kann, wie auch → *Arbeitsplatzteilung.*

(2) Ein teilzeitbeschäftigter Arbeitnehmer darf wegen der Teilzeitarbeit **nicht schlechter behandelt** werden als ein vergleichbarer vollzeitbeschäftigter Arbeitnehmer, es sei denn, dass sachliche Gründe die Ungleichbehandlung rechtfertigen. Dementsprechend hat er Anspruch auf Arbeitsentgelt in dem Umfang, der dem Anteil seiner Arbeitszeit an der Arbeitszeit eines vergleichbaren vollzeitbeschäftigten Arbeitnehmers entspricht (§ 4 Abs. 1TzBfG).

(3) Ein Arbeitnehmer, der bei einem Arbeitgeber mit mehr als 15 Arbeitnehmern beschäftigt ist und dessen Arbeitszeit länger als sechs Monate bestanden hat, kann verlangen, dass seine vertragliche **Arbeitszeit verringert** wird. Der Arbeitgeber muss diesem Verlangen Rechnung tragen, soweit betriebliche Gründe nicht entgegenstehen (§ 8 TzBfG). Der Arbeitnehmer muss spätestens drei Monate vor Beginn der gewünschten Arbeitszeitverringerung diese sowie deren Umfang gegenüber dem Arbeitgeber geltend machen (§ 8 Abs. 2 TzBfG). Er soll dabei die gewünschte Lage der Arbeitszeit angeben.

Die **Entscheidung über die Verringerung der Arbeitszeit** und ihre Verteilung hat der Arbeitgeber spätestens **einen Monat vor** dem gewünschten Beginn der Verringerung **schriftlich mitzuteilen**. Tut er dies nicht, gelten Umfang und Lage der Arbeitszeit entsprechend den Wünschen des Arbeitnehmers als festgelegt (§ 8 Abs. 5 TzBfG).

(4) Wünscht ein teilzeitbeschäftigter Arbeitnehmer umgekehrt die **Verlängerung** seiner vertraglichen Arbeitszeit, so hat ihn der Arbeitgeber bei gleicher Eignung bei der Besetzung eines entsprechenden freien Arbeitsplatzes bevorzugt zu berücksichtigen, sofern dem nicht dringende betriebliche Gründe oder Arbeitszeitwünsche anderer teilzeitbeschäftigter Arbeitnehmer entgegenstehen (§ 9 TzBfG).

(5) Sofern die übrigen Voraussetzungen des allgemeinen → *Kündigungsschutzes* nach dem Kündigungsschutzgesetz vorliegen (Mindestbetriebsgröße, 6-monatige Wartefrist), genießen teilzeitbeschäftigte in gleicher Weise wie vollzeitbeschäftigte Arbeitnehmer Kündigungsschutz nach dem Kündigungsschutzgesetz.

▸ Teilzeit- und Befristungsgesetz → *Befristung im Arbeitsrecht*, → *Teilzeitbeschäftigung*

▸ Telekommunikationsgesetz

Das unbefugte Errichten oder Betreiben bestimmter Sendeanlagen, insbesondere von privat ausgestrahlten Rundfunksendungen (so genannte Schwarzsender), ist strafbar. Hingegen wird der unzulässige Betrieb eines → *Radarwarngeräts* nur noch als → *Ordnungswidrigkeit* geahndet.

▸ Tendenzbetrieb

T. ist ein Unternehmen oder Betrieb, der unmittelbar und überwiegend politischen, konfessionellen oder ähnlichen Zwecken dient (Beispiel: Zeitungsverlag). Auf ihn finden die Vorschriften des Betriebsverfassungsgesetzes nur eingeschränkt Anwendung (§ 118 BetrVG).

▸ Testament

T. ist eine vom → *Erblasser* errichtete letztwillige Verfügung, mit der er Anordnungen für den Fall seines Todes trifft. Der Erblasser kann mit dem Testament seine(n) → *Erben* bestimmen, Personen enterben, → *Vermächtnisse,* → Auflagen, → *Testamentsvollstreckung* anordnen oder → *Teilungsanordnungen* treffen.

(1) Das Testament kann als ordentliches Testament vom Erblasser eigenhändig (handschriftlich) verfasst oder zur Niederschrift des → *Notars* errichtet werden (§ 2231 BGB).

(2) Das Testament kann vom Erblasser auch als öffentliches Testament vor dem Notar errichtet werden, indem der Erblasser dem Notar seinen letzten Willen erklärt oder ihm eine Schrift mit der Erklärung übergibt, dass die Schrift seinen letzten Willen enthalte. Der Erblasser kann die Schrift offen oder verschlossen übergeben; sie braucht nicht von ihm geschrieben zu sein (§ 2232 BGB).

(3) Daneben gibt es die sog. Nottestamente (Nottestament vor dem Bürgermeister, Nottestament vor drei Zeugen, Nottestament auf See) die alle nur eine Gültigkeitsdauer von 3 Monaten haben, wenn der Erblasser noch lebt.

▸ Testamentsvollstrecker

T. ist die vom → *Erblasser* mit einer → *Verfügung von Todes wegen* berufene Person, die die erbrechtlichen Anordnungen des Erblassers auszuführen hat und gegebenenfalls den → *Nachlass* verwalten muß. Der Erblasser kann die Bestimmung des Testamentsvollstreckers einem Dritten oder auch dem → *Nachlassgericht* überlassen. Der Testamentsvollstrecker ist berechtigt, den Nachlass in Besitz zu nehmen und über die Nachlassgegenstände zu verfügen.

▸ Testierfähigkeit

T. ist die Fähigkeit einer Person, eine → *Verfügung von Todes wegen* zu errichten, zu ändern oder aufzuheben. Die Testierfähigkeit beginnt mit Vollendung des 16. Lebensjahres mit der Einschränkung, dass der → *Minderjährige* bis zur Vollendung des 18. Lebensjahres nur ein notarielles → *Testament* errichten kann.

▸ Testierfreiheit

T. gibt dem → *Erblasser* das Recht, in beliebiger Weise → *Verfügungen von Todes wegen* zu errichten. Die Testierfähigkeit wird nur begrenzt durch das → *Pflichtteilsrecht,* die eigene Beschränkung der Testierfähigkeit, die sich der Erblasser durch bindende Verfügungen im → *Erbvertrag* oder im → *gemeinschaftlichen Testament* auferlegt hat sowie durch das allgemeine Verbot sittenwidriger Verfügungen.

Tierhalter

Tierhalter ist jeder, der ein Tier im eigenen Interesse nicht nur vorübergehend verwendet; er haftet grundsätzlich nach den Regeln der → *Gefährdungshaftung,* also auch ohne eigenes Verschulden, für einen vom Tier angerichteten Schaden. Ausnahmen gelten bei Tieren, die der Erwerbstätigkeit oder dem Unterhalt des Tierhalters dienen (§ 833 BGB).

Tierkörperbeseitigung

Das Tierkörperbeseitigungsgesetz bestimmt, dass Tierkörper, Tierkörperteile und bestimmte tierische Erzeugnisse so zu beseitigen sind, dass die Gesundheit von Mensch und Tier, sowie Gewässer, Boden und Futtermittel nicht durch Erreger übertragbarer Krankheiten oder Gifte gefährdet werden und ganz allgemein eine Beeinträchtigung der öffentlichen Sicherheit und Ordnung ausgeschlossen ist. Damit stellt sich das Recht der Tierkörperbeseitigung als Sondergebiet des Abfallbeseitigungsrechts (→ *Abfall)* dar. Tierkörper und Tierkörperteile dürfen grundsätzlich nur in Tierkörperbeseitigungsanlagen entsorgt werden. Diese werden von Körperschaften des öffentlichen Rechts betrieben, deren Zuständigkeitsbereich in landesrechtlichen Ausführungsbestimmungen geregelt ist. Um eine geordnete Durchführung der Tierkörperbeseitigung sicherzustellen, begründet das Gesetz umfangreiche Meldepflichten sowie Abholungs- und Aufbewahrungspflichten, der die Besitzer von Tierkörpern unterliegen.

Tierschutz

Tiere zu schützen ist eine Aufgabe des Staates; eine entsprechende Verpflichtung hierzu enthält Art. 20 a GG (→ *Staatszielbe-*

stimmung). Auch in einigen Landesverfassungen sind vergleichbare Regelungen zu finden. Wie weit der Schutz im Einzelnen geht, wird durch Gesetz bestimmt.

Das Tierschutzgesetz verfolgt den Zweck, Leben und Wohlbefinden von Tieren zu schützen. Es ist verboten, einem Tier ohne vernünftigen Grund Schmerzen zuzufügen, es auszusetzen, um sich seiner zu entledigen und es bei Arbeitsleistungen zu überanspruchen. Die Halter von Tieren sind verpflichtet, es entsprechend seinen artgemäßen Bedürfnissen zu ernähren, zu pflegen und unterzubringen. Tierversuche sind nur zulässig, wenn sie zum Vorbeugen, Erkennen oder Behandeln von Krankheiten, zur Prüfung von Stoffen auf ihre Unbedenklichkeit für Mensch oder Tier oder zur Grundlagenforschung unerlässlich sind; sie dürfen im Regelfall nur unter Betäubung und durch wissenschaftlich geschultes Personal vorgenommen werden. Tierversuche sind grundsätzlich genehmigungspflichtig; Gleiches gilt für die Zucht oder das Halten von Wirbeltieren zu Versuchszwecken. Tierquälerei und die grundlose Tötung eines Wirbeltiers sind Straftatbestände, andere Zuwiderhandlungen gegen das Tierschutzgesetz werden als → *Ordnungswidrigkeiten* verfolgt.

Tierseuchen

Das Tierseuchengesetz regelt die Bekämpfung von bestimmten, im Einzelnen aufgezählten Seuchen, die bei Haustieren und Süßwasserfischen auftreten oder bei anderen Tieren auftreten und auf Haustiere übertragen werden können. Die Infizierung soll durch die Bekämpfung entsprechender Seuchen im Inland und durch das Verbot der Einfuhr oder der Durchfuhr verseuchter Tiere aus dem Ausland erreicht werden. Von dem Verbot sind in gleicher Weise Felle, Teile oder Rohstoffe erkrankter oder einer Seuche verdächtiger Tiere betroffen. Zu diesem Zweck begründet das Gesetz umfangreiche Anzeigepflichten für die Besitzer erkrankter Tiere, für Tierärzte und sonstige mit der Behandlung von Tieren betraute Personen. Es enthält weiterhin Regelungen über die Feststellung von Seuchen sowie über Schutzmaßnahmen bei Seuchengefahr.

Tilgungshypothek

Eine bei → *Hypothekenbanken* und → *Bausparkassen* gebräuchliche Ausgestaltung einer → *Hypothek.* Zur Tilgung der gesicherten Forderung zahlt der Schuldner einen festen Jahresbetrag, der zunächst auf die Zinsen und dann auf die Hauptforderung angerechnet wird (Annuität). Da sich infolge der niedriger werdenden Schuld auch die Zinsen verringern, wird der zur Tilgung der Hauptforderung verwendete Anteil ständig höher.

Tod

Der Tod der Prozesspartei führt im Zivilprozess zur → *Unterbrechung* des Verfahrens. Das Verfahren wird fortgeführt, wenn der Rechtsnachfolger (zum Beispiel der → *Erbe)* es wieder aufnimmt (§ 239 ZPO). Wenn die verstorbene Partei durch einen → *Prozessbevollmächtigten* vertreten wurde, tritt keine Unterbrechung ein; der Bevollmächtigte kann jedoch die → *Aussetzung* des Verfahrens beantragen. Im Verwaltungsprozess gelten die gleichen Grundsätze.

Im Strafverfahren führt der Tod des Beschuldigten in jedem Stadium vor → *Rechtskraft* eines Urteils zur Einstellung des Verfahrens. Tritt der Tod nach Rechtskraft des Urteils ein, so sind die Verfahrenskosten eine → *Nachlassverbindlichkeit.* Dagegen beendet der Tod nicht nur – zwangsläufig – die Vollstreckung einer → *Freiheitsstrafe,* sondern auch die Vollstreckung einer → *Geldstrafe.* Soweit diese zum Todeszeitpunkt noch nicht beigetrieben ist, wird sie nicht mehr vollstreckt.

Ein → *Wiederaufnahmeverfahren* ist nach dem Tod eines Verurteilten weiterhin möglich; allerdings nur noch mit dem Ziel eines Freispruchs, nicht aber nur einer Strafmilderung.

Todeserklärung

Hierbei handelt es sich um die gerichtliche Feststellung des Todes einer verschollenen Person im Wege eines Aufgebotsverfahrens.

Sie setzt voraus, dass es vom Betreffenden seit in der Regel mindestens 10 Jahren kein Lebenszeichen mehr gibt, und hat zur

Folge, dass vermutet wird, dass der Verschollene zu dem im Gerichtsbeschluss aufgeführten Zeitpunkt verstorben ist.

Tötung

Das Strafgesetzbuch kennt verschiedene vorsätzliche Tötungsdelikte sowie die fahrlässige Tötung, für die unterschiedliche Strafdrohungen ausgesprochen werden.

Eine vorsätzliche Tötung wird meist →*Mord* oder Totschlag sein. Gegenüber dem Mord ist der Totschlag dadurch gekennzeichnet, dass besonders erschwerende Begleitumstände – wie etwa Heimtücke – fehlen. Als Tatbestand mit geringerer Strafdrohung kennt das Gesetz daneben noch die *Tötung auf Verlangen.*

Tonbandaufnahme

Beweistechnisch kann eine Tonbandaufnahme in allen Verfahrensordnungen nach den Regeln des →*Augenscheins* verwertet, also im Prozess angehört werden. Statthaft ist eine Beweisaufnahme in dieser Richtung aber nur, wenn die Verwertung nicht gegen ein →*Beweisverbot* verstößt. Ist eine Tonbandaufnahme *mit* dem Einverständnis des Betroffenen angefertigt worden, so ist sie regelmäßig verwertbar. Beruht sie dagegen auf einem →*Abhören,* das **ohne** oder **gegen den Willen des Betroffenen** erfolgt ist, so gilt für die Verwertbarkeit Folgendes: War das Abhören vom Gesetz ausdrücklich gestattet – etwa bei einer richterlich genehmigten Telefonüberwachung, so ist auch die Aufnahme verwertbar. In den übrigen Fällen entscheidet eine **Güterabwägung** darüber, ob die Aufzeichnung gebraucht werden darf: Nur wenn das Rechtsgut, das durch das Abhören geschützt werden soll, die Vertraulichkeit des Wortes deutlich überwiegt, darf eine Verwertung erfolgen. Das kann etwa der Fall sein, wenn die Stimme eines Erpressers veröffentlicht wird oder wenn mittels einer Fangschaltung ein Anrufer festgestellt wird, der eine Frau mit nächtlichen Anrufen belästigt.

Transparenzgebot

Bei der Verwendung →*Allgemeiner Geschäftsbedingungen* (AGB) muss deren Inhalt für einen Durchschnittskunden vorhersehbar und verständlich sein (§§ 305 c, 307 Abs. 1 S. 2 BGB). AGBs dürfen damit einmal keine Regelung enthalten, die nach deren sonstigem Inhalt oder an dieser Stelle überraschend ist (Vorhersehbarkeit). So muss der Käufer einer Kaffeemaschine nicht damit rechnen, in den AGB dieses Kaufvertrags auch zum Kauf von Kaffee verpflichtet zu werden. Weiterhin müssen AGB allgemein verständlich formuliert sein, was insbesondere auch bedeutet, dass juristische Fachbegriffe gegebenenfalls zu erklären sind. Letzteres gilt etwa für den Begriff der →*Minderung*. Verstöße gegen die Grundsätze des Transparenzgebots führen zur Unwirksamkeit der entsprechenden Klauseln.

▸ Transportgefährdung

Mit diesen Tatbeständen werden verkehrsfremde Eingriffe in die einzelnen Verkehrsarten erfasst, durch die die normale, dem Verkehrsmittel eigene Betriebsgefahr gesteigert wird. Dagegen soll ein Fehlverhalten während der normalen Verkehrsvorgänge allenfalls unter Tatbestände wie die →*Straßenverkehrsgefährdung,* nicht aber unter die wesentlich härter geahndeten Bestimmungen über die Transportgefährdung fallen.

Für den Straßenverkehr zählen zur „Transportgefährdung" vor allem Sabotageakte gegen Verkehrsanlagen oder Fahrzeuge – also etwa das Entfernen von Leitpfosten oder das Durchschneiden von Bremsleitungen, das Bereiten von Hindernissen – dies kann auch in einem verkehrsfeindlichen Gebrauch des Fahrzeugs wie etwa einem unmotivierten Bremsmanöver liegen – oder sonstige, ähnlich gefährliche Eingriffe.

▸ Transportversicherung

Die Transportversicherung ist eine Art der Schadensversicherung, durch die Güter gegen die mit ihrem Transport verbundenen Gefahren versichert werden; gedeckt ist durch die Versicherung in der Regel jedoch nur ein etwaiger Sachschaden, nicht auch ein entgangener Gewinn.

Transsexualität

Transsexualität berechtigt als Folge des unbedingten und voraussichtlich bleibenden psychischen Drangs, dem anderen Geschlecht anzugehören, nach dreijähriger Dauer zu dem Antrag, durch amtsgerichtliche Entscheidung den Vornamen ändern zu lassen, ferner nach vollzogener operativer Geschlechtsumwandlung unter bestimmten weiteren Voraussetzungen (Zeugungsunfähigkeit, Unverheiratetsein) zum Antrag auf gerichtliche Feststellung der neuen Geschlechtszugehörigkeit.

Treuepflicht des Arbeitnehmers

Dem Arbeitnehmer obliegt aufgrund des Arbeitsverhältnisses eine Treuepflicht, sie steht der Fürsorgepflicht des Arbeitgebers gegenüber. Danach ist der Arbeitnehmer verpflichtet, die Interessen des Arbeitgebers zu wahren und alles zu unterlassen, was diesem zuwiderläuft. Der Treuepflicht entspringen z. B. das → *Wettbewerbsverbot* sowie die → *Verschwiegenheitspflicht* bezüglich der Betriebsgeheimnisse.

Treuhandeigentum

Darunter versteht man das → *Eigentum* an einer Sache, das vom Treugeber auf den Treuhänder übertragen wurde und ihm die volle Rechtsmacht über die Sache verleiht: er kann sie z. B. im eigenen Namen als Berechtigter veräußern oder belasten. Schuldrechtlich hat sich der Treuhänder gegenüber dem Treugeber jedoch verpflichtet, von seiner Eigentümerstellung nur den in einem Treuhandvertrag bestimmten Gebrauch zu machen. Verletzungen dieser Verpflichtung können → *Schadensersatzansprüche* auslösen.

Treu und Glauben

Treu und Glauben ist ein Grundsatz, der für die → *Leistung* in § 242 BGB gesetzlich festgeschrieben ist. Es handelt sich hierbei aber um einen Grundsatz, der im gesamten Rechtsverkehr Gültigkeit hat. Die Ausgestaltung des Grundsatzes ist so vielschichtig, dass eine tatbestandsmäßige Beschreibung nicht möglich ist. Allgemein wird eine Eingrenzung durch Bildung verschiedener Fallgruppen versucht (siehe etwa → *Geschäftsgrundlage*, → *Verwirkung*).

Trunkenheit im Verkehr

Wer im Verkehr – neben dem Straßenverkehr sind hier also auch die anderen Verkehrsarten erfasst – ein Fahrzeug führt, obwohl er infolge des Genusses alkoholischer Getränke (→ *Alkoholdelikte*, Alkoholgenuss im Verkehr, Fahruntüchtigkeit) oder anderer berauschender Mittel zu einer sicheren Fahrzeugführung nicht in der Lage ist, macht sich bereits allein deswegen strafbar. Neben der Bestrafung wird auch regelmäßig ein Entzug der → *Fahrerlaubnis* erfolgen.

Weiterhin sind die Kraftfahrzeughaftpflichtversicherer berechtigt, von einem Versicherungsnehmer bis zu 5000 EUR Regress zu verlangen, wenn ein Unfallschaden auf Trunkenheit beruht.

TÜV → *Technische Überprüfung von Kraftfahrzeugen*

U

Überarbeit → *Überstunde*

Überbau

Er liegt vor, wenn der Eigentümer eines Grundstücks bei der Errichtung eines Gebäudes über die →*Grenze* gebaut hat (§ 912 BGB). Hat er dabei ohne →*Verschulden* gehandelt oder fällt ihm nur leichte Fahrlässigkeit zur Last, muss der Nachbar den Überbau dulden, erhält dafür aber eine Geldrente.

Übergabe

Eine Übergabe ist der Wechsel im →*Besitz*. Der Übergebende darf keinen Besitz behalten und muss dem Erwerber unmittelbaren oder mittelbaren Besitz verschaffen. Nach § 929 BGB ist die Übergabe eine Voraussetzung der →*Eigentumsübertragung*, sie kann jedoch ersetzt werden (§§ 930, 931 BGB; sog Übergabesurrogate).

Übergangsgeld

Das Übergangsgeld ist eine Leistung der gesetzlichen →*Unfallversicherung*, der →*Rentenversicherung*, nach dem Recht der →*Arbeitsförderung* und dem Bundesversorgungsgesetz. Es wird im Zusammenhang mit Rehabilitationsmaßnahmen gewährt. Beamte erhalten nach dem Beamtenversorgungsgesetz Übergangsgeld, wenn sie aus dem Dienst ohne eigenen Antrag ohne Anspruch auf Versorgungsbezüge ausscheiden; seine Höhe richtet sich nach dem zuletzt bezogenen Gehalt.

Überholen

Unter Überholen versteht man das Vorbeifahren von hinten an einem Fahrzeug, das sich auf derselben Fahrbahn in derselben

Richtung bewegt oder das dort verkehrsbedingt kurzfristig anhalten muss. Kein Überholen - sondern ein Vorbeifahren - ist gegeben, wenn das andere Fahrzeug aus sonstigen Gründen hält - also zum Beispiel geparkt ist - oder wenn es aus dem fließenden Verkehr ausschert, um anzuhalten.

Es muss grundsätzlich links überholt werden. Davon gibt es aber einige Ausnahmen: Radfahrer und Mofafahrer dürfen, soweit Platz vorhanden ist, wartende Fahrzeuge auch rechts überholen. Weiter sind Straßenbahnen grundsätzlich rechts zu überholen. Dasselbe gilt auch für Fahrzeuge, die nach links abbiegen wollen und sich entsprechend eingeordnet haben. Innerhalb geschlossener Ortschaften gilt auf Straßen, die für eine Richtung mehrere Fahrspuren aufweisen, der Grundsatz der freien Wahl des Fahrstreifens. Allerdings darf dieser dann nur gewechselt werden, wenn keine Behinderung der dort Fahrenden entsteht. Schließlich ist auf mehrspurigen Straßen - insbesondere → *Autobahnen* - das Rechtsüberholen dann erlaubt, wenn auf der jeweils linken Fahrbahn eine Kolonne steht oder langsam fährt. Das Überholen hat in diesem Fall mit äußerster Vorsicht und geringer Geschwindigkeitsdifferenz (höchstens 20 km/h Unterschied) zu geschehen.

Wer überholt, muss zum überholten Fahrzeug einen ausreichenden Sicherheitsabstand - zumindestens einen Meter - einhalten. Je nach den Umständen des Einzelfalls, insbesondere aber beim Überholen von Radfahrern, bei denen Seitenbewegungen häufig sind, muss dieser Abstand auch größer sein.

Wer überholt, muss bereits bei Beginn des Überholvorgangs sicher sein, dass jede → *Behinderung* des Gegenverkehrs und - vor allem auf mehrspurigen Straßen - auch eine → *Gefährdung* des nachfolgenden Verkehrs ausgeschlossen ist. Deshalb muss - wenn für das Überholen die Gegenfahrbahn benutzt wird - die volle für den Überholvorgang benötigte Strecke eingesehen werden können. Damit ist Überholen auch ohne besondere Anordnungen bei unübersichtlicher Streckenführung - insbesondere vor Kurven und Kuppen - oder bei sonstigen Sichthindernissen wie Nebel verboten. Der Überholvorgang muss zügig durchgeführt werden können; deshalb darf nur überholen, wer eine erheblich höhere Geschwindigkeit als der Überholte einhält. Der Überholte seinerseits darf seine Geschwindigkeit nicht erhöhen. Auch bei einem Überholvorgang darf die erlaubte Höchstgeschwindigkeit nicht überschritten werden. Reicht diese Geschwindigkeit nicht aus, so muss auf das Überholen verzichtet werden. Das Ausscheren zum Überholen und das Wiedereinscheren sind mit dem Blinker anzuzeigen.

Fehler beim Überholen sind außerordentlich gefährlich und oft Ursache schwerer Unfälle. Nicht zuletzt deshalb werden sie vielfach auch als → *Straßenverkehrsgefährdung* eingestuft.

▸ Übermaßverbot

Der an sich im Öffentlichen Recht angesiedelte Begriff (→ *Verhältnismäßigkeitsgrundsatz)* wird auch im Strafrecht angewandt. Dort bedeutet er einmal, dass eine Strafe nicht – auch nicht bei der Verfolgung sonstiger Strafzwecke – über den Umfang der Schuld hinausgehen darf. Bei einem kleinen → *Ladendiebstahl* darf also keine → *Freiheitsstrafe* von einem Jahr verhängt werden, selbst wenn dies geeignet wäre, die Anzahl von Ladendiebstählen nachhaltig herabzusetzen. Zum anderen begrenzt das Übermaßverbot auch die Eingriffe, die in einem Strafverfahren erfolgen dürfen, in Abhängigkeit von der Schwere der in Betracht kommenden Tat. So findet insbesondere die zeitliche Einschränkung der Zulässigkeit von → *Untersuchungshaft* ihre Grundlage in diesem Verbot.

▸ Überschusseinkünfte

Ü. sind Einkunftsarten, bei denen der Überschuss der Einnahmen über die Werbungskosten ermittelt wird (§ 2 Abs. 2 Ziff. 2 EStG). Hierzu zählen die Einkünfte aus → *nichtselbständiger Arbeit,* → *Kapitalvermögen,* → *Vermietung und Verpachtung* sowie → *sonstige Einkünfte.*

▸ Überstunde

Überstunden (Überarbeit) leistet der Arbeitnehmer, der über die für sein Arbeitsverhältnis geltende → *Arbeitszeit* hinaus arbeitet. Die für das Arbeitsverhältnis geltende Arbeitszeit ergibt sich im

Einzelfall aus einem anwendbaren Tarifvertrag, einer Betriebsvereinbarung oder dem Einzelarbeitsvertrag. Für den Begriff der Überstunde wird teilweise – insbesondere in Tarifverträgen – der Begriff der → *Mehrarbeit* verwendet.

Zur Ableistung von Überstunden ist der Arbeitnehmer nur **verpflichtet**, wenn im Tarifvertrag, einer Betriebsvereinbarung oder im Einzelarbeitsvertrag die Anordnung von Überstunden vorgesehen ist. Etwas anderes kann in Notfällen gelten oder wenn sich eine Verpflichtung zur Leistung von Überstunden aus der Art des Arbeitsvertrags ergibt.

Bezüglich der **Höhe der Bezahlung** von Überstunden gibt es keine gesetzlichen Regelungen. Mindestens ist jedoch der Stundensatz der Grundvergütung zu zahlen, sofern nicht eine Pauschalabgeltung von Überstunden vereinbart wurde. Neben der Grundvergütung sehen viele Tarifverträge prozentuale **Zuschläge** für Überstunden vor.

Überweisungsbeschluss

Bei der Pfändung von Geldforderungen ergeht in der Regel gleichzeitig mit dem Pfändungsbeschluss ein so genannter Überweisungsbeschluss. Die Überweisung erfolgt dabei meist nur zur Einziehung, sodass die → *Zwangsvollstreckung* erst beendet ist, wenn der → *Drittschuldner* auch tatsächlich an den Gläubiger zahlt. Den Überweisungsbeschluss erlässt das → *Vollstreckungsgericht.*

Überweisungsvertrag

Neben zahlreichen anderen Bankgeschäften hat der Gesetzgeber in den letzten Jahren auch den Überweisungsvertrag im BGB ausdrücklich geregelt (§§ 676 a–676 c BGB). Das Gesetz legt jetzt insbesondere die Fristen fest, innerhalb derer Überweisungen ausgeführt sein müssen und erlegt den Banken eine verschuldensunabhängige Haftung für eine verspätete Ausführung des Überweisungsauftrags auf.

Überziehungskredit

Der Überziehungskredit gibt einem Bankkunden die Möglichkeit, Zahlungen von einem Girokonto auch dann vorzunehmen, wenn sich dort kein Guthaben mehr befindet. Dafür muss er entsprechende Zinsen bezahlen. Werden insoweit Regelungen in → *Allgemeinen Geschäftsbedingungen* getroffen, so müssen diese deutlich und gut verständlich erfolgen.

Umgehungsgeschäft

Die Anwendung des Gesetzes über die → *Allgemeinen Geschäftsbedingungen* kann nicht dadurch verhindert werden, dass die dort geregelten Vertragstypen und die für sie untersagten Klauseln in eine andere, diesem Gesetz nach seinem Wortlaut nicht unterliegende Rechtsfigur gekleidet werden. Denn wegen des Umgehungsverbots in § 306 a BGB sind auch dann die Bestimmungen des Gesetzes über die Allgemeinen Geschäftsbedingungen anzuwenden. So wäre es etwa unwirksam, die Pflicht zum regelmäßigen Kauf von Büchern und ähnlichen Artikeln (→ *Buchclub)* dadurch aus dem Anwendungsbereich des Gesetzes über die Allgemeinen Geschäftsbedingungen herauszunehmen, dass die Mitgliedschaft im Buchclub als Vereinsmitgliedschaft ausgestaltet wird.

Umlaufvermögen

U. ist Teil des → *Betriebsvermögens.* Zum Umlaufvermögen rechnen → *Wirtschaftsgüter,* die nicht dauernd dem Geschäftsbetrieb dienen, vielmehr dazu bestimmt sind, veräußert, verarbeitet oder verbraucht zu werden. Zum Umlaufvermögen gehören nach dem Bilanzgliederungsschema des § 266 Abs. 2 HGB Vorräte, Forderungen und sonstige Vermögensgegenstände, Wertpapiere, Schecks, Kassenbestand, Bundesbankguthaben, Guthaben bei Kreditinstituten und Schecks.

Umlegung

Das → *Baugesetzbuch* sieht die Umlegung von Grundstücken als Maßnahme der Bodenordnung vor. Sie dient im Wesentlichen dazu, die Neuordnung von Grundstücken im Geltungsbereich eines Bebauungsplans (→ *Bauleitplanung)* durchzuführen, um so nach Lage, Größe und Zuschnitt geeignete Grundstücke zu erhalten, die eine Verwirklichung des Bebauungsplans ermöglichen; außerdem sollen die Voraussetzungen für die Erschließung des Gebiets geschaffen werden. Die Umlegung wird von der Gemeinde eingeleitet und durchgeführt; hierzu ist eine besondere Umlegungsstelle zu bilden. Die Umlegung erfolgt durch – rechnerische – Einbringung aller Grundstücke im Umlegungsgebiet (Einlegungsmasse). Davon werden zunächst die für die Erschließungsmaßnahmen erforderlichen Flächen abgezogen und anschließend die verbleibenden Grundstücke (Verteilungsmasse) im Verhältnis zum Wert oder zur Größe der eingebrachten Grundstücke zugeteilt; verbleibende Unterschiede sind in Geld oder durch Zuteilung von außerhalb des Umlegungsgebiets gelegenen Grundstücken auszugleichen. Das Ergebnis des Umlegungsverfahrens ist in dem von der Umlegungsstelle zu beschließenden Umlegungsplan festzustellen. Dieser kann vor den bei den ordentlichen Gerichten eingerichteten Baulandkammern bzw. -senaten angefochten werden; der Rechtsweg zu den Verwaltungsgerichten ist ausgeschlossen.

▸ Umsatzsteuer

U. wird auch Mehrwertsteuer genannt, weil im Ergebnis der Mehrwert zwischen der Eingangs- und Ausgangsleistung des → *Unternehmens* besteuert wird. Die Umsatzsteuer wird auf Grund des Umsatzsteuergesetzes (UStG) erhoben. Ihr Aufkommen steht Bund und Ländern gemeinsam zu (Art. 106 Abs. 3 GG).

(1) Der Umsatzsteuer unterliegen die gesamten **steuerbaren Umsätze** (§ 1 UStG). Es sind dies **Lieferungen** (Leistungen mit Verschaffung von Verfügungsmacht, § 3 Abs. 1 UStG) und **sonstige Leistungen** (jedes Tun, Dulden, Unterlassen ohne Lieferung zu sein, § 3 Abs. 9 UStG) sowie die einer sonstigen Leistung gleichgestellten Tatbestände des **Eigenverbrauchs** (Verwendung eines Gegenstandes des Unternehmens für unternehmensfremde Zwecke – **Gegenstandseigenverbrauch-**, unentgeltliche Erbringung einer anderen sonstigen Leistung durch den Unternehmer für unternehmensfremde Zwecke – **Leistungseigenverbrauch** –, § 3 Abs. 9 a UStG). Der Besteuerung unterliegt ferner die Einfuhr von Gegenständen aus einem Drittlandsgebiet ins Inland (§ 1 Abs. 1 Nr. 4 UStG) und der innergemeinschaftliche Erwerb gegen Entgelt (§ 1 Abs. 1 Nr. 5 UStG).

(2) Steuerbefreiungen sind in §§ 4, 4 b, 5 UStG und **Steuervergütungen** sind in § 4 a UStG geregelt. Der Unternehmer kann auf Steuerbefreiungen in den in § 9 UStG genannten Fällen verzichten.

(3) Die Bemessungsgrundlage der Umsatzsteuer ist das **Entgelt.** Dies ist alles, was der Leistungsempfänger aufwendet, um die Leistung zu erhalten, jedoch abzüglich der Umsatzsteuer (§ 10 UStG).

(4) Der Steuersatz beträgt 16 v. H. der Bemessungsgrundlage. Ein ermäßigter Steuersatz mit 7 v. H. gilt für die in § 12 Abs. 2 UStG genannten Fälle (z. B. bestimmte Lebensmittel, Bücher, Kunstgegenstände). Durchschnittssteuersätze sind in gesetzlich geregelten Einzelfällen (z. B. § 23 UStG für bestimmte Berufsgruppen, § 24 UStG für Lieferungen und sonstige Leistungen land- und forstwirtschaftlicher Betriebe) anzuwenden.

(5) Der Unternehmer ist zum **Vorsteuerabzug** berechtigt. Er darf die von anderen Unternehmen gesondert in Rechnung gestellte Umsatz-, Einfuhrumsatz-, oder Erwerbsteuer von der eigenen Umsatzsteuer abziehen (§ 15 UStG), soweit er die empfangene Leistung zur Ausführung von Abzugsumsätzen verwendet (z. B. Lieferungen, sonstige Leistungen, gleichgestellte sonstige Leistungen).

(6) Der Unternehmer hat die Umsatzsteuer selbst zu berechnen. Er hat bis zum 10. Tag nach Ablauf jeden Voranmeldungszeitraums eine Voranmeldung nach amtlich vorgeschriebenem Vordruck beim Finanzamt abzugeben und die Umsatzsteuer gleichzeitig zu bezahlen (§ 18 UStG). Voranmeldungszeitraum ist im Regelfall das Kalendervierteljahr, im Einzelfall der Kalendermonat (Umsatzsteuer des Vorjahres ist höher als 6136 EUR; Aufnahme der beruflichen oder gewerblichen Tätigkeit erfolgt während des Kalenderjahres; auf Antrag, weil die Umsatzsteuererstattung höher ist als 6136 EUR) oder das Kalenderjahr (Jahresumsatzsteuer liegt unter 512 EUR).

(7) Bei Kleinunternehmern wird keine Umsatzsteuer erhoben, wenn deren Gesamtumsatz im vorangegangenen Kalenderjahr 16 620 Euro und im laufenden Kalenderjahr 50 000 EUR nicht übersteigt. Auf die Vergünstigung kann der Kleinunternehmer verzichten.

(8) Steuerschuldner ist bei der Lieferung und sonstigen Leistung der Unternehmer, in den anderen Fällen sind es die in § 13 a Abs. 2 UStG genannten Beteiligten. **Haftungsschuldner** für die schuldhaft nicht abgeführte Umsatzsteuer ist, wer hiervon bei Abschluss des Vertrages über den Eingangsumsatz Kenntnis hatte (§ 25 d UStG).

(9) Die Rechnungstellung von und an umsatzsteuerpflichtige Unternehmen muss den Anforderungen des § 14 UStG genügen. Seit 30. 6. 2002 hat der leistende Unternehmer in der Rechnung die ihm vom Finanzamt erteilte Steuernummer anzugeben.

Umwandlung

Eine Umwandlung ist die Veränderung eines Unternehmens in ein anderes Unternehmen oder eine andere Rechtsform (z. B. Umwandlung einer → *GmbH* in eine → *Kommanditgesellschaft);* sie ist detailliert im Umwandlungsgesetz geregelt.

Umweltinformationsgesetz

Durch das Umweltinformationsgesetz wurde eine Richtlinie (→ *Gemeinschaftsrecht, europäisches*) des → *Rates der Europäischen Gemeinschaft* in nationales Recht umgesetzt. Das Gesetz gibt jedermann einen Anspruch auf Informationen über die Umwelt, die bei einer Behörde vorhanden sind. Die Behörde kann auf Antrag, der hinreichend bestimmt sein muss, Auskunft erteilen, Akteneinsicht gewähren oder Informationsträger in sonstiger Weise zur Verfügung stellen. Der Antrag ist innerhalb von zwei Monaten zu verbescheiden. Die Behörde ist grundsätzlich nicht verpflichtet, die inhaltliche Richtigkeit der Daten zu überprüfen. Der Anspruch ist in bestimmten Fällen ausgeschlossen, etwa während laufender Gerichts- oder staatsanwaltschaftlicher Ermittlungsverfahren, wenn schützenswerte persönliche Daten offenbahrt werden müssten oder wenn das Urheberrecht verletzt würde. Für Amtshandlungen nach dem Umweltinformationsgesetz sind grundsätzlich kostendeckende Gebühren zu erheben.

Umweltkriminalität

Seit 1980 sind die wesentlichen Strafvorschriften über Zuwiderhandlungen gegen die Bestimmungen des → *Umweltschutzes* in das Strafgesetzbuch übernommen worden. Als Straftatbestände werden insbesondere die Verunreinigung von Gewässern, wesentliche Luftverunreinigungen, umweltgefährdende Formen der unbefugten Abfallbeseitigung und der unerlaubte Umgang mit Kernbrennstoffen eingestuft.

Umweltschutz

Die Regelungen des Umweltschutzes sind über die verschiedensten Rechtsgebiete verstreut. Neben den unter dem Stichwort → *Umweltkriminalität* dargestellten Straftatbeständen gibt es auch viele Bestimmungen des Ordnungswidrigkeitenrechtes, die zum Zwecke des Umweltschutzes erlassen worden sind. Ein Beispiel ist etwa das in der Straßenverkehrsordnung enthaltene Verbot, Fahrzeugmotoren unnötig laufen zu lassen. Die Bestimmung in Art. 20 a GG, wonach der Staat auch in Verantwortung für die künftigen Generationen die natürlichen Lebensgrundlagen im Rahmen der verfassungsmäßigen Ordnung durch die Gesetzgebung und nach Maßgabe von Gesetz und Recht durch die → *vollziehende* Gewalt und die Rechtsprechung schützt, enthält kein einklagbares subjektiv – öffentliches Recht (→ *subjektives Recht*) für den Bürger, sondern lediglich eine → *Staatszielbestimmung.*

Umweltverträglichkeitsprüfung

Durch das Umweltverträglichkeitsgesetz wurde eine Richtlinie (→ *Gemeinschaftsrecht, europäisches*) des → *Rates der Europäischen Gemeinschaft* in nationales Recht umgesetzt. Zweck des Gesetzes ist es sicherzustellen, dass bei umweltrelevanten Vorhaben zur wirksamen Umweltvorsorge nach einheitlichen Grundsätzen die Auswirkungen auf die Umwelt frühzeitig und umfassend ermittelt, beschrieben und bewertet werden und das Ergebnis der Umweltverträglichkeitsprüfung so früh wie möglich bei allen behördlichen Entscheidungen über die Zulässigkeit des Vorhabens berücksichtigt wird. Bei welchen Projekten eine Umweltverträglichkeitsprüfung durchgeführt werden muss, ist in einer Anlage zu dem Gesetz im Einzelnen bestimmt. Dazu gehören z. B. Vorhaben, die im förmlichen immissionsschutzrechtlichen Verfahren zu genehmigen sind, Vorhaben, die unter das → *Atomgesetz* fallen sowie der Bau von → *Bundesfernstraßen,* von → *Bundeswasserstraßen,* von → *Flugplätzen* und von Bahnstrecken. Im Rahmen der Umweltverträglichkeitsprüfung ist die Öffentlichkeit zu beteiligen.

Umzugskosten

Beamte erhalten nach näherer Bestimmung der Bundes- bzw. Landesumzugskostengesetze im Fall einer → *Versetzung* oder → *Abordnung* auf Antrag schriftlich eine Umzugskostenvergütung zugesagt. Diese umfasst im Wesentlichen die Transportkosten für den Hausrat, notwendige Reisekosten und die Erstattung der für Anschaffung von Kochherden und Heizgeräten notwendigen Mittel; außerdem wird eine Entschädigung für die nicht mehr nutzbare Wohnung am alten Dienstort bis zum frühest möglichen Kündigungstermin gezahlt. Ist aus Anlass der Versetzung oder Abordnung eine getrennte Haushaltsführung notwendig, wird daneben nach der Trennungsgeldverordnung Trennungsentschädigung gewährt.

Arbeitsrechtlich werden Umzugskosten – auch bei einer Neueinstellung – nur dann vom Arbeitgeber übernommen, wenn dies ausdrücklich vereinbart ist oder wenn der Umzug dienstlich veranlasst ist.

Steuerlich sind Umzugskosten → *Werbungskosten.*

Unabhängigkeit, richterliche

Der auf Lebenszeit ernannte Richter genießt sachliche und persönliche Unabhängigkeit. Die sachliche Unabhängigkeit bedeutet, dass der Richter im Bereich der rechtsprechenden Tätigkeit keinerlei Weisungen oder Empfehlungen unterworfen ist. Es handelt sich hierbei um einen für den Rechtsstaat essentiellen, verfassungsmäßig verbürgten Grundsatz (Art. 97 GG).

Unerlaubte Handlung

U. ist jeder rechtswidrige (= nicht erlaubte) Eingriff in ein geschütztes Rechtsgut, der einen Schaden verursacht hat. Zum Schadenersatz verpflichten in der Regel jedoch nur schuldhafte (= vorsätzliche oder fahrlässige) unerlaubte Handlungen (→ *Deliktsfähigkeit)*. Bei Personenschäden besteht meist Anspruch auf → *Schmerzensgeld.*

Unerlaubtes Entfernen vom Unfallort

Dieser Straftatbestand ist verwirklicht, wenn sich nach einem Unfall im Straßenverkehr ein Unfallbeteiligter von der Unfallstelle entfernt, ohne seiner Feststellungspflicht oder seiner Wartepflicht entsprochen zu haben. Daneben ist dieser Tatbestand aber auch dann erfüllt, wenn ein Unfallbeteiligter im Falle eines berechtigten Entfernens von der Unfallstelle die entsprechenden Feststellungen nicht unverzüglich nachträglich ermöglicht. Ziel dieses Tatbestands ist es, die zivilrechtlichen Schadensersatzansprüche des Geschädigten zu sichern und die Abwehr unbegründeter Ansprüche zu ermöglichen. Daraus ergibt sich, dass ein unerlaubtes Entfernen vom Unfallort immer dann ausscheidet, wenn kein Fremdschaden entstanden ist. Wer also sein eigenes Auto gegen einen Brückenpfeiler aus Beton, der dabei unbeschädigt bleibt, fährt und dann flieht, kann nicht bestraft werden. Auch das Feststellungsinteresse der eigenen → *Kaskoversicherung* wird nicht geschützt. Das ist auch nicht nötig, da diese ohnehin nicht mehr leisten muss, wenn ihr Versicherter die Sachaufklärung durch ein Entfernen vom Unfallort erschwert.

Ein Unfall ist ein plötzlich eintretendes Ereignis, durch das ein Mensch getötet oder verletzt wird oder durch das ein nicht nur ganz unbedeutender (die Grenze dürfte bei etwa 20 EUR liegen) Sachschaden eingetreten ist. Der Umstand, dass einer der Beteiligten den Unfall gewollt hat (provozierte Unfälle), ändert nichts an der Wartepflicht. Eine Strafbarkeit setzt allerdings voraus, dass der

Betreffende von dem Unfall weiß. Erfährt er erst nach Fortsetzung seiner Fahrt davon, so hat er dadurch die Pflicht, die entsprechenden Feststellungen nunmehr zu ermöglichen.

Der Unfall muss sich im Straßenverkehr ereignen. Gemeint ist damit der öffentliche Straßenverkehr, wobei als öffentliche Verkehrsfläche jeder Bereich gilt, der für einen größeren, nicht mehr genau abgegrenzten Personenkreis freigegeben ist oder tatsächlich entsprechend genutzt wird. Bereich des öffentlichen Straßenverkehrs sind damit vor allem – auch wenn sie in privatem Eigentum stehen – Parkplätze von Supermärkten, Sportstadien oder Gaststätten oder Parkhäuser. Kein öffentlicher Straßenverkehr findet dagegen in der Tiefgarage eines Wohnblocks statt, zu dem nur die Mieter der dortigen Garagenplätze Zugang haben. Keine Rolle spielt es übrigens in diesem Zusammenhang, wo der Schaden eintritt, wenn nur das Unfallgeschehen seinen Ausgang im öffentlichen Verkehrsraum gehabt hat. Wer also mit seinem Auto von der Straße in einen Privatgarten abkommt und dort Schaden anrichtet, ist sehr wohl an einem Unfall beteiligt.

Unfallbeteiligter ist jede Person, deren Verhalten nach den Umständen zu dem in Frage stehenden Unfall beigetragen haben kann. Die Schuldfrage ist in diesem Zusammenhang unerheblich, weil der Tatbestand der Unfallflucht ja gerade der Aufklärung des Sachverhalts dienen soll. Somit ist etwa auch ein Fußgänger Unfallbeteiligter, dessen unvorsichtiges Überqueren der Straße einen Autofahrer zu einer Notbremsung veranlasst hat, die wiederum einen Auffahrunfall ausgelöst hat. Nur wer sich völlig korrekt verhält – etwa ein Linksabbieger, der sich vorschriftsmäßig eingeordnet hat – und nicht mit geschädigt wird – es kommt in der Schlange der hinter diesem Linksabbieger anhaltenden Fahrzeuge zu einem Auffahrunfall –, gilt nicht mehr als Unfallbeteiligter.

Jeder Unfallbeteiligte hat zunächst einmal an der Unfallstelle, falls eine entsprechende Aufforderung an ihn ergeht, die Feststellung seiner Person, seines Fahrzeugs und der Art seiner Beteiligung zu ermöglichen. Dazu gehört auch, dass er einen nachträglich hinzukommenden Geschädigten – etwa beim Anfahren eines geparkten Fahrzeugs – darauf hinweisen muss, dass es zu einem Unfall unter seiner Beteiligung gekommen ist.

Werden solche Feststellungen nicht getroffen, so hat der Unfallbeteiligte eine Wartepflicht. Er muss zunächst an der Unfallstelle bleiben und warten, ob sich noch jemand einfindet, der die Feststellungen treffen will. Die Dauer der Wartepflicht ist eine Frage des Einzelfalls: Sie wird zwischen wenigen Minuten bis zu etwa 2 Stunden liegen. Als Faustregel kann gelten: Je geringer der Schaden und je einsamer die Unfallstelle ist, desto kürzer ist die Wartefrist.

Ausdrücklich ist darauf hinzuweisen, dass das Anbringen eines Zettels an dem Fahrzeug des Geschädigten mit den entsprechenden Angaben keinesfalls ausreicht, um der Feststellungs- und Wartepflicht zu genügen.

Ist die Wartefrist vorüber, so darf sich der Unfallbeteiligte entfernen. Ebenso wie den Unfallbeteiligten, der sich zuvor berechtigt oder entschuldigt entfernt hat – etwa um einen Verletzten in das nächste Krankenhaus zu bringen –, trifft ihn aber die Pflicht, die notwendigen Feststellungen unverzüglich nachträglich zu ermöglichen. Dies kann er durch Verständigung des Geschädigten – falls ihm dieser bekannt ist – oder durch Benachrichtigung der Polizei tun. Unterbleiben diese nachträglichen Benachrichtigungen, so ist dies ebenfalls unerlaubtes Entfernen vom Unfallort.

Eine Verurteilung wegen unerlaubten Entfernens vom Unfallort führt nicht nur zum Entzug der → *Fahrerlaubnis* – bei kleineren Sachschäden meist nur zu einem → *Fahrverbot* –, sondern ermöglicht es der eigenen → *Haftpflichtversicherung* auch, in Höhe bis zu 5000 EUR Regress zu nehmen. Schon deshalb ist es sinnvoller, am Unfallort zu bleiben.

Unerlaubte Werbung

Unter unerlaubter Werbung versteht man im Geschäftsverkehr jede Werbung, die sittenwidrig oder objektiv irreführend ist. → *Unlauterer Wettbewerb*.

Unfallstelle

Über das Verhalten bei einem Unfall trifft die Straßenverkehrsordnung genaue Regelungen: Jeder Beteiligte hat sofort anzuhalten – eine Weiterfahrt trotz Kenntnis von einer Unfallbeteiligung ist als → *unerlaubtes Entfernen vom Unfallort* strafbar – und zuerst den übrigen Verkehr – etwa durch Einschalten der Warnblinkanlage – zu sichern. Ist nur geringfügiger Schaden entstanden, so müssen die Beteiligten – falls sich ihre Fahrzeuge noch auf der Fahrbahn befinden – als Nächstes beiseite fahren.

Bei schwereren Unfällen ist etwaigen Verletzten zu helfen. Weiterhin muss man sich als unfallbeteiligt zu erkennen geben und darf Unfallspuren – etwa Glassplitter auf der Fahrbahn – weder beseitigen noch verändern, bevor alle notwendigen Feststellungen – etwa durch polizeiliche Unfallaufnahme – getroffen worden sind.

▶ Unfallversicherung

Die gesetzliche Unfallversicherung, die im Siebten Buch des → *Sozialgesetzbuchs* (SGB VII) geregelt ist, hat im Wesentlichen die Aufgabe, die Versicherten gegen die Risiken eines → *Arbeitsunfalls* einschließlich eines Wegeunfalls oder einer Berufskrankheit abzusichern. Die wichtigsten Leistungen sind Heilbehandlung, Berufshilfe, → *Übergangsgeld*, Verletztenrente, → *Sterbegeld*, Hinterbliebenenrenten sowie ergänzende Leistungen wie Haushaltshilfe, Versorgung mit Prothesen und besondere Unterstützungen. Versichert sind grundsätzlich Arbeitnehmer und arbeitnehmerähnliche Personen sowie einige besondere Unternehmergruppen; daneben sind auch Personen versichert, die im Interesse des Gemeinwohls tätig sind, z. B. Unfallhelfer sowie Kinder beim Kindergartenbesuch, Schüler in der Schule und Studenten beim Besuch der Hochschulen. Der Kreis der Versicherten geht weit über den der anderen Zweige der Sozialversicherung hinaus. Träger der gesetzlichen Unfallversicherung sind die Berufsgenossenschaften, die staatlichen und gemeindlichen Ausführungsbehörden sowie die Gemeindeunfallversicherungsverbände. Die Versicherungsbeiträge werden ausschließlich von den Unternehmern aufgebracht.

▶ Ungerechtfertigte Bereicherung

Eine ungerechtfertigte Bereicherung ist eine Vermögensmehrung, die ohne rechtfertigenden Grund eingetreten ist (z. B. durch Zahlung des Kaufpreises, obwohl der Kaufvertrag im Wahrheit unwirksam ist); sie verpflichtet den Bereicherten zur Herausgabe des Erlangten, notfalls zum Ersatz dessen objektiven Wertes.

Unlauterer Wettbewerb

Das Gesetz gegen den unlauteren Wettbewerb verbietet allgemein alle Wettbewerbshandlungen im geschäftlichen Verkehr, die gegen die guten Sitten verstoßen. Beispiele hierfür aus der kaum noch überschaubaren Rechtsprechung wären etwa die Verleitung zum Vertragsbruch (z. B. durch Zahlung von Schmiergeldern) oder im Bereich der vergleichenden Werbung die Angabe unzutreffender Tatsachen (→ *Unerlaubte Werbung*).

Obwohl das Wettbewerbsrecht in erster Linie zivilrechtliche Unterlassungsansprüche schaffen möchte, kann eine Reihe von Verstößen auch strafrechtliche Folgen nach sich ziehen. Meistens handelt es sich allerdings um → *Antragsdelikte.*

Unmittelbarer Zwang → *Zwangsmittel*

Unmittelbarkeit

Der Unmittelbarkeitsgrundsatz bedeutet, dass Verhandlung und Beweisaufnahme unmittelbar vor dem erkennenden Gericht stattfinden müssen. Alle Verfahrensordnungen – auch der Strafprozess – kennen davon jedoch Ausnahmen. Im Strafprozess kommt dem Unmittelbarkeitsgrundsatz jedoch dadurch erweiterte Bedeutung zu, dass die Einvernahme von Zeugen nur in eng begrenzten Ausnahmefällen durch die Verlesung einer früheren Aussage dieser Zeugen ersetzt werden darf.

Unmöglichkeit der Leistung

Von der Unmöglichkeit einer Leistung spricht man, wenn diese nicht erbracht werden kann. Die Unmöglichkeit kann **objektiv** – niemand kann die Leistung erbringen – oder **subjektiv** – nur der Schuldner ist dazu nicht in der Lage – sein. Liegt die Unmöglichkeit bereits bei Vertragsschluss vor, so spricht man von **anfänglicher** Unmöglichkeit. Tritt sie hingegen erst später ein, so liegt **nachträgliche** Unmöglichkeit vor.

Innerhalb der Unmöglichkeit werden vor allem die folgenden Fallgruppen unterschieden: Eine **naturgesetzliche** Unmöglichkeit liegt vor, wenn niemand die Leistung erbringen kann. Ein Beispiel hierfür ist etwa die Zerstörung eines verkauften Gebrauchtwagens durch einen Blitzschlag. Dann kann der entsprechende Kaufvertrag gegenüber dem Gläubiger weder durch den Verkäufer noch durch Dritte erfüllt werden. **Rechtliche** Unmöglichkeit ist gegeben, wenn eine Verpflichtung aus Rechtsgründen nicht erfüllt werden kann. Ein Beispiel hierfür ist, dass eine zu übereignende Sache entgegen der Annahme der Parteien bereits dem Gläubiger gehört. **Praktische** Unmöglichkeit schließlich ist gegeben, wenn die Erbringung einer Leistung zwar rein theoretisch möglich ist, der damit verbundene Aufwand aber unverhältnismäßig wäre. Als Beispiel kann der für 100 EUR verkaufte, auf den Grund eines Sees gefallene Ring angeführt werden, der dort durch Taucher mit einem Aufwand von mindestens 100 000 EUR geborgen und dann dem Gläubiger übereignet werden könnte.

Die **wirtschaftliche** Unmöglichkeit – hierunter fällt die wirtschaftlich nur ruinös mögliche Erfüllung einer vertraglichen Verpflichtung etwa durch Inflation – wird jetzt hingegen nach den Regeln über den Wegfall der → *Geschäftsgrundlage* behandelt.

Im Gegensatz zum früheren Recht führt die Unmöglichkeit seit der Schuldrechtsreform in keinem Fall mehr zur → *Nichtigkeit* eines Rechtsgeschäfts (§ 311 a BGB). Vielmehr ist lediglich der Anspruch des → *Gläubigers* auf die unmögliche Leistung ausgeschlossen (§ 275 Abs. 1 BGB). Ist der Schuldner für die Unmöglichkeit verantwortlich (§ 276 BGB), so erhält der Gläubiger einen Anspruch auf → *Schadensersatz*. Der Schuldner verliert grundsätzlich seinen Anspruch auf die Gegenleistung; hiervon ausgenommen ist nur der Fall, dass der Gläubiger seinerseits im → *Verzug* oder zumindest weit überwiegend für die Unmöglichkeit verantwortlich ist (§ 326 Abs. 1 BGB).

Kein Fall der Unmöglichkeit ist hingegen das Recht eines Schuldners, in bestimmten Fällen die Erbringung für ihn unverhältnismäßiger oder unzumutbarer Leistungen verweigern zu dürfen (§ 275 Abs. 2 und 3 BGB).

▶ Unpfändbarkeit

Aus sozialen Gründen hat der Gesetzgeber angeordnet, dass Gläubiger in bestimmte Gegenstände keine → *Zwangsvollstreckung* betreiben können (§ 811 ZPO). Darunter fallen beispielsweise angemessene Kleidungsstücke, bescheidener Hausrat oder Haustiere (§ 811 c ZPO). Pfändungsschutz wird auch für bestimmte Teile des → *Arbeitseinkommens* gewährt (§§ 850 bis 850 k ZPO; → *Lohnpfändung*).

▶ Untätigkeitsklage

Die echte verwaltungsgerichtliche Untätigkeitsklage ist ein Unterfall der → *Verpflichtungsklage.* Wird über einen Antrag auf Erlass eines → *Verwaltungsakts* nicht binnen angemessener Frist, im Regelfall nach Ablauf von drei Monaten, entschieden, kann der Antragsteller unmittelbar Klage zum Verwaltungsgericht erheben. Ergeht nunmehr der Verwaltungsakt im beantragten Umfang, ist die Hauptsache für erledigt zu erklären; die säumige Behörde hat die Verfahrenkosten zu tragen. Die unechte Untätigkeitsklage kann auch bei einer → *Anfechtungsklage* auftreten. Wird über einen → *Widerspruch* nicht innerhalb der genannten Frist entschieden, kann sich der Betroffene direkt an das Gericht wenden.

▶ Unterbrechung des Verfahrens

Hierunter versteht man im Zivilprozess einen von Amts wegen zu beachtenden Stillstand des Verfahrens kraft Gesetztes (anders als bei → *Aussetzung*). Prozessuale Fristen laufen während der Unterbrechung nicht, → *Prozesshandlungen* können nicht wirksam vorgenommen werden. Unterbrechung sieht das Gesetz zum Beispiel bei → *Tod* einer Partei vor (→ *Hauptverhandlung*).

▶ Unterbringungsbefehl

Der Unterbringungsbefehl tritt im → *Ermittlungsverfahren* oder im → *Sicherungsverfahren* „an die Stelle“ eines → *Haftbefehls,* wenn im Hinblick auf die → *Schuldunfähigkeit* eines Täters die –

vorläufige – Unterbringung in einem psychiatrischen Krankenhaus oder in einer Entziehungsanstalt angeordnet wird.

Unterhaltsanspruch → *Unterhaltspflicht*

Unterhaltsgeld

U. ist eine Leistung nach dem Recht der → *Arbeitsförderung*. Es wird an die Teilnehmer von ganztägigen beruflichen Fortbildungsmaßnahmen gezahlt. Seine Höhe ist vom Familienstand, der Zahl der Kinder und dem bisherigen Arbeitsentgelt abhängig. Die Einzelheiten sind in §§ 153 ff. SGB III geregelt.

Unterhaltspflicht

U. ist die Pflicht, einer anderen Person Unterhalt zu gewähren. Unterhaltspflichten bestehen gegenüber → *Verwandten* gerader Linie (§§ 1601 ff. BGB), gegenüber dem betreuenden Elternteil des außerehelich geborenen → *Kindes* (→ *Betreuungsunterhalt)*, gegenüber dem Ehegatten bezüglich des Familien-, Trennungs- und nachehelichen Ehegattenunterhaltes.

(1) Es ist stets zu prüfen, ob ein Unterhaltsanspruch gegeben ist, Bedürftigkeit des Unterhaltsberechtigten und Leistungsfähigkeit des Unterhaltsverpflichteten vorliegt, Einwendungen gegen den Unterhaltsanspruch (z. B. zeitliche Begrenzug des Ehegattenunterhaltes, Unterhaltsverwirkung, Unterhaltsverzicht) bestehen.

(2) Die Höhe des Unterhalts bestimmt sich nach den Einkommensverhältnissen. Die Leistungsfähigkeit des Unterhaltspflichtigen wird durch den ihm gebührenden → *Selbstbehalt* begrenzt. Zu unterscheiden ist der notwendige *Selbstbehalt* vom angemessenen Selbstbehalt und der Selbstbehalt gegenüber Eltern. Die Selbstbehaltssätze werden durch → *Unterhaltsleitlinien* festgesetzt (z. B. ab 2002 nach SüdL oder OLG Hamm: notwendiger Selbstbehalt des Erwerbstätigen 840 EUR und des nicht Erwerbstätigen 730 EUR; angemessener Selbstbehalt des Erwebstätigen 1000 EUR und des nicht Erwerbstätigen 890 EUR; Selbstbehalt gegenüber Eltern des Erwerbstätigen 1250 EUR und des nicht Erwerbstätigen 1130 EUR).

(3) Sind mehrere Unterhaltsansprüche zu befriedigen und reicht das Einkommen des Unterhaltspflichtigen hierzu nicht, ist eine Mangelfallberechnung unter Berücksichtigung der Rangverhältnisse der Unterhaltsberechtigten durchzuführen (§§ 1609, 1581 BGB). Im Rang gehen die minderjährigen Kinder und diesen gleichgestellte Kinder den Volljährigen und anderen Verwandten in aufsteigender Linie vor. Der Ehegatte, der minderjährige Kinder betreut, ist minderjährigen Kindern rangmäßig gleichgestellt.

(4) Der Unterhalt ist in der Regel in Form einer Geldrente zu gewähren und monatlich im Voraus zur Zahlung fällig. Unterhalt für die Vergangenheit kann nur ab Inverzugsetzung verlangt werden, § 1613 Abs. 1 BGB (→ *Unterhaltspflicht gegenüber Verwandten*, → *Unterhaltspflicht gegenüber Ehegatten*, → *Unterhaltspflicht nicht miteinander verheirateter Eltern*).

Unterhaltspflicht gegenüber Ehegatten

Die Ehegatten sind einander verpflichtet, durch ihre Arbeit und mit ihrem Vermögen die → *Familie* angemessen zu unterhalten (§ 1360 BGB). Die Unterhaltspflicht ist zwingender Natur, gilt bei jedem → *Güterstand.*

(1) Der **Familienunterhalt** umfasst den angemessenen Unterhalt der Familie, damit alles, was nach den Verhältnissen der Ehegatten erforderlich ist, um die laufenden Kosten des Haushalts zu bestreiten und die persönlichen Bedürfnisse der Ehegatten und den Lebensbedarf gemeinsam unterhaltsberechtigter → *Kinder* zu befriedigen. Zudem besteht die Verpflichtung, dem Ehegatten, der den Haushalt führt, das erforderliche **Wirtschaftsgeld** zur Verfügung zu stellen. Gegebenenfalls bestehen auch Anspruch auf **Taschengeld** und **Anspruch auf Prozesskostenvorschuss** zur Prozessführung eigener Prozesse des einkommenslosen Ehegatten.

(2) Bei → *Getrenntleben* der Ehegatten kann der unterhaltsbedürftige Ehegatte von den anderen Ehegatten nach den Lebens-, Erwerbs- und Vermögensverhältnissen der Ehegatten angemessenen **Getrenntlebensunterhalt** (§ 1361 BGB) verlangen. Der nichterwerbstätige Ehegatte kann darauf verwiesen werden, seinen Unterhalt durch eine Erwerbstätigkeit selbst zu verdienen, wenn ihm dies unter Berücksichtigung der Ehe und nach den wirtschaftlichen Verhältnissen der Ehegatten zumutbar ist. Für das erste Jahr der Trennung entfällt in der Regel diese Erwerbsverpflichtung. Ab → *Rechtshängigkeit* des Ehescheidungsverfahrens hat der Unterhaltsverpflichtete auch die Kosten einer angemessenen Versicherung für den Fall des Alters sowie der Berufs- oder Erwerbsunfähigkeit zu tragen (sog. **Altersvorsorgeunterhalt**). Ein Verzicht auf zukünftige Getrenntlebensunterhaltsansprüche ist unwirksam (§§ 1361 Abs. 4, 1360 a Abs. 3, 1614 BGB). Im Einzelfall ist der Getrenntlebensunterhaltsanspruch herabzusetzen oder zu versagen (§ 1361 Abs. 3 BGB).

(3) Nachehelicher Ehegattenunterhalt steht dem unterhaltsbedürftigen Ehegatten für die Zeit ab Rechtskraft der → *Ehescheidung* zu, sofern zum Einsatzzeitpunkt (rechtskräftige Ehescheidung) ein Unterhaltsanspruch wegen Betreuung eines Kindes, wegen Alters, wegen Krankheit oder Gebrechen, bis zur Erlangung einer angemessenen Erwerbstätigkeit, wegen Ausbildung, Fortbildung oder Umschulung oder aus Billigkeitsgründen gegeben ist (§§ 1570–1576 BGB). Der Unterhaltsanspruch bestimmt sich nach dem Maß der ehelichen Lebensverhältnisse, die von den beiderseitigen Einkommens- und Vermögensverhältnissen bestimmt werden, auch von der nach Trennung aufgenommenen Erwerbstätigkeit. Der Unterhaltsanspruch kann zeitlich auf den angemessenen Lebensbedarf begrenzt werden (§ 1578 Abs. 1 BGB). Der Unterhaltsanspruch umfasst den Elementar-, Krankenvorsorge- und Altersvorsorgeunterhalt (§ 1578 Abs. 2 BGB). Unterhaltsansprüche sind bei grober Unbilligkeit zu versagen (z. B. kurze Ehedauer, mutwillige Herbeiführung der Bedürftigkeit, Verstoß gegen Vermögensinteressen des Unterhaltspflichtigen, Zusammenleben mit einem anderen Partner in eheähnlicher Gemeinschaft). Auf nacheheliche Ehegattenunterhaltsansprüche kann formlos verzichtet werden.

(4) Ist der Unterhaltspflichtige nicht leistungsfähig, weil sein → *Selbstbehalt* gefährdet ist, ist eine Mangelfallberechnung durchzuführen (§ 1581 BGB).

Unterhaltspflicht gegenüber Verwandten

Nach §§ 1601 ff. BGB sind → *Verwandte* in gerader Linie einander verpflichtet, Unterhalt zu gewähren. Dies gilt in aufsteigender sowie absteigender Linie. Unterhaltsberechtigt ist, wer außerstande ist, sich selbst zu unterhalten (§ 1602 BGB).

(1) Unterhaltspflicht gegenüber minderjährigen Kindern: Eheliche Kinder und außerehelich geborene → *Kinder* sind unterhaltsrechtlich gleichgestellt.

Ein minderjähriges unverheiratetes Kind kann von seinen Eltern, auch wenn es Vermögen hat, die Gewährung des Unterhalts insoweit verlangen, als Einkünfte seines Vermögens und der Ertrag eventueller eigener Arbeit (z. B. aus Berufsausbildung) zum Unterhalt nicht ausreichten. Das Maß des zu gewährenden Unterhalts bestimmt sich nach der Lebensstellung des Bedürftigen und umfasst den gesamten Lebensbedarf einschließlich der Kosten einer angemessenen Vorbildung zu einem → *Beruf.* Durch Unterhaltstabellen (z. B. → *Düsseldorfer Tabelle*) bzw. durch den → *Regelbetrag* gemäß Regelbetrags-Verordnung ist der Unterhaltsbedarf nach Einkommens- und Altersgruppen des Kindes pauschaliert festgelegt.

Haben Eltern einem unverheirateten Kind Unterhalt zu gewähren, können sie bestimmen, in welcher Art und Weise der Unterhalt zu gewähren ist. Das → *Familiengericht* kann aus besonderen Gründen diese Bestimmung abändern.

Ein Elternteil, der ein minderjähriges unverheiratetes Kind betreut, erfüllt seine Verpflichtung zum Unterhalt in der Regel durch die Pflege und Erziehung des Kindes.

Der Unterhaltspflichtige ist dem minderjährigen Kind zu einer gesteigerten Erwerbsobliegenheit verpflichtet, um den Kindesunterhalt sicherzustellen (§ 1603 Abs. 2 BGB). Dem minderjährigen unverheirateten Kind stehen volljährige unverheiratete Kinder, die das 21. Lebensjahr noch nicht vollendet haben, gleich, solange sie im Haushalt eines Elternteils wohnen und sich in allgemeiner Schulbildung befinden.

Ist der Unterhaltspflichtige unter Wahrung seines → *Selbstbehaltes* außerstande, allen Unterhaltsberechtigten Unterhalt zu gewähren, ist eine Mangelfallberechnung unter Beachtung der Rangfolge der Unterhaltsberechtigten (§ 1609 BGB) durchzuführen.

Die Reihenfolge der Unterhaltspflicht ist in §§ 1606, 1608 BGB geregelt (z. B. Kinder vor Eltern, Ehegatte des Bedürftigen vor dessen Verwandte) und die Ersatzhaftung in § 1607 BGB (z. B. Großeltern anstatt Eltern).

(2) Unterhaltspflicht gegenüber volljährigen Kindern: Gegenüber volljährigen Kindern besteht der Unterhaltsanspruch fort, solange sie sich in Schulausbildung oder in Ausbildung zu einem Beruf befinden. Eigene → *Einkünfte* des Kindes sind unter Abzug eines berufsbedingten Aufwandes auf die nach Unterhaltsleitlinien in der Regel pauschalen Unterhaltssätze anzurechnen (z. B. nach SüdL, OLG Hamm: 600 Euro bei auswärtiger Unterbringung). Das volljährige Kind ist im Mangelfall, wenn nicht alle Unterhaltsansprüche bedient werden können, dem minderjährigen Kind gegenüber nachrangig (→ *Selbstbehalt*).

(3) Unterhaltspflicht gegenüber Eltern: Bedürftig gewordene Eltern können von ihren Kindern ebenfalls Unterhalt unter Wahrung des Selbstbehaltes des Unterhaltspflichtigen verlangen.

(4) Auf Unterhaltsansprüche für die Zukunft kann wegen § 1614 BGB nicht verzichtet werden. Unterhaltsansprüche können wegen Vorliegen besonderer Gründe verwirkt werden (§ 1611 BGB).

▶ Unterhaltspflicht nicht miteinander verheirateter Eltern (Betreuungsunterhalt)

Der Vater hat der Mutter eines außerehelich geborenen Kindes für die Dauer von sechs Wochen vor und acht Wochen nach der Geburt Unterhalt zu gewähren. Dies gilt auch hinsichtlich der Kosten, die infolge der Schwangerschaft oder der Entbindung außerhalb dieses Zeitraums anfallen. Bei schwangerschaftsbedingter Erkrankung oder einer durch Entbindung verursachten Krankheit entsteht die Unterhaltspflicht ebenso. Gleiches gilt, wenn von der Mutter wegen der Pflege oder Erziehung des Kindes eine Erwerbstätigkeit nicht erwartet werden kann. Diese Unterhaltspflicht beginnt frühestens vier Monate vor der Geburt und endet drei Jahre nach der Geburt des Kindes, sofern es nicht unter Berücksichtigung der Belange des Kindes grob unbillig wäre, einen Unterhaltsanspruch nach Ablauf dieser Frist zu versagen (§ 1615 l Abs. 3 BGB). Der Unterhaltsanspruch berechnet sich nach den Vorschriften des Verwandtenunterhaltes. Der → *Selbstbehalt* des unterhaltspflichtigen Vaters gegenüber der Mutter entspricht dem angemessenen Selbstbehalt.

▶ Unterhaltsprozess

U. betrifft die vermögensrechtliche Streitigkeit über die → *Unterhaltspflicht* gegenüber → *Verwandten* und → *Ehegatten.* Zuständig ist das → *Familiengericht.* Werden Unterhaltsansprüche minderjähriger Kinder geltend gemacht, ist das Familiengericht, in dessen Bezirk das Kind seinen → *Wohnsitz* hat, zuständig (§ 642 ZPO).

Der Unterhaltsprozess ist ein → *Zivilprozess* und findet grundsätzlich im Urteilsverfahren statt (→ *Abänderungsklage).* Wird Kindes- und Ehegattenunterhalt im Ehescheidungsverfahren begehrt, liegt eine Scheidungsfolgesache vor, über die durch Ehescheidungsurteil entschieden wird.

Im vereinfachten Verfahren kann durch → *Beschluss* auf Antrag eines minderjährigen Kindes der von einem Elternteil geforderte Unterhalt festgesetzt werden, soweit der geforderte Unterhalt das 1½-fache des → *Regelbetrages* der Regelbetrag-Verordnung nicht übersteigt.

▶ Unterhaltsrechtliche Leitlinien

U. (bzw. Richtlinien und Grundsätze) und Tabellen haben die Oberlandesgerichte entwickelt, um zur Bemessung des Ehegatten- und Kindesunterhaltes zu einer Vereinheitlichung der Rechtsprechung in den jeweiligen Oberlandesgerichtsbezirken beizutragen (z. B. Süddeutsche Leitlinien der OLG Bamberg, Karlsruhe, München, Nürnberg, Stuttgart und Zweibrücken (SüdL), Leitlinien OLG Düsseldorf, Leitlinien OLG Hamm, Unterhaltsgrundsätze OLG Hamburg, Düsseldorfer Tabelle zum Kindesunterhalt).

Unterhaltssicherung

Die wirtschaftliche Sicherung der Familienangehörigen eines zum → *Wehrdienst* einberufenen Wehrpflichtigen sowie der Ersatz der, dem Wehrpflichtigen durch den Wehrdienst entstehenden wirtschaftlichen Nachteile (z. B. Verdienstausfall) erfolgt durch das Unterhaltssicherungsgesetz.

Unterlassene Hilfeleistung

Das Unterlassen einer gebotenen Handlung führt zwar grundsätzlich nicht zu derjenigen Strafbarkeit, die durch eine entsprechende Handlung verwirklicht worden wäre (→ *Unterlassungsdelikt*). Bei Unglücksfällen sowie bei allgemeinen Gefahren- und Notlagen – etwa einer Überschwemmung – besteht jedoch für jedermann eine Pflicht zu einer ihm zumutbaren Hilfeleistung, soweit diese erforderlich ist. Unterbleibt diese Hilfeleistung, so macht sich der dazu Verpflichtete strafbar.

Bricht etwa ein Kind im Eis eines Gewässers ein, so muss, wer dies bemerkt, auf jeden Fall die Polizei oder sonstige zur Hilfeleistung fähige Stellen verständigen. Darauf kann er nur dann verzichten, wenn er sicher weiß, dass dies bereits erfolgt ist. Die zumutbare Pflicht zur Hilfe kann in einem solchen Fall aber noch weitergehen: Ist dem Hinzukommenden bekannt, dass er in diesem Gewässer stehen kann, so muss er sich – unter der Gefahr des eigenen Einbrechens – auf das Eis begeben und das Kind herausziehen. Die Gefahr einer kräftigen Erkältung muss er hinnehmen. Weiß er dagegen nicht, ob er in dem Gewässer stehen kann, so muss er die Eisfläche nicht betreten. Denn ein Einbrechen kann für ihn auch dann, wenn er schwimmen kann, zur Lebensgefahr führen; dieses Risiko muss er nicht eingehen.

Unterlassungsdelikt

Das Strafrecht unterscheidet zwischen echten und unechten Unterlassungsdelikten: Echte Unterlassungsdelikte sind solche, bei denen – wie bei der → *unterlassenen Hilfeleistung* – ausdrücklich das Unterlassen eines bestimmten Verhaltens für strafbar erklärt wird. Unechte Unterlassungsdelikte sind alle übrigen Tatbestände, nämlich alle diejenigen, die grundsätzlich nur durch Handeln verwirklicht werden können. Hier ist ein Unterlassen aber nicht für jedermann, sondern nur für solche Personen strafbar, die für das betreffende Rechtsgut – wie etwa Eltern für das Leben ihrer Kinder – eine → *Garantenpflicht* haben. Weitere Voraussetzung für eine Strafbarkeit wegen Unterlassens ist es in solchen Fällen, dass die notwendige Handlung dem Verpflichteten möglich und zuzumuten gewesen und bei ihrem Hinzudenken der tatbestandliche „Erfolg" mit an Sicherheit grenzender Wahrscheinlichkeit nicht eingetreten wäre. So ist der Vater eines Kindes wegen Totschlags durch Unterlassen strafbar, der bei einem sommerlichen Badeausflug – falls er selbst schwimmen kann – seinem aus dem Boot fallenden Kind nicht nachspringt und es vor dem Ertrinken bewahrt.

▶ Unternehmen

Ein Unternehmen im kaufmännischen Sinn stellt die rechtliche, sachliche und organisatorische Gesamtheit eines kaufmännischen Betriebes dar. Das Unternehmen ist als solches keine Rechtspersönlichkeit, Träger der Rechte und Pflichten ist vielmehr der Inhaber des Unternehmens (etwa der Einzelkaufmann, die Aktiengesellschaft). Zur Veräußerung des Unternehmens ist eine Übertragung der dazugehörenden Gegenstände erforderlich (also Übereignung der Grundstücke und beweglichen Sachen, Abtretung der Forderungen). Wer ein Handelsunternehmen unter der bisherigen → *Firma* fortführt, haftet nach § 25 HGB für die Altverbindlichkeiten.

▶ Unternehmer

Als Unternehmer definiert das BGB in § 14 jede **natürliche oder juristische Person** sowie rechtsfähige **Personengesellschaften**, die ein → *Rechtsgeschäft* zu Zwecken einer gewerblichen oder selbständigen beruflichen Tätigkeit abschließt. In vielen Einzelfällen unterliegt ein Unternehmer im Rechtsleben strengeren Maßstäben als ein → *Verbraucher*. So kann er etwa im Gegensatz zum Verbraucher beim Abschluss von Kaufverträgen über gebrauchte Sachen seine Haftung nicht vollständig ausschließen.

Unterrichtsverträge

Bei den Unterrichtsverträgen ist zwischen Direktunterricht – etwa einer Ausbildung in der Fahrschule – und dem Fernunterricht – darunter versteht man das Zuschicken von Unterrichtsmaterial in die Wohnung des Schülers – zu unterscheiden: Für den Fernunterricht gilt als spezielle gesetzliche Grundlage das Fernunterrichtsschutzgesetz. Es verbietet insbesondere Vorauszahlungen für die Unterrichtsvergütung, die über das Entgelt für 3 Monate hinausgehen.

Beim Direktunterricht sind insbesondere folgende Klauseln in → *Allgemeinen Geschäftsbedingungen* unzulässig: Die einseitige Möglichkeit für den Unterrichtenden, unbegrenzt Preiserhöhungen vorzunehmen, ohne dass der Unterrichtete kündigen kann, übermäßig lange Zeiten der Vertragsbindung – die Grenze wird hier wohl bei einer Kündigungsfrist von etwa 6 Monaten liegen – sowie Regelungen, nach denen Art oder Zeit der Unterrichtserteilung weitgehend im Ermessen des Unterrichtenden stehen.

Unterschlagung

Eine Unterschlagung begeht, wer sich oder einem Dritten eine fremde, bewegliche Sache, über die er die Sachherrschaft ausübt, rechtswidrig zueignet. Der Unterschied zum → *Diebstahl* besteht also darin, dass der Täter keinen fremden Gewahrsam bricht. Als Beispiel für eine Unterschlagung kann etwa der Fall herangezogen werden, dass jemand ein ihm geliehenes Buch an einen Dritten verschenkt, um diesem zu imponieren. Dagegen führt es nicht zusätzlich zur Strafbarkeit wegen Unterschlagung, wenn ein Täter über eine Sache, die er bereits durch eine andere Straftat – etwa durch einen Diebstahl – erlangt hat, erneut verfügt.

Untersuchungsausschüsse

Nach Art. 44 GG hat der → *Bundestag* das Recht und auf Antrag eines Viertels seiner Mitglieder die Pflicht, einen Untersuchungsausschuss einzusetzen. Diese Ausschüsse haben den Zweck, bestimmte Vorgänge aufzuklären, sind also ein Mittel zur Wahrung der Kontrollfunktion des Bundestags gegenüber der vollziehenden Gewalt. Die Untersuchungsausschüsse erheben grundsätzlich in öffentlicher Sitzung Beweis; die Vorschriften der Strafprozessordnung finden entsprechende Anwendung. Gleichwohl ist der Untersuchungsausschuss keine gerichtliche, sondern eine parlamentarische Einrichtung. Der Abschlussbericht an das Bundestagsplenum ist keine gerichtlich überprüfbare Entscheidung; er enthält keine Rechtsentscheidung, sondern eine politische Bewertung der untersuchten Vorgänge. Die Landesverfassungen enthalten der bundesrechtlichen Regelung im Wesentlichen entsprechende Vorschriften.

▸ Untersuchungshaft

Die Voraussetzungen, unter denen Untersuchungshaft angeordnet werden kann, sind beim Stichwort → *Haftbefehl* dargestellt. Gegen die Verhängung von Untersuchungshaft steht dem Beschuldigten einerseits das Beschwerdeverfahren zum → *Landgericht* und → *Oberlandesgericht,* andererseits das → *Haftprüfungsverfahren* zur Verfügung. Über die Dauer von 6 Monaten hinaus darf die Untersuchungshaft nur unter ganz besonders engen Voraussetzungen und mit Genehmigung des Oberlandesgerichts aufrechterhalten werden.

Der Vollzug der Untersuchungshaft muss sich daran messen lassen, dass einerseits der Beschuldigte noch als unschuldig anzusehen ist und dass andererseits die Untersuchungshaft nur dazu dienen darf, die Durchführung des Strafverfahrens zu sichern. Damit sind – über den zwangsläufig erfolgenden Freiheitsentzug hinaus – nur solche Einschränkungen zulässig, die durch die Sicherheit der Haftanstalt oder für das Verfahren nötig sind. Dies erlaubt etwa – mit Ausnahme des Schriftverkehrs mit dem Verteidiger, einem Petitionsausschuss oder der Europäischen Menschenrechtskommission – die Kontrolle des Briefverkehrs oder das Verbot, Funkgeräte zu besitzen. Dagegen besteht für erwachsene Untersuchungsgefangene kein Arbeitszwang; sie dürfen sich auch Lebens- und Genussmittel für den eigenen Bedarf kaufen. Untersuchungsgefangene sind von Strafgefangenen getrennt unterzubringen; sie haben weiterhin Anspruch auf eine Einzelzelle. Hiervon gibt es nur aus sachlichen Gründen – etwa bei Selbstmordgefahr – Ausnahmen. Schließlich wird im Falle einer Verurteilung sowohl bei Jugendlichen als auch bei Erwachsenen erlittene Untersuchungshaft grundsätzlich auf die verhängte Strafe angerechnet. Wird der Beschuldigte dagegen nicht verurteilt, so steht ihm für erlittene Untersuchungshaft grundsätzlich ein Anspruch auf → *Entschädigung* für Strafverfolgungsmaßnahmen zu.

▶ Untreue

Diesen Tatbestand begeht, wer vorsätzlich das Vermögen eines anderen, für das er verantwortlich ist, durch Missbrauch seiner Vertrauensstellung oder durch Verletzung seiner Treuepflichten schädigt. In Betracht für einen Missbrauchsfall kommt etwa, dass ein → *Insolvenzverwalter* – wozu er vom Gesetz her in der Lage ist – ein Grundstück aus der Insolvenzmasse verkauft, dieses aber einem guten Bekannten zu einem niedrigen „Freundschaftspreis" überlässt anstatt den üblichen Marktpreis zu verlangen. Eine Treuepflicht wird etwa dann verletzt, wenn ein → *Rechtsanwalt* Gelder, die für seinen Mandanten eingehen – und die er vertragsgemäß an diesen weiterleiten müsste, für sich verwendet.

▶ Unvereinbarkeit von Ämtern → *Inkompatibilität*

▶ Unwirksamkeit eines Rechtsgeschäfts → *Nichtigkeit von Rechtsgeschäften*

▶ Unzulässigkeit

Im Zivilprozess bedeutet Unzulässigkeit, dass eine → *Klage,* ein Rechtsmittel oder sonstige Anträge wegen Fehlens einer formellen Voraussetzung verworfen werden, ohne dass das Gericht eine Prüfung in der Sache selbst vornimmt. So wird etwa eine Klage zum unzuständigen Gericht als unzulässig durch Prozessurteil abgewiesen, unabhängig davon, ob dem Kläger der geltend gemachte Anspruch zusteht oder nicht. Diese Grundsätze gelten auch im Verwaltungsprozess.

Unzuverlässigkeit → *Zuverlässigkeit*

Urabstimmung

U. ist die Abstimmung von Gewerkschaftsmitgliedern darüber, ob gestreikt werden soll; normalerweise kommt es zu einem Streik nur, wenn sich in der Urabstimmung drei Viertel der Gewerkschaftsmitglieder für einen Streik ausgesprochen haben. Die Zulässigkeit des Streiks hängt von der Durchführung einer Urabstimmung allerdings nicht ab.

Urheberrecht

Das Urheberrecht ist die Gesamtheit der Vorschriften, die ein individuelles geistiges Werk (z. B. ein Roman, eine Komposition) eines Urhebers schützen. Es beinhaltet unter anderem das Verwertungsrecht (Vervielfältigungsrecht, Aufführungsrecht etc.) des Urhebers. Eine Verletzung des Urheberrechts ist strafbar und macht zivilrechtlich schadenersatzpflichtig. Es erlischt grundsätzlich 70 Jahre nach dem Tode des Urhebers.

Urkunde

Im Sinne des Verfahrensrechts ist eine Urkunde eine in Schriftzeichen verkörperte Gedankenerklärung. Öffentliche Urkunden liegen vor, wenn öffentliche → *Behörden* innerhalb der Grenzen ihrer Amtsbefugnisse, oder Personen, die mit öffentlichem Glauben versehen sind (zum Beispiel → *Notare),* innerhalb des ihnen zugewiesenen Geschäftskreises Urkunden in der vorgeschriebenen Form aufnehmen (§ 415 ZPO). Hierunter fallen etwa die Zustellungsurkunde des Gerichtsvollziehers oder das gerichtliche Sitzungsprotokoll. Schriftstücke, welche die vorgenannten Voraussetzungen nicht erfüllen, sind Privaturkunden, auch wenn die Unterschriften öffentlich beglaubigt sind.

Im Sinne des Strafrechts ist Urkunde jeder Gegenstand, der eine menschliche Gedankenerklärung enthält, die geeignet und bestimmt ist, im Rechtsverkehr Beweis zu erbringen und die einen Aussteller erkennen lässt. Damit fallen nicht nur Schriftstücke, sondern auch die so genannten Beweiszeichen unter den Urkundenbegriff. Dies sind solche Gegenstände, die aus sich heraus oder in Verbindung mit anderen Gegenständen die oben genannte Definition erfüllen. So beinhaltet etwa das Künstlerzeichen eines Malers auf einem Bild die Erklärung, dass dieser Maler das Bild geschaffen habe; das Kennzeichen an einem Kraftfahrzeug gibt – feststellbar über die Unterlagen der Zulassungsstelle – an, dass dieses Kraftfahrzeug auf einen bestimmten Halter zugelassen sei.

Unerheblich für den strafrechtlichen Urkundenbegriff ist, ob es sich um eine öffentliche oder um eine private Urkunde handelt und ob die Urkunde von Anfang an zu Beweiszwecken gedacht war (Absichtsurkunde) oder erst später dazu verwendet wurde (Zufallsurkunde).

Die Abgrenzung des Urkundenbegriffs ist im Einzelnen äußerst schwierig. So ist zwar die als solche verwendete Fotokopie grundsätzlich keine Urkunde, doch kann sie dazu werden, wenn sie als das in Wirklichkeit nicht existierende Original eingesetzt wird. Technische Aufzeichnungen sind keine Urkunden; ihre Echtheit wird aber vielfach durch der → *Urkundenfälschung* verwandte Delikte geschützt.

Urkundenbeweis

Der Urkundenbeweis ist eine Möglichkeit der Beweisführung, die im Zivilprozess neben dem → *Zeugen-*, → *Sachverständigen-*, → *Augenscheinsbeweis* und der → *Parteivernehmung* vorgesehen ist. Dabei begründen → *öffentliche Urkunden* vollen Beweis (§§ 417, 418 ZPO). Bei Privaturkunden gilt dagegen als bewiesen nur, dass die in der → *Urkunde* enthaltene Erklärung vom Aussteller auch tatsächlich abgegeben wurde (§ 416 ZPO). Im Zivilprozess reicht es aus, wenn zur Beweisführung die Urkunde vorgelegt wird.

Urkundenfälschung

Wer zur Täuschung im Rechtsverkehr eine unechte Urkunde herstellt, eine echte Urkunde verfälscht oder von einer unechten oder verfälschten Urkunde Gebrauch macht, begeht Urkundenfälschung.

Unecht ist eine Urkunde dann, wenn die vorgelegte Gedankenerklärung in Wirklichkeit von einer anderen als der angegebenen Person stammt. Wer also ein Zeugnis selbst schreibt und darauf Name, Adresse und Unterschrift seines angeblichen, früheren → *Arbeitgebers* anbringt, stellt eine unechte Urkunde her. Unerheblich ist dabei, ob die genannte Firma überhaupt existiert oder ob es sich um ein Phantasiegebilde handelt.

Die Verfälschung einer echten Urkunde bedeutet, dass ein dazu nicht Berechtigter den ursprünglichen Aussagegehalt ändert. Das ist etwa der Fall, wenn ein Schüler auf seinem Zeugnis die Note 4 in einem Fach entfernt und selbst eine 2 dort anbringt.

Das Gebrauchmachen liegt schließlich in einer Verwendung unechter oder verfälschter Urkunden gegenüber anderen Personen. Die eigenständige Strafbarkeit dieser Alternative ist deshalb wichtig, weil nicht in jedem Fall derjenige, der eine unechte Urkunde herstellt oder eine echte fälscht, sie auch später verwendet.

Wichtig ist schließlich noch, dass eine Strafbarkeit all dieser Handlungen voraussetzt, dass der Verwender im Rechtsverkehr täuschen will. Er muss also mit der betreffenden Urkunde rechtlich bedeutsame Vorgänge – wie etwa eine Anstellung mit Hilfe des gefälschten Arbeitszeugnisses – erreichen wollen; ein bloßes Imponiergehabe – Vorzeigen eines „tollen" Zeugnisses gegenüber der Freundin – führt nicht zur Strafbarkeit.

▶ Urkundenprozess

Der Urkundenprozess ist eine besondere Verfahrensart, bei der der Kläger schnell zu einem vorläufig vollstreckbaren Titel kommen kann (§§ 592 bis 600 ZPO). Voraussetzung für den Urkundenprozess ist, dass alle anspruchsbegründenden Tatsachen durch → *Urkunden* bewiesen werden können. Auch der Beklagte kann nur Einwendungen vorbringen, die er durch Urkunden beweisen kann. Eine → *Widerklage* ist ausgeschlossen. Wenn dem Kläger der Nachweis mit Urkunden nicht gelingt, wird seine Klage als unzulässig (→ *Unzulässigkeit)* abgewiesen. Wird der Beklagte verurteilt, ergeht lediglich ein → *Vorbehaltsurteil.* In beiden Fällen wird der Rechtsstreit erst in einem Nachverfahren endgültig geklärt, in dem dann auch die anderen Beweismittel der ZPO zugelassen sind. Stellt sich im Nachverfahren heraus, dass der Kläger zu Unrecht aus dem Vorbehaltsurteil vollstreckt hat, muss er den entstandenen Schaden ersetzen.

▸ Urkundenunterdrückung

Unter Urkundenunterdrückung versteht man die Beseitigung einer Urkunde in einer Situation, in der dem Täter an dieser Urkunde nicht das alleinige Beweisführungsrecht zusteht. Das wäre etwa der Fall, wenn eine Frau nach dem Tod ihres Mannes das gemeinschaftliche Testament beseitigt, weil sie die dort ursprünglich von ihr mitgetroffene Verfügung zu Gunsten eines Neffen des Mannes nunmehr verhindern will.

▸ Urkundsbeamter

Der Urkundsbeamte der Geschäftsstelle ist ein → *Beamter* des mittleren oder des gehobenen Dienstes (§ 153 Gerichtsverfassungsgesetz), der verschiedene Tätigkeiten wie etwa Beurkundungen, Führung des Sitzungsprotokolls oder Aktenführung, ausübt. Einzelne Aufgaben sind auch dem → *Rechtspfleger* übertragen worden (§ 24 Rechtspflegergesetz).

▸ Urlaub

U. ist die bezahlte Arbeitszeit, in der ein Arbeitnehmer oder Beamter nicht arbeiten muss. Nach dem Bundesurlaubsgesetz hat jeder Arbeitnehmer Anspruch auf **mindestens 24 Werktage Urlaub pro Jahr**; einzelvertraglich oder z. B. durch → *Tarifvertrag* kann auch ein höherer Urlaubsanspruch vereinbart sein. Der Urlaubsanspruch von Beamten ist sonderrechtlich geregelt. Der Urlaub muss **grundsätzlich zusammenhängend** und im laufenden Kalenderjahr gewährt und genommen werden; eine andere entgeltliche Arbeit darf während des Urlaubs grundsätzlich nicht verrichtet werden.

Krankheitstage während des Urlaubs werden auf den Urlaub nicht angerechnet. Daneben kann wegen verschiedener Anlässe Anspruch auf Sonderurlaub bestehen (z. B. wegen Wohnungswechsels, Heirat, Todesfällen in der Familie); diese Ansprüche sind gesetzlich nur in sehr allgemeiner Form und daher wenig befriedigend geregelt (§ 616 BGB). Andererseits finden sich in Tarifverträgen hierzu häufig detaillierte Regelungen. Besteht das Arbeitsverhältnis während des Kalenderjahrs **weniger als sechs Monate**, dann kann i. d. R. für jeden Monat nur $^1/_{12}$ des Jahresurlaubs beansprucht werden.

▶ Urlaubsgeld → *Gratifikation*

▶ Urteil

Ein Urteil ist eine gerichtliche Entscheidung, die in der Regel aufgrund vorgeschriebener mündlicher Verhandlung und in besonderer Form ergeht. Im Zivilprozess gliedert sich das Urteil in Rubrum, Tenor (Urteilsformel), → *Tatbestand* und Entscheidungsgründe (§ 313 ZPO). Das Urteil wird „im Namen des Volkes“ mündlich verkündet. Es ist jedoch auch schriftlich abzufassen, zu den Akten zu bringen und von Amts wegen zuzustellen. Die Urteile können mit Rechtsmitteln angegriffen werden. Geschieht dies nicht oder ist der Rechtsmittelzug erschöpft, erwachsen Urteile in Rechtskraft. Die Verwaltungsgerichtsordnung enthält entsprechende Vorschriften. Vgl. auch → *Endurteil,* → *Vorbehaltsurteil,* → *Zwischenurteil,* → *Versäumnisurteil,* → *Sachurteil,* → *Leistungsklage,* → *Feststellungsklage,* → *Gestaltungsklage,* → *Anfechtungsklage,* → *Verpflichtungsklage,* → *Untätigkeitsklage.*

Auch im Strafverfahren wird – falls es nicht ausnahmsweise zu einer Einstellung kommt – eine → *Hauptverhandlung* mit einem Urteil abgeschlossen. Abweichend von anderen Verfahrensarten ist es aber im Strafprozess üblich, ein Urteil bereits am Schluss der mündlichen Verhandlung zu verkünden und – jedenfalls in kurzer Form – auch schon zu begründen.

Spätestens nach 5 Wochen muss auch im Strafprozess das Urteil schriftlich vorliegen. Es besteht hier aus Rubrum, Tenor, Gründen und der Unterschrift des oder der beteiligten Berufsrichter. Im Rubrum werden der Gegenstand des Verfahrens, das erkennende Gericht und die am Verfahren Beteiligten angegeben. Der Tenor enthält die getroffene Entscheidung. In den Gründen werden – kommt es zu einer Verurteilung – zunächst die persönlichen Verhältnisse des Täters und seine Tat beschrieben. Danach erfolgen Beweiswürdigung und rechtliche Einordnung der Tat; anschließend wird die Strafzumessung begründet.

Urteilsverfahren

Ein Urteilsverfahren ist ein Verfahren, das regelmäßig nach mündlicher Verhandlung durch → *Urteil* beendet wird. Im Zivilprozess wird über die → *Klage* üblicherweise durch → *Endurteil* entschieden. Der Verwaltungsprozess kennt den Begriff „Endurteil" nicht; ansonsten bestehen keine wesentlichen Unterschiede. Den Gegenbegriff bildet das → *Beschlussverfahren.*

V

Vaterschaft

Vater eines → *Kindes* ist der Mann, der zum Zeitpunkt der Geburt mit der Mutter des Kindes verheiratet ist, der die Vaterschaft anerkannt hat oder dessen Vaterschaft nach § 1600 d BGB gerichtlich festgestellt ist (§ 1592 BGB). Ein während der Ehe empfangenes, aber erst nach dem Tode des Ehemannes geborenes Kind, gilt als eheliches Kind, ebenso ein Kind, das innerhalb von 300 Tagen nach Auflösung der Ehe geboren wurde (§ 1593 BGB, → *Vaterschaftsanfechtung*).

Vaterschaftsanerkennung

V. beinhaltet die unbedingte und unbefristete Erklärung, Vater des → *Kindes* zu sein (§ 1594 ff. BGB). Sie kann nur vom Anerkennenden höchstpersönlich erklärt werden. Wer in der → *Geschäftsfähigkeit* beschränkt ist, bedarf der → *Zustimmung* seines gesetzlichen Vertreters. Die Anerkennung bedarf der Zustimmung der Mutter des Kindes, die im Falle beschränkter Geschäftsfähigkeit oder Geschäftsunfähigkeit der Zustimmung ihres gesetzlichen Vertreters bedarf. Anerkennung und Zustimmung müssen öffentlich beurkundet werden. Die Anerkennung der Vaterschaft ist unwirksam, solange die Vaterschaft eines anderen Mannes besteht.

Vaterschaftsanfechtung

Zur Anfechtung der Vaterschaft ist der Mann berechtigt, dessen Vaterschaft aufgrund einer → *Ehe* oder aufgrund eines Anerkenntnisses besteht, die Mutter und das → *Kind* (§ 1600 BGB). Die Vaterschaft kann binnen zwei Jahren gerichtlich angefochten werden. Die Frist beginnt mit dem Zeitpunkt, in dem der Anfechtungsberechtigte von den Umständen erfährt, die gegen die Vaterschaft sprechen (§ 1600 d BGB). Ist das Kind durch künstliche Befruchtung mittels Samenspende eines Dritten gezeugt worden, ist eine Vaterschaftsanfechtung durch den Mann oder die Mutter ausgeschlossen. Über die Vaterschaftsanfechtung entscheidet das → *Familiengericht.*

Vaterschaftsfeststellung

Besteht keine → *Vaterschaft,* wird keine Vaterschaft nach § 1593 BGB vermutet und liegt kein → *Vaterschaftsanerkenntnis* vor, so ist die Vaterschaft gerichtlich festzustellen (§ 1600 d BGB). Im Verfahren auf gerichtliche Feststellung der Vaterschaft wird als Vater vermutet, wer der Muter während der Empfängniszeit beigewohnt hat. Als Empfängniszeit gilt die Zeit von dem 300. bis zu dem 181. Tag vor der Geburt des → *Kindes* mit Einschluss sowohl des 300. als auch des 180. Tages. Die Vaterschaftsvermutung kann widerlegt werden. Zur Feststellung der Vaterschaft werden in der Regel erbbiologische oder serologische Gutachten erholt (→ *Vaterschaftsanerkennung).* Die Vaterschaftsfeststellung erfolgt durch das → *Familiengericht.*

Veränderungssperre

Zur Sicherung der → *Bauleitplanung* können die Gemeinden eine Veränderungssperre beschließen, die zur Folge hat, dass bauliche Vorhaben, die dem in Aufstellung befindlichen Bebauungsplan entgegenstehen, unzulässig sind sowie nicht genehmigungspflichtige wertsteigernde Änderungen an Grundstücken und baulichen Anlagen genehmigungspflichtig werden. Die baurechtliche Veränderungssperre wird als → *Satzung* beschlossen und unterliegt der verwaltungsgerichtlichen → *Normenkontrolle.* Die Geltungsdauer einer Veränderungssperre beträgt grundsätzlich zwei Jahre mit der Möglichkeit einer Verlängerung um ein Jahr; mit Zustimmung der Aufsichtsbehörde kann die Geltungsdauer um ein weiteres Jahr hinausgeschoben werden. In Ausnahmefällen kann eine außer Kraft getretene Veränderungssperre mit Zustimmung der höheren Verwaltungsbehörde unter besonderen Umständen erneut in Kraft gesetzt werden; der Betroffene ist zu entschädigen, wenn der Zeitraum von vier Jahren überschritten wird.

Veräußerungsverbot

Ein Veräußerungsverbot ist das Verbot, über einen Gegenstand oder ein Vermögen zu verfügen. Praktische Bedeutung haben nur gerichtliche und behördliche Verbote (§ 136 BGB) wie z. B. die → *einstweilige Verfügung* oder das allgemeine Veräußerungsverbot (§ 81 Insolvenzordnung) in der → *Insolvenz.* Ein Verstoß macht die Verfügung nur relativ unwirksam, d. h. die Verbotsgeschützten müssen die Unwirksamkeit geltend machen. Die rechtsgeschäftliche Vereinbarung eines Veräußerungsverbots ist unwirksam (§ 137 BGB).

Veranlagung

V. ist die Steuerfestsetzung durch → *Steuerbescheid* aufgrund → *Steuererklärung.*

Veranlagungsarten

Bei der Einkommensteuer gibt es die Einzelveranlagung (§ 25 EStG), die Zusammenveranlagung von → *Ehegatten* (§ 26 b EStG), die getrennte Veranlagung der Ehegatten (§ 26 a EStG) und die besondere Veranlagung im Jahr der Eheschließung (§ 26 c EStG).

(1) Einzelveranlagung ist bei Ledigen, Geschiedenen, dauernd getrennt lebenden Ehegatten und Verwitweten durchzuführen.

(2) Zusammenveranlagung (§ 26 EStG) können Ehegatten wählen, die beide unbeschränkt einkommensteuerpflichtig sind, nicht dauernd voneinander getrennt leben und bei denen diese Voraussetzungen zu Beginn des Veranlagungszeitraums vorgelegen haben oder während des Veranlagungszeitraums eingetreten sind. Die Erklärung über die Zusammenveranlagung haben die Ehegatten schriftlich oder zu Protokoll des → *Finanzamtes* abzugeben. Bei der Zusammenveranlagung werden die Einkünfte der Ehegatten gesondert ermittelt. Im Bereich der → *Sonderausgaben,* → *außergewöhnlichen Belastungen* und solcher Vergünstigungen, die von der Berücksichtigung von Kindern abhängen, werden die Ehegatten gemeinsam als Steuerpflichtiger behandelt. Die Festsetzung der Einkommensteuer erfolgt im → *Splittingverfahren.*

(3) Getrennte Veranlagung hat zu erfolgen, wenn ein Ehegatte diesen Antrag stellt. Jedem Ehegatten sind die von ihm bezogenen Einkünfte zuzurechnen. Sonderausgaben werden in der Regel jedem Ehegatten zur Hälfte zugerechnet, es sei denn, sie erklären gemeinsam eine abweichende Zuordnung. Familienrechtlich kann sich abweichend vom Steuerrecht ein Anspruch auf Zusammenveranlagung aus der Pflicht zur ehelichen Lebensgemeinschaft heraus ergeben.

(4) Besondere Veranlagung im Jahr der Eheschließung behandelt die Ehegatten wie Unverheiratete, wenn die Ehegatten diese Veranlagungsform wählen. Jeder Ehegatte hat hierbei eine Steuererklärung abzugeben. Jedem Ehegatten werden nur die von ihm bezogenen Einkünfte zugerechnet, gegebenenfalls sind nur die für Alleinstehende anzusetzenden Pauschbeträge, Pauschalen und Höchstbeträge zu berücksichtigen. Für die Anwendung des → *Haushaltsfreibetrages* bleiben → *Kinder* außer Betracht, wenn das Kindschaftsverhältnis erst durch Eheschließung begründet wird.

▶ Veranlagungszeitraum

V. ist der Zeitraum, für den von Gesetzes wegen die steuerliche Veranlagung durchzuführen ist. In der Regel ist dies das Kalenderjahr (§ 25 Abs. 1 EStG, § 18 Abs. 3 UStG).

▶ Verantwortlichkeit

Der bisherige Begriff des Verschuldens ist im Rahmen der Schuldrechtsreform zwar nicht aufgegeben, aber im Zivilrecht in den weiteren Rahmen der **Verantwortlichkeit** eingefügt worden: Nach dem neu gefassten § 276 BGB hat ein → *Schuldner* im Regelfall nicht nur → *Vorsatz* und → *Fahrlässigkeit* zu vertreten. Er muss zusätzlich auch noch für eine → *Garantie*, die er abgibt, und für die Übernahme eines Beschaffungsrisikos – etwa die von ihm erklärte Fähigkeit, eine bestimmte Ware zu liefern – einstehen.

▶ Verarbeitung

Unter Verarbeitung versteht man die Herstellung einer neuen beweglichen Sache durch Verarbeitung oder Umbildung eines oder mehrerer Stoffe (§ 950 BGB). Der Hersteller wird Eigentümer der neuen Sache, wenn nicht der Wert der Herstellung als solcher erheblich unter dem Wert des verarbeiteten Stoffes liegt (gesetzlicher → *Eigentumserwerb).* Fertigt z. B. der A Schuhe aus dem B gehörenden Leder, wird er Eigentümer und B verliert sein Eigentum.

Verbindung

Sie ist ein Fall des gesetzlichen → *Eigentumserwerbs.* Wird eine bewegliche Sache mit einem Grundstück so verbunden, dass sie sein wesentlicher → *Bestandteil* wird, erwirbt der Grundstückseigentümer das Eigentum auch an der beweglichen Sache (§ 946 BGB). Werden bewegliche Sachen so fest miteinander verbunden, dass sie wesentliche Bestandteile einer einheitlichen Sache werden, entsteht → *Miteigentum* an dieser Sache; ist allerdings eine der Sachen als Hauptsache anzusehen, erwirbt ihr Eigentümer das Alleineigentum (§ 947 BGB).

Verbotsirrtum

Der Verbotsirrtum ist ein → *Irrtum* über das Erlaubtsein eines bestimmten Verhaltens. Er führt nur dann zur Straflosigkeit des Täters, wenn er unvermeidbar war. An die Vermeidbarkeit stellt die Rechtsordnung aber hohe Anforderungen: Einmal besteht eine umfassende Informationspflicht; man muss sich gegebenenfalls durch einen Rechtsanwalt beraten lassen. Zum anderen ist zur Strafbarkeit nicht etwa die Kenntnis des Strafgesetzbuchs notwendig. Vielmehr wird auf die so genannte Parallelwertung in der Laiensphäre abgestellt: Kann der Laie erkennen, dass ein bestimmtes Verhalten „nicht in Ordnung" ist, so kommt es nicht mehr darauf an, ob er den betreffenden Tatbestand kennt oder nicht. Er kann sich dann nicht mehr auf einen Verbotsirrtum berufen.

Der „umgekehrte" Verbotsirrtum, also die Einstufung eines in Wirklichkeit gar nicht strafbaren Verhaltens als strafbar, führt zum straflosen → *Wahndelikt.*

Verbraucher

Als Verbraucher definiert das BGB in § 13 jede **natürliche Person**, die ein → *Rechtsgeschäft* zu Zwecken außerhalb einer gewerblichen oder selbständigen beruflichen Tätigkeit abschließt. Die Eigenschaft als Verbraucher ist vor allem für die Anwendbarkeit vieler Schutzvorschriften wie etwa des → *Widerrufsrechts* oder des → *Rückgaberechts* sowie für die Anwendbarkeit verschärfter Billigkeitsmaßstäbe bei → *Allgemeinen Geschäftsbedingungen* von Bedeutung.

Verbraucherdarlehen

Durch die Schuldrechtsreform wurde mit Wirkung ab 1. 1. 2002 auch das **Verbraucherkreditgesetz**, das seinerseits 1991 das frühere **Abzahlungsgesetz** ersetzt hatte, aufgehoben. Seine inhaltlichen Regelungen sind jedoch erhalten geblieben und wurden an verschiedenen Stellen in das BGB übernommen. Sie finden sich insbesondere beim Verbraucherdarlehensvertrag (§ 491 BGB) und bei der Regelung der sonstigen Finanzierungshilfen (§ 499 BGB) wieder. Der Verbraucher soll durch die zwingenden Bestimmungen ein Mindestmaß an Schutz und Transparenz erhalten. Zu den wichtigsten Schutzbestimmungen zählen die Schriftformklausel, → *Belehrungspflichten*, die insbesondere auch die wirtschaftliche Belastung durch das Darlehen verdeutlichen sollen, das → *Widerrufsrecht* des Darlehensnehmers sowie Bestimmungen über die Verrechnung von Leistungen des Schuldners und über die Folgen von Verstößen gegen die Schutzvorschriften.

Verbraucherinsolvenz

Zu den wesentlichen Neuerungen des jetzigen → *Insolvenzrechts* zählt die Verbraucherinsolvenz. Hier hat der Gesetzgeber ein vereinfachtes Verfahren vorgesehen, das vor allem natürlichen Personen in einer überschaubaren Frist die Befreiung von ihren bisherigen Verbindlichkeiten und einen wirtschaftlichen Neuanfang ermöglichen soll. Zunächst wird versucht, mit einem Schuldenbereinigungsplan eine teilweise Befriedigung der Gläubiger und eine Befreiung des Schuldners von seinen restlichen Verbindlichkeiten zu erreichen. Hat dieses Vorgehen keinen Erfolg, so wird ein vereinfachtes Insolvenzverfahren durchgeführt. Der Schuldner kann dann die so genannte **Restschuldbefreiung** beantragen. Dies setzt voraus, dass der Schuldner sich über einen Zeitraum von sechs Jahren hinweg bemüht, seine Schulden zu begleichen. Dazu zählt insbesondere, dass er eine angemessene Erwerbstätigkeit ausübt. Derjenige Teil der Einkünfte, die er nicht zu seiner Lebensführung verwenden darf, wird über einen Treuhänder gleichmäßig auf die Gläubiger verteilt. Nach dem Ende des entsprechenden Zeitraums wird der Schuldner im Regelfall von seinen restlichen Verbindlichkeiten befreit.

▸ Verbraucherkreditgesetz

Durch das Schuldrechtsreformgesetz wurde mit Wirkung ab dem 1. 1. 2002 das Verbraucherkreditgesetz, das seinerseits zum 1. 1. 1991 an die Stelle des früheren Abzahlungsgesetzes getreten war, aufgehoben. Seine Regelungen sind jedoch weitgehend in das BGB übernommen worden (→ *Verbraucherdarlehen*).

▸ Verbraucherschutz

Der Verbraucherschutz ist keine einheitliche Rechtsmaterie, sondern setzt sich aus einer Vielzahl verschiedener, überwiegend zivilrechtlicher Regelungen zusammen. Seine Zielrichtung besteht darin, durch weitgehend zwingende Vorschriften ein Mindestmaß an Schutz für den Verbraucher durchzusetzen. Seit der Schuldrechtsreform sind allerdings zahlreiche Einzelgesetze wie etwa das Gesetz über die → *Allgemeinen Geschäftsbedingungen* in das BGB übernommen worden. Neben dem BGB finden sich Regelungen vor allem in der ZPO (zur gerichtlichen Zuständigkeit), in den Bestimmungen gegen → *unlauteren Wettbewerb* und im Arbeitsrecht. Im verwaltungsrechtlichen Bereich sind insbesondere das → *Arzneimittelrecht*, das → *Lebensmittelrecht*, Teile des Gewerberechts sowie die → *Versicherungsaufsicht* zu nennen.

Verbrauchsgüterkauf

Ein zwischen einem → *Verbraucher* und einem → *Unternehmer* vereinbarter → *Kauf* unterliegt einer Reihe verschärfter Schutzbestimmungen zu Gunsten des Käufers und für einen etwaigen Rückgriff des Unternehmers gegenüber seinem Lieferanten (§§ 474–479 BGB). So trägt der Käufer bei einem → *Versendungskauf* nicht das Risiko von Verlust oder Beschädigung der Sache beim Transport. Die Abbedingung von → *Gewährleistungsrechten* ist ebenso wie eine Verkürzung der → *Verjährung* weitgehend ausgeschlossen. Schließlich muss beim Auftreten von Mängeln innerhalb der ersten 6 Monate nach Übergabe des Kaufgegenstands der Verkäufer die Mangelfreiheit bei Übergabe der Sache beweisen. Dem Unternehmer bleibt bei berechtigten Mängelrügen des Verbrauchers seinerseits das Rückgriffsrecht gegen seinen Lieferanten erhalten.

Verbrauchsteuern

V. belasten die Beschaffung von Gütern, die dem Verbrauch oder dem Gebrauch dienen. Verbrauchsteuern sind die Brandweinabgaben, Bier-, Einfuhrumsatz-, Kaffee-, Mineralöl-, Schaumwein- und die Tabaksteuer. Die Verbrauchsteuern werden von den Zollbehörden verwaltet und erhoben. Ihr Ertrag steht dem Bund zu. Eine Ausnahme gilt für die Biersteuer, die den Ländern gebührt.

Verbrechen

Als Verbrechen werden alle Straftatbestände bezeichnet, die eine Mindeststrafe von einem Jahr Freiheitsstrafe oder mehr vorschreiben.

Verdächtigung, falsche

Eine falsche Verdächtigung liegt vor, wenn jemand bei einer Behörde oder auf verschiedenen anderen Wegen wider besseres Wissen einer Straftat oder eines sonstigen Verhaltens bezichtigt wird, das geeignet ist, ein Strafverfahren oder sonstige nachteilige Maßnahmen gegen ihn in Gang zu setzen. Der Tatbestand ist also erfüllt, wenn ein Nachbar den anderen, obwohl er genau die Unwahrheit seines Vorbringens kennt, bei der Polizei beschuldigt, dieser habe in der vergangenen Nacht sein geparktes Fahrzeug angefahren. Ebenso würde es genügen, wenn er der Wahrheit zuwider behaupten würde, dieser Nachbar misshandle seine Kinder, um zu erreichen, dass das Jugendamt das Sorgerecht entzieht.

Die Grenzen der falschen Verdächtigung sind schwierig zu ziehen: Wird zwar wahrheitswidrig eine Straftat angezeigt, aber keine bestimmbare Person als Täter benannt, so liegt ein → *Vortäuschen* einer Straftat vor. Das bloße Ableugnen der eigenen Täterschaft ist auch dann keine falsche Verdächtigung, wenn dadurch zwangsläufig eine andere Person in Verdacht gerät. Schließlich ist eine → *Strafanzeige,* in der jemand einen Verdacht äußert, selbst dann, wenn sich dieser Verdacht als falsch herausstellt, so lange keine falsche Verdächtigung, als der Anzeigende die Unrichtigkeit seines Vorbringens nicht positiv kennt.

▶ Verdingungsordnung

Die Verdingungsordnung für Bauleistungen – VOB – und die Verdingungsordnung für Leistungen, ausgenommen Bauleistungen – VOL – sind Verwaltungsvorschriften für die Vergabe öffentlicher Aufträge.

Sie enthalten aber auch in ihrem jeweiligen Teil B Vertragsbedingungen, die – insbesondere im Bauwesen – oft auch bei privaten Aufträgen vereinbart werden.

▶ Verein

V. ist jede Vereinigung mehrerer Personen, die für längere Zeit zur Verfolgung eines gemeinsamen Zwecks gegründet wurde und die in ihrem Bestand vom Wechsel ihrer Mitglieder unabhängig ist. Die Gründung eines Vereins ist nach Art. 9 Abs. 1 GG frei. Rechtsfähigkeit erlangt ein Verein durch Eintragung ins → *Vereinsregister.* Vertreten wird ein Verein durch den Vorstand; das Verhältnis der Mitglieder untereinander wird geregelt durch die Vereinssatzung. Die Haftung der einzelnen Vereinsmitglieder ist bei einem nicht rechtsfähigen Verein in der Regel stillschweigend auf deren Anteil am Vereinsvermögen beschränkt.

Das Verwaltungsrecht befasst sich in einigen Fällen mit der – zwangsweisen – Beendigung von Vereinen. Einem Verein, der durch gesetzwidrige Beschlüsse der Mitgliederversammlung oder durch gesetzwidriges Verhalten des Vorstands das Gemeinwohl gefährdet, kann durch die nach Landesrecht zuständige Verwaltungsbehörde die Rechtsfähigkeit entzogen werden; das Gleiche gilt, wenn sich ein Verein wirtschaftlich betätigt, obwohl dieser Zweck nach der Satzung ausgeschlossen ist. Nach dem Vereinsgesetz können Vereine aus den in Art. 9 Abs. 2 GG genannten Gründen verboten werden, nämlich wenn ihr Zweck oder ihre Tätigkeit den Strafgesetzen zuwiderlaufen oder wenn sie sich gegen die verfassungsmäßige Ordnung oder den Gedanken der Völkerverständigung richten. Zuständig sind die obersten Landesbehörden (in der Regel das Innenministerium oder der Innensenator), wenn sich die Tätigkeit des Vereins nur auf das Gebiet eines Bundeslands bezieht, ansonsten der Bundesminister des Innern. Zuständig für → *Anfechtungsklagen* gegen Vereinverbote sind im ersten Fall die → *Oberverwaltungsgerichte,* im zweiten das → *Bundesverwaltungsgericht.*

▶ Vereinigungsfreiheit

Art. 9 Abs. 1 GG verbürgt für alle Deutschen das Recht, Vereine und Vereinigungen zu bilden. Dieses → *Grundrecht* steht in engem Zusammenhang mit dem der → *Meinungsfreiheit* und dem der → *Versammlungsfreiheit.* Die Vereinigungsfreiheit beschränkt sich aber nicht nur auf meinungsbildende Vereinigungen, sondern auf Vereinigungen und Gesellschaften jeder Art. Geschützt wird nicht nur die positive Vereinigungsfreiheit, sondern auch die negative, also die Freiheit, Vereinigungen fernzubleiben. Daher wären Zwangsmitgliedschaften in privaten Vereinigungen unzulässig. Die Zulässigkeit der Begründung einer Pflichtmitgliedschaft in öffentlich-rechtlichen Vereinigungen, insbesondere Körperschaften des öffentlichen Rechts, etwa den → *Arbeitskammern,* beurteilt sich nach Art. 2 Abs. 1 GG; sie ist möglich, wenn damit legitime Staatsaufgaben verfolgt werden. Verboten sind Vereinigungen, deren Zweck oder Tätigkeit den Strafgesetzen widersprechen oder sich gegen die verfassungsmäßige Ordnung oder den Gedanken der Völkerverständigung wenden. Dieses verfassungsunmittelbare Verbot ist erst wirksam, wenn es durch ein Vereinsverbot auf der Grundlage des Vereinsgesetzes (→ *Verein)* konkretisiert wird.

▸ Verfahrensbeteiligter

Dieser Begriff deckt sich weitestgehend mit dem Begriff des → *Beteiligten.* Er ist jedoch weiter als dieser, da er auch die Nebenbeteiligten mit erfasst. Nebenbeteiligte sind Personen, die im allgemeinen Interesse oder zur Abwehr eigener Rechtsnachteile am Verfahren teilnehmen dürfen.

Im Strafverfahren sind mindestens Beschuldigter und → *Staatsanwalt* Verfahrensbeteiligte. Darüber hinaus kommen → *Verteidiger,* → *Nebenkläger* oder die Parteien eines → *Privatklageverfahrens* in Betracht. Im gerichtlichen Bußgeldverfahren ist die Verwaltungsbehörde Verfahrensbeteiligte.

Im Verwaltungsprozess sind neben den Hauptbeteiligten, Kläger und Beklagter bzw. Antragsteller und Antragsgegner, als Nebenbeteiligte der Beigeladene (→ *Beiladung)* und der → *Vertreter* des öffentlichen Interesses in das Verfahren mit einbezogen.

▸ Verfahrensgrundsätze

Hierunter versteht man diejenigen Maximen, die eine rechtsstaatliche Durchführung eines Prozesses sichern sollen. Tragende Grundsätze des Zivilprozesses sind unter anderem der Verhandlungs- und der Verfügungsgrundsatz (Dispositionsmaxime), wonach die → *Parteien* Gang und Inhalt des Verfahrens bestimmen. Hervorzuheben ist auch noch der Grundsatz des → *rechtlichen Gehörs.* Wichtiger vom Zivilprozess abweichender Grundsatz des Verwaltungsprozesses (und auch des Verwaltungsverfahrens) ist der Amtsermittlungsgrundsatz, wonach das Gericht (bzw. die Behörde) den Sachverhalt „von Amts wegen", also auch ohne Antrag eines Beteiligten, aufklären muss.

In die Strafprozessordnung sind die meisten wichtigen Grundsätze des deutschen Prozessrechts aufgenommen worden. Wichtig ist insbesondere das Offizialprinzip. Es besagt, dass die Strafverfolgung – mit Ausnahme der → *Privatklagedelikte* – Sache des Staates ist. Weiter sind das → *Legalitätsprinzip,* der Grundsatz der → *Unmittelbarkeit* sowie das Akkusationsprinzip, das die → *Staatsanwaltschaft* als Anklagebehörde vom Gericht trennt, von besonderer Bedeutung.

Verfahrensregister

Im Gegensatz zu rechtskräftigen Verurteilungen, die im → *Zentralregister* gespeichert werden und dadurch allen Strafverfolgungsbehörden zugänglich sind, wurde die Einleitung von Ermittlungsverfahren früher nur bei der damit befassten Staatsanwaltschaft erfasst. Dies führte dazu, dass Täter, die ihren Wirkungskreis häufig veränderten, oft durch die Unkenntnis der jeweiligen Verfolgungsbehörden begünstigt wurden.

Mit den §§ 492 ff. StPO hat der Gesetzgeber aber inzwischen eine gesetzliche Grundlage für ein Verfahrensregister geschaffen, das ebenfalls beim Zentralregister geführt wird. Hier werden alle Ermittlungsverfahren und deren Stand zentral registriert und können im Einzelfall von der jeweiligen Staatsanwaltschaft abgefragt werden. Endet ein Verfahren allerdings mit einem Freispruch oder einer Einstellung der Ermittlungen, so sind die entsprechenden Daten auch im Verfahrensregister spätestens 2 Jahre danach zu löschen.

Verfassungsbeschwerde

Nach Art. 93 Abs. 1 Nr. 4 a GG kann jedermann Verfassungsbeschwerde zum → *Bundesverfassungsgericht* erheben mit der Behauptung, durch die öffentliche Gewalt in seinen → *Grundrechten* oder den in der Vorschriften genannten grundrechtsähnlichen Rechten (z. B. Verstoß gegen die Grundsätze des → *rechtlichen Gehörs* und des → *gesetzlichen Richters*) verletzt zu sein. Sie ist grundsätzlich binnen eines Monats zu erheben und zu begründen. Richtet sich die Verfassungsbeschwerde gegen ein → *Gesetz,* so ist sie nur zulässig, wenn der Beschwerdeführer dadurch unmittelbar, also ohne Zwischenschaltung eines Vollzugsakts, betroffen ist. Richtet sich die Verfassungsbeschwerde gegen ein Verwaltungshandeln oder eine gerichtliche Entscheidung, so ist zunächst der Rechtsweg auszuschöpfen, es sind also alle möglichen Rechtsmittel einzulegen. Die Verfassungsbeschwerde wird zunächst von einer aus drei Richtern bestehenden Kammer vorgeprüft; erweist sie sich als offensichtlich begründet oder unbegründet, so entscheidet die Kammer endgültig; ansonsten wird sie dem zuständigen Senat vorgelegt. Gemeinden und Gemeindeverbände können nach Art. 93 Abs. 1 Nr. 4b GG Verfassungsbeschwerde erheben gegen Bundes- oder Landesgesetze, die sie in ihrem Selbstverwaltungsrecht (→ *Selbstverwaltung* der Gemeinden) verletzen. Nähere Regelungen über die Verfassungsbeschwerde sind im Bundesverfassungsgerichtsgesetz enthalten. Die einzelnen Landesverfassungen regeln die Möglichkeit von Verfassungsbeschwerden zum jeweiligen Landesverfassungsgericht in unterschiedlicher Weise.

▶ Verfassungsgerichtsbarkeit

Die Verfassungsgerichtsbarkeit ist eine Gerichtsbarkeit, deren ausschließliche oder wesentliche Aufgabe es ist, Verfassungsfragen zu klären und Verfassungsnormen verbindlich auszulegen. Es handelt sich dabei um eine institutionell selbständige Gerichtsbarkeit, die über bzw. neben den Fachgerichten steht. Diese Selbständigkeit verbietet es etwa auch, eine vor einem unzuständigen Fachgericht erhobene verfassungsrechtliche Streitigkeit an ein Verfassungsgericht zu verweisen. Im Bund wird die Verfassungsgerichtsbarkeit durch das → *Bundesverfassungsgericht* ausgeübt, dessen Zuständigkeiten unmittelbar im Grundgesetz und ergänzend im Bundesverfassungsgerichtsgesetz geregelt sind. Die meisten Landesverfassungen sehen für ihren Bereich eigene Landesverfassungsgerichte vor, deren Aufgaben teilweise unterschiedlich bestimmt wurden.

▶ Verfassungsstreitigkeiten

sind Rechtsstreitigkeiten, deren Gegenstand die Anwendung und Auslegung von Verfassungsrecht bildet. Diese sind den Gerichten der → *Verfassungsgerichtsbarkeit* zugewiesen. Welche Streitgkeiten von diesen im Einzelnen zu entscheiden sind, bestimmen das Grundgesetz und die Landesverfassungen jeweils für ihren Bereich. Wichtige Verfassungsstreitigkeiten sind → *Verfassungsbeschwerden,* Normenkontrollverfahren (→ *Normenkontrolle),* Organstreitverfahren über die Rechte und Pflichten des Bundes und der Länder sowie über die Rechtsstellung der obersten Bundesorgane, Richteranklagen gegen Bundes- und Landesrichter, wenn diese gegen die Grundsätze des Grundgesetzes oder einer Landesverfassung verstoßen haben, Parteienverbote (→ *Parteien, politische*) sowie die → *Wahlprüfung* bei Bundestagswahlen. Die Bayerische Verfassung kennt als besondere Verfassungsstreitigkeit die → *Popularklage.*

▸ Verfassungswidrigkeit von Gesetzen

Die Verfassungswidrigkeit von → *Gesetzen* kann sich aus einem Verstoß gegen formelles Verfassungsrecht, also bei Fehlern im Gesetzgebungsverfahren oder gegen materielles Verfassungsrecht ergeben, etwa bei einem Verstoß gegen Grundrechte. Die Feststellung der Verfassungswidrigkeit von Bundesgesetzen im formellen Sinn ist dem → *Bundesverfassungsgericht* vorbehalten; ähnliche Regelungen finden sich in den meisten Landesverfassungen. Die Verfassungswidrigkeit eines Gesetzes führt zu dessen Nichtigkeit. Lässt sich ein Gesetz, dessen Verfassungsmäßigkeit bezweifelt wird, in verschiedener Weise auslegen und ist eine davon mit dem Grundgesetz vereinbar, so ist diese zu wählen; die verfassungskonforme Auslegung geht somit einer Nichtigerklärung vor. Erklärt das Bundesverfassungsgericht ein Gesetz für nichtig, so bleiben davon unanfechtbare Entscheidungen, die auf der entsprechenden Rechtsnorm beruhen, unberührt.

▸ Verfügung

Im → *Privatrecht* versteht man unter Verfügung ein → *Rechtsgeschäft,* durch das ein bestehendes Recht übertragen, inhaltlich geändert, belastet oder aufgehoben wird. Verfügungen werden häufig auch „dingliche Rechtsgeschäfte“ genannt. Sie sind streng von den zugrunde liegenden → *schuldrechtlichen Rechtsgeschäften* zu trennen. Wirksam werden Verfügungen nur, wenn der Verfügende verfügungsbefugt ist (das ist regelmäßig der Rechtsinhaber) oder wenn gutgläubiger Erwerb möglich ist. Beispiele für Verfügungen sind etwa die Übereignung nach § 929 BGB, die Verpfändung nach § 1204 BGB oder der Erlassvertrag nach § 397 BGB.

Im → *Zivilprozess* ist Verfügung meist eine prozessleitende Anordnung des Gerichts (wie z. B. eine Terminsbestimmung). Siehe aber auch → *einstweilige Verfügung*.

▶ Verfügung eines Nichtberechtigten

Sie ist wirksam, wenn der Berechtigte eingewilligt hat oder nachträglich genehmigt (§ 185 BGB). Nichtberechtigter ist in erster Linie, wer nicht Inhaber des Rechtes ist, über das verfügt wird, aber auch der in seiner Verfügungsbefugnis z. B. durch → *Insolvenz* beschränkte Rechtsinhaber. Eine ohne Zustimmung des Berechtigten getroffene → *Verfügung* kann durch → *gutgläubigen Erwerb* wirksam werden.

▶ Verfügungs- und Verhandlungsgrundsatz → *Verfahrensgrundsätze*

▶ Verfügung von Todes wegen

V. (auch letztwillige Verfügung) ist der vom Gesetz verwendete Oberbegriff für die vom → *Erblasser* eingeräumte Möglichkeit, Anordnungen für den Fall des Todes zu treffen (z. B. → *Testament*, → *Erbvertrag*). Verfügung ist dabei als Anordnung zu verstehen und hat nichts mit einem dinglichen Rechtsgeschäft und Übertragungsakt zu tun.

▶ Vergehen

Als Vergehen werden alle Straftatbestände bezeichnet, bei denen entweder → *Geldstrafe* verhängt werden kann oder bei denen die Mindeststrafe weniger als ein Jahr → *Freiheitsstrafe* beträgt.

Vergewaltigung

Dieser früher eigenständige Tatbestand ist jetzt Bestandteil des umfassenderen Tatbestands der **sexuellen Nötigung und Vergewaltigung** (§ 177 StGB) geworden und stellt dort im Rahmen der entsprechenden Strafzumessungsregel einen besonders schweren Fall dar. Gleichzeitig wurde er – im Gegensatz zu früher, als nur Frauen Opfer dieses Delikts sein konnten – geschlechtsneutral ausformuliert.

Vergewaltigung liegt vor, wenn ein Täter mit dem Opfer den Beischlaf vollzieht oder ähnliche, insbesondere mit einem Eindringen in den Körper verbundene Handlungen vornimmt. Weiter erhöhte Strafdrohungen greifen dann ein, wenn ein Täter Waffen bei sich führt oder zur Tat verwendet oder beim Opfer zusätzliche Gesundheitsschäden drohen oder eintreten. Im Gegensatz zur früheren Rechtslage ist das Delikt schließlich auch gegenüber Ehepartnern strafbar.

Vergleich

Ein Vergleich ist ein → *schuldrechtlicher* → *Vertrag*, durch den der Streit oder die Ungewissheit der Parteien über ein Rechtsverhältnis im Wege des gegenseitigen Nachgebens beseitigt wird (§ 779 BGB). Dabei setzt gegenseitiges Nachgeben voraus, dass jede Partei nachgibt, also ein gewisses Opfer bringt. Wird der Vergleich in einem Zivilprozess geschlossen, ist der Prozessvergleich sowohl materielles Rechtsgeschäft als auch Prozesshandlung (die zur Beendigung des Prozesses führt). Häufig werden dabei so genannte Abfindungsvergleiche geschlossen, in denen auch Streitigkeiten der Parteien miterledigt werden, die noch gar nicht Gegenstand des gerichtlichen Verfahrens waren. Im Verwaltungsprozess gelten im Wesentlichen die gleichen Grundsätze.

Vergleichsverfahren

Das frühere Vergleichsverfahren ist durch die Neuordnung des → *Insolvenzrechts* entfallen.

▶ Verhältnismäßigkeitsgrundsatz

Der aus dem → *Rechtsstaatsprinzip* abgeleitete Grundsatz der Verhältnismäßigkeit, auch → *Übermaßverbot* genannt, hat für das gesamte → *öffentliche Recht* Bedeutung. Er besagt, dass das zur Erreichung eines bestimmten, durch hoheitliche Maßnahme zu erreichenden Zwecks angewandte Mittel nicht außer Verhältnis zur Bedeutung der Sache stehen darf. Bei gleichem Erfolg ist stets das mildeste Mittel, das mit dem geringsten Eingriff in Rechte Dritter verbunden ist, zu wählen. Im Verwaltungsrecht ist der Verhältnismäßigkeitsgrundsatz vor allem bei Ermessensentscheidungen (→ *Ermessen)* zu beachten. Im Strafprozess hat er eine Ausprägung in der Regelung über die → *Untersuchungshaft* gefunden; sie darf nicht angeordnet werden, wenn sie zur Bedeutung der Sache und vor allem zur Höhe der zu erwartenden Strafe außer Verhältnis steht. Auch bei der → *Notwehr* ist der Grundsatz zu beachten; es ist zur Abwehr eines rechtswidrigen Angriffs grundsätzlich das Verteidigungsmittel anzuwenden, das die am wenigsten gravierenden Folgen hat.

▶ Verhandlungsfähigkeit

Darunter versteht man die Fähigkeit eines Beschuldigten, im Verfahren seine Interessen vernünftig wahrnehmen zu können. Sie setzt voraus, dass er nach seinem körperlichen Zustand und seinem Geisteszustand der Verhandlung folgen und für seine Belange sorgen kann. Beeinträchtigungen können gegebenenfalls dadurch ausgeglichen werden, dass die Dauer der einzelnen Verhandlungstage entsprechend verkürzt wird.

Wird ein Beschuldigter endgültig verhandlungsunfähig, so ist das Verfahren gegen ihn einzustellen. Hat der Beschuldigte die Verhandlungsunfähigkeit jedoch herbeigeführt – etwa durch einen lang anhaltenden Hungerstreik, so kann gegen ihn in → *Abwesenheit* verhandelt werden.

▶ Verhandlungsprotokoll

Im Zivilprozess ist das Verhandlungsprotokoll ein vom Urkundsbeamten zu fertigendes Sitzungsprotokoll (§ 159 ZPO). Es enthält insbesondere die wesentlichen Vorgänge der Verhandlung. §§ 160 bis 163 ZPO enthalten genaue Vorschriften über Inhalt und Form des Protokolls. Das Verhandlungsprotokoll ist eine öffentliche → *Urkunde.* Von großer Bedeutung ist die Beweiskraft des Protokolls. Nach § 165 ZPO kann nur durch das Protokoll bewiesen werden, dass die vorgeschriebenen Förmlichkeiten gewahrt wurden; jedes andere Beweismittel ist insoweit ausgeschlossen. Im Verwaltungsprozess gilt Entsprechendes.

Auch im Strafverfahren ist über jede mündliche Verhandlung ein Protokoll zu führen. Es hat den Zweck, die Einhaltung der wesentlichen Förmlichkeiten eines Verfahrens – etwa die Gewährung des → *letzten Wortes* an den Angeklagten – zu beweisen. Im Verfahren vor dem → *Amtsgericht* wird zudem – um den einzigen an der Verhandlung beteiligten Berufsrichter zu entlasten – der wesentliche Inhalt der Einlassung des Angeklagten und der Aussagen der → *Zeugen* protokolliert.

▶ Verjährung im Steuerrecht

Das Steuerrecht kennt zwei Arten der Verjährung.

(1) Festsetzungsverjährung (§§ 169–171 AO) betrifft die Verjährung der noch nicht festgesetzten Steuern. Die Steuerfestsetzung, ihre Aufhebung oder Änderung ist nicht mehr zulässig, wenn die Festsetzungsfrist abgelaufen ist. Diese beträgt bei Zöllen und Verbrauchsteuern, Zinsen, Kosten der Vollstreckung 1 Jahr, bei Steuern, Steuervergütungen 4 Jahre, bei → *Steuerhinterziehung* 10 Jahre und bei → *leichtfertiger Steuerverkürzung* 5 Jahre. Die Festsetzungsfrist kann in den in § 171 AO genannten Fällen gehemmt sein.

(2) Zahlungsverjährung (§§ 228–232 AO) betrifft die Verjährung bereits festgesetzter Ansprüche aus dem Steuerschuldverhältnis. Sie beträgt 5 Jahre. Die Verjährung wird unterbrochen durch Stundung, Aussetzung der Vollziehung, Sicherheitsleistung.

▶ Verjährung im Strafrecht

Im Strafverfahren ist zwischen der Verfolgungsverjährung und der Vollstreckungsverjährung zu unterscheiden. Erstere hindert die Verfolgung einer Tat durch die Ermittlungsbehörden, Letztere die Vollstreckung eines rechtskräftigen Urteils. Für die Verfolgungsverjährung sieht das Gesetz je nach Schwere der Tat unterschiedlich lange Verjährungsfristen vor. Besonders schwere Straftaten wie → *Mord* oder Völkermord verjähren nicht. Im Übrigen richtet sich die Verjährungsfrist nach dem Höchstmaß der angedrohten Strafe; sie beträgt für Tatbestände des Strafgesetzbuches zwischen 3 und 30 Jahren. Sie beginnt mit der Beendigung einer Tat – also dem endgültigen Erfolgseintritt.

Die Verfolgungsverjährung kann – etwa durch eine Vernehmung des Beschuldigten – unterbrochen werden. Sie beginnt danach von neuem zu laufen. Spätestens nach Ablauf der absoluten Verjährung, die das Doppelte der gesetzlichen Fristen beträgt, tritt jedoch in jedem Fall Verfolgungsverjährung ein.

Die Vollstreckungsverjährung folgt denselben Grundsätzen. Sie beginnt mit dem Tag der Rechtskraft eines Urteils und dauert je nach Höhe der erkannten Strafen zwischen 3 und 25 Jahren.

Auch bei → *Ordnungswidrigkeiten* gibt es Verjährungsregelungen. Besonders wichtig ist, dass die Verfolgung von Ordnungswidrigkeiten im Straßenverkehr – mit Ausnahme von Verstößen gegen die Verbote im Hinblick auf Alkohol- und Drogenkonsum im Straßenverkehr – bereits nach 3 Monaten verjährt, falls bis dahin kein Bußgeldbescheid ergangen ist. Danach verjährt die Verfolgung dieser Ordnungswidrigkeiten in 6 Monaten.

Verjährung im Zivilrecht

Im Zivilrecht bedeutet der Begriff der Verjährung (§ 194 BGB), dass ein Schuldner nach Ablauf einer bestimmten Zeit das Recht hat, gegenüber dem vom → *Gläubiger* geltend gemachten, materiell-rechtlichen Anspruch die Leistung zu verweigern. Nach der Schuldrechtsreform beträgt jetzt die regelmäßige Verjährungsfrist anstatt früher 30 nur noch 3 Jahre (§ 195 BGB). Neben der regelmäßigen gibt es aber weiterhin kürzere und längere Verjährungsfristen.

Der Beginn der Verjährung setzt allerdings häufig Kenntnis oder grob fahrlässige Unkenntnis des Gläubigers von seinem Anspruch voraus. Fehlt es an dieser, so verjähren Ansprüche häufig erst in 10 oder 30 Jahren nach ihrer Entstehung. Der Eintritt der Verjährung kann durch verschiedene Maßnahmen, so etwa die Erhebung einer → *Klage* oder die Einleitung eines → *Mahnverfahrens*, verhindert werden. Im Gegensatz zum früheren Recht tritt dann aber meistens keine Unterbrechung (dann läuft die Verjährungsfrist neu an), sondern nur noch eine Hemmung ein (die Verjährungsfrist läuft erst nach Beendigung der entsprechenden Maßnahme weiter). Die Berechnung einer gehemmten Frist sowie die Übergangsvorschriften zwischen altem und neuem Recht sind im Detail kompliziert und unübersichtlich.

▶ Verkehrssicherungspflicht

Hierbei handelt es sich um die Pflicht, die Allgemeinheit gegenüber Gefahrenquellen abzusichern. Sie trifft jeden, der eine Gefahrenquelle geschaffen hat oder den öffentlichen Verkehr auf seinem Grundstück duldet bzw. dulden muss. Ihre Verletzung (z. B. durch Unterlassen des Schneeräumens im Winter oder auch durch unzureichende Überwachung desjenigen, den man mit ihrer Erfüllung betraut hat, etwa eines Hausmeisters) kann schadenersatzpflichtig machen.

▶ Verkehrssitte

Unter der Verkehrssitte versteht man die im Verkehr der beteiligten Kreise herrschende tatsächliche Übung. Sie hat insbesondere im Handelsrecht erhebliche Bedeutung. Auch im übrigen → *Privatrecht* ist sie vor allem bei der Auslegung von Verträgen zu berücksichtigen. Die Verkehrssitte hat jedoch nicht den Rang eines Gewohnheitsrechts.

▶ Verkehrsteilnehmer

Dies ist jeder, der auf öffentlichen Straßen an Verkehrsvorgängen teilnimmt. Er hat sich so zu verhalten, dass kein anderer mehr als den Umständen nach unvermeidlich behindert oder belästigt wird.

Verkehrsunfall

Ein Verkehrsunfall ist ein plötzliches Ereignis im Straßen-, Schienen-, Luft- oder Schiffsverkehr, das zu einem nicht mehr ganz unerheblichen Sachschaden oder zu einem Personenschaden geführt hat (→ *Unfallstelle;* unerlaubtes Entfernen vom Unfallort).

Verkehrszeichen

Ein Verkehrszeichen ist seiner Rechtsnatur nach eine so genannte Allgemeinverfügung. Dies ist eine Unterform des → *Verwaltungsakts,* die dadurch gekennzeichnet ist, dass ein Sachverhalt gegenüber einer unbestimmten Vielzahl von Adressaten geregelt wird. Ordnet ein Verkehrszeichen etwa für einen bestimmten Straßenabschnitt eine zulässige Höchstgeschwindigkeit von 60 km/h an, so wird damit nur ein Sachverhalt, nämlich die Grenze der zulässigen Höchstgeschwindigkeit auf diesem Straßenabschnitt, geregelt. Die Regelung gilt jedoch gegenüber jedem Verkehrsteilnehmer, der diesen Bereich befährt.

Verkehrszeichen sind für Verkehrsteilnehmer auch dann verbindlich und zu befolgen, wenn sie im Einzelfall dagegen Widerspruch (→ *Widerspruchsverfahren)* eingelegt haben. Der Rechtsbehelf hat keine → *aufschiebende Wirkung.* Verstöße werden als → *Ordnungswidrigkeit* geahndet.

Allerdings setzt die Wirksamkeit von Verkehrszeichen voraus, dass die getroffene Regelung unmissverständlich und klar zu erkennen ist. Verdeckte – etwa durch Schnee – oder stark verschmutzte Verkehrszeichen sind – mit Ausnahme des Stoppschildes, das stets an seiner achteckigen Form zu erkennen ist – unwirksam.

Verkehrszentralregister

Neben der Speicherung einer Reihe verwaltungsrechtlicher Vorgänge dient das Verkehrszentralregister vor allem dazu, Kraftfahrer zu erkennen, die im Straßenverkehr mehrfach auffällig werden. Auf sie soll in geeigneter Weise bis hin zum Entzug der → *Fahrerlaubnis* im Verwaltungsweg eingewirkt werden können. Dazu werden dort rechtskräftige behördliche und gerichtliche Ahndungen gespeichert, die in Bezug auf folgende Verkehrsverstöße ergehen:

- Ordnungswidrigkeiten nach dem Straßenverkehrsgesetz, soweit eine Geldbuße von mindestens 40 EUR festgesetzt wird oder sie nur mit Rücksicht auf die – dann ungünstigen – wirtschaftlichen Verhältnisse des Betroffenen niedriger bemessen wird.
- Ordnungswidrigkeiten nach dem Straßenverkehrsgesetz, wenn deswegen gegen den Betroffenen – unabhängig von der Höhe der Geldbuße – ein → *Fahrverbot* festgesetzt worden ist.
- Straftaten, die im Zusammenhang mit der Teilnahme am Straßenverkehr begangen worden sind.
- Alle Verurteilungen, bei denen ein Fahrverbot nach § 44 des Strafgesetzbuches verhängt worden ist.
- Alle Entscheidungen, mit denen die Fahrerlaubnis entzogen worden ist.

Jedem einzutragenden Verstoß wird eine bestimmte Anzahl von Punkten zugerechnet (Punktesystem), die sich nach der Gefährlichkeit bestimmt. Erreicht ein Kraftfahrer mindestens 8 Punkte, so wird der Betroffene darüber informiert, verwarnt und auf die Möglichkeit der Teilnahme an einem Aufbauseminar hingewiesen. Erreicht er mindestens 14 Punkte, so muss er an einem solchen Seminar teilnehmen; darüber hinaus ist er auf die Möglichkeit einer verkehrspsychologischen Beratung hinzuweisen. Bei 18 oder mehr Punkten ist schließlich die Fahrerlaubnis zu entziehen.

Eintragungen im Verkehrszentralregister werden nach Ablauf bestimmter Fristen getilgt, die mit dem Tag der Entscheidung beginnen. Die wichtigsten sind:

- 2 Jahre bei der Ahndung von Ordnungswidrigkeiten.
- 5 Jahre bei Verurteilungen zu Geldstrafe, zu Freiheitsstrafe bis zu 3 Monaten und zu Fahrverboten nach § 44 des Strafgesetzbuchs.
- 10 Jahre für alle übrigen Fälle.

Werden vor Ablauf der entsprechenden Fristen neue Entscheidungen eingetragen, so unterbleibt die Tilgung. Allerdings werden Eintragungen wegen einer Ordnungswidrigkeit in jedem Fall nach Ablauf von 5 Jahren getilgt; andere Eintragungen in jedem Fall dann, wenn sie im → *Zentralregister* getilgt werden. Eine Tilgung unterbleibt jedoch in jedem Fall so lange, als keine neue Fahrerlaubnis erteilt werden darf.

Die Erteilung von → *Auskünften aus dem Verkehrszentralregister* ist nur an die Strafverfolgungsbehörden sowie an diejenigen Stellen gestattet, die mit der Ahndung von Ordnungswidrigkeiten oder mit der Erteilung der Fahrerlaubnis befasst sind. Darüber hinaus kann aber auch jedermann Auskunft über die ihn selbst betreffenden Vorgänge des Verkehrszentralregisters erhalten.

▶ Verlagsrecht

Hierunter versteht man das ausschließliche Recht, ein Werk der Literatur oder eine Komposition zu vervielfältigen und zu verbreiten oder sonst zu verwerten. Es ist durch → *Abtretung* übertragbar; Einzelheiten sind im Gesetz über das Verlagsrecht geregelt.

▶ Verletzter

Wer durch eine Straftat unmittelbar in seinen Rechtsgütern beeinträchtigt worden ist, ist Verletzter. An die Verletzteneigenschaft knüpft die Strafprozessordnung wichtige Rechtsfolgen: Bei → *Antragsdelikten* ist meist nur der Verletzte antragsberechtigt. Der Verletzte hat unter gewissen Voraussetzungen ein Recht auf → *Akteneinsicht* und anwaltschaftlichen Beistand. Bei einer Reihe von Delikten – etwa wenn er Opfer einer → *Körperverletzung* oder einer → *Sexualstraftat* geworden ist – kann er sich einer von der Staatsanwaltschaft erhobenen Klage im Rahmen einer → *Nebenklage* anschließen. Gegen eine Einstellung des → *Ermittlungsverfahrens* kann er sich in letzter Konsequenz mit einem Klageerzwingungsverfahren zum → *Oberlandesgericht* wehren.

▶ Verletzung der Unterhaltspflicht

Wer sich seiner gesetzlichen → *Unterhaltspflicht* entzieht, so dass der Lebensbedarf des Unterhaltsberechtigten gefährdet ist oder ohne die Hilfe anderer gefährdet wäre, oder wer einer Schwangeren zum Unterhalt verpflichtet ist und ihr diesen Unterhalt in verwerflicher Weise vorenthält und dadurch einen Schwangerschaftsabbruch bewirkt, wird mit Freiheitsstrafe bis zu drei Jahren oder Geldstrafe bestraft (§ 170 StGB).

Verleumdung → *Beleidigung*

Verlöbnis

V. ist ein Vertrag, durch den sich zwei Personen verschiedenen Geschlechts gegenseitig versprechen, künftig die → *Ehe* miteinander einzugehen. Es ist an keine Form gebunden. Aus einem Verlöbnis kann auf Eingehung der Ehe nicht geklagt werden. Es können allerdings bei Rücktritt vom Verlöbnis Schadensersatzansprüche entstehen, wenn der Verlobte, dessen Eltern oder dritte Personen Aufwendungen in Erwartung der Ehe gemacht haben oder Verbindlichkeiten eingegangen sind. Die Verlobten haben Zeugnisverweisungsrechte im Zivil- und Strafverfahren.

Verlust im Steuerrecht

Negative Einkünfte können steuerlich nur insoweit berücksichtigt werden, als sie bei einer der im Gesetz genannten → *Einkunftsarten* auftreten. Nach § 2 Abs. 3 EStG sind die negativen Einkünfte zunächst von den positiven Einkünften derselben Einkunftsart ohne Beschränkung abzuziehen (horizontaler Verlustausgleich). Sind nicht ausreichend positive Einkünfte derselben Einkunftsart vorhanden, findet sodann der Ausgleich mit positiven Einkünften anderer Einkunftsarten statt (vertikaler Verlustausgleich). Dieser unterliegt umfangreichen Einschränkungen, um eine Mindestbesteuerung zu erreichen. Negative Einkünfte sind bis zu 51 500 EUR mit positiven Einkünften aus anderen Einkunftsarten voll ausgleichbar. Liegt die Summe der positiven Einkünfte über 51 500 EUR, kann sie durch negative Einkünfte nur noch bis zur Hälfte des Betrages, der 51 500 EUR übersteigt, gemindert werden.

Für → *Ehegatten* erhöht sich der Vorwegabzugsbetrag auf 103 000 EUR zuzüglich der Hälfte der zusammengefassten Summe positiver Einkünfte. Vor dem vertikalen Verlustausgleich können für Ehegatten auch positive Einkünfte eines von ihnen mit negativen Einkünften des anderen im Rahmen des horizontalen Verlustausgleichs ausgeglichen werden.

Nicht ausgleichbare negative Einkünfte sind in den folgenden Veranlagungszeiträumen durch Verlustvortrag (→ *Sonderausgaben)* zu berücksichtigen.

Bei der → *Gewerbesteuer* ist der Gewerbeverlust der negative Gewerbeertrag, der in den Folgejahren vom Gewerbeertrag zu kürzen ist (§ 10 a Gewerbesteuergesetz).

▸ Vermächtnis

V. ist die Anordnung des → *Erblassers* in einer → *letztwilligen Verfügung*, durch die der Erblasser dem Bedachten (Vermächtnisnehmer) einen Vermögensvorteil (Gegenstände, der Gattung nach bestimmte Sachen oder Geld) zuwendet. Eine Erbeneinsetzung ist damit nicht verbunden. Der Vermächtnisnehmer erhält lediglich einen schuldrechtlichen Anspruch gegen den → *Erben* auf Übertragung des ihm vermachten Gegenstandes.

▸ Vermischung

Eine Vermischung ist die untrennbare Vermengung beweglicher Sachen, so dass die vorher vorhandenen Einzelsachen nicht mehr ihren bisherigen Eigentümern zugeordnet werden können (z. B. Wein verschiedener Winzer im selben Fass). Die Vermischung hat normalerweise zur Folge, dass die bisherigen Sacheigentümer jetzt Miteigentümer der entstandenen einheitlichen Sache geworden sind. Die Vermischung ist ein Fall des gesetzlichen → *Eigentumserwerbs.*

▸ Vermögen

Der Begriff des Vermögens wird nicht einheitlich gebraucht. **Zivilrechtlich** umfasst er die Gesamtheit der Aktiva, die einer natürlichen oder juristischen Person zustehen, ohne Abzug der Verbindlichkeiten. **Erbrechtlich** beinhaltet das Vermögen auch die Nachlassverbindlichkeiten. **Steuerrechtlich** hat das Vermögen Bedeutung im Bewertungsrecht. Es beinhaltet hier land- und forstwirtschaftliches Vermögen, Grund- und → *Betriebsvermögen.*

Vermögensbildung

V. der → *Arbeitnehmer* wird nach dem 5. Vermögensbildungsgesetz (VermBG) durch vereinbarte vermögenswirksame Leistungen der → *Arbeitgeber* gefördert. Vermögenswirksame Leistungen sind Geldleistungen, die der Arbeitgeber für den Arbeitnehmer in den in § 2 VermBG genannten Anlageformen anlegt (z. B. als Sparbeiträge des Arbeitnehmers aufgrund eines Sparvertrages über Wertpapiere oder andere Vermögensbeteiligungen, als Aufwendungen des Arbeitnehmers aufgrund eines Wertpapierkaufvertrages, als Aufwendungen des Arbeitnehmers aufgrund eines Beteiligungs-Vertrags oder eines Beteiligungs-Kaufvertrags, als Aufwendungen des Arbeitnehmers nach den Vorschriften des Wohnungsbau-Prämiengesetzes, als Aufwendungen des Arbeitnehmers zur Eigenheimbildung, als Sparbeiträge des Arbeitnehmers aufgrund eines Sparvertrages, als Beiträge des Arbeitnehmers aufgrund eines Kapitalversicherungsvertrages, als Aufwendungen zur stillen Beteiligung am Unternehmen des Arbeitgebers, als Aufwendungen für Arbeitnehmer-Darlehen).

Für vermögenswirksame Leistungen wird dem Arbeitnehmer eine → *Arbeitnehmersparzulage* gewährt.

Vermögenssorge

V. ist ein Teilbereich der → *elterlichen Sorge*. Sie umfasst das Recht und die Pflicht für das Kindesvermögen zu sorgen und das → *Kind* in diesen Angelegenheiten zu vertreten (§§ 1626 Abs. 1, 1629 Abs. 1 BGB). Eltern haben das ihrer Verwaltung unterliegende Geld des Kindes nach den Grundsätzen einer wirtschaftlichen Vermögensverwaltung anzulegen, soweit es nicht zur Bestreitung von Ausgaben bereitzuhalten ist (§ 1642 BGB, → *Vermögensverzeichnis*).

Vermögensstand der Ausgleichsgemeinschaft

Gleichgeschlechtliche Personen, die eine → *Lebenspartnerschaft* begründen wollen, haben vor Begründung der Lebenspartnerschaft eine gemeinsame Erklärung über den Vermögensstand abzugeben. Sie müssen erklären, dass sie den Vermögensstand der Ausgleichsgemeinschaft vereinbart haben, oder einen → *Lebenspartnerschaftsvertrag* abgeschlossen haben (§ 6 LPartG).

Vermögensteuer

Das → *Bundesverfassungsgericht* hat die Bewertung des Grundvermögens mit dem → *Einheitswert* für verfassungswidrig erklärt und dem Gesetzgeber den Auftrag gegeben, bis spätestens 31. 12. 1996 eine verfassungskonforme Neuregelung zu schaffen. Der Gesetzgeber ist dieser Aufforderung nicht nachgekommen, so dass das Vermögensteuergesetz zum 31. 12. 1996 außer Kraft getreten ist. Die Wiedereinführung der Vermögensteuer wird weiterhin politisch diskutiert.

Vermögensverzeichnis

V. ist eine Zusammenstellung des gesamten → *Vermögens* einer Person.

(1) Im Zivilrecht kann das → *Familiengericht* bei Gefährdung des Kindesvermögens anordnen, dass Eltern ein Verzeichnis über das Vermögen des Kindes einzureichen und über die Verwaltung Rechnung zu legen haben (§ 1667 BGB). Vermögen, das ein minderjähriges → *Kind* von Todes wegen erwirbt, haben die Eltern zu verzeichnen und das Verzeichnis mit → *eidesstattlicher Versicherung* versehen beim Familiengericht einzureichen (§ 1640 BGB). Ferner ist bei Wiederverheiratung des sorgeberechtigten Elternteils ein Verzeichnis über das Kindesvermögen beim Familiengericht vorzulegen (§ 1683 BGB). Auch bei Anordnung von → *Vormundschaft* hat der Vormund ein Verzeichnis über das Vermögen des Mündels anzufertigen (§ 1802 BGB).

(2) In der → *Zwangsvollstreckung* ist der Schuldner im Rahmen des Verfahrens zur Abgabe der eidesstattlichen Versicherung ebenfalls verpflichtet, ein Vermögensverzeichnis vorzulegen (§ 807 ZPO).

Vernehmung

Wird ein → *Ermittlungsverfahren* nicht eingestellt, so ist der Beschuldigte spätestens vor seinem Abschluss zu vernehmen. In einfachen Fällen, vor allem aber auch in Verfahren wegen einer → *Ordnungswidrigkeit,* kann diese Vernehmung auch schriftlich erfolgen. Einer Vorladung zur → *Polizei* muss der Beschuldigte nicht nachkommen; hingegen ist er bei → *Staatsanwaltschaft* und → *Ermittlungsrichter* zum Erscheinen verpflichtet. Zu Beginn einer Vernehmung sind die Personalien eines Beschuldigten festzustellen; insoweit ist er zu Angaben verpflichtet. Dagegen muss ein Beschuldigter vor der Vernehmung zur Sache darauf hingewiesen werden, dass es ihm freisteht, sich zur Sache zu äußern oder nicht auszusagen. Weiter ist er darüber zu unterrichten, dass er schon vor seiner Vernehmung einen → *Verteidiger* befragen kann und dass er berechtigt ist, Beweiserhebungen zu seiner Entlastung zu beantragen.

Auch bei der Vernehmung von → *Zeugen* und → *Sachverständigen* ist mit der Erhebung der Personalien zu beginnen. Wie der Beschuldigte müssen sie zwar einer Vorladung zur Polizei keine Folge leisten, wohl aber bei der Staatsanwaltschaft und dem Ermittlungsrichter erscheinen und dort auch – wenn ihnen kein → *Zeugnisverweigerungsrecht* zusteht – zur Sache aussagen. Über etwaige Zeugnisverweigerungsrechte sind sie vor der Vernehmung zu belehren.

Eine Reihe von Vernehmungsmethoden ist sowohl gegenüber Beschuldigten als auch gegenüber Zeugen und Sachverständigen verboten. Dazu zählen vor allem körperliche Eingriffe – falls diese von der Strafprozessordnung nicht ausdrücklich wie etwa eine Blutentnahme erlaubt sind, Misshandlungen, Zwang, Hypnose, Quälereien, Drohungen – wie etwa mit einer Verhaftung – und Täuschungsmanöver wie etwa die Angabe, ein Mitbeschuldigter habe – wenn dies nicht der Wahrheit entspricht – ein Geständnis abgelegt.

Verpflichtungsklage

Lehnt eine Behörde den Antrag auf Erlass eines begünstigenden → *Verwaltungsakts* ab, so steht dem Betroffenen nach erfolgloser

Durchführung des → *Widerspruchsverfahrens* die Möglichkeit offen, beim → *Verwaltungsgericht* eine Verpflichtungsklage zu erheben. Ist die Ablehnung rechtswidrig und hat der Kläger einen → *Rechtsanspruch* auf den beantragten Verwaltungsakt, etwa eine → *Baugenehmigung,* dann spricht das Gericht die entsprechende Verpflichtung des Beklagten aus. Steht der Erlass des Verwaltungsakts dagegen im → *Ermessen* der Behörde und wurde dieses nicht ordnungsgemäß ausgeübt, ergeht grundsätzlich nur ein Bescheidungsurteil, d. h. der Beklagte wird verpflichtet, über den Antrag unter Beachtung der Rechtsauffassung des Gerichts erneut zu entscheiden. Ein Unterfall der Verpflichtungsklage ist die → *Untätigkeitsklage.*

▶ Verrechnungsscheck

Dies ist ein Scheck, bei dem der Aussteller seiner Bank durch den Vermerk auf dem Scheck „Nur zur Verrechnung" die Barauszahlung untersagt hat; der Scheckbetrag darf dem Inhaber des Schecks nur auf dessen Bankkonto gutgeschrieben werden. Auf diese Weise wird der Gefahr eines Diebstahls oder sonstigen Abhandenkommens eines Schecks vorgebeugt.

▶ Versäumnisurteil

Im Zivilprozess ist das Versäumnisurteil ein → *Urteil,* das gegen eine nicht erschienene Partei wegen ihrer Säumnis ergeht. Ein Versäumnisurteil setzt immer eine zulässige → *Klage* voraus, da ansonsten die Klage unabhängig von der Säumnis durch ein so genanntes unechtes Versäumnisurteil (also ein streitiges Urteil) abgewiesen wird. Bei einem Versäumnisurteil gegen den Beklagten muss die Klage auch schlüssig (→ *Schlüssigkeit)* sein, da hier das Vorbringen des Klägers als zugestanden angesehen wird. Eine unschlüssige Klage müsste ebenfalls wieder durch ein unechtes Versäumnisurteil abgewiesen werden. Gegen ein (echtes) Versäumnisurteil ist als Rechtsbehelf der → *Einspruch* statthaft (§ 338 ZPO). Wird der Einspruch wegen erneuter Säumnis durch ein so genanntes zweites Versäumnisurteil verworfen, kann dieses Versäumnisurteil nur mit der → *Berufung* angefochten werden. Das Rechtsmittel gegen ein unechtes Versäumnisurteil ist ebenfalls die Berufung. Im Verwaltungsprozess gibt es kein Versäumnisurteil.

Versammlungsfreiheit

Art. 8 Abs. 1 GG gibt allen Deutschen das Recht, sich ohne Anmeldung oder Erlaubnis friedlich und ohne Waffen zu versammeln. Dieses →*Grundrecht* gewährleistet das Recht, öffentliche Versammlungen zu veranstalten und an solchen teilzunehmen. Dieses uneingeschränkte Recht bezieht sich nur auf Versammlungen in geschlossenen Räumen. Nimmt allerdings eine Versammlung einen unfriedlichen Verlauf, ist es insbesondere nicht möglich, bewaffnete Teilnehmer am Zutritt zu hindern, kann sie verboten und von der Polizei aufgelöst werden. Die Zulässigkeit von Versammlungen und Aufzügen unter freiem Himmel ist im Einzelnen im Versammlungsgesetz, das in Ausführung des Art. 8 Abs. 2 GG ergangen ist, geregelt. Danach sind derartige Veranstaltungen mindestens 48 Stunden vorher bei der zuständigen Behörde anzuzeigen; eine Genehmigung ist nicht erforderlich. Ist eine unmittelbare Gefährdung der öffentlichen Sicherheit und Ordnung (→*Sicherheit und Ordnung, öffentliche*) zu erwarten und kann diese nicht durch Auflagen unterbunden werden, besteht die Möglichkeit des Verbots. Das Grundrecht der Versammlungsfreiheit hat einen hohen Wert. Es steht im engen Zusammenhang mit dem Grundrecht auf →*Meinungsfreiheit;* geschützt wird nämlich die kollektive Meinungsbildung und Meinungsäußerung.

Versandhandel

Der Versandhandel ist, erfolgt er wie meist zwischen →*Unternehmer* und →*Verbraucher*, wohl der wichtigste Anwendungsfall für die gesetzlichen Bestimmungen über den →*Fernabsatz*. Daneben spielen dort auch →*Allgemeine Geschäftsbedingungen* eine wichtige Rolle. Zum Schutz des Verbrauchers hat die Rechtsprechung in der Vergangenheit zahlreiche Klauseln für unwirksam erklärt, so zum Beispiel eine übermäßig lange Bindung an eine Bestellung, wenn die Ware nicht sofort lieferbar ist oder Schadensersatzpflichten des Käufers bei Vertragsverstößen, wenn ihm nicht der Nachweis eines niedrigeren Schadens eröffnet ist.

Verschmelzung

Eine Verschmelzung (Fusion) ist die Vereinigung der Vermögen mehrerer Kapitalgesellschaften, ohne dass eine → *Liquidation* stattfindet. Sie ist im Umwandlungsgesetz geregelt.

Verschulden

Unter Verschulden versteht man das objektiv pflichtwidrige und subjektiv vorwerfbare, vorsätzliche oder fahrlässige Verhalten einer Person. Im Zivilrecht ist das Verschulden Bestandteil des insgesamt weiteren Begriffs der → *Verantwortlichkeit.*

Im Strafrecht bedeutet der Begriff des Verschuldens, dass einem Täter eine tatbestandsmäßige und rechtswidrige Tat auch vorgeworfen werden kann. Dazu sind einmal Schuldfähigkeit und das Fehlen von → *Schuldausschließungsgründen* Voraussetzung, zum anderen ist das Verschulden vor allem bei → *Fahrlässigkeitsdelikten* ein Korrektiv gegen eine zu weite Wirkung von Tatbeständen. Denn Verschulden setzt hier voraus, dass ein Täter die ihm mögliche Sorgfalt verletzt haben muss.

Verschulden bei Vertragsschluss

Bereits mit dem Eintritt in Vertragsverhandlungen entsteht zwischen den Beteiligten ein vorvertragliches Vertrauensverhältnis, bei dessen Verletzung (etwa durch Verschweigen offenbarungspflichtiger Umstände) der Betreffende auf Schadenersatz haftet. Die Schuldrechtsreform hat diese bisher nur gewohnheitsrechtliche Regelung ausdrücklich in das Gesetz übernommen (§ 311 Abs. 2 Nr. 1 BGB).

Verschwiegenheitspflicht

Unter V. versteht man die Verpflichtung des Arbeitnehmers, **während** des Arbeitsverhältnisses, **aber auch nach dessen Beendigung** über Betriebs- und Geschäftsgeheimnisse, die ihm im Rahmen des Arbeitsverhältnisses bekannt geworden sind, Stillschweigen zu bewahren. Betriebs- und Geschäftsgeheimnisse sind Tatsachen, die im Zusammenhang mit dem Geschäftsbetrieb stehen, nur **einem eng begrenzten Personenkreis bekannt** sind und nach dem ausdrücklich oder durch entsprechendes Verhalten bekundeten **Willen des Betriebsinhabers geheim zu halten** sind. Die Verschwiegenheitspflicht gilt zunächst während der Dauer des Arbeitsverhältnisses, grundsätzlich aber auch – insbesondere wenn im Arbeitsvertrag eine solche vereinbart wurde – nach Beendigung des Arbeitsverhältnisses. Allerdings darf die Vereinbarung der nachvertraglichen Verschwiegenheitspflicht nicht ein **verschleiertes** → *Wettbewerbsverbot* beinhalten.

Versendungskauf

Hierunter versteht man einen Kauf, bei dem der Verkäufer die Kaufsache auf Verlangen des Käufers an einen anderen Ort als den eigentlichen → *Leistungsort* versendet. Ab der Übergabe der Kaufsache an den Transporteur trägt dann der Käufer – und nicht der Verkäufer – das Risiko einer Beschädigung oder eines Verlusts der Sache (§ 447 BGB); er muss auch in diesen Fällen den vollen Kaufpreis an den Verkäufer bezahlen. Diese Bestimmung gilt aber nicht beim → *Verbrauchsgüterkauf*.

Versetzung eines Arbeitnehmers

Unter einer Versetzung versteht man im (Individual-)→ *Arbeitsrecht* eine Maßnahme oder Anordnung des Arbeitgebers (→ *Direktionsrecht),* mit der dieser den Arbeitsplatz des Arbeitnehmers nach Art, Inhalt, Ort oder Umfang der Arbeitsaufgabe **einseitig** verändert. Ob und inwieweit eine solche Maßnahme rechtlich zulässig ist, kann nur nach sorgfältiger Prüfung der für das einzelne Arbeitsverhältnis geltenden Regeln (Einzelarbeitsvertrag, Betriebsvereinbarung, Tarifverträge, Gesetze) festgestellt werden. Im Individualarbeitsrecht hat der Versetzungsbegriff keine eigenständige rechtliche Bedeutung, da es bei Versetzungen immer um Weisungen (→ *Direktionsrecht)* und deren Zulässigkeit geht, ganz gleich ob diese Weisungen als Versetzung bezeichnet werden oder nicht.

Demgegenüber spielt der Versetzungsbegriff im → *Betriebsverfassungsrecht (s.a.* → *Mitbestimmung der Arbeitnehmer)* eine wichtige Rolle. In Betrieben mit regelmäßig mehr als 20 Arbeitnehmern bedürfen Versetzungen nämlich der **Zustimmung des Betriebsrats**. Für diesen Bereich ist der Versetzungsbegriff **gesetzlich definiert**. Nach § 95 Abs. 3 des Betriebsverfassungsgesetzes ist eine Versetzung die Zuweisung eines **anderen** Arbeitsbereichs, die voraussichtlich die **Dauer eines Monats** übersteigt oder die mit einer **erheblichen Änderung der Umstände** verbunden ist, unter denen die Arbeitsleistung zu erbringen ist.

Versetzung eines Beamten

V. ist die auf Dauer angelegte Übertragung eines Amtes bei einer anderen Dienststelle; ein Ortswechsel ist hiermit nicht notwendigerweise verbunden. Von der Versetzung ist die → *Abordnung* zu unterscheiden, die zeitlich beschränkt ist. Die Versetzung ist ohne die Zustimmung des Beamten innerhalb des Dienstbereichs seines → *Dienstherrn* möglich, wenn hierfür ein dienstliches Bedürfnis besteht; stimmt der Beamte zu, kann er auch zu einem anderen Dienstherrn versetzt werden. → *Richter* sind wegen ihrer verfassungsrechtlich garantierten → *Unabhängigkeit* ohne ihre Zustimmung grundsätzlich nicht versetzbar.

Versetzung in den Ruhestand

Beamte treten mit Erreichen der Altersgrenze kraft Gesetzes in den Ruhestand. Ist der Beamte infolge eines Gebrechens oder wegen einer Schwäche seiner körperlichen oder geistigen Kräfte auf Dauer dienstunfähig, kann er durch → *Verwaltungsakt* in den Ruhestand versetzt werden. Das geschieht, wenn der Beamte einen entsprechenden Antrag stellt und der unmittelbare Dienstvorgesetzte aufgrund eines amtsärztlichen Gutachtens dessen Dienstunfähigkeit bestätigt oder von Amts wegen, wenn der Dienstvorgesetzte den Beamten für dienstunfähig hält; erhebt der Beamte gegen diese Zwangspensionierung Einwendungen, wird hierüber in einem förmlichen Verfahren von der obersten Dienstbehörde entschieden. Nach Eintritt in den Ruhestand erhält der Beamte

Versorgungsbezüge in Form des → *Ruhegehalts.* → *Politische Beamte* können ohne Angabe von Gründen in den einstweiligen Ruhestand versetzt werden.

Versicherungsaufsicht

Eine staatliche Kontrolle von Versicherungen erfolgt nicht nur über die Genehmigungspflicht bei der Eröffnung eines entsprechenden Geschäftsbetriebs. Vielmehr besteht auch über den laufenden Betrieb eine Kontrolle in Form der – staatlichen – Versicherungsaufsicht, wobei für private Unternehmen Aufsichtsbehörde das Bundesamt für das Versicherungswesen mit Sitz in Berlin ist. Vielfach ist es für Versicherte oder Geschädigte, die sich nicht korrekt behandelt fühlen, sinnvoll, den Sachverhalt erst einmal dort vorzutragen und mit der Einleitung eines Prozesses noch zu warten.

Versicherungsbetrug

Der früher eigenständige Tatbestand des Versicherungsbetrugs, der insbesondere vor der Inbrandsetzung einer gegen Feuer versicherten Sache zum Zwecke des Betrugs schützen sollte, ist zwischenzeitlich zwar aufgehoben worden. Neben dem Tatbestands des „normalen" → *Betrugs*, der alle Fälle des „Versicherungsschwindels" erfasst, werden aber heute schon Vorbereitungshandlungen wie das Vortäuschen eines Einbruchs, mit deren Hilfe eine Versicherung betrügerisch geschädigt werden soll, durch den speziellen Tatbestand des **Versicherungsmissbrauchs** bekämpft.

Versicherungspflicht → *Haftpflichtversicherung,* → *Pflichtversicherung*

Versicherungsvertrag

Ein Versicherungsvertrag ist ein Vertrag zwischen Versicherer und Versichertem (Versicherungsnehmer), in dem der Versicherer ein bestimmtes Risiko gegen Entgelt (Prämie) übernimmt.

Der Abschluss eines Versicherungsvertrages ist formlos möglich, geschieht aber meist schriftlich.

Versicherungsvertreter

Ein Versicherungsvertreter ist ein → *Handelsvertreter,* der auf Provisionsbasis → *Versicherungsverträge* vermittelt oder abschließt.

Versorgungsamt

Die Versorgungsämter sind im Wesentlichen zuständig für die Durchführung der Kriegsopferversorgung, für die Gewährung von Entschädigungen bei Impfschäden, die infolge einer gesetzlich angeordneten Impfung auftreten, für die Entschädigung von Opfern von → *Gewalttaten* sowie für die Ausstellung von Schwerbehindertenausweisen (→ *Schwerbehinderte).*

Versorgungsausgleich

Mit → *Ehescheidung* ist vom → *Familiengericht* von Amts wegen der Versorgungsausgleich durchzuführen. Bezogen auf die Ehezeit werden sämtliche Anwartschaften und Aussichten auf eine Versorgnung aus der gesetzlichen → *Rentenversicherung,* Beamtenversorgung, betrieblich begründeten Rentenanwartschaften, Zusatzversorgungen des öffentlichen Dienstes und anderer Versorgungen durch das Familiengericht ermittelt. Derjenige → *Ehegatte,* der die werthöheren Anwartschaften erzielt hat, ist dem anderen Ehegatten aus der Hälfte des Wertunterschiedes ausgleichspflichtig. Der Ausgleich wird durch Urteil des Familiengerichts angeordnet und ist von den jeweiligen Rentenversicherungsträgern umzusetzen.

Kann der Versorgungsausgleich in den gesetzlich genannten Fällen nicht durchgeführt werden, bleibt der schuldrechtliche Versorgungsausgleich vorbehalten. Dieser ist auf Antrag eines der geschiedenen Ehegatten durch das Familiengericht zu regeln, wenn beide rentenbezugsberechtigt geworden sind.

Versorgungsbezüge

V. sind Bezüge und Vorteile aus früheren Dienstverhältnissen, die als Ruhegehalt, Witwen- oder Waisengeld, Unterhaltsbeitrag oder als gleichgearteter Bezug aufgrund beamtenrechtlicher oder entsprechender Vorschriften bzw. nach beamtenrechtlichen Grundsätzen von Körperschaften, Anstalten oder Stiftungen des öffentlichen Rechts oder öffentlich-rechtlichen Verbänden gezahlt werden. Gleiches gilt, wenn in anderen Fällen wegen Erreichen einer Altersgrenze Berufsunfähigkeitsbezüge gezahlt werden oder solche als Hinterbliebenenbezüge gewährt werden (→ *Versorgungsfreibetrag*, → *Rentenbesteuerung*).

Versorgungsfreibetrag

Von den → *Versorgungsbezügen* bleibt ein Betrag in Höhe von 40 v. H. und höchstens ein Betrag in Höhe von 3072 EUR steuerfrei (§ 19 Abs. 2 EStG, → *Rentenbesteuerung*).

Versorgung von Beamten

Die Versorgung ist für alle Beamten einheitlich im Beamtenversorgungsgesetz geregelt. Die wichtigste Versorgungsleistung ist das → *Ruhegehalt*, das ein Beamter erhält, wenn er wegen Erreichens der Altersgrenze oder wegen Dienstunfähigkeit in den Ruhestand versetzt worden ist (→ *Versetzung in den Ruhestand*). Beim Tod des Beamten erhalten seine Angehörigen Hinterbliebenenversorgung. Wird ein Beamter durch einen Unfall verletzt oder getötet, wird ihm bzw. seinen Hinterbliebenen Unfallfürsorge gewährt. Diese umfasst neben der Erstattung von Sachschäden und besonderen Aufwendungen das Heilverfahren, den Unfallausgleich, wenn der Beamte in seiner Erwerbsfähigkeit länger als sechs Monate wesentlich beschränkt ist, sowie das Unfallruhegehalt, wenn der Verletzte infolge unfallbedingter Dienstunfähigkeit in den Ruhestand versetzt wird. Das Unfallruhegehalt ist höher als das normale Ruhegehalt. Ist der Beamte bei dem Unfall getötet worden, erhalten die Hinterbliebenen Witwen- oder Waisengeld. Wird der Beamte gegen seinen Willen aus dem Dienstverhältnis entlassen, so erhält er → *Übergangsgeld.* Die Versorgungsbezüge werden nicht oder nur verkürzt gezahlt, wenn der Beamte noch andere Versorgungsleistungen oder Renten bezieht.

Verspätungszuschlag

V. kann gegen den Steuerpflichtigen vom → *Finanzamt* wegen schuldhafter verspäteter Abgabe oder Nichtabgabe der → *Steuererklärung* festgesetzt werden. Er darf 10 v. H. der festgesetzten Steuer oder des festgesetzten Messbetrages nicht übersteigen und höchstens 25 000 EUR betragen. Er ist → *steuerliche Nebenleistung.* Die Festsetzung steht im → *Ermessen* des Finanzamtes.

Versteigerung

Eine Versteigerung ist ein öffentlicher Verkauf an einen Meistbietenden. Sie spielt nach §§ 1235 ff. BGB eine Rolle bei der Verwertung eines Pfandes (→ *Pfandrecht)* und bei der Hinterlegung nach § 383 BGB. Im Rahmen der → *Zwangsvollstreckung* hat der Gerichtsvollzieher die gepfändeten Sachen zu versteigern. Zur Versteigerung von Grundstücken → *Zwangsversteigerung.*

Versuch

Ein Versuch ist die vollständig gewollte, aber nicht vollständig ausgeführte Straftat. Daraus ergibt sich, dass ein Versuch nur bei Vorsatztaten in Betracht kommt.

Der Versuch ist bei → *Vergehen* nur dann strafbar, wenn dies im Gesetz besonders angeordnet wird; bei → *Verbrechen* ist er stets strafbar. Gegenüber einer vollendeten Tat ist → *Strafmilderung* möglich.

Von der Vollendung einer Tat – es sind alle Merkmale des betreffenden Tatbestands erfüllt wie etwa bei einem → *Diebstahl* dann, wenn der Täter seinem Opfer die Brieftasche gezogen und an seinen Komplizen weitergegeben hat – ist der Versuch leicht abzugrenzen: Beim Versuch darf zumindestens eines der Tatbestandsmerkmale noch nicht verwirklicht sein. In dem obigen Beispiel wäre dies etwa der Fall, wenn der Täter seine Hand schon in das Jackett des Opfers gesteckt, aber die Brieftasche noch nicht herausgezogen hätte.

Weiter muss der Versuch von der Vorbereitung einer Tat – die als solche straflos ist, wenn nicht das Gesetz ausdrücklich auch wie etwa bei der → *Geldfälschung* bestimmte Verhaltensweisen für strafbar erklärt – abgegrenzt werden. Eine Vorbereitung liegt dann vor, wenn noch keines der Tatbestandsmerkmale verwirklicht ist und wenn nach den Vorstellungen des Täters jetzt noch weitere Schritte zum Tatbeginn nötig sind. In dem gebildeten Beispiel wäre eine – noch straflose – Vorbereitung des Diebstahls etwa gegeben, wenn der Täter sein Opfer mit dem Ziel beobachtet, bei einer günstigen Gelegenheit zuzugreifen. Denn noch muss der Täter, um an die Brieftasche zu kommen, einen weiteren Schritt machen, nämlich an sein Opfer herantreten und zugreifen.

Tritt ein Täter von einem Versuch freiwillig zurück, so kann dies für ihn zur Straffreiheit führen (→ *Rücktritt*). Bei bestimmten Situationen genügt aber nicht mehr allein das Aufhören mit der weiteren Tatausführung, sondern es wird → *tätige Reue* verlangt.

Vertagung

Eine Vertagung liegt vor, wenn ein bereits begonnener Termin beendet und gleichzeitig ein neuer Termin zur Fortsetzung der Verhandlung bestimmt wird. Im Zivilprozess ist eine Vertagung nur bei erheblichen Gründen zulässig (§ 227 ZPO), wozu auch eine unvorhergesehene Erkrankung zählen würde. Im Verwaltungsprozess gilt Ähnliches.

Im Strafverfahren ist eine Vertagung nach dem Beginn einer Hauptverhandlung – zuvor spricht man von einer Verlegung des Termins – in Form der Aussetzung (dann muss völlig neu begonnen werden) oder der Unterbrechung (→ *Hauptverhandlung*) möglich.

Verteidiger

Ein Verteidiger hat im Strafverfahren in erster Linie die Aufgabe, die Rechte eines Beschuldigten zu wahren und die für diesen sprechenden Umstände geltend zu machen. Er darf also „einseitig“

Fürsprecher seines Mandanten sein, doch findet dies seine Grenze dort, wo er sich der → *Strafvereitelung* schuldig machen würde. Ein Beschuldigter darf in jeder Lage des Verfahrens – auch schon vor seiner ersten → *Vernehmung* – einen Verteidiger wählen; insgesamt darf er bis zu 3 Wahlverteidiger haben (→ *Sozietät*). Als Verteidiger darf jeder bei einem deutschen Gericht zugelassene → *Rechtsanwalt* oder jeder Rechtslehrer an einer deutschen Hochschule auftreten. Andere Personen dürfen als Verteidiger nur im Einzelfall mit einer besonderen Genehmigung des Gerichts tätig werden.

Bei schwerwiegenderen Vorwürfen und dann, wenn der Beschuldigte sich selbst nicht hinreichend verteidigen kann, schreibt die Strafprozessordnung für die entsprechenden Verfahren einen Verteidiger vor. Die wichtigsten Fälle sind die Anklage wegen eines → *Verbrechens,* eine Verhandlung in erster Instanz vor dem → *Landgericht,* eine vor der Hauptverhandlung mehr als 3 Monate andauernde → *Untersuchungshaft* oder die Unfähigkeit des Beschuldigten, seine Rechte selbst ausreichend wahrzunehmen. Ein weiterer wichtiger Fall der vorgeschriebenen Beiziehung eines Verteidigers liegt vor, wenn in einem → *Strafbefehl* eine Freiheitsstrafe mit Bewährung verhängt werden soll.

Ist eine Verteidigung vorgeschrieben, so muss dem Beschuldigten, wenn er selbst keinen Verteidiger wählt, ein Pflichtverteidiger gestellt werden.

Der Verteidiger ist von der Strafprozessordnung zur Wahrnehmung seiner Aufgaben mit einer Reihe von Rechten ausgestattet worden. Am wichtigsten sind das Recht auf → *Akteneinsicht,* der grundsätzlich unkontrolliert mögliche Kontakt mit inhaftierten Beschuldigten sowie die Befugnis, Rechtsmittel – wenn der Mandant nicht ausdrücklich widerspricht – einzulegen.

▶ Verteidigungsmittel

Im Zivilprozess ist jedes Vorbringen des Beklagten Verteidigungsmittel, das der Abwehr des vom Kläger geltend gemachten Anspruchs dient. So kann der Beklagte etwa die anspruchsbegründenden Tatsachen substantiiert bestreiten, indem er gegenüber dem Kaufpreisanspruch geltend macht, dass ein Kaufvertrag nicht geschlossen worden sei. Er kann aber auch → *Einreden* (zum Beispiel Stundung vereinbart) vorbringen. Bei verspätetem Vorbringen kann das Gericht bei Verzögerung des Rechtsstreits und ungenügender Entschuldigung solche Verteidigungsmittel unbeachtet lassen (§ 296 ZPO).

Verteilungsverfahren

Bei der → *Zwangsvollstreckung* in das **bewegliche Vermögen** eines Schuldners findet das Verteilungsverfahren statt, wenn ein Geldbetrag hinterlegt wird, der zur Befriedigung der beteiligten Gläubiger nicht ausreicht (§ 872 ZPO). Das Gericht erstellt dann einen → *Teilungsplan* (§ 874 ZPO), in dem die Forderungen der Gläubiger nach ihrem Rang berücksichtigt werden. Nach diesem Plan erfolgt die Verteilung des hinterlegten Betrags. Gläubiger, die mit dem Plan nicht einverstanden sind, können Widerspruchsklage nach § 878 ZPO erheben. Bei der Vollstreckung in das **unbewegliche Vermögen** eines Schuldners findet eine → *Zwangsversteigerung* oder eine → *Zwangsverwaltung* statt. Hierbei wird der Erlös ebenfalls nach einem Teilungsplan verteilt. Ist ein Beteiligter mit dem Plan nicht einverstanden, kann er Widerspruchsklage oder Klage auf Planänderung erheben.

Verträge zwischen nahen Angehörigen

V. sind grundsätzlich auch steuerrechtlich zu berücksichtigen, wenn sie strenge Voraussetzungen erfüllen. Sie müssen klar und ernstlich gewollt sein. Die zivilrechtlichen Wirksamkeitsvoraussetzungen müssen beachtet werden. Die Verträge müssen einem Fremdvergleich standhalten und tatsächlich wie unter Dritten durchgeführt werden. Die Verträge müssen entsprechend ihrem Inhalt vollzogen werden. Die inhaltlich festgelegten Vertragspflichten müssen über die üblichen familiären Hilfeleistungen hinausgehen. Werden die Voraussetzungen nicht erfüllt, werden Verträge zwischen nahen Angehörigen steuerlich nicht anerkannt. Eine besondere Rolle spielen Verträge zwischen nahen Angehörigen im Rahmen von Arbeitsverträgen, Mietverträgen, Darlehensverträgen,

Gesellschaftsverträgen zwischen → *Ehegatten,* → *Kindern,* → *Lebenspartner.*

Vertrag

Ein Vertrag ist ein mehrseitiges → *Rechtsgeschäft,* das durch → *Antrag* und → *Annahme* zustande kommt. Verträge können einseitig verpflichtend (zum Beispiel Schenkung), unvollständig zweiseitig verpflichtend (zum Beispiel → *Auftrag)* oder vollkommen zweiseitig verpflichtend sein (→ *gegenseitiger* Vertrag). Im → *Schuldrecht* besteht Vertragsfreiheit (§§ 241, 311 BGB), so dass die Parteien nicht an die im 2. Buch des BGB aufgeführten typischen Verträge gebunden sind (so wurde etwa durch den Rechtsverkehr aufgrund wirtschaftlicher Bedürfnisse das → *Leasing* entwickelt). Im → *Sachenrecht* besteht dagegen weitgehend ein Typenzwang. Die dinglichen Verträge sind nicht vom Bestand der zugrunde liegenden schuldrechtlichen Verträge abhängig. Siehe auch → *Vertrag zugunsten Dritter,* → *Schuldverhältnis.*

Vertrag, öffentlich-rechtlicher

Öffentlich-rechtlichen Vertrag nennt man eine Vereinbarung, durch die ein Rechtsverhältnis auf dem Gebiet des öffentlichen Rechts begründet, geändert oder aufgehoben wird. Das → *Verwaltungsverfahrensgesetz* lässt öffentlich-rechtliche Verträge grundsätzlich zu, außer wenn besondere Rechtsvorschriften entgegenstehen. Insbesondere kann die Behörde anstelle des Erlasses eines → *Verwaltungsakts* einen entsprechenden Vertrag abschließen; dabei ist sie aber in gleicher Weise an Recht und Gesetz gebunden. Man unterscheidet allgemein zwischen koordinationsrechtlichen Verträgen zwischen Rechtssubjekten auf gleicher Stufe, z. B. zwischen zwei Gemeinden, und subordinationsrechtlichen Verträgen, wenn die Beteiligten in einem Über-/Unterordnungsverhältnis stehen; die wichtigsten Unterfälle hiervon sind Austausch- und Vergleichsverträge. Für den Abschluss öffentlich-rechtlicher Verträge ist die Schriftform vorgeschrieben, wenn nicht Rechtsvorschriften eine noch weiter gehende Form, etwa notarielle Beurkundung bei Grundstücksverträgen, fordern. Soweit das Verwaltungsverfahrensgesetz keine besonderen Regelungen enthält, findet auf den öffentlich-rechtlichen Vertrag das Bürgerliche Gesetzbuch entsprechende Anwendung. Für Streitigkeiten in Zusammenhang mit öffentlich-rechtlichen Verträgen sind die Verwaltungsgerichte zuständig.

Vertrag mit Schutzwirkung für Dritte → *Vertrag zugunsten Dritter*

Vertragshändler

Ein Vertragshändler ist ein Unternehmer, der in eigenem Namen und auf eigene Rechnung Waren eines bestimmten Herstellers vertreibt, wobei er durch einen Rahmenvertrag gebunden und häufig auch in die Betriebs- und Vertriebsorganisation eingebunden ist. Ein Beispiel hierfür ist etwa der Autohändlervertrag, der mit einem bestimmten Hersteller abgeschlossen wird.

Vertragsstrafe

Eine Vertragsstrafe liegt vor, wenn der → *Schuldner* für den Fall der Nichterfüllung oder nicht ordnungsgemäßen Erfüllung einer Verbindlichkeit eine bestimmte Leistung (meist Geldzahlung) verspricht (§ 339 BGB). Sie wird meist vereinbart, um zum einen dem Gläubiger ein zusätzliches Druckmittel an die Hand zu geben, zum anderen aber auch, um ihm bei einem Schadenersatzanspruch gegebenenfalls einen schwierigen Schadensbeweis zu ersparen. Die Vertragsstrafe ist bei Verzugseintritt (→ *Verzug*) zu zahlen, es ist demnach Verschulden erforderlich. Sie ist ein unselbständiges Strafversprechen, setzt also eine bestehende Hauptverbindlichkeit voraus. Nach § 343 BGB ist die Vertragsstrafe durch Urteil herabzusetzen, wenn sie in einer unverhältnismäßigen Höhe vereinbart wurde (gilt nicht bei Kaufleuten, § 348 HGB).

Vertragsübernahme

Eine Vertragsübernahme liegt vor, wenn die gesamte Rechtsstellung als Gläubiger oder als Schuldner in einem → *Schuldver-*

hältnis auf einen Dritten übergeht (also nicht nur etwa → *Abtretung* einer einzelnen Forderung aus dem Schuldverhältnis). Die Vertragsübernahme durch → *Rechtsgeschäft* ist im Gesetz nicht vorgesehen. Sie wird aber als zulässig angesehen, wenn alle Beteiligten damit einverstanden sind. Dies ist möglich als „dreiseitiger" → *Vertrag* oder durch Vertrag zwischen dem Ausscheidenden und dem Eintretenden und einer Zustimmung des bisherigen Partners. Teilweise ist auch eine Vertragsübernahme kraft Gesetzes vorgesehen. Ein häufiger Fall in der Praxis ist die Veräußerung eines vermieteten Grundstücks, bei der der Erwerber nach § 566 BGB als Vermieter in den bestehenden Mietvertrag eintritt.

Vertrag zugunsten Dritter

Nach §§ 328 ff. BGB können die Parteien eines → *Vertrages* auch vereinbaren, dass der → *Schuldner* (Versprechender) die Leistung an einen vom Gläubiger (Versprechensempfänger) zu benennenden Dritten zu erbringen hat. Beim echten Vertrag zugunsten Dritter erwirbt dabei der Dritte einen eigenen Anspruch gegen den Versprechenden, kann also die Leistung an sich verlangen. Beim unechten Vertrag zugunsten Dritter wird der Versprechende lediglich ermächtigt, mit befreiender Wirkung an den Dritten zu leisten; der Dritte kann aber selbst nicht die Leistung verlangen. Des Weiteren wurde von der Rechtsprechung der Vertrag mit Schutzwirkung für Dritte entwickelt. Bei diesem Vertrag erfolgt zwar keine Leistung an die Dritten, sie sind aber in den Schutzbereich des bestehenden Vertrages mit einbezogen. Ein Beispiel hierfür ist etwa der Mietvertrag. Hier können die Familienangehörigen des Mieters, die zwar nicht Vertragspartner sind, aber die Wohnung mitbewohnen, vertragliche Schadenersatzansprüche geltend machen, wenn der Vermieter seinen vertraglichen Nebenpflichten nicht nachgekommen ist (etwa Verletzung wegen schadhafter Kellertreppe).

Vertrauensgrundsatz

Im Straßenverkehr darf jeder Verkehrsteilnehmer, der sich selbst verkehrsgerecht verhält, grundsätzlich darauf vertrauen, dass auch die anderen Verkehrsteilnehmer die Verkehrsregeln einhalten. So muss derjenige, der mit zulässiger Geschwindigkeit auf einer vorfahrtsberechtigten Straße fährt und wegen der Bebauung oder Geländebeschaffenheit einmündende, wartepflichtige Straßen nicht einzusehen vermag, nicht allein auf die bloße Möglichkeit hin, dass ein wartepflichtiger Verkehrsteilnehmer seine Vorfahrt verletzen könnte, so langsam fahren, dass er auch dann noch halten könnte. Vielmehr darf er darauf vertrauen, dass ein etwa von dort kommender Verkehrsteilnehmer wie vorgeschrieben warten wird.

Der Vertrauensgrundsatz gilt jedoch nicht gegenüber solchen Gruppen von Verkehrsteilnehmern, die sich erfahrungsgemäß nicht verkehrsgerecht verhalten können. Dies sind in erster Linie kleinere Kinder, alte oder behinderte Personen sowie erkennbar Angetrunkene. Außerdem tritt der Vertrauensgrundsatz in dem Augenblick außer Kraft, in dem das verkehrswidrige Verhalten eines anderen erkennbar wird. Bemerkt ein Vorfahrtsberechtigter also, dass ein anderer Verkehrsteilnehmer sein Recht verletzen könnte, so muss er sich darauf einstellen; er darf seine Vorfahrt nicht erzwingen.

▸ Vertrauenshaftung

Unter diesem Begriff wurde früher die Haftung solcher Verpflichteter verstanden, die zwar nicht vertraglich gebunden waren, aber dennoch nach vertragsähnlichen Grundsätzen haften mussten. Durch die Schuldrechtsreform wurde insoweit, insbesondere für die Fälle des → *Verschuldens* bei Vertragsschluss und die Inanspruchnahme von Vertrauen, ebenfalls eine vertragliche Haftung begründet (§§ 241, 311 BGB).

▸ Vertrauensleute → *V-Mann*

▸ Vertrauensmänner

Zur Wahrnehmung von Interessen bestimmter Gruppen werden Vertrauensmänner gewählt, z. B. nach § 21 Schwerbehindertengesetz, § 35 Soldatengesetz.

▶ Vertreter des öffentlichen Interesses

Bei den → *Verwaltungsgerichten* und den → *Oberverwaltungsgerichten* kann sich ein Vertreter des öffentlichen Interesses am Verfahren beteiligen. Er kann selbständig Anträge stellen und Rechtsmittel einlegen. Die Entscheidung über die Bestellung eines Vertreters des öffentlichen Interesses obliegt dem Landesgesetzgeber. In Bayern ist die Landesanwaltschaft mit den entsprechenden Aufgaben betraut. Beim → *Bundesverwaltungsgericht* tritt der Vertreter des Bundesinteresses auf.

▶ Vertretung → *Stellvertretung*

▶ Verwahrung

Die in den §§ 688 ff. BGB geregelte Verwahrung ist die entgeltliche oder unentgeltliche Aufbewahrung von beweglichen Sachen. Für die praktisch wichtigen Fälle des handelsrechtlichen Lagergeschäfts und der Verwahrung von Wertpapieren (Depotgeschäft) gelten die Sonderregelungen des HGB bzw. des Depotgesetzes.

▶ Verwahrungsbruch

Diesen Straftatbestand erfüllt, wer Gegenstände, die sich in dienstlicher Verwahrung befinden, zerstört oder auf andere Weise der dienstlichen Verwahrung entzieht. Für → *Amtsträger* ist eine erhöhte Strafdrohung vorgesehen. Ein Beispiel für Verwahrungsbruch ist es etwa, wenn ein → *Beamter* Akten, zu deren Bearbeitung er keine Zeit findet, bei sich zu Hause versteckt.

▶ Verwaltungsakt

V. ist nach der Definition in § 35 des Verwaltungsverfahrensgesetzes jede Verfügung, Entscheidung oder sonstige hoheitliche Maßnahme, die eine → *Behörde* zur Regelung eines Einzelfalles auf dem Gebiet des → *öffentlichen Rechts* trifft und die auf unmittelbare Rechtswirkung nach außen gerichtet ist. Verwaltungsakte sind danach z. B. die → *Baugenehmigung* oder die gewerberechtliche Erlaubnis. Keine Verwaltungsakte sind dagegen bloße behördliche Auskünfte (→ *Auskunft,* behördliche) oder behördeninterne Anweisungen. Von der Rechtsnorm unterscheidet sich der Verwaltungsakt durch seine einzelfallbezogene Wirkung; das → *Gesetz* dagegen wirkt allgemein für einen nicht von vornherein bestimmbaren Adressatenkreis. Von ihrem Inhalt her lassen sich rechtsgestaltende (z. B. → *Ernennung* von Beamten), feststellende (z. B. die Anerkennung als Asylberechtigter oder als Kriegsdienstverweigerer), berechtigende (z. B. Erlaubnisse, Genehmigungen) und verpflichtende (z. B. Verbotsverfügungen) Verwaltungsakte unterscheiden. Von ihrer Rechtswirkung her ist zwischen begünstigenden Verwaltungsakten, die eine Rechtsposition gewähren, und belastenden Verwaltungsakten, die einen Eingriff in Rechte darstellen, zu differenzieren. Dazwischen liegen die drittbelastenden Verwaltungsakte, die auf der einen Seite eine Vergünstigung enthalten, für einen Dritten aber eine Belastung bedeuten; als Beispiel ist die Baugenehmigung zu nennen, die den Bauherrn begünstigt, den Nachbarn aber belastet oder doch belasten kann (→ *Nachbarklage).* Verwaltungsakte bedürfen außer in gesetzlich besonders genannten Fällen keiner Form; sie können also auch mündlich ergehen, sind allerdings auf Verlangen des Betroffenen schriftlich zu bestätigen. Schriftliche Verwaltungsakte sind im Regelfall zu begründen; bei Ermessensentscheidungen (→ *Ermessen)* sind die für die Entscheidung wesentlichen Gesichtspunkte anzugeben. Sind Verwaltungsakte bestandskräftig geworden, kann gegen sie also kein Rechtsmittel mehr eingelegt werden, können sie nur unter engen Voraussetzungen wieder aufgehoben werden; das gilt in erster Linie für begünstigende Verwaltungsakte. Hierbei ist zwischen der Rücknahme rechtswidriger Verwaltungsakte, die allgemein nur dann möglich ist, wenn sich das Vertrauen des Betroffenen auf dessen Fortbestand als nicht schützenswert erweist und dem Widerruf rechtmäßiger Verwaltungsakte zu unterscheiden, der nur dann in Betracht kommt, wenn besonders wichtige Gründe des Allgemeinwohls das erfordern; gegebenenfalls ist der Betroffene zu entschädigen. Die Aufhebung darf nur binnen eines Jahres ab dem Zeitpunkt erfolgen, in dem die Behörde von den entsprechenden Rücknahme- oder Widerrufsgründen Kenntnis erlangt hat. Bestandskräftige oder sofort vollziehbare Verwaltungsakte (→ *Vollziehung,* sofortige) können im Weg der Verwaltungsvollstreckung (→ *Verwaltungsvollstreckungsgesetz)* vollstreckt werden.

Ein Sonderfall des Verwaltungsakts ist die Allgemeinverfügung. Sie stellt eine Regelung gegenüber einem nach objektiven Kriterien bestimmbaren Personenkreis dar (z. B. → *Verkehrszeichen);* Allgemeinverfügung ist auch ein Verwaltungsakt, der die öffentlich-rechtliche Eigenschaft einer Sache oder einer Benutzung durch die Allgemeinheit betrifft (z. B. → *Widmung einer Straße*).

Verwaltungsbehörden

Der Aufbau der Verwaltungsbehörden ist im Bund und den einzelnen Ländern unterschiedlich geregelt. Bundesbehörden sind grundsätzlich dreistufig aufgebaut; zur Zentral- oder Oberstufe gehören die Ministerien und die → *Bundesoberbehörden,* zur Mittelstufe z. B. die Oberfinanzdirektionen und zur Unterstufe etwa die Kreiswehrersatzämter. Da viele Bundesgesetze durch die Länder und deren Behörden vollzogen werden, gibt es in einigen Bereichen keine Bundesmittel- oder Unterbehörden wie z. B. in der Finanzverwaltung; die Finanzämter sind Landesbehörden.

Die Flächenländer haben meist einen dreistufigen Behördenaufbau eingeführt, einige auch nur einen zweistufigen. Die Stadtstaaten verfügen über Behörden der Oberstufe, meist der → *Senat* und einige Oberbehörden sowie Bezirks- oder Ortsämter auf der unteren Stufe.

Verwaltungsgemeinschaft

V. nennt man in Bayern den Zusammenschluss benachbarter kreisangehöriger Gemeinden, die dadurch ihre Selbständigkeit nicht verlieren; die übrigen Bundesländer kennen ähnliche Zusammenschlüsse, allerdings mit teilweise anderen Bezeichnungen. Die Verwaltungsgemeinschaften nehmen die Aufgaben der Gemeinden im übertragenen Wirkungskreis wahr, bei den Aufgaben des eigenen Wirkungskreises werden sie als Behörde der einzelnen Gemeinden tätig. Verwaltungsgemeinschaften werden durch Gesetz gebildet, wobei grundsätzlich das Einvernehmen der betroffenen Gemeinden erforderlich ist; aus Gründen des öffentlichen Wohls kann eine Verwaltungsgemeinschaft aber auch gegen deren Willen eingerichtet werden. Verwaltungsgemeinschaften sind Körperschaften des öffentlichen Rechts. Ihre Organe sind die aus Vertretern der Mitgliedsgemeinden bestehende Gemeinschaftsversammlung und der von dieser gewählte Gemeinschaftsvorsitzende, der Bürgermeister einer der Mitgliedsgemeinden sein muss. Die Verwaltungsgemeinschaft verfügt über eigenes Personal und deckt ihre Unkosten in der Regel durch eine Umlage bei den Mitgliedsgemeinden.

Verwaltungsgericht

Verwaltungsgerichte werden die erstinstanzlichen Gerichte der → *Verwaltungsgerichtsbarkeit* bezeichnet. Sie werden durch Landesgesetz errichtet, das zugleich die Gerichtsbezirke bestimmt.

Grundsätzlich sind die Verwaltungsgerichte Eingangsgericht für alle verwaltungsgerichtlichen Streitigkeiten. In einigen Fällen, etwa für Normenkontrollanträge (→ *Normenkontrolle*), Streitigkeiten, die technische Großprojekte zum Inhalt haben und von einem Landesinnenministerium ausgesprochene Vereinsverbote (→ *Verein*), sind die → *Oberverwaltungsgerichte* erstinstanzlich zuständig, in einigen besonderen Ausnahmefällen, etwa bei einem vom Bundesinnenminister verfügten Vereinsverbot, ist eine Klage unmittelbar beim → *Bundesverwaltungsgericht* zu erheben.

Verwaltungsgerichtsbarkeit

Als Verwaltungsgerichtsbarkeit bezeichnet man die allgemeinen Verwaltungsgerichte; besondere Verwaltungsgerichte sind die Finanzgerichte (→ *Finanzgerichtsbarkeit*) und die Sozialgerichte (→ *Sozialgerichtsbarkeit*). Die → *Verwaltungsgerichte* sind die untere Stufe; sie sind grundsätzlich für alle verwaltungsrechtlichen Streitigkeiten in erster Instanz zuständig. Die bei den Verwaltungsgerichten tätigen Spruchkörper nennt man Kammern. Sie sind bei mündlichen Verhandlungen mit drei → *Berufsrichtern* und zwei → *ehrenamtlichen Richtern* besetzt; im Beschlussverfahren ohne mündliche Verhandlung wirken nur die Berufsrichter an der Entscheidung mit. Auf Landesebene sind die → *Oberverwaltungsgerichte* eingerichtet; diese heißen in einigen Bundesländern Verwaltungsgerichtshöfe. Sie sind für einige Streitigkeiten, z. B. → *Normenkontrollen* in erster Instanz zuständig; ansonsten entscheiden sie über Berufungen und Beschwerden gegen Urteile bzw. Beschlüsse der Verwaltungsgerichte. Die Senate entscheiden im Regelfall in der Besetzung mit drei, in einigen Fällen auch mit fünf Berufsrichtern; das Landesrecht kann bestimmen, dass zwei der fünf Richter ehrenamtliche Richter sein können. Oberste Instanz ist das → *Bundesverwaltungsgericht,* das grundsätzlich für Rechtsmittel gegen Entscheidungen der Oberverwaltungsgerichte zuständig ist; in einigen wenigen Fällen ist das Bundesverwaltungsgericht auch für Klagen in erster Instanz zuständig. Die Senate entscheiden bei mündlicher Verhandlung mit fünf, ansonsten mit drei Berufsrichtern. Anwaltszwang besteht vor den Oberverwaltungsgerichten und dem Bundesverwaltungsgericht; eine Ausnahme gilt für Behörden, die über einen Juristen verfügen.

▸ Verwaltungsrecht

V. ist ein Teilbereich des → *öffentlichen Rechts*. Erfasst werden die Rechtsnormen, die die Tätigkeit und den Aufgabenbereich der öffentlichen Verwaltung zum Gegenstand haben. Hierzu gehören Vorschriften über das Verwaltungsverfahren (→ *Verwaltungsverfahrensgesetz),* den Verwaltungsaufbau (→ *Verwaltungsbehörden)* und das materielle Verwaltungsrecht, z. B. das Baurecht, das Gewerberecht, das Wasserrecht und das Straßen- und Wegerecht.

▸ Verwaltungsstreitverfahren

Die Vorschriften über den Ablauf eines Verwaltungsstreitverfahrens sind in der Verwaltungsgerichtsordnung enthalten. Sie regelt die Besetzung der einzelnen Gerichte in der → *Verwaltungsgerichtsbarkeit* einschließlich des Wahlverfahrens für die → *ehrenamtlichen Richter* und bestimmt die sachliche und die örtliche Zuständigkeit der Gerichte. Im Einzelnen geregelt sind die Voraussetzungen für die Erhebung der verschiedenen verwaltungsgerichtlichen Klagen (→ *Anfechtungsklage,* → *Feststellungsklage,*

→ *Leistungsklage*, → *Untätigkeitsklage*, → *Verpflichtungsklage*) sowie der → *Normenkontrolle*. Die Vorschriften über das → *Widerspruchsverfahren* sind nicht abschließend. Regelungen sind enthalten, soweit der Widerspruch Zulässigkeitsvoraussetzung für die Erhebung einer Anfechtungs- oder Verpflichtungsklage ist; im Übrigen gilt das → *Verwaltungsverfahrensgesetz*. Die Verwaltungsgerichtsordnung legt im Einzelnen die Anforderungen an eine ordnungsgemäße Klage-, Berufungs- und Revisionsschrift fest und bestimmt den Ablauf des gerichtlichen Verfahrens in allen drei Rechtszügen, enthält Vorschriften über die mündliche Verhandlung und das → *Urteil*. Neben dem Klageverfahren finden sich Vorschriften über den einstweiligen Rechtsschutz gegen sofort vollziehbare Verwaltungsakte (→ *Vollziehung, sofortige*) und die → *einstweilige Anordnung*. Soweit die Verwaltungsgerichtsordnung keine speziellen Regelungen getroffen hat, gilt ergänzend die Zivilprozessordnung.

▶ Verwaltungsverfahrensgesetz

Das Verwaltungsverfahrensgesetz des Bundes und die mit ihm im Wesentlichen übereinstimmenden Landesverwaltungsverfahrensgesetze regeln die nach außen wirkende Tätigkeit der → *Verwaltungsbehörden*, die auf den Erlass eines → *Verwaltungsakts* oder den Abschluss eines öffentlich-rechtlichen Vertrags (→ *Vertrag, öffentlich-rechtlicher*) gerichtet ist. Das jeweilige Verwaltungsverfahrensgesetz gilt allerdings nur, soweit nicht besondere Verfahrensvorschriften in den einzelnen Fachgesetzen enthalten sind. Das Gesetz ist generell unanwendbar für das Verfahren der Finanzbehörden, für die die → *Abgabenordnung* maßgebend ist, und der Sozialbehörden, für die das Zehnte Buch des → *Sozialgesetzbuchs* (SGB X) gilt. Im Verwaltungsverfahrensgesetz ist u. a. die örtliche Zuständigkeit der Behörden geregelt; die sachliche Zuständigkeit ergibt sich aus dem jeweils zu vollziehenden Gesetz. Die meisten Vorschriften beziehen sich auf das nichtförmliche Verfahren, das grundsätzlich Anwendung findet; nur in gesetzlich besonders angeordneten Fällen findet das förmliche Verfahren statt, in dem eine mündliche Verhandlung durch die Behörde durchzuführen ist. Eine spezielle Verfahrensart ist die → *Planfeststellung*, die durch eine weit reichende Öffentlichkeitsbeteilung gekennzeichnet ist.

Verwaltungsvollstreckungsgesetz

Das Verwaltungsvollstreckungsgesetz des Bundes und die mit ihm in den Grundzügen übereinstimmenden Landesgesetze regeln die Vollstreckung von → *Verwaltungsakten.* Dabei ist zwischen Bescheiden, die eine Geldforderung betreffen und solchen, die ein Tun oder Unterlassen zum Gegenstand haben, zu unterscheiden. Geldforderungen werden grundsätzlich in gleicher Weise eingezogen wie Steuerschulden; das Bundesgesetz verweist insofern unmittelbar auf die → *Abgabenordnung.* Die Landesvollstreckungsgesetze sehen hier teilweise andere Regelungen vor; so können etwa die Amtsgerichte im Weg der → *Amtshilfe* mit der Vollstreckung der Geldforderung beauftragt werden. Verwaltungsakte, die auf eine Handlung, eine Duldung oder ein Unterlassen gerichtet sind, werden durch Androhung und Anwendung von → *Zwangsmitteln* vollstreckt.

Verwaltungsvorschriften

V. sind Anordnungen vorgesetzter Behörden an die ihnen nachgeordneten Stellen, die innerhalb der Verwaltung für eine einheitliche, gleichmäßige Verwaltungstätigkeit sorgen sollen. Verwaltungsvorschriften werden insbesondere dann erlassen, wenn der Behörde → *Ermessen* eingeräumt ist. Im Gegensatz zu Gesetzen im fomellen oder materiellen Sinn (→ *Gesetz,* → *Rechtsverordnung,* → *Satzung*) sind Verwaltungsvorschriften keine Rechtsnormen. Sie haben daher außerhalb der Verwaltung keine Bindungswirkung, sie begründen für den Bürger grundsätzlich keine Rechte oder Verpflichtungen.

Verwaltungszustellungsgesetz

Das Verwaltungszustellungsgesetz des Bundes und die mit ihm im Wesentlichen übereinstimmenden Landesgesetze regeln die förmliche Zustellung von → *Verwaltungsakten.* Im Regelfall ist die Bekanntgabe eines Verwaltungsakts formlos möglich, etwa durch Übersendung mittels einfachen Briefes; Einzelheiten hierüber sind im → *Verwaltungsverfahrensgesetz* enthalten. Ist die förmliche Zustellung durch Gesetz oder behördliche Anordnung vorgeschrieben, etwa beim Widerspruchsbescheid (→ *Widerspruchsverfahren),* muss auf eine der im Verwaltungszustellungsgesetz genannten Zustellungsarten zurückgegriffen werden. Im Wesentlichen stehen die Zustellung mittels Postzustellungsurkunde, mittels eingeschriebenen Briefes oder durch die Behörde selbst mittels Empfangsbekenntnisses zur Wahl. Ein eingeschriebener Brief gilt dabei am dritten Tag nach Aufgabe zur Post als zugestellt, es sei denn, der tatsächliche Zugang ist nachweislich später erfolgt. Eine besondere Regelung haben die Zustellung an Bevollmächtigte, an gesetzliche Vertreter, die Ersatzzustellung und die öffentliche Zustellung erfahren. Im verwaltungsgerichtlichen Verfahren wird nach den Bestimmungen der Zivilprozessordnung zugestellt.

▶ Verwaltungszwang

Als Verwaltungszwang bezeichnet man die Vollstreckung von → *Verwaltungsakten,* die auf eine Handlung, eine Duldung oder ein Unterlassen gerichtet sind, mittels → *Zwangsmitteln.* Die wichtigsten Mittel des Verwaltungszwangs sind Zwangsgelder und die Ersatzvornahme. Hierbei handelt es sich nicht um Strafen im Sinne des Strafrechts oder des Ordungswidrigkeitenrechts, sondern Druckmittel, um den Vollzug des Verwaltungsakts durchzusetzen. Im Polizeirecht gibt es besondere Zwangsmittel, etwa die unmittelbare Ausführung einer → *polizeilichen Maßnahme*; sie ist zulässig, wenn die Beseitigung der Gefahr für die öffentliche Sicherheit und Ordnung durch den → *Störer* nicht möglich oder untunlich ist.

▶ Verwandtschaft

V. ist die auf blutsmäßiger Abstammung beruhende Verbindung mehrerer Personen. Verwandtschaft in gerader Linie liegt vor bei Personen, die direkt voneinander abstammen (Großeltern – Eltern

– Kinder). Verwandtschaft in der Seitenlinie liegt bei Personen vor, die von derselben dritten Person abstammen (z.B. Geschwister, Vettern u.a.). Der Grad der Verwandtschaft bestimmt sich nach der Zahl der sie vermittelnden Geburten. Verwandtschaft wird auch begründet bei der → *Adoption.* Besondere Bedeutung hat die Verwandschaft bei → *Unterhaltspflichten* unter den Verwandten, im Erbrecht für → *Erbfolge,* im Pflichtteilsrecht, ferner im Rahmen der → *Eheschließung* bezüglich → *Eheverbote.* Zudem werden durch die verwandtschaftlichen Beziehungen → *Zeugnisverweigerungsrechte* begründet.

Verwarnung

Zur Ahndung geringfügiger → *Ordnungswidrigkeiten* existiert mit der so genannten Verwarnung – die ihre größte praktische Bedeutung bei kleineren Verkehrsverstößen wie falschem → *Parken* hat – ein vereinfachtes Verfahren. Anstatt eines → *Bußgeldes* kann – wenn eine nur mündliche Verwarnung nicht mehr ausreicht – ein Verwarnungsgeld zwischen 5 und 35 EUR erhoben werden. Eine Verwarnung ist nur wirksam, wenn der → *Betroffene* nach Belehrung über sein Weigerungsrecht mit ihr einverstanden ist und das Verwarnungsgeld entweder sofort oder innerhalb einer Frist von einer Woche bezahlt. Geschieht dies, so kann die Tat nicht mehr als Ordnungswidrigkeit verfolgt werden. Dagegen ist, falls sich die Tat nachträglich als sogar strafbares Verhalten erweist, eine entsprechende Verfolgung möglich.

Um diejenigen Ordnungswidrigkeiten im Straßenverkehr, bei denen eine Verwarnung in Betracht kommt, gleichmäßig zu ahnden, ist entsprechend dem → *Bußgeldkatalog* ein Verwarnungsgeldkatalog entwickelt worden. Eine Eintragung in das → *Verkehrszentralregister* erfolgt bei Verwarnungen nicht.

Verwendungen

Hierunter versteht man den freiwilligen Einsatz von Vermögen, der einer Sache zugute kommen, sie also erhalten, wieder herstellen oder verbessern soll. Nach Maßgabe des § 994 BGB kann der → *Besitzer* einer Sache vom Eigentümer Ersatz für Verwendungen verlangen, wenn sie notwendig, d. h. zur Erhaltung oder zum ordnungsgemäßen Gebrauch der Sache objektiv erforderlich waren.

Verwirkung

Die Verwirkung ist eine aus dem Grundsatz von → *Treu und Glauben* sich ergebende Beschränkung eines Rechts dahingehend, dass das Recht nicht mehr geltend gemacht werden darf. Sie tritt ein, wenn der Berechtigte das Recht über eine längere Zeit hinweg nicht geltend gemacht hat und der Verpflichtete sich nach dem Gesamtverhalten des Rechtsinhabers berechtigterweise darauf einrichtete, dass das Recht auch in Zunkunft nicht mehr ausgeübt werde.

Verzug → *Gläubigerverzug,* → *Schuldnerverzug*

V-Mann

Dieser Begriff ist die gebräuchliche Abkürzung für die im polizeilichen Auftrag tätigen „Verdeckten Ermittler“. Es handelt sich bei ihnen um Gewährsleute der Polizei, deren Identität nicht aufgedeckt wird. Ihr Einsatz erfolgte lange Zeit ohne gesetzliche Regelung, die aber zwischenzeitlich ergangen ist (§§ 110 a–110 e StPO). Danach darf der Einsatz eines V-Mannes nur zur Aufklärung erheblicher Straftaten auf bestimmten Gebieten wie etwa dem → *Betäubungsmittelrecht,* dem Waffenhandel oder bei Hinweisen auf organisierte Kriminalität erfolgen. Die auf diese Weise gewonnenen Erkenntnisse unterliegen in Bezug auf sonstige Straftaten gewissen Einschränkungen.

Volksabstimmung → *Volksbegehren/Volksentscheid*

Volksbegehren/Volksentscheid

Das Grundgesetz kennt eine Volksabstimmung nur im Fall der Neugliederung des Bundesgebiets. Dagegen haben einige Landesverfassungen das Volksbegehren und den Volksentscheid als Mittel der unmittelbaren Demokratie in weiter gehendem Umfang zugelassen. Volksbegehren wird dabei der aus der Mitte des Volkes kommende Antrag z. B. auf Erlass eines bestimmten Gesetzes genannt, die Abstimmung darüber ist der Volksentscheid. Die Voraussetzungen für eine Volksabstimmung sind dabei unterschiedlich ausgestaltet. So finden sich etwa Regelungen über ein Volksbegehren oder einen Volksentscheid in Zusammenhang mit der Auflösung des Landtags, des Erlasses von Gesetzen und bei Verfassungsänderungen.

▸ Volksverhetzung

Diesen Tatbestand begeht, wer die Menschenwürde bestimmter Bevölkerungsgruppen in einer Weise angreift, die geeignet ist, den öffentlichen Frieden zu stören. Aber auch das Verbreiten, Zugänglichmachen, Herstellen und Liefern entsprechender Schriften oder ähnliche Handlungen sind nach diesem Tatbestand strafbar.

Zu einem Angriff auf die Menschenwürde genügen allerdings bloße Ehrverletzungen nicht, vielmehr muss es sich um Angriffe auf den „Kern der Persönlichkeit" wie etwa den Aufruf, bestimmte Personen zu liquidieren, handeln. Zum Zweiten müssen Bevölkerungsgruppen, also nach äußeren Merkmalen abgrenzbare Personenmehrheiten wie etwa Farbige oder Juden, von dem Angriff betroffen sein.

Weiterhin unterfällt es seit 1994 auch dem Tatbestand der Volksverhetzung, wenn der von Nationalsozialisten begangene Völkermord gebilligt, geleugnet oder verharmlost wird, soweit dadurch der öffentliche Frieden gestört werden kann oder wenn dies öffentlich oder in einer Versammlung geschieht.

▸ Volkszählung

Das Volkszählungsgesetz sah eine Volkszählung zum Stichtag 25. Mai 1987 vor. Sie war als Vollerhebung ausgestaltet, d. h. jeder Bundesbürger bzw. jeder Haushalt und jedes Unternehmen hatte bestimmte, in den Erhebungsbögen enthaltene Fragen zu beantworten. Die Volkszählung hatte die Gewinnung aktueller statistischer Daten zum Ziel. Die für das Jahr 1983 vorgesehene Volkszählung konnte nicht durchgeführt werden, weil das → *Bundes-*

verfassungsgericht das entsprechende Gesetz wegen unzureichenden Schutzes der zu erhebenden Daten für verfassungswidrig erklärte. Eine neue Volkszählung in der Form der Vollerhebung ist derzeit nicht geplant.

Vollendung

Eine Tat ist vollendet, sobald sämtliche Merkmale des entsprechenden Tatbestands - beim → *Diebstahl* etwa die Wegnahme einer fremden, beweglichen Sache in Zueignungsabsicht - erfüllt sind. Von der Vollendung zu unterscheiden ist die Beendigung, die erst dann vorliegt, wenn der tatbestandsmäßige Erfolg endgültig gesichert ist. Bei einem Diebstahl ist dies dann der Fall, wenn der Täter seine Beute in Sicherheit gebracht hat.

Volljährigkeit

Mit Vollendung des achtzehnten Lebensjahres liegt Volljährigkeit vor (§ 2 BGB). Sie tritt am 18. Geburtstag um 0 Uhr ein (§ 187 Abs. 2 Satz 2 BGB). Eine wichtige Folge der Volljährigkeit ist der Eintritt der vollen → *Geschäftsfähigkeit.*

Im Strafverfahren spielt die Volljährigkeit nur insoweit eine Rolle, als mit Vollendung des 18. Lebensjahres die Einstufung als Heranwachsender erfolgt. Die entscheidende Altersgrenze, die zwangsläufig zur Anwendung von Erwachsenenstrafrecht führt, liegt im Strafverfahren aber noch bei 21 Jahren (→ *Jugendgerichtsgesetz).*

Vollmacht

Eine Vollmacht ist die durch → *Rechtsgeschäft* erteilte Vertretungsmacht (→ *Stellvertretung).* Sie kann als so genannte Innenvollmacht dem Bevollmächtigten gegenüber erklärt werden; möglich ist aber auch eine Außenvollmacht, bei der die Erteilung dem Dritten gegenüber (also etwa dem Vertragspartner) erklärt wird (§ 167 BGB). Die Vollmacht ist nicht formgebunden. Sie ist streng von dem ihr zugrunde liegenden Rechtsverhältnis (meist → *Auftrag,* → Dienst- oder Werkvertrag) zu trennen. Lediglich das Erlöschen der Vollmacht richtet sich nach dem Grundverhältnis (§ 168 BGB), wenn es sich nicht schon aus der Vollmacht selbst ergibt oder die Vollmacht widerrufen wird (was jederzeit möglich ist). Trotz Erlöschen der Vollmacht kann diese unter bestimmten Voraussetzungen nach Rechtsscheinsgrundsätzen noch Wirkungen entfalten (§§ 170 ff. BGB).

Vollrausch

Kann eine Straftat deshalb nicht geahndet werden, weil nicht ausgeschlossen werden kann, dass sich der Täter bei ihrer Begehung wegen eines Rausches im Zustand der → *Schuldunfähigkeit* befunden hat, so erfolgt eine Bestrafung wegen Vollrausches (→ *Alkoholdelikte*). Dem Täter wird also dann, wenn es im Rausch zu einer Straftat kommt, zum Vorwurf gemacht, diesen Rausch vorsätzlich oder fahrlässig herbeigeführt zu haben. Hat der Täter allerdings den Rausch bewusst herbeigeführt, um eine bestimmte Tat zu begehen – hat er sich also zum Beispiel Mut für einen Einbruch angetrunken – oder konnte er jedenfalls wissen, dass er im Rausch eine bestimmte Tat begehen würde – wer mit dem Auto zum Gasthaus fährt, kann zum Beispiel wissen, dass er damit trotz eines Rausches wieder nach Hause fahren wird –, so wird er aus dem verwirklichten Tatbestand selbst bestraft.

Vollstreckbare Ausfertigung

Eine vollstreckbare Ausfertigung ist die mit einer → *Vollstreckungsklausel* versehene → *Ausfertigung* eines → *Urteils* oder eines sonstigen → *Vollstreckungstitels*. Sie wird entweder vom → *Urkundsbeamten* der Geschäftsstelle (insbesondere bei einfachen Klauseln; § 724 Abs. 2 ZPO), vom → *Rechtspfleger* (bei qualifizierten Klauseln; § 20 Nr. 12 und 13 Rechtspflegergesetz) oder vom → *Notar* (bei notariellen Urkunden, die er verwahrt, § 797 Abs. 2 ZPO) erteilt.

Vollstreckbare Urkunde

Dies ist eine → *Urkunde*, die von einem deutschen → *Gericht* oder → *Notar* aufgenommen wurde und in der sich der Schuldner der sofortigen Zwangsvollstreckung unterworfen hat. Sie stellt einen → *Vollstreckungstitel* dar und kann nur errichtet werden, wenn die Zahlung von Geld oder die Leistung einer bestimmten Menge vertretbarer Sachen (etwa eine Waschmaschine eines bestimmten Typs) geschuldet ist, nicht aber, wenn es um andere Ansprüche wie etwa die Abgabe einer Willenserklärung geht.

Vollstreckbarkeit

Unter dem Begriff der Vollstreckbarkeit versteht man, dass ein Titel geeignet ist, aus ihm die → *Zwangsvollstreckung* zu betreiben. Die Vollstreckbarkeit ist Voraussetzung für die Erteilung der → *Vollstreckungsklausel.* Urteile sind mit Eintritt der → *Rechtskraft* endgültig vollstreckbar. Sie werden jedoch regelmäßig nach den Vorschriften der §§ 708 bis 713 ZPO schon vorher für vorläufig vollstreckbar (→ *vorläufige Vollstreckbarkeit*) erklärt.

Vollstreckungsabwehrklage

Die Vollstreckungsabwehr- oder Vollstreckungsgegenklage ist eine → *Klage,* durch die der Schuldner Einwendungen gegen den im → *Urteil* festgestellten Anspruch geltend macht (§ 767 ZPO). Sie ist beim Prozessgericht des ersten Rechtszuges zu erheben. Die Vollstreckungsabwehrklage hat zum Ziel, die Vollstreckbarkeit des Urteils zu beseitigen. Da nicht das Urteil selbst angegriffen werden soll, können auch nur Umstände geltend gemacht werden, die in dem Urteilsverfahren nicht mehr berücksichtigt werden konnten. So kann beispielsweise die Zahlung der nach dem Urteil geschuldeten Summe nur dann berücksichtigt werden, wenn die Zahlung nach Schluss der mündlichen Verhandlung erfolgte.

Vollstreckungsbescheid

Ein Vollstreckungsbescheid wird auf Antrag des Gläubigers im → *Mahnverfahren* erlassen, wenn gegen einen Mahnbescheid nicht rechtzeitig Widerspruch erhoben wurde (§ 699 ZPO). Er steht einem für vorläufig vollstreckbar erklärten Urteil gleich und ist ein → *Vollstreckungstitel.* Der Vollstreckungsbescheid kann nur innerhalb von 2 Wochen mit dem Einspruch angegriffen werden.

Vollstreckungsgericht

Das Vollstreckungsgericht ist eine für die → *Zwangsvollstreckung* zuständige Abteilung des → *Amtsgerichtes.* Es ist für die den Gerichten übertragenen Vollstreckungsmaßnahmen als Vollstreckungsorgan tätig (zum Beispiel Erlass eines Pfändungs- und Überweisungsbeschlusses bei Pfändung von Arbeitseinkommen). Zuständig ist meist das Gericht, in dessen Bezirk das Vollstreckungsverfahren stattfinden soll. Das Vollstreckungsgericht kann ohne mündliche Verhandlung entscheiden (§ 764 ZPO). Vollstreckungsgericht im Verwaltungsprozess ist das → *Verwaltungsgericht.*

Vollstreckungsklausel

Eine Vollstreckungsklausel ist notwendiger Bestandteil der → *vollstreckbaren Ausfertigung.* Nach § 725 ZPO lautet sie: „Vorstehende Ausfertigung wird dem (es folgt Bezeichnung der Partei) zum Zwecke der Zwangsvollstreckung erteilt." Sie wird vom Urkundsbeamten der Geschäftsstelle, vom Rechtspfleger oder vom Notar erteilt.

Vollstreckungsschutz

Unter Vollstreckungsschutz versteht man, dass die an sich gegebenen Möglichkeiten der → *Zwangsvollstreckung* im Interesse des Schuldners und bei Vorliegen bestimmter Voraussetzungen (wie besondere Härte, Entstehen unersetzbarer Nachteile) ausgeschlossen oder eingeschränkt werden. So kann etwa bereits das Prozessgericht im vorläufig vollstreckbaren Urteil aussprechen, dass der Schuldner durch Sicherheitsleistung die Vollstreckung abwehren darf (§ 712 ZPO). In der Zwangsvollstreckung kann das Vollstreckungsgericht Vollstreckungsmaßnahmen ganz oder teilweise aufheben, untersagen oder einstellen.

▸ Vollstreckungstitel

Entscheidungen und beurkundete Erklärungen, aus denen aufgrund gesetzlicher Regelung die → *Zwangsvollstreckung* betrieben werden kann, sind Vollstreckungstitel. Sie sind Voraussetzung für jede Zwangsvollstreckung. Die wichtigsten Vollstreckungstitel sind in § 704 ZPO (→ *Endurteile)* und § 794 ZPO (insbesondere gerichtliche Vergleiche, Kostenfestsetzungsbeschlüsse und → *vollstreckbare Urkunden*) genannt. Weitere Titel sind sowohl in der ZPO als auch in anderen Gesetzen aufgeführt (etwa § 178 Abs. 3 Insolvenzordnung: Eintragung in die Insolvenztabelle).

▸ Vollziehende Gewalt

Nach Art. 20 Abs. 2 GG geht die Staatsgewalt vom Volk aus; sie wird nach dem Grundsatz der Gewaltenteilung durch besondere Organe der Gesetzgebung → *gesetzgebende* Gewalt) – Legislative –, der Rechtsprechung – Judikative – und der vollziehenden Gewalt – Exekutive – ausgeübt. Sie wird vielfach mit dem Begriff Verwaltung gleichgesetzt. Die vollziehende Gewalt kann in die Regierung als die politische Führungsspitze und die Behörden als die die jeweiligen Gesetze vollziehenden Stellen unterteilt werden.

▸ Vollziehung, sofortige

Widerspruch (→ *Widerspruchsverfahren)* und → *Anfechtungsklage* gegen einen belastenden → *Verwaltungsakt* haben nach § 80 Abs. 1 der Verwaltungsgerichtsordnung grundsätzlich → *aufschiebende Wirkung.* Eine Ausnahme gilt bei der Anforderung öffentlicher Abgaben und Kosten, also im Wesentlichen bei Steuern, → *Gebühren* und → *Beiträgen.* Eine aufschiebende Wirkung entfällt auch bei Maßnahmen von Polizeivollzugsbeamten und bei den im Gesetz ausdrücklich angeordneten Fällen, etwa bei der → *Einberufung* Wehrpflichtiger. Bei besonderem öffentlichen Interesse oder bei einem überwiegenden Interesse eines Beteiligten kann die Behörde auch in sonstigen Fällen durch Anordnung der sofortigen Vollziehbarkeit eines Verwaltungsakts die aufschiebende Wirkung ausschließen; das ist schriftlich zu begründen. Der

Betroffene kann in diesen Fällen bei der Behörde oder der Widerspruchsbehörde beantragen, die aufschiebende Wirkung seines Rechtsbehelfs anzuordnen bzw. wiederherzustellen. Er kann aber auch beim Verwaltungsgericht einen entsprechenden schriftlichen Antrag stellen. Ein vorheriger Antrag bei der Behörde ist nur bei Verwaltungsakten zwingend vorgeschrieben, die öffentliche Abgaben und Kosten betreffen. Dem Antrag ist grundsätzlich dann stattzugeben, wenn sich im Rahmen der vorzunehmenden Interessenabwägung abzeichnet, dass der Antragsteller in der Hauptsache voraussichtlich obsiegen wird. Gegen die Entscheidung des Verwaltungsgerichts ist eine Beschwerde möglich.

▸ Volontär

V. ist, wer sich für ein bestimmtes Gebiet und für eine gewisse Zeit einem Arbeitgeber zur Verfügung stellt, um von diesem ausgebildet zu werden, ohne dass eine abgeschlossene Fachausbildung beabsichtigt ist. Auf Volontäre finden verschiedene Vorschriften des → *Berufsbildungsgesetzes* Anwendung (vgl. § 19 BBiG).

▸ Vorausvermächtnis

V. liegt vor, wenn der → *Erblasser* dem Vermächtnisnehmer, der zugleich → *Erbe* ist, neben dem Erbteil einen Vermögensvorteil zuwendet, den der Erbe sich nicht auf seinen Erbteil anrechnen lassen muss. Er erhält diesen Vermögensvorteil im Voraus.

▸ Vorbehaltsurteil

Ein Vorbehaltsurteil ist ein → *Urteil,* in dem der Beklagte unter dem Vorbehalt verurteilt wird, dass über bestimmte Einwendungen von ihm noch in einem Nachverfahren in derselben Instanz entschieden wird. Da mit dem Vorbehaltsurteil Prozessverschleppungen vorgebeugt werden soll, kann aus ihm wie aus einem → *Endurteil* die Zwangsvollstreckung betrieben werden. Vorbehaltsurteile sind im → *Urkundenprozess* (§ 599 ZPO) und für den Fall vorgesehen, dass der Beklagte mit einer Gegenforderung die → *Aufrechnung* erklärt (§ 302 ZPO). Das Vorbehaltsurteil kann mit den gleichen Rechtsmitteln angegriffen werden, die auch gegen Endurteile gegeben sind.

Vorbereitungsdienst

V. nennt man die von einem → *Beamten* zur Vorbereitung auf sein späteres Amt nach der entsprechenden Laufbahnverordnung (→ *Laufbahn)* abzuleistende Ausbildungszeit. Die Beamten erhalten während dieser Zeit → *Anwärterbezüge.* Sie führen im Vorbereitungsdienst für Ämter des höheren Dienstes die Bezeichnung → *Referendar,* ansonsten Anwärter; vom Status her sind sie Beamte auf Widerruf. Der Vorbereitungsdienst schließt grundsätzlich mit einer Prüfung ab. Rechtsreferendare werden in einem besonderen öffentlich-rechtlichen Dienstverhältnis beschäftigt, das nicht dem Beamtenrecht unterfällt.

Vorbescheid

Ein Vorbescheid ist in der → *freiwilligen Gerichtsbarkeit* ein Bescheid, der die endgültige Entscheidung des Gerichts erst ankündigt. Solche Vorbescheide sind von der Rechtsprechung nur ausnahmsweise zugelassen. So ist ein Vorbescheid etwa möglich, wenn die Erteilung eines → *Erbscheines* erfolgen soll, die Rechtslage aber sehr schwierig ist. Der vorbereitende Bescheid, der den Inhalt des beabsichtigten Erbscheins angibt, kann dann binnen einer bestimmten Frist mit → *Beschwerde* angefochten werden, sodass die Rechtslage geklärt wird. Damit wird vermieden, dass erst ein unrichtiger Erbschein erteilt wird, der dann wieder eingezogen werden muss.

Im → *Verwaltungsrecht* sehen die landesrechtlichen → *Bauordnungen* im Wesentlichen übereinstimmend vor, dass einzelne Fragen, die für eine → *Baugenehmigung* entscheidungserheblich sind, schon vorab durch Vorbescheid geklärt werden können; wichtig ist vor allem die so genannte Bebauungsgenehmigung, ein Vorbescheid, der die grundsätzliche Bebaubarkeit eines Grundstücks klärt. Innerhalb der Geltungsdauer eines Vorbescheids besteht im Hinblick auf eine künftige Baugenehmigung für das betreffende Vorhaben eine Bindungswirkung; das bedeutet, dass die Baubehörde von der im Vorbescheid getroffenen Entscheidung grundsätzlich nicht mehr abweichen darf.

Vorerbe

ist der kraft Gesetzes oder durch → *Verfügung von Todes wegen* bestimmte → *Erbe*, der durch Einsetzung des → *Nacherben* beschränkt ist. Der Nacherbfall tritt, wenn der Erblasser nichts anderes bestimmt hat, mit dem Tode des Vorerben ein. Der Vorerbe erbt den Nachlass des Erblassers, ebenso der Nacherbe. Steuerrechtlich wird der Nachlass des Erblassers zweimal der Besteuerung unterworfen. Der Erblasser kann den Vorerben von Verfügungsbeschränkungen freistellen.

Vorfahrt

Soweit durch Verkehrszeichen nichts anderes geregelt wird, hat an Kreuzungen und Einmündungen grundsätzlich derjenige Fahrzeugführer Vorfahrt, der von rechts kommt (Grundregel: Rechts vor links). Davon gibt es nur zwei Ausnahmen: Auf → *Autobahnen* und → *Kraftfahrstraßen* hat der durchgehende Verkehr Vorrang; wer aus Feldwegen, Waldwegen, Fußgängerzonen, verkehrsberuhigten Bereichen oder über einen abgesenkten Bordstein auf eine andere Straße einfährt, ist immer wartepflichtig.

Die Vorfahrt erstreckt sich auf die ganze Fahrbahnbreite und gilt für alle Fahrzeugarten, also auch Radfahrer und Fuhrwerke.

Vorführungsbefehl

Erscheint ein Beschuldigter trotz ordnungsgemäßer Ladung nicht zu einer staatsanwaltschaftlichen oder richterlichen → *Vernehmung* oder zur → *Hauptverhandlung*, so kann seine zwangsweise Vorführung angeordnet werden. Er wird dann so rechtzeitig festgenommen, dass er von der Polizei zu dem neu festgesetzten Termin gebracht werden kann. Von dem ebenfalls zulässigen → *Haftbefehl* unterscheidet er sich dadurch, dass der Beschuldigte nicht, sobald er aufgegriffen wird, festgenommen wird, sondern erst verhältnismäßig kurze Zeit vor dem neuen Termin.

Ein unentschuldigt ausgebliebener → *Zeuge* kann ebenfalls zwangsweise zu seiner Vernehmung gebracht werden.

Vorgesetzter

V. eines Beamten ist derjenige, der dem Beamten in Bezug auf dessen dienstliche Tätigkeit Weisungen erteilen kann.

Vorhaben- und Erschließungsplan

Der Vorhaben- und Erschließungsplan ist ein Instrumentarium zur erleichterten Zulassung von Investitionsvorhaben. Die Gemeinde kann durch → *Satzung* die Zulässigkeit von Bauvorhaben bestimmen, die nach der bisherigen Rechtslage nicht zugelassen werden konnten (vorhabenbezogener Bebauungsplan). Voraussetzung ist, dass die Vorhaben nicht ohne Aufstellung, Änderung, Ergänzung oder Aufhebung eines Bebauungsplans (→ *Bauleitplan)* erlaubt werden können und der Vorhabenträger auf der Grundlage eines von ihm vorgelegten und mit der Gemeinde abgestimmten Plans zur Durchführung der Vorhaben und der Erschließungsmaßnahmen bereit und in der Lage ist (Vorhaben- und Erschließungsplan) und sich zur Realisierung innerhalb einer bestimmten Frist und zur Tragung der Erschließungskosten ganz oder teilweise verpflichtet (Durchführungvertrag). Der Vorhaben- und Erschließungsplan wird Bestandteil der Satzung. Im Gebiet der Satzung ist ein Vorhaben zulässig, wenn es deren Festsetzungen nicht widerspricht und die → *Erschließung* gesichert ist. Die Satzung über den Vorhaben- und Erschließungsplan hat damit ähnliche Wirkungen wie ein Bebauungsplan; der wesentliche Vorteil gegenüber diesem ist das erheblich einfachere Aufstellungsverfahren.

Vorkaufsrecht

Ein Vorkaufsrecht ist das Recht, in einen Kaufvertrag anstelle des ursprünglichen Erwerbers einzutreten. Verkauft also z. B. der V dem K ein Grundstück für 100 000 EUR und übt der Vorkaufsberechtigte D sein Vorkaufsrecht aus, so wird er anstelle des K

Käufer. Es kann rein schuldrechtlich vereinbart werden (§§ 463 ff. BGB), aber auch als → *Grundstücksrecht* (§§ 1094 ff. BGB). Von erheblicher Bedeutung sind die gesetzlichen Vorkaufsrechte z. B. der Städte und Gemeinden nach dem Baugesetzbuch.

Vorkonstitutionelles Recht

Als vorkonstitutionelles Recht bezeichnet man Vorschriften, die aus der Zeit vor Inkrafttreten des Grundgesetzes stammen. Es kann sich dabei um so genanntes Reichsrecht, also am 8. 5. 1945 vorhandenes Recht, oder um Vorschriften aus der Besatzungszeit handeln. Früheres Recht gilt fort, wenn es dem Grundgesetz inhaltlich nicht widerspricht, insbesondere wenn es mit den → *Grundrechten* vereinbar ist. Bei Streitigkeiten über die Fortgeltung früheren Rechts entscheidet das → *Bundesverfassungsgericht.* Ob das vorkonstitutionelle Recht als Bundes- oder Landesrecht fortgilt, bestimmt sich im Wesentlichen danach, ob das Grundgesetz die entsprechende Rechtsmaterie der Gesetzgebungskompetenz des Bundes oder der Länder zuweist.

Vorläufige Vollstreckbarkeit

Unter vorläufiger Vollstreckbarkeit versteht man, dass aus einem Urteil, das noch nicht rechtskräftig ist, die → *Zwangsvollstreckung* betrieben werden kann. Dies ist im Zivilprozess regelmäßig der Fall, da nach §§ 708, 709 ZPO Urteile mit oder ohne Sicherheitsleistung für vorläufig vollstreckbar zu erklären sind. Dies gilt ausnahmsweise nicht für Urteile in Ehe- und Kindschaftssachen (§ 704 Abs. 2 ZPO). Urteile der Arbeitsgerichte sind auch ohne entsprechenden Ausspruch im Urteilstenor vorläufig vollstreckbar (§ 62 Abs. 1 Arbeitsgerichtsgesetz).

Vorläufige Vormundschaft

Seit Inkrafttreten des Betreuungsgesetzes am 1. 1. 1992 ist die Entmündigung Volljähriger und damit auch die vorläufige Vormundschaft beseitigt.

Als Fürsorgemaßnahme bei Volljährigen ist durch das → *Vor-*

mundschaftsgericht die Anordnung einer → *Betreuung* möglich (§§ 1896 ff. BGB).

Vormerkung

Die Vormerkung ist ein Mittel zur Sicherung eines Anspruchs auf → *Eintragung* einer Rechtsänderung im Grundbuch. Sie wird im → *Grundbuch* vermerkt (§ 885 BGB) und hat zur Folge, dass spätere Verfügungen über das vorgemerkte Recht dem Geschützten gegenüber nicht wirksam sind (§ 883 BGB). Herausragende Bedeutung hat die Vormerkung beim Grundstückskauf (Auflassungsvormerkung): weil erst mit ihrer Eintragung der Eigentumserwerb durch den Käufer endgültig gesichert ist, wird in der Regel die Kaufpreisfälligkeit davon abhängig gemacht.

Vormundschaft

Ein Vormund wird einem Minderjährigen durch das → *Vormundschaftsgericht* zugeordnet, wenn er nicht unter elterlicher Sorge steht (z. B. bei Tod der Eltern) oder wenn die Eltern zu Vertretung des Minderjährigen in persönlichen und vermögensrechtlichen Angelegenheiten nicht berechtigt sind (z. B. weil ihnen die elterliche Sorge entzogen ist, diese ruht, oder die Eltern unter Betreuung stehen).

(1) Als Vormund berufen ist, wer von den Eltern des → *Mündels* als Vormund benannt wird. Der von den Eltern Berufene kann als Vormund kraft Gesetzes übergangen werden, wenn die in §§ 1780 bis 1784 BGB genannten Hinderungsgründe bestehen, eine Bestellung dem Wohl des Mündels widersprechen würde oder wenn das Mündel, das das 14. Lebensjahr vollendet hat, widersprochen hat. Kann der durch die Eltern Benannte nicht als Vormund bestellt werden, hat das → *Vormundschaftsgericht* nach Anhörung des Jugendamtes einen Vormund auszuwählen.

(2) Der vom Vormundschaftsgericht bestellte Vormund hat das Amt zu übernehmen, es sei denn, es liegen Ablehnungsrechte vor (z. B. anderweitige Versorgung von mehreren schulpflichtigen Kindern, Vollendung des 60. Lebensjahres, Krankheit, Gebrechen). Der Vormund ist, wie die Eltern, gesetzlicher Vertreter des Kindes in personen- und vermögensrechtlichen Angelegenheiten. Er erhält vom Vormundschaftsgericht zu seiner Legitimation eine → *Bestallung*.

(3) Für eine Reihe von Rechtsgeschäften (z. B. Verfügung über Forderungen und Wertpapiere, Verfügung über Grundstücke, Eingehung von Verpflichtungen bei Verfügung über Grundstücke) bedarf der Vormund der → *Genehmigung* des Vormundschaftsgerichts.

Vormundschaftsgericht

V. ist eine Abteilung des → *Amtsgerichts*, dem die gerichtlichen Entscheidungen in familienrechtlichen Angelegenheiten übertragen sind, soweit nicht das → *Familiengericht* ausschließlich oder das → *Zivilgericht* zuständig ist. Das Vormundschaftsgericht ist insbesondere zur Bestellung und Überwachung eines Vormunds, eines Betreuers oder eines Pflegers, zur Adoption von Kindern berufen. Die Aufgaben des Vormundschaftsgerichts nimmt weitgehend der → *Rechtspfleger* wahr.

Vorpfändung

Eine Vorpfändung ist eine private Vollstreckungsmaßnahme des Gläubigers, die bei der Vollstreckung in Forderungen oder sonstige Rechte vorgesehen ist (§ 845 ZPO). Dabei kann der Gläubiger den → *Drittschuldner* und den → *Schuldner* von der bevorstehenden Pfändung benachrichtigen lassen. Diese Benachrichtigung hat die Wirkung eines → *Arrestes*, sodass bereits ab diesem Zeitpunkt rangwahrend Verstrickung und Pfandrecht entstehen. Erforderlich hierfür ist jedoch, dass die (Voll-)Pfändung dann innerhalb eines Monats durchgeführt wird.

Vorsatz

Unter Vorsatz versteht man das Wissen um die und das Wollen der Merkmale eines Tatbestands. Der Vorsatz ist in drei Arten möglich: Absicht liegt vor, wenn der Täter ein ganz bestimmtes Ziel erreichen will. Das ist etwa der Fall, wenn A auf B schießt, um B zu töten.

Direkter Vorsatz ist gegeben, wenn es einem Täter zwar nicht auf einen bestimmten Erfolg ankommt, er aber genau weiß, dass dieser die Folge seines Verhaltens sein wird. Im obigen Beispiel wäre direkter Vorsatz für die Tötung des B gegeben, wenn es A zwar darauf anlegt, den B zu berauben, er aber weiß, dass der von ihm abgegebene Schuss den B töten wird.

Bedingter Vorsatz ist schließlich gegeben, wenn der Täter um die Möglichkeit eines Erfolges weiß und diesen in Kauf nimmt. Im obigen Beispiel wäre das der Fall, wenn A zwar B durch seinen Schuss nicht töten will, er aber weiß, dass er B auch tödlich treffen kann und trotzdem den Schuss abgibt.

▶ Vorsitzender Richter

Ein Vorsitzender Richter leitet ein Kollegialgericht (→ *Senat*, → *Strafkammer*).

▶ Vorsorgepauschale → *Sonderausgaben*

▶ Vorsorgevollmacht

V. ist eine Willenserklärung, mit der ein Geschäftsfähiger Anordnungen dazu trifft, in welchem Umfang ein von ihm Bevollmächtigter handeln soll, wenn er selbst ganz oder teilweise handlungs- bzw. entscheidungsunfähig geworden ist (→ *Betreuung*).

▶ Vorstand

Ein Vorstand ist das geschäftsführende Organ insbesondere der → *Aktiengesellschaft*.

▶ Vorstellungskosten

V. sind Kosten, die dem Arbeitnehmer bei seiner Stellensuche entstehen. Sie sind insbesondere dann vom Arbeitgeber zu erstatten, wenn er den Stellensuchenden persönlich zum Vorstellungsgespräch aufgefordert hat.

▶ Vorsteuer → *Umsatzsteuer*

Vorstrafe

In einem Strafverfahren gelten nur Verurteilungen wegen solcher Taten als Vorstrafe, die einmal vor der jetzt verfolgten Tat begangen und zum anderen auch vor dieser rechtskräftig abgeurteilt worden sind. Vorstrafen wirken jedenfalls dann, wenn sie gleichartige Delikte betreffen, bei erneuten Verurteilungen strafschärfend.

Nach Eintritt der Tilgungsreife wird eine Vorstrafe im → *Zentralregister* gelöscht. Im allgemeinen Rechtsverkehr darf sich – trotz einer entsprechenden Vorverurteilung – derjenige als nicht vorbestraft bezeichnen, in dessen → *Führungszeugnis* keine Eintragungen erfolgen.

Vortäuschen einer Straftat

Das Vortäuschen einer Straftat liegt vor, wenn jemand gegenüber einer Behörde oder einer zur Strafverfolgung zuständigen Stelle wider besseres Wissen vortäuscht, es sei eine – in Wirklichkeit nicht begangene – Straftat begangen worden, es stehe eine bestimmte, schwere Straftat bevor, oder wenn er über die Person eines Beteiligten an einer wirklich begangenen oder bevorstehenden Straftat täuscht. Als Beispiel kommt in Betracht, dass jemand, der sein Geld verzecht hat, bei der Polizei angibt, er sei beraubt worden, um auf diese Weise seine Verschwendung seiner Familie gegenüber zu verbergen.

Von der falschen → *Verdächtigung* unterscheidet sich das Vortäuschen einer Straftat dadurch, dass hier keine bestimmte oder bestimmbare Person wahrheitswidrig als Täter bezichtigt wird.

Vorteilsausgleichung

Unter Vorteilsausgleichung versteht man, dass bei der Berechnung eines zu leistenden Schadenersatzes ein durch die schädigende Handlung verursachter Vorteil berücksichtigt (vom Schaden abgezogen) werden muss; Beispiel: Abzug ersparter Verpflegungskosten bei einem durch die schädigende Handlung notwendig gemachten Krankenhausaufenthalt.

Vorverfahren

Im Verwaltungsprozess ist vor Erhebung einer → *Anfechtungs-* oder → *Verpflichtungsklage* grundsätzlich ein behördliches Vorverfahren durchzuführen. Dieses beginnt mit der Erhebung eines Widerspruchs und endet mit dem Erlass eines Widerspruchsbescheids. Das Vorverfahren wird allgemein als → *Widerspruchsverfahren* bezeichnet.

Vorversicherungszeiten

V. sind in der gesetzlichen → *Krankenversicherung* notwendig, wenn vom Recht der freiwilligen Weiterversicherung Gebrauch gemacht werden soll. Es muss eine Pflichtversicherungszeit von 12 Monaten innerhalb der letzten 5 Jahre oder von 6 Monaten unmittelbar vor Beendigung der Versicherungspflicht bestanden haben. In der gesetzlichen → *Rentenversicherung* sind Vorversicherungszeiten notwendig für eine freiwillige Versicherung. Sie müssen die allgemeine → *Wartezeit* von 5 Jahren erfüllen.

VwGO

VwGO ist die gebräuchliche Abkürzung für Verwaltungsgerichtsordnung.

W

Waffenrecht

Das Waffenrecht trifft umfangreiche Regelungen über Herstellung, Handel und Besitz von Schusswaffen, Hieb- und Stoßwaffen sowie sonstigen gefährlichen Gegenständen wie etwa Molotow-Cocktails. Beim Erwerb von und der Ausübung der tatsächlichen Gewalt über Schusswaffen und Munition muss zwischen der Waffenbesitzkarte und dem Waffenschein unterschieden werden: Erstere gestattet den Erwerb von Waffen und Munition sowie Aufbewahrung und Gebrauch innerhalb des befriedeten Besitztums, also innerhalb der eigenen Wohnung oder des eigenen Grundstücks. Letzterer erlaubt die Mitnahme von Schusswaffen auch in die Öffentlichkeit. Waffenscheine und Waffenbesitzkarte werden nur unter strengen Voraussetzungen erteilt. Sind diese nachträglich weggefallen, kann die Erlaubnis widerrufen werden.

Verstöße gegen die Bestimmungen des Waffenrechts sind vielfach Straftaten, die mit hohen Geld- oder Freiheitsstrafen geahndet werden.

Wahlbeamte

W. sind → *Beamte,* deren Berufung in ihr Dienstverhältnis eine Wahl voraussetzt. Wahlbeamte sind z. B. nach bayerischem Kommunalrecht → *Bürgermeister* und → *Landräte*. Wahlbeamte sind regelmäßig Beamte auf Zeit. Soweit für sie keine sondergesetzlichen Regelungen getroffen wurden, gilt das allgemeine → *Beamtenrecht.*

Wahldelikte

Diejenigen Straftaten, mit denen die unbehinderte Ausübung des Wahlrechts beeinträchtigt oder das Ergebnis von Wahlen verfälscht werden soll, werden als Wahldelikte bezeichnet. Sie betreffen vor allem Wahlen zu Volksvertretungen wie dem → *Bundestag,* den einzelnen → *Landtagen* oder auch zu Gemeindevertretungen.

Wahlfeststellung

In Strafverfahren kommt es häufig vor, dass sich nicht mit Sicherheit feststellen lässt, welchen von mehreren Sachverhalten ein Beschuldigter verwirklicht hat. Andererseits steht aber fest, dass es einer von zwei oder mehreren möglichen Sachverhalten gewesen sein muss.

Liegt nun in jedem dieser Sachverhalte ein strafbares Verhalten, und ist nicht eine dieser Verhaltensweisen für den Beschuldigten wesentlich günstiger als die anderen – so ist, wenn etwa ein → *Raub* und ein → *Diebstahl* in Betracht kommen, der Diebstahl die für den Beschuldigten günstigere Variante –, dann kommt eine Bestrafung nach den Grundsätzen der Wahlfeststellung in Betracht. Das Gericht stellt dann die in Betracht kommenden Sachverhaltsmöglichkeiten und ihre rechtliche Einordnung fest und verurteilt den Angeklagten, weil er wahlweise eine dieser Möglichkeiten verwirklicht haben muss. Einer der bekanntesten Fälle der Wahlfeststellung ist diejenige zwischen Diebstahl und → *Hehlerei.* Sie liegt vor, wenn beim Täter Diebesgut aufgefunden wird, aber nicht mehr festgestellt werden kann, ob er selbst gestohlen oder ob er die Dinge in Kenntnis des Diebstahls von einem anderen erworben hat.

Wahlprüfung

W. ist ein Verfahren, in dem die Gültigkeit einer Wahl überprüft wird. Die Gültigkeit einer Bundestagswahl hat der Bundestag nach Vorprüfung durch den Wahlprüfungsausschuss festzustellen. Einleiten kann ein Wahlprüfungsverfahren ein Wahlberechtigter, ein Wahlleiter oder der Bundestagspräsident. Gegen die Entscheidung des Bundestags im Wahlprüfungsverfahren kann das → *Bundesverfassungsgericht* angerufen werden. Ähnliche Regelungen bestehen für die Wahlen zu den Landtagen. Wahlen zu den Vertretungsorganen der kommunalen Gebietskörperschaften, etwa Gemeinderats- oder Kreistagswahlen, werden von den Aufsichtsbehörden von Amts wegen oder aufgrund einer Wahlanfechtung eines Wahlberechtigten überprüft. Gegen deren Entscheidung kann Klage zu den → *Verwaltungsgerichten* eingereicht werden.

▶ Wahlrecht

Das öffentliche Wahlrecht in der Bundesrepublik Deutschland ist gekennzeichnet durch den verfassungsrechtlichen Grundsatz der allgemeinen, unmittelbaren, freien, gleichen und geheimen Wahl. In subjektiver Hinsicht ist zwischen der Wahlberechtigung (aktives Wahlrecht) und der Wählbarkeit (passives Wahlrecht) zu unterscheiden. Wahlberechtigt ist, wer die deutsche Staatsangehörigkeit besitzt, im Inland wohnt (hier gibt es gewisse Ausnahmen), 18 Jahre alt ist, nicht unter dauernder → *Betreuung* für alle seine Angelegenheiten steht und nicht durch gerichtliche Entscheidung das Wahlrecht verloren hat; die Wahlgesetze sehen darüber hinaus für bestimmte Personengruppen einen Ausschluss von der Ausübung des Wahlrechts vor, etwa bei solchen, die wegen Geisteskrankheit oder Geistesschwäche in einer psychiatrischen Anstalt untergebracht sind. Wählbar sind Wahlberechtigte, die die deutsche Staatsangehörigkeit seit mindestens einem Jahr besitzen, das 18. Lebensjahr vollendet und die Wählbarkeit nicht durch Richterspruch verloren haben. Das Wahlrecht besitzen Bürger der Mitgliedsstaaten der → *Europäischen Gemeinschaft* nur bei Kommunalwahlen. Die einzelnen Bundesländer können die Wählbarkeit unterschiedlich regeln; teilweise ist es EG-Bürgern nicht erlaubt, zum Amt des → *Bürgermeisters* zu kandidieren.

▶ Wahlverteidiger

Derjenige → *Verteidiger*, den der Beschuldigte sich selbst ausgewählt hat, wird als Wahlverteidiger bezeichnet.

▶ Wahndelikt

Unter einem Wahndelikt versteht man die auf einem → *Irrtum* beruhende Vorstellung eines Täters, ein in Wirklichkeit nicht strafbares Verhalten sei strafbar (→ *Verbotsirrtum*). Diese fehlerhafte Rechtsvorstellung – etwa, dass homosexuelle Handlungen zwischen erwachsenen Männern strafbar seien – kann keine Strafbarkeit hervorrufen.

Wahrheitspflicht

Im Strafverfahren trifft den Beschuldigten keine Wahrheitspflicht. Er kann sich also nicht nur durch Schweigen, sondern auch durch Leugnen verteidigen. Allerdings darf dieses Leugnen nicht zur → *Vortäuschung einer Straftat* oder einer falschen → *Verdächtigung* führen.

Waisengeld

W. erhalten die leiblichen und grundsätzlich auch die adoptierten Kinder eines verstorbenen → *Beamten* auf Lebenszeit oder eines Ruhestandsbeamten auf der Grundlage des Beamtenversorgungsgesetzes. Es beträgt bei Halbwaisen 12 und bei Vollwaisen 20 v. H. des Ruhegehalts, das der Verstorbene erhalten hat oder hätte, wenn er am Todestag in den Ruhestand getreten wäre.

Wandelung → *Gewährleistung*

Warenzeichen

Ein Warenzeichen ist ein Kennzeichen (eine → *Marke*), durch das die Waren eines Gewerbetreibenden von denen seiner Konkurrenten unterschieden werden können; es wird durch das Markengesetz geschützt.

Wartezeiten

In der gesetzlichen → *Rentenversicherung* müssen bestimmte Wartezeiten erfüllt sein, damit ein Anspruch auf Rente entsteht. Sie betragen für das → *Altersruhegeld* nach Vollendung des 65. Lebensjahrs, die Rente wegen vollständiger oder teilweiser → *Erwerbsminderung* und die Hinterbliebenenrente 5 Jahre; für das vorgezogene Altersruhegeld ist die Wartezeit deutlich länger. Ohne

Erreichen der Mindestwartezeiten gilt die Wartezeit bei Eintritt bestimmter Umstände als erfüllt, insbesondere wenn der Betreffende aufgrund eines → *Arbeitsunfalls* oder infolge einer Berufskrankheit erwerbsgemindert ist. Auf die allgemeine Wartezeit werden nur Beitragszeiten und Ersatzzeiten angerechnet; Gleiches gilt für die 15-jährige Wartezeit für Altersrenten wegen Arbeitslosigkeit und nach Altersteilzeit sowie für die Altersrenten für Frauen. Für die Erfüllung der 35-jährigen Wartezeit für Altersrenten für langjährig Versicherte und für Schwerbehinderte sind sämtliche rentenrechtlichen Zeiten (Beitragszeiten, Ersatzzeiten, Anrechnungszeiten und Berücksichtigungszeiten) zu berücksichtigen.

Wasserbuch

Das Wasserhaushaltsgesetz (→ *Wasserrecht)* verpflichtet die zuständigen Behörden, meist die Kreisverwaltungsbehörden, für jedes diesem Gesetz unterliegende Gewässer ein Wasserbuch zu führen, in das alle wasserrechtlichen Erlaubnisse und Bewilligungen, alte Rechte und Befugnisse (aus der Zeit vor dem Inkrafttreten des Wasserhaushaltsgesetzes) sowie → *Wasserschutz-* und Überschwemmungsgebiete einzutragen sind. Das Landesrecht kann bestimmen, dass in das Wasserbuch noch andere Rechtsverhältnisse eingetragen werden. Rechtsbegründende Wirkung kommt einer Eintragung nicht zu.

Wasserhaushalt

Die wichtigsten Regelungen über den Wasserhaushalt sind im Wasserhaushaltsgesetz (→ *Wasserrecht)* enthalten. Es legt fest, welche wasserrechtlichen Tatbestände als genehmigungspflichtige Nutzung anzusehen sind (etwa das Ab- oder Umleiten, Absenken oder Aufstauen oberirdischer Gewässer, das Einleiten oder Einbringen von Stoffen in oberirdische Gewässer sowie das Entnehmen von festen Stoffen aus oberirdischen Gewässern, schließlich das Ab-, Um- oder Zutageleiten von Grundwasser) und unter welchen Voraussetzungen eine entsprechende Gestattung erteilt werden kann. Das Gesetz regelt weiterhin die Reinhaltung, die Unterhaltung und den Ausbau oberirdischer Gewässer, die Reinhaltung der Küstengewässer und die Reinhaltung und den Schutz des Grundwassers. Besondere Anforderungen werden an das Lagern, Abfüllen und Umschlagen wassergefährdender Stoffe gestellt. Schließlich enthält das Gesetz Grundsätze für eine geordnete Abwasserbeseitigung.

Wasserrecht

W. ist eine Sammelbezeichnung für Vorschriften, die sich mit dem Wasser – oberirdische Gewässer, Küstengewässer und Grundwasser – befassen. Das bundesrechtliche Wasserhaushaltsgesetz (→ *Wasserhaushalt)* regelt als Rahmengesetz (→ *Rahmengesetzgebung)* die haushälterische Bewirtschaftung des in der Natur vorhandenen Wassers nach Menge und Güte in der Weise, dass im Interesse der Allgemeinheit jede vermeidbare Beeinträchtigung unterbleibt. Die inhaltlich im Wesentlichen übereinstimmenden Landeswassergesetze regeln weitgehend das Verfahren für die Erteilung wasserrechtlicher Gestattungen, insbesondere von Erlaubnissen und Bewilligungen für die Gewässerbenutzung und die für den Ausbau eines oberirdischen Gewässers erforderliche → *Planfeststellung*. Sie bestimmen weiterhin die Zuständigkeit und die Aufgaben der Gewässeraufsichtsbehörden. Zum Wasserrecht im weiteren Sinne gehören auch die Bestimmungen des Bundeswasserstraßengesetzes, das die Rechtsverhältnisse an den → *Bundeswasserstraßen* als Verkehrswege für Wasserfahrzeuge regelt.

Wasserschutzgebiete

W. werden auf der Grundlage des Wasserhaushaltsgesetzes (→ *Wasserhaushalt*) zum Schutz von öffentlichen Wasserversorgungseinrichtungen ausgewiesen. Das Bundesrecht schreibt nur vor, dass die Festsetzung in einem förmlichen Verfahren geschehen muss; die Einzelheiten sind in den Landeswassergesetzen (→ *Wasserrecht*) geregelt. In Bayern erfolgt die Festsetzung durch → *Rechtsverordnung*. In Wasserschutzgebieten sind bestimmte Handlungen, die bei der Festsetzung im Einzelnen zu bezeichnen sind, verboten oder von einer Erlaubnis abhängig; Grundstückseigentümer und Nutzungsberechtigte sind im Interesse der Wasserreinhaltung zur Duldung bestimmter Maßnahmen verpflichtet, etwa solcher zur Beobachtung des Wassers und des Bodens. Wenn dadurch eine → *Enteignung* erfolgt, steht den Betroffenen ein Anspruch auf Entschädigung zu.

Wasserstraßen

W. sind natürliche oder künstliche oberirdische Gewässer, auf denen nach entsprechendem Ausbau ein nennenswerter Schifffahrtsverkehr stattfinden kann. Es ist zwischen Seewasserstraßen und Binnenwasserstraßen zu unterscheiden. Seewasserstraßen sind die Flächen zwischen der Küstenlinie und der seewärtigen Begrenzung des Küstenmeers; alle anderen Wasserstraßen sind Binnenwasserstraßen. Die Seewasserstraßen sind stets → *Bundeswasserstraßen,* die Binnenwasserstraßen nur dann, wenn sie dem allgemeinen Schifffahrtsverkehr dienen. Die Rechtsverhältnisse an den Bundeswasserstraßen sind im Bundeswasserstraßengesetz geregelt.

Wasser- und Bodenverbände

W. sind auf der Grundlage des Gesetzes über Wasser- und Bodenverbände gebildete öffentlich-rechtliche Körperschaften, denen die Erfüllung besonderer wasserwirtschaftlicher Aufgaben obliegt, etwa die Entwässerung von Grundstücken in einem bestimmten Gebiet, die Errichtung von Deichanlagen und die Regulierung von Gewässern. Die Beteiligten sind Zwangsmitglieder des jeweiligen Verbandes. Zur Benutzung eines Gewässers bedürfen die Wasser- und Bodenverbände einer Gestattung nach dem Wasserhaushaltsgesetz (→ *Wasserrecht).*

Wechsel

Ein Wechsel ist ein Wertpapier, das den strengen gesetzlichen Formvorschriften des Wechselgesetzes unterliegt und die Anweisung an den so genannten Bezogenen enthält, eine bestimmte Geldsumme zu bezahlen; zur Bezahlung ist der Bezogene jedoch nur verpflichtet, wenn er den Wechsel angenommen hat. Nimmt er den Wechsel nicht an oder zahlt er bei Fälligkeit nicht, so haften der Aussteller und diejenigen, die den Wechsel übertragen haben.

▶ Wechselbezügliche Verfügungen

Wenn → *Ehegatten* oder → *Lebenspartner* in einem → *gemeinschaftlichen Testament* oder in einem → *Erbvertrag* Verfügungen getroffen haben, von denen anzunehmen ist, dass die Verfügung des einen nicht ohne die andere getroffen sein würde, so liegt eine wechselbezügliche Verfügung vor (z. B. Erbeinsetzung, → *Vermächtnisanordnung*, → *Auflagen*).

▶ Wegeunfall → *Arbeitsunfall*

▶ Wegnahmerecht

Wegnahmerecht ist die Befugnis einer Person, einen Gegenstand, den sie mit einer Sache verbunden hat, wegzunehmen (vgl. etwa § 997 BGB).

▶ Wehrdienst

W. ist der von Soldaten (→ *Soldatenrecht)* abzuleistende Dienst. Das Wehrdienstverhältnis wird entweder durch → *Einberufung* Wehrpflichtiger oder aufgrund freiwilliger Verpflichtung begründet. Der Wehrdienst gliedert sich nach § 4 Abs. 1 des Wehrpflichtgesetzes in den Grundwehrdienst (von derzeit 10 Monaten), den Wehrdienst in Verfügungsbereitschaft (das ist der Zeitraum von 2 Monaten nach Beendigung des Grundwehrdienstes, in dem Wehrpflichtige in einem vereinfachten Verfahren zu einem ergänzenden Wehrdienst herangezogen werden können), die Wehrübungen und den unbefristeten Wehrdienst im Verteidigungsfall. Anerkannte → *Kriegsdienstverweigerer* haben statt des Wehrdienstes Zivildienst zu leisten.

▶ Weihnachtsgeld → *Gratifikation*

▶ Weingesetz

Das Weingesetz enthält im Wesentlichen Vorschriften über die Herstellung, die Bezeichnung und sonstige Angaben für in- und ausländische Weine, Liköre, Schaumweine und sonstige weinhaltige Getränke sowie aus Wein hergestellte Branntweine. Geregelt sind insbesondere die Qualitätsstufen inländischer Weine, z. B. Landwein, Tafelwein, Qualitätswein eines bestimmten Anbaugebiets und Qualitätsweine mit Prädikat; Prädikat in diesem Sinn sind etwa die Bezeichnungen Kabinett, Spätlese oder Auslese. Wegen seiner allgemeinen Zielsetzung ist das Weinrecht als besonderer Teil des → *Lebensmittelrechts* zu qualifizieren.

▶ Weisungen

Weisungen gehören zu den nach dem → *Jugendgerichtsgesetz* möglichen → *Erziehungsmaßregeln.*

▶ Weisungsrecht

Die richterliche → *Unabhängigkeit* verbietet Vorgesetzten oder sonstigen Stellen jede Anweisung an einen Richter, wie er in der Sache und auch in der äußeren Form zu entscheiden habe.

Der → *Staatsanwalt* ist dagegen weisungsgebunden, doch findet diese Befugnis ihre Grenzen am → *Legalitätsprinzip.*

Zum Weisungsrecht des Arbeitgebers → *Direktionsrecht.*

▶ Weitere Beschwerde

Unter diesem Begriff versteht man eine → *Beschwerde,* mit der eine Entscheidung des Beschwerdegerichts über eine erste Beschwerde angegriffen wird. Sie öffnet also eine dritte Instanz. Im → *Zivilprozess* ist sie durch die → *Rechtsbeschwerde* ersetzt worden. Dagegen gibt es die weitere Beschwerde in Verfahren der → *Freiwilligen Gerichtsbarkeit* noch. Ähnlich der → *Revision* ermöglicht sie dort aber nur eine Überprüfung auf richtige Rechtsanwendung.

Auch das Strafverfahren kennt die weitere Beschwerde gegen Beschlüsse des Beschwerdegerichts. Sie ist jedoch auf den Erlass eines → *Haftbefehls* und die Anordnung der → *einstweiligen Unterbringung* beschränkt. Der Verwaltungsprozess kennt die weitere Beschwerde nicht.

Werbungskosten

W. sind alle Aufwendungen in Geld oder Geldeswert, die zur Erwerbung, Sicherung und Erhaltung von → *Überschusseinkünften* veranlasst sind.

Werbungskosten sind von den Einkommen der jeweiligen Einkunftsart in dem Kalenderjahr, in dem sie angefallen sind, abzuziehen. Ausnahmsweise können auch vorweggenommene oder nachlaufende Werbungskosten, also Aufwendungen vor bzw. nach dem Zufluss der Einnahmen abgezogen werden (z. B. Bewerbungskosten). Auch vergebliche Werbungskosten können anzuerkennen sein (z. B. Besichtigungsfahrten zu Vermietungsobjekten trotz Scheitern des Mietvertrages).

Beispielhaft sind in § 9 Abs. 1 Nr. 1–7 EStG Werbungskosten genannt (Schuldzinsen, Steuern vom Grundbesitz, sonstige öffentliche Abgaben, Versicherungsbeiträge, Beiträge zu Berufsverbänden, Aufwendungen des Arbeitnehmers zwischen Wohnung und Arbeitsstätte, Mehraufwendungen doppelter Haushaltsführung, Aufwendungen für Arbeitsmittel, Absetzung für Substanzverringerung von Wirtschaftsgütern, → *AfA*).

Sind Werbungskosten nicht angefallen, können im Rahmen der Erzielung von Überschusseinkünften die in § 9 a EStG genannten Pauschbeträge für Werbungskosten in Abzug gebracht werden (→ *Arbeitnehmer-Pauschbetrag*, Pauschbeträge bei → *Kapitalvermögen* und → *sonstigen Einnahmen*).

Werklieferungsvertrag

In Erweiterung des früheren Rechtszustands werden seit der Schuldrechtsreform alle Verträge, durch die ein **Werkunternehmer** (→ *Werkvertrag*) bewegliche Sachen zu liefern hat, die er erst herstellen oder erzeugen muss, als Werklieferungsvertrag eingeordnet (§ 651 BGB). Auf solche Verträge sind grundsätzlich die für den → *Kauf* geltenden Rechtsvorschriften anzuwenden. Eine Ausnahme gibt es lediglich dann, wenn der Vertrag nicht vertretbare (also individuell zu fertigende) Sachen betrifft; dann gelten teilweise auch Vorschriften des Werkvertragsrechts.

Insgesamt ist durch diese Neufassung der Anwendungsbereich des Werkvertragsrechts eingeschränkt worden. Dieses findet regelmäßig nur noch dann Anwendung, wenn sich eine Leistung auf bereits vorhandene Sachen des Bestellers (etwa Reparatur an einem Auto), auf geistig-schöpferische Leistungen (etwa ein Geschäftskonzept oder künstlerische Leistungen) sowie auf Leistungen an unbeweglichen Gegenständen (Bau eines Hauses auf einem Grundstück) bezieht.

Werkmietwohnung

Dieser Begriff bezeichnet eine Wohnung, die mit Rücksicht auf das Bestehen eines Dienstverhältnisses (→ *Dienstvertrag*) vermietet wurde (§ 576 BGB). Es besteht hier neben dem Dienst- oder Arbeitsvertrag ein Mietverhältnis, für das bis zu dessen Beendigung grundsätzlich die allgemeinen Mietrechtsvorschriften gelten. Bei Beendigung des Arbeitsverhältnisses gelten dann die Sondervorschriften der §§ 576, 576 a BGB. Danach hat insbesondere der Arbeitgeber ein Sonderkündigungsrecht (→ *Kündigung*) und das Widerspruchsrecht zum Schutz des Mieters (§§ 574–574 c BGB) ist nur eingeschränkt anwendbar. Von Werksmietwohnungen zu unterscheiden sind so genannte Werksdienstwohnungen. Bei diesen ist die Überlassung der Wohnung ein Teil des Arbeitsentgeltes, so dass nur ein Arbeitsvertrag und kein gesonderter Mietvertrag vorliegt. Es handelt sich hierbei um funktionsgebundene Wohnungen, wie etwa die Hausmeisterwohnung, die während des Bestehens des Dienstverhältnisses vom Arbeitgeber nicht gekündigt werden können. Nach § 576 b BGB gelten zum Schutz des Arbeitnehmers für die Beendigung des Rechts der Wohnungsbenutzung auch hier die Mietrechtsvorschriften entsprechend.

Werkvertrag

Unter einem Werkvertrag versteht man einen Vertrag, bei dem sich der **Werkunternehmer** zur Herstellung eines bestimmten Werkes und der **Besteller** zur Zahlung einer Vergütung hierfür verpflichtet. Neben der Herstellung und Veränderung einer Sache kann das Werk auch in einem sonstigen durch Arbeit oder Dienstleistung herbeizuführendem Erfolg wie etwa der Schaffung von Computersoftware bestehen. Soweit sich derartige Verträge allerdings auf bewegliche Sachen beziehen, werden sie als → *Werklieferungsvertrag* eingeordnet und weitgehend dem → *Kaufrecht* unterworfen.

Wird das geschuldete Werk nur mangelhaft hergestellt, so hat der Besteller nach § 634 BGB eine Reihe von Rechten: An erster Stelle steht der Anspruch auf → *Nacherfüllung*. Wird diese innerhalb angemessener Frist nicht erbracht oder ist sie unzumutbar, so darf der Besteller den Mangel auf Kosten des Unternehmers selbst beseitigen. Außerdem hat der Besteller unter diesen Voraussetzungen auch Ansprüche auf → *Rücktritt*, → *Schadensersatz* oder den Ersatz vergeblicher Aufwendungen.

▶ Wertpapier

Ein Wertpapier ist eine → *Urkunde*, bei der die Ausübung des darin verbrieften Rechts nur möglich ist, wenn man im Besitz der Urkunde ist. In Wertpapieren können schuldrechtliche Forderungen verbrieft sein (→ *Inhaberschuldverschreibung*, → *Scheck*, → *Wechsel*); es können aber auch Sachenrechte verkörpert sein (etwa → *Hypothekenbrief*) oder Mitgliedschaftsrechte (Beispiel: → *Aktie*).

▶ Wertsicherungsklausel

Hierbei handelt es sich um die vertragliche Koppelung der Höhe einer → *Geldschuld* an eine bestimmte Bezugsgröße (z. B. den Lebenshaltungsindex). Eine Wertsicherungsklausel ist nach § 2 Preisangaben- und Preisklauselgesetz grundsätzlich genehmigungspflichtig.

▶ Wettbewerbsverbot

Der Begriff des W. bezeichnet die Verpflichtung des Arbeitnehmers, sich jeder Betätigung zu enthalten, die die Erwerbschancen seines Arbeitgebers auf dem Markt der Güter und Dienstleistungen beeinträchtigen könnte.

Dieses Verbot gilt **während der Dauer des Arbeitsverhältnisses** uneingeschränkt, für die Zeit nach seiner Beendigung gilt es nur dann, wenn Arbeitgeber und Arbeitnehmer ein besonderes nachvertragliches Wettbewerbsverbot vereinbart haben, das aber strengen Formvorschriften und Mindestbedingungen genügen muss (§§ 6 Abs. 2; 110 Gewerbeordnung i.V.m. §§ 74 bis 75 f. Handelsgesetzbuch).

Untersagt sind alle Betätigungen, die die Interessen des Arbeitgebers gefährden können. Dem Arbeitgeber soll sein Marktbereich voll und ohne Gefahr der nachteiligen Beeinflussung durch den Arbeitnehmer offen stehen. Ob der Arbeitgeber das vom pflichtwidrig handelnden Arbeitnehmer angestrebte Geschäft tatsächlich selbst realisieren könnte, ist nicht von Bedeutung.

Verboten sind in der Branche des Arbeitgebers insbesondere das Betreiben eines Handelsgewerbes, die Beteiligung als persönlich haftender Gesellschafter einer Personengesellschaft, das Anbieten von Leistungen oder Diensten auf Grund eines Werkvertrags oder Dienstvertrags mit einem anderen Arbeitgeber. Nicht hierunter fallen demgegenüber Nebentätigkeiten, die ihrer Natur nach die Stellung des Arbeitgebers am Markt nicht beeinträchtigen können.

Unter einem **nachvertraglichen** Wettbewerbsverbot versteht man eine Vereinbarung zwischen Arbeitnehmer und Arbeitgeber, in der sich der Arbeitnehmer verpflichtet, während eines bestimmten Zeitraums nach Beendigung des Arbeitsverhältnisses dem Arbeitgeber keine Konkurrenz zu machen. Dadurch soll das Know-how von Spezialisten geschützt und die Weitergabe betrieblicher Geheimnisse (→ *Verschwiegenheitspflicht*) erschwert werden. Das Wettbewerbsverbot ist nur für eine Dauer von 2 Jahren (nach dem Ausscheiden des Arbeitnehmers) und nur gegen eine angemessene finanzielle Entschädigung durch den Arbeitgeber (sog. Karenzentschädigung) zulässig.

Wette

Durch eine Wette (oder ein Glücksspiel) wird – außer wenn sie staatlich genehmigt ist (z. B. Lotterie, Toto) – eine einklagbare Verbindlichkeit nicht begründet; das auf Grund der Wette Geleistete kann jedoch nicht deshalb zurückverlangt werden, weil eine Verbindlichkeit nicht bestanden hat (§ 762 BGB).

Widerklage

Eine Widerklage ist eine vom Beklagten im selben Verfahren gegen den Kläger erhobene Klage. Sie ist eine selbständige → *Klage,* die aber eine rechtshängige Hauptklage voraussetzt. Nach § 33 ZPO ist für die Widerklage das Gericht der Hauptklage zuständig, wenn zwischen beiden Klagen ein prozessualer Zusammenhang besteht. Ein solcher würde etwa vorliegen, wenn der Bauunternehmer in der Klage seine Restwerklohnforderung geltend macht, der Beklagte aber Widerklage wegen angeblicher Kosten für die Beseitigung von Baumängeln erhebt. In verschiedenen Prozessarten (zum Beispiel beim → *Arrestverfahren)* ist die Widerklage ausgeschlossen. Im Verwaltungsprozess gelten diese Grundsätze entsprechend.

Widerruf des Testaments

Der → *Erblasser* kann ein → *Testament* sowie einzelne in einem Testament enthaltene Verfügungen jederzeit widerrufen. Der Widerruf erfolgt durch Testament oder durch Vernichtung des Testaments oder wenn der Erblasser Veränderungen am Testament vornimmt. Der Widerruf → *wechselbezüglicher Verfügungen* in einem → *gemeinschaftlichen Testament* erfolgt durch Erklärung gegenüber dem anderen → *Ehegatten* oder → *Lebenspartner,* wobei diese Erklärung der notariellen Beurkundung bedarf. Beim → *Erbvertrag* kann der Widerruf der letztwilligen Verfügung nur durch die Vertragsparteien gemeinsam erfolgen.

Widerrufsfolgen → *Widerrufsrecht*

▸ Widerrufsrecht

Zum Schutz von → *Verbrauchern* sieht das Gesetz (§ 355 BGB) in vielen Fällen, so insbesondere bei Geschäften im → *Fernabsatz*, bei → *Verbraucherdarlehen*, sonstigen Geschäften mit → *Finanzierungshilfe* und nicht zuletzt auch bei → *Haustürgeschäften* ein Widerrufsrecht des Verbrauchers vor, mit dessen Hilfe er das betreffende Rechtsgeschäft noch rückgängig machen kann. Dieses Widerrufsrecht ist innerhalb einer Frist von zwei Wochen gegenüber dem → *Unternehmer* zu erklären. Es genügt, dass die Widerrufserklärung innerhalb dieser Frist abgesandt wird. Sie muss in Textform oder auch durch Rücksendung der betroffenen Sache erfolgen, aber im Übrigen nicht weiter begründet werden.

Die Widerrufsfrist beginnt nur nach einer ordnungsgemäßen Belehrung des Verbrauchers, bei Lieferung von Waren aber frühestens nach Übergabe an den Verbraucher zu laufen. Die Rücksendung erfolgt grundsätzlich auf Kosten und auf Gefahr des Unternehmers. Lediglich bei Bestellwerten bis 40 EUR, die besonders im Buchhandel häufig sind, können die Kosten der Rücksendung dem Verbraucher auferlegt werden.

Folge eines Widerrufs ist es, dass die Parteien etwa schon erbrachte Leistungen zurückzugewähren haben, also dass insbesondere etwa schon übersandte Waren zurückzugeben sind. Ist der Verbraucher entsprechend belehrt worden, muss er allerdings bei einer mangelfreien Ware oder Leistung Ersatz für die durch die Ingebrauchnahme entstandenen Folgen leisten.

▸ Widerspruchsverfahren

Vor Erhebung einer verwaltungsgerichtlichen → *Anfechtungs-* oder → *Verpflichtungsklage* ist grundsätzlich ein behördliches → *Vorverfahren* durchzuführen; fehlt es hieran, ist die Klage unzulässig. Entbehrlich ist ein Widerspruchsverfahren, wenn es gesetzlich ausgeschlossen ist, z. B. dann, wenn der Ausgangsbescheid von einer obersten Bundes- oder Landesbehörde, etwa einem Ministerium, erlassen wurde. Das Widerspruchsverfahren ist in der Verwaltungsgerichtsordnung nur teilweise geregelt, nämlich soweit es Klagevoraussetzung ist; ergänzend gilt das → *Verwaltungsver-*

fahrensgesetz. Das Vorverfahren beginnt mit der Einlegung eines schriftlichen Widerspruchs, der binnen eines Monats nach Bekanntgabe des → *Verwaltungsakts* bei der Behörde eingehen muss; eine Begründung ist gesetzlich nicht vorgeschrieben. Die Behörde, die den angefochtenen Verwaltungsakt erlassen hat, muss zunächst darüber entscheiden, ob sie dem Widerspruch abhelfen will. Kommt sie dem nicht nach, wird der Widerspruch der Widerspruchsbehörde, das ist im Regelfall die nächsthöhere Behörde, zur Entscheidung vorgelegt. Bleibt der Widerspruch erfolglos, kann binnen eines Monats nach Zustellung des Widerspruchsbescheids Klage erhoben werden. Wird über den Widerspruch nicht in angemessener Zeit entschieden, kann unmittelbar Klage zum Verwaltungsgericht erhoben werden; angemessen ist im Normalfall ein Zeitraum von drei Monaten (→ *Untätigkeitsklage*).

Widerstand gegen die Staatsgewalt

Widerstand ist der Oberbegriff für solche Straftaten, die gegen dic Ausübung staatlicher inländischer Hoheitsgewalt gerichtet sind. Der wichtigste dieser Tatbestände ist der des Widerstands gegen Vollstreckungsbeamte. Damit soll in erster Linie die Tätigkeit der Polizei – aber auch diejenige sonstiger Vollstreckungsorgane wie des → *Gerichtsvollziehers* – geschützt werden.

Strafbar macht sich, wer einer Diensthandlung – das ist etwa das Einschreiten eines Polizeibeamten gegen einen womöglich angetrunkenen Autofahrer – mit → *Gewalt* oder durch → *Drohung* mit Gewalt Widerstand entgegensetzt. Widerstand ist dabei jede Handlung, die den Erfolg der Diensthandlung beeinträchtigen soll. Das wäre im Beispiel etwa die Zielsetzung, eine Blutentnahme zu verhindern. Außerdem werden noch tätliche Angriffe unter Strafe gestellt. Darunter sind solche Angriffe zu verstehen, die bei der Vornahme einer Diensthandlung ohne besondere Zielsetzung – etwa weil sich jemand durch die Uniform eines Polizisten provoziert fühlt – vorgenommen werden.

Schließlich ist Voraussetzung der Strafbarkeit, dass die Diensthandlung rechtmäßig war. Rechtmäßigkeit bedeutet freilich nicht inhaltliche Richtigkeit, sondern nur die Beachtung der wesentlichen Förmlichkeiten einer Diensthandlung wie etwa des Bestehens der sachlichen und örtlichen Zuständigkeit. Diese Einschränkung ist darauf zurückzuführen, dass es dem Bürger in einem Rechtsstaat zugemutet werden kann, sich gegen rechtswidrige Akte von Hoheitsträgern anstatt mit Gewalt mit Rechtsmitteln zur Wehr zu setzen.

▶ Widerstandsrecht

Nach Art. 20 Abs. 4 GG haben alle Deutschen das Recht zum Widerstand gegen jeden, der es unternimmt, die freiheitlich demokratische Grundordnung zu beseitigen, wenn andere Abhilfe nicht möglich ist. Das Recht richtet sich sowohl gegen den Staat bzw. seine Amtsträger als auch gegen andere Personen, die von außen her die verfassungsmäßige Ordnung zerstören wollen. Das Widerstandsrecht hat ausschließlich konservierenden Charakter, gibt also keine Befugnis zu einem revolutionären Umsturz. Das Widerstandsrecht ist subsidiär; es müssen zunächst sämtliche anderen Mittel angewandt werden. Hierzu kann beispielsweise die Anrufung der Gerichte, insbesondere der Verfassungsgerichte gehören.

▶ Widmung

W. ist der Hoheitsakt, der die Eigenschaft als → *öffentliche Sache* begründet und zugleich festlegt, in welchem Rahmen und von welchem Personenkreis diese benutzt werden darf. In welcher Form die Widmung erfolgen muss, ist nicht einheitlich geregelt. Im Einzelfall kann eine → *Satzung* oder eine → *Rechtsverordnung* notwendig sein. Die Widmung zu einer öffentlichen Straße (→ *Straßen- und Wegegesetz*) erfolgt durch → *Verwaltungsakt.* Soweit keine besondere Form vorgeschrieben ist, kann die Widmung auch durch schlüssiges Verhalten erfolgen, das etwa in einer längeren einheitlichen Verwaltungspraxis gesehen werden kann.

▶ Wiederaufnahmeverfahren

Ein Wiederaufnahmeverfahren ist ein Verfahren, durch das im Zivilprozess ein rechtskräftiges → *Urteil* (→ *Rechtskraft)* beseitigt und eine erneute Verhandlung und Entscheidung der Sache erreicht werden soll. Es ist nur möglich, wenn die in der ZPO genannten Anfechtungsgründe vorliegen (§§ 579, 580 ZPO). Die Wiederaufnahme kann durch → *Nichtigkeitsklage* und durch → *Restitutionsklage* erfolgen. Die VwGO verweist für die Wiederaufnahme des Verfahrens auf die entsprechenden Vorschriften der ZPO.

Im Strafverfahren ist nach der Rechtskraft eines Urteils eine Wiederaufnahme des Verfahrens nur unter verhältnismäßig engen Voraussetzungen möglich, wobei zwischen einer Wiederaufnahme zu Gunsten des Verurteilten und einer Wiederaufnahme zu seinen Ungunsten zu unterscheiden ist. In beiden Richtungen ist eine Wiederaufnahme statthaft, wenn das Urteil möglicherweise auf einer falschen Urkunde (→ *Urkundenfälschung*), einer → *Falschaussage* eines Zeugen oder Sachverständigen oder auf → *Rechtsbeugung* beruht. Dies setzt aber in der Regel voraus, dass wegen dieser Delikte eine rechtskräftige Verurteilung erfolgt ist oder nur aus anderen Gründen als Mangel an Beweisen – etwa wegen → *Verjährung* – unterblieben ist.

Zu Gunsten des Verurteilten ist eine Wiederaufnahme weiter möglich, wenn ein zivilgerichtliches Urteil aufgehoben wird, auf das sich das Strafurteil gestützt hat, oder wenn neue Tatsachen oder Beweismittel beigebracht werden, die zu einem Freispruch oder zu einer Verurteilung nach einem milderen Gesetz führen können.

Zu Ungunsten des Verurteilten kommt eine Wiederaufnahme weiterhin noch dann in Betracht, wenn er nach seinem vorangegangenen Freispruch ein glaubwürdiges Geständnis ablegt oder wenn bei einer Aburteilung durch einen → *Strafbefehl* neue Tatsachen oder Beweismittel den Verdacht eines → *Verbrechens* begründen.

In Verfahren wegen einer → *Ordnungswidrigkeit* sind die Wiederaufnahmegründe noch weiter gehend eingeschränkt.

Das Wiederaufnahmeverfahren selbst kann der Verurteilte nur durch einen Rechtsanwalt oder zu Protokoll der Geschäftsstelle betreiben. In einem vorgeschaltetem Beschlussverfahren wird zunächst über die Zulässigkeit des Wiederaufnahmeantrags entschieden. Falls diese bejaht wird, werden in einem Prüfungsverfahren etwa erforderliche Beweise erhoben. Bestätigen sich nun die Behauptungen des Wiederaufnahmeantrags, so verfügt das Gericht die Wiederaufnahme. Damit sind die Wirkungen des früheren Urteils beseitigt; es findet eine neuerliche Hauptverhandlung statt. Dem steht auch nicht im Wege, dass die Strafvollstreckung aus dem früheren Urteil schon durchgeführt ist oder dass der Beschuldigte mittlerweile – hier gibt es allerdings Einschränkungen – den → *Tod* gefunden hat.

Wiedereinsetzung

Mit der Wiedereinsetzung in den vorigen Stand liegt ein Rechtsinstitut vor, mit dem Fristversäumnisse geheilt werden können: Wenn im Zivilprozess eine → *Notfrist* oder bestimmte Rechtsmittelbegründungsfristen versäumt worden sind, kann durch eine gerichtliche Entscheidung die Wirkung dieser Säumnis wieder beseitigt werden. Wenn nämlich durch → *Urteil* oder → *Beschluss* Wiedereinsetzung gewährt wird, gilt die vorgenommene → *Prozesshandlung* als nicht verspätet (eine Berufung wird dann also beispielsweise trotz verspäteter Berufungsbegründung nicht als unzulässig verworfen). Die Wiedereinsetzung ist in den §§ 233 bis 238 ZPO geregelt. Sie setzt regelmäßig einen binnen 2 Wochen zu stellenden und an bestimmte Formen gebundenen (§§ 234, 236 ZPO) Antrag voraus. Wiedereinsetzung wird immer nur dann gewährt, wenn die Partei ohne Verschulden verhindert war, die Frist einzuhalten. Wiedereinsetzung ist auch in den anderen Prozessordnungen vorgesehen; es gelten entsprechende Grundsätze. Auch das Verwaltungsverfahrensrecht kennt die Wiedereinsetzung in den vorigen Stand.

Wiedergutmachung

Zur Wiedergutmachung nationalsozialistischen Unrechts kann die Rückgabe entzogener Vermögensgegenstände und die Entschädigung für Schäden an anderen Rechts-und Lebensgütern bewilligt werden. Rechtsgrundlage hierfür ist das Bundesentschädigungsgesetz. Zwangsarbeiter können eine Entschädigung aus der von der

Bundesrepublik Deutschland und Arbeitgebern gegründeten Stiftung „Erinnerung, Verantwortung, Zukunft" erhalten.

Wilderei → *Jagdwilderei*

Willenserklärung

Die Willenserklärung ist ein unverzichtbarer Bestandteil eines jeden → *Rechtsgeschäfts.* Sie ist die Äußerung eines auf die Herbeiführung einer bestimmten Rechtswirkung gerichteten Willens. Eine Rechtsfolge tritt hier also deshalb ein, weil sie gewollt ist. Eine gesetzliche Definition der Willenserklärung fehlt. Üblicherweise wird die Willenserklärung in einen äußeren und einen inneren Tatbestand unterteilt. Der äußere Tatbestand (das Erklärte) wird durch → *Auslegung* aus der Sicht eines objektiven Betrachters (meist des Empfängers) ermittelt. Der innere Tatbestand (das Gewollte) untergliedert sich wiederum in den Handlungswillen, das Erkärungsbewusstsein und den Geschäftswillen (häufig auch Rechtsbindungswillen genannt). Handlungswille liegt vor, wenn der Erklärende weiß, dass er irgendetwas tut (zum Beispiel winken). Erklärungsbewusstsein setzt voraus, dass der Erklärende weiß, dass er irgendetwas Rechtserhebliches unternimmt (also etwa irgend einen Vertrag schließt). Der Geschäftswille umfasst schließlich dann ein konkretes Rechtsgeschäft (also etwa den Kauf eines Fahrrads zu einem bestimmten Preis). Willenserklärungen können empfangsbedürftig (so etwa → *Antrag,* → Annahme, → *Kündigung)* oder nicht empfangsbedürftig (so etwa → *Testament)* sein. Nicht empfangsbedürftige Willenserklärungen werden mit Abgabe (Beispiel: Schreiben und Unterschreiben des Testaments), empfangsbedürftige erst mit Zugang beim Empfänger wirksam. Willenserklärungen können ausdrücklich (durch Sprechen, Schreiben) oder stillschweigend („konkludent" etwa durch Nicken auf einen Antrag hin) abgegeben werden. Unter bestimmten Voraussetzungen sind sie anfechtbar (→ *Anfechtung,* → *Irrtum*) oder nichtig (→ *Nichtigkeit*).

Wintergeld

W. ist eine auf der Grundlage des Dritten Buchs des → *Sozialgesetzbuchs* (SGB III) gewährte Leistung. Arbeitnehmer in der Bauwirtschaft haben Anspruch auf Mehraufwands-Wintergeld in der Förderungszeit (15. Dezember bis Ende Februar) zur Abgeltung witterungsbedingter Mehraufwendungen für geleistete Arbeitsstunden; Zuschusswintergeld wird in der Schlechtwetterzeit (1. November bis 31. März) neben einer Winterausfallgeld-Vorausleistung bezahlt. Hierbei handelt es sich um eine Leistung, die das Arbeitsentgelt bei witterungsbedingtem Arbeitsausfall ersetzt. Allgemeine Voraussetzung ist, dass der Arbeitnehmer auf einem witterungsabhängigen Arbeitsplatz beschäftigt ist und das Arbeitsverhältnis nicht aus witterungsbedingten Gründen gekündigt werden kann (§§ 209 ff. SGB III).

Wirtschaftsgut

W. ist ein zentraler Begriff des Einkommenssteuerrechts, der gesetzlich nicht definiert ist, aber in zahlreichen steuerlichen Gesetzen vorausgesetzt wird. Nach der Rechtsprechung sind Wirtschaftsgüter zunächst Sachen und Rechte, darüber hinaus sämtliche vermögenswerten Vorteile einschließlich tatsächlicher Zustände und konkreter Möglichkeiten, die einer selbständigen → *Bewertung* zugänglich sind.

Wirtschaftskriminalität

Wirtschaftskriminalität ist die geläufige Bezeichnung für die Gesamtheit derjenigen Straftatbestände, die im Zusammenhang mit der Teilnahme am Wirtschaftsleben begangen werden. Eine genaue Abgrenzung ist schon deshalb schwer möglich, weil derselbe Tatbestand – etwa → *Betrug* – in einem Fall ein Paradebeispiel für Wirtschaftskriminalität – zum Beispiel bei dem Verkauf eines in Wirklichkeit nicht existierenden Unternehmens, und in einem anderen Fall für → *Bagatellstrafsachen* – etwa bei Zechprellerei in einem Wirtshaus – sein kann. Neben verschiedenen Bestimmungen aus Spezialgesetzen werden aus dem Bereich des Strafgesetzbuchs vor allem die Insolvenzstraftaten, Subventionsbetrug, Kreditbetrug, Betrug, Wucher, verschiedene Fälle des Computermissbrauchs sowie der Missbrauch von Scheck- und Kreditkarten der Wirtschaftskriminalität zugerechnet.

▸ Wirtschaftsprüfer

W. sind Personen, die den Nachweis persönlicher und fachlicher Eignung im Zulassungs- und Prüfungsverfahren geführt haben und öffentlich bestellt worden sind. Wirtschaftsprüfer üben einen freien Beruf aus (→ *selbständige Tätigkeit*). Sie haben die Aufgabe, betriebswirtschaftliche Prüfungen, insbesondere solche von → *Jahresabschlüssen* wirtschaftlicher Unternehmen durchzuführen und Bestätigungsvermerke über die Vornahme und das Ergebnis solcher Prüfungen zu erteilen. Sie sind auch befugt, ihre Auftraggeber in steuerlichen Angelegenheiten zu beraten und zu vertreten (→ *Steuerberater*).

▸ Wirtschaftsstrafrecht

Wirtschaftsstrafrecht sind die im Bereich des Nebenstrafrechts liegenden Tatbestände, die Delikte der → *Wirtschaftskriminalität* erfassen.

▸ Wissenschaftsfreiheit

Art. 5 Abs. 3 GG gewährleistet die Freiheit von Kunst, Wissenschaft, Forschung und Lehre. Die Freiheit der Wissenschaft ist im Sinne einer → *institutionellen* Garantie verbürgt. Die Wissenschaftsfreiheit richtet sich grundsätzlich gegen den Staat und untersagt es, Formen und Inhalte wissenschaftlicher Betätigung vorzuschreiben. Die Freiheit der Forschung und Lehre gibt den Betreffenden ein → *Grundrecht* auf entsprechende Betätigung. Einen ausdrücklichen → *Gesetzesvorbehalt* enthält die Grundrechtsbestimmung nicht; es wird nur eine Bindung der Freiheit der Lehre an die Treue zur Verfassung begründet. Gleichwohl gibt es bestimmte Schranken, etwa die Verpflichtung von Hochschullehrern, staatliche Prüfungsvorschriften zu beachten.

Wohngeld

W. ist eine nach Maßgabe des Wohngeldgesetzes gewährte Sozialleistung, die als Zuschuss zu den Kosten für den eigengenutzten Wohnraum in Anspruch genommen werden kann, wenn für eine angemessene Wohnung unzumutbare Aufwendungen notwendig sind. Wohngeld wird als Miet- oder Lastenzuschuss gezahlt. Mietzuschuss kommt in Betracht für Mieter von Wohnraum oder in ähnlicher Weise Nutzungsberechtigte, Lastenzuschuss für Eigentümer eines Eigenheims. Ob und in welcher Höhe Wohngeld gewährt wird, ist abhängig vom Familieneinkommen, von den tatsächlichen Aufwendungen für den Wohnraum und der Zahl der Familienmitglieder; hierzu enthält das Gesetz Tabellen, aus denen sich die Höchstgrenzen für das berücksichtigungsfähige Einkommen und die zumutbare Miete ergeben. Das Wohngeld wird in der Regel für die Dauer von 12 Monaten gewährt, danach ist ein neuer Antrag zu stellen. Zuständig für die Gewährung von Wohngeld sind die vom Landesgesetzgeber bestimmten Stellen, meist die Landkreise und die kreisfreien Städte.

Wohnsitz

Als Wohnsitz wird der räumliche Schwerpunkt der gesamten Lebensverhältnisse einer Person (§§ 7 ff. BGB) definiert. Gemeint ist dabei nicht die Wohnung der Person, sondern die Gemeinde, in der sich diese Wohnung befindet (also etwa München oder Köln). Es können mehrere Wohnsitze gleichzeitig begründet werden. Der Wohnsitz ist rechtlich an den verschiedensten Stellen von Bedeutung (etwa bei der Bestimmung des → *Leistungsortes* in § 269 BGB oder im → *Zivilprozess* bei der → *Zuständigkeit* nach §§ 12, 13 ZPO). Der Wohnsitz ist vom bloßen Aufenthaltsort (der Ort, wo sich die Person tatsächlich für eine gewisse Dauer befindet) zu unterscheiden. Der Wohnsitz ist auch im Verwaltungsrecht von Bedeutung. Vielfach richtet sich die örtliche Zuständigkeit einer Behörde nach dem Wohnsitz. Das → *Melderecht* verwendet einen abweichenden Wohnsitzbegriff. Danach bestimmt sich die Hauptwohnung nach objektiven Kriterien, insbesondere der Dauer des Aufenthalts an einem Ort und nicht nach den Wünschen des Betroffenen.

Wohnung

Nach Art. 13 Abs. 1 GG ist die Wohnung unverletzlich. Dieses → *Grundrecht* schützt die individuelle Persönlichkeitsentwicklung in räumlicher Weise; es untersagt ein unbefugtes Eindringen. In diesem Zusammenhang versteht man unter Wohnung alle Räume, die ein Mensch zur Stätte seines Aufenthalts oder Wirkens macht und die er der Zugänglichkeit durch Dritte entzogen hat. Neben den gewöhnlichen Wohnräumen - einschließlich der Nebenräume wie Keller oder Speicher - gehören hierzu vor allem auch Geschäftsräume. Wohnungsdurchsuchungen dürfen ausschließlich durch den Richter, bei Gefahr im Verzuge auch von den im Gesetz vorgesehenen anderen Organen angeordnet und nur in der gesetzlich vorgeschriebenen Form durchgeführt werden. Andere Organe sind etwa die → *Staatsanwaltschaft* und ihre Hilfsbeamte. Eingriffe und Beschränkungen der Unverletzlichkeit der Wohnung dürfen außerhalb der richterlichen Durchsuchungen ohne weitere gesetzliche Ermächtigung nur zur Abwehr einer allgemeinen Gefahr oder einer Lebensgefahr für einzelne Personen angeordnet werden. So darf etwa die Feuerwehr eine Wohnung betreten, um von dort aus einen Großbrand zu löschen. Zur Behebung einer dringenden Gefahr für die öffentliche Sicherheit und Ordnung, etwa zur Bekämpfung von Seuchengefahr, kann die Unverletzlichkeit der Wohnung eingeschränkt werden, wenn das durch Gesetz zugelassen ist.

Wohnungsbau

Das II. Wohnungsbaugesetz verfolgt im Wesentlichen das Ziel, den sozialen Wohnungsbau zu fördern, also den Bau von solchen Wohnungen, die nach Größe, Ausbau, Ausstattung und Miete oder finanzieller Belastung für breite Schichten der Bevölkerung geeignet sind. Gefördert werden Wohnungen in angemessener Größe, die nur an Personen vergeben werden, deren Jahreseinkommen eine bestimmte Höhe nicht überschreitet. Daneben dient das Gesetz auch der Schaffung von Eigentum an Eigenheimen oder Eigentumswohnungen. Die wichtigsten Mittel der Wohnungsbauförderung sind öffentliche Wohnungsbaudarlehen, Übernahme von Bürgschaften, → *Baulandbereitstellung,* Wohnungsbauprämien für Bausparer und Gewährung von → *Wohngeld.*

Wohnungsbauprämie

W. erhalten unbeschränkt einkommensteuerpflichtige Personen (→ *Steuerpflicht)* ab Vollendung des 16. Lebensjahres oder Vollwaisen für Aufwendungen zur Förderung des Wohnungsbaus (z. B. → *Bausparkassenbeiträge,* Beiträge auf Grund von Sparverträgen zu Wohnungsbauzwecken, § 2 Wohnungsbauprämiengesetz), wenn diese Aufwendungen nicht → *vermögenswirksame Leistungen,* für die eine → *Arbeitnehmer-Sparzulage* gewährt wurde, darstellen und bestimmte Einkommensgrenzen nicht überschritten sind. Die Einkommensgrenze beträgt 25 600 EUR bzw. bei zusammenveranlagten Ehegatten 51 200 EUR des → *zu versteuernden Einkommens* (→ *Veranlagungsarten*). Die Wohnungsbauprämie beträgt 10 v. H. der begünstigten Aufwendungen und je Kalenderjahr höchstens 512 EUR bzw. bei Zusammenveranlagung von Ehegatten 1024 EUR.

Wohnungseigentum

Wohnungseigentum stellt eine Ausnahme zu dem in §§ 93, 94 BGB festgelegten Grundsatz dar, dass an wesentlichen Bestandteilen (hier: eines Grundstücks) keine Sonderrechte (wie etwa Eigentum) begründet werden können. Nach § 1 WEG (Wohnungseigentumsgesetz) ist Wohnungseigentum das Sondereigentum an einer Wohnung in Verbindung mit dem → *Miteigentum* an dem gemeinschaftlichen Eigentum, zu dem es gehört. So stehen etwa die Wohnräume (Beispiel: Küche, Wohnzimmer, Schlafzimmer, Gang und Bad) im Sondereigentum des Wohnungseigentümers; das Grundstück und die gemeinschaftlich genutzten Räumlichkeiten (etwa Treppenhaus, Waschküche) stehen dagegen im Miteigentum aller Wohnungseigentümer (auf den einzelnen Wohnungseigentümer entfallen dabei bei 100 Wohneinheiten etwa ein Hundertstel Miteigentumsanteil). Die gleiche Regelung gilt auch für nicht zu Wohnzwecken dienende Räume; das „Wohnungseigentum" wird hier nur „Teileigentum" genannt. Einzelheiten sind im WEG enthalten (insbesondere: Begründung des Wohnungseigentums, Vorschriften über die Wohnungseigentümergemeinschaft und die Verwaltung).

Wohnungseigentumsförderung → *Eigenheimzulage*

Wohnungsrecht

Beim Wohnungsrecht handelt es sich um eine besondere Art einer → *Dienstbarkeit.* Sie gibt dem Inhaber das Recht, bestimmte Räume unter Ausschluss des Eigentümers als Wohnung zu nutzen.

Wohnungsvermittlung

Die gewerbliche Vermittlung von Wohnraum stellt eine Maklertätigkeit dar. Die gesetzliche Regelung dieser Vermittlung erfolgte neben den §§ 652ff. BGB in dem Gesetz zur Regelung der Wohnungsvermittlung. Darin ist insbesondere geregelt, dass die Vermittlungsprovision in Bruchteilen oder Vielfachen der Monatsmiete angegeben werden muss und nur beim Zustandekommen des Mietvertrages zu zahlen ist. Auch dürfen etwa die Eigentümer oder Verwalter der Wohnung keine Provision verlangen.

Wohnungszuweisung

Leben → *Ehegatten* getrennt oder beabsichtigen sie eine Trennung, kann bei Vorliegen einer schweren unzumutbaren Härte nach § 1361 b Abs. 1 BGB und bei Vorliegen einer unbilligen Härte nach § 3 Hausratsverordnung auf Antrag eines Ehegatten das → *Familiengericht* die Ehewohnung oder Teile davon einem Ehegatten zur alleinigen Nutzung zuweisen.

Im Einzelfall (z. B. Miteigentum oder Alleineigentum an der Ehewohung) kann der weggewiesene Ehegatte eine Nutzungsentschädigung für die entfallene Eigennutzung nach Billigkeit verlangen (§ 1361 b Abs. 2 BGB), → *Gewaltschutz.*

Wucher

W. ist im Zivilrecht ein Unterfall der → *Sittenwidrigkeit.* Ein wucherisches → *Rechtsgeschäft* ist nichtig (→ *Nichtigkeit)* nach

§ 138 Abs. 2 BGB. Wucher liegt vor, wenn jemand die Zwangslage, die Unerfahrenheit, den Mangel an Urteilsvermögen oder die erhebliche Willensschwäche ausnützt, um sich Vermögensvorteile versprechen zu lassen, die in einem auffälligen Missverhältnis zu seiner eigenen Leistung stehen.

Wucher im strafrechtlichen Sinn begeht, wer sich oder einem Dritten für eine Leistung oder die Vermittlung einer Leistung einen Vermögensvorteil versprechen oder gewähren lässt, der in einem auffälligen Missverhältnis zum wahren Wert der erbrachten Leistung steht. Voraussetzung für eine Strafbarkeit ist allerdings, dass eine Zwangslage, die Unerfahrenheit, der Mangel an Urteilsvermögen oder eine erhebliche Willensschwäche des Bewucherten ausgenützt worden sind. Das ist etwa der Fall, wenn einem Kreditnehmer unter Ausnutzung des Umstandes, dass er von anderer Stelle kein Darlehen mehr erhält, eine Verzinsung von 50% pro Jahr abgenötigt wird.

X/Y/Z

▶ Zahlungsunfähigkeit

In strafrechtlicher Hinsicht kennzeichnet die eingetretene oder drohende Zahlungsunfähigkeit – neben der Zahlungseinstellung – die Krise im Rahmen der → *Insolvenzstraftaten.* Sie gehört damit zum Tatbestand der entsprechenden Strafvorschriften.

▶ Zeitarbeitsvertrag → *Arbeitnehmerüberlassungsgesetz*

▶ Zeitlohn → *Akkordlohn*

▶ Zeitschriftenbezug

Bei einem Abonnement von Zeitungen und Zeitschriften ist vor allem darauf zu achten, dass der Kunde durch → *Allgemeine Geschäftsbedingungen* höchstens für die Dauer von zwei Jahren zum Bezug verpflichtet werden kann. Ferner ist es nicht zulässig, den Vertrag danach – wenn er nicht gekündigt wird – für mehr als 1 Jahr zu verlängern oder eine Kündigungsfrist von mehr als drei Monaten zum jeweiligen Vertragsende festzusetzen.

▶ Zentralregister

Bei diesem Begriff handelt es sich um die geläufige Bezeichnung für das vom Generalbundesanwalt in Berlin geführte Bundeszentralregister. Dort werden in erster Linie rechtskräftig gewordene Strafurteile eingetragen; nicht dagegen Bußgeldbescheide, die für → *Ordnungswidrigkeiten* im Straßenverkehr ergangen sind. Hierfür ist vielmehr das → *Verkehrszentralregister* vorgesehen. Weiter ist dem Zentralregister noch das → *Erziehungsregister* angeschlossen.

Fast alle Eintragungen im Zentralregister werden, falls vorher keine neuen hinzukommen, nach Ablauf gewisser Fristen – sie betragen zwischen 5 und 15 Jahren – getilgt. Eine tilgungsreife Verurteilung darf dem Beschuldigten nicht mehr als → *Vorstrafe* vorgehalten werden.

Unbeschränkte Auskunft aus dem Zentralregister erhalten nur verhältnismäßig wenige Behörden, darunter vor allem Gerichte und Staatsanwaltschaften. Neben der unbeschränkten Auskunft gibt es noch das → *Führungszeugnis,* das in eigener Sache auch jede mindestens 14 Jahre alte Person anfordern kann.

Zession → *Abtretung*

Zeuge

Das ist jede Person, die über wahrgenommene Tatsachen berichten soll. Für die Zeugeneigenschaft genügt es, dass die betreffende Person eine verständliche Aussage machen kann, so dass auch – ohne Rücksicht auf die → *Geschäftsfähigkeit* – Kinder und Geisteskranke als Zeugen in Betracht kommen.

Ein Zeuge ist grundsätzlich zum Erscheinen, zur Aussage und zur Eidesleistung verpflichtet. Von der Pflicht zur Aussage und zur Eidesleistung sehen jedoch das → *Zeugnisverweigerungsrecht,* das → *Auskunftsverweigerungsrecht* und das Eidesverweigerungsrecht (→ *Eid*) Ausnahmen vor. Die Aussage eines Zeugen muss vollständig und wahrheitsgemäß sein (→ *Falschaussage*).

Zeugnis im Arbeitsrecht

Bei Beendigung des Arbeitsverhältnisses kann der → *Arbeitnehmer* vom → *Arbeitgeber* ein schriftliches Zeugnis verlangen. Das Zeugnis muss mindestens Angaben zu Art und Dauer der Tätigkeit enthalten (§§ 6 Abs. 2; 109 Abs. 1 Satz 2 Gewerbeordnung – GewO –). In diesem Fall spricht man von einem **einfachen** Zeugnis. Darüber hinaus kann der Arbeitnehmer verlangen, dass sich die Angaben auch auf Leistung und Verhalten im Arbeitsverhältnis erstrecken (§§ 6 Abs. 2; 109 Abs. 1 Satz 3 GewO). Ein solches – ausführlicheres – Zeugnis nennt man **qualifiziertes** Zeugnis. Das Zeugnis muss klar und verständlich formuliert sein. Es darf keine Merkmale oder Formulierungen enthalten, die den Zweck haben, eine andere als aus der äußeren Form oder aus dem Wortlaut ersichtliche Aussage über den Arbeitnehmer zu treffen (§§ 6 Abs. 2; 109 Abs. 2 GewO).

▶ Zeugnisverweigerungsrecht

Ein Zeugnisverweigerungsrecht haben einmal zahlreiche Angehörige (Ehegatten, Lebenspartner, Verlobte, Verwandte in gerader Linie, Verwandte in der Seitenlinie bis zum 3. Grad und teilweise auch Verschwägerte), zum anderen diejenigen, die Berufe wie Ärzte, Journalisten oder Rechtsanwälte, zu denen ein besonderes Vertrauensverhältnis besteht, ausüben. Letztere können jedoch von ihrer Verschwiegenheitspflicht entbunden werden; damit entfällt auch ihr Zeugnisverweigerungsrecht.

Mit dem Zeugnisverweigerungsrecht für Angehörige will der Gesetzgeber den Konflikt vermeiden, dass sich ein Zeuge entweder durch eine Falschaussage strafbar macht oder durch eine wahrheitsgemäße Aussage seinen Angehörigen belastet.

▶ Zinsabschlagsteuer → *Kapitalvermögen*

▶ Zinsen im Steuerrecht

Ansprüche aus dem Steuerschuldverhältnis sind zu verzinsen, soweit dies gesetzlich vorgeschrieben ist. Nach § 233 a AO beginnt der Zinslauf in der Regel 15 Monate nach Ablauf des Kalenderjahres, in dem die Steuer entstanden ist. Der Zinssatz beträgt 0,5 v. H. je vollendetem Monat. Für die Berechnung der Zinsen wird der zu verzinsende Betrag der jeweiligen Steuerart auf den nächsten durch 50 teilbaren Betrag abgerundet.

Stundungszinsen sind für die Dauer einer gewährten Stundung von Ansprüchen aus dem Steuerschuldverhältnis zu erheben, es sei denn, die Erhebung ist nach Lage des einzelnen Falles unbillig (§ 234 AO).

Hinterziehungszinsen sind für hinterzogene Steuern zu erheben (§ 235 AO, → *Steuerhinterziehung*, → *leichtfertige Steuerverkürzung*).

Prozesszinsen auf Erstattungsbeträge sind vom Tag der Rechtshängigkeit bis zur Auszahlung zu verzinsen. Ist die → *Aussetzung* der Vollziehung nach erfolglosem Rechtsmittel oder erfolgloser Klage gegenstandlos, ist der geschuldete Betrag ebenfalls zu verzinsen (§ 237 AO).

Die → *Festsetzungsfrist* beträgt 1 Jahr, im Übrigen sind auf Zinsen die für Steuern geltenden Vorschriften entsprechend anzuwenden.

Im → *Rechtsbehelfsverfahren im Steuerrecht* ist gegen Zinsbescheide der → *Einspruch* gegeben.

Zinsen im Zivilrecht

Zinsen sind die Gegenleistung für die Überlassung von Geld oder anderen vertretbaren Sachen auf Zeit, ausgedrückt in einem auf das Überlassene bezogenen Prozentsatz. Zwar beträgt der gesetzliche Zinssatz nach wie vor 4 v. H., doch wird vor allem im → *Verzug* regelmäßig ein weitaus höherer Zins geschuldet.

Zivildienst

Anerkannte → *Kriegsdienstverweigerer* müssen statt des → *Wehrdienstes* einen Zivildienst leisten. Der Zivildienst dauert ein Drittel länger als der Wehrdienst; dadurch werden die Zeiten ausgeglichen, die ein Wehrpflichtiger durchschnittlich bei Wehrübungen verbringt. Die Dienstpflichtigen werden bei anerkannten Beschäftigungsstellen für gemeinnützige, vor allem soziale Aufgaben oder in Zivildienstgruppen eingesetzt. Die verwaltungsmäßige Durchführung des Zivildienstes erfolgt in bundeseigener Verwaltung durch das Bundesamt für den Zivildienst. Die Rechtsstellung der Zivildienstleistenden ist im Einzelnen im Zivildienstgesetz geregelt; sie entsprecht im Wesentlichen der wehrpflichtiger Soldaten.

Zivilprozess

Der Zivilprozess ist eines der Verfahren vor den ordentlichen Gerichten (→ *ordentlicher Rechtsweg*). Hierbei werden bürgerlichrechtliche Streitigkeiten ausgetragen. Das Verfahren ist in der → *ZPO* und in Nebengesetzen (zum Beispiel dem Gerichtsverfassungsgesetz) geregelt. Der Zivilprozess kann unterteilt werden in das Erkenntnisverfahren (Regelfall: → *Urteilsverfahren)* und das Vollstreckungsverfahren (→ *Zwangsvollstreckung*).

▶ Zivilsenat

Dies ist ein Spruchkörper des → *Bundesgerichtshofes,* des Bayerischen Obersten Landesgerichts oder eines → *Oberlandesgerichts,* der in bürgerlichen Rechtsstreitigkeiten entscheidet. Die Senate sind mit 5 oder 3 → *Richtern* besetzt.

▶ ZPO

ZPO ist die gebräuchliche Abkürzung für Zivilprozessordnung.

▶ Zubehör

Bewegliche Sachen sind dann Zubehör, wenn sie, ohne → *Bestandteile* der Sache zu sein, ihrem wirtschaftlichen Zweck zu dienen bestimmt sind (§ 97 BGB; z. B.: Alarmanlage in Eigentumswohnung; Verbandskasten im Pkw). Zubehör ist zwar rechtlich eine selbständige Sache, wird aber in der Regel mit der Hauptsache veräußert (vgl. §§ 311c, 926 BGB). Eine auf einem Grundstück lastende → *Hypothek* erfasst gem. § 1120 BGB auch das Zubehör (z. B. den Traktor auf dem Bauernhof).

▶ Zuchtmittel

Im → *Jugendgerichtsgesetz* nehmen die Zuchtmittel den Rang der „mittleren Sanktion" ein. Sie werden verhängt, wenn → *Erziehungsmaßregeln* nicht mehr ausreichend sind, andererseits aber → *Jugendstrafe* noch nicht geboten erscheint. Sie haben den Charakter eines „nachdrücklichen Denkzettels" und unterteilen sich in Verwarnung – hierbei wird dem Beschuldigten eindringlich das Unrecht seines Verhaltens vor Augen geführt –, Auflagen – dies sind Regelungen mit Bußcharakter wie die Schadenswiedergutmachung – und den → *Jugendarrest.*

Zugewinn

Z. ist der Geldbetrag, um den der Wert des Vermögens bei Beendigung der → *Ehe* (Endvermögen) den Wert des bei Eheschließung vorhandenen Vermögens bzw. ererbten oder geschenkten Vermögens (Anfangsvermögens) übersteigt.

Zugewinnausgleich

Übersteigt bei Beendigung des gesetzlichen Güterstandes der → *Zugewinngemeinschaft* der → *Zugewinn* des einen → *Ehegatten* den Zugewinn des anderen Ehegatten, so steht demjenigen Ehegatten, der den geringeren Zugewinn erzielt hat, die Hälfte des Überschusses als Ausgleichsforderung zu. Die Ausgleichsforderung entsteht mit der Beendigung des Güterstandes und ist von diesem Zeitpunkt an vererblich sowie übertragbar.

(1) Wird der Güterstand durch einvernehmliche Aufhebung oder durch → *Ehescheidung* beendet, kann jeder Ehegatte den → *Zugewinnausgleich* geltend machen. Bei Streit entscheidet auf Antrag das → *Familiengericht.*

(2) Wird der Güterstand der Zugewinngemeinschaft durch Tod eines Ehegatten beendet, so wird der Zugewinnausgleich dadurch verwirklicht, dass sich der gesetzliche Erbteil des überlebenden Ehegatten um 1/4 der → *Erbschaft* erhöht, wobei dann unerheblich ist, ob und in welcher Höhe die Ehegatten einen Zugewinn erzielt haben. Wird der überlebende Ehegatte nicht → *Erbe* und steht ihm auch kein → *Vermächtnis* zu, kann er den Ausgleich des Zugewinns nach den eherechtlichen Bestimmungen verlangen. Der → *Pflichtteil* des überlebenden Ehegatten bestimmt sich in diesem Fall nach dem gesetzlichen Erbteil, ohne dass hier die Erhöhung des Erbteils um den Zugewinn berücksichtigt wäre.

(3) Zugewinnausgleichsansprüche verjähren in der Regel in drei Jahren, wobei die Frist mit dem Zeitpunkt beginnt, in dem der Ehegatte von der Beendigung des Güterstandes erfährt, spätestens nach 30 Jahren. Endet der Güterstand durch Tod eines Ehegatten, finden für die Verjährung des Anspruchs die Vorschriften über die Verjährung des → *Pflichtteils* Anwendung.

Zugewinngemeinschaft

Z. gilt als der gesetzliche Güterstand, wenn die → *Ehegatten* durch → *Ehevertrag* keinen anderen Güterstand vereinbart haben. Die Vermögensmassen der Ehegatten bleiben getrennt und werden grundsätzlich von jedem Ehegatten selbständig verwaltet. Der von einem Ehegatten während der Ehe erwirtschaftete → *Zugewinn* bleibt in dessen Vermögen. Wird der Güterstand beendet, ist auf Antrag eines Ehegatten der → *Zugewinnausgleich* durchzuführen.

Ehevertraglich kann der Güterstand der Zugewinngemeinschaft modifiziert werden, beispielsweise dahingehend, dass es für den Erbfall bei dem steuerlich durch einen besonderen Freibetrag nach § 5 Erbschaftsteuergesetz privilegierten Güterstand der Zugewinngemeinschaft verbleibt, im Falle der Ehescheidung ein Zugewinnausgleich nicht oder nur teilweise stattfindet.

Zulässigkeit

Im Zivilprozess bedeutet Zulässigkeit, dass bei einer → *Klage* oder einem Rechtsmittel vor Prüfung der Begründetheit erst formelle Voraussetzungen abgeklärt werden müssen. Es müssen also vorweg alle → *Prozessvoraussetzungen* geprüft werden. Unzulässige Klagen werden ohne Sachprüfung durch ein Prozessurteil abgewiesen. Gleiches gilt für den Verwaltungsprozess.

Im Strafverfahren ist die Handlungsfähigkeit des Beschuldigten nicht mit seiner Geschäftsfähigkeit identisch. Vielmehr sind seine Prozesshandlungen bereits dann zulässig, wenn er in der konkreten Situation einen hinreichenden natürlichen Willen hat, um seine Interessen wahrzunehmen.

Zulassung

Kraftfahrzeuge, die auf öffentlichen Verkehrsflächen in Betrieb gesetzt werden sollen, müssen – soweit keine Ausnahmen vorliegen – von der zuständigen Behörde zugelassen werden. Die Zulassung besteht in der Erteilung einer Betriebserlaubnis – die für typmäßig gefertigte Kraftfahrzeuge wie einen VW-Golf allgemein erteilt wird – und der Zuteilung eines amtlichen Kennzeichens.

Über die Zulassung wird ein Fahrzeugschein erteilt, der auf jeder Fahrt mitzuführen ist.

Veränderungen am Fahrzeug, die so genannte typgeprüfte Teile wie den Auspuff betreffen, führen – falls sie nicht genehmigt werden – zum Erlöschen der Betriebserlaubnis und damit der Zulassung. Das Benutzen eines nicht zugelassenen Kraftfahrzeugs auf öffentlichen Verkehrsflächen ist eine → *Ordnungswidrigkeit.*

Zulassung zur Rechtsanwaltschaft

Die Zulassung als → *Rechtsanwalt* wird auf Antrag durch die Landesjustizverwaltung erteilt. Hierauf besteht ein → *Rechtsanspruch,* wenn der Antragsteller die Befähigung zum Richteramt besitzt, also nach einem Jurastudium die beiden juristischen Staatsprüfungen bestanden hat. Die Zulassung kann nur verweigert werden, wenn einer der in § 7 der Bundesrechtsanwaltsordnung genannten Versagungsgründe vorliegt. Zu nennen sind beispielsweise Unwürdigkeit, Berufsunfähigkeit wegen körperlicher Gebrechen, Unfähigkeit zur Bekleidung öffentlicher Ämter infolge strafgerichtlicher Verurteilung oder die strafbare Bekämpfung der freiheitlichen demokratischen Grundordnung. Mit der Zulassung zur Rechtsanwaltschaft ist zugleich die Zulassung zu einem bestimmten Gericht der ordentlichen Gerichtsbarkeit auszusprechen. Gegen die Versagung der Zulassung kann die Entscheidung des Anwaltsgerichtshofs, der grundsätzlich bei jedem → *Oberlandesgericht* einzurichten ist, beantragt werden. Gegen dessen Entscheidungen ist Beschwerde zum → *Bundesgerichtshof* möglich.

Zurechnungszeit in der Rentenversicherung

Z. hat den Zweck, dem Versicherten bzw. seinem Hinterbliebenen eine ausreichende Rente zu sichern, wenn der Versicherte schon in frühen Jahren vollständig oder teilweise erwerbsgemindert wird (§ 59 SGB VI). Zu berücksichtigen ist die Zeit, die bei einer Rente wegen vollständiger oder teilweiser Erwerbsminderung oder und bei Hinterbliebenenrenten bis zur Vollendung des 60. Lebensjahres hinzugerechnet wird, wenn der Versicherte bei Eintritt des Versicherungsfalls noch nicht dieses Alter erreicht hat. Die letzten 5 Jahre werden nach der bis zum 31.12.2000 geltenden Rechtlage nur zu $^{1}/_{3}$ angerechnet; ab diesem Zeitpunkt wird die Zurechnungszeit schrittweise angehoben und wird ab dem 1.1.2004 voll berücksichtigt. Das ergibt sich aus der Anlage 23 zum SGB VI.

▶ Zurückbehaltungsrecht

Hat ein Schuldner gegen seinen Gläubiger einen Gegenanspruch, der mit seiner Schuld zusammenhängt, so kann er die von ihm geschuldete Leistung grundsätzlich so lange verweigern, bis er die ihm gebührende Leistung erhalten hat. Ein Verkäufer kann sich damit beispielsweise auf den Standpunkt stellen „Ware nur gegen Geld", es sei denn, er muss zuerst leisten (wie etwa üblicherweise ein Gastwirt gegenüber seinem Gast).

▶ Zurückverweisung

Sie ist im Zivilprozess in den §§538ff. und in §563 ZPO geregelt. Dabei ist es in Revisionssachen die Regel, in Berufungssachen die Ausnahme, dass der Rechtsstreit nach Aufhebung des Urteils zur erneuten Entscheidung an das vorinstanzliche Gericht zurückübertragen wird. Im Verwaltungsprozess gelten im Wesentlichen die gleichen Grundsätze.

Im Strafverfahren kommt eine Zurückverweisung regelmäßig nur in der → *Revision* in Betracht. Sie bedeutet, dass das Revisionsgericht ein Urteil wegen eines Fehlers aufhebt und eine neuerliche Entscheidung der untergeordneten Instanz verlangt.

▶ Zuschlag

Zuschlag ist die Annahme des Meistgebotes durch den Versteigerer in der → *Versteigerung.* Damit kommt der Vertrag zustande und die Sache ist zu übereignen. Bei der → *Zwangsversteigerung* von Grundstücken bewirkt er den Eigentumsübergang.

▶ Zuständigkeit, gerichtliche

Die gerichtliche Zuständigkeit legt im Zivilprozess fest, welches konkrete Gericht und welches Rechtspflegeorgan dabei einen bestimmten Rechtsstreit zu entscheiden hat. Man unterscheidet verschiedene Zuständigkeitsarten: Die sachliche Zuständigkeit legt fest, welches Gericht der ersten Instanz mit der Sache befasst ist. Dies kann etwa das → *Amtsgericht* oder das → *Landgericht* (§§ 23 ff., 71 Gerichtsverfassungsgesetz) sein.

Die örtliche Zuständigkeit bezieht sich darauf, welches konkrete Amtsgericht oder Landgericht (also zum Beispiel das Amtsgericht München, das Landgericht München I) den Fall zu entscheiden hat. Sie ist in erster Linie geregelt in den §§ 12 ff. ZPO. Nach §§ 12, 13 ZPO ist etwa das Gericht zuständig, in dessen Bezirk der Beklagte seinen Wohnsitz hat. Die funktionelle Zuständigkeit regelt, welches Rechtspflegeorgan in der Sache tätig wird. So wird hier etwa festgelegt, ob der Rechtspfleger oder der Richter tätig wird. Ebenfalls zur funktionellen Zuständigkeit wird die Zuständigkeit im Rechtsmittelzug gerechnet. Die internationale Zuständigkeit befasst sich mit der Frage, inwieweit ein Gericht eines Staates seine Gerichtsbarkeit ausüben darf und in welchem Umfang diese Möglichkeit im Verhältnis zu Gerichten anderer Staaten begrenzt ist. Sie richtet sich häufig nach Parteivereinbarungen oder internationalen Übereinkommen. Teilweise ist in den Gesetzen eine ausschließliche Zuständigkeit bestimmt. In solchen Fällen kann dann nur das im Gesetz genannte Gericht den Rechtsstreit entscheiden. So ist etwa in § 29 a ZPO festgelegt, dass bei Streitigkeiten aus Raummiete ausschließlich das Gericht zuständig ist, in dessen Bezirk der Raum gelegen ist. In einem solchen Fall können auch die Parteien keine abweichende → *Zuständigkeitsvereinbarung* treffen.

Auch im Strafverfahren gibt es die sachliche, örtliche und funktionelle Zuständigkeit.

Die sachliche Zuständigkeit regelt, welches Gericht in erster Instanz für eine Strafsache zuständig ist. Sie ist zwischen Amtsgericht, Landgericht und → *Oberlandesgericht* aufgeteilt.

Die örtliche Zuständigkeit regelt, wo die Staatsanwaltschaft Anklage erheben muss. Sie hat dabei weitgehende Wahlmöglichkeiten zwischen dem Tatort, dem Wohnort des Beschuldigten, dem Ergreifungsort oder einem aus Sachzusammenhang gegebenen Gerichtsstand.

Die funktionelle Zuständigkeit weist in der jeweiligen Instanz die Sache einem von mehreren Spruchkörpern zu und regelt weiterhin, welches Gericht für Rechtsmittel zuständig ist.

Im Verwaltungsprozess gelten diese Grundsätze grundsätzlich entsprechend, im Einzelnen sind aber Besonderheiten zu beachten. So ist bei der sachlichen Zuständigkeit zu unterscheiden, ob die → *Verwaltungsgerichte* im Regelfall, die → *Oberverwaltungsgerichte* in bestimmten Fällen oder ausnahmsweise das → *Bundesverwaltungsgericht* erstinstanzlich zuständig sind. Funktionell ist immer der → *Richter* zuständig. Eine Zuständigkeit des → *Rechtspflegers* gibt es in der Verwaltungsgerichtsbarkeit nicht.

▶ Zuständigkeitsvereinbarung

Die auch als Prorogation oder Gerichtsstandsvereinbarung bezeichnete Zuständigkeitsvereinbarung ist ein Vertrag zwischen den Parteien, durch den ein an sich unzuständiges Gericht zuständig wird. Eine solche Vereinbarung kann nur die sachliche, örtliche und internationale → *Zuständigkeit* betreffen. Zuständigkeitsvereinbarungen sind grundsätzlich unzulässig, wenn sie nicht ausnahmsweise durch die §§ 38 bis 40 ZPO gestattet sind. Eine solche Gestattung setzt immer voraus, dass sich die Vereinbarung auf ein bestimmtes Rechtsverhältnis bezieht, es sich um einen vermögensrechtlichen Anspruch handeln muss und kein ausschließlicher Gerichtsstand gegeben ist. Sind diese Voraussetzungen gegeben, können Kaufleute (→ *Kaufmann)* uneingeschränkt, sonstige Personen nur in sehr engen Grenzen Gerichtsstandvereinbarungen treffen.

▶ Zustandshaftung

Z. ist die verhaltens- und damit auch verschuldensunabhängige Haftung für eine Gefahr, die vom Zustand einer Sache ausgeht; bedeutsam vor allem im Polizei- und Ordnungsrecht (→ *Störer).*

▶ Zustellung

Zustellung ist der in gesetzlich vorgeschriebener Form vorzunehmende und zu beurkundende Vorgang, durch die einer Person die Gelegenheit zur Kenntnisnahme vom Inhalt eines bestimmten Schriftstücks verschafft wird. Sie erfolgt von Amts wegen oder auf Betreiben der Parteien eines Rechtsstreits. Durchgeführt wird sie vom → *Gerichtsvollzieher* oder durch die Bundespost.

Die Zustellung im Strafverfahren folgt den Regelungen des Zivilprozesses. An → *Verteidiger* kann grundsätzlich mit Wirkung für den Beschuldigten, der jedoch eine formlose Mitteilung erhalten muss, zugestellt werden.

Im Verwaltungsrecht ist die Zustellung in einigen Fällen schon für die Bekanntgabe bestimmter → *Verwaltungsakte* vorgeschrieben. Der Widerspruchsbescheid (→ *Vorverfahren,* Widerspruchsverfahren) ist stets zuzustellen. Im verwaltungsgerichtlichen Verfahren erfolgen Zustellungen nach den gleichen Grundsätzen wie im Zivilprozess. Hier gibt es nur Zustellungen von Amts wegen.

Zustellungsurkunde

Sie dient dem Nachweis einer → *Zustellung.*

Zustimmung

Hierunter versteht man nach §§ 182 ff. BGB die Einverständniserklärung zu einem → *Rechtsgeschäft,* das ein anderer vorgenommen hat. Dabei wird die vorherige Zustimmung Einwilligung, die nachher erteilte Genehmigung genannt. Die Zustimmung führt zur Wirksamkeit des (schuldrechtlichen oder dinglichen) Rechtsgeschäfts; bei einseitig empfangsbedürftigen Rechtsgeschäften gilt dies grundsätzlich nur für die Einwilligung. Die Zustimmung ist formfrei möglich und kann dem Handelnden und dem Geschäftspartner gegenüber erklärt werden.

Zuverlässigkeit

Der Begriff der Zuverlässigkeit hat im Recht der Berufszulassungen und hier vor allem im Gewerberecht erhebliche Bedeutung. Soweit die Gewerbeordnung an die Zulassung zu einem bestimmten Gewerbe eine Erlaubnispflicht knüpft, ist eine der Anforderungen, die der Antragsteller erfüllen muss, regelmäßig die der

Zuverlässigkeit. Es ist zu prüfen, ob der Betreffende die Gewähr dafür bietet, dass er das konkrete Gewerbe ordnungsgemäß führen wird. Wird der Gewerbetreibende später unzuverlässig, so kann die → *Gewerbezulassung* zurückgenommen oder gegen ihn eine → *Gewerbeuntersagung* verhängt werden. Die mangelnde Zuverlässigkeit muss sich aufgrund von Tatsachen ergeben. Als solche ist etwa dic strafrechtliche Verurteilung wegen eines Tatbestands anzusehen, der Bezug zu der gewerblichen Betätigung hat, z. B. bei Konkursvergehen und Steuerhinterziehung. Zuverlässigkeit wird aber auch in anderen Rechtsbereichen meist sicherheitsrechtlicher Art als Voraussetzung für die Erteilung von Genehmigungen und dergleichen gefordert.

Zu versteuerndes Einkommen

Z. ist die Bemessungsgrundlage für die Einkommensteuer und wird nach § 2 Abs. 5 EStG ermittelt.

Zuwanderungsgesetz

Durch das Zuwanderungsgesetz sollten neue Regelungen zur Steuerung und Begrenzung der Zuwanderung von Ausländern geschaffen werden. Außerdem war vorgesehen, Bestimmungen über deren Aufenthalt und Integration zu erlassen. Die Zahl der → *Aufenthaltstitel* sollte von fünf auf zwei reduziert werden (→ *Aufenthaltserlaubnis*, → *Niederlassungserlaubnis*). Wesentlich geändert werden sollten die Regelungen über den Aufenthalt von Ausländern zur Arbeitsaufnahme.

Das → *Bundesverfassungsgericht* hat das Gesetz für nichtig erklärt, weil bei der Abstimmung im → *Bundesrat* gegen das Gebot zur einheitlichen Stimmabgabe verstoßen wurde.

Eine Neuregelung ist zu erwarten.

Zwangsbehandlung

Unter Zwangsbehandlung versteht man die ärztliche Untersuchung und Behandlung einer Person gegen ihren Willen unter Anwendung unmittelbaren Zwangs (→ *Zwangsmittel*). Voraussetzung hierfür ist, dass der Betreffende aufgrund eines nach einem Unterbringungsgesetz ergangenen Gerichtsbeschlusses in eine Kranken- oder Heilanstalt eingewiesen wurde. Generell ist eine Zwangsbehandlung nach den einschlägigen gesetzlichen Vorschriften nur zulässig, wenn die Maßnahmen notwendig, zumutbar und nicht mit erheblicher Gesundheits- oder Lebensgefahr verbunden sind. Bei Personen, die sich in Straf- oder Untersuchungshaft befinden, ist eine Zwangsbehandlung, zu der auch eine Zwangsernährung bei Hungerstreiks gehört, bei Lebensgefahr oder schwerwiegender Gefahr für die Gesundheit des Gefangenen oder anderer Personen zulässig. Ist der Gefangene seinens Willens noch mächtig, ist die Vollzugsbehörde zu einer Zwangsbehandlung nicht verpflichtet. Wird sie gleichwohl durchgeführt, ist grundsätzlich eine ärztliche Anordnung und Überwachung der Maßnahme notwendig.

Zwangsgeld → *Zwangsmittel*

Zwangshypothek

Eine Zwangshypothek ist eine → *Sicherungshypothek*, die bei der → *Zwangsvollstreckung* in ein Grundstück auf Antrag des Gläubigers ins → *Grundbuch* eingetragen wird (§§ 866, 867 ZPO). Ihr Mindestbetrag muss 750 EUR übersteigen. Sie führt zunächst nur zu einer Sicherung des Gläubigers (anders als bei der → *Zwangsversteigerung* oder der → *Zwangsverwaltung*).

Zwangsmittel

Ein auf eine Handlung, Duldung oder Unterlassung gerichteter → *Verwaltungsakt* kann auf der Grundlage der → *Verwaltungsvollstreckungsgesetze* des Bundes und der Länder gegebenfalls zwangsweise vollzogen werden. Allgemeine Voraussetzung ist, dass der Verwaltungsakt bestandskräftig ist, er also mit Rechtsmitteln nicht mehr angegriffen werden kann, oder dass seine sofortige Vollziehbarkeit angeordnet wurde → *Vollziehung*, sofortige). Das zur Erreichung des jeweiligen Zwecks zulässige Zwangsmittel ist dem Pflichtigen unter Setzung einer angemessenen Frist vorher schriftlich anzudrohen, der entsprechende Bescheid ist schriftlich zuzustellen. Zwangsmittel sind die Ersatzvornahme, das Zwangsgeld und der unmittelbare Zwang. Eine Ersatzvornahme ist bei einer Handlung anzuordnen, die auch von einem anderen als dem Pflichtigen vorgenommen werden kann (vertretbare Handlung). Die Ersatzvornahme besteht darin, dass die entsprechende Handlung auf Anordnung der Vollstreckungsbehörde durch einen Dritten auf Kosten des Pflichtigen vorgenommen wird. Ein Zwangsgeld ist zulässig bei Handlungen, die nur der Pflichtige vornehmen kann und die nur von seinem Willen abhängig ist (unvertretbare Handlung); bei vertretbaren Handlungen kommt ein Zwangsgeld in Betracht, wenn eine Ersatzvornahme, insbesondere wegen der dabei entstehenden hohen Kosten untunlich ist. Der Rahmen, innerhalb dessen sich das Zwangsgeld bewegen muss, ist in den einzelnen Vollstreckungsgesetzen angegeben. Ist das Zwangsgeld uneinbringlich, kann das → *Verwaltungsgericht* auf Antrag der Behörde eine Zwangshaft anordnen. Wenn die Ersatzvornahme oder das Zwangsgeld nicht zum Erfolg führen oder untunlich sind, kann die Vollzugsbehörde den Pflichtigen durch unmittelbaren Zwang zur Handlung, Duldung oder Unterlassung, insbesondere durch körperliche Gewalt, veranlassen oder die Handlung selbst vornehmen.

Zwangsvergleich

Die im früheren **Konkursverfahren** mögliche Regelung, bei einer Befriedigung auch der nicht bevorrechtigten Gläubiger von mindestens 20 v.H. das Konkursverfahren zwangsweise durch einen Vergleich zu beenden, ist im neuen → *Insolvenzrecht* so nicht übernommen worden. Durch die Möglichkeit, einen **Insolvenzplan** oder – bei Verbraucherinsolvenzen – einen **Schuldenbereinigungsplan** zu beschließen, kennt das heutige Insolvenzrecht aber Regelungsmöglichkeiten mit ähnlichen Wirkungen.

Zwangsversteigerung

Die Zwangsversteigerung ist eine der drei Möglichkeiten, die → *Zwangsvollstreckung* in Grundstücke (ebenso: Schiffe, Schiffsbauwerke und Luftfahrzeuge) zu betreiben. Das Verfahren ist in einem gesonderten Gesetz, dem ZVG (Zwangsversteigerungsgesetz), geregelt. Es wird durch das → *Amtsgericht* durchgeführt. Dabei wird in einem Versteigerungstermin das Grundstück versteigert. Der Ersteher erwirbt durch den Zuschlagsbeschluss des Gerichts Eigentum an dem Grundstück. Der Erlös wird im → *Verteilungsverfahren* an die Gläubiger verteilt.

Zwangsverwaltung

Zwangsverwaltung ist neben der → *Zwangsversteigerung* und der → *Zwangshypothek* die dritte Art der → *Zwangsvollstreckung* in ein Grundstück. Das Verfahren ist im Zwangsversteigerungsgesetz geregelt und ähnelt dem bei der Zwangsversteigerung. Jedoch wird hier nicht das Grundstück veräußert, sondern die Befriedigung des Gläubigers wird aus den laufenden Erträgen des Grundstücks (etwa Mieteinnahmen) erreicht. Zu diesem Zweck wird das Grundstück von einem vom Gericht bestellten Zwangsverwalter bewirtschaftet.

Zwangsvollstreckung

Die Zwangsvollstreckung ist, neben dem Erkenntnisverfahren, ein Teil des → *Zivilprozesses.* Im Vollstreckungsverfahren werden Ansprüche der Parteien durch staatlichen Zwang durchgesetzt. Das Verfahren ist im 8. Buch der ZPO und in verschiedenen speziellen Gesetzen geregelt. Als Organe werden in der Zwangsvollstreckung der → *Gerichtsvollzieher,* das → *Vollstreckungsgericht,* das Prozessgericht und das → *Grundbuchamt* tätig. Allgemeine Voraussetzung für eine Zwangsvollstreckung sind immer das Bestehen eines → *Vollstreckungstitels,* einer → *Vollstreckungsklausel* und die → *Zustellung* des Titels. Daneben müssen je nach Vollstreckung verschiedene besondere Vollstreckungsvoraussetzungen geben sein. Die Vollstreckung endet im Ganzen, wenn der Gläubiger hinsichtlich seines Anspruchs und der Kosten der Zwangsvollstreckung voll befriedigt ist.

Die Zwangsvollstreckung aus verwaltungsgerichtlichen Urteilen bestimmt sich im Wesentlichen nach der gleichen Grundsätzen.

Zweckverband

Ein Zweckverband ist ein Zusammenschluss von → *Gemeinden* oder → *Gemeindeverbänden* zur Erfüllung einer bestimmten Aufgabe. Es handelt sich dabei grundsätzlich um Vorhaben, die von einer Gemeinde oder einem Gemeindeverband nicht oder nicht erfolgreich verwirklicht werden können. Als Beispiel sind Zweckverbände zum Betrieb weiterführender Schulen, zur Durchführung der Abfallentsorgung oder zur Abwasserbeseitigung zu nennen. Der Regelfall ist die freiwillige Gründung eines Zweckverbandes, indem sich die beteiligten Kommunen über die Verbandssatzung einigen. In Einzelfällen kann durch Entscheidung der zuständigen Behörde ein Zweckverband auch zwangsweise gebildet werden. Der Zweckverband ist eine öffentlich-rechtliche Körperschaft, deren Hauptorgane die Verbandsversammlung und der Verbandsvorsitzende oder Verbandsvorsteher sind. Um seinen Finanzbedarf zu decken, erhebt der Zweckverband von seinen Mitgliedern eine Umlage. Von der → *Verwaltungsgemeinschaft* unterscheidet sich der Zweckverband dadurch, dass ihm nur einzelne, eng begrenzte Aufgaben obliegen und die übrigen bei den Verbandsmitgliedern verbleiben. Rechtsgrundlage für die Zweckverbände sind das in einigen Bundesländern fortgeltende Zweckverbandsgesetz (→ *vorkonstitutionelles* Recht) oder entsprechende neuere Landesgesetze.

Zweigniederlassung

Eine Zweigniederlassung ist die Niederlassung eines → *Kaufmanns,* in der er oder sein Personal teils abhängig und teils unabhängig von der Hauptniederlassung Handelsgeschäfte ausführen. Die Zweigniederlassung muss räumlich von der Hauptniederlassung getrennt sein; die dort getätigten Geschäfte müssen im Wesentlichen denen entsprechen, die in der Hauptniederlassung ausgeführt werden. Der Leiter der Zweigniederlassung muss rechtlich selbständig handeln können, ihm muss entweder → *Prokura* oder → *Handlungsvollmacht* erteilt worden sein. Die Zweigniederlassung führt den gleichen Firmennamen (→ *Firma)* wie die Hauptniederlassung mit einem entsprechenden Zusatz. Im → *Handelsregister* ist die Einrichtung einer Zwangsniederlassung einzutragen, und zwar sowohl bei dem Registergericht der Hauptniederlassung als auch dem der Zweigniederlassung. Hat eine Zweigniederlassung z. B. einer Bank an einem Ort mehrere räumlich getrennte Geschäftslokale, dann spricht man von Zweigstellen.

Zweitwohnungsteuer

Z. kann von den → *Gemeinden* als örtliche Aufwandsteuer (Art. 105 Abs. 2a GG) als Kommunalabgabe durch → *Satzung* erhoben werden. Die Zweitwohnungsteuer ist grundsätzlich nicht verfassungswidrig, es sei denn, es würden nur auswärtige Zweitwohnungsinhaber zur Steuer herangezogen werden oder die Zweitwohnung würde trotz Vermietung besteuert werden.

Zwischenmeister

Z. ist, wer, ohne Arbeitnehmer zu sein, eine ihm von einem Gewerbetreibenden übertragene Arbeit an → *Heimarbeiter* oder → *Hausgewerbetreibende* weitergibt. Nach dem Heimarbeitsgesetz können Zwischenmeister, wenn das wegen ihrer Schutzbedürftigkeit gerechtfertigt erscheint, Heimarbeitern gleichgestellt werden. Die Gleichstellung bezieht sich auf die allgemeinen Schutzvorschriften, insbesondere über die Entgeltregelung, den Entgeltschutz und die Auskunftspflicht über Entgelte. Sie erfolgt grundsätzlich durch widerrufliche Entscheidung des zuständigen Heimarbeitsausschusses nach Anhörung der Beteiligten.

Zwischenurteil

Im Zivilprozess kann ein Zwischenurteil ergehen, wenn ein Zwischenstreit zur Entscheidung reif ist (§ 303 ZPO). Durch das Zwischenurteil soll das Verfahren entlastet werden. Es kommt in der Praxis häufig vor, wenn etwa die Zulässigkeit eines Rechtsmittels, die Zulässigkeit einer Wiedereinsetzung oder die Wirksamkeit eines → *Prozessvergleichs* streitig sind. Durch das Zwischenurteil wird der streitige Punkt erledigt und die Instanz ist insoweit gebunden (kann also diesen Punkt nicht mehr anders entscheiden). Das Zwischenurteil kann grundsätzlich nur mit dem → *Endurteil* gemeinsam angefochten werden.

Buchanzeigen

Europa

EuR · Europa-Recht

Verträge zur Gründung der Europäischen Gemeinschaften, Vertrag über die Europäische Union (beide in der Amsterdamer Fassung), Übereinstimmungstabellen, Charta der Grundrechte, Satzung des Europarates, Verfahrensordnungen, Menschenrechtskonvention, Europawahl-Gesetz, Europa-Abgeordnetengesetz, Art. 23 GG und Ausführungsgesetze.

Textausgabe.
17.A. 2001. 715 S.
€ 9,50. dtv 5014

EUV · Europäischer Unionsvertrag

Vertrag über die Europäische Union mit sämtlichen Protokollen und Erklärungen, Vertrag zur Gründung der Europäischen Gemeinschaft (EG-Vertrag) in der Fassung von Amsterdam und Nizza, Charta der Grundrechte.

Textausgabe.
5.A. 2001. 486 S.
€ 8,50. dtv 5572

Verfassungen der EU-Mitgliedstaaten

Belgien, Dänemark, Deutschland, Finnland, Frankreich, Griechenland, Irland, Italien, Luxemburg, Niederlande, Österreich, Portugal, Schweden, Spanien, Vereinigtes Königreich.

Textausgabe.
5.A. 2000. 626 S.
€ 17,64. dtv 5554

von Borries/Zacker (Hrsg.)
Europarecht von A–Z

Das Recht der Europäischen Union nach dem Vertrag von Nizza.
Die aktualisierte Neuauflage des bewährten Lexikons informiert umfassend und bietet die ideale Grundlage zur Beschäftigung mit dem Thema.

3.A. 2003. 766 S.
€ 19,50. dtv 5056 §

Neu im Januar 2003

Bormann
Sicherheit bei Verträgen in Europa

Risiken grenzüberschreitender Rechtsgeschäfte kennen und vermeiden.

1.A.1999. 138 S.
€ 8,64. dtv 5634 §

Weltweit

Völkerrechtliche Verträge

Vereinte Nationen, Beistandspakte, Menschenrechte, See-, Luft- und WeltraumR, UmweltR, KriegsverhütungsR, Int. Strafgerichtsbarkeit.

Textausgabe.
9.A. 2002. 866 S.
€ 12,–. dtv 5031

Menschenrechte – Ihr internationaler Schutz

Menschenrechtspakte der Vereinten Nationen, Europäische Menschenrechtskonvention, Europäische Sozialcharta, KSZE-Schlussakte u.a.

Textausgabe.
4.A.1998. 591 S.
€ 11,71. dtv 5531

WTO · Welthandelsorganisation

WTO-Übereinkommen, Auszüge aus dem Allgemeinen Zoll- und Handelsabkommen (GATT) in den Fassungen von 1947 und 1994, Landwirtschaftsübereinkommen, Übereinkommen über gesundheitspolizeiliche Maßnahmen (SPS), Übereinkommen über technische Handelshemmnisse (TBT), Subventionsübereinkommen, Antidumping-Übereinkommen, Dienstleistungsabkommen (GATS), Übereinkommen über geistiges Eigentum (TRIPS), Streitbeilegungsvereinbarung (DSU).
Mit Sachregister.

Textausgabe.
2.A. 2003. 384 S.
€ 11,50. dtv 5752

Neu im Januar 2003

Unser
Die UNO

Aufgaben und Strukturen der Vereinten Nationen.
Mit der Charta der Vereinten Nationen.
Mit einem Vorwort von Boutros Boutros-Ghali, ehem. Generalsekretär der Vereinten Nationen.

6.A.1997. 470 S.
€ 10,69. dtv 5254 §

Schraepler
Taschenbuch der Internationalen Organisationen

Daten, Aufbau, Ziele, Entstehung und Mitglieder der wichtigsten europäischen und internationalen Zusammenschlüsse.

1.A.1995. 497 S.
€ 10,17. dtv 5641 §

P127523-S3

Zeichenerklärung: § Rechtsberater € Wirtschaftsberater

Von der Jugend bis ins Alter

RECHT IN ALLEN LEBENSLAGEN

Jugend und Recht

JugR · Jugendrecht

SGB VIII – Kinder- und Jugendhilfe, AdoptionsvermittlungsG, Regelbetrag-Verordnung, UnterhaltsvorschussG, Gesetz zum Schutze der Jugend in der Öffentlichkeit, JugendarbeitsschutzG, BAföG u.a.

Textausgabe.
24.A. 2002. 521 S.
€ 7,–. dtv 5008

Terpitz/Terpitz
Rechte der Jugendlichen von A–Z

Ein Rechtslexikon für junge Leute zwischen 14 und 18 Jahren, die über ihre Rechte und Pflichten informiert sein wollen.

3.A. 2000. 217 S.
€ 9,46. dtv 5249 §

Schule und Hochschule

Staupe
Schulrecht von A–Z

Ein Leitfaden für Schule, Lehrer und Schüler. Schüler- und Elternrechte, Noten, Zeugnisse, Versetzung, Schulpflicht, Schüler-BAföG, Umwelterziehung, Schulaufsicht, Konferenzen, Privatschulen, Aids und Schule, Rechtsschutz.

5.A. 2001. 392 S.
€ 10,–. dtv 5232 §

Brenner
Meine Rechte in der Schule

Der Band informiert leicht verständlich Schüler, ihre Eltern und Lehrer über ihre Rechte und Pflichten.

2.A. 2003. Rd. 150 S.
Ca. € 7,–. dtv 5665 §

In Vorbereitung für Frühjahr 2003

BAföG · Bildungsförderung

BundesausbildungsförderungsG mit Durchführungsverordnungen und Ausbildungsförderungsgesetzen der Länder, BerufsbildungsG, BerufsbildungsförderungsG und SGB III (Auszug) und Meister-BaföG.

Textausgabe.
27.A. 2002. 259 S.
€ 8,50. dtv 5033 →

Ramsauer/Stallbaum/Sternal
Mein Recht auf BAföG

Förderung von Auszubildenden an Schulen und Hochschulen, Darlehensbedingungen und Darlehensrückzahlung, ergänzende Sozialhilfe und Wohngeld.

4.A. 2003. Rd. 400 S.
Ca. € 11,–. dtv 5283 §

In Vorbereitung für Frühjahr 2003

Theisen
ABC des wissenschaftlichen Arbeitens

Erfolgreich in Schule, Studium und Beruf.

2.A.1995. 241 S.
€ 6,60. dtv 5631 §

Schule und Hochschule

Gramm/Wolff
Jura – erfolgreich studieren

Das Buch liefert detaillierte Informationen und Tipps zum Jurastudium. Ein Eignungstest für junge Juristen am Ende des Bandes bietet eine wichtige Entscheidungshilfe.

3.A. 2003. 195 S.
€ 12,–. dtv 50624 §

Neu im Februar 2003

Genosko
Volkswirtschaftslehre erfolgreich studieren

Ein Überblick über das volkswirtschaftliche Studium, seinen Ablauf, Inhalte, Strukturen des Grundstudiums im Vergleich.

Studienführer.
1.A.1998. 176 S.
€ 7,62. dtv 41002

Ehe, Familie und Partnerschaft

FamR · Familienrecht

mit allen im Familienrecht relevanten Gesetzen und Verordnungen. Vorschriften für die neuen Bundesländer. Im Anhang die aktuellen Unterhaltstabellen und das neue Lebenspartnerschaftsgesetz.
Stand: 1. März 2002.

Textausgabe.
7.A. 2002. 558 S.
€ 9,–. dtv 5577

von Münch
Ehe- und Familienrecht von A–Z

Über 500 Stichworte zur aktuellen Rechtslage. Annahme als Kind, Betreuung, Ehe, elterliche Sorge, Güterstand, Kindschaftssachen, Nichtehelichkeit, Scheidungsverfahren, Unterhalt, Zugewinnausgleich.

15.A. 2002. 351 S.
€ 8,50. dtv 5042 § →

Langenfeld
Der Ehevertrag

Gerechter Interessenausgleich durch Ehevertrag oder Scheidungsvereinbarung. Güterstandsregelungen, Vereinbarungen über den Versorgungsausgleich, Unterhaltsvereinbarungen, Eheverträge mit Ausländern, Erbverträge von Ehegatten, Vertragsmuster.

10.A. 2002. 212 S.
€ 8,50. dtv 5226 §

P127523-S5

Grziwotz

Wichtige Rechtsfragen zur Ehe

Alles was ich wissen muss zu Eheschließung, Rechten und Pflichten in der Ehe, ehelichem Güterrecht, Eheverträgen. Ein Ratgeber.

2.A.1996. 157 S.
€ 5,06. dtv 50611 §

Grziwotz

Rechtsfragen des nichtehelichen Zusammenlebens

Ratgeber für gleich- und verschiedengeschlechtliche Paare.
Alle Rechtsfragen zu Beginn und Ende der Partnerschaft, Mietwohnung und Eigenheim, Haushalts- und Vermögensgemeinschaft, erb- und steuerrechtliche Aspekte, Kinder sowie das Zusammenleben mit Ausländern.

2.A. 2002. 165 S.
€ 8,–. dtv 50613 §

Grziwotz

Trennung und Scheidung

Wichtige Rechtsfragen zu Getrenntleben, Scheidungsvoraussetzungen, Vermögensauseinandersetzung und Unterhalt.
Mit dem Muster einer Scheidungsvereinbarung sowie Gesetzestexten, den aktuellen Unterhaltstabellen und der Regelbetrag-Verordnung im Anhang.

5.A. 2001. 199 S.
€ 6,–. dtv 50612 §

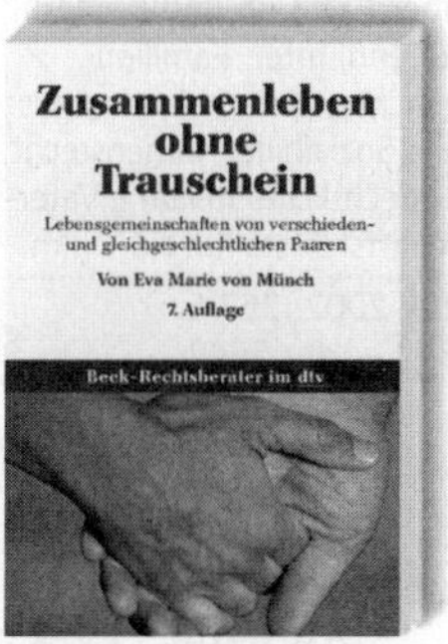

von Münch

Zusammenleben ohne Trauschein

Lebensgemeinschaften von verschieden- und gleichgeschlechtlichen Paaren. Gemeinsame Wohnung, Unterhaltsansprüche, gemeinsame Kinder, Steuern, Erbrecht, Ausländer, Folgen der Trennung, Partnerverträge.

7.A. 2001. 192 S.
€ 8,–. dtv 5224 §

von Münch

Die Scheidung nach neuem Recht

Voraussetzungen – Verfahren – Folgen. Kindschafts- und Unterhaltsrecht.
Stand: 1. Januar 2002.
Mit der neuen RegelbetragsVO, der aktuellen Düsseldorfer Tabelle und den aktuellen Leitlinien.

11.A. 2002. 357 S.
€ 7,50. dtv 5209 §

Das Buch zur ZDF-Serie „Wie würden Sie entscheiden?"

Schwab/Töpper

Meine Rechte bei Trennung und Scheidung

Ratgeber zu allen Rechtsfragen bei Trennung und Scheidung. Zusätzlich mit Fällen aus der ZDF-Serie „Wie würden Sie entscheiden?"

3.A.1999. 253 S.
€ 8,13. dtv 5647 §

Zeichenerklärung: § Rechtsberater € Wirtschaftsberater